U0142936

研究&方法

計量經濟及高等研究法

JMulTi與Eviews的應用

Advanced Research Method For Time Series of Econometrics

張紹勳 著 • 研究助理 張任坊、張博一

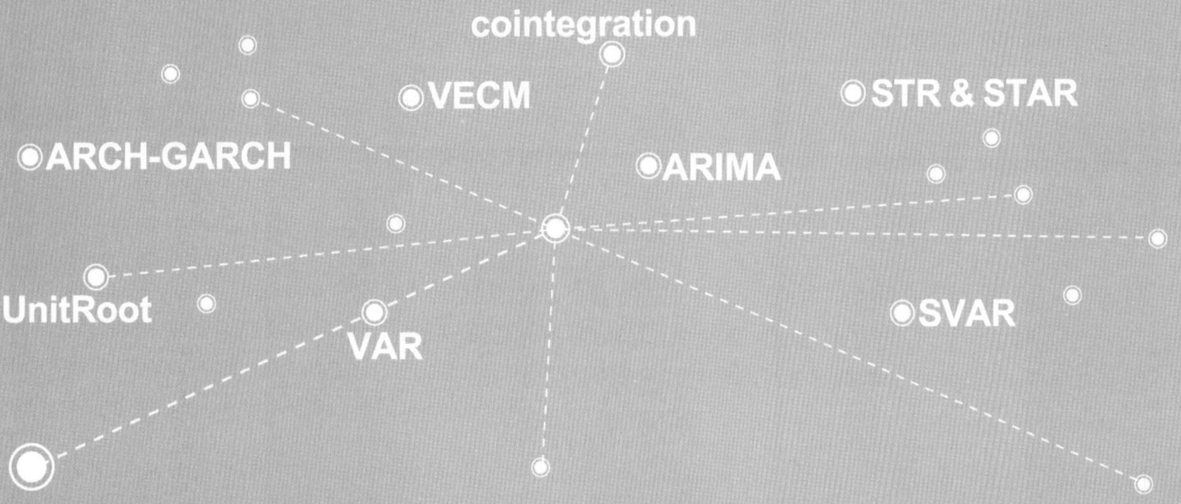

cointegration

VECM

STR & STAR

ARCH-GARCH

ARIMA

UnitRoot

SVAR

VAR

五南圖書出版公司 印行

自序

工欲善其事，必先利其器，故研究者除了要精通自己領域的「理論」基礎外，正確選用創新性之「研究法」及「統計」技術 (如計量經濟學及 JMulTi 時間序列軟體)，三者間如何有效整合應用更是成為頂尖研究者不可缺乏的基本功夫。

本書中每章都有範例，它以 JMulTi 或 Eviews 來介紹。由於 JMulTi 易用且不必撰寫指令的介面，使得讀者能迅速執行實證分析，進而理解相關計量方法。本書也提供許多大學生、碩博或在職專班學生實證分析的範例。熟讀再加上實際演練本書實證範例，可以使將來要撰寫財經研究的人，能輕鬆了解論文寫作上實證研究的程序與方法論的應用，相信閱讀本書後應該可以增加進行財經實證分析的執行力。

計量經濟學並不等同於經濟學，它和統計學息息相關。計量經濟學，所要學習的是社會科學實證研究所必需的統計方法，是經濟系以及管理學院國貿、財金、會計等研究生的必修課。

基本上，計量經濟本身就是研究方法的一種，當我們做經濟、管理、金融、教育政策…等領域的實證研究，往往就需時間序列之統計軟體 (如 Eviews、JMulTi 等)，可惜坊間，完整介紹「時間序列」之工具書非常缺乏，殊實可惜。所以本書各章節，除了先介紹各種計量經濟本身之理論外，後面就會用 JMulTi 軟體來介紹該計量經濟理論之統計方法，以及電腦畫面的操作及報表的意義解讀。

事實上，經濟行為都可以透過實際資料來觀察，研究者往往係根據經驗方法找尋需要的資料或者根據經驗直接設想背後的經濟模型。我們分析個體或總體經濟所產生的傳統時間序列資料，基本上可由最簡單的自我迴歸模型 (Autoregressive Models, AR)、向量自我迴歸模型 (Vector Autoregressive Models)

來做為開頭。而大多數的分析技巧都不易得到適當的模型。若觀察者執著於收集有代表性的資料，意味著要等待更多的時間，而一個景氣循環更可能要等上好幾年的時間。實際上，如何從大量資料中發掘有用的訊息比等待收集更具意義。例如，財務時間序列資料多數都具有特殊經濟意義的結構，因此如何發展出多種貼近於財務資料本身特性的因素模型及假設，是本書的重點之一。在傳統的應用，描述經濟指標及做情勢的預測。總體經濟方面，即可用 AR 及 VAR 模型，來預測某國家景氣循環，並討論貨幣政策。

總之，本書之計量經濟學主要功能，包括：(1) 用 ARiMA 做預測；(2) 用 VAR 或 Structural VAR、VECM 做 Granger 因果關係的證明、共整合關係、及預測；(3) 非線性轉換之迴歸模型 STR 及 STAR。以上功能已足夠讓你來發現財經現象發生的來龍去脈。故本書旨在介紹 JMulTi 軟體實例分析及報表如何解讀，讓你遇到縱貫面之時間序列資料時，可輕鬆地依據書上的分析步驟如法泡製，輕易地解決周遭量化的財經、金融、政策決策等議題，如此你也能不被深奧數學式 (或寫 Eviews 指令) 所困擾。

Contents

Chapter 3 預測用途之迴歸模型　149

Chapter 8　聯立迴歸式：非定態 VECM 概念　459

益者三友：友直、友諒、友多聞。損
者三友：友便僻、友善柔、友便佞。
（孔子）

CHAPTER *1* <<<<<<

認識數學及計量經濟

財金時間數列之非定態 **(stationarity)** 波動程度

多個總體時間數列之共同趨勢 (共整合檢定)

工欲善其事，必先利其器，故研究者，除了要精通自己領域的「理論」基礎外，正確選用創新性之「研究方法」及「統計」技術，三者間如何有效整合應用更是成為頂尖研究者不可缺乏的基本功夫。

自從計量經濟學 (Econometrics) 做為經濟學中的一支顯學，其主題是研究如何正確有效地使用統計數量方法來分析經濟資料。經濟學是一門非常實用的社會科學；經濟理論往往伴隨一個解釋及預測經濟趨勢的目的，而計量經濟學便是協助經濟學家解讀經濟資料的方法。計量經濟學就是用統計迴歸的方法來估計財金及經濟學的變數 (包含一些數理統計)。

財經資料大致可分為橫斷面資料和時間數列資料，前者是在一個恆定時點對眾多的經濟個體進行普查所獲得的資料，後者則是在不同時點對同一個財經問題所收集的歷史資料。和統計學一樣，計量經濟學對這兩種資料有著相當不同的處理方法。可以這麼說，從 1970 年代到 1980 年代上半葉，我們看到的是橫斷面計量經濟學如日中天的推展，這個研究方向最後造就了 2000 年的諾貝爾經濟學獎頒發給這個領域的兩位大師：海克曼 (James Heckman) 和麥克費登 (Daniel McFadden)。但近二十多年來，計量經濟學的風騷應該是屬於對時間數列的研究。當 2000 年 Heckman 和 McFadden 得獎後，大多數經濟學家也都在等待時間數列計量經濟學家的獲獎，而安格爾和格蘭傑無疑便是其中的最傑出者。

研究時間數列資料的特性在於這種資料的「跨時相關性」：不論是國民產值、物價水準、失業率、利率、某產品需求 (例如，CRB、黃金、教師人數預測)，乃至於股票價格、農業收成、臭氧排放、河水流量、股匯市等預測，每一個時點的觀察值都與該時點之前和之後的觀察值有密切的關係。所謂的長期趨勢、季節循環、短期波動，也不外乎是這種跨時相關性的表徵。研究時間數列資料的跨時相關性是一門有悠久歷史的學問，在橫斷面計量經濟學日新月異如火如荼發展的 1970 年代，時間數列的研究已經相當成熟，在當時就已有所謂的「巴克斯-簡金斯」研究步驟，幾乎已成為分析財經時間數列的制式操作方法。一門學問成熟到有了一個制式的操作方法，事實上就表示它已遇到了發展瓶頸，甚或是已在走下坡路了。

很幸運地，由於財經資料的豐富以及計量經濟學知識的普及 (所有財經學家在接受大學或研究所教育時，都要修習多門計量經濟學的課程)，經濟學家對財經時間數列資料陸續證實了許多有趣卻又難解的現象，而安格爾和格蘭傑就是在

這關鍵時刻，分別提出了分析這些現象的重要計量方法。

財金時間數列之非定態 (stationarity) 波動程度

　　財金學家發現財金資料 (諸如失業率、GDP、股票、期貨、選擇權等的報酬率、利率、通貨膨脹率等) 都有平均水準無法預測，而波動程度則呈現非定態但卻相當規則的方式演變。具體來說，財金資料的高波動時期通常都不是突然發生驟然結束，而會有相當的持續性。

　　由於財金資料的波動程度通常都具風險的含意，而風險又是決定金融資產價格的最重要因素，因此，財金學家必須尋求一個能夠描述波動程度規律性的計量模型。安格爾適時的提出了所謂的 ARCH 模型 (自我迴歸異質波動模型)，將分析時間數列平均水準的「巴克斯-簡金斯」研究步驟，巧妙地轉變成對波動程度的分析工具。

　　安格爾的 ARCH 模型一經提出，不僅成為對財金資料進行學術研究的利器，也廣泛地被金融市場業者拿來分析市場風險。在經濟學研究中，很少有像 ARCH 模型一樣，還是一個處在發展階段的重要學術研究課題，竟就能同時對千萬人的經濟生活發生重大的影響。

多個總體時間數列之共同趨勢 (共整合檢定)

　　總體經濟學家發現諸多總體經濟資料 (例如國民產值、物價水準等) 既非依照一個平穩的均值上下擺動，也非遵循一個定態的長期趨勢線逐步演進，乃是呈現隨機漫步形式的不穩定跳動。也就是說，若要對這些總體經濟資料進行下一期的預測，我們除了粗略地知道預測值大約應該是在本期觀察值的附近外，過去所有的歷史觀察值都無助於改進這項預測。

　　總體經濟資料的這種特性有一個很嚴重的後果：我們無法再採用標準的迴歸模型 (OLS) 來研究各總體經濟資料之間的因果關係。兩個不穩定的總體經濟變數之間，縱使我們確知它們彼此完全無關，但若用迴歸模型來估計兩者之間的關係，絕大多數的計算均會得到非常顯著的迴歸係數估計。因此，估計結果常會錯誤的讓我們以為一個總體經濟變數是因，另一個總體經濟變數是果。這個現象

對迴歸分析習以為常的總體計量經濟學家來說是一個夢魘。1950、1960 年代以來，集數百經濟學家之心血，包括多位早期得過諾貝爾經濟獎的大師所苦心經營，根基於總體經濟時間數列資料的大規模總體經濟計量模型，其正當性幾乎是一夜之間為之動搖。

在那個尷尬的年代，<u>格蘭傑</u>提出了所謂的「共整合」概念，認為總體經濟變數本身可能是不穩定的，但它們之間卻完全有可能存在著一個穩定的長期均衡關係，這個關係造成了它們的同步趨勢。總體計量經濟學家的責任，便是找出這種「共整合」的長期均衡關係，做為進一步研究總體經濟變數之間短期及長期因果關係的基礎。「共整合」概念一經提出，所有對總體經濟時間數列資料的研究無不受其牽動，對直接影響國計民生的總體經濟分析與預測都得以更為深入且大為改進。

1.1 認識數學符號

1.1.1 數學符號

攻讀社會科學的人，常會很害怕數學及統計，追根究底，就是無法深入理解抽象的數學符號，導至量化研究常常無法有新突破，尤其在方法論與統計的結合方面，總是有填不完的漏洞。常見的數學符號如下：

1. **英文字母**：在工程數學、微積分、線性代數、統計學、資料結構、數值分析的書中，常見的：大小寫 a, b, c 代表常數 (constant) 或係數 (coefficient)。f, g, h 代表函數。i, j, k 代表整數。小寫 x, y, z 代表變數；大寫 X, Y, Z 代表矩陣。

2. $|X|$：若 X 為變數，則 $|X|$ 為絕對數，例如，$|-8| = 8$。若 X 為 m×n 矩陣，則 $|X|$ 為行列式 (determinant)，它是將 m 列×n 行矩陣 (二維陣列) 轉成常數值。行列式在數學中，是一個函數，其定義域為的矩陣 A，「取值」為一個純量，寫法 det(A) 或 $|A|$。行列式可以看做是有向面積或體積的概念在一般的歐幾里得空間中的推廣。或者說，在 n 維歐幾里得空間中，行列式描述的是一個線性變換對「體積」所造成的影響。無論是在線性代數、多項式理論，還是在微積分學中 (如，換元積分法)，行列式作為基本的數學工具，

都有着重要的應用。行列式概念最早出現在 17 世紀，使用行列式來確定線性方程組解的個數以及形式。19 世紀以後，矩陣概念的引入使得更多有關行列式的性質被發現，行列式在許多領域都逐漸顯現出重要的意義和作用，出現了線性自同態和向量組的行列式的定義。行列式的特性可以被概括為一個多次交替線性形式，這個本質使得行列式在歐幾里德空間中可以成為描述「體積」的函數。

3. $\overline{X}$ (bar)：代表某一序列 X_i 的算術平均數。

4. $\vec{X}$：$\vec{X}$ 為 m×1 向量 (vector)，它是二維矩陣 mayrix 的特例，$\vec{X}$ 是 m 列 1 直行的矩陣，格式如：

$$\vec{X} = \begin{bmatrix} 0.3 \\ 0.1 \\ 0.2 \\ 0.4 \end{bmatrix}$$

5. $\tilde{X}$：$\tilde{X}$ 若為模糊數 (fuzy number)，最常見的是三角模糊數，例如 $\tilde{X} =$(下界, 平均數, 上界)$= (4, 5, 6)$，亦可能是梯形模糊數，例如 $\tilde{X} = (3, 4, 7, 9)$。$\tilde{X}$ 若為多項式，例如 $\tilde{X} = X_1 + X_2 + X_3$，則 $\tilde{X}$ 可能是投資組合，其中，X_1 為電子股，X_2 為金融股，X_3 為營建股。

6. $\hat{X}$ (head)：變數 X 的預測值。例如，簡單迴歸式 Y＝bX＋a 中，採最小平方法的目標係求誤差 ε 的總和 $\sum_{i=1}^{n}(Y_i - \hat{Y})^2$ 達到最小值，利用偏微分來求得線性迴歸的預測值 $\hat{Y}$，其公式如下：

$$b_{Y.X} = \frac{\sum_{i=1}^{N} X_i Y_i - \dfrac{\sum_{i=1}^{N} X_i \sum_{i=1}^{N} Y_i}{N}}{\sum_{i=1}^{N} X_i^2 - \dfrac{(\sum_{i=1}^{N} X_i)^2}{N}} = \frac{\sum_{i=1}^{N}(X_i - \overline{X})(Y_i - \overline{Y})}{\sum_{i=1}^{N}(X_i - \overline{X})^2}$$

$$= \frac{Cross - \Pr oduct}{SS_X} = \frac{\dfrac{\sum_{i=1}^{N}(X_i - \overline{X})(Y_i - \overline{Y})}{N-1}}{\dfrac{\sum_{i=1}^{N}(X_i - \overline{X})^2}{N-1}} = \frac{COV_{xy}}{S_x^2}$$

$$a = \bar{Y} - b\bar{X}$$

其中，cross-prodluct：交乘積。

7. X' (prime)：有三種意義：(1) 在微積分、微分方程式中，X' 代表「常微分一次」。例如，假設 $Y = X^2 + 3$，則 $Y' = \dfrac{dy}{dx} = 2X$。(2) 在多變量統計學中，X' 代表矩陣 X 的轉置，例如，$X = \begin{bmatrix} 0.2 & 0.1 & 0.4 \\ 0.5 & 0.2 & 0.4 \\ 0.3 & 0.7 & 0.2 \end{bmatrix}$，則 $X' = \begin{bmatrix} 0.2 & 0.5 & 0.3 \\ 0.1 & 0.2 & 0.7 \\ 0.4 & 0.4 & 0.2 \end{bmatrix}$，$X^2 = X'X = \begin{bmatrix} 0.2 & 0.5 & 0.3 \\ 0.1 & 0.2 & 0.7 \\ 0.4 & 0.4 & 0.2 \end{bmatrix} \times \begin{bmatrix} 0.2 & 0.1 & 0.4 \\ 0.5 & 0.2 & 0.4 \\ 0.3 & 0.7 & 0.2 \end{bmatrix}$。(3) 在變數變換時，常用新變數 X' 來代表原先 X 變數經轉變後之值。日常中常見的變數變換，包括，尺度變換 (正規化/標準化、常態化)、空間變換 (例如 X-Y 二維平面空間的各種轉軸變化) 兩種。

8. X^t 或 X' (transpose)：代表矩陣 X 的 90 度轉置。

9. X^{-1} (inverse)：若 X 為變數，則 X^{-1} 為倒數，例如，$4^{-1} = 0.25$，即 $4 \times 4^{-1} = 1$。若 X 為 m×n 矩陣，則 X^{-1} 為逆矩陣，即 $XX^{-1} = I$(單位矩陣)。例如，

$$X = \begin{bmatrix} 0.2 & 0.1 & 0.4 \\ 0.5 & 0.2 & 0.4 \\ 0.3 & 0.7 & 0.2 \end{bmatrix}, \text{則 } X^{-1} = \begin{bmatrix} 1 & 0 & 0 \\ 0 & 1 & 0 \\ 0 & 0 & 1 \end{bmatrix} \Big/ \begin{bmatrix} 0.2 & 0.1 & 0.4 \\ 0.5 & 0.2 & 0.4 \\ 0.3 & 0.7 & 0.2 \end{bmatrix}$$

我們要如何求反矩陣呢？方法有二：(1) 例如 A 矩陣，求 A 的反矩陣，令 $[A|I]$，經由高斯消去法，得 $[I|B]$，其中，B 為 A 的反矩陣。(2) 例如 A 矩陣，求 A 的反矩陣，公式為：反矩陣$= [\text{adj}A]/|A|$。A 的反矩陣＝A 的伴隨矩陣/A 的行列式值。由此可見，反矩陣不一定存在，因為 $|A|$ 有時會為 0。

10. $X_{m \times n} = [x_{ij}]$：$[x_{ij}]$ 為矩陣 $X_{m \times n}$ 中第 i 列，第 j 直行的元素。小寫 x ,y, z 代表變數；大寫 X, Y, Z 代表矩陣。小寫 $\varepsilon, \beta, \gamma, \tau, \omega$ 等希臘字代表迴歸模型之係數；大寫 $\Gamma, \Omega, \Pi, \Phi, \Psi$ 等希臘字代表迴歸模型之係數矩陣。

11. 函數 (function)：以 f, g, h 符號表示。例如，f(x)＝2x＋3、g(x, y)＝3x－2y。一個函數表示每個輸入值對應唯一一輸出值。函數 f 中對應輸入值 x 的輸出值的標準符號為 f(x)。包含某個函數所有的輸入值的集合被稱作這個函數的定

義域，包含所有的輸出值的集合被稱作值域 (rang)。函數常見衍生型式，有三種：

(1) y＝f(t) 是一般常見的函式，代表給定一個 t 值，丟到 f 函式中會回傳一個值給 y。

(2) y＝max f(t) 代表：y 是 f(t) 函式所有的值中最大的 output。

(3) y＝arg max f(t) 代表：y 是 f(t) 函式中，會產生最大 output 的那個參數 t。

12. $\sum X$ 或 $\sum_{i=1}^{n} X_i$ (summation)：將數列 $X_1, X_2, X_3, \cdots, X_\Lambda$ 全部加總。即 $\sum_{i=1}^{n} X_i =$ $X_1 + X_1 + \cdots + X_N$。算術平均數 $M = \dfrac{\sum_{i=1}^{n} X_i}{n}$，它常當作統計學、財經學之平均數。

13. $\prod X$ 或 $\prod_{i=1}^{n} X_i$ (multiplication)：求 n 個數列元素連乘，$\prod_{i=1}^{n} X_i = X_1 \times X_2 \times X_3 \times \cdots \times X_n$。幾何平均數 $M = \sqrt[n]{\prod_{i=1}^{n} X_i}$，它常當作模糊數之平均數。

14. $\dfrac{dx}{dt}$ (differential) 或 $\dot{X}$ (dot)：在物理學中，位移距離 x 對時間 t 的常微分，所得的值叫速度 v，牛頓以 $\dot{X}$ 代表速度 v。在電子學中，$\dfrac{dI}{dt}$，電流 I 對時間 t 微分一次，就是電容器對電壓的反應。在機械學中，避震器伸縮距離 x 對時間 t 微分一次，就是機車後輪之彈簧型避震器的伸縮特性，即避震器因震動而產生「伸縮 X 距離」之速度 $(\dfrac{dx}{dt})$ 大小，係與外力大小成正比。

15. $\dfrac{d^2 x}{dt^2}$ 或 $\ddot{X}$ (double dot)：在物理學中，矩離 X 對時間 t 微分二次，所得的值謂之加速度 a，牛頓以 $\ddot{X}$ 代表加速度 a。在電子學中，$\dfrac{d^2 I}{dt^2}$，電流 I 對時間 t 微分二次，就是電感 (感應電圈) 對電壓的反應。在機械學中，避震器伸縮距離 x 對時間 t 微分二次，就是野狼 125 機車前輪之液壓型避震器的伸縮特性，即避震器因震動而產生「伸縮 x 距離」之加速度 $(\dfrac{d^2 x}{dt^2})$ 大小，係與外力大小成正比。

■表 1-1 微分方程式之背後意義

學科 ＼ 符號	y	$\dfrac{dy}{dx}$	$\dfrac{d^2y}{dx^2}$
電子學	電阻 R 定態時，電流 I 與電壓 V 成正比（$I=\dfrac{V}{R}$），即常數比。 電阻符號	$\dfrac{dI}{dt}$ 電容器 電容器符號	$\dfrac{d^2I}{dt^2}$ 感應電圈 電感符號
機械學/ 波動學	施力 F 定態時，物體移動距離 x 與重量 M 成反比（F＝xM）；作用力 F 與被移動體的重量 y 成正比。	$\dfrac{dx}{dt}$ 彈簧型避震器 螺旋彈簧符號 作用力 F 與螺旋彈簧的速度 $\dfrac{dx}{dt}$ 成正比。	$\dfrac{d^2x}{dt^2}$ 液壓型避震器 液壓避震符號 作用力 F 與液壓型避震器的加速度 $\dfrac{d^2x}{dt^2}$ 成正比。
物理學	x 代表距離 |←─── X ───→|	$\dot{X}$ 代表速度 v	$\ddot{X}$ 代表加速度

微分方程式、工程數學：$a+\dfrac{d^2y}{dx^2}+b\dfrac{dy}{dx}+cy=0$，對應的學域如下：

機械學之微分方程式的示意圖：

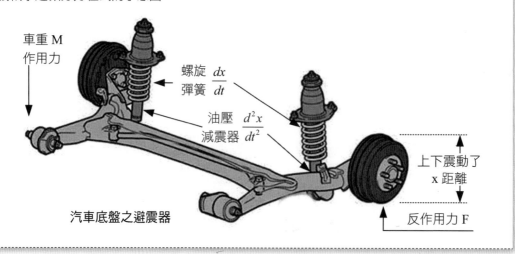

車重 M
作用力

螺旋彈簧 $\dfrac{dx}{dt}$

油壓減震器 $\dfrac{d^2x}{dt^2}$

上下震動了 x 距離

反作用力 F

汽車底盤之避震器

■表 1-1　微分方程式之背後意義 (續)

土木建築學/經濟學波動之微分方程式的示意圖：

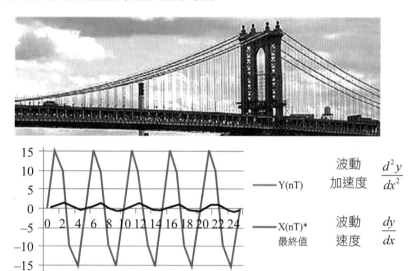

| | 波動加速度 | $\dfrac{d^2y}{dx^2}$ |
| 波動最終值 | 速度 | $\dfrac{dy}{dx}$ |

電子學之微分方程式的示意圖：

電阻之電壓 V 與　$V=IR$　電容之電壓 V 與　$V=\dfrac{dI}{dt}$　電感之電壓 V 與　$V=\dfrac{d^2I}{dt^2}$
電流 I 成正比　　　　　　　電流速度成正比　　　　　　電流加速度正比

電阻＋電容＋電感，形成「微分方程式」＝ay＋by′＋cy″ 基本型

16. $\int f(x)dx$ (integration)：求 f(x) 積分在 X 軸之積分，即求「X 軸與 Y 軸」之間的曲線面積。假設 Y＝f(x)＝2x＋3，則 $\int_0^4 (2x+3)dx = (x^2+3x)\Big|_0^4 =$ $(16+12)-(0)=28$，其對應的幾何圖形之面積如下：

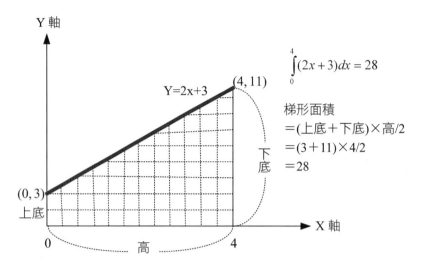

⌐ 圖 1-1 積分求曲線下的面積

17. ΔX (Delta)：對數列 X 差分一次。$\Delta X_t = X_t - X_{t-1}$，例如，X 代表台積電 N 期的股價，假設數列 X＝(50,51,51,50,48,53,54,52)，則 ΔX＝(.,1,0,-1,-2,5,1,-2)。在時間數列中，若遇到非定態的數列，在求其波動特性 (如 auto-regression，ARIMA 等) 前，常常需將它差分一次後，再代入向量自我迴歸 (VAR) 或 VECM 求出因果關係。

18. $\dfrac{\partial f}{\partial x}$ (partial differential)：「∂」偏微分符號，舉個簡單例子，f 對 t 微分，假設 $f=f(x, y, z)$，$x=x(t)$，$y=y(t)$，$z=z(t)$

$$\frac{df}{dt} = \frac{\partial f}{\partial x} \times \frac{dx}{at} + \frac{\partial f}{\partial y} \times \frac{dy}{at} + \frac{\partial f}{\partial z} \times \frac{dz}{at}$$

等號左邊 $\dfrac{df}{dt}$ 為全微分量。等號右邊 $\dfrac{\partial f}{\partial x} \times \dfrac{dx}{dt} + \dfrac{\partial f}{\partial y} \dfrac{dy}{dt} + \dfrac{\partial f}{\partial z} \dfrac{dz}{dt}$ 為偏微分量。

例如，$f(x_1, x_2) = x_1 \times x_2^2$，則 $f(x_1, x_2)$ 對 x_1 偏微分的結果為何？將 x_2 當常數。$\dfrac{\partial f}{\partial x_1} = x_2^2$

$f(x_1, x_2)$ 對 x_2 偏微分的結果為何？將 x_1 當常數。$\dfrac{\partial f}{\partial x_2} = 2x_1 x_2$

1.1.2 希臘字符號

在傳統之統計學裡，樣本的參數 (平均數 M、標準差 S…) 慣用大寫英文字；母群體樣本的參數 (平均數 μ、標準差 σ…) 慣用小寫希臘字。習慣上，大小寫 a, b, c 代表常數 (constant) 或係數 (coefficient)。f, g, h 代表函數。i, j, k 代表整數。小寫 x, y, z 代表變數；大寫 X, Y, Z 代表矩陣。倘若這些英文字「符號」仍不夠用，統計學家會納入希臘字符號。

■表 1-2 希臘字母大小寫之意義

大寫	對應小寫	發音	大寫	對應小寫	發音
A (係數矩陣)	α (係數，係數向量)	Alpha	N (樣本數)	ν (常數項)	Nu
B (係數矩陣)	β (係數，係數向量)	Beta	Ξ (係數矩陣)	ξ (殘差項)	Xi
Γ (係數矩陣)	γ (係數)	Gamma	O (演算法時間複雜度)	o	Omicron
Δ 或 ∇ (差分運算子)	δ (誤差)	Delta	Π (連乘運算子、係數矩陣)	π (係數)	Pi
E (期望值)	ε (誤差)	Epsilon	P	ρ (相關係數)	Pho
Z (內生矩陣)	ζ (誤差)	Zeta	Σ (連加，共變數矩陣)	σ (標準差)	Sigma
H	η (係數)	Eta	T (時間總期數)	τ (無母數統計量)	Tau
Θ (誤差矩陣)	θ (參數，誤差)	Theta	Y (內生變數矩陣)	υ (殘差項)	Upsilon
I (整合階數數)	ι	Iota	Φ (係數矩陣)	ϕ (相關係數)	Phi
K (共整合個數)	κ (無母數統計量)	Kappa	X (外生變數矩陣)	χ (統計量)	Chi
Λ (共變數矩陣 or MANOVA 統計量)	λ (特徵值)	Lambda	Ψ (殘差矩陣)	ψ (殘差項)	Psi
M (樣本平均數)	μ (平均數)	Mu	Ω (係數矩陣)	ω	Omega

在多變量統計、計量經濟之時間序列裡，由於它包含多個迴歸式，這多個迴歸「恆等式」同時求解，就叫聯立方程式，又稱向量迴歸。人們為了簡化這種波動性「向量迴歸」的預測或共整合關係式，就改用「矩陣形式」恆等式來求該係數矩陣的特徵值 (Eigen value)、特徵向量 (Eigen vector)，進而求出「聯立迴歸式」的解。為了統合這些代表矩陣的符號，於是，數學家就以「小寫英文字」代表變數 (序列)。「大寫希臘字」代表係數向量/係數矩陣 (coefficient matrix)，它是 $(m \times n)$ 矩陣。「小寫希臘字」代表單一係數 (coefficient)。

1.1.3 統計量數

一、集中量數 (measures of central location)

我們在生活裡，習慣用一個數字「代表」一整群的數字。舉例來說，當我們想要知道一個國家的人是否富裕時，我們會看這個國家的「平均國民所得」是多少，這裡所說的「平均國民所得」、「平均每人國民生產毛額」…都是一個集中量數。

(一) 平均每人國民生產毛額、平均每人國民所得

　1. 平均每人國民生產毛額 (Per Capital GNP)

即國民生產毛額除以期中人口數 (期初人口數與期末人口數之平均數) 而得之商數，簡稱每人生產毛額，代表平均每一國民之生產能力。

平均每人國民所得 (Per Capital NI) 為按市價計算之國民所得除以期中人口數而得，簡稱每人所得，代表平均每一國民之所得水準。另外，亦常有以按要素成本計算之國民所得除以期中人口數而得之結果，代表平均每人所得者。惟國際間的比較，習慣以平均每人 GNP 或平均每人 NI (按市價計算) 作指標。

　2. 個人所得 (Personal Income, PI)

個人所得是指用來衡量家計單位在一定期間內實際獲得之所得，在國民所得 (NI) 中，有部份未分配至家計單位中，如企業繳納給政府的營利事業所得稅，公民營企業未分配盈餘、政府財產與企業所得，而家計單位中有一部份並非是生產要素參與生產所得，如退休金、災難救濟金等，稱之為國內外對家計單位之移轉性支付。所以個人所得可以表示為：

PI＝NI－[營利事業所得稅＋未分配盈餘＋政府財產與企業所得]
　　　＋國內外對家計單位之移轉性支付

相關資料可以參考主計處統計局《國民所得統計答客問》之「國民生產、國民所得與國民支出之間關係為何？」：http://www.dgbas.gov.tw/mp.asp?mp=1。

(二) 經濟成長率和人口增加率平均每人國民所得之間的關係？

經濟成長率是指一國的國內生產毛額 (Gross Domestic Product)，是該國「國內」在「一定時間內」所生產出來的勞務與貨品之最終市場價值。計算方式是以當年的國內生產毛額除以前一年的國內生產毛額所算出的增減比率。

公式：經濟成長率＝$\dfrac{\text{本期實質 } GDP - \text{前期實質 } GDP}{\text{前期實質 } GDP} = \dfrac{\text{本期實質 } GDP}{\text{前期實質 } GDP} - 1$

假設，去年的國內生產毛額 GDP＝A，去年的人口總數為 N，那麼去年的平均每人國民所得為 A/N。

假設今年的經濟成長率為 g，人口成長率為 r，那今年的平均每人國民所得為：

$$\frac{A \times (1+g)}{N(1+r)} = \frac{A}{N} \times \frac{1+g}{1+r}$$

其中，A/N 為去年的平均每人國民所得，成長率就是 $\dfrac{1+g}{1+r} - 1$，近似於 g－n。所以，經濟成長率－人口成長率＝平均每人國民所得成長率。

舉個數字例子，經濟成長率為 10%，人口成長率為 5%，那麼平均每人國民所得成長率就是：

$$\frac{1+10\%}{1+5\%} - 1 = 0.048，\text{約為 } 10\% - 5\% = 0.05。$$

至於全球所有國家的平均國民所得資料，你可上 IMF (世界貨幣基金會) 的網站：http://www.imf.org/external/pubind.htm。

(一) 平均數

1. 算術平均數 (arithmetic mean, M)

算術平均數 (arithmetic mean, arithmetic average) 將一組數或量相加總，再除以該組數的個數，是最常用的集中量數。因為它最常被用到，所以當我們沒有特別指明時，「平均數」指的就是算術平均數。其公式為：$\overline{X} = \dfrac{\sum X_i}{N}$。

例：7、8、8、3、7、4、3、3、4、3 的算術平均數為：

$(7+8+8+3+7+4+3+3+4+3) \div 10 = 5$

算術平均數可用在平均成績、平均身高上。

2. 算數平均數的特性

(1) 所有數到算術平均之總和為 0：$\sum (X_i - \overline{X}) = 0$

(2) 算術平均數是使平方和最小的數字。$\sum (X_i - \overline{X})^2 \le \sum (X_i - C)^2$，其中 C 為任意數。

(3) 易受極端值的影響。

3. 幾何平均數

幾何平均數是一種由 n 個正數之乘積的 n 次根表示，稱之為幾何平均數。即若有 n 個正數，其幾何平均數為：

$$\overline{X} = \sqrt[n]{\prod_{i=1}^{n} X_i}$$

像全球的人數變化即成為一種幾何級數的一種代表，所以幾何平均數即可求人數的平均數。

4. 調和平均數 (harmonic mean)

若有兩實數 a、b，H 為兩數的調和平均數，則

$$H = \frac{2ab}{a+b}$$

假如，某人上山速度 V_1，下山速度 V_2，求平均速率 (上山與下山路程相同) 的題目，這用調和平均數就很自然。

假設距離為 S，上山速度為 V_1，下山速度為 V_2。

則上山時間 $T_1 = S/V1$，$T_2 = S/V_2$

$\Rightarrow$ 總花時間 $= T_1 + T_2 = (S/V_1) + (S/V_2)$

$\Rightarrow$ 平均速度 $\mathrm{v} = \dfrac{2S}{(S/V_1) + (S/V_2)} = \dfrac{2}{(1/V_1) + (1/V_2)} = \dfrac{2V_1 \times V_2}{(V_1 + V_2)}$

> **例 1-1**：例如，小明上山的速率是每小時 5 公里，下山速率是每小時 15 公里，請問其平均速率是多少？
>
> 答：$\dfrac{2}{1/5 + 1/15} = \dfrac{30}{4} = 7.5$

(二) 加權平均數 (weighted mean, weighted average)

股價指數以最常見的計算方式，大體上可分為「算術平均數」和「加權指數」兩種。

其中，算術平均數就是以採樣的股票，將其股價加總後除以採樣股票總數而得。例如，美國的道瓊工業指數，就是以 30 家具有代表性的各產業股票股價除以 30 得到的指數，以 1897 年的 100 點開始起跳，迄今已經成長到一萬點以上，意味此 30 支股票至今日的平均股價為 1897 年的一百倍以上。這種算法的優點是明瞭易懂，但是缺點就包括如暴漲暴跌個股對股價指數的影響、或除權除息時股價向下調整等等。

加權股價指數為現今多數市場所使用的計算方式。其方法為賦予每一支股票不同的權數，顯示其在股票市場中不同組成因素的重要性，因此這種方式使得股價指數更具有指標性。影響股票權數的因素包括市價、發行股票總額 (資本額) 或者已上市的股票總額等等，牽涉計算公式頗為繁雜，在此便不多做贅述。而採樣的股票，除了「全額交割股」以外，其他「上市股票」均列入計算；但是權證與基金、上市可轉換公司債等等，理應不屬於計算範圍。

發行加權股價指數的好處，如除權時雖然股價會向下調整，但因資本額相對增加，所以股價指數不受影響 (惟除息時仍然會有股價向下調整的情形，但對大盤影響不會如算術平均數般劇烈)。

　　國內上市公司中，金融股的資本額普遍較大，因此金融股的漲跌往往左右加權指數的漲跌。於是，就產生了如不含金融股指數，就是將金融股剔除，保留其他各產業所計算的指數；另外，還有針對各類股所製作的指數，如電子股指數、水泥股指數等等。

1. 定義與特性

　　每一個數字的「重要性」不同時，我們就會需要加權。當計算各個數量的平均數，有時因各個數量重要性不同，必須用不同權數表示不同比重 (所謂權數即用以權衡各數值比重的數)。如果依據數量的重要性，分別加權，然後平均，即稱之為加權算術平均數。如投籃的分數有 3 分球與 2 分球之區別、期末分數乘以上課的節數做為期末的平均分數，亦是加權平均數的一種。

　　例如，學生的段考成績常有以每週課堂數為權重之加權計算。課堂數愈高的，其重要性也愈大。公式為：$\overline{X} = \dfrac{\sum w_i X_i}{\sum w_i}$。

　　分組資料之平均數即為其組中點之值，以個數為權重之加權平均。

2. 重要指數與其加權平均方法

指數名稱	平均方法
TAIEX，台灣證券交易所發行量加權股價指數	新上市公司股票在上市滿一個日曆月的次月第一個營業日納入樣本。
MSCI Taiwan	1. 由 Morgan Stanley Capital International Inc. (MSCI) 自台灣證券交易所中選出市場流通性最佳、最具代表性的 77 支股票按市值加權編製而成。 2. 佔整個台灣證券交易所市值的約 67%。
KOSPI (漢城綜合指數)	1. KOSPI 指數由漢城股票交易所中精選 200 支股票按市值加權平均編製而成。 2. 佔整個韓國證券交易所市值的 93%。
DJ Euro stock 50 Index	由歐洲 50 大藍籌股組成的市值加權平均指數，該指數以 1991 年 12 月 31 日為基期 (基期為 1000)。
Nikkei 225 Index (日經 225 指數)	由東京股票交易所中特選 225 支股票按價格算術平均編製而成。

指數名稱	平均方法
S & P 500 Index	由各產業具有代表性的 500 支股票，經由市值加權平均編製而成。
NASDAQ 100 Index (那斯達克 100 指數)	由在美國 NASDAQ 掛牌之大型非金融類股按市值加權平均編製而成。
Dow Jones Industrial Average (道瓊工業指數)	1. 由 30 家大型藍籌股按價格算術平均編製而成。 2. 代表 NYSE (紐約證券交易所) 約 15~20% 之市值。
NASDAQ Composite Index (那斯達克綜合指數)	由超過 5400 家在美國 NASDAQ 掛牌之股票按市值加權編製而成。

(三) 中位數 (median, M_d)

中位數就是排序後某序列裡最中間的那個數：$M_d = $ P50。中位數最重要的特質是不易受極端值影響。在計算上如集合個數為雙數，則取中央兩數之平均。此外，集合中所有數字與中位數的距離和：$\sum |X - M_d|$，比與其他任何數之距離和小。

例如，香港的收盤價格即以收盤前一段時間交易的中位數做為其收盤價。

舉例來說，假設我們擷取台灣股市的每日收盤加權指數、成交量及匯市收盤價量，再以 Eviews 軟體的分量迴歸 (Quantile regression) 來估計報酬率的中位數、兩尾和成交量的關係，結果可發現：在台灣的上市股市裡「價量齊揚」的效果比「價跌量縮」來得強。上櫃股市裡「價量齊揚」和「價跌量縮」的差距不像上市股市那麼大。在匯市裡，新台幣升貶和成交量對稱關係並對象簡單迴歸所推論的那麼完美，當匯市成交量逐漸擴大時，所對應新台幣升貶值幅度呈現遞增的狀態。若比較簡單迴歸和中位數分量迴歸所估計報酬率與成交量的關係，則發現當報酬率為不偏分配時 (如：上市及上櫃股市)，簡單迴歸和中位數分量迴歸的估計結果是一樣的，而不對稱的報酬率分配 (如：外匯市場)，簡單迴歸和中位數分量迴歸 (Eview 軟體) 的估計結果並一致，此時以不受極端量數影響中位數分量迴歸估計的結果較具代表性，也比較符合樣本期間有大量淨外匯匯入使新臺幣升值的事實。

例 **1-2**：Suppose we add an additional observation to a data set and that this observation is larger than all the previous observations.

True of false: The new observation always causes the median to increase.

True of false: The new observation sometimes causes the median to increase.

True of false: The new observation always causes the mean to increase.

答：a. False；the median could remain constant. b. True c. True。

假設一組數字 1、2、3、3、3、5、6，再加入 7、8，中位數仍為 3，並未增加。

(四) 眾數 (mode, M_o)

某數列中，發生次數最多之數字。

1. 平均值、中位數及眾數的關係。

皮爾生認為眾數、中位數與平均數有如下關係：$M_0 = 3M_d - 2M$。

2. 中位數及眾數的使用時機

當處理類別資料時，中位數與平均數均無法適用，此時就會用眾數。如選舉時 2 號最多票為勝。而當次數分配不規則或無明顯趨勢時，眾數會失去意義。當處理順序 (sorted) 資料時，中位數會比平均數更符合邏輯上的意義。

(五) 截尾平均數 (trimmed average, truncated average)

避免極端值之影響，如國民平均所得、奧運會跳水項目會去除評審最高及最低給分。舉例來說，我們可以取去除頭尾 5% 的資料做為平均數之計算範圍，這就是截尾平均數。

(六) 集中量度之平移與縮放

當我們以 $Y = aX + b$ 將原始資料 X 轉換為 Y 時，平均數、中位數、眾數都成為 a 倍加上 b。

二、相對地位量度

相對地位量度之主要功能在於表達一個數值在全部觀察點中之相對地位。

1. 百分位數 (Percentile)≠百分等級

   (1) 百分位數：累積相對次數 1%、2%、…、99% 所對應的數就稱為第 1、2、…、99 百分位數，其中第 k 百分位數表示至少有 k% 的資料值小於或等於這個數。

   (2) 百分等級：若某個資料值在整組資料中有 k% 的資料值小於或等於它，而且有 (100−k)% 的資料值大於或等於它，我們就稱這個數值的百分等級為 k，或說其 Pr 值為 k。

   百分位數和百分等級，是九年一貫課程新增的部份，加上求法不唯一，各版本教科書寫法各異，因此國中數學老師本身也是一個頭兩個大。

   不過，簡單來說，就是將所有資料由大至小排序，然後分成一百的等級，而所求的那筆資料所在的位置贏過幾個等級即為該筆資料的百分等級 (PR 值)，則該組資料的最小數即為該組的百分位數 (這個說法並不完全正確，但比較容易理解)。

   例如：某次數學競賽，甲生的原始分數 80 分，PR 值為 95，可以粗略地表示他勝過 95% 的考生；而 PR 值為 95 的多人中最低分為 78 分，則第 95 百分位數為 78。

   當我們將 N 個觀察值由小排到大後，第 n 個百分位數表示第 $\frac{n}{100}$ 個數。也就是其下之數值佔了百分之 n。若大雄的身高為 P_{30}，表示有 30% 的人比大雄還矮。將資料分為百組，通常我們用 P_n 表示第 n 個百分位數。中位數等於 P_{50}。我們通常用 $L_y = (N+1)\frac{n}{100}$ 來計算其位置。

例 **1-3**：Find out given the following observations: 8%, 10%, 12%, 13%, 15%, 17%, 17%, 18%, 19%, 23%, 24%

答：$L_y = (11+1)\frac{75}{100} =$ 第 9 位置，所以 $P_{75} = 19\%$。

2. 四分位數 (quartiles)

   (1) 第一四分位數 Q_1 是前一半資料的中位數。

   (2) 第三四分位數 Q_3 是後一半資料的中位數。

   (3) 四分位差 IQR＝$Q_3－Q_1$。

      百分之二十五、五十以及七十五的值。習慣上以 Q_i 表示。

3. 五分位數 (quintiles)：將資料分為五組：20%、40%、60%、80%、100%。

4. 十分位數 (deciles)：將資料分為十組。

三、分散程度、波動程度量度

(一) 變異量數的概念

測量資料之分散情形的量數，衡量散佈的範圍。

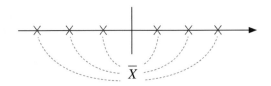

$$\overline{X}$$

屬於離散的觀念，距離平均數有多遠、多散佈。在財務投資上，離散代表的就是風險。舉例來說，保證賺 5% 的投資 vs. 平均賺 5%，但有可能賺 90% 或賠 80% 的投資，這兩個你會選那一個？

(二) 全距 (range)

MAX-MIN。樣本與母體無異。計算容易、提供之資訊較少。

例 **1-4**：What is the range for the 10-year annualized total returns for five investment managers if the managers' individual return were 30%, 12%, 28%, 25% and 21%

答：18%

(三) 平均差 (MAD, mean absolute deviation 或 AD, average deviation)

1. $AD = \dfrac{\sum |X - \overline{X}|}{N}$

2. $\dfrac{\sum X - \overline{X}}{N} = 0$

(四) 變異數 (variance)

1. 變異數 (variance)

變異數是一種最常用來衡量一群數值散佈範圍的指標。其公式為：

$$\sigma^2 = \frac{\sum (X_i - \mu)^2}{n}$$ 。

(1) 共變數 (covariance)：是關連性的指標，表示一群人的兩個變數之間共變的情形。

(2) 變異數 (variance)：是分散情形的指標，表示一個團體內各成員在某一變數方面的個別差異大小。

2. 樣本變異數 (sample variance)

樣本變異數真正的意義必須在學到了抽樣與估計的概念後才能說得清楚。在此處只要記得，樣本變異數是一個用來估計母體真正變異數的指標，這種估計的指標有一個專有名詞稱為統計量。樣本變異數的公式是：

$$s^2 = \frac{n}{n-1} \times \frac{\sum (X_i - \overline{X})^2}{n} = \frac{\sum (X_i - \overline{X})^2}{n-1} = \frac{SS_X}{n-1} ,$$

其中 $SS_X = \sum (X_i - \overline{X})^2 = \sum X_i^2 - \sum \overline{X}^2$ 。

3. 變異數分析 (Analysis of Variance, ANOVA)

可以將 ANOVA 看成是先前學過比較兩個樣本間平均數差異之 t-test 或 z-test 的延伸。例如，我們可能想知道不同宗教信仰者，是否在一測量支持墮胎態度的量表分數上有差異。不同宗教信仰是多類別的自變數。比較這些類別間對某一以等距/比值尺度測量之變數，在平均數上的差異是否達到顯著時，就是一種多樣本比較的情況。

　　ANOVA 之虛無假設 H_0 是 $\mu_1 = \mu_1 = \cdots = \mu_k$，也就是所有樣本均是來自同一母群，或是各樣本來自的各個母群在平均數上沒有無差異。更具體的說法是每類別或項目間在某一特性上並無差異 (如：不同宗教信仰者在支持墮胎之態度上並無差異)。從這 H_0 之形式可看出是兩樣本間 t-test 之延伸。至於說 H_1 則為「至少有一類別在某一特性上與其他類別有差異」。

　　在比較多樣本平均數差異的情況下，我們可以進行一連串兩個樣本間平均數之 t-test 的測定，如果有四個樣本 (從另一個角度來說，是一個有四個類別之自變數，如宗教信仰，則每個類別自為一個 independent subsmaple)，則我們可進行六個不同之兩個樣本間的 t-test。如果真是這樣做，除了非常麻煩外，最大的缺點是會增加犯 Type I 錯誤之機率。如果每個 t-test 是定在 $\alpha = 0.05$ 之水準下進行測定，一連串這樣的 t-tests 會使犯下至少一次 Type I error 的機會增加。換言之，即使每一個 t-test 是在 $\alpha = 0.05$ 之水準下進行測定，其 Type I error 綜合起來事實上是大於 0.05。換個角度來說，t-test 做多了，總有一個 t-test 之結果會拒絕 (reject) H_0，但此 H_0 可能為真。用 ANOVA 來分析就可以避免這樣的問題。

(1) 何謂獨立樣本 ANOVA？何謂相依樣本 ANOVA？

　　獨立樣本係指 1 位受試者只有 1 個依變數，每個受試者是獨立的，而全體受試者可以分為 n 組，檢定時主要是想知道這 n 組的依變數的平均數或變異數是否相等。

　　相依樣本係指 1 位受試者重複測量 n 次故有 n 個依變數，所以同一個人的依變數是相依的，檢定時主要是想知道這 n 個依變數平均數或變異數是否相等。

(2) 何謂變異數同質或異質？

　　常用的 F 檢定、迴歸係數檢定，通常都假定 (assumption) 變異數是同質，代表各組的變異數視為相等，若違反此假定，即為變異數異質，便要調降 F 查表值的自由度、或將依變數先做變數變換 [例如做 Ln( ) 函數] 後再代入 ANOVA。

(3) 何謂多重比較？為何要多重比較？

　　在 F 檢定之後，若結果達到統計顯著，即代表各組的平均數或變異數不相等，此時研究者會想進一步知道，主要的變異來源是來自何

處，故做多重比較來了解，3 組以上才需做多重比較，若只有 2 組，平均數或變異數不相等，直接觀察平均數或變異數即可知道誰大誰小。

4. 變異數分析 (ANOVA) vs. 多變量變異數分析 (MANOVA)

■表 1-3　t 檢定、單變量 F 檢定、多變量 F 檢定的比較

	t-test **(為 ANOVA 的特例)**	**變異數分析** **(ANOVA)**	**多變量變異數分析** **(MANOVA)**
目的	考驗兩組平均數是否有差異	考驗三組以上平均數是否有差異	同時考驗 k 組間在兩個以上依變數上的形心 (centroid) 是否有差異
自變數	一個 (兩個水準)；質化	一個或多個 (三個水準以上)；質化	一個或多個；質化
依變數	一個；量化	一個；量化	多個；量化
舉例，假設	性別不同，其身高不同	1. 接受三種不同教學法，其學生數學成績不同 2. 不同溫度 (日、夜) 和區域 (A、B、C)，稻米重量化有所不同	1. 接受三種不同教學法，其學生國、英、數成績不同 2. 不同性別接受三種不同教學法，其學生學科成績和學習動機不同

5. MANOVA 的使用時機

(1) 研究者對於考驗數個依變數的平均數差異有興趣，而不只是對於單一個依變數有興趣 (可控制整體水準)。

(2) 研究者想在控制依變數間交互相關的情形下，了解組平均數同時在所有依變數上的差異。

(五) 標準差

1. 標準差~風險值

標準差是變異數開根號後的數值，衡量的是所有數值與平均數的平均距離。其公式為：

$$\sigma = \sqrt{\frac{\sum (X_i - \mu)^2}{N}}$$

標準差必然是正值，而且其單位與原資料相同。也就是說，我們會說某一群人的身高標準差 5 公分，但是你不能說某一群人的身高變異數是 5 公分。如果是變異數，你要說 5^2 公分。

2. 樣本標準差

樣本標準差是變異數開根號後的數值，因此就等於：

$$s = \sqrt{\frac{\sum(X_i - \mu)^2}{n-1}} \text{ 。}$$

例 **1-5**：(AIMR Sample 2004-21) Which of the following statements about standard deviation is most accurate? Standard deviation: A. is the square of the variance. B. can be a positive number or a negative number. C. is denominated in the same units as the original data. D. is the arithmetic mean of the squared deviations from the mean.

答：(C)

(六) 四分位差 (quartile range)

$Q = \dfrac{Q_3 - Q_1}{2}$，其中 $Q_3 - Q_1$ 為內四分位數全距 (inter-quartile range)，Q_3 為第 $\dfrac{3}{4}N$ 個觀察值，Q_1 為第 $\dfrac{1}{4}N$ 個觀察值。四分位差表示中央 50% 的資料的變異。

(七) 變異量度的平移及縮放

1. $Var(aX + b) = a^2 Var(X)$

2. $Var(aX + Y) = a^2 Var(X) + Var(Y) + Cov(X, Y)$

假設一組數字：1、2、3、4、5，$\overline{X}=3$。

集中趨勢量度：所有數字變 4 倍時，數列：4、8、12、16、20，$\overline{X}=4\times3$；所有數字＋4，$\overline{X}=3+4$。

變異量度：當序列所有數字變 4 倍，則標準差×4、變異數×16。

四、機率、分配

(一) 常態分配

　　一般迴歸模型：OLS、ARIMA、VAR、ARCH、VECM，都會假定迴歸模型之誤差項 $u_t \overset{iid}{\sim} \mathrm{N}(0,\ \sigma^2)$，表示前後期誤差項是彼此 iid 獨立且同態 [如常態分配 Normal( )]、平均數 0 而且變異數 σ^2。例如，標準常態分配之檢定，就需判定其偏態是否近 0；峰度是否近 3。若是，表示它屬常態分配。

(一) 偏態 (skewness)

1. 定義

　　偏態是 3 級動差 (moment) 概念，用以判定分配之偏移狀態及程度。其定義如下：

$$偏態 = \frac{\sum (X-\mu)^3}{N} \times \frac{1}{\sigma^3}$$

2. 圖形

　　正偏態或右偏態 (positive skewed or right skewed)(尾巴長長向右)：

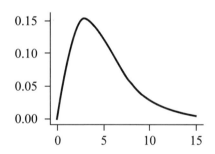

　　負偏態或左偏態 (negative skewed or left skewed)(尾巴長長向左)：

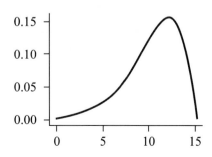

3. 偏態分配下之平均、中位數與眾數大小關係

以下關係是正常數據的表現：

(1) 右傾 (right skewness)：Mean > Median > Mode

(2) 左傾 (left skewness)：Mean < Median < Mode

4. 近似值

由<u>皮爾生</u>經過大量量測得知 $M_o = M - 3(M - M_d)$。

5. 應用

大的正偏態，表示出現正向偏誤的情形常見。在做投資時，如果有 5% 的平均收益，10% 的標準差，則顯著的負偏態，告訴我們的訊息是，多半的時候，報酬高於平均，但是偶而會遇到大災難。許多投資股票的人都經歷過類似的經驗，這就是負偏態的現象。你能夠想得通嗎？

例 **1-6**：在集中量數中，下列何種情況最不可能出現？(A) M > M_d > M_o；(B) M_o > M_d > M；(C) M > M_o > M_d；(D) M＝M_o＝M_d。

答：(C)

(二) 峰度 (kurtosis)

1. 基本概念

峰度是 4 級動差 (moment) 概念，用來衡量一組數據是不是比常態分配更尖。以四級動差描述。

$$峰度 = \frac{\sum (X - \mu)^4}{n} \times \frac{1}{\sigma^4} ,$$

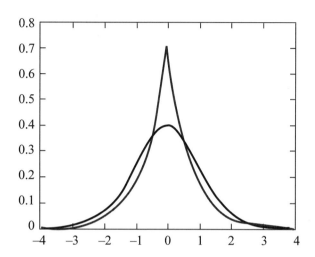

　　峰度僅在單峰分配下有意義。常態分配之 K＝3。大於 3 者為高狹峰 (leptokurtic)，小於 3 者為低闊峰 (platykurtic)。(lepto 為修長的，platy 為寬廣的。)

　　高狹峰表示：(1) 較高的峰 (peak) 及 (2) 較肥的尾 (fat-tail)。要注意，這兩件事是同時發生的。

2. 超峰度G (excess kurtosis)

　　G＝K－3，超峰度 G 為峰度 G 減 3。

3. 應用

　　高峰等於肥尾。這在財務上的重要性是提醒我們極端值 (extreme value) 發生的可能性，表示發生的機率較大。以 1926～2002 年間 S & P 500 的月報酬率為例，其 excess kurtosis 高達 9.4645，這表示發生大於三個標準差外的情況遠多於常態分配下的狀況。對於做風險控管的人來說，如果你是用其標準差 5.65% 來思考，危機就不遠了。

(二) 柴比雪夫不等式 (Chebyshev's inequality)

1. 定義

　　柴比雪夫 (Chebehsev's Inequality) 之機率公式：$\Pr(|X-\mu| \le k \times \sigma) \ge 1 - \dfrac{1}{k^2}$，$k > 1$。其意義為，不論母體之分佈，抽樣之樣本值發生在 k 個母體標

準差範圍內之機率至少有 $1-\dfrac{1}{k^2}$。如果不從機率論的觀點來看，單就敘述統計來說，就是數值在 k 個標準差範圍內者，其數量比例至少有 $1-\dfrac{1}{k^2}$。柴比雪夫不等式雖然是絕對正確，但是由於其限制太鬆，實用價值其實很低。

2. 與常態分配之比較

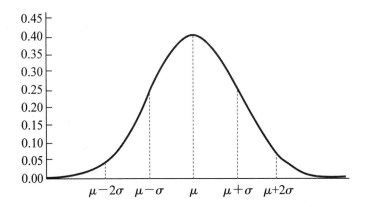

3. n 個標準差內之比例

n	用柴比雪夫	常態分配下
1	0%	68.26%
2	75%	95.44%
3	88.89%	99.72%

由上表之比較可知柴比雪夫實乃「效果」不甚理想之估計值，它是一個一不論分配為何都對的結果。

五、夏普量度 (Sharpe's measure)

(一) 夏普量度

夏普公式：$\dfrac{\overline{r}_p - r_f}{\sigma_p}$，其中，$\overline{r}_p$ 為期望投資組合報酬，r_f 為無風險之利率，σ_p 為投資組合之標準差。它係計算每一單位風險的承受下，所獲取的利益貼損 (premium)。舉例來說，若公債利率為 2% (假設無任何風險 risk-free interest rate)，投資某張股票的獲利平均為 10%，標準差為 5%，其夏普量度為

$$\frac{10\% - 2\%}{5\%} = 1.6 \circ$$

(二) 變異係數 (Coefficient of Variation)

變異係數：$CV = \dfrac{S}{\overline{X}}$。主要目的在於標準化比較之基準。為標準化後的標準差。例：單單比較台灣 (近年約 7000 ～ 9000 點) 與美國道瓊 (近年約 11000 ～ 16000 點) 的股市之變異並無意義，需要標準化後的資訊。因為 CV 常以百分比表示，故亦許多書籍將其定義列為 $CV = 100 \times \dfrac{S}{\overline{X}}\%$。

1.2 矩陣運算

1.2.1 特徵值及特徵向量

在向量迴歸模型、多變量、時間序互迴歸統計，常常需要找到一個向量 $X_{n \times 1}$，使得線性組合分數 y_i 的變異數達到最大，即當方陣 $A_{n \times n}$ 是 y_i 的「變異數-共變數 (V-C)」矩陣時，我們必須找到向量 $X_{n \times 1}$，使得 $X'AX$ 變為極大。假設我們不加以限制，則 $X'AX$ 可能變得無限大，故向量 $X_{n \times 1}$ 常被限制為單位長度，即 $X'AX = 1$。假如我們以 λ (讀成 Lamda) 來代表變異數的最大值，則意味須在 ＝1 的條件下，使得：

$$\lambda = \max(X'AX)$$

利用 $Ax = \lambda x$ 公式，我們必須將下列函數加以極大化：

$$F = X'AX - \lambda(X'X - 1)$$

要達到此目的，必須根據向量 $X_{n \times 1}$，將上式取一階導數，並令它為 0。即可得：

$$AX = \lambda X$$

或簡寫 $(A-\lambda I)X=0$

上式之恆等式的右邊為 0，稱之為齊次方程式 (homogeneous equation)，此式常常都是有解，但若要一個非零解 (即 X 元素不全是 0)，則 $(A-\lambda I)$ 必須是缺秩 (rank) 的方陣。亦即，A 不能有反陣矩存在。換言之，λ 必須符合下例條件：

$$|A-\lambda I|=0$$

將上式求解，所得的 λ 值，就是矩陣 A 的特徵值 (eigen value)，那麼，每一個 λ 相對應的向量 $X_{n\times 1}$ 就叫「特徵向量」(eigen vector)。$|A-\lambda I|=0$ 就叫做矩陣 A 的「特徵方程式」。

(一) 特徵值及特徵向量之求解

例如，有一 $A_{2\times 2}=\begin{bmatrix}3 & 5\\ 1 & 7\end{bmatrix}$ 矩陣，令 $|A-\lambda I|=0$，即

$$\left\|\begin{bmatrix}3 & 5\\ 1 & 7\end{bmatrix}-\lambda\begin{bmatrix}1 & 0\\ 0 & 1\end{bmatrix}\right\|=\left\|\begin{bmatrix}3-\lambda & 5\\ 1 & 7-\lambda\end{bmatrix}\right\|=0$$

展開此行列式，可得：$(3-\lambda)(7-\lambda)-1\times 5=0$

$$\lambda^2-10\lambda+16=0$$

故得：$\lambda_1=8,\ \lambda_2=2$

然後將這二個特徵值，代入公式 $(A-\lambda I)X=0$。

當 $\lambda_1=8$

$$\begin{bmatrix}3-8 & 5\\ 1 & 7-8\end{bmatrix}\times\begin{bmatrix}x_1\\ x_2\end{bmatrix}=0$$

或 $\begin{cases}-5x_1+5x_2=0\\ 1x_1-1x_2=0\end{cases}$

故得特徵向量 $x_1=\begin{bmatrix}1\\ 1\end{bmatrix}$

當 $\lambda_2=2$

$$\begin{bmatrix}3-2 & 5\\ 1 & 7-2\end{bmatrix}\times\begin{bmatrix}x_1\\ x_2\end{bmatrix}=0$$

或 $\begin{cases}1x_1+5x_2=0\\ 1x_1+5x_2=0\end{cases}$

故得特徵向量 $x_2=\begin{bmatrix}5\\ -1\end{bmatrix}$

將上面二個特徵向量加以組合，即可得：

特徵值矩陣 $X = \begin{bmatrix} 1 & 5 \\ 1 & -1 \end{bmatrix}$，特徵值矩陣 $\Lambda = \begin{bmatrix} 8 & 0 \\ 0 & 2 \end{bmatrix}$，這二者關係為：

$$A_{2\times2} X_{2\times2} = X_{2\times2} \Lambda_{2\times2}$$

特徵值及特徵向量，有二個性質。

性質 1：方陣 $A_{n\times n}$ 的 m 個特徵值的「乘積」等於行列式值，即

$$\prod_{i=1}^{m} \lambda_i = |A|$$

性質 2：方陣 $A_{n\times n}$ 的 m 個特徵值的「和」等於方陣 $A_{n\times n}$ 的跡 (trace)

$$\sum_{i=1}^{m} \lambda_i = tr[A]$$

在工程、統計或財經實務應用方面，任何一個全秩矩陣 A，透過 AX＝λX 或 (A－λI)X＝0 公式，只要矩陣 A 為對稱矩陣、或正定矩陣，保證一定可求得數個彼此獨立特徵向量 x_i 所組合成的方陣 P，再利用 $P^{-1}AP$ 乘法公式，即能將原始矩陣 A「空間轉換」成另一個「對角化矩陣『$P^{-1}AP$』」，如此就能精簡矩陣求解的方法。其中，P 是由特徵向量組成的奇異矩陣 (滿足行列式 $|P|$＝0 條件)。

1.2.2 矩陣公式之運算

多變量分析或向量迴歸模型之矩陣公式的算法，多數可從單變量來衍生。常見的公式算法，有下列幾個：

1. 總人數

假若樣本總人數為 N，則矩陣公式為：

$$1_N^t 1_N = N \quad\text{...(1-1)}$$

假如矩陣 Y，其三個變數，及五筆受訪者的資料如下：

$$Y = \begin{bmatrix} 6 & 7 & 10 \\ 8 & 11 & 9 \\ 2 & 5 & 4 \\ 3 & 6 & 8 \\ 1 & 1 & 4 \end{bmatrix}$$

$$N = 1_N^t 1_N = \begin{bmatrix} 1 & 1 & 1 & 1 & 1 \end{bmatrix} \begin{bmatrix} 1 \\ 1 \\ 1 \\ 1 \\ 1 \end{bmatrix} = 5$$

2. 總和 (summation)

在單變量中，變數 X 的總和為 $\sum_{i=1}^{N} X_i$ 表示，在多變量中，變數 X 的總和為 $1^t Y$ 表示。$\cdots\cdots\cdots\cdots\cdots\cdots\cdots\cdots\cdots\cdots\cdots\cdots\cdots\cdots\cdots\cdots$ (1-2)

$$1^t Y = \begin{bmatrix} 1 & 1 & 1 & 1 & 1 \end{bmatrix} \begin{bmatrix} 6 & 7 & 10 \\ 8 & 11 & 9 \\ 2 & 5 & 4 \\ 3 & 6 & 8 \\ 1 & 1 & 4 \end{bmatrix} = \begin{bmatrix} 20 & 30 & 35 \end{bmatrix}$$

3. 平均數 (mean)

在單變量中，平均數 $\overline{X}$ 為 $\dfrac{\sum_{i=1}^{N} X_i}{N}$ 表示，在多變量中，變數 X 的總和為：

$$\overline{y}^t = \frac{1}{N} 1^t Y = (1_N^t 1_N)^{-1} 1^t Y \qquad\cdots\cdots\cdots\cdots\cdots\cdots\cdots\cdots\cdots\cdots\cdots\cdots\cdots (1-3)$$

$$\overline{y}^t = \frac{1}{5} = \begin{bmatrix} 20 & 30 & 35 \end{bmatrix} = \begin{bmatrix} 4 & 6 & 7 \end{bmatrix}$$

4. 離均差和 (sum of square of deviations from the mean, SS)

在單變量中一級動差，$\sum (X - \overline{X}) = \sum X - N\overline{X} = N\overline{X} - N\overline{X} = 0$ 其對應的多變量為：

$$1^t(Y - 1\overline{y}^t) = 1^t Y - 1^t 1\overline{y}^t = N\overline{y}^t - N\overline{y}^t = 0^t \quad \cdots\cdots\cdots\cdots(1\text{-}4)$$

$$1^t(Y - 1\overline{y}^t) = [1 \quad 1 \quad 1 \quad 1 \quad 1] \begin{bmatrix} 2 & 1 & 3 \\ 4 & 5 & 2 \\ -2 & -1 & -3 \\ -1 & 0 & 1 \\ -3 & -5 & -3 \end{bmatrix} = [0 \quad 0 \quad 0]$$

5. 離均差平方和-交乘積和矩陣 (Sum-of-squares and cross-products, SSCP)

在單變量中：

變異數 $S_X^2 = \sum(X - \overline{X})^2 = \sum X^2 - \dfrac{(\sum X)^2}{N} = \sum X^2 - N\overline{X}^2$

共變數 $S_{XY}^2 = \sum(X - \overline{X})(Y - \overline{Y}) = \sum XY - \dfrac{\sum X \sum Y}{N} = \sum XY - N\overline{XY}$

在多變量中，SSCP 矩陣 (Q 代表) 為：

$$Q = \sum_{i=1}^{N}(y_i - \overline{y})(y_i - \overline{y})^t = \sum_{i=1}^{N} y_i y_i^t - N\overline{y}\overline{y}^t$$

$$= Y^t Y - N\overline{y}\overline{y}^t \quad \cdots\cdots\cdots\cdots\cdots\cdots\cdots\cdots\cdots\cdots\cdots\cdots\cdots(1\text{-}5)$$

$$= Y^t Y - Y^t 1(1^t 1)^{-1} 1^t Y \quad \cdots\cdots\cdots\cdots\cdots\cdots\cdots\cdots(1\text{-}6)$$

$$= Y^t[I - 1(1^t 1)^{-1} 1^t]Y \quad \cdots\cdots\cdots\cdots\cdots\cdots\cdots\cdots(1\text{-}7)$$

以本例來說：

$$SSCP = \begin{bmatrix} 6 & 8 & 2 & 3 & 1 \\ 7 & 11 & 5 & 6 & 1 \\ 10 & 9 & 4 & 8 & 4 \end{bmatrix} \begin{bmatrix} 6 & 7 & 10 \\ 8 & 11 & 9 \\ 2 & 5 & 4 \\ 3 & 6 & 8 \\ 1 & 1 & 4 \end{bmatrix} - 5\begin{bmatrix} 4 \\ 6 \\ 7 \end{bmatrix}[4 \quad 6 \quad 7]$$

$$或 = \begin{bmatrix} 6 & 8 & 2 & 3 & 1 \\ 7 & 11 & 5 & 6 & 1 \\ 10 & 9 & 4 & 8 & 4 \end{bmatrix} \begin{bmatrix} 6 & 7 & 10 \\ 8 & 11 & 9 \\ 2 & 5 & 4 \\ 3 & 6 & 8 \\ 1 & 1 & 4 \end{bmatrix} - \begin{bmatrix} 20 \\ 30 \\ 35 \end{bmatrix} (\frac{1}{5}) \begin{bmatrix} 20 & 30 & 35 \end{bmatrix}$$

$$= \begin{bmatrix} 114 & 159 & 168 \\ 159 & 232 & 241 \\ 168 & 241 & 277 \end{bmatrix} - \begin{bmatrix} 80 & 120 & 140 \\ 120 & 180 & 210 \\ 140 & 210 & 245 \end{bmatrix}$$

$$= \begin{bmatrix} 34 & 39 & 28 \\ 39 & 52 & 31 \\ 28 & 31 & 32 \end{bmatrix} = \begin{bmatrix} SS_{11} & CP_{12} & CP_{13} \\ CP_{21} & SS_{22} & CP_{23} \\ CP_{31} & CP_{32} & SS_{33} \end{bmatrix}$$

SSCP 另一算法，係代入公式 (1.7)

$$SSCP = Y'[I - 1(1'1)^{-1}1']Y$$

$$= \begin{bmatrix} 6 & 8 & 2 & 3 & 1 \\ 7 & 11 & 5 & 6 & 1 \\ 10 & 9 & 4 & 8 & 4 \end{bmatrix} \begin{bmatrix} 4 & -1 & -1 & -1 & -1 \\ -1 & 4 & -1 & -1 & -1 \\ -1 & -1 & 4 & -1 & -1 \\ -1 & -1 & -1 & 4 & -1 \\ -1 & -1 & -1 & -1 & 4 \end{bmatrix} \times (\frac{1}{5}) \begin{bmatrix} 6 & 7 & 10 \\ 8 & 11 & 9 \\ 2 & 5 & 4 \\ 3 & 6 & 8 \\ 1 & 1 & 4 \end{bmatrix}$$

$$= \begin{bmatrix} 10 & 20 & -10 & -5 & -15 \\ 5 & 25 & -5 & 0 & -25 \\ 15 & 10 & -15 & 5 & -15 \end{bmatrix} \times (\frac{1}{5}) \begin{bmatrix} 6 & 7 & 10 \\ 8 & 11 & 9 \\ 2 & 5 & 4 \\ 3 & 6 & 8 \\ 1 & 1 & 4 \end{bmatrix}$$

$$= \begin{bmatrix} 2 & 4 & -2 & -1 & -3 \\ 1 & 5 & -1 & 0 & -5 \\ 3 & 2 & -3 & 1 & -3 \end{bmatrix} \times \begin{bmatrix} 6 & 7 & 10 \\ 8 & 11 & 9 \\ 2 & 5 & 4 \\ 3 & 6 & 8 \\ 1 & 1 & 4 \end{bmatrix} = \begin{bmatrix} 34 & 39 & 28 \\ 39 & 52 & 31 \\ 28 & 31 & 32 \end{bmatrix} \approx \begin{bmatrix} SS_{11} & CP_{12} & CP_{13} \\ CP_{21} & SS_{22} & CP_{23} \\ CP_{31} & CP_{32} & SS_{33} \end{bmatrix}$$

6. 變異數-共變數矩陣 (Variance-Covariance, V-C 矩陣)

在單變量中：

以樣本 S^2 代表母群 $\sigma^2 = \dfrac{\sum (X - \overline{X})^2}{N-1}$

共變數 $C_{XY}^2 = \dfrac{\sum (X - \overline{X})(Y - \overline{Y})}{N-1}$

在多變量中：

$$S = \frac{SSCP}{N-1} = \frac{1}{N-1} \sum_{i=1}^{N} (y_i - \overline{y_i})(y_i - \overline{y_i})^t$$

$$= \frac{1}{N-1}[Y'Y - Y'1(1'1)^{-1}1'Y] \quad \cdots\cdots\cdots\cdots\cdots\cdots\cdots\cdots (1\text{-}8)$$

故 $S = \dfrac{1}{4}\begin{bmatrix} 34 & 39 & 28 \\ 39 & 52 & 31 \\ 28 & 31 & 32 \end{bmatrix} = \begin{bmatrix} 8.50 & 9.75 & 7.00 \\ 9.75 & 13.00 & 7.75 \\ 7.00 & 7.75 & 8.00 \end{bmatrix} \approx \begin{bmatrix} S_1^2 & C_{12} & C_{13} \\ C_{21} & S_2^2 & C_{23} \\ C_{31} & C_{32} & S_3^2 \end{bmatrix}$

上式 S 矩陣中，主對角線 (diagonal) 的各元素為變異數，主對角線以外的各元素為共變異。故以對角線為元素所排列而成的矩陣 D 為變異數：

$$D = \begin{bmatrix} 8.50 & 0 & 0 \\ 0 & 13.00 & 0 \\ 0 & 0 & 8.00 \end{bmatrix}$$

7. 標準差 (standard deviation, SD 或 S)

在單變量中：

$$s = \sqrt{\frac{\sum (X - \overline{X})^2}{N-1}}$$

在多變量中，標準差矩陣 $= D^{\frac{1}{2}}$：

$$D^{\frac{1}{2}} = \begin{bmatrix} \sqrt{8.50} & 0 & 0 \\ 0 & \sqrt{13.00} & 0 \\ 0 & 0 & \sqrt{8.00} \end{bmatrix} = \begin{bmatrix} 2.92 & 0 & 0 \\ 0 & 3.61 & 0 \\ 0 & 0 & 2.83 \end{bmatrix}$$

換句話說，三個變數之標準差分別為 2.92、3.61 及 2.83。

8. 相關係數 (correlation coefficient)

在單變量中，$r_{12} = \dfrac{\sum Z_1 Z_2}{N-1}$

在多變量中：

$$R = \frac{1}{N-1}\sum_{i=1}^{N}[D^{\frac{-1}{2}}(y_i - \overline{y_i})(y_i - \overline{y_i})^t (D^{\frac{-1}{2}})^t]$$

$$= D^{\frac{-1}{2}} S D^{\frac{-1}{2}} \quad\cdots\cdots\cdots\cdots\cdots\cdots\cdots\cdots\cdots\cdots\cdots\cdots\cdots\cdots(1\text{-}9)$$

以前例來說：

$$R = \begin{bmatrix} \dfrac{1}{2.92} & 0 & 0 \\ 0 & \dfrac{1}{3.61} & 0 \\ 0 & 0 & \dfrac{1}{2.83} \end{bmatrix} \begin{bmatrix} 8.50 & 9.75 & 7.00 \\ 9.75 & 13.0 & 7.75 \\ 7.00 & 7.75 & 8.00 \end{bmatrix} \begin{bmatrix} \dfrac{1}{2.92} & 0 & 0 \\ 0 & \dfrac{1}{3.61} & 0 \\ 0 & 0 & \dfrac{1}{2.83} \end{bmatrix}$$

$$= \begin{bmatrix} \dfrac{8.50}{2.92\times 2.92} & \dfrac{9.75}{2.92\times 3.61} & \dfrac{7.00}{2.92\times 2.83} \\ \dfrac{9.75}{2.92\times 3.61} & \dfrac{13.0}{3.61\times 3.61} & \dfrac{7.75}{3.61\times 2.83} \\ \dfrac{7.00}{2.92\times 2.83} & \dfrac{7.75}{3.61\times 2.83} & \dfrac{8.00}{2.83\times 2.83} \end{bmatrix} = \begin{bmatrix} 1.00 & 0.93 & 0.85 \\ 0.93 & 1.00 & 0.76 \\ 0.85 & 0.76 & 1.00 \end{bmatrix}$$

9. Hotelling's T 檢定

在單變量之 t 檢定中，$t^2 = \dfrac{(\overline{X}-\mu_0)^2}{\dfrac{s^2}{N}} = \dfrac{N(\overline{X}-\mu_0)^2}{s^2}$

$$= N(\overline{X}-\mu_0)^t (s^2)^{-1}(\overline{X}-\mu_0)$$

在多變量之 Hotelling's T 檢定中

$$T^2 = N(\overline{y}-\mu_0)^t (S)^{-1}(\overline{y}-\mu_0) \quad\cdots\cdots\cdots\cdots\cdots\cdots\cdots\cdots\cdots (1\text{-}10)$$

其中，$S = \dfrac{1}{N-1}\sum_{i=1}^{n}(y_i - \overline{y})(y_i - \overline{y})^t \approx \dfrac{SSCP}{N-1}$ $\quad\cdots\cdots\cdots\cdots\cdots\cdots (1\text{-}11)$

$$= \frac{1}{N-1}[Y'Y - Y'1(1'1)^{-1}1'Y] \quad \cdots\cdots\cdots\cdots\cdots\cdots\cdots\cdots\cdots\cdots\cdots\cdots\cdots (1\text{-}12)$$

上式 Hotelling's T^2 公式的統計值，若大於查表 $T^2_{\alpha,(p,N-a)}$ 就可拒絕虛無假設 $H_0 : \mu = \mu_0$。假如沒有 T^2 表可以查，亦可用下列來取式，再查 F 表。

$$\frac{(N-p)T^2}{(N-1)p} > F_{\alpha,(p,N-1)}$$

10. 變異數分析 (analysis of variance, ANOVA)

在單變量之變異數分析中，$F = \dfrac{SS_b / df_b}{SS_w / df_w}$，其中 $SS_t = SS_b + SS_w$。

若實驗處理效果愈大，或組間離均差平方和 (SS_b) 與組內離均差平方和 (SS_w) 的比值愈大，則 F 值就愈大，更容易會超過查表的臨界值而達到顯著水準。

在多變量之變異數分析中，其考驗顯著水準的方法有很多，最常用的公式 Wilk's Lambda 如下：

$$\Lambda = \frac{|Q_e|}{|Q_h + Q_e|}，其中 Q_t = Q_h + Q_e$$

上式中，Q_h 代表實驗假設的 SSCP，而 Q_e 代表組內誤差的 SSCP。化為行列式的純量便具有概化變異數的性質。

由上式之公式可知，若實驗處理效果愈大，則 $|Q_h|$ 值愈大，$|Q_e|$ 值就愈小，使得分子值愈小，分母值愈大。因此，Wilks' Lambda 愈小，愈容易達到查表的臨界值而達到顯著水準。

換句話說，若計算的 Λ 值「小於」查表的 $U_{\alpha,(p,1,N-1)}$，則拒絕虛無假設。

此外，Wilks' Lambda 亦可由解 $(Q_h - \lambda Q_e)k = 0$ 來求得。若籍由解 $(Q_h - \lambda Q_e)k = 0$ 中的 n 個特徵值 λ_i，則：

$$\Lambda = \frac{|Q_e|}{|Q_h + Q_e|} = \prod_{i=1}^{n}(1 + \lambda_i)^{-1}，即這 n 個特徵值 \lambda_i 各加一再取倒數的相乘積$$

還有 SPSS 亦有供 Roy's 最大根 (Roy's Largest Root) 準則，其公式如下：

$$\theta_n = \frac{\lambda_1}{1 + \lambda_1} 即只根據最大的特徵值來求 \theta_n。$$

另外 Pillai's Trace 的跡準則 (trace criterion) 採用：

$$V^{(n)} = \sum_{i=1}^{n} \frac{\lambda_1}{1+\lambda_1}$$

但 Hotelling's Trace 的跡準則則採用：

$$U^{(n)} = \sum_{i=1}^{n} \lambda_i$$

11. 一般線性模式 (General Linear Model, GLM)

一般線性模式 (GLM) 應用所衍生出來的統計技術，包括：迴歸分析、logic 迴歸分析、變異數分析、共變數分析、生存分析…等。

在多變量的一般線性模式 (GLM) 的形式，也是由單變量所衍生而來。

單變量：$y = x\beta + \varepsilon$ ·· (1-13)

多變量：$\mathbf{Y} = \mathbf{XB} + \varepsilon$

（或 $Y_{N \times 1} = X_{N \times q} \beta_{q \times 1} + \varepsilon_{N \times 1}$）·································· (1-14)

上式中，小寫的 y 為反應變數(依變數)，小寫的 x 為預測變數 (自變數)。大寫的 X 為係「模式矩陣」(model matrix)，被認為與 Y 有關的預測事件或自變數，X 的值可能是 0 或 1 兩種元素的「類別變數」，亦可能「連續變數」形式的測量變數 (e.g. 迴歸式)。為了讓 GLM 能解釋所搜集之數據，GLM 須設法去解出一套適當的係數 β，使得 $\mathbf{x}\beta$ 線性組合能夠愈逼近 y，若 $\mathbf{x}\beta$ 愈接近 y，則誤差 ε (即 $y - \hat{y}$) 就愈小，表示此一 GLM 模式愈能描述觀察變數之間的關係。

GLM 模式中，常見模式矩陣 X 的形式有下列三種：

(1) 矩陣 X 係「類別」形式：變異數分析

例如「樣本所代表之這些母群的平均數之間是否有顯著差異」，就相當於「$\mathbf{X}\beta$ 與 ε 兩者對 Y 的相對影響力，孰重孰輕」。此刻，矩陣 X 係由 0 或 1 這種元素所組成的類別向量 (vector)，其中，元素 0 及 1 分別代表「實驗設計」分派的組別、或「比較研究」的自然組別。

在 $Y_{N \times p} = X_{N \times q} B_{q \times p} + \varepsilon_{N \times p}$ 模式中，表示有 N 個受試者、p 個依變數、自變數有 k 個水準數 (類別組、受試的組數)，q = k + 1。X 是模式矩陣，其第一直行是 1 為元素的單元向量，其餘各直行依序為代表各組的類別向量。矩陣 B 為母數矩

陣之不偏估計，公式如下：

$$\hat{B}_{(k+1) \times p} = (X^t X)^{-1} X^t Y$$

$$\hat{B}_{(k+1) \times p} = \begin{bmatrix} 0 & 0 & \cdots & 0 \\ \bar{y}_{11} & \bar{y}_{12} & \cdots & \bar{y}_{1p} \\ \bar{y}_{21} & \bar{y}_{22} & \cdots & \bar{y}_{2p} \\ \vdots & \vdots & & \vdots \\ \bar{y}_{k1} & \bar{y}_{k2} & \cdots & \bar{y}_{kp} \end{bmatrix}$$

例如，三種實驗處理之結果如下

	實驗一	實驗二	實驗三	
	76	53	70	
	73	45	65	
	61	61	87	
	69			
$\sum\limits_{i=1}^{N} X_i$	210	228	222	660
$\sum\limits_{i=1}^{N} X_i^2$	14826	13316	16694	44836
n	3	4	3	10
$\bar{X}$	70	57	74	66

上述三種實驗，若某一數受試者屬某一組，則用虛擬變數 (dummy variable) 中的 1 來代表，相對地，若某一數受試者不屬某一組，則用虛擬變數中的 0 來代表。故本例子可用下列迴歸式表示：

$$y = b_1 x_1 + b_2 x_2 + b_3 x_3 + e_1$$

$$\begin{bmatrix} 76 \\ 73 \\ 61 \\ 53 \\ 45 \\ 61 \\ 69 \\ 70 \\ 65 \\ 87 \end{bmatrix} = b_1 \begin{bmatrix} 1 \\ 1 \\ 1 \\ 0 \\ 0 \\ 0 \\ 0 \\ 0 \\ 0 \\ 0 \end{bmatrix} + b_2 \begin{bmatrix} 0 \\ 0 \\ 0 \\ 1 \\ 1 \\ 1 \\ 1 \\ 0 \\ 0 \\ 0 \end{bmatrix} + b_3 \begin{bmatrix} 0 \\ 0 \\ 0 \\ 0 \\ 0 \\ 0 \\ 0 \\ 1 \\ 1 \\ 1 \end{bmatrix} + \begin{bmatrix} e_1 \\ e_2 \\ e_3 \\ e_4 \\ e_5 \\ e_6 \\ e_7 \\ e_8 \\ e_9 \\ e_{10} \end{bmatrix}$$ ……充足模式 (full model)

b_1、b_2 及 b_3 是我們要預測的未知加權值,即斜率部份,依據最小平方法之算法,預測的 $b_1 = (76 + 73 + 61)/3 = 70$,$b_2 = (53 + 45 + 61 + 69)/4 = 57$,$b_3 = (70 + 65 + 87)/3 = 74$,故:

$$\hat{y} = 70x_1 + 57x_2 + 74x_3$$

如此預測之誤差如下:

$$e_1 = y - \hat{y} = \begin{bmatrix} 76 \\ 73 \\ 61 \\ 53 \\ 45 \\ 61 \\ 69 \\ 70 \\ 65 \\ 87 \end{bmatrix} - \begin{bmatrix} 70 \\ 70 \\ 70 \\ 57 \\ 57 \\ 57 \\ 57 \\ 74 \\ 74 \\ 74 \end{bmatrix} = \begin{bmatrix} 6 \\ 3 \\ -9 \\ -4 \\ -12 \\ 4 \\ 12 \\ -4 \\ -9 \\ 13 \end{bmatrix}$$

故「誤差平方和」(error sum of square, SSe) 如下:

$$q_1 = e_1^t e_1 = (6)^2 + (3)^2 + (-9)^2 + \cdots + (13)^2 = 712 \cong SS_w$$

q_1 就是 F 檢定公式中之「組內離差平方和」，$SS_w = 712$

接著，這十個受訪者之總平均為 66，在此限制下，

$y = b_1 x_1 + b_2 x_2 + b_3 x_3 + e_1$ 就變成

$y = a_0(x_1 + x_2 + x_3) + e_2$

或 $y = a_0 u + e_2$ 故預測公式應為：

$$\begin{bmatrix} 76 \\ 73 \\ 61 \\ 53 \\ 45 \\ 61 \\ 69 \\ 70 \\ 65 \\ 87 \end{bmatrix} = 66\begin{bmatrix} 1 \\ 1 \\ 1 \\ 0 \\ 0 \\ 0 \\ 0 \\ 0 \\ 0 \\ 0 \end{bmatrix} + 66\begin{bmatrix} 0 \\ 0 \\ 0 \\ 1 \\ 1 \\ 1 \\ 1 \\ 0 \\ 0 \\ 0 \end{bmatrix} + 66\begin{bmatrix} 0 \\ 0 \\ 0 \\ 0 \\ 0 \\ 0 \\ 0 \\ 1 \\ 1 \\ 1 \end{bmatrix} + \begin{bmatrix} e_1 \\ e_2 \\ e_3 \\ e_4 \\ e_5 \\ e_6 \\ e_7 \\ e_8 \\ e_9 \\ e_{10} \end{bmatrix} = 66\begin{bmatrix} 1 \\ 1 \\ 1 \\ 1 \\ 1 \\ 1 \\ 1 \\ 1 \\ 1 \\ 1 \end{bmatrix} + e_2 \quad \cdots\cdots 限制模式$$

$$e_2 = y - \hat{y} = \begin{bmatrix} 76 \\ 73 \\ 61 \\ 53 \\ 45 \\ 61 \\ 69 \\ 70 \\ 65 \\ 87 \end{bmatrix} - \begin{bmatrix} 66 \\ 66 \\ 66 \\ 66 \\ 66 \\ 66 \\ 66 \\ 66 \\ 66 \\ 66 \end{bmatrix} = \begin{bmatrix} 10 \\ 7 \\ -5 \\ -13 \\ -21 \\ -5 \\ 3 \\ 4 \\ -1 \\ 21 \end{bmatrix}$$

$q_2 = e_2^t e_2 = (10)^2 + (7)^2 + (-5)^2 + \cdots + (21)^2 = 1276 \cong SS_t$

這裡 q_2 這是單變量 F 檢定之下列公式的 SS_t

$$F = \frac{\dfrac{SS_t}{k-1}}{\dfrac{SS_w}{k(n-1)}} \cong \frac{\dfrac{q_2 - q_1}{n_f - nr}}{\dfrac{q_2}{n - n_f}} = \frac{\dfrac{1276 - 712}{3 - 1}}{\dfrac{712}{10 - 3}} = 2.77^{n.s}$$

其中，

q_1：充足模式的 SS_e

q_2：限制模式的 SS_t

n_f：充足模式之預測向量的個數 (不含 e 向量)

n_r：限制模式之預測向量的個數 (不含 e 向量)

n ：受試者總人數，即向量的維數

臨界值之查表的 $df = (n_f - n_r, n - n_f)$

若要考驗「各實驗處理之主要效果都相等」的虛無假設 (null hypothesis)：

$$H_0 : C_{(k-1) \times q} B_{q \times p} A_{p \times p} = \Gamma_{(k-1) \times p}$$

其中，比較矩陣 C 之每一橫列 c^t，必須符合 $c^t H = c^t$ 的條件。

例如，我們若使用下列比較矩陣 C，來考驗虛無假設「$H_0 : CB = 0$」，則要設定 $\Gamma_{(k-1) \times p}$ 為零矩陣、$A_{p \times p}$ 為單位矩陣，亦即 $A = I_p$。

$$C_{(k-1) \times q} = \begin{bmatrix} 0 & 1 & 0 & \cdots & 0 & -1 \\ 0 & 0 & 1 & \cdots & 0 & -1 \\ \vdots & \vdots & \vdots & & 1 & \vdots & \vdots \\ 0 & 0 & 0 & \cdots & 1 & -1 \end{bmatrix}$$

在上述條件下，兩個 SSCP 矩陣如下：

$$Q_h = (C\hat{B}A - \Gamma)^t [C(X^t X - C^t)^{-1}](CBA - \Gamma) \quad \text{就簡化為}$$

$$Q_h = (C\hat{B})^t [C(X^t X - C^t)^{-1}](CB) \quad \cdots\cdots\cdots\cdots\cdots\cdots\cdots\cdots\cdots\cdots \text{(1-15)}$$

$$\text{或} = \sum_{i=1}^{k} N_i (\bar{y}_i - \bar{y})(\bar{y}_i - \bar{y})^t \quad \cdots\cdots\cdots\cdots\cdots\cdots\cdots\cdots\cdots\cdots\cdots\cdots \text{(1-16)}$$

$$Q_e = A^t Y^t [I - X(X^t X)^{-1} X^t] YA \quad \text{就簡化為}$$

$$Q_e = Y^t Y - Y^t X(X^t X)^{-1} X^t Y \quad \cdots\cdots\cdots\cdots\cdots\cdots\cdots\cdots\cdots\cdots\cdots \text{(1-17)}$$

最後再將上式 Q_h 及 Q_e 代入下列「虛無假設」檢定公式：

$$\Lambda = \frac{|Q_e|}{|Q_e + Q_h|} < U_{0.05, (p, k-1, N-k)} \approx U_{0.05, (u, vh, ve)}$$

這裡，u 是矩陣 A 的秩 (rank) 數 (即有 u 個獨立的 Row)，v_h 是比較矩陣 C 的秩數。

若上式 Wilk's Λ 算出值小於查表的 U 值，則可拒絕虛無假設「H_0:**CB**＝0」。

MONAVA 除了 Wilk's Lambda 檢定公式外，尚可用 Roy's 最大根 (Roy's Largest Root) 準則來解，其要領係先算出下列最大特徵值 λ_1：

$$\left| Q_h - \lambda Q_e \right| = 0$$

再算出　$\theta_s = \dfrac{\lambda_1}{1+\lambda_1} > \theta_{\alpha,(s,m,n)}$ ·· (1-18)

其中，$s = \min(k-1,\, p)$

$$m = \frac{\left| k-p-1 \right| - 1}{2}$$

$$n = \frac{N-k-p-1}{2}$$

假如算出的 θ_s 大於查表 $\theta_{\alpha,(s,m,n)}$，則可拒絕虛無假設「H_0:**CB**＝0」。

(2) 矩陣 X 係「連續」形式：迴歸模式 (regression model)

當矩陣 X 是連續形式的自變數時 (即不是由 0 或 1 元素所組成)，公式「**Y**＝**Xβ**＋**ε**」就是迴歸模式。其重點是，「依變數 Y 的總變異之中，由自變數 X 所能解釋的變異到底有多少比例」。

假如，具有 N 個受試者 q 個觀察變數之「$Y_{N\times1} = X_{N\times q}\,\beta_{q\times1} + \varepsilon_{N\times1}$」模式中，若只有一個自變數 x 及一個依變數 y，那麼它退化為簡單迴歸；但若它有多個自變數 x 及一個依變數 y，那麼就是複迴歸；當它有多個自變數 x 及多個依變數 y，那麼就是多變量複迴歸。這種迴歸模式的推導如下：

$$\begin{bmatrix} y_1 \\ y_2 \\ \vdots \\ y_N \end{bmatrix} = \begin{bmatrix} 1 & X_{11} & X_{12} & \cdots & X_{1k} \\ 1 & X_{21} & X_{2k} & \cdots & X_{2k} \\ \vdots & \vdots & \vdots & & \vdots \\ 1 & X_{N1} & X_{N2} & \cdots & X_{Nk} \end{bmatrix} \begin{bmatrix} \beta_0 \\ \beta_1 \\ \beta_2 \\ \vdots \\ \beta_k \end{bmatrix} + \begin{bmatrix} \varepsilon_0 \\ \varepsilon_1 \\ \varepsilon_2 \\ \vdots \\ \varepsilon_k \end{bmatrix}$$

當我們要求以最小平方法來求 $f(x) = (y - X\beta)'(y - X\beta)$ 的極小化，則須對 β 偏微分：

$$\frac{\partial f}{\partial \beta} = \frac{f}{\partial \beta}(y^t y - \beta^t X^t y - y^t X \beta + \beta^t X^t X \beta)$$

$$= -X^t y - (y^t X)^t + 2(X^t X)\beta$$

$$= -2X^t y + 2(X^t X)\beta$$

又設 $-2X^t y + 2(X^t X)\beta = 0$，即可算出下列「正規方程式」(normal equation)：

$$(X^t X)\beta = X^t y$$

倘若 $(X^t X)$ 為滿秩 (full rank) 矩陣，則向量 β 的解答是：

$$\hat{\beta} = (X^t X)^{-1} X^t y \cdots\cdots\cdots\cdots\cdots\cdots\cdots\cdots\cdots\cdots\cdots\cdots\cdots\cdots\cdots (1-19)$$

迴歸係數顯著性檢定 (test of gression coefficient signicance)

在 N 個受試者 q 個觀察變數之 $Y_{N\times 1} = X_{N\times q}\beta_{q\times 1} + \varepsilon_{N\times 1}$ 迴歸式中，要考驗虛無假設「$H_0 : \beta = 0$」，亦即截距及 k 個斜率均為 0 時，可用下列公式：

$$F = \frac{\hat{\beta}^t X^t X \beta / q}{(y^t y - \hat{\beta}^t X^t X \beta)/(N-q)} \approx \frac{Q_h / q}{Q_e /(N-q)} \cdots\cdots\cdots\cdots\cdots\cdots (1-20)$$

若所算出 F 值大於查表 (即 $F > F_{\alpha,(q,N-q)}$)，則表示要 "拒絕" 虛無假設「$H_0 : \beta = 0$」。上式結果可列成一個迴歸分析摘要表，其中，分子部份代表「迴歸變異」，分母部份代表「誤差變異」

這裡

$$Q_e = y^t [I - X(X^t X)^{-1} X^t]y$$

$$= y^t y - \hat{\beta}^t X^t X \beta \cdots\cdots\cdots\cdots\cdots\cdots\cdots\cdots\cdots\cdots\cdots\cdots\cdots (1-21)$$

$$Q_h = (C\hat{\beta})^t [C(X^t X)^{-1} C^t](C\beta)$$

$$= \hat{\beta}^t X^t X \beta = \beta^t X^t y \cdots\cdots\cdots\cdots\cdots\cdots\cdots\cdots\cdots\cdots\cdots (1-22)$$

其中 q＝k＋1

$$C = I_q$$

上式 F 公式中，分母「誤差變異」的不偏估計值 $\hat{\sigma}^2$ 之計算如下：

$$
\begin{aligned}
\hat{\sigma}^2 &= \frac{e'e}{N-k-1} = \frac{(y-\hat{y})'(y-y)}{N-q} \\[6pt]
&= \frac{(y-X'\hat{\beta})'(y-X'\beta)}{N-q} \\[6pt]
&= \frac{(y'y - y'X(X'X)^{-1}X'y)}{N-q} \\[6pt]
&= \frac{(y'y - \hat{\beta}'X'y)}{N-q} \\[6pt]
&= \frac{y'y - \hat{\beta}'X'X\beta}{N-q} \\[6pt]
&= \frac{Q_e}{N-q}
\end{aligned}
$$

$\cdots\cdots$ (1-23)

(3) 矩陣 X 係「類別及連續」混合形式：共變數分析 (analysis of convariance, ANCOVA)

　　共變數分析亦屬這種形式之一，其重點是，「當某些被控制的共變數對依變數的影響力被排除後，樣本所代表母群平均數之間是否仍有顯著差異？」

　　若將變異數公式及迴歸公式兩者合併，就可得共變數分析公式：

$$Y_{N\times p} = X_{N\times q}B_{q\times p} + Z_{N\times(k-1)}\Gamma_{(k-1)\times w} + \varepsilon_{N\times p}$$

　　此模式中，表示有 N 個受試者、p 個依變數、w 個共變數、自變數有 k 個水準數 (類別組、受試的組數)，q＝k＋1。

1.2.3 Excel 的矩陣運算

　　矩陣 (matrix) 運算可應用於工程數學、財經之時間序列的差分（"Δ"）、多準則評估法 (如 ISM 法)、fuzzy AHP 及統計學 (如 fuzzy AHP、fuzzy ANP)。在土木工程上矩陣只要應用於結構分析上，結構學上所謂的矩陣分析法有勁度法、柔度法與直接勁度法、有限元素法等。另外，在結構動力學上亦需應用矩陣操作，結構動力方程式常為線性聯立方程式，而這一些方法皆以矩陣運算為基本操作方法。

本節敘述矩陣的基本操作應用，包括矩陣與常數的乘積，兩矩陣相乘、轉置矩陣、反矩陣等運算。

一、矩陣與常數 (constant) 的乘積 (product)

(一) 矩陣與常數乘積的數學原理

假設有一純量 k，則 k 個矩陣 A 之總和以符號表示為 kA，kA 的意義為將 [A] 中每一元素乘以 k 所得的矩陣。

矩陣與純量的積適用交換率，即 $kA = Ak$。

矩陣與純量相乘後其階數不變。

假定 A 矩陣以 $[a_{ij}]$ 表示，則 $kA = [ka_{ij}]$

假設矩陣 A 之內容為：

$$A = \begin{bmatrix} 1 & -2 \\ 3 & 4 \end{bmatrix}，則 \; kA = \begin{bmatrix} k \times 1 & k \times (-2) \\ k \times 3 & k \times 4 \end{bmatrix}$$

當 $k = 5$ 時，則 kA 為

$$kA = \begin{bmatrix} 5 \times 1 & 5 \times (-2) \\ 5 \times 3 & 5 \times 4 \end{bmatrix}$$

(二) 試算表操作

例 1-7：已知矩陣 A 如下及常數 $k = 2.5$，試計算其矩陣與常數之乘積 kA。

$$A = \begin{bmatrix} 1 & -2 \\ 3 & 4 \end{bmatrix}$$

Microsoft Excel 中並無矩陣與常數乘積的函數可供使用，但此一操作可經由複製與選擇性貼上的操作來完成，以 (一) 中所述的 [A] 矩陣而言，其操作方式說明如下：

(1) 首先鍵入 A 矩陣如下圖：

ᗩ圖 1-2 Excel 求「k×A」

(2) 於工作表適當處鍵入常數 k，再以填滿功能將其擴大為與 A 矩陣相同大小的矩陣，矩陣內每一元素均為常數 k。

(3) 選取 A 矩陣，按下複製按鈕「🖺」。

(4) 選取 k 矩陣。

(5) 選取選單「編輯→選擇性貼上」，在運算的選項選取「乘」，接著按下確定按鈕即可完成矩陣與常數的乘積。

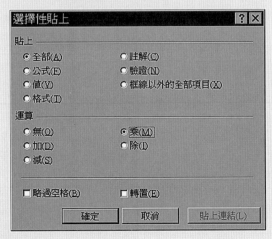

ᗩ圖 1-3 在「選擇性貼上」勾選「乘」

二、轉置矩陣

(一) 轉置矩陣的數學原理

在矩陣運算過程中常需進行矩陣轉置操作，矩的轉置運算簡而言之是將該矩陣行列調換後放置於相同階數的矩陣中。假設有一 $n \times m$ 的矩陣，則轉置後其矩陣階數將成 $m \times n$。矩陣 A 的轉置矩陣以 A^T 來表示。

假設 B 矩陣為 A 矩陣的轉置矩陣，則 $B = A^T$，若 B 矩陣的第 i 列第 j 行元素為 b_{ij}，若 A 矩陣的第 i 列第 j 行元素為 a_{ij}，則 $a_{ij} = b_{ji}$。

例如，今有一矩陣 A 其內容為：

$$A = \begin{bmatrix} 1 & 2 & 3 \\ 4 & 5 & 6 \end{bmatrix} \text{，則 } A^T = \begin{bmatrix} 1 & 4 \\ 2 & 5 \\ 3 & 6 \end{bmatrix}$$

矩陣轉置的轉置矩陣就等於原矩陣，即 $(A^T)^T = A$。

(二) 試算表操作

例 **1-8**：已知矩陣 A 如下，試計算 A 矩陣的轉置矩陣 A^T。

$$A = \begin{bmatrix} 1 & 2 & 3 \\ 4 & 5 & 6 \end{bmatrix}$$

矩陣操作在 Microsoft Excel 中可以使用 Transpose() 函數來操作，亦可經由「複製」與「編輯→選擇性貼上」的操作方式來完成；但使用 Transpose() 函數來操作時原矩陣與轉置矩陣是形成動態連結，而使用「複製」與「編輯→選擇性貼上」的操作方式則會形成兩個獨立的矩陣。Transpose() 函數的語法如下：

TRANSPOSE (陣列)

式中「陣列」為所欲轉置的原始陣列。

以 (一) 中所述的 A 矩陣而言，以 Transpose() 函數操作方式說明如下：

(1) 首先鍵入 2×3 階的矩陣 A 如圖 1-4。

(2) 於工作表適當處選取 3×2 的範圍以存放 A^T 矩陣，鍵入矩陣轉置函數

「=Transpose( )」。

(3) 在「函數引數」對話視窗中選取 A 矩陣的範圍,接著按下「F2」鍵, 再同時按「CTRL＋SHIFT＋ENTER」鍵。完成的轉置矩陣如圖 1-4。

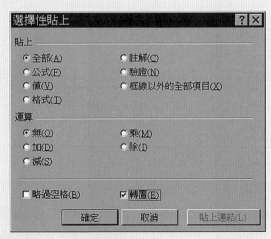

ᒾ圖 1-4 Excel 求 A 轉置矩陣

以「複製」與「編輯→選擇性貼上」的操作方式如下:

(1) 首先鍵入 A 矩陣,如圖 1-4。

(2) 選取 A 矩陣,按下複製按鈕 。

(3) 將滑鼠置於適當空白位置,選取選單「編輯→選擇性貼上」,在「選擇 性貼上」的對話視窗中,選取「轉置 (E)」選項,接著按下確定按鈕即 可完成矩陣的轉置的操作,如圖 1-5。

ᒾ圖 1-5 「選擇性貼上」勾選「轉置」

三、矩陣之加減

(一) 矩陣與常數乘積的數學原理

若矩陣 $A = [a_{ij}]$ 與矩陣 $B = [b_{ij}]$ 為兩個 $m \times n$ 矩陣，則兩矩陣的和差 $A \pm B$ 存到 $m \times n$ 矩陣 $C = [c_{ij}]$，那麼矩陣 C 的每一元素為 A 與 B 對應元素的和差，亦即 $A \pm B = [a_{ij} \pm b_{ij}]$。

矩陣與矩陣和差運算後其階數不變。

例如，矩陣 A 與矩陣 B 內容分別為：

$$A = \begin{bmatrix} 2 & 3 & 7 \\ 0 & 1 & 4 \\ 0 & 0 & 1 \end{bmatrix} \qquad B = \begin{bmatrix} 1 & 3 & 0 \\ -1 & 7 & 5 \\ 0 & 0 & 1 \end{bmatrix}$$

則 $A + B$ 為

$$A + B = \begin{bmatrix} 2+1 & 3+3 & 7+0 \\ 0+(-1) & 1+7 & 4+5 \\ 0+0 & 0+0 & 1+1 \end{bmatrix} = \begin{bmatrix} 3 & 6 & 7 \\ -1 & 8 & 9 \\ 0 & 0 & 2 \end{bmatrix}$$

$$A - B = \begin{bmatrix} 2-1 & 3-3 & 7-0 \\ 0-(-1) & 1-7 & 4-5 \\ 0-0 & 0-0 & 1-1 \end{bmatrix} = \begin{bmatrix} 1 & 0 & 7 \\ 1 & -6 & -1 \\ 0 & 0 & 0 \end{bmatrix}$$

二個同階的矩陣可以相加或相減，不同階的二矩陣則不可相加或相減。

(二) 試算表操作

例題 **1-9**：已知矩陣 A 及矩陣 B 如下，試計算 A 矩陣與 B 矩陣的和矩陣 $A + B$ 及差矩陣 $A - B$。

$$A = \begin{bmatrix} 2 & 3 & 7 \\ 0 & 1 & 4 \\ 0 & 0 & 1 \end{bmatrix} \qquad B = \begin{bmatrix} 1 & 3 & 0 \\ -1 & 7 & 5 \\ 0 & 0 & 1 \end{bmatrix}$$

Microsoft Excel 中並無矩陣和差的函數可供使用，但此一操作可經由複製與選擇性貼上的操作來完成，以 (一) 中所述的 A 及 B 矩陣而言，其操作方式說明如下：

(1) 首先鍵入 *A* 矩陣及 *B* 矩陣如圖 1-6。

(2) 於工作表適當處選取一可容納 *C* 矩陣的範圍。先將 *A* 矩陣複製至此處。

(3) 選取 *B* 矩陣，按下複製按鈕「圖」。

(4) 選取 *C* 矩陣的範圍。選取選單「編輯→選擇性貼上」，在運算的選項選取「加」，接著按下確定按鈕即可算出 *A* 矩陣及 *B* 矩陣的和矩陣。

計算差矩陣的方法，重複 (1) 至 (4) 的操作，但在 (4) 的操作中的選項選取「減」，即可完成矩陣的相減運算。

矩陣和差的操作畫面如圖 1-7。

	Microsoft Excel - Book1						
	檔案(F) 編輯(E) 檢視(V) 插入(I) 格式(O) 工具(T) 資料(D) 視窗(W) 說明(H) Adobe PDF(B)						
	新細明體 ▼ 12 ▼ B I U ≡ ≡ ≡ 国 $ % ，.00 .00 ≡ ≡ 田						
E7		fx	1				
	A	B	C	D	E	F	G	H
1		A 矩陣				B 矩陣		
2	2	3	7		1	3	0	
3	0	1	4		-1	7	5	
4	0	0	1		0	0	1	
5								
6		A+B 矩陣				A-B 矩陣		
7	3	6	7		1	0	7	
8	-1	8	9		1	-6	-1	
9	0	0	2		0	0	0	
10								
11								
	H ◀ ▶ H \ Sheet1 / Sheet2 / Sheet3 /						
	就緒				加總=2		NUM

◟圖 **1-6** Excel 求 "A-B" 矩陣

╚圖 1-7 「選擇性貼上」勾選「減」

四、矩陣相乘

(一) 矩陣相乘的數學原理

矩陣相乘為矩陣運算的重要項目,矩陣相乘的表示式如下:

假設 A 矩陣為 $[a_{mp}]$,B 矩陣為 $[b_{pn}]$,其相乘所得的矩陣為 C 矩陣,即 $C=AB$,若 C 矩陣為 $C=[c_{mn}]$,則 $c_{ij}=\sum_{k=1}^{p}a_{ik}b_{kj}$,式中 p 為 A 矩陣的欄數,也是 B 矩陣的列數。

即 A 矩陣為 m 列、p 欄的矩陣,或稱之為 $m \times p$ 矩陣,B 矩陣為 p 列、n 欄的矩陣,或稱之為 $p \times n$ 矩陣,則相乘所得之 C 矩陣的階數為 $m \times n$。

由上述可知,兩矩陣 A、B 要能相乘,則 A 矩陣的欄數要與 B 矩陣的列數相同,否則即不能相乘。

一般而言,矩陣相乘運算並不適用交換率,即 $AB \neq BA$,且 $AB=0$ 並不表示 $A=0$ 或 $B=0$。若有 $AB=AC$ 也不表示 $B=C$。

矩陣相乘運算適用以下定律:

$A(B+C)=AB+AC$

$(A+B)C=AC+BC$

$A(BC)=(AB)C$

例 **1-10**：假設 *A* 矩陣及 *B* 矩陣內容如下：

$$A = [a_{11} \quad a_{12} \quad a_{13}], \ B = \begin{bmatrix} b_{11} \\ b_{21} \\ b_{31} \end{bmatrix}$$

令 *A* 矩陣與 *B* 矩陣的乘積為 *C* 矩陣，則 *C* 矩陣為

$$C = [a_{11}b_{11} + a_{12}b_{21} + a_{13}b_{31}]_{1\times1}$$

例 **1-11**：假設 *A* 矩陣及 *B* 矩陣內容如下：

$$A = \begin{bmatrix} 2 & 1 & 0 \\ 3 & 2 & 0 \\ 1 & 0 & 1 \end{bmatrix}, \ B = \begin{bmatrix} 1 & 1 & 1 & 0 \\ 2 & 1 & 1 & 0 \\ 2 & 3 & 1 & 2 \end{bmatrix}$$

令 *A* 矩陣與 *B* 矩陣的乘積為 *C* 矩陣，則 *C* 矩陣為

$$C = \begin{bmatrix} 4 & 3 & 3 & 0 \\ 7 & 5 & 5 & 0 \\ 3 & 4 & 2 & 2 \end{bmatrix}$$

其中矩陣元素依下式計算所得：

$$c_{11} = 2 \times 1 + 1 \times 2 + 0 \times 2 = 4$$
$$c_{12} = 2 \times 1 + 1 \times 1 + 0 \times 3 = 3$$
$$c_{13} = 2 \times 1 + 1 \times 1 + 0 \times 1 = 3$$
$$c_{14} = 2 \times 0 + 1 \times 0 + 0 \times 2 = 0$$
$$c_{21} = 3 \times 1 + 2 \times 2 + 0 \times 2 = 7$$

其餘依此類推。

(二) 試算表操作

　　矩陣操作在 Microsoft Excel 中不能使用「複製」與「編輯→選擇性貼上」的操作方式來完成，Excel 另提供 MMult() 函數可以進行矩陣相乘的運算，MMult() 函數的語法如下：

$$MMULT(array1, array2)$$

式中

array1、array2 為欲求乘積的兩個陣列。

array1 的欄數必須與 array2 的列數相同，且兩個陣列的元素必須是數值型。

array1 和 array2 可以是儲存格範圍或參照。

　　如果儲存格為空白或包含文字，或 array1 的欄數不等於 array2 的列數，MMULT 將傳回 #VALUE！的錯誤值。

例 1-12：已知矩陣 **A** 及矩陣 **B** 如下，試計算 **A** 矩陣與 **B** 矩陣的乘矩陣 **AB**。

$$A = \begin{bmatrix} 2 & 1 & 0 \\ 3 & 2 & 0 \\ 1 & 0 & 1 \end{bmatrix}, \ B = \begin{bmatrix} 1 & 1 & 1 & 0 \\ 2 & 1 & 1 & 0 \\ 2 & 3 & 1 & 2 \end{bmatrix}$$

A、**B** 矩陣相乘運算可使用 MMult() 函數，其步驟如下：

(1) 首先鍵入 3×3 階的矩陣 **A** 及 3×4 階的矩陣 B 如圖 1-8。

(2) 於工作表適當處選取 3×4 的範圍以存放 **C** 矩陣，鍵入矩陣相乘函數「＝MMULT(B2:D4,F2:I4)」，接著按下「F2」鍵，再同時按「Ctrl＋Shift＋Enter」，即可完成矩陣相乘操作。

　　在矩陣相乘函數操作前所選取之範圍必需自行判定所得相乘後矩陣階數，若列數或欄數不足時，所得結果矩陣將會削去矩陣之右方或下方不足部份。若選取 **C** 矩陣的範圍太大則會將多餘的欄或列中顯示「#N/A」。完成的相矩陣如圖 1-9。

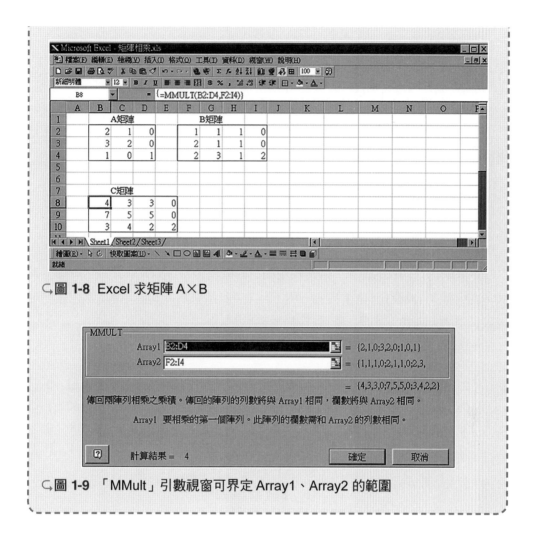

⤶圖 1-8 Excel 求矩陣 A×B

⤶圖 1-9 「MMult」引數視窗可界定 Array1、Array2 的範圍

五、矩陣的行列式值

(一) 行列式值的數學原理

行列式值只適用於方矩陣,所謂方矩陣是指列數與欄數相同的矩陣:

假設 A 矩陣為一方矩陣,則其行列式值以 $|A|$ 表示之。

假設 A 矩陣為 2×2 的方矩陣 $A = \begin{bmatrix} a_{11} & a_{12} \\ a_{21} & a_{22} \end{bmatrix}$,則 $|A| = a_{11}a_{22} - a_{12}a_{21}$。

假設 A 矩陣為 3×3 的方矩陣 $A = \begin{bmatrix} a_{11} & a_{12} & a_{13} \\ a_{21} & a_{22} & a_{23} \\ a_{31} & a_{32} & a_{33} \end{bmatrix}$,則

$$|A| = a_{11}a_{22}a_{33} + a_{12}a_{23}a_{31} + a_{13}a_{21}a_{32} - a_{13}a_{22}a_{31} - a_{11}a_{23}a_{32} - a_{12}a_{21}a_{33}$$

$$= a_{11}\begin{vmatrix} a_{22} & a_{23} \\ a_{32} & a_{33} \end{vmatrix} - a_{12}\begin{vmatrix} a_{21} & a_{23} \\ a_{31} & a_{33} \end{vmatrix} + a_{13}\begin{vmatrix} a_{21} & a_{22} \\ a_{31} & a_{32} \end{vmatrix}$$

若行列式 $|B|$ 係將行列式 $|A|$ 中第 i 列 (或欄) 元素加上另一列 (或欄) 對應元素的純量倍數而得，則 $|B| = |A|$。例如：

$$\begin{vmatrix} a_{11} & a_{12} & a_{13} \\ a_{21} & a_{22} & a_{23} \\ a_{31} & a_{32} & a_{33} \end{vmatrix} = \begin{vmatrix} a_{11}+ka_{13} & a_{12} & a_{13} \\ a_{21}+ka_{23} & a_{22} & a_{23} \\ a_{31}+ka_{33} & a_{32} & a_{33} \end{vmatrix} = \begin{vmatrix} a_{11} & a_{12} & a_{13} \\ a_{21} & a_{22} & a_{23} \\ a_{31}+ka_{21} & a_{32}+ka_{22} & a_{33}+ka_{23} \end{vmatrix}$$

更高階的行列式的計算，通常利用前述的原理，將行列式取代為另一個行列式，其中某列 (或欄) 元素中只有一個不為 0，其餘皆為 0，則可使用餘因式變更為較低階的行列式，直至二階或三階的行列式為止。

例如：

$$\begin{vmatrix} 2 & 3 & -2 & 4 \\ 3 & -2 & 1 & 2 \\ 3 & 2 & 3 & 4 \\ -2 & 4 & 0 & 5 \end{vmatrix} = \begin{vmatrix} 2+2(3) & 3+2(-2) & -2+2(1) & 4+2(2) \\ 3 & -2 & 1 & 2 \\ 3-3(3) & 2-3(-2) & 3-3(1) & 4-3(2) \\ -2 & 4 & 0 & 5 \end{vmatrix} = \begin{vmatrix} 8 & -1 & 0 & 8 \\ 3 & -2 & 1 & 2 \\ -6 & 8 & 0 & -2 \\ -2 & 4 & 0 & 5 \end{vmatrix}$$

$$= (-1)^{2+3}\begin{vmatrix} 8 & -1 & 8 \\ -6 & 8 & -2 \\ -2 & 4 & 5 \end{vmatrix} = -286$$

行列式運算適用以下定律：

$$|AB| = |A| \times |B|$$

(二) 試算表操作

行列式值的計算在 Microsoft Excel 中提供 MDeterm 函數以進行運算，MDeterm() 函數的語法如下：

MDETERM (陣列)

式中「陣列」為欲求行列式值的陣列。

例 **1-13**：已知矩陣 A 如下，試計算 A 矩陣的行列式值。

$$A = \begin{bmatrix} 7 & 6 & 4 & -1 \\ 4 & -1 & -5 & 3 \\ 2 & -2 & 7 & -5 \\ 5 & 0 & 2 & 6 \end{bmatrix}$$

　　則所得行列式值為 $|A| = -2689$。

　　行列式 $|A|$ 運算可使用 MDeterm() 函數，其步驟如下：

(1) 首先鍵入 4×4 階的矩陣 A 如圖 1-10。

(2) 於工作表適當處選取一儲存格以存放 $|A|$，鍵入行列式函數＝MDeterm (B2:E5)，接著按下「Enter」即可完成行列式值的操作。

　　行列式運算的操作畫面如下：

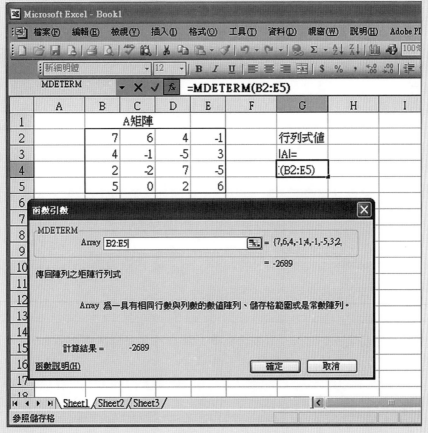

⤷圖 **1-10** Excel「MDeterm」引數視窗可界定要被轉置 Array 的範圍

六、反矩陣

(一) 反矩陣的數學原理

假設有一矩陣 B，若有 A 矩陣與 B 矩陣的乘積為單位矩陣，即 $AB = I$，其中 I 為單位矩陣，則 B 矩陣稱為 A 矩陣的反矩陣。A 矩陣的反矩陣常以符號 A^{-1} 表示之。

所謂單位矩陣 I 是指該矩陣的主對角線元素均為 1，此外的所有元素均為 0 的矩陣。

若且唯若 n 階方矩陣 A 為非奇異矩陣，則 A 有反矩陣。非奇異 n 階方矩陣 的為唯一。

若 A 為非奇異矩陣，則 $AB = AC$ 即表示 $B = C$。

反矩陣運算的計算量甚大，階數小之矩陣可使用伴隨矩陣的方式來求反矩陣，較多階數的反矩陣運算則需使用高斯消去法或其他的數學方法求算。

(二) 試算表操作

Microsoft Excel 中提供 MInverse() 函數以供反矩陣操作使用，MInverse() 函數的語法如下：

$$\text{MINVERSE (陣列)}$$

式中 Array 為列數與欄數均相等的數值陣列。

陣列可以是儲存格範圍、如 A1：C3；或陣列常數，如 {1, 2, 3; 4, 5, 6; 7, 8, 9}。如果陣列的儲存格為空白或包含文字，MINVERSE 將傳回 #VALUE！的錯誤值。

如果陣列的列數和欄數不相等，MINVERSE 也將傳回 #VALUE！的錯誤值。其中「陣列」為欲求行列式值的陣列。

> **例 1-14**：假設有一矩陣 A，其數值如下，試計算 A 矩陣的反矩陣 A^{-1}。
>
> $$A = \begin{vmatrix} 2 & 3 & -2 & 4 \\ 3 & -2 & 1 & 2 \\ 3 & 2 & 3 & 4 \\ -2 & 4 & 0 & 5 \end{vmatrix}$$

其反矩陣運算說明如下：

(1) 首先鍵入 4×4 階的矩陣 [A] 如圖 1-11。

(2) 於工作表適當處選取一 4×4 的儲存格範圍以存放 [A]$^{-1}$，鍵入行列式函數「＝MInverse(B2:E5)」，接著按下「F2」鍵，再同時按「Ctrl＋Shift＋Enter」即可完成反矩陣的操作。

操作畫面請參考圖 1-12。

所得矩陣 A 的反矩陣為：

$$A = \begin{vmatrix} 0.168 & -0.05 & 0.129 & -0.22 \\ 0.119 & -0.35 & 0.196 & -0.11 \\ -0.21 & -0.06 & 0.213 & 0.021 \\ -0.03 & 0.259 & -0.1 & 0.203 \end{vmatrix}$$

⤷圖 **1-11** Excel 求反矩陣

⤷圖 **1-12** Excel「MInverse」引數視窗可界定要反矩陣 Array 的範圍

七、利用矩陣運算解線性聯立方程式

(一) 線性聯立方程式解析

線性聯立方程式 (simultaneous equations) 中，所謂「線性」是指方程式為一次的方程式，不包含二次方以上之變數、如 x^2, x^3… 等次方的方程式，所謂「聯立」是指一組變數同時符合數個方程式的關係，例如下式為一組線性聯立方程式

$$a_{11}x_1 + a_{12}x_2 + a_{13}x_3 + \cdots + a_{1n}x_n = b_1$$
$$a_{21}x_1 + a_{22}x_2 + a_{23}x_3 + \cdots + a_{2n}x_n = b_2$$
$$a31x1 + a_{32}x_2 + a_{33}x_3 + \cdots + a_{3n}x_n = b_3$$
$$\cdots\cdots\cdots\cdots\cdots\cdots\cdots\cdots\cdots$$
$$a_{n1}x_1 + a_{n2}x_2 + a_{n3}x_3 + \cdots + a_{nn}x_n = b_n$$

若且唯若一組線性聯立方程式有唯一解，則變數的個數需與非相依的獨立方程式個數為相同，譬如說，有三個變數 x_1、x_2、x_3，則需有三個非相依的獨立方程式方能解得一組唯一的值，若是方程式的個數不及三個，則將有多組的解均能符合方程式的要求，反之，若需符合四個以上的方程式則無解。

依據上述矩陣相乘的定義，線性聯立方程式亦可以矩陣表示，例如上述之 n 組線性聯立方程式可用下列之矩陣式表之：

$$\begin{bmatrix} a_{11} & a_{12} & a_{13} & \cdots & a_{1n} \\ a_{21} & a_{22} & a_{23} & \cdots & a_{2n} \\ a_{31} & a_{32} & a_{33} & \cdots & a_{3n} \\ \cdots & \cdots & \cdots & \cdots & \cdots \\ a_{n1} & a_{n2} & a_{n3} & \cdots & a_{nn} \end{bmatrix} \begin{Bmatrix} x_1 \\ x_2 \\ x_3 \\ \cdots \\ x_n \end{Bmatrix} = \begin{Bmatrix} b_1 \\ b_2 \\ b_3 \\ \cdots \\ b_n \end{Bmatrix}$$

為簡化其表示方法亦可以 A 矩陣代表係數矩陣，X 矩陣代表變數矩陣，B 矩陣代表常數項矩陣，則上式可表示為：

$$AX = B$$

解聯立方程式有多種方法，如高斯消去法 (Gauss-Jordon Elemination Method)、Cramer Rule 等方法，亦可應用前述反矩陣之定義以矩陣操作求解。

假設有一 A 矩陣的反矩陣 A^{-1}，由反矩陣的定義得知反矩陣與原矩陣相乘得

單位矩陣，即 $A^{-1}A=I$，又單位矩陣與矩陣相乘後其值不變，即 $IX=X$。今將上式兩端各乘以 A^{-1} 得

$$A^{-1}AX=A^{-1}B$$

因 $A^{-1}A=I$，又 $IX=X$，得 $IX=X=A^{-1}B$，即

$$X=A^{-1}B$$

依上式可知線性聯立方程式可以矩陣運算的反矩陣及矩陣相乘運算求解。在 Excel 中則可使用 MInvere() 函數及 MMult() 函數來進行反矩陣及矩陣相乘運算解線性聯立方程式。

例 1-15：已知有下列之五階線性聯立方程式，試解出 x、y、z、w、v 之值。

$$3x+7y+5z+20w+4v=96$$
$$x+2y+3z+9w+10v=67$$
$$5x+y+16z-4w+18v=124$$
$$2x+2y+z+w+18v=73$$
$$x+3y-z+5w+2v=19$$

答：

(1) 首先以矩陣式表示為 $AX=B$，比較得 A、X 及 B 矩陣如下：

$$A=\begin{bmatrix} 3 & 7 & 5 & 20 & 4 \\ 1 & 2 & 3 & 9 & 10 \\ 5 & 1 & 16 & -4 & 18 \\ 2 & 2 & 1 & 1 & 18 \\ 1 & 3 & -1 & 5 & 2 \end{bmatrix},\ X=\begin{bmatrix} x \\ y \\ z \\ w \\ v \end{bmatrix},\ B=\begin{bmatrix} 96 \\ 67 \\ 124 \\ 73 \\ 19 \end{bmatrix}$$

(2) 以 Excel 解矩陣 A 之反矩陣，參考圖 1-13 中 Excel 的操作畫面，先選取 A^{-1} 矩陣的範圍，於資料編輯列鍵入反矩陣操作函數 {=MINVERSE (B2:F6)}，接著按下「F2」鍵，再同時按「Ctrl＋Shift＋Enter」以進行陣列操作。得 A^{-1} 矩陣為：

$$A^{-1} = \begin{bmatrix} 2.7741 & -3.6545 & -0.7052 & 2.7447 & -5.6312 \\ -1.6373 & 1.9341 & 0.4863 & -1.6170 & 3.7801 \\ -0.5420 & 0.7437 & 0.2006 & -0.6170 & 1.1135 \\ 0.3658 & -0.3485 & -0.1185 & 0.3191 & -0.7943 \\ -0.1165 & 0.1692 & 0.0198 & -0.0532 & 0.1879 \end{bmatrix}$$

(3) 將 A^{-1} 矩陣與 B 矩陣相乘可得 X 矩陣中之變數值，使用 Excel 矩陣相乘函數的做法為先選取 X 矩陣的範圍，於資料編輯列鍵入 {MMult (I2:M6,P2:P6)}，接著按下「F2」鍵，再同時按「Ctrl＋Shift＋Enter」鍵。以進行矩陣運算，操作畫面如下圖，所得 X 矩陣為：

$$X = \begin{bmatrix} 27.386 \\ -13.508 \\ -1.222 \\ 5.267 \\ 2.289 \end{bmatrix}$$

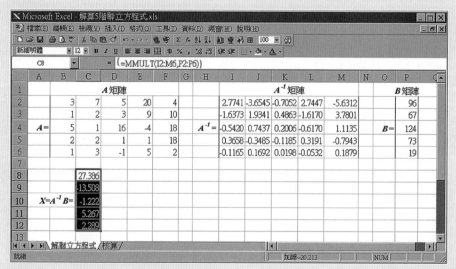

⌐圖 **1-13** Excel 求解 5 階聯立方程式

(4) 核算：本題所求得之數值若能符合題目內之線性聯立方程式，則以所求得之 X 矩陣代入與 A 矩陣相乘，其結果所得之矩陣應為 B 矩陣，此一

原則可用於核算本題結果之正確性，即

$$AX = \begin{bmatrix} 3 & 7 & 5 & 20 & 4 \\ 1 & 2 & 3 & 9 & 10 \\ 5 & 1 & 16 & -4 & 18 \\ 2 & 2 & 1 & 1 & 18 \\ 1 & 3 & -1 & 5 & 2 \end{bmatrix} \begin{bmatrix} 27.386 \\ -13.508 \\ -1.222 \\ 5.267 \\ 2.287 \end{bmatrix} = \begin{bmatrix} 96 \\ 67 \\ 124 \\ 73 \\ 19 \end{bmatrix} = B$$

Excel 運算圖示如圖 1-14，圖中 **B** 矩陣的函數示於資料編輯列，鍵入完成後應按「Ctrl＋Shift＋Enter」以進行陣列操作。

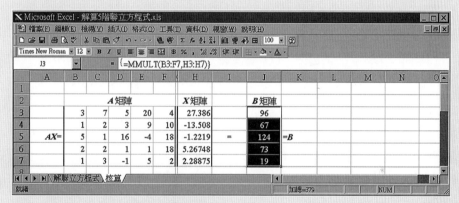

◟圖 **1-14** Excel 求解 5 階聯立方程式

由 Excel 的核算結果可確定計算正確，知其解答為：

$x = 27.386$，$y = -13.508$，$z = -1.2219$，$w = 5.26748$，$v = 2.8875$。

習題一、試計算下列聯立方程式之解 x, y, z 各為多少？

$X - Y + Z = 4$

$3X + 2Y + Z = 2$

$4X + 2Y + 2Z = 8$

答：$X1 = -4$，$X2 = 2$，$X3 = 10$。

習題二、試計算下列三組聯立方程式之解 x, y, z 各為多少？

X＋Y＋Z＝3
2Y＋3Z＝10
5X＋5Y＋Z＝6
求 X，Y，Z 之值。
答：X1＝－0.87，X2＝1.625，X3＝2.25。

1.3 時間序列之統計分類

統計學的分類，常見包括：(1) 單變量、多變量，都可用 SPSS/SAS 軟體來分析。(2) 初等統計、高等統計、多變量統計，亦可用 SPSS/SAS 軟體來分析。(3) 定態/恆定 (stationarity) 資料、非定態/非恆定資料。定態數列可用 SPSS/SAS 軟體來分析，非定態序列則可用：(I) 免寫指令的 JMulTi (可以由 www.jmulti.de 免費下載)；(II) 要寫指令的 RATS 及 Eviews；(III) 及功能強大且要寫指令的財經軟體 R(http://cran.r-project.org/bin/windows/base/) 等 4 種軟體來分析。(4) 橫斷面分析、縱貫面之時間序列 (time series) 分析、橫斷面＋縱貫面之 Panel data 分析，可用 Limdep 軟體來分析。

橫斷面係指同一時間，收集許多資料；縱貫面係指每一時間片段，只收集一個資料，因此又叫時間序列 (time series)。

所謂定態 (恆定) 的時間序列資料即在一個外生衝擊發生時，只會產生短暫的影響，但隨著時間的經過將使時間序列回到長期均衡水準。反之，則稱為非定態 (非恆定) 的時間序列資料。

JMulTi 或 Eviews 統計的功能，包括：

1. Unit root (判定序列是否具有穩定性)。
2. Cointegration (分析二個以上序列是否有長期共同移動趨勢)。
3. Granger causality (分析二個以上序列之間的領先-落後關係)。
4. Vector error correction model (VECM) (二個以上序列之間的跨期長短期互動，即序列間的因果關係；或做樣本外預測)。

■表 1-4　統計分析技術之分類

	定態/恆定 (stationarity) 資料		非定態/非恆定 (non-stationarity) 資料 (y_t 需差分一次後，Δy_t 才定態)	
	單變量統計 (單一個依變數)	多變量統計 (多個依變數)	單變量時間序列	多變量時間序列
橫斷面	χ^2、t 檢定、相關 r、變異數/共變數 F 檢定、**線性迴歸 (OLS、GLS)**	典型相關 ρ、MDS、信度分析、因素分析、集群分析、區別分析、結構模式分析 (SEM)、(Fuzzy) AHP、(Fuzzy) TOPSIS、網路分析法 (ANP)、詮譯結構法 (ISM)、決策實驗室分析法 (DEMATEL)		
縱貫面	相依樣本t檢定、**自我迴歸 (AR)、ARIMA**、重複量數之 MANOVA/MACOVA	**向量自我迴歸 (VAR)/TAR、結構向量自我迴歸 (Structural VAR)**	自我迴歸、貝氏自我迴歸、無參數自我迴歸(NAR、NSAR、SDNAR、SHNAR)、單變量 ARCH- GARCH	向量誤差修正模型 (VECM)、非線性之平滑移動迴歸 (STR)、多變量 GARCH (1, 1)
橫斷+縱貫面	二因子混合設計 ANOVA / MOCOVA、階層線性模型 (Hierarchical Linear Model 或稱 Multilevel Mixed Effect Model)	panel data 迴歸分析		

註：1. 階層線性模型可用 HLM 軟體 (http://www.estat.us/id38.html) 來分析。
　　2. SEM 可用 LISREL、AMOS、EQS 等軟體來分析。
　　3. 在「楷體字」範圍，都是本書探討之重點。
　　4. 雙線之框內，都可用 SPSS、或作者在五南出版之另一本書《Fuzzy Multi-Criteria Decision Making for Evaluation Method》所寫的 Excel 程式來解析。

5. ARMIA：定態或非定態單一序列的預測。

6. VAR 之 Impulse response function (內衝擊影響力)=> G-IRF、
   VAR 之 Variance decomposition (波動解釋力)=> G-VDC。

上述時間序列分析法，其中，向量自我迴歸 (VAR) 或 Structural VAR 研究法之步驟，依序為：

Step 1：運用 Johansen (1994) 五個向量自我相關 (VAR 模型，共整測試 (Cointegration test) 諸變數是否具有長期均衡關係 (long term equilibrium relationship)，對各變數穩定性 (stationarity) 作單根 (unit-root) 測試，單根測試是共整分析前所必需條件。

Step 2：誤差修正模型進行短期互動測試。

Step 3：採用 Granger (1988) 考慮誤差修正項之 ECM 模型進行 Granger Causality 因果關係測試。

Step 4：運用衝擊反應函數 (Impulse Response Function) 來評估各變數間的跨期動態效果。

Step 5：採用變異數分解 (Variance Decomposition) 來判定各變數的相對外生性 (exogeneity ordering)。

易言之，本書涵蓋財經、金融研究法的時間序列，包括：

1. Autoregressive estimation (自我迴歸)。
2. ARIMA (自我迴歸移動平均)。
3. ARCH (自我相關條件異質變異)。
4. GARCH (一般化自我相關條件異質變異)。
5. Vector Autoregression (向量自我迴歸)。
6. VECM (向量誤差修正模型)。
7. Cointegration test (共整合檢定) 包括：(1) Engle-Granger 共整合檢定；(2) 兩兩同階次的非穩態 (nonstationary，非定態) 變數進行共整合檢定；(3) Johansen 共整合檢定；(4) 可一次進行多個非穩態 (nonstationary，非定態) 變數的共整合檢定。
8. 非線性迴歸 (平滑轉換迴歸 STR、平滑轉換自我迴歸 STAR)。

1.3.1 何謂穩定性 (定態)

　　總體經濟變數中，許多時間數列行為往往呈現各種不同的長期趨勢，而與定態時間數列有很大的差異。目前一般實證分析上主要考慮決定項趨勢 (deterministic trend) 與隨機趨勢 (stochastic trend) 兩種。基本上，時間數列具有決定項趨勢者，在模型中加入時間趨勢項後，可成為定態數列，但時間數列具隨機趨勢者 [通常為 $I(1)$ 數列，即時間數列經一次差分可為定態數列]，由於在模型中加入時間趨勢項，並不會使模型的期望值與變異數收斂，故必須將數列加以差分，使其成為定態數列後，才能作正確的統計推論。

　　當資料含隨機趨勢時，如直接以 OLS 估計，會導致 Granger & Newbold (1974) 所提出的虛假迴歸 (spurious regression) 問題[1]。因此，在進行實證分析前，應先就時間數列的穩定性加以檢定。判斷時間數列是否為非定態數列的方法除觀察圖形外，目前一般採取的檢定方法為納入數列之常數項與時間趨勢項的 ADF 單根檢定 (Augmented Dickey Fuller unit-root test)[2]。假設欲檢定時間數列 y_t 是否為定態數列，根據 ADF 單根檢定的作法，即是檢定下列之時間數列模型中 y_{t-1} 的係數估計值 ρ 是否等於 1。

$$\Delta y_t = a_0 + (\rho - 1)y_{t-1} + a_2 Trend + \sum_{i=1}^{p} b_i \Delta y_{t-i} + e_t$$

　　如檢定結果，無法拒絕單根虛無假設，即 $\rho = 1$，則 y_t 為非定態數列。對於非定態數列，應取差分並持續反覆以 ADF 檢定，直到差分後的數列為定態時，再進行迴歸分析 (如 VAR、SVAR)。此外，如時間數列具有結構改變時，應改以 Banerjee、Lumsdaine & Stock (1992) 建議的遞迴檢定 (recursive test)、滾動檢定 (rolling test) 或連續檢定 (sequential test) 三種檢定方法之一進行檢定。

---

[1]　Granger & Newbold (1974) 發現，虛假迴歸 (spurious regression) 的結果，通常會產生 R^2 很高，但 Durbin-Watson 統計量的值很低的情形。

[2]　雖然樣本數增加，有助於以圖形判斷資料是否為確定趨勢或隨機趨勢，惟管中閔 (1999) 認為圖形與單根檢定均有限制，並不能完全解決判斷資料產生的過程究竟為確定趨勢或隨機趨勢。

何謂單根 (Unit Root) ？

$$\Delta y_t = \varphi \times y_{t-1} + \sum_{j=1}^{p-1} \alpha_j \Delta y_{t-j} + \varepsilon_t$$

以上式來說，「單根」("one" root) 係指，y_{t-1} 的係數 ϕ 理論上會趨近「1」("one")，表示，若序列 y_t 有趨勢存在，則該序列差分後的後 p 期 (Δy_{t-p}) 都可預期當期 Δy_t。

1.3.2 經濟分析常用的時間數列模型

一、向量誤差修正模型 (vector error correction models, VECMs)

統計上，整合階數 1 之 $I(1)$ 數列的線性組合仍為 $I(1)$，但若存有某種線性組合是 $I(0)$，則這些 $I(1)$ 數列具有共整合 (co-integration) 關係。由於共整合關係可以捕捉 $I(1)$ 數列之間的共同趨勢 (common trend)，故若能從長期的角度確認變數之間的領先落後關係，則可利用共整合關係中的變數來預測其他變數的長期趨勢。

就經濟分析的角度觀之，經濟變數的共整合關係可視為長期均衡 (long-run equilibrium)。當經濟變數為 $I(1)$ 數列時，以差分後的數列設定迴歸模型，雖使模型合乎定態的假設前提，但卻造成模型估計結果損失長期資訊[3]。為了讓模型的設定能將經濟變數間的長期均衡關係與短期的調整狀況 (含調整速度) 同時呈現，目前普遍被接受的作法即是採取共整合分析方法。

檢定經濟變數之間是否具有共整合關係，可利用 Engle & Granger (1987) 兩階段共整合分析法，和 Johansen (1988) 與 Johansen & Juselius (1990) 最大概似法 (maximum likelihood, MLE)。由於前者僅限於分析單條共整合關係式，且經常無法得知對共整合向量的極限分配，故為避免得到不具效率 (inefficient) 的共整合

---

[3] 假設 c 表示消費，y 表示所得，設定迴歸模型 $\Delta y_t = \beta \Delta c_t + \varepsilon_t$ 進行分析，雖滿足定態時間數列的前提，但從經濟分析的角度來看，由於長期下，c 與 y 將維持穩定狀態 (steady state)，即 $\Delta y_t = \Delta c_t = 0$，隱含迴歸方程式為 $0 = \beta \times 0 + \varepsilon_t$，在缺乏 c 與 y 的長期關係下，該方程式意義不大。

向量估計結果。扭曲經濟變數間的長期均衡關係與調整速度。一般較允當的分析方式係依據 Johansen (1988) 多變量共整合分析法 (vector error correction models, VECMs)。以最大概似法之概度比檢定統計量檢定共整合向量個數與共整合關係。一旦共整合關係個數確定，透過 Granger 表現定理 (Granger representation theorem) 將可以誤差修正模型描繪經濟變數的長期均衡關係與短期的動態調整。[4]

二、向量自我迴歸模型 (vector-autoregressive models, VARs) 與結構化向量自我迴歸模型 (structural vector-autoregressive models, SVARs)

一組經濟變數以向量 Z_t 表示，經檢定為定態數列後，可直接以 OLS 估計並進行 VAR 模型分析，其 VAR 模型的表示為：

$$Z_t = \alpha + \sum_{i=1}^{p} \beta_i Z_{t-i} + e_t \qquad \text{(其中 } e_t \text{ 為白噪音)}$$

Sim (1980) 提倡以 VAR 模型分析經濟體系的動態模型，以免除傳統總體模型在「認定固定地排除限制條件」與「決定經濟體系變數的內生或外生」等問題，由於經濟變數內生或外生難以區分，Sim 主張將所有的經濟變數均視為內生變數，並在估計一未受限制的 VAR 模型後，假設經濟變數的同期交互影響 (contemporaneous interaction) 為遞迴關係，即以變數的排列次序，認定結構模型的衝擊 (structural shock)，以便由衝擊反應函數 (impulse response functions) 描繪解釋樣本期間內衝擊對經濟體系的影響，並透過變異數分解 (variance

---

[4] 設一 k 階 n 維向量自我迴歸 (vector-autoregressive; VAR) 模型 Z_t 為 $Z_t = A_1 Z_{t-1} + A_2 Z_{t-2} + \cdots + A_k Z_{t-k} + u_t$，$u_t \sim N(0, \sum)$，根據 Granger 表現定理，可將其改寫為 $\Delta Z_t = \Gamma_1 \Delta Z_{t-1} + \Gamma_2 \Delta Z_{t-2} + \cdots + \Pi Z_{t-1} + u_t$，其中，$\Gamma_i = -(I - A_1 - A_2 - \cdots - A_i)$，$i = 1, 2, \cdots, k-1$，$\Pi = -(I - A_1 - A_2 - \cdots - A_k)$，$\Pi = \alpha\beta'$，($\alpha$ 為調整速度，β 為共整合向量個數)。Johansen (1988) 之最大概似法檢定係檢定 Π 的秩 (rank)，當

(1) Π 為滿秩 (full rank) 時，表示向量 Z_t 中所有變數均為定態數列，VAR 模型可直接以變數之水準值估計；

(2) Π 為零矩陣時，Z_t 中的變數間無共整合關係，故 VAR 模型可就 Z_t 中所有變數取差分後，進行估計；

(3) Π 的秩為 r<n，表示向量 Z_t 中的變數存在 r 個共整合關係，應以誤差修正模型進行分析。

decomposition) 評估造成體系內經濟變數變異的因素之相對重要性。

　　就經濟分析的角度觀之，VAR 模型是結構模型的縮減式，其背後可以代表無窮種類的結構模型，因此須加以認定，才能使縮減的 VAR 模型還原為具有明確經濟理論基礎的結構模型。換言之，VAR 模型是一種對資料的統計敘述 (statistical description)，在加入經濟理論的限制式後，結構化的 VAR (structural VAR) 模型才具經濟分析的意義。[5]

　　在結構模型的認定上，一般最常採取遞迴的認定方法 (recursive identification scheme) [6]，但 Cooley & LeRoy (1985) 指出此種認定方法，因變數排列順序不同將影響所認定的結構模型的參數，故其所認定的模型並不一定同等於原始的結構模型。由於大部份的經濟理論對於經濟變數的同期關係的限制式通常不足完整認定模型，故部份學者以經濟理論的長期限制式 (long-run restrictions) 協助 VAR 模型的認定，如 Balnchard & Quah (1989) 假設供給面的衝擊對於實質面有永久性效果 (permanent effect) 但需求面的衝擊對實質變數只有暫時性效果 (temporary effect)，認定結構模型的衝擊。Quah & Vahey (1995)，假設核心物價變動對為物價水準有持續性的效果 (persistent effect)，認定核心物價變動率的衝擊。另外，Bernake & Mihov (1998) 將 VAR 體系的變數分為政策與非政策變數，並假設當期非政策 (總體) 變數不受當期政策變數的影響，利用區塊遞迴認定法 (block-recursive identification scheme) 設定貨幣政策變數的限制式，以認定政策變數的結構衝擊。

三、狀態空間模型 (State space models, SSM)

　　狀態空間，一般由兩組方程式加以定義如 (1) 式與 (2) 式，其中 (1) 式稱為 state equation 或 transition equation，是決定體系的動態，(2) 式稱為 output equation 或 measurement equation，是近似於靜態的迴歸方程式。

$$\begin{cases} \alpha_t = c_t + T_t \alpha_{t-1} + R_t \eta_t, & \eta_t \sim N(0, Q_t) \quad (1) \\ y_t = d_t + Z_t \alpha_t + \varepsilon_t, & \varepsilon_t \sim N(0, Q_t) \quad (2) \end{cases}$$

---

[5] VAR 模型除有認定的問題外，模型落後期數的決定，亦容易產生自由度不足或過度配適 (over-fitting) 的情形。

[6] 在此遞迴認定方法即指 Cholesky decomposition。

向量 α_t 代表 p 個狀態變數 (無法觀測的變數)，y_t 代表 N 個結果 (output)，干擾項變異數隨時間改變。

在計量分析上，SSM 主要應用在結構時間數列模型 (structural time series models)、特定無法觀察項目模型 (specific unobserved component models)、參數隨時間變動的模型 (time-varying parameter models) 與資料估計 (data estimation) 等。其估計方法為 MLE，估計步驟包括設定初值、利用 Kalman filter 評估 MLE 的估計的預測誤差 (prediction error)，以及用數值分析 (numerical procedure) 找到參數估計值。

至於在經濟分析方面，SSM 常用於估計無法觀測的經濟變數，相關的實證研究如 Smets (2002) 以設立 SSM 估計潛在產出、Staiger 和 Stock & Watson (1977) 與 Bank of England (1999) 以 SSM 估計無加速通貨膨脹失業率 (non-accelerating inflation rate of unemployment, NAIRU) 等。

1.3.3 時間序列之統計軟體

橫斷面變數可用 SPSS/SAS 軟體來分析。縱貫面之時間序列 (time series) 則可用：免寫指令的 JMulTi (可以由 http://www.jmulti.de 免費下載)、或用要寫指令的 RATS 及 Eviews、或功能強大且要寫指令的財經軟體 R (http://cran.r-project.org/bin/windows/base/) 等 4 種軟體來分析。橫斷面＋縱貫面之 Panel data 分析，可用Limdep 軟體來分析。

常見時間序列分析軟體，包括：分析定態資料之 SPSS；分析非定態資料之 JMulTi (免費的)、S-PLUS、R、RATS、EViews、Limdep (for Panel data analysis) 軟體。

一、JMulTi 統計軟體

JMulTi 是所有時間序列軟體最優者，它的內建程式包括：OLS Regression、UnitRoot、Co-integation、VAR、SVAR、ARCH-GARCH、VECM、Nonparametric Time Series、Smooth transition Regression、ARIMA…。

二、RATS 統計軟體

RATS 軟體裡面有內建程式包括：GARCH、EGARCH、ARCH、GJR-GARCH。倘若我們要分析：雙變量 GARCH 和雙變量 GJR-GARCH-M 的程式，

則可用 RATS Wizards 來建模。

三、EViews 統計軟體

EViews 是在處理一般統計分析、時間序列 (time series) 估計與預測、橫斷面資料 (cross-section)、縱橫資料 (panel data)、大規模模型模擬、繪製研究圖形或簡單資料管理的最佳選擇。

新版 EViews 已提供直接連結到線上 EcoWin 數據庫。EViews EcoWin 界面提供下列特徵：

1. 在 EcoWin 資料庫中增加一個交互式圖表的視窗，此視窗提供企業版使用者瀏覽資料庫、複製或輸出資料庫資料到 EViews 工作檔或其他 EViews 資料庫。
2. 增加一組工作指令可以讓使用者透過 EcoWin 資料庫中取得某一系列的資料。這個工具也可以包含在使用者已完成的模組中。

新版 EViews 亦將以下檢定加入 Panel 或 Pool 方程估計中：

1. LR-type testing 是 Panel 或 Pool 方程用來檢定迴歸因遺漏或殘差所產生的問題。遺漏變數檢定允許使用者增加一組變數到現有的 Panel 或 Pool 方程中，以了解是否能在依變數中找到一組可用的變數。殘差變數檢定允許使用者在 Panel 或 Pool 方程檢定子集合變數的統計顯著性。
2. 可以透過二維線性或非線性最小平方估計 Panel 或 Pool 方程的殘差固定效應檢定來求得固定效應的統計顯著程度。
3. Hausman 隨機效應檢定可以提供選擇固定效應模型或隨機效應模型的依據。

1.4 認識時間序列軟體 JMulTi

時間序列軟體 JMulTi 主要功能，包括：

1. 向量自我迴歸 (VAR)：可證明定態之二序列的因果關係。
2. 向量誤差修正模型 (VECM)：可證明非定態 (有單根) 之二序列的因果關係。

3. 異質變異模型 (ARCH)：可檢定出，該序列的波動後 q 期的誤差變異能否預測當期的誤差變異。

4. 平滑移轉迴歸模型 (STR)：判定序列是否為非線性之自我迴歸，若是，電腦則會自動建議你，該採 LSTR1 或 LSTR2 轉換函數來產生具有線性之新序列。

5. 自我迴歸 AR、移動平均模型 (MA)、ARIMA 模型：JMulTi 會自動顯示 ARIMA (p, d, q) 最佳模型之參數值，即根據 AIC 準則來計算 (p, d, q) 三者的最佳值，它可省去，Eviews、SPSS 須用肉眼來看 ACF、PACF 函數，人們才可斷定 (p, d, q) 值的麻煩。

6. 無參數時間序列。JMulTi 可讓你測試該單變量迴歸是否適配？包括線性模型及非線性模型二大類：

  (1) 非線性迴歸模型：Heteroskedastic nonlinear autoregressive (NAR) 模型、Seasonal nonlinear autoregressive (SNAR) 模型、Seasonal dummy nonlinear autoregressive (SDNAR) 模型、Periodic autoregressive (AR) 模型、Seasonal dummy autoregressive (SDAR) 模型、SHAR 模型。

  (2) 線性迴歸模型：Linear autoregressive 模型 (AR) 模型、Periodic autoregressive (AR) 模型、Seasonal dummy autoregressive (SDAR) 模型、SHAR 模型 (SDAR 另一模型)。

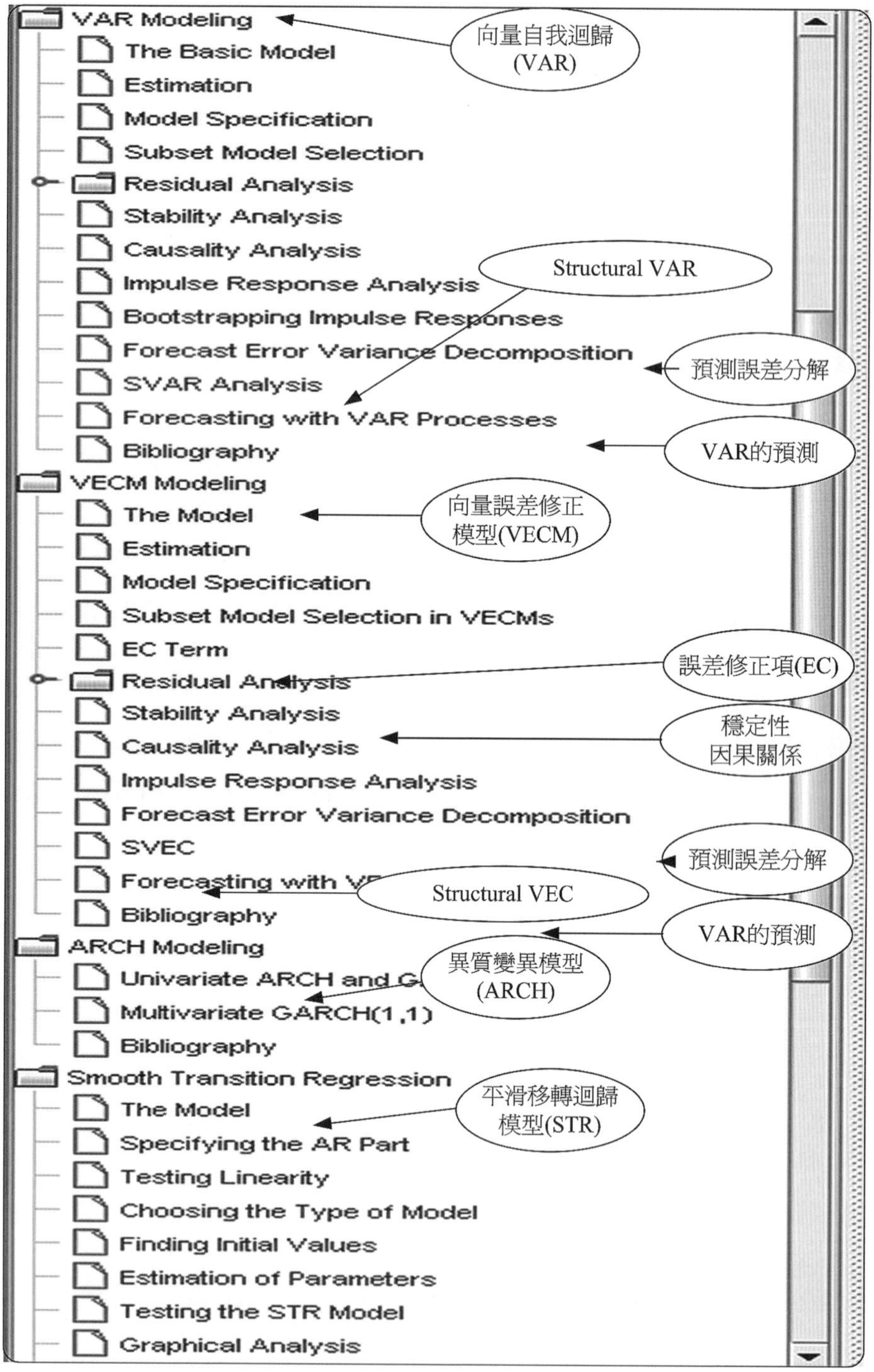

圖 1-15 JMulTi 之功能表

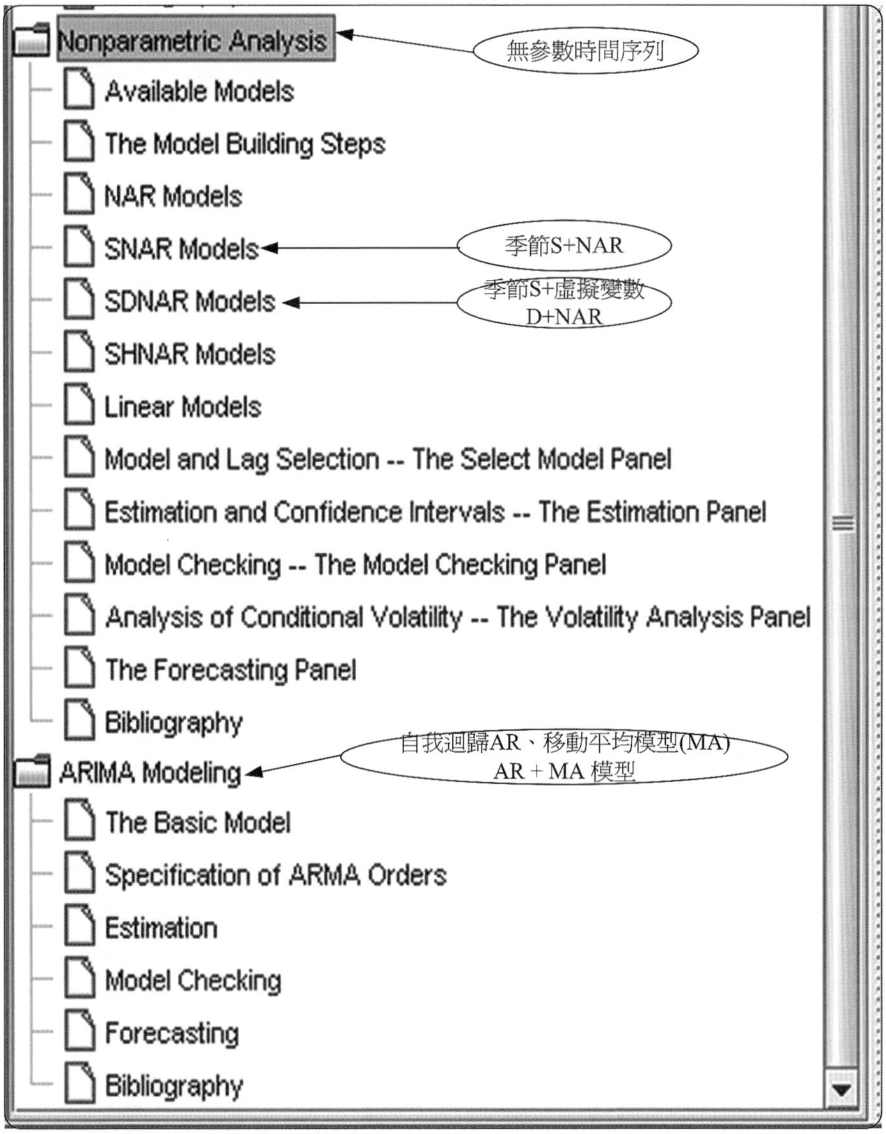

圖 **1-15** JMulTi 之功能表 (續)

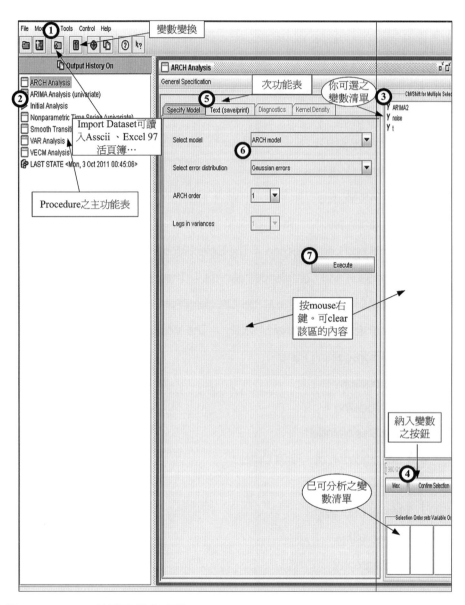

⌐ 圖 1-16 JMulTi 軟體之操作畫面

勤勞有苦味之根，但有甜美之果。

CHAPTER **2** 〈〈〈〈〈

財經及金融之專有名詞

2.1 計量經濟之專有名詞

一、領先指標 (leading indicator)

經濟的領先指標，係指未來經濟波動轉好或轉壞之前，事前可由一些徵候或一些現象出現，先表露出某訊息。就像生病一樣，要感冒之前會先打噴嚏，那麼打噴嚏就是感冒的領先徵候。經濟變動也是一樣，有領先的徵候出現。將這些徵候想辦法用數字來表示其大小或強弱，就叫做領先指標。

所謂「領先指標綜合指數」是由數項能提前反映景氣變動情況的指標所構成，用來預測短期未來景氣變化。意義上，領先指標的高峰與谷底會比經濟循環的階段要出現得早，因此是重要的預測與規劃工具。

台灣經濟景氣循環之領先指標，是由行政院經濟建設委員會之經濟研究處編印按月發表。經建會所計算的領先指標，是根據下列七項的變動因素綜合編成的：1. 台北市房屋建築申請延面積。2. 與上年同月比較之製造業新接訂單指數變動率。3. 製造業平均每人每月工作時數。4. 與上年同月比較之股價指數變動率。5. 與六個月前比較之躉售物價指數變動率。6. 與上年度同月比較之海關出口值變動率。7. 與上年度同月比較之貨幣供給額變動率等七項。依據上述七項綜合平均計算台海經濟景氣的領先指標。國內的經濟領先指標與股價走向關係密切，值得投資人注意。

舉例來說，美國道瓊是台股領先指標、石油價格是道瓊領先指標、大宗物價 (玉米代表) 是石油價格領先指標，即「芝加哥玉米指數 (大宗物資) →NJ 油價→美股道瓊→台股」。假設玉米期貨領先台股 4 週，故欲知台股未來 1 個月的走勢，可查玉米期貨之網站：(1) http://www.bloomberg.com/markets/commodities/futures/，彭博 CRB 商品期貨，(2) http://www.cnyes.com/futures/javachart/CCON.html，鉅享網→期貨→玉米。

(一) 景氣指標的應用

景氣指標是景氣預測工具之一，目前經建會所編製的「台灣景氣指標」包括三部份：1. 景氣對策信號。2. 景氣動向指標。3. 產業景氣調查。前二者是根據客觀的統計資料，顯示我國總體經濟之狀況，產業景氣調查則根據廠商提供的客觀

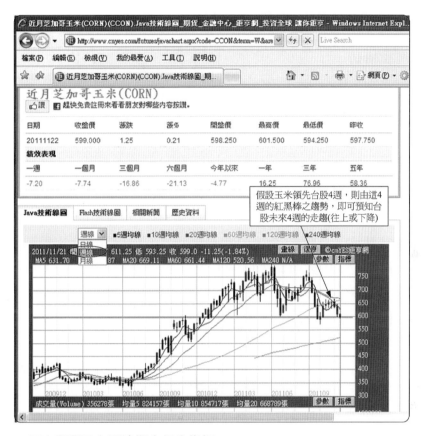

○圖 2-1　玉米期貨是台股遠期之領先指標

數據及主觀判斷，來了解個別產業之景氣狀況。

1. 景氣對策信號是根據貨幣供給變動率等九項與景氣變動較為密切的經濟指標編製而成，九項指標中包含：(1) 製造業新接訂單。(2) 出口。(3) 工業生產。(4) 製造業成品存貨率。(5) 非農業部門就業等五項實質面的指標。(6) 貨幣供給 (M1B)。(7) 放款。(8) 票據交換。(9) 股價。後四項為金融面的指標。

　　每一項指標依變動率或比率訂出四個分界點 (檢查值) 共 5 分，最高 5 分最低 1 分。區分為五種信號燈來表示景氣的好壞：(1)「紅燈」表示景氣過熱，38~45 分。(2)「黃紅燈」表示景氣活絡，32~37 分。(3)「綠燈」表示景氣穩定，23~31 分。(4)「黃藍燈」表示景氣欠佳，17~22 分。(5)「藍燈」

表示景氣衰退，9~16 分。由於景氣對策信號將個別指標之變動情形，以區間分段方式判定燈號，因此，當指標變動幅度在同一區段時，不會改變燈號，但若某月份指標變動幅度雖與上月差異不大，卻正好超過臨界點而處不同區段，燈號即改變。此為其特點，亦為其限制，顯示景氣對策信號是以區間劃分的方式，將總體經濟狀況作一判定，目的在簡要地顯示景氣概況。若欲了解總體景氣變動的幅度，則須使用景氣動向指標。

2. 景氣動向指標是將所選取的統計數列，經過季節調整、標準化因子調整、加權平均等統計處理後，合併成一個綜合指數時間數列，不但可以反映景氣變動的方向，而且可以顯示景氣變動的幅度。其中，領先指標綜合指數是根據能夠提前反映景氣變動情況的指標編製而成，可用來預測未來景氣之變動。過去常將領先指標連續上升 (下降) 三個月視為景氣復甦 (下降) 的標竿，近年來的研究顯示，當領先指標下降 1~2%，且半年內至少有一半的構成項目下降時，表示景氣趨降。目前我國納入領先指標綜合指數的指標有七項，包括製造業新接訂單變動率、製造業每月平均工作時數、台灣地區房屋建築申請面積、海關出口值變動率、躉售物價變動率、貨幣供給 (M1B) 變動率，以及股價變動率。同時指標綜合指數是根據能夠反映當時景氣狀況的指標編製而成，可用來判斷當時的景氣狀況。目前我國納入同時指標綜合指數的指標有六項，包括工業生產變動率、製造業生產變動率、國內貨運量、製造業銷售值、製造業平均每月薪資變動率，及票據交換金額變動率。

3. 欲了解產業的景氣狀況須參考景氣調查，該調查是以問卷方式，廣泛徵詢各業廠商之營業狀況及其對未來景氣的判斷。由各個產業之產銷、訂單、存貨及利潤之變動情形，可了解各行業之景氣狀況，由廠商對未來三個月的景氣預期，可看出短期未來不同行業之景氣的變動方向。

實務上，股市投資者想要逃過股災，就要緊盯股市最重要的三大領先指標：

1. 貨幣供給 (M1B) 變動率，它代表資金動態，因為沒量就沒價，中央銀行網址：http://www.cbc.gov.tw/mp1.html。

2. 景氣燈號：它與景氣變動較為密切的統計系列，經建會之景氣指標查詢系統：http://index.cepd.gov.tw/。

3. GDP：國內生產毛額 (Gross Domastic Product) 代表一國國內人民在某一

單位時間中，生產的所有最終商品和勞務的市場價值。在美國，GDP 是每季數據，但以月份為基礎，由經濟分析局 (BEA) 公布。其中估計值先行 (Advance) 報告，公布於當季結束後的第一個月內。台灣主計處網址：http://www.dgbas.gov.tw。

以上景氣三大領先指標，若有其中二個指標同時出現由高點開始轉低「下跌」跡象，就是減碼投資股市的最佳時機；反之，就是進場股市的時機。領先指標之投資術，最好能配合「技術分析」來 Double Check (客觀互驗)。

(二) 領先指標的研究法

領先指標在研究法之如何應用呢？假設期貨指數若有領先現貨價格，則可拿過去「前 1 期或數期」期貨與現貨來進行相關的時間序列模型檢定，包括：自我迴歸 AR (p)、自我平均移動迴歸 ARMA (p, d, q)、向量自我迴歸 VAR (p)、共整合分析之 VECM、或異質性變異之自我迴歸 ARCH 與 GARCH 等，再從該迴歸結果來發現前期的期貨價格與現貨價格是否有顯著相關，及落差幾期。例如，用向量自我迴歸 (VAR) 模式探討美、日、英、港、台五國股市間的相關程度、相互影響力以及領先與落後的動態關係。VAR 結果顯示，各國股市報酬率皆受美國前一天報酬率的影響，但美國卻不受他國影響，亦即美國股市可做為其他股市的領先指標。又如，利用 Granger 因果關係模型檢定美國道瓊工業指數、NASDAQ 指數、費城半導體指數，以及台灣加權股價指數等五種股價指數長期與短期領先或落後的關係。Granger 因果分析發現，只有美國道瓊工業指數、NASDAQ 指數、費城半導體指數單一方影響台灣加權股價指數與台灣電子股，且美國費城半導體指數對台灣電子電子股指數，具有長期及短期領先關係。

(三) 美國經濟指標

■表 2-1　美國經濟指標有 17 個

1. 指標：褐皮書 (Beige Book)	
指標內容	由聯準會所屬十二個地區分行向當地企業家、經濟學家等專業人士蒐集的資訊彙整而成，用來做為聯準會公開市場委員會 (FOMC) 集會時制定金融政策的依據，不過這些資料並不代表任何央行官員的正式意見。
來　　源	聯邦準備理事會 (Federal Reserve Board)。

■表 2-1 美國經濟指標有 17 個 (續)

統計頻率	每年八次。
發布時間	美東時間 2:00 PM，在聯準會公開市場委員會每次集會前兩週的星期三發布。
重 要 性	中，有時會影響金融市場走勢，在與其他近期的經濟報告整體考量時，可以衡量目前經濟的強勢。

2. 指標：耐久財訂單 (Durable Goods Orders)	
指標內容	用以衡量耐久財貨製造商收訖訂單的總金額變化，所衡量的財貨則指至少可以使用三年的產品，例如新車、電腦及冰箱等各類價格較昂的商品。
來　　源	商務部 (The Commerce Department)。
統計頻率	每月。
發布時間	美東時間 8:30 AM，通常在每月 26 日左右發布前一月份的資料。
重 要 性	高，由於它是工廠區隔的主要經濟指標，而且內容時效性強，因此經常會影響金融市場走勢，惟其單月數據的波動性甚強。

3. 指標：成屋銷售量 (Existing Home Sales)	
指標內容	用以衡量成屋的銷售速率，數據內容包括地理區分以及房價和市場餘屋庫存資訊，以預測房市的供需程度。
來　　源	全國不動產商協會 (National Association of Realtors, NAR)。
統計頻率	每月。
發布時間	美東時間 10:00 AM，通常在每月 25 日或之後的第一個工作日發布前一月份的資料。
重 要 性	中，有時會影響金融市場走勢，而且，鑑於此一資料的即時性強，因此它是一個用以衡量所有房市相關項目的指標。

4. 指標：工業生產指數 (Industrial Production)	
指標內容	用以衡量全國包括礦業、工廠及公用事業在內的工業產出，該報告並附帶一個名為產能利用率 (Capacity Utilization) 的指標，以衡量工業生產距離發生瓶頸的程度。
來　　源	聯邦準備理事會 (Federal Reserve Board)。
統計頻率	每月。
發布時間	美東時間 9:15 AM，通常在每月的第 15 日左右發布前一月份的資料。
重 要 性	中高，經常會影響金融市場走勢，而且由於這一數據是在每一月份結束後的大約兩週便發布，因此其時效性也非常高，附帶發布的產能利用率則是一個通膨的指標。

■表 2-1 美國經濟指標有 17 個 (續)

5. 指標：消費者物價指數 (Consumer Price Index)	
指標內容	用以衡量同樣一組財貨及服務的成本變化，內容包括：食物、能源、衣物、住屋、交通、醫療及教育等。
來　源	勞工部 (Labor Department)。
統計頻率	每月。
發布時間	美東時間 8:30 AM，通常在每月的第 15 日左右發布前一月份的資料。
重　要　性	高，只要是與通膨意涵有關的經濟數據都會影響金融市場變化，尤以扣除食物與能源兩項波動劇烈成份的核心指數更受到市場關注。

6. 指標：零售業銷售額 (Retail Sales)	
指標內容	用以衡量消費者在零售市場的消費金額變化，但統計內容並不包含服務項目的支出，後者經常佔有消費者整體消費金額的一半。
來　源	商務部 (Department of Commerce)。
統計頻率	每月。
發布時間	美東時間 8:30 AM，通常在每月的第 12 日左右發布前一月份的資料，一個月後再發布修正數據。
重　要　性	非常高，幾乎都會影響金融市場走勢，而且由於這一數據是在每一月份結束後的大約兩週便發布，因此其時效性也非常高，並提供當月稍後發布之個人消費支出 (Personal Consumption Expenditures, PCE) 報告一些指引。

7. 指標：就業報告 (Employment Report)	
指標內容	用以衡量淨增加的新工作數目，同時也統計出失業率、工人平均時薪，以及平均每週工時的數據。
來　源	勞工部 (Labor Department)。
統計頻率	每月。
發布時間	美東時間 8:30 AM，每月第一個週五發布前一月份的統計。
重　要　性	非常高，通常會影響金融市場走勢，而且由於該數據的時效性很強，並同時包含了就業市場與工資水準的成長率，因此通常都被視為是用來衡量經濟健康情況的最佳單一指標，其意涵並經常會延伸至當月其他經濟報告的取向。

8. 指標：生產者物價指數 (Producer Price Index)	
指標內容	用以衡量國內工廠、農場及加工廠的產品交貨價格變化。顧及食物和能源兩項成份經常受季節因素影響而波動劇烈，因此這項報告又計算扣除該二成份的核心物價，稱為生產者物價核心指數。

■表 2-1　美國經濟指標有 17 個 (續)

來　　源	勞工部 (Labor Department)。
統 計 頻 率	每月。
發 布 時 間	美東時間 8:30 AM，通常在每月的第 13 日左右發布前一月份的資料。
重 要 性	高，通常會影響金融市場走勢，而且其時效性及通膨意涵也廣泛受到市場追蹤。

9. 指標：新屋銷售 (New Home Sales)

指 標 內 容	用以衡量一家庭新屋的銷售速率變化，數據內容包含地區性的統計、價格及市場餘屋 (以可供市場消化的月份數目表示)。
來　　源	商務部 (Commerce Department)。
統 計 頻 率	每月。
發 布 時 間	美東時間 10:00 AM，每月最後一個工作日或次月第一個工作日左右發布前一月份的數據。
重 要 性	中上，有時會影響市場走勢，而且這一數據也被視為近期與房市相關支出的指標，例如家具、新廚具等等。新屋銷售佔有美國整體房屋市場大約15% 的銷售量，其餘則為成屋。

10. 指標：消費者信心指數 (Consumer Confidence Index)

指 標 內 容	這一指數係將 1985 年的水準定為 100，由紐約民間組織工商協進會每月抽樣向 5,000 戶家庭調查而得，調查內容包括消費者對經濟景氣、就業市場，以及個人收入的展望等。
來　　源	工商協進會 (The Conference Board)。
統 計 頻 率	每月。
發 布 時 間	美東時間 10:00 AM，每月最後一個週二發布當月份的數據。
重 要 性	中等，有時也會影響市場走勢。在與其他諸如密西根大學消費信心等指數合併觀察時，將有助了解消費者目前及未來的心態。

11. 指標：工廠訂單 (Factory Orders)

指 標 內 容	用以衡量製造業訂單、出貨及庫存的變化。
來　　源	商務部 (Commerce Department)。
統 計 頻 率	每月。
發 布 時 間	美東時間 10：00 AM，每月第一週擇日發布前二月份的數據。

■表 2-1　美國經濟指標有 17 個 (續)

重 要 性	中低，因為此一數據大約 55% 是由耐久財訂單、45% 是由非耐久財訂單組成，而耐久財訂單通常會先此數據一週便發布，因此其時效性也就不強，甚少影響金融市場的走勢，不過市場人士會多少會注意一下前一月份的修正數據，並利用報告中的製造業庫存來協助預測季度的國內生產毛額 (GDP)。
12. 指標：首次申請失業保險金人數 (Initial Jobless Claims)	
指標內容	用以衡量首次申請政府失業保險金的人數。
來　　源	勞工部 (Labor Department)。
統計頻率	每週。
發布時間	美東時間每週四 8:30 AM，發布截至前一週週六的數據。
重 要 性	中上，偶而會影響市場走勢，而且因其時效性強，因此也被視為勞動力及就業市場的極佳指標，但其每週數據的波動劇烈，因此四週的移動平均數是判斷未來趨勢的較佳指標。
13. 指標：經濟領先指標 (Leading Economic Indicators)	
指標內容	這一指數係整合十項經濟指標，並將 1992 年的水準定為 100，用以預測未來六到九個月的經濟活動。其組成指數包含：就業報告、首次申請失業保險金人數、工廠訂單、採購經理人協會指數、新屋開工、史坦普 500 指數水準、貨幣供給額、10 年期國庫債券與隔夜拆款利率的差距及密西根大學的消費信心指數。
來　　源	工商協進會 (The Conference Board)。
統計頻率	每月。
發布時間	美東時間 10:00 AM，每月月底附近發布前一月份的數據。
重 要 性	低，也幾乎從未影響市場走勢，因其指標大部份的成份指數均早已個別公布。
14. 指標：新屋開工與營建許可 (Housing Starts and Building Permits)	
指標內容	用以衡量私有住屋破土動工的數目，以及在三、四個月後也將化身為新屋開工之營建許可數目的變化，地區別的資料同時也提供。
來　　源	商務部 (Commerce Department)。
統計頻率	每月。
發布時間	美東時間 8:30 AM，每月 18 日左右發布前一月的數據。
重 要 性	中，有時會影響市場走勢，因為它是房屋銷售以及整體支出的一個甚佳的領先指標，而且新屋開工資料也可用來預測國內生產毛額中的住宅投資成份。

■表 2-1　美國經濟指標有 17 個 (續)

15. 指標：商業庫存 (Business Inventories)	
指標內容	用以衡量包括製造、批發及零售三個階段在內的整體商業庫存，以及這三個階段的銷貨金額。
來　　源	商務部 (Commerce Department)。
統計頻率	每月。
發布時間	美東時間 8:30 AM，每月 13 日左右發布前二月份的數據。
重　要　性	低，甚少影響市場走勢，因為除了零售階層的存貨是新資訊之外，其餘數據都已見諸其他報告，例如零售業銷售額在此之前已公布，批發庫存報告則已顯示批發階段的庫存資訊，工廠訂單報告則同時顯示製造層級的庫存資料。不過，這項報告仍有助用來預測國內生產毛額。

16. 指標：國內生產毛額 (Gross Domestic Product)	
指標內容	用以衡量全國國內財貨與服務產值的經濟活動總金額，其中個人消費支出佔數據成份的大約 68%，其餘則由投資、政府支出及淨出口金額組成。
來　　源	商務部經濟分析局 (Bureau of Economic Analysis，US Department of Commerce)。
統計頻率	每季與每年，而且每次數據會修正兩次。
發布時間	美東時間 8:30 AM，逢 1、4、7 及 10 月底時，所發布的資料為前一季度的先期報告 (advance report)，次月底經修。
重　要　性	非常高，尤其在與市場的期待值相提並論時，實際發布的經濟成長率或衰退率經常會左右金融市場的走勢。

17. 指標：採購經理人指數 (Purchasing Managers' Index)	
指標內容	NAPM 每月彙整大約 350 家製造商的資料，衡量美國製造業的景氣現況，如果指數超過 50 便意味製造業仍繼續擴張，反之，表示陷入衰退。
來　　源	全國採購經理人協會 (National Association of Purchasing Management, NAPM)。
統計頻率	每月。
發布時間	美東時間 10:00 AM，逢每月第一個工作日發布前一月份的數據。
重　要　性	非常高，幾乎都會影響市場的走勢，因其數據不僅時效性高，而且指數內容涵蓋新訂單、生產、僱用、交貨、庫存、價格、外銷新訂單、進口，以及累積訂單等九大成份，因此被視為衡量工廠區隔最佳的單一指標。

二、GDP

1. **國民生產毛額 (GNP)**：本國人 (以國籍為準) 所生產出最終財貨與勞務 (中間財貨不計算，以避免重複計算) 的市場價值 (外國人在本國生產的不算)。

2. **國內生產毛額 (GDP)**：在本國境內的人 (以地區為準) 所生產出最終財貨與勞務 (中間財貨不計算，以避免重複計算) 的市場價值 (本國人在外國的投資不算)。

GDP 的公式如下：

GDP＝[C (民間消費)＋I (投資)＋G (政府)](D：國內需求)
　　　＋[X－M](F：國外淨需求)

國內生產毛額 (Gross Domastic Product, GDP) 代表一國國內人民在某一單位時間中，生產的所有最終商品和勞務的市場價值。在美國，GDP 是每季數據，但以月份為基礎，由經濟分析局 (BEA) 公布。其中估計值先行 (Advance) 報告，公布於當季結束後的第一個月內。這份報告的估計值代表相當不完整的資料，因此某些數據通常會出現大幅修正。因為第一個估計值並不精確，因此經濟分析局會於接下來兩個月內公布初步的 (Preliminary) 與修正的 (Revised) 估計值。

GDP 是以生產所在地的國境界定範圍，依照 GDP 的定義，外籍勞工在本國從事生產所創造出來的價值包括在本國 GDP 中，但是本國國民僑居在海外者，其生產價值不包括在本國 GDP 中。因此就定義上來說，GDP 與 GNP 的估計值都來自於相同的支出資料，但兩者以不同的方式衡量國外資源的淨所得。

GDP 成長率呈現當前經濟狀況。成長率高，則代表經濟成長強勁，反之，則必須擔心經濟是否陷入衰退。然市場如何反映 GDP 報告，取決於市場原先對 GDP 的預期。GDP 成長率不如預期對債市而言是利多消息，對股市則否，因股市擔心經濟將陷入衰退。對匯市而言，不如預期的 GDP 低成長是項利空消息，因市場認為聯準會將被迫放寬信用，故本國貨幣將呈貶值走勢。

在實際應用上，CPI 是一項很重要的通膨指標；分析師通常會研究指數相較於上月及去年同期的變動，來判斷通貨膨脹的狀況。此外，分析師也會觀察去除食物及能源後的核心 PPI (core PPI)，以正確判斷物價的真正走勢——這是由於食物及能源價格一向受到季節及供需的影響，波動劇烈。不過，若食物或能源價格

上揚的情況持續，且可能影響中長期物價水準及通膨狀況，則不可輕率忽略它們的變動。

　　GDP 的計算方式共有四種：生產面、所得面、支出面、成本面，現行流通的計算方式只有前面三種，「成本法」主計處並未公布如何計算。

1. 生產面 GDP：所有最終財貨或勞務的市價總值。
2. 所得面 GDP：地租 (租金)＋工資＋利息＋利潤＋間接稅淨額＋折舊。
3. 支出面 GDP：民間消費支出 (C)＋國內毛投資 (Ig)＋政府消費支出 (G)＋淨出口 (X－M)。

GDP (國內生產毛額)
＋國外要素所得淨額
GNP (國民生產毛額)
－折舊
NNP (國民生產淨額)
－間接稅淨額 (－間接稅＋補貼)
政府公賣收入
NI (國民所得)
－營利事業所得稅
公司未分配盈餘
保險費
＋政府移轉性支出
片面移轉性所得
公債利息
PI (個人所得)
－個人直接稅
DI (可用所得)
－個人消費支出
S (儲蓄)

三、通貨

通貨 (currency) 就是「通用貨幣」的簡稱，而這裡所指的貨幣不單單只是我們一般所認知的現金，而現金的定義在這裡也不只是新台幣，也包含了信用卡和旅行支票等流通程度。貨幣可分為廣義的貨幣 M1 和狹義的貨幣 M2，其中 M1 又可細分為 M1A 及 M1B 兩種：

M1A＝通貨淨額＋支票存款＋活期存款

這三種通貨都是流動性高且極富交易媒介價值的。

公式：M1B＝M1A＋活期儲蓄存款。

公式：M2＝M1B＋準貨幣

包括企業及個人在貨幣機構之定期性存款與外匯存款，郵匯局吸收之郵政儲金總數，企業及個人持有貨幣機構之附買回交易餘額，以及外國人持有之新台幣存款。

M1B 與 M2 年增率下滑，代表貨幣減少、景氣下滑，M1B 是景氣領先指標，除非央行調降利率實施擴張措施，否則景氣可能繼續萎縮，有出現交叉的可能性。

M1B 通常指的是隨時可在股市進出的資金，死亡交叉表示活存的錢跑到定存或海外，錢從流動性較高的地方轉到流行性較低的地方，表示短期內資金需求變小，資金動能不足，股市偏空，是景氣轉冷指標之一。

央行每月都會公布 M1A、M1B 和 M2 等三大貨幣指標年增率統計，就像 3 個內包的同心圓。最裡面一圈是 M1A，即通貨 (民眾口袋中的錢)、支票存款和活期存款總和；第 2 圈為 M1B，比 M1A 多一層活期儲蓄存款。最外面一圈是 M2，即 M1B 外加定期性存款。

四、通貨膨脹~物價指數 (price index)

經濟學家將通貨膨脹 (inflation) 定義為「一般物價水準在某一時期內，連續性地以相當的幅度上漲」。從這個定義，我們可以知道，要稱為通貨膨脹，還得符合一些要件。通貨膨脹，簡稱通膨，意指整體物價水準相對特定數額貨幣 (購

買力) 持續上升的狀態。與貨幣貶值不同，整體通貨膨脹為特定經濟體內之貨幣
價值的下降，而貨幣貶值為貨幣在經濟體間之相對價值的降低。前者影響此貨幣
在國內使用的價值，而後者影響此貨幣在國際市場上的價值。兩者之相關性為經
濟學上的爭議之一。

因為不同物價影響不同人，通貨膨脹有許多不同的衡量方式，最常見兩種衡
量指數為衡量帳面消費者物價的消費者物價指數，和衡量新出現的商品和服務的
通貨膨脹的 GDP 平減指數。

主流經濟學家對於通貨膨脹起因的看法可大略分為兩派，「貨幣主義者」相
信貨幣是通貨膨脹率數值最主要的影響，「凱因斯主義者」相信貨幣、利率和產
出間的相互作用才是最主要的影響，凱因斯主義者也傾向除了一般標準消費性商
品物價通膨外再另附上生產性商品 (資本) 通膨。其他理論，例如奧地利經濟學
派，相信通膨是中央銀行增加貨幣供給導致。

通膨之相對概念包括：通貨緊縮 (deflation)，又稱通縮，意指整體物價水準
下降。通貨膨脹減緩 (disinflation)，意指通脹率的降低。惡性通貨膨脹 (hyper-
inflation)，意指通脹失去控制急遽增加。停滯性通膨 (stagflation)，意指通膨率與
失業率同時增加。通貨再膨脹 (reflation)，意指企圖提高物價以反制來自通貨緊
縮的壓力。

大體上，經濟學家是以對整體經濟活動的影響程度，來界定是不是出現了通
貨膨脹的現象。例如，台灣的通膨率預測約為 1.044%，可用 Litterman (1986) 貝
氏 (Bayes') 向量自我迴歸來預測，實務上，最適貝氏向量自我迴歸模型，其對核
心消費者物價樣本外中長期通膨預測 (八季預測) 的表現亦最佳，優於許多其他
模型 (OLS)。通貨膨脹，因國而異，在不同的經濟結構，不同的歷史背景下，各
國對通貨膨脹的容忍程度也不同。有時候，通貨膨脹只是一個相對的觀念。有些
國家，譬如墨西哥，它的物價上漲率經常是 20% 以上，有時甚至於超過 100%；
如果能把它降到 15% 以下，物價或許就算是穩定了。

但是，對一些國家而言，譬如歐美國家及我國，近年來物價平穩，上漲率都
在 5% 以下，故對物價漲幅的要求也較嚴格。因此，關於物價上漲幅度多少才算
通貨膨脹，只能粗略地以「超過正常的上漲幅度」界定之。

例 2-1：去年我國第一季實質 GDP 為新台幣 23,261 億，今年度第一季實質 GDP 初步統計為新台幣 23,509 億，則今年度第一季經濟成長率為 1.06%。

$$\frac{23509-23261}{23261} \times 100\% = 1.06\%$$

例 2-2：假設去年名目 GDP 為 1,200 億元，實質 GDP 為 1,250 億元，今年名目 GDP 為 1,250 億元，實質 GDP 為 1,200 億元，今年經濟成長率怎麼計算？

　　公式：

$$經濟成長率 = \frac{本期實質\,GDP - 前期實質\,GDP}{前期實質\,GDP} = \frac{本期實質\,GDP}{前期實質\,GDP} - 1$$

答：$\dfrac{1200-1250}{1250} \times 100\% = -4\%$。

例 2-3：假設以 20XX 年為基期，去年及今年的物價指數分別為 110 及 125，而去年及今年的 GDP 分別為 3,520 億元及 4,500 億元，則今年的實際經濟成長率為？

　　公式：$實質\,GDP = \dfrac{名目\,GDP}{物價指數}$

答：先算去年的實質 GDP，即 3520/110%＝3,200 億元；再算出今年實質 GDP，即 4,500/125%＝3,600 億元。實質經濟成長率為 (3,600－3,200)/3,200 ＝12.5%。

例 2-4：去年的名目 GDP 為 400 億美元，今年的名目 GDP 為 540 億美元，若這段期間的物價膨脹率為 20%，則實際經濟成長率約為？

答：先算去年的實質 GDP，即 400/100%＝400 億美元；再算今年實質

GDP，即 540/120%＝450 億美元。實質經濟成長率為 (450－400)/400＝12.5%。

例 2-5：同樣地，去年的名目 GDP 為 400 億美元，今年的名目 GDP 為 540 億美元，若這段期間的物價膨脹率為 2 倍＝40%，則實際經濟成長率約為？
答：先算前年的實質 GDP，即 400/100%＝400 億美元；再算今年實質 GDP，即 540/140%＝385.7 億美元。實質經濟成長率為 (385.7－400)/400＝負 3.6%。

　　由以上舉例得知，當一個國家物價通貨膨脹率愈高的話，實質經濟成長率將出現衰退現象，甚至出現負的經濟成長率，故物價通貨膨脹率常常是各國經濟的絆腳石，不利經濟發展。

五、通貨緊縮

(一) 通貨緊縮 (Deflation) 是指貨幣供應量少於流通領域對貨幣的實際需求量而引起的貨幣升值，從而引起的商品和勞務的貨幣價格總水平的持續下跌現象。通貨緊縮，包括物價水平、貨幣供應量和經濟增長率三者同時持續下降；它是當市場上的貨幣減少，購買能力下降，影響物價之下跌所造成的；長期的貨幣緊縮會抑制投資與生產，導致失業率升高與經濟衰退。

(二) 通貨緊縮的肇因，理論上可分為：

1. 來自技術進步與解除管制 (例如開放電信市場) 帶動之生產效率提升，此為 90 年代全球物價得以持穩之關鍵因素。

2. 緊縮性貨幣政策或生產過剩及消費減退，促使物價下跌，長期則造成生產萎縮。

　　當市場上流通的貨幣減少，人民的貨幣所得減少，購買力下降，影響物價之下跌，就會造成通貨緊縮 (Deflation)。長期的貨幣緊縮會抑制投資與生產，導致失業率升高及經濟衰退。

　　通貨緊縮對經濟與民生的傷害力比通貨膨脹還要厲害。當要發生潛在的通貨緊縮問題時，央行會採行寬鬆貨幣政策，讓企業或家計部門不致因資金供給短缺

而借貸無門。通貨緊縮將使民眾消費與理財行為趨於保守，資金流向存款貨幣機構，迫使存款機構降息，若降息無法帶動民間投資，則利息縮水將使通貨緊縮更加惡化，導致國內企業獲利面臨強大下修壓力。

　　理論上來說，通貨緊縮時經濟處於谷底，正適合嫻熟衍生性金融產品的專業投資人大展身手，類似認股權證一類產品，都有以小搏大的機會。一般投資人難以犀利掌握時機，還是降低對投資報酬率的要求，保本為先，靜待經濟走出陰暗的谷底。

　　有關通貨緊縮資訊可參考的網站有：

1. 中央銀行-消費者保護系列——認識通貨膨脹

   http://www.cbc.gov.tw/secretariant/inflation.htm

2. 行政院主計處-物價指數

   http://www.dgbas.gov.tw/np.asp?ctNode=2825

3. 中華民國統計資訊網 (專業人士)

   http://www.stat.gov.tw/lp.asp?CtNode＝486&CtUnit＝331&BaseDSD＝7

六、CPI

　　CPI 即消費者物價指數 (Consumer Price Index)，是反映與居民生活有關的產品及勞務價格統計出來的物價變動指標，通常做為觀察通貨膨脹水準的重要指標。如果消費者物價指數升幅過大，表明通脹已經成為經濟不穩定因素，央行會有緊縮貨幣政策和財政政策的風險，從而造成經濟前景不明朗。因此，該指數過高的升幅往往不被市場歡迎。例如，在過去 12 個月，消費者物價指數上升 2.3%，那表示，生活成本比 12 個月前平均上升 2.3%。當生活成本提高，你的金錢價值便隨之下降。也就是說，一年前收到的一張 100 元紙幣，今日只可以買到價值 97.70 元的貨品及服務。一般說來當 CPI 有 3% 的增幅時，謂之 Inflation，就是通貨膨脹；而當 CPI 有5 % 的增幅時，稱為 Series Inflation，就是嚴重的通貨膨脹。

　　CPI 是一個落後性的資料，但它往往是市場經濟活動與政府貨幣政策的一個重要參考指標。CPI 穩定、就業充分及 GDP 增長往往是最重要的社會經濟目標。

七、失業率 (unemployment rate)

政府失業率統計 (行政院主計處)，基本上都是用狹義而非廣義，廣義失業率包含了非勞動力之中的「想工作而未找工作且隨時可以開始工作者」。如果要計算進去，其實失業率並非政府所說。

現在政府一直在釋出短期就業方案，這種只是治標不治本，等到約聘時間到了，還不是又失業，要改善失業率，必須要從經濟面上去改善，也就是工作職位釋出，而非只是政府一直創造短期公部門工作，這樣只會增加政府財政負擔。

八、匯率 (exchange rate)

匯率是兩國貨幣的兌換比率，又稱為「匯價」。經濟景氣與匯率的關係，呈現相同方向的變動關係，匯率漲跌有落後景氣走向之現象。當景氣熱絡時，民間企業投資意願高、資金需求量上升而使利率水準上揚，其導致國內投資市場獲利率提高而吸引海外資金流入，均會促使新台幣 (對美元) 匯價呈現升值壓力。

如果我們要算交叉匯率，目前國際市場上分為直接貨幣及間接貨幣，這是以兌美元的匯率而分的，直接貨幣有：歐元、英磅、澳幣及紐幣，其他都是屬於間接匯率。如果你要直接與直接就是兩者匯率相除。例如：20XX 年歐元/美元 1.23，英磅/美元 1.83，英磅/歐元就是 1.83/1.23＝1.59，表示一英磅可以兌換 1.59 歐元。

間接與間接兩者匯率可能都是一樣比值，例如：美元/日幣 109.80，美元/新台幣 32.500，則新台幣/日幣 109.80/32.500＝3.3785，表示 1 元新台幣可以兌換 3.3785 日幣。

我國採浮動匯率制度，一般來講，全球金融體系自 1973 年 3 月以後，以美元為中心的固定匯率制度就不復存在，而被浮動匯率制度所代替。

同時，一國國際收支狀況所引起的外匯供求變化是影響匯率變化的主要因素：國際收支順差的國家，外匯供給增加，外國貨幣價格下跌、匯率下浮；國際收支逆差的國家，對外匯的需求增加，外國貨幣價格上漲、匯率上浮。匯率上下波動是外匯市場的正常現象，一國貨幣匯率上浮，就是貨幣升值，下浮就是貶值。由於新的匯率協議使各國在匯率制度的選擇上具有很強的自由度，所以現在各國實行的匯率制度多種多樣，有單獨浮動、釘住浮動、彈性浮動、聯合浮動等。

1. 單獨浮動 (Single Float)。又稱「獨立浮動」，是指本國貨幣價值不與他國貨幣發生固定聯繫，其匯率根據外匯市場的供求變化單獨浮動，如美元、日元、瑞士法郎、加拿大元等均採用單獨浮動。單獨浮動的優點，主要體現在：

   (1) 均衡匯率水平完全由市場供求所決定，因而不會出現外匯的超額供給有超額需求的問題，外匯資金的利用服從邊際成本等於邊際收益的原理，從而更有效率。

   (2) 由於匯率決定於市場的供求，資本的流出入只會引起匯率水平的升降，而不會改變貨幣供應量，使貨幣政策有了較大的獨立性；同時，由於匯率水平的升降能夠自動的調節國際收支使之達到均衡，降低了大量國際儲備的機會成本，減少了中央銀行對市場的頻繁干預。

   (3) 在浮動匯率制度下，匯率的變動呈連續、輕微的態勢，投機者的獲利空間狹小，使投機行為相對減弱。

   　　單獨浮動也有其自身的缺陷。最大問題就是存在著匯率的過度波動或匯率的易變性。因而在一定程度上影響了國際貿易和國際投資，並且使經濟中面臨的匯率風險增強。

   　　因此，一般來說，市場經濟比較發達，對外匯市場調控能力較強的國家，或是參與國際經濟活動較深，需要充分利用匯率機制調節作用的國家，比較適合採用這種匯率制度。

2. 釘住浮動 (Pegged Float)。指一國使本幣同某外國貨幣或一籃子貨幣保持固定比價的匯率制度。一籃子貨幣指由多種國家貨幣按特定的權數組成的貨幣單位。在釘住匯率制，一國貨幣與其它某一種或某一籃子貨幣之間保持比較穩定的比價，即釘住所選擇的貨幣。本國貨幣隨所選貨幣的波動而波動，但相互之間的比價相對固定或只在小範圍內浮動，一般幅度不超過 1%。被釘住的一般是主要工業國家的貨幣或 IMF 的特別提款權。

   　　目前，大部份發展中國家實行的是釘住匯率制。按照釘住貨幣的不同，釘住匯率制可分為釘住單一貨幣和釘住一籃子貨幣。除釘住匯率制外的其它匯率制度，包括浮動匯率制，統稱為彈性匯率制。

3. 彈性浮動 (Elastic Float)。指一國根據自身發展需要，對釘住匯率在一定彈性範圍內可自由浮動，或按一整套經濟指標對匯率進行調整，從而避免釘住浮

動匯率的缺陷，獲得外匯管理、貨幣政策方面更多的自主權。

4. 聯合浮動 (Joint Float)。又稱共同浮動 (linked floating)、集體浮動 (group floating)，是指參加聯合浮動的國家集團內部成員間的貨幣實行固定比價，並規定波動幅度，各有關成員有義務維持該比價，而對集團外部國家的貨幣則採取同升共降的浮動匯率。成員國之間的波動幅度為±1.125%，成員國整體對美元的浮動幅度為±2.25%。這種體制有人稱為「蛇行於洞」體制，故聯合浮動也稱蛇形浮動。聯合浮動的目的是抵制匯率波動的不利影響。歐共體成員國貨幣 (歐元) 即採聯合浮動。

Q：實質匯率 (real exchange rate) 是如何決定的？

　　實質有效匯率指數就是將有效匯率指數平減物價指數，可顯示本國貨幣對外國貨幣的平均真正價值，由絕對數值的變動，表示本國貨幣在一段期間內的升貶走勢。若實質有效匯率指數上升，表示本國貨幣相對於外幣是升值；反之，則表示本國貨幣趨於貶值。另外，當實質有效匯率指數大於 100 時，表示當期本國貨幣較基期升值；反之，則表示當期本國貨幣較基期貶值。

Q：匯率與淨出口 (net exports) 有何關係？

　　新台幣升值，首先影響的是「出口」。新台幣升值，出口商依美元計價的商品，其新台幣實收金額也相對減少了。一雙鞋子的美元報價是 20 美元，若 1 美元＝27.5 新台幣，則可收取 550 元新台幣；若新台幣升值使得 1 美元＝26 元新台幣，則依新匯率計算只能收取 520 元新台幣。廠商若欲提高美元報價來增加新台幣實收金額，則美商可能轉向印尼、馬來西亞、南韓鞋廠訂購，我國廠商即降低出口市場競爭力，而使銷貨數量減少了！因此，新台幣升值對於出口有不利之影響。相反地，新台幣貶值，則能提高我國輸出產品的價格競爭力，對於出口能夠產生有利之影響。換句話說，外匯匯率與出口的關係，呈現相反方向之變動關係。基本上，「新台幣升值→出口額減退」，「新台幣貶值→出口額擴增」。

> **Q：名目匯率 (nominal exchange rate) 又是如何決定的？**
>
> 1. 名目匯率＝$\dfrac{國內物價(以國內貨幣計價)}{國外物價(以國外貨幣計價)}$
>
> 2. 名目匯率＝名目匯率×$\dfrac{外國物價水準}{本國物價水準}$
>
> 　　名目匯率係衡量一國貨幣與另種外國貨幣的相對價值，而名目有效匯率係將本國貨幣對一籃子各種外國貨幣的名目匯率予以綜合加權。至於實質有效匯率則係將名目匯率透過物價或生產成本指數排除物價變動影響後，再予以綜合加權所得的值。相對於基期的實質有效匯率指數值 100，指數 < 100 表示本國對外價格競爭力上升，原因包括本國貨幣對外價值下跌及本國物價相對下跌；指數 > 100 表示本國對外價格競爭力下跌，原因包括本國貨幣對外價值上升及本國物價相對上升。

九、風險值 (Value at Risk, VaR)

　　VaR (風險值)，是當前最廣受運用且有效的風險控管工具，其以一個簡單易懂且明確的數字，來描繪在當前日趨複雜的金融環境下，投資部位所承擔、暴露的風險，也正由於它簡單、易懂之特性，使得我們所採用的估計模型及解讀時需特別的小心，因為不同的模型，在不同的假設及不同的參數使用下，將估算出不同的風險值。

　　這些模型除了應當估算之準確度高，還要易於被政府、法人機構、投資機構及投資者所了解、計算、接受及操作。

(一) 風險值模型中 Fat-Tailed 形成原因

　　風險值模型中 Fat-Tailed 形成原因的名詞：混合常態 (mixture of normal Distribution)、波動性叢聚 (volatility clustering)、條件分配 (conditional distribution)、非條件分配 (nonconditional distribution)、時變波動性 (time-varying volatility) 的正確定義為何？

1. 混合常態 (Mixture of Normal Distribution)

　　是 Zangari (1996) 提出來取代原本的常態分配，其基本原理是假設報酬的分配，服從兩個參數的常態分配組合，其概念為，因為許多估計風險值模型常因為常態分配假設下，無法相對精確估計出風險值。也就是說，無法捕捉具有厚尾的分配。由於極端值發生次數的頻率會比使用常態分配之風險值所估計的次數還要多，如此會造成面臨模型風險，而導致第二次的損失風險，因此使用常態分配之風險值模型，大都無法真實反映出極端值的事件特性。於是有此學者提除此模型。

2. 波動性叢聚 (volatility clustering)

　　一般指資產報酬率才具有波動性叢聚的現象 (Akgiray, 1989)，亦即大波動伴隨著大波動，小波動伴隨著小波動。絕大多數的金融資產報酬率序列呈現高狹峰 (leptokurtic)、厚尾 (fat-tailed) 的特性。

　　Engle (1982) 考慮波動性的動態現象，提出自我迴歸條件異質變異數模型 (autoregressive conditional heteroskedastic model, ARCH)，可以有效描述此一現象。

3. 條件分配 (conditional distribution)、非條件分配 (nonconditional distribution)

　　可參考，廖哲宏 (民 93) 條件與非條件分配型態設定對期貨避險績效影響之研究，國立高雄第一科技大學/財務管理所/93/碩士。

4. 時變波動性 (time-varying volatility)

　　請見：林楚雄、張簡彰程 (2005)，「波動與時改變的歷史模擬法風險值模式」。

　　以上這些風險名詞正確定義，亦可找原文來看，如：French、Schwert 與 Stambaugh (1987)，Hamao、Masulis 與 Ng (1990)，以及 Bailis 與 DeGennaro (1990) 的研究發現，存在一種波動性叢聚 (Cluster Together) 的現象，也就是「與時而變」的風險 (Time-varying Volatility)。

(二) 資本資產定價理論 (capital asset pricing model, CAPM)

　　在金融界的理論中有三個重要理論：現代投資組合理論、CAPM 理論、以及 APT (Arbitrage Pricing Theory)。

　　CAPM 是一個考慮市場風險之公式，其公式如下：

證券的期望報酬率 R_t＝無風險投資報酬率 R_f＋β×(市場的期望報酬率 R_m
－無風險投資報酬率 R_f)

其中，小括弧裡的東西就是風險溢價 (risk premium)，i 代表第 i 種股票。

馬科維茨 (Markowitz, 1952) 首提分散投資與效率組合投資理論之數理工具，向人們展示了一個風險厭惡的投資者在眾多風險資產中如何構建最優資產組合的方法。此一理論帶有很強的規範 (normative) 意味，告訴了投資者應該如何進行投資選擇。

可惜，應用馬科維茨的理論仍是一項煩瑣、令人生厭的高難度工作，它與現實的投資世界嚴重脫節，進而很難完全被投資者採用。例如，鮑莫爾 (Baumol, 1966) 認為馬科維茨理論，即使它從較簡化模式為出發點，但要從上千隻證券股中挑選出有效率的投資組合，若每執行一次電腦需要耗費 150~300 美元，而如果要執行完整的馬科維茨運算，所需的成本至少是前述金額的 50 倍；而且此模型還有一前提，就是分析師必須能夠持續且精確地估計標的證券的預期報酬、風險及相關係數，否則整個運算過程將變得毫無意義。

有鑑於有此疑問，從 1960 年開始，夏普 (Sharpe, 1964)，林特納 (Lintner, 1965) 和莫辛 (Mossin, 1966) 等經濟學家，開始從實證角度出發，思考馬科維茨的理論在現實應用中如何簡化？這些學者，進而導出資本資產定價模型 (capital asset pricing model, CAPM)，把資產的預期收益與預期風險之間的理論關係改用一個簡單的線性關係來表達，認為一個資產的預期收益率與衡量該資產風險值之間存在正相關關係。此 CAPM 公式，不僅大大簡化了投資組合選擇的運算過程，使馬科維茨的投資組合選擇理論朝向實務應用邁向一大步，而且也使得證券理論從以往的定性分析轉入定量分析，從規範性轉入實證性，進而對證券投資的理論研究和實際操作。

近幾十年，我們關注的資本市場均衡理論模型中，CAPM 的形式已經遠遠超越了夏普、林特納和莫辛提出的傳統模型。

相對地，套利定價理論 APT 是 CAPM 的拓廣。APT 認為，有 k 個共同因素會影響風險性資產的預期報酬率，故又稱為多因素模式 (multi -factors model)，APT 公式為：

$$E(R_j) = R_f + \beta_{j1} \times R_1 + + \beta_{j2} \times R_2 + \cdots + \beta_{jk} \times R_k$$

套利定價理論認為，套利行為是現代有效率市場 (即市場均衡價格) 形成的一個決定因素。如果市場未達到均衡狀態的話，市場上就會存在無風險套利機會。並且用多個因素來解釋風險資產收益，並根據無套利原則，得到風險資產均衡收益與多個因素之間存在 (近似的) 線性關係。而前面的 CAPM 模型預測所有證券的收益率都與唯一的公共因數 (市場證券組合) 的收益率存在著線性關係。

1. Beta 係數

Beta 係數 (β)：測量基金的系統風險 (Systematic Risk)，因非系統風險可以利用多角化投資消除，所以只有系統風險才是投資人決定投資組合時所要考慮的風險、β 值愈小表示基金對市場大盤漲跌的反應愈小，反之則愈大。股價指數的 β 值為 1，若同期間內基金淨值的 β 係數大於 1，表示風險及報酬均大於市場，指數上漲時獲利可觀，但行情不佳時也損失慘重。

Beta 係數是衡量基金波幅與參考指數波幅的關聯，公式如下：

$$\beta = \frac{\sigma_{im}^2}{\sigma_m^2} = \frac{\rho_{im}\sigma_i\sigma_m}{\sigma_m^2} = \frac{\rho_{im}\sigma_i}{\sigma_m}$$

σ_{im}^2：第 i 種證券與市場投資組合 (像「台灣 50」) 之間的共變數。

$$\sigma_{im}^2 = \rho_{im}^2\sigma_i\sigma_m = E[(\tilde{R}_i - E(R_i))(\tilde{R}_m - E(R_m))]$$

σ_m^2：市場投資組合的變異數。 $\sigma_m^2 = \dfrac{\sum(R_m - \overline{R_m})^2}{n}$

若某基金的 β 係數為 1.0，表示基金的波幅與指數波幅相同，例如指數上漲 10%，理論上 係數為 1.0 的基金會上升 10%。指數下跌 10%，基金亦會下跌 10%。相對地，基金 係數小於 1.0，表示基金的波幅低於對應指數的波幅。

例 2-6：假設一項資產的 β 係數是 1.8，無風險 (保障) 利率是 5%，市場 (投資) 報酬率是 10%，請計算該資產所要求之投資報酬率是多少？

答：代入公式如下：

$K_e = R_f + \beta(K_m - R_f)$

其中，

K_e＝要求之投資報酬率。

R_f＝無風險 (保障) 利率 (一般是指國庫券的利率)。

β＝Beta 係數。

K_m＝市場 (投資) 報酬率。

2. CAPM 理論的內涵

Sharpe 的 CAPM (Capital Asset Pricing Model) 模型大大簡化了最優投資組合的確定，認為無風險投資組合的最優組合只有一種，那就是市場組合。因此，在確定風險資產的投資組合時，不需要用到投資者的效用函數，只要按照市值比例來確定投資比例即可。從整個投資組合理論的發展過程，可以歸納出資本資產定價模型是現代投資組合理論的簡化模型。

Sharpe 指數是基金績效指標之一，由 Sharpe 提出的風險調整績效衡量方法，報酬對變異數比率。Sharpe 績效指標的風險是指投資組合報酬率的標準差，也就是總風險，包括非系統風險和系統風險。Sharpe 績效指標代表每單位總風險下所獲得的超額報酬率，值愈大表示績效愈佳，反之則愈差。

Sharpe 的資本資產定價模式為我們思索關於報酬和風險的問題，CAPM 用來描寫市場上資產的價格是如何被決定的，模式的主要貢獻是界定個別資產和市場報酬之間的風險與報酬的替換關係。其目的有二：

(1) 描述在證券供需達到平衡狀態時，存在於證券的市場風險與預期報酬的關係。

(2) 協助投資人創造最佳的投資組合，評估與決定各種證券的價值，使其能制定合宜的投資決策。

在市場均衡中，投資者只能獲取承受系統風險的報償 (無法被分散的風險類型)。他們無法因為承擔特有的風險而獲得報償，因為這種不確定性可以透過適當的分散風險來減輕。此 CAPM 之隱含概念是：只是承擔風險是無法獲得報償的。否則，你將在拉斯維加斯賺大錢。如果有風險就一定有報酬，它必須是特別的，否則這世界就是瘋狂的。

3. CAPM 模式推導

CAPM 只有一個考慮市場風險，只有一個 β (Beta) 相關係數，它決定了投資者對個別股票所要求的風險溢酬水準。

資本資產定價模式吸引人之處，在於邏輯簡潔有力，投資人購買一項風險性資產 (例如股票)，希望至少要有「無風險利率」的報酬率，至於額外所冒險的預期報酬率，則由風險數量 (即 Beta 係數) 乘上風險價格 (即預期市場報酬率減去無風險利率)，二者相乘的結果便是第 i 種證券的風險溢酬。這可由資本資產定價模式的公式：

投資報酬率＝無風險利率＋相關係數×(市場報酬率—無風險利率)

$$E(R_i) = R_f + \beta_i[E(R_m) - R_f]$$

其中，風險貼損與投資風險成正比。

$E(R_i)$：第 i 種證券的預期報酬率。

R_f：無風險 (Risk Free) 利率，通常以國庫券或短期的定存利率代表，在台灣慣用銀行一年 (或 3 個月) 期定存利率來衡量。

$E(R_m)$：市場 (Market) 投資組合的預期報酬率。

β_i：Beta 相關係數：即第 i 種證券報酬率相對於市場投資組合報酬率變動的程度。以股票而言，表示個股與大盤的相關程度，例如大盤漲 10%，個股會漲多少 %。

$[E(R_m) - R_f]$：市場風險溢酬 (RP_m) 又稱市場風險貼損 (risk premium)，係指投資者對投資風險所要求的較高報酬率，以彌補投資者對高風險的承受，這種額外增加的報酬率，稱風險貼損。

$[E(R_m) - R_f]$：第 i 種證券的風險溢酬。風險溢酬即指預期報酬率減掉無風險利率後的差 (代表你承擔風險可以得到的補償)。例如有一組投資組合的預期報酬率為 10%；而且在投資時當下的郵局定存利率為 2% (即不用冒任何風險即可得到的報酬為「無風險利率」)，10%－2%＝8% (這 8% 即為你的風險溢酬；也就是你願意承擔你投資組合的風險所換來的報酬)。

對每一證券而言，β 係數衡量了該證券報酬率對市場報酬率的敏感程

度。廣義的來說,更是衡量了一個特定投資和市場相比的相對風險性,為了想要獲得優於市場報酬率的結果,投資者必須能承擔高風險。以股票投資組合的觀點來看,β 係數可用以正確的衡量股票風險;同理,公司在取得實質資產組合時也必須注意個別資產的風險性。若 β 大過 1,顯示該股較受股市波動影響大,若 β 少於 1,即股價對市場的敏感度較低。實務上,台灣有些投信公司規定,β 係數大於 2 的股票不能納入投資組合中,以免風險太大。

由上述之 CAPM 方程式亦可推導出證券市場線 (security market line, SML),是指當證券市場達到均衡時,個別證券的預期報酬率與系統風險的關係。

例 2-7:假設國庫券收益率是 6%,和市場風險貼水是 7%。試問如何建構一個 β 係數為 0.25 的投資組合?此一策略的預期報酬率為何?

答:

Q1:如何建構一個 係數為 0.25 的投資組合?

假設我們把資金投資在 (1) 市場組合、(2) 國庫券兩個商品中。

一般來說,我們認定「市場組合」的 β 係數=1。「國庫券」的 β=0,因為報酬率不隨市場變化而變化。故要建立一個 β=0.25 的投資組合公式:

投資組合 b 係數=(市場組合比例×市場 b 係數)+

(國庫券比例×國庫券 b 係數)

$0.25=(25\% \times 1)+(75\% \times 0)$

結論就是,25% 資金在「市場組合」,75% 在「國庫券」。

Q2:此一策略的預期報酬率?

需先知道兩個投資標的的報酬率,「國庫券」報酬率為 6%。

投資組合的報酬率=無風險利率+預期的風險貼水

(一般視「國庫券」的報酬率為無風險報酬率)

故市場組合報酬率=無風險利率+市場風險貼水=6%+7%=13%

固此策略的預期報酬率＝(市場組合投資比例×市場組合報酬率)＋(國庫券投資比例×國庫券報酬率)

$$= (0.25 \times 13\%) + (75\% \times 6\%)$$

$$= 7.75\%$$

5. 市場模式

$$E(R_i) = R_f + \beta_i \, [E(R_m) - R_f]$$
$$= R_f - \beta_i \times R_f + \beta_i \times E(R_m)$$
$$= (1 - \beta_i) \, R_f + \beta_i \times E(R_m)$$

上式亦可看成：

$$R_i = a_i + b_i R_m + e_i \ 或$$
$$\sigma_i^2 = 常數 + b_i^2 \sigma_m^2 + \sigma_{ei}^2$$
$$\sigma_i^2 = 常數 + 系統風險 + 非系統風險$$

十、利率 (interest rate)

諸如，房貸利率、定存利率、銀行利率，都以利率為基礎。

利率的理論包括：

(一) 國際利率平價說 (theory of interest parity)

1. 利率平價理論

在國際間資金完全自由情況下，一國通貨對另一國通貨的遠期外匯折溢價，與兩國利率差距有關，利率較高國家之通貨對利率較低國家通貨會產生遠期外匯折價，或稱貼水；反之，會發生遠期外匯溢價，或稱升水。

假設現在新台幣一年期定存利率是 2.63%，美元一年期定存利率是 3.50%的話，則根據利率平價理論，新台幣對美金未來一年後將會升值 0.87%，(3.50% − 2.63%) 的可能。現在，1 新台幣＝0.0308 美元 (1 美元＝ 32.4660 新台幣)。所以假如新台幣升值的話，就是 0.030×1.0087＝0.030261 (1 新台幣＝0.030261 美元，或 1 美元＝33.045835)。

購買力平價說 (Theory of Purchasing Power Parity, PPP 理論) 是一種比較古老的學說，早在 16 世紀就出現了該思想的萌芽。16 世紀中業，西班牙的

薩拉蒙卡學派研究了貨幣供給與價格的關係，並指出國內價格上漲是一國貨幣供給量增加所引起的；貨幣貶值則是由國內物價上漲所導致的。1802年，英國經濟學家桑頓 (H.Thornton) 最早提出購買力平價思想。其後，1916年瑞典經濟學家卡塞爾 (Gustav Cassel)，系統地提出：兩國貨幣的匯率主要是由兩國貨幣的購買力決定的。這一理論被稱為購買力平價說。

購買力評價說分為兩種形式：絕對購買力平價 (Absolute PPP) 和相對購買力平價 (Relative PPP)。

絕對購買力平價認為：一國貨幣的價值及對它的需求是由單位貨幣在國內所能買到的商品和勞務的量決定的，即由它的購買力決定的，因此兩國貨幣之間的匯率可以表示為兩國貨幣的購買力之比。而購買力的大小是通過物價水平體現出來的。根據這一關係式，本國物價的上漲將意味著本國貨幣相對外國貨幣的貶值。

相對購買力平價彌補了絕對購買力平價一些不足的方面。它的主要觀點可以簡單地表述為：兩國貨幣的匯率水平將根據兩國通膨率的差異而進行相應地調整。它表明兩國間的相對通貨膨脹決定兩種貨幣間的均衡匯率。從總體上看，購買力平價理論較為合理地解釋了匯率的決定基礎，雖然它忽略了國際資本流動等其他因素對匯率的影響，但該學說至今仍受到西方經濟學者的重視，在基礎分析中被廣泛地應用於預測匯率走勢的數學模型。

傳統的購買力平價說以兩國總的價格對比來計算購買力平價，並以此做為均衡匯率。實際上，它假定所有的商品都是貿易品，但是，總的價格對比中包括了許多非貿易品 (無法進行國際交換的商品)，這些商品有些由於本身的特點，有些由於人為的限制，而不能進入國際商品流通。它們僅在國內交易，不影響外匯供求，其價格與匯率之間並無直接的聯繫。因此，以總的價格水平對比即一般物價指數比率計算的購買力平價不能反映兩國貨幣的實際均衡匯率水準。為了克服這一缺陷，購買力平價支持者提出了擴展的購買力平價說。

2. 國際利率平價說

　(a) 未拋補利率平價

　　　若未考慮遠期外匯市場，則有

$$\frac{1+R^i}{1+R^j}=\frac{(\varepsilon^{ij}_{t+1})^e}{\varepsilon^{ij}_t} \quad \text{......(2-1)}$$

R：名目利率；i，j：國名；t：當期；$t+1$：下期

ε^{ij}：1元 j 幣所能換的 i 幣；e：表預期

(b) 拋補利率平價

若考慮遠期外匯市場，則有

$$\frac{1+R^i}{1+R^j}=\frac{f^{ij}_{t,t+1}}{\varepsilon^{ij}_t} \quad \text{......(2-2)}$$

R：名目利率；i，j：國名；t：當期；$t+1$：下期

ε^{ij}：1元 j 幣所能換的 i 幣 (即期匯率)

f^{ij}：1元 j 幣所能換的 i 幣 (遠期匯率)

國際利率平價說啟示如下：

a. 就未拋補利率平價模型而言，i 國採浮動匯率制度，若其利率較 j 國高，則外資傾向流入，但此時 i 幣即期價升值，預期價貶值，使外資無利可圖，形成自動擋住外資的機制，故 i 國不必調降利率，且不必干擾貨幣自主。

b. 就拋補利率平價模型而言，若套利者能利用各種避險工具使其在浮動匯率下，仍能獲利，則國際間的資本移動仍會使名目利率趨於一致。對匯率可採的避險工具有：遠期合約避險、貨幣市場避險、期貨合約避險、選擇權合約避險、報價策略、提前或延遲收付策略、外匯風險分攤、風險沖銷法、再發貨單中心…等。

(二) 政策的外部性 (policy externality)

若國家間的政策互有外溢效果 (spillover effect)，i 國調降重貼現率，若 j 國跟進，會比只有一國調降時有更大的政策效果，故 j 國會把握機會跟進。

假設本國的政策變數 σ 和外國的政策變數都會對本國的政策目標造成影響。只是外國的政策經過外部性傳遞到本國後，可能有正或負向且程度大小不一的影響。以方程式表示如下：

$$\zeta=\zeta(\sigma,\alpha\sigma^*)+\varepsilon \quad \text{......(2-3)}$$

$$\zeta^*=\zeta^*(\sigma^*,\alpha\sigma)+\varepsilon \quad \text{......(2-4)}$$

ζ 表政策目標；σ 表政策變數

α 表外部效果參數；ε 表實質震盪；＊ 表外國

(2-3) 式為本國的政策目標函數，(2-4) 式為外國的政策目標函數。本國政府的政策變數 σ 對本國的政策目標 ζ 有正向影響，外國政府旳政策變數 σ* 對外國的政策目標 ζ* 有正向影響。但外國政府旳政策變數 σ* 對本國的政策目標 ζ 的影響，則視 α 正負大小而定 (α 對 ζ 的影響為正向)。本國對外國亦然。

在每個政府只關心自己國家的政策目標之前提下。假設 α>0，且反應曲線為直線性，在達到固定水準的政策目標下，可畫出兩國的反應曲線 (圖 2-2)。A 點為當只有本國自己花費政策成本。B 點為當外國有花費政策成本而本國也跟進，則本國可花較 A 為少的成本而達到相同效果。若外國和本國有交互影響，則須考慮外國的反應曲線，兩條曲線的納許均衡點 (交點) 為 C 點。

此模型的啟示為：若美國的調降重貼現率政策對英國有正外部性，則美國調降，英國跟進會對英國有利。若美國為領導者，英國為純粹跟隨者，則美國會在英國的反應曲線上找到對自己最有利的點 (類似 Stackelberg 模型)。若美國和英國互有正外部性，且滿足安定條件，則會有納許均衡點 (類似 Cournot 模型)。然而，若兩國間沒有重貼現率政策外部性或未能滿足安定條件都可能使重貼現率國際關聯性不顯著。

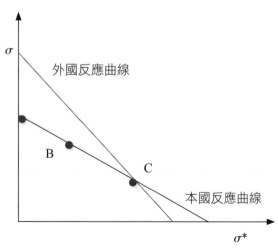

⤷圖 2-2 政策外部

(三) 國內重貼現率 (discount rate) 和市場利率交互影響

　　中央銀行為避免銀行進行無風險套利，可能會調整重貼現率至市場利率水準，此稱為技術調整 (technical adjustment)。而央行調整重貼現率所產生的貨幣政策效果也會正向影響市場利率。重貼現率和市場利率的互動隱含國外及國內因素的交互影響。

(四) 何謂隔拆利率 (Interbank call loan rate)？

　　隔拆利率就是「隔夜拆款利率」，是銀行與銀行間的短期借款利率，若有人提領大量金額，銀行極需要大量現金，而一時又沒有這麼多，也來不及向總行或中央銀行提領 (有一部份存款必須轉存入中央銀行)，這時就近向其他銀行調用，隔日再還款回入，這種行為就叫拆款，借款要算利息，這種利息的利率就叫「隔拆利率」。

(五) 何謂存款準備率 (deposit reserve rate)？

　　存款準備率就是銀行存款準備金和存款間的比率。若銀行存款準備金額度超出央行所規定的比率 (「法定存款準備金」)，超出的部份則稱為「超額準備金」。調整存款準備率為各國中央銀行重要的貨幣政策工具之一。就定義而言，銀行的存款準備率愈小，可以創造貨幣愈多。

十一、基金 (fund)、債券 (bond 或 notes)、外匯 (exchange) 的比較

1. 基金⇒共同基金 (Mutual Fund)

　　　　共同基金是由專業的證券投資信託公司以發行公司股份或者發行受益憑證的方式，募集多數人的資金交由專家去投資運用。是共同承擔風險、共同分享投資利潤的投資方式，最大的特色在於投資風險的分散，一般基金的組合，通常包含多種不同的股票或債券等，以降低市場風險和波動性。國內基金多以股票、債券、票券等證券類型為標的，國外則有更多的變化，如投資於外匯、期貨、選擇權、貴金屬、原油、房地產等更多不同的標的。

2. 債券 (Bond)

　　　　發行人透過發行一年期以上之有價證券，直接或間接地向投資大眾籌措所需資金，故相對地需承擔債務，該種具有流通性的有價證券乃是債權之借款憑證。債券代表了發行人的負債，不論發行人的獲利狀況為何，均需依其

發行條件定期支付一定金額或比率的利息及償還本金。由於係將債權予以證券化，因此得以在資本市場交易，投資債券就是將錢借給發行人。

3. 外匯 (Exchange)

貨幣與貨幣間的匯率就是外匯，也就是二種貨幣交換的基準點，而匯率會隨政治、經濟、國際貿易等因素而有所變動，所以如果外幣升值，資金自然也就膨脹，但相對在下跌時，我們就必須承受來自匯兌所產生的損失。

十二、財務槓桿 (financial leverage)

當人們錢不夠時，借款額度除以資產額度的比值，叫財務槓桿，只要有借貸行為就會改變資本結構，進而增加人們的風險。

1. 經營風險與財務風險

由企業經理人觀點視之，一企業之風險可分為經營風險和財務風險。一企業在不考慮舉債程度下，經營上所面臨的風險，我們稱為經營風險。財務風險則是指企業因融資所產生之固定支出所產生負擔的風險。企業使用債務及特別股利資金雖有較低廉的資金成本，然而，每期的利息費用及特別股利構成一企業的龐大的固定負擔，一旦該企業的營收不臻理想，無法償還固定負擔，則會造成技術性破產。我們稱此使用債務及特別股籌資，固定負擔利息費用及特別股利的風險為財務風險。

若在不考慮舉債程度下，一企業營業收入的不確定性可以反映該企業在經營上之風險。而決定營業收入之不確定性之主要因素有營業收入、營運所產生之變動成本、以及營運所產生之固定成本。舉凡可以影響上述因素，如需求的不確定性、售價的不確定性、原料價格的不確定性、或公司使用固定成本的程度均會影響一企業營業收入的不確定性，亦即經營風險。我們可以該企業營業收入變動性 (標準差) 來衡量該企業的營運風險。

一企業財務風險的衡量，可以經由每股盈餘的變動性 (標準差) 來衡量。每股盈餘來自於營業收入減去一企業的利息費用、稅金，以及特別股利，而屬於普通股應分配的盈餘，也是一企業營業收入考慮了融資所產生費用的盈餘指標。因此若要考慮使用債務及特別股籌資，固定負擔利息費用及特別股利的風險為財務風險，我們可以衡量每股盈餘的變動性 (標準差)。

一般而言，在財務理論中，每一企業均有其理想的總風險水準，即其經

營風險和財務風險的總和。當一企業之經營風險很高時,該企業年與年間所產生的企業營業收入的變動性很大,若該企業使用大量債務及特別股籌資,則必定在某些年度,產生資金週轉不靈,因而發生財務危機;因此應該採取較保守的籌資方式,亦即以權益資金為主的籌資方式。反之,當一企業之經營風險很低時,營業收入的變動性較低,發生財務危機可能性小,因此可以採取財務風險較高籌資方式,亦即以債務資金為主的籌資方式,如此可以有效增加股東權益資金之報酬率。

2. 經營風險與財務風險的衡量:營運槓桿與財務槓桿

我們先前提到營業收入不確定性之主要因素有營業收入、營運所產生之變動成本、以及營運所產生之固定成本。由於變動成本通常佔營業收入一定比率,隨著銷貨額消長,不至構成企業太大風險,因此我們將營運風險簡化為一公司使用固定成本的程度,我們稱其為營運槓桿 (Operating Leverage)。公司使用固定成本的程度愈高,其營運風險愈大。

我們通常有兩種方式衡量公司使用固定成本的程度所帶來的風險,一為損益平衡分析 (Break-even Analysis);另一為衡量公司之營運槓桿程度 (Degree of Operating Leverage)。我們也可以藉著兩種方式衡量公司使用固定負擔籌資的程度所帶來的風險,第一為計算舉債後權益資金報酬率之變易性,減去未舉債前權益資金報酬率之變易性之差;第二為計算公司之財務槓桿程度 (Degree of Financial Leverage) 衡量公司使用固定負擔籌資的程度所帶來的風險。

十三、所得替代率 (income replacementrate)

所得替代率公式係指最初年金給付額佔退休前一年所得的百分比,此一百分比視各國國情之不同而異,也是退休後每月所得除以退休前每月收入所得之比例。可視為退休後生活品質之重要指標。

給付水準的內涵係以維持基本生活為基礎,但往往由於制度上的差異而產生不同的計算方法,一般給付水準的計算公式的內涵包括:投保年資、投保薪資、居住年數、給付率、工作人口薪資水準等,其中又以投保年資及投保薪資為主要計算方式。

依照現行法令,勞工原本有兩筆退休金可拿,一筆是勞基法退休金,一筆

是勞保的老年給付，例如：一名月薪 3 萬元的勞工，工作年資 30 年，60 歲退休時，可以領到勞基法中，由雇主所給付的 45 個月平均工資，約為 135 萬元，另外還可以領到同等金額的勞保老年給付，加起來一共 270 萬元，放在銀行定存，以年利率 3% 計算，每個月有利息 6,750 元，本金不動。即使以上述 270 萬元本金按月領取來計算，以平均餘命 20 年為準，每個月至少還有 11,250 元 (尚未計入遞延領取的利息)。

十四、CRB 原物料指數

　　所謂「商品」行情，英文是 Commodity，其實意譯應該翻作「大宗物資」。廣義的大宗物資，只要是由土地種出來、挖出來、養出來…具規模經濟的東西，都叫「大宗物資」。

　　大宗物資沒有一定的範圍，依所談論的主題有不同的涵意：

1. 一般所談大宗物資包括「基本金屬」與「軟性原物料 (即農產品)」
2. 根據 CRB (Commodity Research Bureau Futures Price Index) 指數的規格定義，包括：

　　http://www.crbtrader.com/crbindex/futures_current.asp
　　(1) 能源：輕原油、熱燃油、天然氣 (17.6%)
　　(2) 農產品：玉米、黃豆、小麥 (17.6%)
　　(3) 工業：銅、棉花 (11.8%)
　　(4) 畜產品：活牛、活豬 (11.8%)
　　(5) 貴金屬：金、白金、白銀 (17.6%)
　　(6) 軟性商品：可可、咖啡、橘汁、糖 (23.5%)

　　由以上的組成結構看來，最重要的三種商品類別是穀物、金屬和能源。就 CRB 指數的驅動力量來說，CBOT (芝加哥期貨交易所) 的穀物市場影響最大；石油為工業發展的重要原料，也是重要的國際商品，其價格走向常會牽動其它物價的波動，且常被視為通膨的領先指標之一，因此對它不可輕忽；黃金價格對通貨膨脹的敏感度高，而銅與銀的需求程度可顯現出景氣的榮衰，所以金屬市場亦是觀察的重點。總體來說，分析 CRB 期貨物價指數時應同時觀察 21 種成份商品，但重點尤應放在穀物、能源和金屬上。

　　1986 年起，CRB 指數開始在紐約商品期貨交易所交易，2001 年更名為路透 CRB 指數，2005 年 CRB 指數第十次調整後，又改名為 RJ/CRB 指數 (Reuters/ Jefferies CRB Index)，包含了 19 種商品期貨，其中增加了無鉛汽油、鋁和鎳三種商品，白金則被剔除，原來的路透 CRB 指數 (第九次修正) 包含 17 種商品期貨，後來更名為連續商品指數 CCI (Continuous Commodity Index)，仍可在市場上繼續交易

　　基本上 RJ/CRB 和 CCI 指數的走勢大都是一致的，不過因為所含的商品有所差異，加上合約月份不同，因此每天價格的漲跌不一定相同，此外，由於 RJ/CRB 是 2005 年調整後新推的指數，成交量很小，甚至單日的成交量為零，交易所會有一套公式計算每日的結算價，也會使得 RJ/CRB 和 CCI 指數價格有較大的差異。

　　目前市場上提到 CRB 指數時，有時指的是 RJ/CRB 有時是 CCI，雖然 RJ/CRB 指數期貨的交易不熱絡，但其價格仍是根據所包含的商品價格計算出的，基本上兩個指數的走勢均能供投資人做為商品行情的參考，只是，若有意操作商品指數，RJ/CRB 因成交量過小，風險頗大，建議還是選擇 CCI 指數期貨較好。

　　CRB 期貨指數歷年來的 {日} 資料，有下列網站可以提供下載：

http://www.bloomberg.com/apps/cbuilder?ticker1=2809:HK
http://www.bloomberg.com/apps/cbuilder?ticker1=CRB:Sp

2.2 ｜ 金融專有名詞

一、衍生性金融商品 (Financial Derivatives)

(一) 定義

　　衍生性金融商品，就是由傳統或基礎金融市場上 (包括貨幣市場、債券和股票市場、外匯市場等) 衍生出來的商品；換言之，即是從外匯、債券、股票、短期票券等現貨市場上所衍生出來的金融商品。更具體一點的說，衍生性金融商品是一種財務工具或契約，其價值是由買賣雙方根據標的資產的價值 (如外匯的匯率、短期票券的利率、股票的價格等) 或其他指標如股價指數、物價指數來決定。

(二) 種類

　　衍生性商品的種類相當繁多，一般將衍生性商品分成基本四類：選擇權、遠期契約、期貨契約及交換契約。這四種基本的衍生性商品，有人稱之為基石或積木 (building block)，就好像有些積木的堆積是幾種基本的積木堆積而成的，許多新的衍生性商品也都是由這四種基本衍生性商品組合而成。以下將簡單介紹這四種基本的衍生性商品。

1. 遠期契約 (Forwards)：一種在今日約定未來特定時日交易特定標的物的契約，契約的買方同意在未來約定時日，支付一定金額，以交換賣方特定數量的商品、通貨或利息支付方式。雖然遠期契約與其他三種工具在風險管理的功能上重複，但卻因契約條件較具彈性，能夠滿足部分交易者的特殊需求，因此在金融市場中仍佔有一席之地。

2. 期貨契約 (Futures)：由期貨的英文 Futures 可知，期貨就是「未來的商品」之意。所以買賣期貨，就是買賣未來東西的一個契約。指當事人約定，於未來特定期間，依特定價格及數量等交易條件買賣約定標的物，或於到期前或到期時結算差價之契約。

　　期貨契約與遠期契約同樣是買賣雙方約定在未來某一特定時日，以特定價格，買賣特定數量商品的交易行為，但兩者最大的不同在於期貨契約交易標的物已經過標準化，買賣雙方除價格外幾無任何彈性協議空間，不過也正因為它是經過標準化的金融商品，透過交易所的居間撮合可以節省許多搜尋交易對手的成本，而使其交易量迅速擴大，成為國際金融市場中不可或缺的基本金融商品。

3. 選擇權 (Options)：選擇權是一種契約，買方在支付權利金後，即擁有在一定時間、以一定價格、一定數量向賣方執行買進或賣出之權利，但沒有義務；反之，選擇權之賣方，於買方要求履約時，有依選擇權約定履行契約之義務。遠期契約與期貨契約在買賣雙方契約成立後，均負有應買與應賣的權利與義務，在財務理論的術語上稱為「風險對稱」，但選擇權則是一種風險不對稱的金融商品，因為選擇權的買方在支付貼損 (premium) 之後對賣方有買進或賣出的權利。

4. 交換契約 (Swaps)：交換交易 (金融交換) 是買賣雙方在一定期間內一連串現金流量的交換。依其標的資產的不同，可分為通貨交換、利率交換、換匯等

多種，金融交換交易與遠期交易相同，是在店頭市場上進行的，以簽訂契約完成。

　　長久以來大家所熟悉的 Swap 交易一直是指各國央行之間的通貨交換，以做為維持其貨幣匯率的一種操作工具，或者是指投資者在外匯市場同時買進或賣出兩種等值貨幣的行為，但今日的金融交換市場，已全面發展成一個負債市場。

5. **牛熊證**：牛熊證與一般認購售權證，最大的不同在於牛熊證純粹是價內發行，完全沒有時間價值，所以可以相當貼近現貨的價格 (當然愈貼近才愈有個股的替代性)，而另一個就是他的回收機制，標的股價走反了，不用等到時間到就可提前到期。牛熊證扣的稅是千分之一而且也不用扣股利稅，遇除權息時也沒有停資停券、及融券強制回補的困擾。相對地，現股還有融資券扣千分之三的交易稅和股利稅。

(三) 功能

1. **作為風險管理的工具**：衍生性商品最早開始的目的便是做為風險管理 (risk management) 之用。譬如台灣的進口商可以買入遠期美元，以規避美元升值、新台幣貶值的損失，因此衍生性商品最初的目的大都是在避險 (hedging)。但是也有交易者在沒有現貨的情形下，買賣衍生性商品而承擔風險，就是所謂的投機 (speculating)。也就是說，避險者或不想承擔風險的投資人，可藉由衍生性商品把風險移轉給願意承擔風險的投機者，因此衍生性商品可做為風險管理之用。

2. **具有交易上的優勢**：衍生性商品比現貨更具有優勢的地方包括：

   (1) 交易成本低：衍生性商品的交易成本一般會比現貨低，譬如同樣是看漲股市，買入期貨的交易成本就比股票來得低。目前台灣股票的交易稅是千分之 1，而台指期貨的交易稅是千分之 0.25。

   (2) 流動性高：有些期貨或選擇權的交易量比現貨還多，因此流動性較佳，這或許是因為衍生性商品的交易需要的資金比較少的緣故。

   (3) 賣空較容易：衍生性商品的賣空不受限制；而有些商品如股票等，則會有賣空等限制，譬如台灣股票有平盤以下不能賣空的規定、券商不能賣空股票等限制。

3. 具有價格發現的功能：本來衍生性商品的價格是依附在現貨價格上，也就是說，現貨價格變動，衍生性商品價格才會跟著改變。但是我們常常聽說衍生性商品如期貨或遠期契約的價格，對未來現貨的價格走勢隱含一些有用的資訊。有就是說，從期貨的價格可以預測未來現貨的走勢。據美國研究資料顯示，S & P 500 股價指數期貨常常會有領先大盤指數的情況出現，這是因為衍生性商品在交易上的一些優勢。當市場上有一些重大訊息出現，譬如美國聯邦儲備理事會 (Fed) 調降利率，投資者反映這個多頭消息在股價指數期貨 (如 S & P 500 股價指數期貨) 比較快。但如果要在五百種股票完全反映這個好的重大訊息，可能需要一段時間。同理，台指期貨的價格也會領先台股現貨。台灣股票投資人會很注意 SIMEX 摩根台指期貨在早上 8:45 開盤的情形，以做為操作台股現貨的參考。此外，由於期貨的交易成本比現貨小，投資者會傾向於反映訊息在期貨交易上。因此，期貨的價格變動往往會領先現貨價格的變動，所以說衍生性商品具有價格發現 (price discovery) 的功能。

4. 促進市場效率及完整性：由於衍生性商品的價格和現貨商品的價格存在一定的關係，如果兩者的關係不符合理論價格，便存在套利機會。而套利的結果將會使價格快速調整到合理的價位，直到沒有套利機會為止，因此可以促進使市場效率。另外，由於衍生性商品的種類非常多，而交易策略也相當多，因此可以提供投資者許多不同的風險與報酬的組合，適合各種不同的風險需求者，使金融市場的產品更加完整。

(四) 特性

1. 以小搏大、槓桿大、風險大：衍生性商品最大的特性也是最吸引人的特點就是以小搏大，也就是所謂的槓桿操作 (leverage trading)。槓桿操作是指交易者只要付出少量的保證金或權利金，就可以操作倍數價值的資產。譬如只要付出 10% 左右的保證金，就可以操作十倍金額的台股指數期貨。但也因為衍生性商品的槓桿過大，所以常常可以在極短時間內賺得數倍本金的利潤，但也可能在極短時間內損失好幾倍的投資金額。

2. 產品複雜、評價難：衍生性商品日趨複雜，因此愈來愈難加以評價。衍生性商品雖然包括遠期契約、期貨、選擇權、交換四種基本商品，但是由於這些基本商品又不斷有新的產品衍生出來，因此評價愈來愈難，大部份要靠數學

計算或電腦模擬。對於在交易所交易的商品，因為有公開買賣，因此有市價可供參考。對是對於一些客戶量身製作的店頭市場之衍生性商品，由於沒有公開買賣，缺乏客觀的價格依據，因此一般投資人不太了解。

3. **交易策略繁多，風險難以衡量**：衍生性商品的交易策略繁多，這點和現貨交易不同。譬如選擇權的交易策略就有好幾十種，因此一般投資者除非深入了解投資策略，否則不大了解風險的可能程度。

4. **資產負債表外交易**：衍生性商品交易一般不列入資產負債表內，而與表外加以註解說明。由於衍生性商品的交易一般均沒有實體，不影響資產及負債，而且 OTC 的交易也沒有公平市價可衡量，所以操作衍生性商品之盈虧金額及發生的時點比較難以衡量及認定。因此許多企業在從事衍生性商品交易時，一般並未加入會計分錄，而只採列為資產負債表外交易。由於公司行號所交易之衍生性商品情形，並無法由財務報表完全揭露，所以，無論公司的股東、債權銀行或金融監理機構，常常無法完全了解這些衍生性商品的潛在風險。

二、基本面分析

有關財務報表分析的工具與指標，基本面一般可分為以下五類指標：

(一) 財務結構

用以分析企業資金來源，以及資金來源用以採購固定資產的比重。

1. 淨值佔資產比率＝股東權益淨額/資產總額
2. 負債佔資產比率＝負債總額/資產總額
3. 長期資金佔固定資產比率＝(股東權益淨額＋長期負債)/固定資產淨額

(二) 償債能力

用以分析企業長短期的債務清償能力。

1. 流動比率＝流動資產/流動負債
2. 利息保障倍數＝所得稅及利息費用之前純益/本期利息支出
3. 速動比率＝[(流動資產－存貨－預付款項)/流動負債]×100%

(三) 經營能力

用以分析企業主要資產的週轉變現能力。

1. 應收帳款週轉率＝銷貨淨額/平均應收帳款餘額
2. 應收帳款收現天數＝365 日/平均應收帳款週轉率
3. 固定資產週轉率＝銷貨淨額/平均固定資產淨額
4. 總資產週轉率＝銷貨淨額/平均資產總額
5. 存貨週轉率＝銷貨成本/平均存貨額
6. 平均銷貨日數＝365/存貨週轉率

(四) 獲利能力

用以分析企業、股東，以及持有資產的獲利高低。

1. 資產報酬率＝[稅後損益＋利息費用 (1－稅率)]/平均資產總額
2. 股東權益報酬率－稅後損益/平均股東權益淨額
3. 純益率＝稅後損益/銷貨淨額
4. 每股盈餘＝(稅後淨利－特別股股利)/加權平均流通在外普通股股數
5. 營業利益占實收資本比率＝(營業利益/實收資本)×100%
6. 稅前純益占實收資本比率＝(稅前純益/實收資本)×100%

(五) 現金流量

用以衡量企業現金支出與流入的來源，以及清償債務能力，支付現金股利的能力。

1. 現金流量比率＝營業活動淨現金流量/流動負債
2. 現金流量允當比率＝最近五年度營業活動淨現金流量/最近五年度 (資本支出＋存貨增加額＋現金股利)
3. 現金再投資比率＝(營業活動淨現金流量－現金股利)/(固定資產毛額＋長期投資＋其他資產＋營運資金)

除了以上比率分析法之外，財務報表分析的工具尚有以下二種輔助工具：

1. 垂直與水平的共同比財務報表分析：可將同年的 (垂直) 或者是跨年之間 (水平) 的財務報表中的個別項目以百分比顯示，並從中了解個別科目金額的變化比重。

2. 趨勢分析：將兩期以上財務報表並列，並選擇某一期為基期，計算各期各項目對基期同一項目的趨勢百分數，可了解各項目在不同期間變動趨勢。

三、技術面分析

股市如果是短線操作，技術面要看哪幾支指標呢？

(一) 相對強弱指標 (RSI)

假定相對強弱指標 (relative strength index, RSI)。它與隨機指標 KD 線一樣，原為美國期貨市場所慣用的技術性分析方法之一，但因其理論與實際操作效果極適合股票市場中短線投資人的口味，因此為一般技術性分析人員所常採用。

假定相對強弱指標 (RSI) 的理論基礎是先行指標的一種，它是以一定期間內行情價格的變動關係為基礎，去研判未來價位變動的方向，由於計算方式的限制，不論股價或指數如何變動，RSI 都僅能在 0 至 100 之間起伏。若將每天指數或股價的動量振盪點連續記錄起來，便因每天動量振盪速度的不同，而產生超買、超賣、整理、交叉、反轉、及型態等多種現象。從這些現象所引伸出來的功能中，我們自然可以利用它來尋找出買點和賣點，以做為買賣股票的依據或參考。

1. RSI 計算方法

假定 RSI 的採樣計算日期，有多樣化的設定，期間的長短因使用者目的而異。因 RSI 指標和移動平均線一樣，計算日期愈長，判斷愈穩定；計算日期愈短，敏感度愈高，依習慣性多以九日及十四日的 RSI 為主。

※九日 RSI 計算方式：

9 日相對強度 (RS)＝9 日內收盤上漲總數的平均值/9 日內收盤下跌總數的平均值

9 日強弱指標 (RSI)＝100 －[100 /(1＋RS)] 或

9 日強弱指標 (RSI)＝100×9 日內收盤上漲總數的平均值/9 日內收盤上漲總數的平均值＋9 日內收盤下跌總數的平均值

※十二日 RSI 計算方式

　　12 日相對強度 (RS)＝12 日內收盤上漲總數的平均值/12 日內收盤下跌總數的平均值

　　12 日強弱指標 (RSI)＝ 100－[100 /(1＋RS)] 或

　　12 日強弱指標 (RSI)＝100×12 日內收盤上漲總數的平均值/12 日內收盤上漲總數的平均值＋12 日內收盤下跌總數的平均值

2. RSI 應用

　　假定 RSI 值，永遠介於 0 與 100 之間，不像動盪量在 0 軸線上下擺盪，正負值難以確定，不便於圖上繪製。因此是圖表上較為實用助分析工具。

　　RSI 值在圖表上，與直線圖或 K 線圖比較，可以發現有以下的功能：

(1) 頭部或底部形成徵兆：當 RSI 值上升至 70 以上或 30 以下，RSI 的圖形通常較實際市場 (即 K 線圖形) 的頭部或底部提早出現到頂或到底的徵兆。

(2) 圖形型態：RSI 的圖形直線圖 (或 K 線圖) 的圖形較為清晰，如頭肩頂底、三角旗形、雙頭、雙底等。較容易判斷突破、買進點與賣出點。

(3) 虛弱迴轉 (或虛弱反轉)：RSI 在 70 以上或 30 以下的迴轉，是市場趨勢反轉的強烈訊號。

(4) 背離訊號：在實際的直線圖上，頭部形成一頭比一頭高，而在 RSI 的曲線上卻出現一頭比一頭低的情形時，即為「背離訊號」。此種背離，顯現了價格虛漲的現象，通常意味著大反轉下跌的前兆。

　　RSI 綜合起來，可說有相當的缺點，然而做為轉助分析的工具，仍然是相當重要的指標。根據 RSI，投資可研究市場的多頭，空頭氣氛，做為買賣的參考依據。

(二) 能量潮 (OBV)

　　假定即價與量的關係，量先價行之觀念。

　　在了解 On Balance Volume (OBV) 的計算之前，先要對兩個專有名詞有所認識，「收集」和「派發」。所謂「收集」意指大戶做手暗地裡在市場內逢低買

進、逢高出貨。在大戶本身尚未吃進足夠的籌碼之前，大戶一邊出貨一邊進貨，出少進多而不讓行情上漲。等到大戶握有相當籌碼之後，即「收集」完成之後，大戶才開始大力買進以促使行情大幅上漲。相反地，「派發」指大戶做手暗地裡逢高賣出、逢低買進，此時出多進少，在大戶手頭上的籌碼出脫的差不多時，才一起殺出，以求獲利了結。「收集」與「派發」幾乎全在暗地裡進行。OBV 的理論即希望能夠從價格變動與成交量增減的關係，推測市場內的情況是在「收集階段」或「派發階段」。

假定計算 OBV 非常簡單。當今日收盤價高於昨日收盤價時，今日的成交量為「正值」。而當今日收盤價低於昨日收盤價時，則今日的成交量為「負值」。一連串時間內的正負值累計相加，即為 OBV 數值。

假定一般技術分析專家認為，光是觀察 OBV 的升降，並無意義。OBV 須配合圖表的走勢，才有實質的效用。

(三) 指數移動平均線 (EMA)

指數移動平均線 (exponential moving average, EMA)。它的理論基礎是延伸自前面曾提到的均價線 MA 而來，旨在修正均價線若干缺失但同類型的一種技術分析工具。

假定從均價線的說明可知，其計算的方式是將前面若干期間的資料相加總再除以該期間數，這是最早且被廣泛使用的算法。但為何最近的行情價位與若干期間前的價位所代表的比重是一樣；難道昨天的消息行情與前幾天前的影響力是一樣的？

因此，後來就有修正的均價線理論被提出，包括「加權移動平均線」和「指數移動平均線」。其中，加權移動平均線還可依計算方法分類為「階梯加權」(step weighted)、「線性加權」(linear weighted)、「平方加權」(square factor weighted)。

「指數移動平均線」算法亦有所差異，最簡明的方法計算，其算式如下：

$$3EMA＝前一日的 EMA \times (2/3)＋今日收盤價 \times (1/3)$$

指數移動平均線 (EMA) 優點是較算術平均線 MA 對行情變化的靈敏度高，在研判行情買賣進出時較能掌握先機；缺點則對相對的盤整時也較易發生誤判的情形。

(四) 隨機指標 (KD)

　　KD 線中文名「隨機指標」，在威廉氏的 %R 指標中，其指標幾乎僅用判斷商品價格的買超與賣超的現象。但在隨機指標中，融合了移動平均線速度的概念，形成了非常準確的買賣訊號依據。隨機指標 KD 線的訊號，用在商品期貨的交易上成果輝煌，因此也是時下美國商品市場非常重要的技術指標。

　　假定 RSV 值即在最近 9 日週期中，為第九收盤價在 9 日行情的最高價與最低價間的差值 (百分比)。

RSV＝(第 9 日收盤價－9 日內最低價)÷(9 日內最高價－9 日內最低價)×100

　　公式：RSV 值＝(Ct－9L)÷(9H－9L)

　　註：RSV 值恰為 %R 的相反值，兩者之和等於100%，而 RSV 值亦永遠介於 0 與 100 之間。其中 K 線為 RSV 的三日平滑移動平均線；而 D 線又為 K 線的三日平滑移動平均動。

K 值＝當日 RSV×(1/3)＋前一日 K 值×(2/3)

D 值＝當日 K 值×(1/3)＋前一日 D 值×(2/3)

$\%K_t = RSV \times (1/3) + \%K_{t-1} \times (2/3)$
$\%D_t = \%K_t \times (1/3) + \%D_{t-1} \times (2/3)$

　　以根據快速、慢速移動平均線原理，K 線向上突破 D 線 (即 K 值＞D 值) 為買進訊號；K 線跌破 D 線 (即 K 值＜D 值) 為賣出訊號。

　　KD 線有以下五個功能上的應用

1. 買超區與賣超區的判斷，D 值在 70 以上時，市場呈現買超；現 KD 值在 3 0 以下時，市場則呈現賣超現象。
2. 當 K 線發生傾斜度趨於平淡時，是為警告訊號。
3. KD 線的交叉，在 75 以上；25 以下時，通常會有較準確的買進、賣出訊號。
4. KD 線不僅可以使用在日線圖上，較長期的週線圖與日常的分時圖亦有相當高的使用價值。投資者可兼用以做為長、中、短線上的使用。

(五) 乖離率 (BIAS)

乖離率＝(當日收－N 日平均價)/ N 日平均價×100 ％

乖離率乃是依據葛藍碧法則推演而成，其特性為當股價距平均線太遠時，便會向平均線靠近，但它並沒有明示距離多遠時股價才會向平均線靠近，這與市場強弱有關。亦即，強勢空頭與弱勢空頭其股價距平均線之距離，也往往出人意料，因此為測量此一距離，於是發展出乖離率指標。乖離率乃是表現當日指數或個別股當日收盤價與移動平均線之間的差距。

一般乖離率研判要點如下：

1. 可分為正乖離率與負乖離率，當股價在平均線之上，則為正乖離率；股價在平均線之下，則為負乖離率；當股價與平均線相交時，則乖離率零。正的乖離率愈大，表示短期獲利愈大，則獲利回吐的可能性愈高；負的乖離率愈大，則空頭回補的可能性也愈高。
2. 每股行情股價與平均線間的乖離率達到最大百分比時，就會向零值逼近，甚至會低於零或高於零，這是正常現象。
3. 在大勢上升市場如過負乖離率，可以持回跌價買進，因為進場危險性小。
4. 在大勢下跌的走勢中如過正乖離，可以持升高價出售。

(六) 指數平滑異同平均線 (MACD)

MACD 全名為 Moving Average Convergence and Divergence，其原理乃為運用快速與慢速移動平均線聚合與分離的徵兆功能，加以雙重平滑運算，用以研判買進與賣出的時機、訊號，為時下歐美流行，廣泛使用的分析工具。

假定運用移動平均線做為買賣時機的判斷，最頭痛的莫過於碰上牛皮盤檔的行情，此時所有的買賣幾乎一無是處，績效利益奇差無比。但是趨勢明顯時，又能獲致最巨大的利潤績效。根據移動平均線原理發展出來的 MACD，一則去除掉移動平均線頻繁的假訊號缺陷，二則能確保平均線最大戰果的功用。

假定以移動線特性而言，在一段真正持續的漲勢中，該商品移動的快速 (短期) 移動平均線與慢速 (長期) 移動平均線間的距離必將愈拉愈遠 (即兩者之間的乖離率愈來愈大)。漲勢若是趨於緩慢，則兩者之間的距離也必然縮小，甚至互相交叉。同樣的在持續跌勢中，快速線在慢速線之下，互相之間的距離也愈拉愈遠。

假定因此，在持續的漲勢中，12 日 EMA 在 26 日 EMA 之上。其間的正差離值 (＋DIF) 會愈來愈大。反之，在跌勢中，差離值可能變負 (–DIF) 也愈來愈大。

　　假定至於行情開始反回轉，正或負離值要縮小到怎樣的程度，才真正是行情反轉的訊號。MACD 的反號界定為「差離值」的 9 日移動平均值 (9 日 EMA)。

　　假定在 MACD 的指數平滑移動平均線計算法則，都分別加重最近一日的份量權數。

12 日 EMA 的計算：

$$\text{EMA 12} = \text{前一日 EMA12} \times (11/13) + \text{今日收盤價} \times (2/13)$$

26 日 EMA 的計算：

$$\text{EMA 26} = \text{前一日 EMA26} \times (25/27) + \text{今日收盤價} \times (2/27)$$

差離值 (DIF) 的計算：

$$\text{DIF} = \text{EMA12} - \text{EMA26}$$

　　假定然後再根據差離值計算其 9 日的 EMA 即 (差離平均值)(MACD)。計算出的 DIF 與 MACD 均為正或負值，因而形成 O 軸上下移動的兩條快速與慢速線。為了方便判斷，亦可用 DIF 法減去 MACD 用以繪製柱圖。

用 MACD 來判定買賣時機

　　MACD 的買賣交易的判斷上，有以下幾個訊號功能：

1. 差離值 (DIF) 與「差離平均值」在 O 軸之上，市場趨向為 (牛市)。兩者在 O 軸以下則為 (熊市)。
2. 差離值向上突破「差離平均值」是為買進訊號。唯在 O 軸以下交叉，僅適宜空頭平倉。
3. 差離值向下跌破「差離平均值」是為賣出訊號。唯在 O 軸以上交叉，僅適宜多頭平倉。

背離訊號的判斷

不管是差離值的交叉，或「差離值柱線」都可應用「背離訊號」。所謂「背離」即在 K 線圖或直線圖的圖形上，價位出現一頭比一頭高的頭部，在 MACD 的圖形卻出現一頭比一頭低的頭部。這種背離訊號的產生，意味較正確的跌勢訊號。

四、詹森指標 (Jensen's Performance Index)

中文名稱	詹森指標
英文名稱	Jensen's Performance Index
名詞定義	此衡量方法依據證券市場線 (Security Market Line, SML) 的觀念而來，當 CAPM 成立，且沒有超額報酬時，可用該指標衡量投資組合績效。
計算公式	$R_p - R_F = \alpha + (R_m - R_F) \times \beta_p$ 其中， R_p：投資組合的報酬率 R_F：無風險性資產的報酬率 R_m：市場投資組合的報酬率 β_p：投資組合的 Beta 係數 當 CAPM 成立，且沒有超額報酬時，$\alpha = 0$
使用方式	詹森於 1968 年提出另一種投資組合績效評估的方法，該方法利用投資組合平均超額報酬與市場投資組合超額報酬的差異，計算報酬差異性指標，稱為詹森指標或 α 指標。 該指標移項後， $\alpha = (R_p - R_F) - (R_m - R_F) \times \beta_p$ 當 $\alpha > 0$，表示此投資組合績效比市場佳 $\alpha < 0$，表示此投資組合績效比市場差 $\alpha = 0$，表示此投資組合績效與市場相同
應用模型	・投資組合績效評估系統 ・共同基金績效評估指標計算器－基準比較法
備　　註	詹森指標的好處，就是容易了解，讓投資者可立即辨別出某一基金的績效比其他基金的績效較好或較差。

五、股票型基金 vs. 債券型基金

共同基金是集合投資大眾的資金,在「經理與保管分開」的基礎上,交由證券投資信託公司 (投信公司) 管理投資,投資所得之盈虧分配給基金全體投資人。簡單的說,也就是假設您有一筆錢,看好股市卻只能作有限的投資,又擔心買到高點,乾脆把錢委託專家操盤,而投信公司聚集投資人的小錢為大錢,由基金經理人進行投資,既可獲利共享,又能分散風險。

1. 股票型基金 (Equity Fund)

大部份的共同基金為股票型基金,這類基金以股票為主要投資標的,有時也會依基金經理人的專業判斷,少量投資於可轉換公司債、認股權證或其他金融商品上。針對開放式的股票型基金,經理人會保留部分資金投資於高流動性的金融工具中,以隨時準備基金贖回。此外,在國外亦可能採融資操作,以期在多頭市場時達到資本大幅增長的目的,但若行情判斷錯誤,基金跌幅也較深。

2. 債券型基金 (Bond Fund)

債券型基金的投資標的為債券,利息收入為債券型基金的主要收益來源,影響整體基金的投資報酬率為匯兌變及債券市場價格的波動。通常預期市場的利率將下跌時,債券市場價格便會上揚,利率上漲,債券的價格就下跌。凡是國內法令經報備上架的基金,都可以在半官方的「境外基金資訊觀測站」(announce.fundclear.com.tw/MOPSFundWeb) 找到,點選「基金總覽」→「基金種類/細項」中,又細分「政府債」、「企業債」、「通膨聯繫債券」、「高收益債券」、「新興市場債」、「可轉換債券」、「複合債」等七項。

六、重貼現率 (discount rate)

重貼現率是指存款金融機構 (depository institutions) 向美國聯邦準備銀行調度資金的利率。Fed 提供三種不同的重貼現率,分別是基本利率 (primary credit)、次級利率 (secondary credit),以及季節性利率 (seasonal credit) 等三大貼現窗口,在基本利率部份是極短期 (通常是隔夜) 的利率,這是為了要求所有銀行能夠達到最基本而且可靠的財務狀況;次級利率則是為了滿足短期流動性需求或解決銀行遇到的財務困難的利率;季節性利率是提供規模較小的銀行在景氣循

環波動時所出現的資金需求。一般而言，基本利率就是指 Fed 所稱的重貼現率，該利率比短期市場利率水準高，次級利率又比基本利率高，季節性利率則是某些市場利率的平均水準。重貼現率是各個聯邦準備銀行提出建議，交由 Fed 核定後執行，重貼現率除了宣布調整的時候才會變化，其他時間所有聯邦準備銀行都是維持一樣的利率水準。

七、國內外股市之資料庫

研究國外股市，常見樣本資料來源，包括：FTSE All Share Total Return Index、FTA British Government Bond Index、Reuters Commodities Price Index、Composite Index、Tins Index、Plantations Index、Properties Index and Finance Index。

至於樣本資料獲得，道瓊工業指數、那斯達克指數與史坦普 500 指數來自於美國股價資料庫 (The Center for Research in Security Prices, CRSP)，台灣加權股價指數來自於經濟統計資料庫 (AREMOS) 與雅虎奇摩股市資料庫，亦可直接向台灣經濟新報 (http://www.tej.com.tw/twsite)、或「財團法人經濟資訊推廣中心」所建置的「AREMOS 經濟統計資料庫」購買。

■表 2-2　常見金融變數之資料庫來源

原始資料變數	單位	資料庫	資料頻率
美國聯邦基金目標利率	%	Federal Reserve Bank of ST LOUIS, CBOT	日資料
美國聯邦基金利率	%	Federal Reserve Bank of ST. LOUIS	月資料
美元即期收盤匯率	%	全球金融資料庫 (GFD)	日資料
台灣消費者物價指數	指數	AREMOS	月資料
台灣工業生產指數	指數	AREMOS	月資料
台灣金融業隔夜拆款利率	%	ARMOS	月資料
美元即期匯率 (銀行間收盤匯率)	%	ARMOS	月資料

八、指數型基金 vs. 指數股票型基金 (ETF) 有何不同

不少國內投資人以為，指數型基金就是 ETF (Exchange Trade dFund)，兩者投資邏輯是相同的，均是被動式管理，但細分兩者還是有差異，前者是以追蹤大

盤指數為主，後者則可能投資大盤成分股，追蹤大盤成分股指數，可稱指數股票型基金。

　　此外，指數型基金的購買方式如同一般共同基金，銀行、投信、券商等銷售通路皆可，因採被動式管理，周轉率低，因此基金交易成本下降，總費用僅股票型基金的一半。但 ETF 則必須在集中交易市場買賣，僅有買賣股票的交易成本及部分管理費。

1. 指數型基金的購買方式如同一般共同基金，銀行、投信、券商等銷售通路皆可，因採被動式管理，周轉率低，因此基金交易成本下降，總費用僅股票型基金的一半。

2. ETF 指數型基金，就是將資金按照約定的比例，去投資一籃子股票的基金。必須在集中交易市場買賣，僅有買賣股票的交易成本及部分管理費。

   優點是：省去選股的麻煩，能納入 ETF 裏面的股票，公司的體質、規模通常有一定水準，以台灣目前一檔 ETF「台灣 50」為例，就是將台灣前 50 大公司按比例來投資，它的走勢和大盤有九成的相似性，因此若看好台股，就可以直接買「台灣 50」，大盤漲，台灣 50 也會跟著漲。此外，ETF 是股票，像股票一樣的買賣交割，不是像一般的基金，交易便利，交易稅較低也是它的優點。缺點是：波動性不高，要 50 支股票通通漲或通通跌，這種情況不容易發生，大部分的情況是有些漲有些跌，因此股價的走勢比較平穩。

2.3 財經變數

　　經濟市場的變動，存在許多不同形態的關連結構，因此發展出 AR (autoregressive model) 模型來形容時間的延續性及 MA (Moving Average Model) 模型，MA 模型隱含了在經濟行為體系中，其結構式有「error correction」的特性，之後又定義了共整合效用 (Cointegration)，而有誤差修正模型 (error-correction model)。大部份的財務時間序列資料，都具條件變異數不同質的現象，於是如何將這種會因時而異的條件變異數模型化，因而發展出 ARCH (Autoregressive Conditional Heteroscedasticity) 模型 (Engle, 1982)。又如財務資料具高狹峰分配及波動叢聚的特性，恰可以 ARCH/GARCH (Generalized autoregressive conditional heteroskedasticity) 模型適切地描述 (Bollerslev, 1986)。為了避險及估計報酬，延

伸出現了 ARCH-M (ARCH in mean) 模型 (Engle 等人, 1987)。這些都是為了解決實際社會所發生的問題，促使了模型的演化。

　　時間序列資料經常發生非定態的性質，當變數是非定態時，最大的影響不外乎是由 Granger & Newbold (1974) 發現非定態變數之間，可能會出現假迴歸的問題，使得原本毫無關聯性的變數之間，出現假象的關聯性，即實際上在迴歸模型中反映出的顯著性，並沒有真正的經濟意義。

　　接著，Engle & Granger (1987) 提出共整合 (cointegration) 理論，發現非定態 (nonstationary) 變數之間的迴歸關係如果出現共整合現象，則這樣的迴歸關係仍然有經濟意義，而使原迴歸推論性質也可以適用。

　　一般而言，非定態的模型都可拆解兩個影響成份來解釋，一為決定性趨勢 (deterministic trend)，二為隨機趨勢 (stochastic trend)。

一、決定性趨勢 (deterministic trend)

　　所謂「決定性趨勢」，是指變數隨時間變動而變動具趨勢性，並可以完全被預測，其模型可以分成下列幾種：(1) 線性趨勢 (Linear Time Trend)。(2) 多項式時間趨勢。(3) 片斷趨勢。

二、隨機趨勢 (stochastic trend)

　　所謂「隨機趨勢」就是變數中的隨機成份 (stochastic component) 對該變數所形成永久性 (permanence) 的影響 (Enders, 2004)。我們可從 random walk (RW) 模型來模擬這個現象，從此模型產生方式可以發現，原來 RW 模型其實就是 AR(1) 模型落後一期的係數等於 1 時的自我相關特例，我們自然就可用自我相關模型來轉化這種時間序列的不平穩問題。

Random Walk 模型有三種：

(1) Pure random walk (不含截距項)

$$y_t = y_{t-1} + e_t$$

(2) Random walk with drift (含有漂移項 a_0)

$$y_t = a_0 + y_{t-1} + e_t$$

(3) Random walk with noise (含有隨機干擾項)

$$y_t = u_t + e_t \text{ 且 } u_t = u_{t-1} + v_t$$

2.3.1 虛擬變數 (dummy variable)

一、多元 (複) 迴歸分析 (Multiple Regression Analysis) 之重點整理

1. 利用 OLS (ordinary least squares) 來做多元迴歸可能是社會學研究中最常用的統計分析方法。利用最小平方法的基本條件是依變數為一個分數型的變數 (等距尺度測量的變數)，而自變數之測量尺度則無特別的限制。當自變數為類別變數時，我們可依類別數 (k) 建構 k−1 個數值為 0 與 1 之虛擬變數 (dummy variable) 來代表不同之類別。因此，如果能適當的使用的話，多元迴歸分析是一相當有力的工具。

多元 (複) 迴歸模型為：

$$Y_i = \beta_0 + \beta_1 X_{i1} + \beta_2 X_{i2} + \cdots + \beta_k X_{i,k} + \varepsilon_i,$$

其中 $\varepsilon_i \overset{iid}{\sim} N(0, \sigma^2)$ 且 $i = 1, 2, \cdots, n$

$$或 \begin{bmatrix} Y_1 \\ Y_2 \\ \vdots \\ Y_n \end{bmatrix} = \begin{bmatrix} 1 & X_{11} & \cdots & X_{1k} \\ 1 & X_{21} & \cdots & X_{2k} \\ \vdots & \vdots & \ddots & \vdots \\ 1 & X_{n1} & \cdots & X_{nk} \end{bmatrix} \begin{bmatrix} \beta_0 \\ \beta_1 \\ \vdots \\ \beta_k \end{bmatrix} + \begin{bmatrix} \varepsilon_1 \\ \varepsilon_2 \\ \vdots \\ \varepsilon_n \end{bmatrix}$$

$$\mathbf{Y}_{n \times 1} = \mathbf{X}_{n \times (k+1)} \beta_{(k+1) \times 1} + \varepsilon_{n \times 1}$$

(一) 簡單迴歸估計方程式 (最小平方法)

$$\hat{\mathbf{Y}} = \mathbf{X}\beta, \qquad \beta = (X'X)^{-1} X'Y$$

(二) 變異數分析表

■ 表 2-3 ANOVA

變異來源	平方和 SS	自由度 df	均方 MS	F
迴歸	$SS_R = \Sigma \hat{y}^2 = \Sigma(\hat{Y} - \overline{Y})^2$	k	$MS_R = \dfrac{SS_R}{k}$	$F = \dfrac{MS_R}{MS_E}$
殘差	$SS_E = \Sigma e^2 = \Sigma(Y - \hat{Y})^2$	n−k−1	$MS_E = \dfrac{SS_E}{n-k-1}$	
總和	$SS_T = \Sigma y^2 = \Sigma(Y - \overline{Y})^2$	n−1		

註：殘差 $e_i = y_i - \hat{y}_i$，$i = 1, 2, \cdots, n$

2. 多元迴歸分析主要有三個步驟：

Step 1：利用單變數和雙變數分析來檢視各個準備納入複迴歸分析的變數是否符合 OLS 線性迴歸分析的基本假定。

Step 2：選定迴歸模式，並評估所得到的參數估計和適合度檢定 (goodness of fit)。

Step 3：在我們認真考慮所得到的迴歸分析結果前，應做殘餘值 (residuals) 之診斷分析 (diagnosis)。但通常我們是先確定迴歸模式之設定 (specification) 是否恰當後，才會做深入之殘餘值分析。

3. 迴歸分析的第一步是一一檢視每個即將納入迴歸分析模式的變數。首先，我們必須先確定依變數有足夠的變異 (variability)，而且是接近常態分配 (迴歸係數的估計並不要求依變數是常態分配，但對此估計做假設測定時，則是要求殘餘值應為常態分配。而依變數離開常態分配的狀態很遠時，殘餘值不是常態分配的可能性增大)。其次，各自變數也應該有適當的變異，並且要了解其分配之形狀和異常的個案 (outlying cases, outliers)。

　　我們可用直方圖 (histogram) 和 Normal P-P (probability plot) 圖等來測定依變數是否拒絕其為常態分配的假設，以及是否有異常之個案。同樣地，我們可用直方圖和其他單變數之統計來檢視各個自變數之分配形狀、程度，以及異常個案等。

　　在 SPSS 中，我們可用「Analyze→Descriptive Statistic→Explore」來得到上述之統計和圖。

4. 做雙變數相關之分析之主要目的是檢視變數間之關係是否為線性關係 (linearity) 和是否為共線性 (collinearity) 之情況。最基本的做法是看雙變數之相關矩陣。如果依變數與自變數間之關係很弱或比自變數間之相關弱的話，就應質疑所設定之多元迴歸模式是否適當。

　　檢視自變數與依變數間是否為線性關係的基本做法是看雙變數間之散布圖 (scatter plot)。進階且比較好的做法是在控制其他自變數後，再看某一自變數與依變數間之部份線性關係 (partial linearity)。線性關係是迴歸分析重要的假定，而且指的是自變數與依變數間之部份線性關係。我們並不用太關心自變數間是否為線性關係，但如對自變數間關係之設定有誤時，也會導致

我們對虛假關係不適當的控制和解釋上的錯誤。

　　探索自變數與依變數間部份線性關係的方式是在控制其他自變數後，逐一檢視某一自變數及進一步加入此自變數之平方後，看看兩個迴歸模式間是否達顯著之差異。如果是的話，則此自變數與依變數間之關係並不是線性關係。當發現自變數與依變數間並非線性關係時，除了將該自變數之平方加入迴歸分析的方法外，也可將該自變數做對數轉換 (log transformation)，例如我們常將個人之收入做對數轉換之處理。究竟如何處理是適當的，是以理論為基礎。

　　在 SPSS 中，我們可用「Analyze→Correlate→Bivariate」及「Graphs→Scatter」來得到雙變數之相關矩陣及散布圖。部份線性相關之檢視則需用到「Transform→Compute」來建構一個變數的平方，然後用「Analyze→Linear Regression」來檢視。

5. 在決定迴歸分析的模式後，我們應進一步檢視自變數間是否有多元共線性 (multicollinearity) 的問題，也就是自變數間是否有高度相關的問題。如果自變數間高度相關的話，會影響到對迴歸係數之假設測定。我們可以用因素分析來檢查自變數間是否有多元共線性，或者是逐一將某一自變數 (當成為依變數) 和所有其他自變數做多元迴歸分析。

　　在以 SPSS 做迴歸分析時，我們也可在其 Statistic 之選項中選擇 partial correlation 與 collinearity 之統計。SPSS 所提供之 collinearity 的統計包括 Tolerance、VIF (variance inflation factor) 和 Condition Index 等。這些統計是有關連性的。如 Tolerance 與 VIF 就是互為倒數，如果是 Tolerance 愈小，就表示該自變數與其他自變數間之共線性愈高或幾乎是其他自變數的線性組合。

6. 如果自變數是類別的變數，我們可以將這些類別一一建構成為虛擬變數。依照類別數目 (k)，我們只需建構 k−1 個虛擬變數即可。如性別有兩類，因此我們只需建構一個「男性」的虛擬變數。如果受訪者為男性，則其「男性」變數為 1，如為女性，則其「男性」變數為 0。同理，如果一個類別變數有四類，如台灣地區別是分成北、中、南、東等四區，則我們可將此類別變數建構成「中部」、「南部」及「東部」等三個虛擬變數。當受訪者是

在北部時，其在此三虛擬變數的值會都是 0。至於將那個類別做為參考類別 (reference category)，也就是不建構為虛擬變數的類別，通常是次數最多的類別。我們也可依理論或研究假設的需要，來考量是將那個類別做為參考類別。

當我們將這些虛擬變數納入迴歸模式後，個別虛擬變數的迴歸係數 (如果達統計顯著的話)，就是此虛擬變數所代表之類別與參考類別間在截距上的差距。如果我們假設此類別變數對依變數的影響，不只是在截距上的不同，且會有不同的斜率，也就是與另一自變數間有交互作用 (interaction)，我們可以進一步將虛擬變數與此另一自變數相乘而成另一新變數 (如「男性＊受教育年數」)。我們可將原來的兩個自變數及此新變數一起納入迴歸分析中。如果此新變數之迴歸係數達顯著的話，則其意義是與虛擬變數相乘之自變數 (如受教育年數) 對依變數的影響會因虛擬變數所代表的類別不同 (如性別) 而有不同的斜率 (即影響力)。例如，當受教育年數對收入的影響，男性比女性來得大時，則迴歸分析結果可能一方面表現在「男性」此一虛擬變數的正向係數達顯著，表示在受同樣教育年數的條件下，男性的起薪比女性高，另一方面也表現在「男性＊受教育年數」之正向係數達顯著，表示男性每年受教育對收入的回報大過女性。

此外，當我們假設自變數與依變數的關係為∩型時，或是依變數會隨自變數之數值增大而變化趨緩時，我們就可建構一自變數的平方，將此自變數及其平方一起納入，如果此平方的變數達顯著，則我們可知此自變數對依變數的影響不是直線性的。

7. 在完成以上之基礎工作後，而且發現沒有問題或將問題做了適當的處理後，我們就可開始做多元迴歸的分析。

檢視多元迴歸分析之結果的步驟是先檢視整體模式之適合度 (goodness of fit)。這是看迴歸分析結果之 ANOVA 表中之 F test 是否達到顯著。如果是的話，我們可說此模式在母群體之 R^2 不是 0，或自至少有一個自變數對依變數有解釋力。R^2 (或納入自變數數目做了調整後之 adjusted R^2) 的意義是所有自變數解釋了多少比例之依變數的變異量。

在檢視完整體模式之解釋力後，下一步是逐一檢視各自變數之斜率 (slope)，也就是迴歸係數是否達到顯著 (即測定其是否為 0 之虛無假設)。

這是要看每一自變數迴歸係數的 T-test 及 p 值 (通常應至少小於 0.05)。如果某一自變數之係數達顯著水準的話，則其意義是在控制其他自變數的情況下，此一自變數對依變數之獨特影響力 (unique effect) 為何。另一說法是，自變數每增加一個測量時用的單位，會改變多少依變數測量時之單位。我們可代入此自變數一個數值 (如此變數之平均數)，然後計算在此數值和 B (unstandardized coefficient) 乘積，這乘積就是此自變數在此數值時，依變數的數值有多大。

如果我們要知道和其他自變數比較，哪一個自變數對依變數之獨特影響力比較大，則我們是要看 Beta (standardized coefficient) 或部份相關係數 (看此比較好)。

8. 如果我們的迴歸分析是建立在一個因果模式上，則可進行階層式迴歸分析 (hierarchical regression)。端看我們研究的焦點為何，可逐一將自變數加入迴歸模式中，然後視不同階段之迴歸模式的整體解釋力和各個自變數解釋力的變化。

9. 嚴謹的迴歸分析是要進一步對 residuals 做檢視後，才報告分析所得到之結果。殘餘值是指每一個案將其自變數之數值代入迴歸模式中計算在依變數之預測值，然後將實際觀察到之值與此預測值相減後所得到之殘餘。對殘餘值之診斷主要有兩項：

　(1) Influence diagnosis：此診斷要看的是有無一些異常的個案可能對迴歸模式的估計造成不當之的影響，並膨脹 standard errors。特別是當樣本數較小時，我們要當心此可能性。在 SPSS 的迴歸分析之 Save 的選項中，可將標準化處理後之殘餘值 (standardized residuals) 儲存起來。SPSS 也會將標準化之殘餘值大於 3 的個案之 ID 報告出來。如果此類個案數目不多的話(依機率，每一百個標準化之殘餘值中會有 5 個殘餘值之 z 值大於 2)，那我們就可說是沒有異常個案影響迴歸模式估計的問題。

　(2) Normality 與 hetroskedasticity：OLS 迴歸分析假定在 prediction function 之不同 level 的殘餘值是常態分配，而且變異量是相同的。因此，我們可利用單變數之分析來看檢視預測值和殘餘值是否為常態分配，以及兩

者間是否有相關 (依照假定迴歸模式之殘餘項應和自變數間沒有相關)，以及殘餘值在 prediction function 之各 level 是否有相同之變異。在 SPSS 之迴歸分析中也是利用 Save 中之選項將 predicted values 和 residuals 儲存後做進一步的分析。我們也可直接利用 Plots 內的選項來做這些檢視的工作。

二、虛擬變數之迴歸式

在迴歸方程式中，我們假設所有的變數皆為連續變數。如果遇到名目尺度變數，我們可以用虛擬變數來進行分析。

虛擬變數 (D) 又稱為類別變數 (categorical variables)，通常以 (0, 1) 來區別類別。例如男性 D＝1，女性 D＝0。

虛擬變數可以用來比較下列效果：

1. 時間效果 (Temporal effect)：戰時 vs. 平時，顛峰 vs. 非顛峰，假日 vs. 週間。
2. 地區效果 (Spatial effects)：都市 vs. 鄉村。
3. 質性變數 (Qualitative variables)：已婚 vs. 未婚，男性 vs. 女性，白人 vs. 非白人。
4. 化約變數 (Broad groupings of quantitative variables)。

比較基底 (Base case) 或參考組 (reference group)：當虛擬變數為 0 時的所有觀察值。因此虛擬變數的迴歸係數衡量比較基底與非比較基底兩群樣本之間的差異。

1. 質性變數：例如性別、人種、產業別、政治傾向、公司是否提供員工退休金計畫、是否擁有電腦…。質性變數有二種：
   (1) 質性自變數：虛擬自變數。
   (2) 質性應變數：線性機率模型。

2. 虛擬變數 (dummy variable)，又稱為二元變數 (binary variable)：
   (1) 數值不是 0 就是 1 的變數 (1 表某特徵或屬性存在)。
   (2) 事實上，任何兩個不同的值都可以。但 0 或 1 的選取有助於參數直接、清楚地解釋。

3. 虛擬變數之迴歸模型

考慮一個簡單模型，其中包含一個連續變數 (x) 和一個虛擬變數 (d)：

$$y = \beta_0 + \delta_0 d + \beta_1 x + u$$

以上可以解釋成是截距的移動

若 d＝0，則 $y = \beta_0 + \beta_1 x + u$
若 d＝1，則 $y = (\beta_0 + \delta_0) + \beta_1 x + u$

屬性 d 設為 0 的是當成比較基礎群 (base group)。

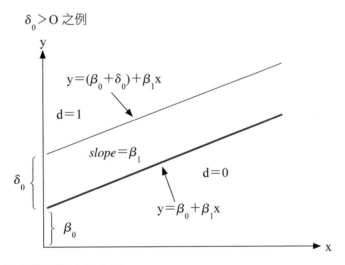

C,圖 **2-3　虛擬變數迴歸之示意圖**

4. 多類別的虛擬變數

任何的類別變數 (categorical variable) 皆可轉變成一組虛擬變數，所以我們可用虛擬變數來控制多類別的事件。如果有 n 個種類，則因為截距表示比較基礎群，所以只需要 n－1 個虛擬變數。如果有 n 個種類，但迴歸模型沒有截距項，則需要 n 個虛擬變數。

例如，在資料中的每一個人不是高中被退學、高中畢業就是大學畢業。為了將高中及大學畢業者和高中被退學者 (基礎群) 做一比較，我們使用 2 個虛擬變數：

若只有高中畢業 hight_school＝1，其他為 0

若大學畢業設 coll_school＝1，其他為 0

5. 虛擬變數之條件式

$$E(Y_i \mid X_i, D_i) = \beta_0 + \beta_1 X_i + \beta_2 D_i$$

Y＝薪資所得

X＝年資

D＝是否具有博士學位 $\begin{cases} 1 \ \text{若樣本為 PhD} \\ 0 \ \text{若樣本為非 PhD} \end{cases}$

標準型 $E(Y_i \mid X_i, D_i) = \beta_0 + \beta_1 X_i + \beta_2 D_i$

若 D＝0，則 $E(Y_i \mid X_i, D_i = 0) = \beta_0 + \beta_1 x_i + \beta_2(0) = \beta_0 + \beta_1 x_i$

若 D＝1，則 $E(Y_i \mid X_i, D_i = 1) = \beta_0 + \beta_1 X_i + \beta_2(1) = \beta_0 + \beta_2 + \beta_1 x_i$

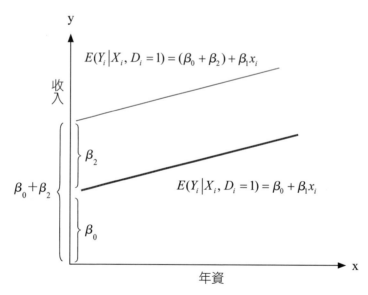

⌐圖 2-4 虛擬變數之條件式示意圖

假設 $E(Y_i \mid X_i, D_i) = 15000 + 1000 X_i + 2500 D_i$

若 D＝0，則 $E(Y_i \mid X_i, D_i = 0) = 15000 + 1000 X_i$

若 D＝1，則 $E(Y_i \mid X_i, D_i = 1) = (15000 + 2500(1)) + 1000 X_i$

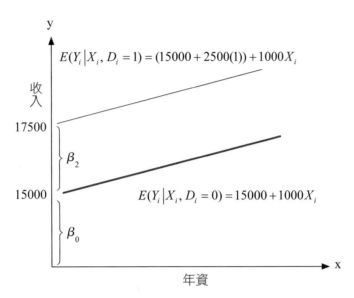

$$E(Y_i | X_i, D_i = 1) = (15000 + 2500(1)) + 1000 X_i$$

收入

17500

β_2

15000

$$E(Y_i | X_i, D_i = 0) = 15000 + 1000 X_i$$

β_0

年資

⌐圖 2-5 虛擬變數之條件式示意圖 2

三、用 SPSS 實作虛擬變數

　　虛擬變數 (Dummy variable) 通常用於線性迴歸分析中，由於類別自變數 (x_i) 無法直接適用於 linear regression，為了讓類別變數也能夠進行迴歸分析，必須做虛擬化的動作，簡單的概念就是：類別變數中的數字並不代表任何意義，若視為連續變數，就沒辦法解釋了，因此，我們把原變數分切為多個虛擬出來的變數，讓它們變成 0, 1 資料後，才能對單一結果做解釋。

　　假設我們的類別變數只有兩分類，例如性別，直接將男性編碼為 1，女性編碼為 0。如果自變數有 4 種類別 (或 levels)，如下表之「學習型態」有 4 類，它就需要增設 3 個新虛擬變數 (x1, x2, x3) 來模擬，其中，「1：適應型」為參考組。

■表 2-4　4 類「學習型態」對應之 3 個虛擬變數

虛擬變數　　　學習型態	x1	x2	x3
1 (適應型)：	0	0	0
2 (收斂型)：	1	0	0
3 (同化型)：	0	1	0
4 (發散型)：	0	0	1

由此例可知，x1＝收斂型，x2＝同化型，x3＝發散型。

SPSS 操作方法如下：

↳圖 **2-6** SPSS「轉換→重新編碼→成不同變數」

　　在圖 2-7 右邊「輸出之新變數」中的名稱 (N)：輸入「學習型態_2」，要記得按下變更 (C) 按鈕。

↳圖 **2-7** SPSS「重新編碼成不同變數」對話盒

　　點選「舊值與新值」按鈕：

1. 在舊值中選數值 (V)：2，新值為數值 (L)：1，點選「新增」按鈕。
2. 在舊值中選全部其他值，新值為數值 (L)：0，點選「新增」按鈕。
3. 在舊值中選系統或使用者界定的遺漏值，新值為數值 (L)：系統界定的遺漏值，點選「新增」按鈕 (這個動作是多做的，只是防止遺漏值被定義為 0)。

╚ 圖 2-8　SPSS「重新編碼成不同變數→舊值與新值」對話盒

　　點選「繼續」按鈕，回原畫面後選「確定」按鈕。就完成新增的第一個變數了。

　　接下來，要新增第二個虛擬變數，定名為：學習型態_3 (同化型＝1，其餘＝0)。

　　操作方法與之前相似──點選「舊值與新值」按鈕：

1. 在舊值中選數值 (V)：3，新值為數值 (L)：1，點選「新增」按鈕。
2. 在舊值中選全部其他值，新值為數值 (L)：0，點選「新增」按鈕。
3. 在舊值中選系統或使用者界定的遺漏值，新值為數值 (L)：系統界定的遺漏值，點選「新增」按鈕 (這個動作是多做的，只是防止遺漏值被定義為0)。

　　最後還要再新增第三個虛擬變數，定名為：學習型態_4 (發散型＝1，其餘＝0)。

　　操作方法也相同──點選「舊值與新值」按鈕：

1. 在舊值中選數值(V)：4，新值為數值 (L)：1，點選「新增」按鈕。
2. 在舊值中選全部其他值，新值為數值 (L)：0，點選「新增」按鈕。
3. 在舊值中選系統或使用者界定的遺漏值，新值為數值 (L)：系統界定的遺漏值，點選「新增」按鈕 (這個動作是多做的，只是防止遺漏值被定義為0)。

　　做了這三次動作，就新增了三個變數：學習型態_2＝x1，學習型態_3＝x2，學習型態_4＝x3。如圖 2-9 所示。

	學習型態	學習型態_2	學習型態_3	學習型態_4	Var
5	1	0	0	0	
6	1	0	0	0	
7	1	0	0	0	
8	2	1	0	0	
9	2	1	0	0	
10	2	1	0	0	
11	2	1	0	0	
12	2	1	0	0	
13	2	1	0	0	
14	2	1	0	0	
15	2	1	0	0	
16	3	0	1	0	
17	3	0	1	0	
18	3	0	1	0	
19	3	0	1	0	
20	3	0	1	0	
21	3	0	1	0	
22	3	0	1	0	
23	3	0	1	0	
24	4	0	0	1	
25	4	0	0	1	
26	4	0	0	1	
27	4	0	0	1	
28	4	0	0	1	
29	4	0	0	1	

資料檢視 / 變數檢視 /　　　　　　　　　　SPSS 處理器 已載緒

↳圖 2-9 SPSS「4 類學習型態，變成 3 個虛擬變數」

2.3.2 財經變數的變數變換

時間序列統計軟體 (JMulTi、RATS、Eviews、R、Matlab、Gauss、S-Plus 等)，都有提供 ADF 單根檢定，讓你檢查各經濟變數是否屬於單根的條件，若有單根 [整合階數為 1，I (1) 表示]，表示該數列是非定態。

常見非定態之財經變數，有表 2-5 所列 120 項。若該變數 y_t 呈常態分配，但非定態，則「一階差分」Δy_t；若該變數 y_t 非常態分配，且非定態，則「取自然對數後一階差分」$\Delta Ln(y_t)$。因為很多非常態變數，經自然對數「ln()」函數變換後，會呈常態。非定態之財經變數，絕大多數差分一次就會變定態序列，接著將它再代入VAR 等迴歸型來求解。

JMulTi 可做變數變換，包括：(1) 取自然對數 Ln(x)，將非常態變數 x 轉成常態，或 (2) ΔX，將非定態變數 x 轉成定態。你除了人工用 Excel 預先做變數變換外 (另存成*.xls 檔) 再「Import Data」到 JMulTi 外；你亦可「直接」在 JMulTi 系統之「Time Seires Calculator」按鈕，如圖 2-10 所示操作，將變數 r (利率) 做如下處理：(1) 先用自然對數 log，對非常態之變數 r 取自然對數後，存至 r_ln 變

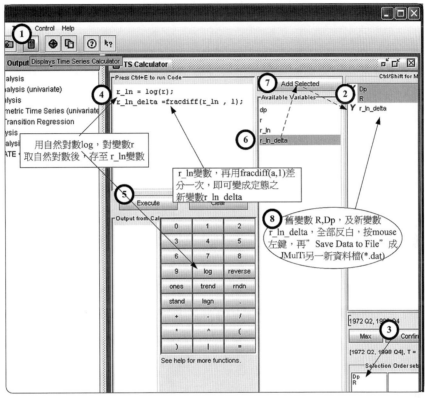

⌐圖 **2-10** 用 JMulTi「TS Calculator」將變數 r 取自然對數後，再差分一次

■表 **2-5** 常見 120 項經濟變數即為縱貫性變數 (x_t)

#	變數名稱	單位	處理方法
1	泰國重貼現率	百分比	一階差分
2	台灣對泰國進出口貿易總額	千美元	取 Ln() 後，再一階差分
3	台灣對菲律賓進出口貿易總額	千美元	取 Ln() 後，再一階差分
4	菲律賓重貼現率	百分比	一階差分
5	香港重貼現率 (月底值)	百分比	一階差分
6	香港失業率 (月)	百分比	一階差分
7	新加坡隔夜拆款利率	百分比	一階差分
8	台灣對大陸進出口貿易總額	千美元	取 Ln() 後，再一階差分
9	美元對人民幣匯率 (月底值)	人民幣	取 Ln() 後，再一階差分

■表 2-5 常見 120 項經濟變數即為縱貫性變數 (x_t) (續)

#	變數名稱	單位	處理方法
10	台灣對新加坡進出口貿易總額	千美元	取 Ln() 後，再一階差分
11	台灣對韓國進出口貿易總額	百分比	一階差分
12	美元兌韓圜匯率 (月底值)	韓圜	取 Ln() 後，再一階差分
13	南韓工業生產指數 IPI 年增率 (2005＝100)	指數	取 Ln() 後，再一階差分
14	南韓工業生產指數 IPI (2005＝100)	指數	取 Ln() 後，再一階差分
15	台灣對日本進出口貿易總額	千美元	取 Ln() 後，再一階差分
16	美元兌日圓匯率 (月底值)	日圓	取 Ln() 後，再一階差分
17	日本貨幣市場利率 (月均值)	百分比	一階差分
18	日本失業率 (SA)	百分比	一階差分
19	美元兌歐元匯率(月底值)	歐元	取 Ln() 後，再一階差分
20	歐元區工業生產指數 IPI 年增率 (2005＝100)	指數	取 Ln() 後，再一階差分
21	德國失業率-季調	百分比	一階差分
22	德國拆款利率 (月均值)	百分比	一階差分
23	德國公債殖利率 (三年期以上)	百分比	一階差分
24	馬來西亞基本利率	百分比	一階差分
25	美國消費者信心指數 (1985＝100)	指數	取 Ln() 後，再一階差分
26	美國官方聯邦資金利率	百分比	一階差分
27	美國十年期公債殖利率	百分比	一階差分
28	美國信用重貼現率 (月底值)	百分比	一階差分
29	美國聯邦資金市場利率-市場實際拆款利率	百分比	一階差分
30	IMF 能源及非能源商品價格指數 (2005＝100)	指數	取 Ln() 後，再一階差分
31	IMF 非能源主要商品價格指數 (2005＝100)	指數	取 Ln() 後，再一階差分
32	IMF 食物類價格總指數 (2005＝100)	指數	取 Ln() 後，再一階差分
33	IMF 食物類價格指數：蘋果等農產品 (2005＝100)	指數	取 Ln() 後，再一階差分
34	IMF 飲料類價格指數：咖啡、可可亞、茶 (2005＝100)	指數	取 Ln() 後，再一階差分
35	IMF 工業輸入價格指數 (2005＝100)	指數	取 Ln() 後，再一階差分

■表 2-5　常見 120 項經濟變數即為縱貫性變數 (x_t) (續)

#	變數名稱	單位	處理方法
36	IMF 金屬價格指數 (2005＝100)	指數	取 Ln() 後，再一階差分
37	IMF 能源商品價格指數 (2005＝100)	指數	取 Ln() 後，再一階差分
38	IMF 平均原油現貨價格指數 005＝100)	指數	取 Ln() 後，再一階差分
39	工業生產指數-總指數	指數	取 Ln() 後，再一階差分
40	工業生產指數-礦業及土石採取業	指數	取 Ln() 後，再一階差分
41	工業生產指數-製造業	指數	取 Ln() 後，再一階差分
42	工業生產指數-金屬機械工業	指數	取 Ln() 後，再一階差分
43	工業生產指數-資訊電子工業	指數	取 Ln() 後，再一階差分
44	工業生產指數-化學工業	指數	取 Ln() 後，再一階差分
45	工業生產指數-民生工業	指數	取 Ln() 後，再一階差分
46	工業生產指數-電力及煤氣供應業	指數	取 Ln() 後，再一階差分
47	工業生產指數-用水供應業	指數	取 Ln() 後，再一階差分
48	外銷訂單-資訊及通信產品	百萬元	取 Ln() 後，再一階差分
49	外銷訂單-電子產品	百萬元	取 Ln() 後，再一階差分
50	外銷訂單-基本金屬及其製品	百萬元	取 Ln() 後，再一階差分
51	外銷訂單-精密儀器、鐘錶、樂器	百萬元	取 Ln() 後，再一階差分
52	外銷訂單-塑膠、橡膠及其製品	百萬元	取 Ln() 後，再一階差分
53	外銷訂單-化學品	百萬元	取 Ln() 後，再一階差分
54	外銷訂單-電機產品	百萬元	取 Ln() 後，再一階差分
55	外銷訂單-機械	百萬元	取 Ln() 後，再一階差分
56	失業率	百分比	一階差分
57	平均薪資-礦業及土石採取業	元	取 Ln() 後，再一階差分
58	平均薪資-製造業	元	取 Ln() 後，再一階差分
59	平均薪資-電力及燃氣供應業	元	取 Ln() 後，再一階差分
60	平均薪資-營造業	元	取 Ln() 後，再一階差分
61	平均薪資-批發及零售業	元	取 Ln() 後，再一階差分
62	平均薪資-運輸及倉儲業	元	取 Ln() 後，再一階差分
63	平均薪資-住宿及餐飲業	元	取 Ln() 後，再一階差分

■表 2-5 常見 120 項經濟變數即為縱貫性變數 (x_t) (續)

#	變數名稱	單位	處理方法
64	平均薪資-資訊及通訊傳撥業	元	取 Ln() 後，再一階差分
65	平均薪資-金融及保險業	元	取 Ln() 後，再一階差分
66	平均薪資-不動產業	元	取 Ln() 後，再一階差分
67	平均薪資-專業、科學及技術服務業	元	取 Ln() 後，再一階差分
68	平均薪資-支援服務業	元	取 Ln() 後，再一階差分
69	平均薪資-醫療保健及社會工作服務業	元	取 Ln() 後，再一階差分
70	平均薪資-藝術、娛樂及休閒服務業	元	取 Ln() 後，再一階差分
71	平均薪資-其他服務業	元	取 Ln() 後，再一階差分
72	受僱員工每人每月平均工時-礦業及土石採取業	小時	取 Ln() 後，再一階差分
73	受僱員工每人每月平均工時-用水供應及污染整治業	小時	取 Ln() 後，再一階差分
74	受僱員工每人每月平均工時-電力及燃氣供應業	小時	取 Ln() 後，再一階差分
75	受僱員工每人每月平均工時-營造業	小時	取 Ln() 後，再一階差分
76	受僱員工每人每月平均工時-服務業部門	小時	取 Ln() 後，再一階差分
77	受僱員工每人每月平均工時-批發及零售業	小時	取 Ln() 後，再一階差分
78	受僱員工每人每月平均工時-運輸及倉儲業	小時	取 Ln() 後，再一階差分
79	受僱員工每人每月平均工時-住宿及餐飲業	小時	取 Ln() 後，再一階差分
80	受僱員工每人每月平均工時-資訊及通訊傳播業	小時	取 Ln() 後，再一階差分
81	受僱員工每人每月平均工時-金融及保險業	小時	取 Ln() 後，再一階差分
82	受僱員工每人每月平均工時-不動產業	小時	取 Ln() 後，再一階差分
83	受僱員工每人每月平均工時-專業、科學及技術服務業	小時	取 Ln() 後，再一階差分
84	受僱員工每人每月平均工時-支援服務業	小時	取 Ln() 後，再一階差分
85	受僱員工每人每月平均工時-醫療保健及社會服務業	小時	取 Ln() 後，再一階差分
86	受僱員工每人每月平均工時-藝術、娛樂及休閒服務業	小時	取 Ln() 後，再一階差分

■表 2-5 常見 120 項經濟變數即為縱貫性變數 (x_t) (續)

#	變數名稱	單位	處理方法
87	受僱員工每人每月平均工時-其他服務業	小時	取 Ln() 後,再一階差分
88	電力 (企業)	總用電量十億度	取 Ln() 後,再一階差分
89	非農業部門就業人數	千人	取 Ln() 後,再一階差分
90	台灣工業及服務業加班工時	小時	
91	核發建照面積 (住宅類住宅、商業辦公、工業倉儲)	千方公尺	取 Ln() 後,再一階差分
92	進出口貿易總值-出口總值	百萬元	取 Ln() 後,再一階差分
93	進出口貿易總值-進口總值	百萬元	取 Ln() 後,再一階差分
94	製造業銷售值十億	元	取 Ln() 後,再一階差分
95	製造業存貨量指數	指數	取 Ln() 後,再一階差分
96	貨幣機構與中華郵政儲匯處以外各部門持有通貨	百萬元	取 Ln() 後,再一階差分
97	存款貨幣-合計	百萬元	取 Ln() 後,再一階差分
98	存款貨幣-支票存款	百萬元	取 Ln() 後,再一階差分
99	存款貨幣-活期存款	百萬元	取 Ln() 後,再一階差分
100	存款貨幣-活期儲蓄存款	百萬元	取 Ln() 後,再一階差分
101	準貨幣-合計	百萬元	取 Ln() 後,再一階差分
102	準貨幣-定期及定期儲蓄存款	百萬元	取 Ln() 後,再一階差分
103	準貨幣-外匯存款	百萬元	取 Ln() 後,再一階差分
104	準貨幣-郵政儲金	百萬元	取 Ln() 後,再一階差分
105	準貨幣-附買回交易餘額	百萬元	取 Ln() 後,再一階差分
106	準貨幣-外國人新台幣存款	百萬元	取 Ln() 後,再一階差分
107	貨幣總計數-M1A	百萬元	取 Ln() 後,再一階差分
108	貨幣總計數-M1B	百萬元	取 Ln() 後,再一階差分
109	貨幣總計數-M2	百萬元	取 Ln() 後,再一階差分
110	消費者物價分類指數-商品類(含食物)	指數	取 Ln() 後,再一階差分
111	消費者物價分類指數-商品類 (不含食物)	指數	取 Ln() 後,再一階差分

■表 2-5 常見 120 項經濟變數即為縱貫性變數 (x_t) (續)

#	變數名稱	單位	處理方法
112	消費者物價分類指數-商品類-半耐久性消費品 (不含食物)	指數	取 Ln() 後,再一階差分
113	消費者物價分類指數-商品類-耐久性消費品	指數	取 Ln() 後,再一階差分
114	消費者物價分類指數-服務類	指數	取 Ln() 後,再一階差分
115	消費者物價分類指數-服務類-家外食物	指數	取 Ln() 後,再一階差分
116	消費者物價分類指數-服務類-衣著	指數	取 Ln() 後,再一階差分
117	消費者物價分類指數-服務類-居住	指數	取 Ln() 後,再一階差分
118	消費者物價分類指數-服務類-交通	指數	取 Ln() 後,再一階差分
119	消費者物價分類指數-服務類-醫療保健	指數	取 Ln() 後,再一階差分
120	消費者物價分類指數-服務類-教養娛樂	指數	取 Ln() 後,再一階差分

■表 2-6 三項經濟變數即為可觀測變數 (y_t),且皆為非定態變數

#	變數名稱	單位	處理方法
y1	台灣五大行庫-一個月期存款利率	百分比	一階差分
y2	台灣放款基準利率-五行庫平均利率	百分比	一階差分
y3	金融隔夜拆款利率	百分比	一階差分

數後。(2) 常態之變數 r_ln,再用 fracdiff (x, 1) 差分一次,即可變成定態之新變數 r_ln_delta。

財經變數之資料庫來源

　　以上 120 個財經變數,資料庫 (如 TEJ) 來源當然都不同。舉例來說,若以全球 REITs 指數與美國 10 年公債殖利率、全球股票指數和全球公債指數為研究對象,探討彼此間長期共整關係與因果關係。假設資料皆為「月」資料,至於資料來源,你可取自下列資料庫:

1. 全球 REITs 指數

　　為 UBS 全球 REITs 指數資料取自 Bloomberg (www.bloomberg.com)，
Bloomberg tick 為 UREIUDIN，資料型態皆為月資料。

2. 美國 10 年公債殖利率

　　資料取自 Bloomberg，Bloomberg tick 為 USGG10YR，資料型態皆為月
資料。

3. 全球股票指數

　　為 MSCI 全球股票指數，資料取自 Bloomberg，Bloomberg tick 為
MXWO，資料型態皆為月資料。

4. 全球公債指數

　　為 MSCI 全球公債指數，資料取自 Bloomberg，Bloomberg tick 為
MCW0TR，資料型態皆為月資料。

天才是一分的天資，加上九十九分的努力。

CHAPTER *3* «««««

預測用途之迴歸模型

3.1 | 預測

預測 (prediction) 目的

　　某商品之市場需求為例,預測目的係協調和控制所有的需求來源。需求來源包括:

1. 相依需求:需求來自於其他的產品或服務。
2. 獨立需求:需求不直接來自其他產品,亦是是預測的重點。

3.1.1 預測類型

1. 定性法 (qualification)

　　主觀判斷,仰賴估計與個人觀點。包括:草根法、市調法、群體意見法、歷史類推法、Delphi 法。

(1) 草根法:假設愈接近顧客或最終產品使用者的人,愈了解未來的需求。故彙整最基層的預測值,並進行上一個更高的層級計算。例如,地區性的配銷中心,將安全存量與訂購批量的數量,提供給上一個層級,也許是區域性配銷中心,反覆進行計算,直到得出最高層級的輸入值為止。

(2) 市調法:收集資料的主要方法是問卷和訪談。旨在尋找新產品的靈感、對既有產品的意見、及在特定產品/服務類別中,最喜歡哪一位競爭者的產品服務等進行研究。

(3) 群體意見法:係假定三個臭皮匠勝過一個諸葛亮。故經由開放式會議,來交換所有管理層級和個人自由意見。此法之困難點,係職位較低的員工會被較高管理階層所影響。

(4) 歷史類推法:以現有的同類產品來做為預測的模式,在預測新產品的需求時,新需求包括:互補產品 (例如,對 CD 的需求引發對 CD 音響的需求)、替代性產品 (例如,百事可樂與可口可樂) 兩種。

(5) Delphi 法:對參與研究的個人採「匿名」方式來進行,其實施步驟如下:

Step 1. 選擇專家，包含各個不同領域中具備專業知識的人。

Step 2. 經由問卷或 E-mail，從參與者取得預測值。

Step 3. 綜合結果，並找出合適的新問題，回饋給所有的參與者。

Step 4. 再次整理，修正預測和條件，並再次整理新問題。

Step 5. 如有必要，重複步驟 4 將最後結論發給所有參與者。

2. 時間序列分析：依據過去的歷史資料預測未來的需求。

3. 因果預測法：需求與環境中許多要素有關。

4. 模擬模型：對未來的情境在一個規範的假設下做預測。

3.1.2 時間序列分析

依據過去的歷史資料預測未來的需求。研究法包括：簡單移動平均 (moving average, MA)(如股 MA5、MA5)、加權移動平均、指數平滑法、迴歸分析 (ARIMA、VAR、VECM、非線性迴歸 STR…)。

一、簡單移動平均 (moving average method)

簡單移動平均 (如股票五日移動均線 MA5、十日移動均線 MA10) 可有效去除不規律變異對預測的影響。其使用時機：產品的需求量並非快速的成長或下降、不受季節因素的影響。

$$F_t = \frac{A_{t-1} + A_{t-2} + \cdots + A_{t-n}}{n}$$

其中

F_t＝預測值

n＝期數

$A_{t-1}, A_{t-3}, \cdots, A_{t-n}$ 實際歷史資料

舉例來說，未來三週及九週的簡單移動平均需求預測，如下：

週	需求	3週	9週	週	需求	3週	9週
1	800	=(800+1400+1000)/3		16	1,700	2,200	1,811
2	1,400			17	1,800	2,000	1,800
3	1,000			18	2,200	1,833	1,811
4	1,500	1,067		19	1,900	1,900	1,911
5	1,500	1,300		20	2,400	1,967	1,933
6	1,300	1,333		21	2,400	2,167	2,011
7	1,800	1,433		22	2,600	2,233	2,111
8	1,700	1,533	前9週平均	23	2,000	2,467	2,144
9	1,300	1,600		24	2,500	2,333	2,111
10	1,700	1,600	1,367	25	2,600	2,367	2,167
11	1,700	1,567	1,467	26	2,200	2,367	2,267
12	1,500	1,567	1,500	27	2,200	2,433	2,311
13	2,300	1,633	1,556	28	2,500	2,333	2,311
14	2,300	1,833	1,644	29	2,400	2,300	2,378
15	2,000	2,033	1,733	30	2,100	2,367	2,378

↳圖 3-1　未來三週及九週的簡單移動平均需求預測

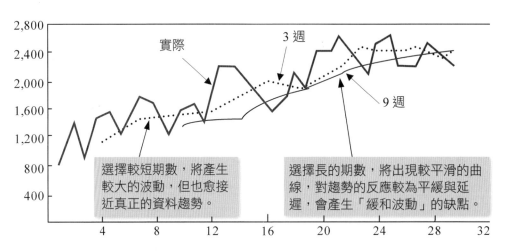

↳圖 3-2　實際需求與三週及九週的移動平均圖

　　簡單移動平均法缺點，於預測時，它必須放棄一筆舊資料與加入一筆新的資料，再重新計算。這對預測三或六期的移動平均法影響不大。但對於以 60 天為期數，分別預測倉庫中 20,000 個貨品的需求時，就需要處理大量的資料。

二、加權移動平均 (weighted moving average)

1. 賦予每一個變數相對應的權重值，權重值的總和等於 1。

2. 加權的法則沒有一定的規則。

$$F_t = w_1 A_{t-1} + w_2 A_{t-2} + \cdots + w_n A_{t-n}$$
$$w_1 + w_2 + \cdots + w_n = 1$$

其中，w_n 為第 t－n 期的權重。

n 為預測的總期數。

3. 選擇加權值 w_n：經驗法則、試誤法。

近期的資料對於未來的預測，是比遠期來得相對重要，故要有較高的權重。

資料若是季節性的，那權重的分配就要根據季節而定。

4. 好處：它可以改變過去每一資料點對未來的影響力。

5. 缺點：麻煩且費時。

三、指數平滑法 (exponential smoothing method)

指數平滑法只需要下列三項資料：

1. 最近的預測結果。

2. 最近一期的實際需求。

3. 平滑常數 alpha (α)。

$$F_t = F_{t-1} + \alpha(A_{t-1} - F_{t-1}) \qquad 0 \le \alpha \le 1$$

其中

F_t：第 t 期的預測值

F_{t-1}：第 t－1 期的預測值

A_{t-1}：第 t－1 期的實際需求

α：調整係數

指數平滑法廣範的被接受原因：

1. 準確。

2. 建構指數平滑的公式簡單。

3. 使用者可以理解它是如何運作，運算簡易。

4. 僅使用少量的歷史資料，所以資料的儲存空間小。

5. 驗證此法則的準確度也很簡單。

四、迴歸分析

時間序列常見的迴歸分析，包括：ARIMA、VAR、Structural VAR(SVAR)、STR、非線性迴歸、VECM⋯等。

3.2 線性迴歸 vs. 時間序列迴歸

時間序列 (Time Series) 是一組有順序的且隨時間變化的序列資料，廣泛受社會、經濟、醫學等領域運用，這是因為資料的產生及記錄多為多變量時間序列 (Multivariate Time Series) 的資料型態。在醫學上，我們觀測一群糖尿病患在血糖濃度上的變化，記錄每個時間點的血糖濃度量，則隨著時間 t 變化即可收集到一組多變量時間序列的資料。多變量時間序列資料矩陣的特色是，其中的一個維度必須給時間軸 t，且有二個以上時間序列之依變數。

時間數列分析法理論自 Yule 教授 1920 年代發明以來，直到 1970 年初使由 Box 與 Jenkeins 兩位教授大力推廣發展而完成 ARIMA 模式建立法。近年來，統計學家對這方面的探討研究更是不遺餘力，加以電腦統計軟體 (如 JMulTi) 之快速發展，使得時間數列分析法易於應用於經濟、工程、自然與社會科學領域等方面，做為預測之用。

3.2.1 橫斷面之線性迴歸 (OLS)

在經濟計量研究中，對於母體參數 (population parameter) 的最佳估計方法，通常視迴歸式設定之有關資訊而決定。若迴歸誤差項之具體分配型態事先已知，則還可運用最大概似法 (maximum likelihood method)；但一般經濟計量學家均認為無法事先確知誤差項之分配型態，而改用最小平方法 (Ordinary Least Squares multiple linear regression, OLS)。此最小平方法係假定在每一筆樣本資料皆一樣重要的情況下，選擇某一組樣本統計數當作母體參數的最佳估計式，使誤差項平方和之值達於極小。

(一) 簡單迴歸分析

1. 簡單線性迴歸

$$y_i = \beta_0 + \beta_1 x_i + \varepsilon_i, \ i = 1, 2, 3, \cdots, n; \varepsilon_i : 誤差$$

2. 多重 (複合) 迴歸

$$y_i = \beta_0 + \beta_1 x_{i1} + \beta_2 x_{i2} + \cdots + \beta_k x_{ik} + \varepsilon_i$$

迴歸分析之基本假定：(1) $\{\varepsilon_1, \varepsilon_2, \cdots, \varepsilon_n\}$ 相互獨立；(2) $E(\varepsilon_i) = 0$；(3) $Var(\varepsilon_i) = \sigma^2$。

(二) 簡單迴歸之建模步驟

步驟一：尋找迴歸係數 (即估計 $\hat{\beta}_0, \hat{\beta}_1$)。

步驟二：判斷此模式之適切性。

1. 檢定 $H_0 : \beta_1 = 0 \text{ vs. } H_0 : \beta_1 \neq 0$。

方法一：利用 t-檢定。

方法二：利用 ANOVA 分析法：$F = \dfrac{MS_R}{MS_E}$。

2. 判定係數 R^2 愈靠近 1，表示配適佳 (因為表示此時自變數 X 可以解釋大部份之依變數 Y 的變動)。

步驟三：假設條件之驗證—殘差值 e_i 之檢驗

條件：$\varepsilon_1, \varepsilon_2, \cdots, \varepsilon_n \overset{iid}{\sim} N(0, \sigma^2)$。

1. 繪圖法

(1) e_i 對 X 之圖形：可看出是右具均齊變異 $Var(\varepsilon_i) = \sigma^2$。

(2) e_i 對 $\hat{Y}$ 之圖形：應表示出 e_i 與 $\hat{Y}$ 無相關。

(3) 繪製殘差 e_i 之常態機率圖 (normal probability plot)。

殘差之獨立性檢定：(SPSS 只給定自序列相關之觀點來看)

檢定：$H_0 : \rho_s = 0 \text{ vs. } H_0 : \rho_s = \rho^s$ (其中令 $e_i = p e_{i-1} + z_i$)

方法：Durbin-Waton test：$DW = \dfrac{\displaystyle\sum_{i=2}^{n} (e_i - e_{i-1})^2}{\displaystyle\sum_{i=1}^{n} e_i^2}$

一般 $1.5 \leq DW \leq 2.5$ 表示無自我相關現象。(註：若本身資料即沒有自然之次序關係即可不用檢定)。

步驟四：極端值之檢查(有極端值應予以刪除)

(注意事項：當違反基本條件假定時，建議：(1) 重新建立模式——採加權最小平均法估計；(2) 將變數轉換——例如取 log。)

(三) 迴歸之估計與假設檢定——以簡單線性迴歸為例：

1. 迴歸係數估計及顯著性檢定

迴歸係數估計之方式：最小平方估計量 (least squared estimators, LSE)

令 $f(\beta_0, \beta_1) = \sum_{i=1}^{n} (y_i - \beta_0 - \beta_1 x_i)^2$

則 $\dfrac{\partial f}{\partial \beta_0} = -2 \sum_{i=1}^{n} (y_i - \beta_0 - \beta_1 x_i) = 0$

$\dfrac{\partial f}{\partial \beta_1} = -2 \sum_{i=1}^{n} x_i (y_i - \beta_0 - \beta_1 x_i) = 0$

其解為 $\begin{cases} \hat{\beta}_1 = \dfrac{S_{xy}}{S_{xx}} = \dfrac{\sum_{i=1}^{n}(x_i - \overline{x})(y_i - \overline{y})}{\sum_{i=1}^{n}(x_i - \overline{x})^2} \\ \\ \hat{\beta}_0 = \overline{y} - \beta_1 \overline{x} \end{cases}$

殘差：$e_i = y_i - \hat{\beta}_0 - \hat{\beta}_1 x_i$，必滿足 $\sum_{i=1}^{n} e_i = 0$ 且 $\sum_{i=1}^{n} x_i e_i = 0$

殘差和：$SS_E = \sum_{i=1}^{n} e_i^2 = \sum_{i=1}^{n} (y_i - \hat{\beta}_0 - \hat{\beta}_1 x_i)^2 = S_{yy} \hat{\beta}_1^2 S_{xx}$

殘差和之用處：利用 $\dfrac{SS_E}{n-2}$ 估計 σ^2，即取 $s^2 = \dfrac{SS_E}{n-2}$ 估計 σ^2

2. 待估迴歸係數之性質

(1) $\hat{\beta}_0$ 與 $\hat{\beta}_1$ 均為數據 $\{y_1, y_2, \cdots, y_n\}$ 之線性加權估計量。

(2) $E(\beta_0) = \hat{\beta}_0,\ E(\beta_1) = \hat{\beta}_1$。

(3) $\text{var}(\hat{\beta}_0) = \sigma^2 \left(\dfrac{1}{n} + \dfrac{\overline{x}^2}{S_{xx}} \right),\ \text{var}(\hat{\beta}_1) = \dfrac{\sigma^2}{S_{xx}}$

(4) 檢定 $H_0 : \beta_1 = b_1$ vs. $H_0 : \beta_1 \neq b_1$。

$$t\ 檢定 = \frac{\beta_1 - b_1}{s / \sqrt{S_{xx}}} \sim T_{n-2}$$

β_1 之 $1 - \alpha$ 信賴區間為 $\hat{\beta}_1 \pm s / \sqrt{S_{xx}} \times t_{(\alpha/2, n-2)}$。

(5) 檢定 $H_0 : \beta_0 = b_0$ vs. $H_1 : \beta_0 \neq b_0$。

$$t\ 檢定 = \frac{\beta_0 - b_0}{s\sqrt{\dfrac{1}{n} + \dfrac{\overline{x}^2}{S_{xx}}}} \sim t_{(n-2)}$$

β_1 之 $1 - \alpha$ 信賴區間為 $\hat{\beta}_0 \pm \sqrt{\dfrac{1}{n} + \dfrac{\overline{x}^2}{S_{xx}}} \times t_{(\alpha/2, n-2)}$。

(6) 估計 $X = x^*$ 之平均反應 $E(y \mid X = x^*) = \beta_0 + \beta_1 x^*$。

$$\frac{\beta_0 + \beta_1 x^* - (\hat{\beta}_0 + \hat{\beta}_1) x^*}{s\sqrt{\dfrac{1}{n} + \dfrac{(x^* - \overline{x})^2}{S_{xx}}}} \sim t_{(n-2)}$$

$\beta_0 + \beta_1 x^*$ 之 $1 - \alpha$ 信賴區間為 $\hat{\beta}_0 + \hat{\beta}_1 x^* \pm s\sqrt{\dfrac{1}{n} + \dfrac{(x^* - \overline{x})^2}{S_{xx}}} \times t_{(\alpha/2, n-2)}$。

(7) 預測 $X = x^*$ 單一實驗之反應區間。

$$y_{n+1} = \beta_0 + \beta_1 x^* + \varepsilon_{n+1}, \hat{y}_{n+1} = \hat{\beta}_0 + \hat{\beta}_1 x^*$$
$$\hat{y}_{n+1} - y_{n+1} = \hat{\beta}_0 + \hat{\beta}_1 x^* - (\beta_0 + \beta_1 x^*) - \varepsilon_{n+1}$$
$$Var(\hat{y}_{n+1} - y_{n+1}) = \sigma^2 (1 + \frac{1}{n} + \frac{(x^* - \overline{x})^2}{S_{xx}})$$

故 $1 - \alpha$ 之信賴區間為 $\beta_0 + \beta_1 x^* \pm s\sqrt{1 + \dfrac{1}{n} + \dfrac{(x^* - \overline{x})^2}{S_{xx}}} \times t_{(\alpha/2; n-2)}$。

(8) 決定 (判定) 係數 (Coefficient of determination)：R^2

$$\sum_{i=1}^{n} (y_i - \hat{\beta}_0 + \hat{\beta}_1 x)^2 = S_{yy} - \hat{\beta}_1^2 S_{xx} \Rightarrow S_{yy} = \hat{\beta}_1^2 S_{xx} + SS_E \Rightarrow 令\ SS_T = SS_R + SS_E$$

$$R^2 = 1 - \frac{SS_E}{S_{yy}} = \hat{\beta}_1^2 \times \frac{S_{xx}}{S_{yy}} = \frac{SS_R}{SS_T}$$

R^2 靠近 1，表示配適佳。

3.2.2 JMulTi 軟體之 OLS 簡單迴歸

下表是 10 名高中畢業生高中成績和大學聯考成績。試根據此一資料求一預測公式。

■表 3-1 變數 X 與 Y 的原始資料

學生	A	B	C	D	E	F	G	H	I	J
高中成績 (X)	11	10	6	5	3	7	3	8	9	2
聯考成績 (Y)	12	9	9	7	5	5	6	6	10	3

最小平方法計算 Y＝bx＋a 迴歸方程式：

根據 X 變數來預測 Y 變數時的「迴歸係數」(regression coefficient) 公式為：

$$b_{Y.X} = \frac{\sum_{i=1}^{N} X_i Y_i - \dfrac{\sum_{i=1}^{N} X_i \sum_{i=1}^{N} Y_i}{N}}{\sum_{i=1}^{N} X_i^2 - \dfrac{(\sum X_i)^2}{N}} = \frac{\sum_{i=1}^{N}(X_i - \overline{X})(Y_i - \overline{Y})}{\sum_{i=1}^{N}(X_i - \overline{X})^2}$$

$$= \frac{\text{Cross} - \text{Pr oduct}}{SS_X} = \frac{\dfrac{\sum_{i=1}^{N}(X_i - \overline{X})(Y_i - \overline{Y})}{N-1}}{\dfrac{\sum_{i=1}^{N}(X_i - \overline{X})^2}{N-1}} = \frac{COV_{xy}}{S_x^2}$$

得 $b = \dfrac{\sum_{i=1}^{N} X_i Y_i - \dfrac{\sum_{i=1}^{N} X_i \sum_{i=1}^{N} Y_i}{N}}{\sum_{i=1}^{N} X_i^2 - \dfrac{(\sum X_i)^2}{N}} = \dfrac{523 - \dfrac{(64)(72)}{10}}{498 - \dfrac{(64)^2}{10}} = \dfrac{62.2}{88.4} = .7036$

而截距 a 之公式為：

$$a_{Y.X} = \overline{Y} - b_{Y.X}\ \overline{X} = 7.2 - (.7036)(6.4) = 2.6970$$

Step 1：Excel 資料建檔

　　本例題共有二個變數，一為預測變數 X (高中成績)，另一為效標變數 Y (大學聯考成績)。共有 10 名學生資料，故有 10 筆觀察值，沒有遺漏值。資料存檔於 CD 附 JMulTi 範例「ch03 OLS 範例\X_Y 簡單迴歸式.xls」檔，參考下圖。

Step 2：用 Excel 建變數 x 與 y 資料檔 (*.xls)

　　Excel 建資料檔後，存成「X_Y 簡單迴歸式.xls」檔名 (Excel 97-2003 活頁簿)。

	A	B	C	D	E	F
1	/*Xt變數					
2	Yt變數，用最小平方法，求簡單迴歸式	◄ 註解以 "/*" 開頭，" */" 結束				
3	*/					
4	<1970 Q1>	◄ 起始期:1970，Q代表季				
5	Xt	Yt				
6	11	12				
7	10	9				
8	6	9				
9	5	7				
10	3	5				
11	7	5				
12	3	6				
13	8	6				
14	9	10				
15	2	3				

儲存格 A6　fx　11

Microsoft Excel - X_Y簡單迴歸式.xls
檔案(F)　編輯(E)　檢視(V)　插入(I)　格式(O)　工具(T)　資料(D)
新細明體

工作表：fixed investment, disposable in

⤶ 圖 3-3 用 Excel 建變數 x 與 y 之資料檔 (副檔名為 xls)

Step 3：用 JMulTi 讀入 Excel 檔後，再存成 JMulTi 格式之資料檔 (*.dat)

　　首先，用 JMulTi 之「File→Import Data」讀入剛剛建好之 Excel 檔「X_Y 簡單迴歸式.xls」檔，它共二個變數 X_t 與 Y_t。

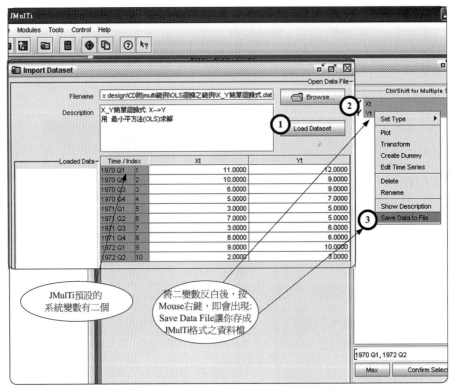

⌐圖 3-4 輸入二個變數 X_t 與 Y_t 後，再存成「X_Y 簡單迴歸式.dat」檔

Step 4：JMulTi 用 OLS 執行簡單迴歸分析

　　在 JMulTi 裡，按選「Initial Analysis→Workbench→Corrplots」，將變數 Xt 與 Yt 反白後，按「Confirm Selection」，並在「x-axis」點按 Xt、「y-axis」點按 Yt，再按「Execute」，即可得到 OLS 迴歸分析之結果，得到迴歸式為：

$$Y = 2.697 + 0.7036X$$

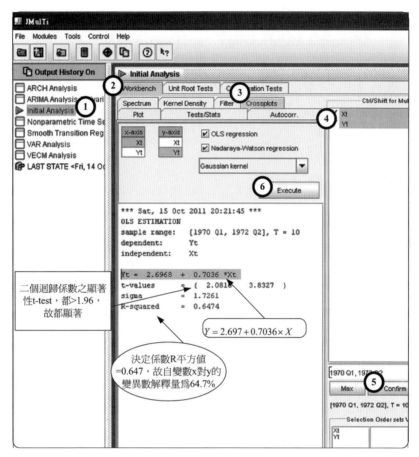

⤷**圖 3-5** 二個變數 OLS 分析結果

3.2.3 計量經濟之迴歸模型

一、時間序列模型的分析

所謂時間序列分析 (Time Series Analysis)，乃探討一串按時序列間的關係，並籍由此關係前瞻至未來。時間序列分析模式是計量經濟模式的一般化，可分為狹義及廣義。狹義的時間序列分析是 Box and Jankins 在 1961 年所提出的 ARIMA 模式和後人延伸的 ARIMA 相關系統；廣義的時間序列除了 ARIMA 及其相關體系外，還包括趨勢預測、時間序列分解、譜系分析及狀況空間分析等模式。其中，ARIMA 轉移函數為高度一般化的模式，其特例簡化為自我迴歸模式及多項

式遞延落差模式；而向量 ARIMA 模式更可簡化為聯立方程式模式。ARIMA、ARIMA 轉移函數及向量 ARIMA 構成了 ARIMA 系統。

事實上，除了 ARIMA 模式外，尚有其他可用以預測外生變數之統計模式，但每種模式皆適用於不同的研究特性，如表 3-2 所示。表中，依模式誤差、變數性質、資料特性，可產生六種不同情況的組合，每一組合的預測，均有適當的統計模式可用。

■表 3-2　預測模式之適用場合

模式特性	變數特性	資料特性	
		連續性	季節性
非隨機性	外生變數	趨勢預測	時間序列分解
隨機性	外生變數	ARIMA	SARIMA
	內生變數	ARIMAT	SARIMAT

模式依特性可分為非隨機模式和隨機模式。非隨機模式 (Non-stochastic Model) 的誤差項背後無隨機過程的假定，亦即時間序列不是由隨機過程產生。典型的非隨機模式為趨勢預測模式。這種模式非常單純，僅用一個數學函數，配適在所觀察到的時間序列上，再用函數的特性，產生未來的預測。趨勢預測模式有誤差項，假定遵循 NID $(0, \sigma^2)$。

非隨機模式的特例為確定性模式 (Deterministic Model)，模式中無誤差項，純為數學結構，不是統計推理的應用，沒有假說檢定，也沒有常態分配的觀念存在。典型的確定性模式，就是時間序列分解模式。這種模式用數學的方式，將時間序列分解成長期趨勢、循環變動、季節變動、不規則變動。預測時，捨棄不規則變動，將其他三個因子分別預測至未來，再組合起來即得。

另一類模式是隨機模式 (Stochastic Model)，假定所觀察到的時間序列是一個隨機樣本，共有 T 個觀察值，抽取自我一個隨機過程 (Stochastic Process)。隨機模式中，時間序列是樣本，而隨機過程是母體。ARIMA 體系內的所有模式，包括 ARIMA、ARIMAT、SARIMA、SARIMAT，均屬隨機模式。

變數依特性可分為外生變數與內生變數。外生變數 (Exogenous Variable) 不受其他變數影響，內生變數 (Endogenous Variable) 是會受其他變數的影響。變數

之外生性或內生性，不是與生具來的本質，而要視在研究架構中所扮演的角色。例如，行銷研究中，單位需求受國民所得的影響，國民所得為外生變數；而在經濟研究中，國民所得受消費、投資、政府支出的影響，故國民所得為內生變數。同樣是國民所得，在兩個研究領域中所扮演的角色，卻截然不同。不過，這兩個研究卻彼此相關，行銷研究預測市場需求時，要先預測經濟環境，而經濟環境的預測，是由經濟研究完成的。

　　資料依特性可分為連續性資料 (Consecutive Data) 與季節性資料 (Seasonal Data)，連續性資料不會定期循環，季節性資料則會定期循環。年資料因不會產生定期循環，大多為連續性資料。而季資料、月資料，是否為季節性資料，就要視是否會產生定期循環而異了。例如，可樂銷售量月資料，會產生夏天高、冬天低的定期循環，屬季節性資料；而利率月資料，不會有定期循環的情況產生，屬連續性資料。

　　ARIMA 有狹義與廣義之分。狹義指 ARIMA 模式。而廣義則指 ARIMA 體系，包括四個模式，分別為 ARIMA 模式、ARIMAT 模式、SARIMA 模式、SARIMAT 模式。僅提 ARIMA，未特別指明是哪一個模式的話，基本上，視為廣義的 ARIMA，泛指四個模式中的一個。

　　茲以每人牛奶用量預測為例，說明 ARIMA 體系的應用。長期預測適合以年資料為基礎，如以過 30 年資料預測未來 5 年，解釋變數為國民所得，早期所得低時，消費者喝不起牛奶，量會較少。短期預測適合以月資料為基礎，如以過去 36 個月資料預測未來 3 個月，解釋變數則為月均溫，天氣熱時，每人用量會較多。

　　ARIMA 與 AIRMAT 適用於以年資料產生長期預測。ARIMA 模式適用於外生變數、連續性資料之預測，可用以預測國民所得。ARIMAT 為 ARIMA 轉移函數 (Transfer Function)，適用於內生變數、連續性資料之預測，可用以估計每人用量與國民所得之轉移函數，並將國民所得預測代入轉移函數，產生每人用量預測。

　　SARIMA 與 SAIRMAT 適用於以月資料產生短期預測。SARIMA 模式為季節性 ARIMA (Seasonal ARIMA) 模式，適用於外生變數、季節性資料之預測，可用以預測月均溫。SARIMAT 為季節性 ARIMA 轉移函數 (Seasonal ARIMA Transfer Function) 模式，適用於內生變數、季節性資料之預測，可用以估計每人用量與

月均溫之轉移函數，並將月均溫預測代入轉移函數，產生每人用量預測。

(一) 模型設定與估計

ARIMA (p, d, q) 模式，如下所示：

$$(1-\phi_1 B-\phi_2 B^2-\cdots-\phi_p B^p)[\nabla^d Y_t-\mu]=(1-\theta_1 B-\theta_2 B^2-\cdots-\theta_q B^q)e_t$$

其中，符號「∇^d」為 d 階差分，實務應用上，通常取 d＝1。

ARIMA(p,d,q) 模式可改寫為：

$$(1-\phi_1 B-\phi_2 B^2-\cdots-\phi_p B^p)y_t=(1-\theta_1 B-\theta_2 B^2-\cdots-\theta_q B^q)e_t$$
$$\Rightarrow \phi(B)y_t=\theta(B)e_t$$

Step 1. d 之辨認

d 是序列之差分階數，通常可藉由序列之趨勢圖加以判定，若趨勢為水平，則設定 d＝0；若趨勢為直線，則不論是直線上升或直線下降，皆設定 d＝1；若趨勢為二次式，皆設定 d＝2。

在辨認 d 值之後，應對原始序列進行差分 d 階之工作。將差分後之序列 ($\nabla^d Y_t$) 減去差分後之均值 (μ)，即產生一差分後之新序列 y_t，亦即 $y_t=\nabla^d Y_t-\mu$。差分之目的，就是在使新序列 y_t 滿足定態之要求。

Step 2. (p, q) 之辨認

模式設定之第二個步驟是 (p,q) 之辨認，依據準則是 ACF、PACF 等二圖之型式，在辨認 (p,q) 時，應先檢驗模式是否為單純 AR(p) 或單純 MA(q) 模式，若二者皆不是，便可判定模式為 ARMA(p,q)。

■ 表 3-3 (p,q) 辨認準則

模式	相關函數		
	ACF	**IACF**	**PACF**
AR(p)	尾部收斂	p 階後切斷	p 階後切斷
MA(q)	q 階後切斷	尾部收斂	尾部收斂
ARMA (p, q)	尾部收斂	尾部收斂	尾部收斂

圖 3-6，由於 ACF 為尾部收斂，PACF 皆在一階後切斷，故可辨認出模式為 AR(1)。

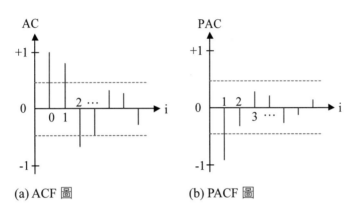

(a) ACF 圖　　　　　　　　(b) PACF 圖

↳ **圖 3-6　單純 AR 之相關函數**

另一方面，根據辨認準則，單純 MA 之相關函數如圖 3-7 所示。若 ACF 在 q 階後切斷，PACF 皆為尾部收斂，則可辨認出模式為 MA(q)。圖中，由於 ACF 在一階後切斷，PACF 皆為尾部收斂，故可辨認出模式為 MA(1) 型式。

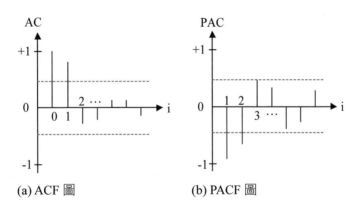

(a) ACF 圖　　　　　　　　(b) PACF 圖

↳ **圖 3-7　單純 MA 之相關函數**

然而，若 ACF、PACF 等二圖都沒有明顯的切斷點時，序列很可能屬於 ARMA(p,q) 模式。遇到 ARMA(p,q) 模式時，實務上可用試誤法 (Try and Error)。將所有可能的模式分別進行分析，最後由模式診斷來判定何者較為合適。

或者，從差分後之序列的自我相關係數估計值可以觀察出。以自我相關係數估計值落在信賴區間外之最大落差項為 q。

為了要考驗落差項高於 q 之自我相關系數是否為零，可用 Bartlett 計算第 k 項落差 (k > q) 之自我相關系數 (r_k) 之變異數，並假設 r_k 為一平均值為零之常態分配變數，從而建立一個信賴區間。Bartlett 公式如下：

$$\Rightarrow Var(r_k) = \frac{1}{n}\left(1 + 2\sum_{j=1}^{q} r_j^2\right)$$

自我相關係數在此信賴區間內則模型建立正確。

(二) 模型診斷

有關模型設定是否正確可用 Q 檢驗值來診斷如果模型之設定正確時，檢驗值 $Q = n\sum_{K=1}^{K} r^2(\hat{a})$ 將是卡方分配自由度為 K-p-q，即 $\chi^2(K-p-q)$。其中 $r_k(\hat{a})$ 為誤差項 $\hat{a}$ 之自我關係數估計值 p 和 q 為 AR 及 MA 之級次，K 為檢驗配適度時所使用之落差個數。

二、時間序列模型的挑選

採用向量自我迴歸 (VAR) 進行計量估計可了解各變數間相互影響效果，但使用 VAR 時必須注意其使用的條件。

進行 VAR 模型估計之前必須檢查資料是否具有單根性質。如果沒有單根性質則直接使用 VAR(p) 估計即可；反之若資料有單根性質，則必須先判斷資料有無共整合關係，如果沒有共整合關係，使用差分後 VAR(p-1) 即可，亦即差分後之 VAR (簡稱 DVAR) 來進行估計；如果資料有共整合關係，則必須採用誤差修正模型 (Vector Error Correction Model, VECM) 進行估計 (圖 3-8)。

若一個隨機過程所產生的時間序列資料，其機率分配與時間呈相互獨立的關係，不會隨時間變動而改變，則稱此序列資料為定態 (Stationary)。而任何外生干擾或衝擊對定態時間序列資料只有短暫性的影響，隨著時間的經過而逐漸消失，返回長期均衡水準，不會有長期性的影響。然而，在總體經濟變數之時間序列資料普遍具有非穩定性 (nonstationary) 的特徵，且存在單根 (unit root) 現象，非穩定時間序列資料一旦受到外生干擾或衝擊，隨時間的經過，將產生恆久性的累積效果，終將發散而遠離長期均衡水準。有鑑於此，我們在做時間序列的分析，有一重要分水嶺，就是先檢定該序列是否具有單根。下圖之計量模型的選取，即引導著我們該採何種統計分析。

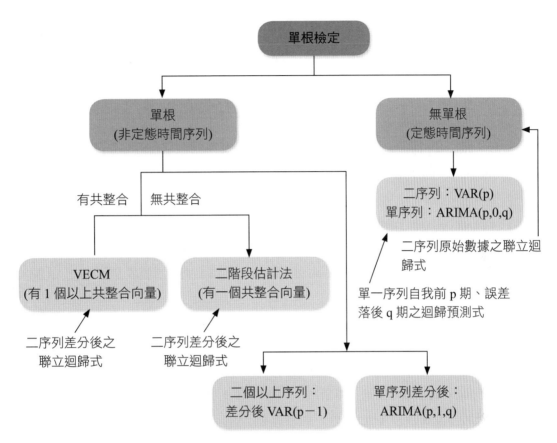

⌒ 圖 **3-8** 計量模型的選取 (二個序列以上)

　　我們周遭常發生諸多財經問題，這類穩定性資料 (指標) 的預測或指標彼此
間的因果關係的証明，都與本章介紹的自我迴歸 AR(p)、ARIMA(p,0,q) 模型有
關。例如：預測明年經濟成長率、REITs 指數時間序列分析；台股指數期貨與摩
根台股指數期貨關聯性；股票與基金市場相關性；台股指數與國際指數互動關
係、台灣加權股價指數與總體經濟變數之關聯性；台灣通貨膨脹預測；美國存託
憑證報酬與風險傳遞；貨幣政策之衝擊對股市多頭與空頭之影響效果；房價、股
價、利率互動關係⋯等問題的求解，都可利用本書介紹的 Eviews、JMulTi 軟體
操作，即可迎刃而解。

　　時間序列分析最早源自 17 世紀牛頓觀測太陽光，其將光線分解成光譜，並
利用傅立葉轉換 (Fourier transform) 加以分析，此即光譜分析 (spectrum analysis)
之由來。至 1920 年代，Yule 與 Slutsky 開始採用共變數分析 (covariance analysis)

研究時間序列，經過幾十年發展，1961 年 Box 與 Jenkins 提出自我迴歸整合移動平均模型 (autoregressive integrated moving average model, ARIMA model)，時間序列分析才有重大的突破與改善。Box 與 Cox 更於 1964 年提出 Box-Cox 轉換，解決 ARIMA 模型於長期預測時所遭遇的問題，使得這類以共變數分析方法研究時間序列，普遍受到世人認同為一有效的統計方法。

Box 與 Jenkins (1961) 提出，自我迴歸整合移動平均模型 (auto regression integrated moving average model, ARIMA) 統計模型，主要目的為時間序列預測。在此之前，時間序列預測已發展出許多預測模型，包括：移動平均方法 (moving average method)、迴歸分析 (regression analysis)、指數平滑 (exponential smoothing)、趨勢分析 (trend analysis) 等，故 Box 與 Jenkins 提出的 ARIMA 模型，是一個高度一般化 (generalized) 模型，可將上述各預測模型整合成 ARIMA 模型。

例如，以芝加哥商品交易所 IMM 外匯期貨與外匯市場現貨的日圓、馬克和英鎊三種幣別做為研究標的，分別採取 OLS 模型、ARMA 模型、VECM 模型以及 B-GARCH 模型四種方法，有人發現：(1) 在不同的幣別下，不管是靜態模式或動態模式，OLS 均獲得最小的避險比率。(2) 樣本外與動態避險在避險比率的比較方面，除了 VECM 外，動態避險比率低於樣本外的避險比率，表示以動態避險能有效降低投資者避險成本。(3) 在樣本外與動態避險的避險效益比較，各指標在不同模型避險效益的最好與最差是相似的，不過動態避險上，日圓和英鎊在 B-GARCH 的表現優於 VECM，而且若以變異數降低程度 HEV 為指標，B-GARCH 有一致性領先 VECM，提供較好的風險規避。不過，就整個模型的配置上，仍以 OLS 得到較佳的避險效益。

舉例來說，假如美國是台灣海外投資的重要國家，美國景氣的強弱與否，將攸關了台灣經濟的榮枯。美國股市呈現好景，將反映工商業利潤增加；美國股市如果感冒，台灣股市就打噴嚏，若是能對美國股票市場做一些預測和評估，則能有助益於對台灣股價的了解。故觀察 1978 年 1 月至 2012 年 12 月間台灣與美國股價、利率與工業生產指數等三種變數之月資料，我們可採用單一方程式時間序列模型 (ARIMA、TF、ARIMA-Outlier) 或聯立系統時間序列模型 (VAR、ECM、KFM) 的預測方式，分別探討各總體經濟變數間的動態關係，並以 2012 年 1 月至 2013 年 6 月 (18 個月) 做樣本外預測來比較各模型的績效，希望經由預測績效

的評量，選擇出一優良且適當的預測方法。並以 RMSE、MAD 與 MAPE 來檢視各種預測方法的績效，結果發現：

1. 台灣在單一方程式模型中，不論以 RMSE、MAD 與 MAPE 衡量，三種模型以 ARIMA-Outlier 預測結果最好，其次是 TF 模型-股價與利率及 ARIMA 模型，TF 模型-股價與工業生產指數則屬較差。就聯立系統模型來看，不論以 RMSE、MAD 或 MAPE 衡量，三種模型之預測能力以 ECM 模型最佳，次佳為 VAR 模型，KFM 模型則屬較差者。總體而言，誤差修正模型 (ECM) 表現較佳，但向量自我迴歸模型 (VAR) 之預測績效較單一方程式模型差。

2. 美國在單一方程式模型中，不論以 RMSE、MAD 與 MAPE 衡量，三種模型以 ARIMA-Outlier 預測結果最好，其次是 ARIMA 模型，TF 模型則屬較差。就聯立系統模型來看，不論以 RMSE、MAD 與 MAPE 衡量，三種模型之預測能力以 ECM 模型最佳，次佳為 VAR 模型，KFM 模型則屬較差者。總體而言，誤差修正模型 (ECM) 與向量自我迴歸 (VAR) 模型表現較佳，可見聯立系統模型之預測績效較單一方程式模型佳。故台灣與美國股價預測在單一方程式模型中是以 ARIMA-Outlier 模型為最優，聯立系統模型則是以 ECM 模型預測較佳。

又如，以新台幣匯率預測模型來評比 ARIMA、VECM，及 (Structural VAR) SVAR 等三個模型的表現。直覺上我們想到的就是 ARIMA 模型，因 ARIMA 模型是單變量的 (新台幣匯率)；而 VECM 是於多變量的 VAR 模型加入未拋補利率平價 (UIP) 關係當作理論基礎來作預測。另外，SVAR 模型是將相關的總體經濟變數與金融變數當 VAR 模型的變數，並在此模型的結構參數上做限制，由這三個模型的匯率預測結果，來比較樣本外 (out-of-sample) 匯率預測的表現。經實證預測結果顯示，SVAR 模型相對於 ARIMA 模型及 VEC 模型在匯率預測有較佳的表現，也藉由迴歸檢定 (regression test) 發現 SVAR 模型的解釋能力較佳，另外在市場時序檢定 (market timing test) 的結果，SVAR 模型在匯率之預測方向變動較佳。

常見時間序列之預測，包括三種迴歸模型：自我迴歸 (AR)、向量自我迴歸 (VAR)、向量誤差修正模型 (VECM)：

一、AR 模型

自我迴歸模型 (autoregressive model, AR) 就是現在的某一變數值與過去發生的值有關，可能與上一個時間點或者上二、三個時間差的變數值有關。舉例來說 AR(1) 模型可以描述某經濟變數正好恰與其上一期的變數值發生某一種延續性的關係。這樣的結構可將其表達成函數的形式並且用遞迴方式推算出未來任一期的變數值。在模型中加入誤差項也符合經濟長期均衡的意義。

例如，某投資標地物之「投資報酬率」為 y_t 序列：

1. AR 考量重點：過去的報酬 (即 y_{t-1}、y_{t-2}、$\cdots$、y_{t-p}) 是否有影響力。
2. MA 考量重點：過去的預測誤差 (即 e_{t-1}、e_{t-2}、$\cdots$、e_{t-p}) 是否有影響力。

在效率市場下，我們預期 AR 或 MA 的參數是 0。但倘若迴歸式的參數是顯著的，是否真的表示市場不具有效率？若 AR(p) 或 MA(q) 檢定出某模型是適配的，那麼我們仍應注意：

1. 此模型解釋力的高低。
2. 交易成本與借貸限制是否有干擾著該報酬模型。
3. 樣本內與樣本外，套入這個同一模型，是否仍穩鍵。
4. 「時變」風險，是否能夠被漠視？

若一變數時間序列的 $\{Y_t\}$ 的衍生過程，其一階自我迴歸過程 [AR(1) process] 為 (Toda, et al., 1995)：

$$Y_t = \rho Y_{t-1} + \varepsilon_t \qquad \varepsilon_t \overset{iid}{\sim} N(0, \sigma^2)$$

ρ：自我迴歸係數，為一係數。

ε_t：誤差項，為白噪音 (white noise)。若非定態 (non-stationary，非恆定) 時，先「差分一次 Δ」再代入其他迴歸模型。

何謂白噪音？

白噪音 (噪音、雜訊) 分為兩種，弱性白噪音與強性白噪音，它的特徵是沒有自我相關，固定變異數 $\varepsilon_t \overset{iid}{\sim} N(0, \sigma^2)$。統計上的無相關，只有指無直線相關，但不排除「非直線相關」如果為強性白噪音，則謂之 $\varepsilon_t \overset{iid}{\sim} N(0,$

σ^2)，所謂 iid 即是 independent identical distribution (彼此是獨立且同一型分配)，亦即 ε_t 不但沒有自我相關 (ε_t 與 ε_s 為互相獨立) 且同態。即表示，ε_t 為強白噪音，ε_t 與 ε_s 不但沒有直線相關，也沒有非直線相關。

若 $|\rho| < 1$ 則 為定態；若 $|\rho| \geq 1$ 則 $\{Y_t\}$ 為非定態。$|\rho| = 1$ 則稱 $\{Y_t\}$ 為一階整合 I(1)「即 ARIMA(0, 1, 0) 型」，具有單根 (unit root)，所謂單根係指 $\{Y_{t-1}\}$ 前面的係數為「one」，這種基型，才好套入差分運算「$\Delta Y_t = Y_t - 1 \times Y_{t-1}$」。一般而言，大部份的總體變數時間序列的 ρ 為一或小於一，因此，在進行單根檢定時，虛無假設 (null hypothesis) H_0 為 $|\rho| = 1$，亦即單根存在，時間序列為非定態；而對立假設 (alternative hypothesis) H_1 為 $|\rho| < 1$。

二、VAR 模型

過去傳統的經濟計量模式是依據先驗的理論而建構出來的，但是，此種計量模型很難區分模型內的變數到底何者是內生變數或是外生變數，以及不能明確地找出變數間的因果關係，所以產生了認定上的困難。學者 Sim (1980) 指出傳統計量模型的建立是一種較不嚴謹的方法，並認為實際上的情形比一般傳統計量模型所建夠的複雜，因此提出了「向量自我迴歸模型」(Vector Autoregress model, VAR)。此模型是根據資料本身的特性來進行研究，而不事先根據先驗的理論基礎來決定變數間的關係，並且也不必擔心變數間的因果關係。在 VAR 模型內的所有變數都被認定是內生變數，所以不必去區分何者是內生變數或是外生變數，同時其是以一組迴歸方程式來探討變數間彼此的相互關係，而不是只以一組迴歸方程式，並且每一迴歸方程式皆以本身變數的落後項以及其他變數的落後項為解釋變數，因此 VAR 模型較符合時間序列分析法的精神，因為時間數列分析法認為變數的落後項涵蓋了所有相關的資訊。

向量自我迴歸 (VAR) 模型是屬於一種時間數列的動態模式。此模型是根據資料本身的特性來進行研究，模型內所有的變數都被認定是內生變數，而不事先根據先驗理論來決定變數間的關係，也不用擔心變數間的因果關係。VAR 模型是以一組迴歸方程式表示各變數間彼此的互動關係，而每一迴歸方程式的解釋變數是由所有變數的落遲項所組成。且 VAR 模型的限制較少，落遲項沒一定的理論形式，因此較具彈性與一般性。

採用 VAR 進行計量估計可了解各變數間相互影響效果，但使用 VAR 時必須注意其使用的條件。進行 VAR 模型估計之前必須檢查資料是否具有單根性質。如果沒有單根性質則直接使用 VAR(p) 估計即可；反之，若資料有單根性質，則必須先判斷資料有無共整合關係，如果沒有共整合關係，使用差分後 VAR(p-1) 即可，亦即差分後之 VAR 來進行估計；如果資料有共整合關係，則必須採用誤差修正模型 (Vector Error Correction Model, VECM) 進行估計。

共整合的定義，也就是將一組非定態時間序列變數的線性組合變成定態。共整合檢定是一種檢定變數間是否具有長期穩定均衡關係的檢定方法，因此，共整合常被解釋為「經濟變數間具有長期均衡關係」。

3.2.4 二個時間序列之 AR(1) 計算

舉例來說，假設有二個序列 x_t 及 y_t 資料如下 (t = 10 期)，它們是「$x_t \rightarrow y_t$」自我迴歸模型。請問如何算出 AR 數學式呢？

期數	1	2	3	4	5	6	7	8	9	10 期
x_t	11	10	6	5	3	7	3	8	9	2
y_t	12	9	9	7	5	5	6	6	10	3

(一) 如何計算 AR(1)

這種 Autoregression 統計軟體很多，若我們用 SPSS 來分析，結果如圖 3-9。

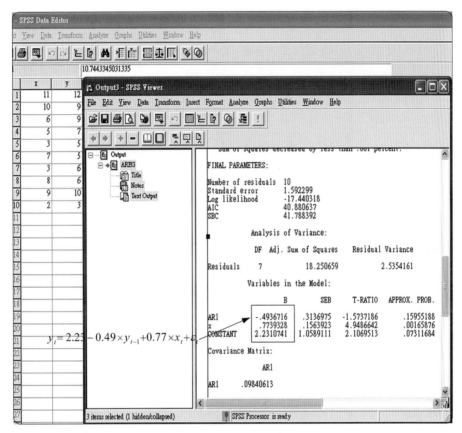

╰◯圖 **3-9** SPSS「Autoregression」分析結果 $(y_t = 2.23 - 0.49 \times y_{t-1} + 0.77 \times x_t + \varepsilon_t)$

如圖 3-9 所示，SPSS 算 AR1 = −0.49367，即 $y_t = 2.23 - 0.49 \times y_{t-1} + 0.77 \times x_t + \varepsilon_t$。

人工如何計算 AR1 呢？

[解]：AR1 自迴歸模型：$x_t = ax_{t-1} + \varepsilon_t$

$$\Rightarrow x_t = a(ax_{t-2} + \varepsilon_{t-1}) + \varepsilon_t \cdots\cdots\cdots\cdots\cdots\cdots\cdots(3\text{-}1)$$

$$
\begin{aligned}
E(x_t x_{t-1}) &= E[(a(ax_{t-2} + \varepsilon_{t-1}) + \varepsilon_t) \cdot (a(ax_{t-3} + \varepsilon_{t-2}) + \varepsilon_{t-1})] \\
&= E[(a^2 x_{t-2} + a\varepsilon_{t-1} + \varepsilon_t) \cdot (a^2 x_{t-3} + a\varepsilon_{t-2} + \varepsilon_{t-1})]
\end{aligned}
$$

$$x_{t-2} = a(ax_{t-4} + \varepsilon_{t-3}) + \varepsilon_{t-2} = \cdots\cdots\cdots$$

$$x_{t-3} = a(ax_{t-5} + \varepsilon_{t-4}) + \varepsilon_{t-3} = \cdots\cdots\cdots \text{ [依照 (3-1) 式；一直把 } x_{t-i} \text{ 疊代掉]}$$

$$\because E(\varepsilon_i) = 0 \Rightarrow E(x_t x_{t-1}) = aE(\varepsilon^2_{t-1}) + a^3 E(\varepsilon^2_{t-2}) + a^5 E(\varepsilon^2_{t-3}) + \cdots\cdots$$

$$\because E(\varepsilon_i^2) = 1 \Rightarrow E(x_t x_{t-1}) = a + a^3 + a^5 + \cdots\cdots = \frac{a}{1-a^2} \text{ (為 } \varepsilon \text{ 的變異數)}$$

用 sample mean 估計 $\Rightarrow \dfrac{1}{n-1}\sum_{i=1}^{n} x_i y_i = \dfrac{a}{1-a^2} \Rightarrow$ 求出 a 即所求 AR1。

$$\frac{1}{n-1}\sum_{i=1}^{n} x_i y_i \approx 58.111 = \frac{a}{1-a^2} \Rightarrow a = 58.111 - 58.111 a^2$$

$$\Rightarrow 58.111 a^2 + a - 58.111 = 0$$

$$\Rightarrow a = \frac{-1 \pm \sqrt{1+58.111^2}}{2 \times 58.111} \approx -0.494$$

3.3 JMulTi 預測之迴歸式的三大殘差診斷法：殘差之自我相關、JB 常態性、ARCH-LM

常見的時間序列之預測，包括三種迴歸類型：自我迴歸 (AR)、向量自我迴歸 (VAR)、向量誤差修正模型 (VECM)，量測該模型是否適配 (fit)，可由「誤差之分配」是否 iid 來判定，即 JMulTi 的三大殘差診斷法。

較好的向量自我迴歸 (VAR) 模型，其第 t 期殘差估計值 $\hat{u}_t$，應符合 $N(0,\sigma^2)$，即「殘差間彼此獨立」、「殘差符合常態」、「殘差符合異質性變異數，即當期波動變異是否可後 q 期波動變異來預測」。

任可常用的迴歸分析 (OLS、ARIMA、VAR、VECM、STR)，分析前，我們都假定 (assmuption) 該模型中，$e_t \overset{iid}{\sim} N(0,\sigma^2)$。即誤差項彼此獨立且同屬一個分配，倘若 ε 沒有 iid 如何做迴歸？正確做法是做「變數變換」，例如，取 $\ln(x)$，將資料做轉換。

例如：Plot of e_i versus e_{i-1}，即可觀察 e_t 之間是獨立性。

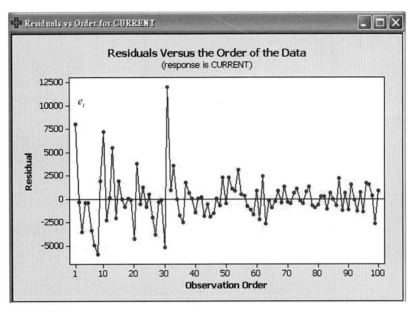

⟜圖 3-8 殘差間不具獨立性之殘差圖 (顯示 e_t 之間非獨立)

　　由殘差圖可發現，圖形左右起伏不一致，所以殘差間非獨立。故需做「變數變換」，其方法就是資料需要轉置，例如，把某一個變數取 log( ) 後，再做一次殘差圖，結果如下，發現圖形散布均勻，所以殘差間是獨立。故我們可放心，將它做迴歸分析。

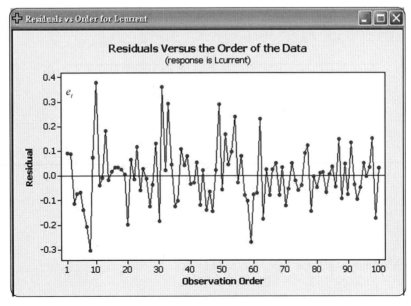

⟜圖 3-9 殘差間具獨立性之殘差圖 (顯示 e_t 之間是獨立)

　　值得一提的就是資料需轉置有很多方式，取 log 只是其中的一種方法，凡是轉置後之殘差圖形的散布是均勻的即可。

　　基於上述理由，故 JMulTi 提供三種殘差檢定來判定該迴歸模型是否適配：殘差之自我相關檢定 (Portmanteau 及 Breusch-Godfrey)、殘差項之 Jarque-Bera 常態性檢定、殘差項以 ARCH-LM 檢定其 ARCH(q) 模型。

　　JMulTi 可再對線性 ARIMA 模型做殘差診斷性檢定 (misspecification test)，以檢查模型是否有序列相關或異質變異的問題存在：

1. Portmanteau Test (Ljung-Box Q 檢定)

　　若一時間序列資料共 T 個樣本數，在進行 ARIMA(p,d,q) 迴歸後所得之殘差項數列為 $\hat{u}_t$ (t = 1, 2, ..., T)。

$$標準化殘差 \quad \hat{u}_t^s = \frac{\hat{u}_t - \bar{\hat{u}}}{\tilde{\sigma}_u} \text{，其中，} \tilde{\sigma}_u^2 = \frac{\sum_{t=1}^{T}(\hat{u}_t - \bar{\hat{u}})^2}{T} \text{、} \bar{\hat{u}} = \frac{\sum_{t=1}^{T}\hat{u}_t}{T}$$

Portmanteau 檢定：

ARIMA(p, d, q) 模型之殘差間的自我相關係數 $\hat{\rho}_{u,j}^2 = \dfrac{\sum_{t=j+1}^{T}\hat{u}_t^s \hat{u}_{t-j}^s}{T}$

虛無假設 H_0 與對立假設 H_1 為

$$\begin{cases} H_0 : \rho_{u,1} = \rho_{u,2} = \cdots = \rho_{u,h} = 0 \\ H_1 : 至少有一個 \ \rho_{u,i} \neq 0 \text{，} i = 1, \cdots, h \end{cases}$$

其中，$\rho_{u,i} = \text{Corr}(u_t, u_{t-1})$ 為該殘差數列之 AC 係數。

JMulTi 仍需求出 Q_h、LB_h 二個統計量，以考驗其顯著性：

$$Q_h = T\sum_{j=1}^{h}\hat{\rho}_{u,j}^2 \text{、} \quad LB_h = T^2\sum_{j=1}^{T}\frac{\hat{\rho}_{u,j}^2}{T-j}$$

其中，$\hat{\rho}_{u,j}^2 = \dfrac{\sum_{t=j+1}^{T}\hat{u}_t^s \hat{u}_{t-j}^s}{T}$

Portmanteau 檢定 (Ljung-Box Q 統計量) 之顯著性檢定為：

$$Q(p) = T(T+2)\sum_{i=1}^{p} \rho(i)^2 / (T-i) \quad \cdots\cdots\cdots\cdots\cdots\cdots\cdots\cdots\cdots\cdots (3\text{-}2)$$

統計量為服從自由度 p 之 (h-p-q) 分配。

2. ARCH-LM 檢定

除了殘差存在自我相關會造成所估計參數會不具有效性之外，迴歸的殘差條件異質變異亦會造成所估計參數會不具有效性，故模型的條件異質變異數檢定是模型診斷必要的步驟。ARCH-LM 檢定是文獻上常見的檢定。

JMulTi 軟體之多變量 ARCH-LM 檢定，是以下列之多變量迴歸模型為基礎。

$$vech(\hat{u}_t, \hat{u}_t') = \beta_0 + \beta_1 vech(\hat{u}_{t-1}, \hat{u}_t') + \cdots + \beta_q vech(\hat{u}_{t-q}, \hat{u}_t') + error_t$$

其中，

$\hat{u}_t$ 殘差矩陣。

「 $vech(\bullet)$ 」 是將一 (K×K) 方陣之下三角元素依序排列而形成的行向量，進而變成 $(\frac{K(K+1)}{2} \times 1)$ 向量。

β_0 是 $(\frac{K(K+1)}{2})$ 維的向量。

方陣 β_j 是 $(\frac{K(K+1)}{2} \times \frac{K(K+1)}{2})$ 維的係數矩陣， $j = 1, 2, \cdots, q$。上式之虛無假設及對立假設如下：

$$\begin{cases} H_0 : \beta_1 = \beta_2 = \cdots = \beta_q = 0 \\ H_1 : \beta_1 \neq 0 \text{ 或 } \beta_2 \neq 0 \cdots \text{ 或 } \beta_q \neq 0 \end{cases}$$

根據上面迴歸模型的基礎，JMulTi 檢定異質性變異數 (ARCH) 模型，是要估計 ARCH(q) 模型的殘差：

$$\hat{u}_t^2 = \beta_0 + \beta_1 \hat{u}_{t-1}^2 + \cdots + \beta_q \hat{u}_{t-q}^2 + error_t$$

並且檢定下列虛無假設：

$$ARCH_{LM(q)} = \frac{T \times K \times (K+1)}{2} R_m^2$$

其中，$R_m^2 = 1 - \dfrac{2}{K \times (K+1)} Tr(\hat{\Omega}\hat{\Omega}_0^{-1}) \sim \chi^2 (\dfrac{q \times K^2(K+1)}{4})^2$

$\hat{\Omega}$ 為 $\dfrac{K \times (K+1)}{2}$ 維之殘差共變數矩陣，而 $\hat{\Omega}_0$ 是 q＝0 時 $\hat{\Omega}$ 對應之殘差矩陣。

並且考驗其假設：$\begin{cases} H_0 : \beta_1 = \beta_2 = \cdots = \beta_q = 0 \\ H_1 : \beta_1 \neq 0 \text{ 或 } \beta_2 \neq 0 \cdots \text{ 或 } \beta_q \neq 0 \end{cases}$

在符合常態性的假定下，LM 統計量是從判定係數 R^2 來決定：

$VARCH_{LM}(q) = T \times R^2 \sim x^2(q)$ 分配

其中，T 為序列的總期數。

3.3.1 MA(q)、AR(P) 參數值之適配性考驗

進行時間數列研究，為修正殘差項自我相關之問題，遞延期數 K 之選擇極為重要。遞延期數太長，會產生參數過度化現象，遞延期數太短，則有參數被簡化之疑慮。

故 JMulTi 有四個訊息準則，讓我們來判定 VAR、ARIMA、VECM 等模型之參數設定 (共整合關係有幾個、落後期數、要不要加常數項或季節虛擬變數…) 是否適配。

1. $AIC(n) = \log \hat{\sigma}_u^2(n) + \dfrac{2}{T} \times n$ Akaike (1973, 1974)

2. $HQ(n) = \log \hat{\sigma}_u^2(n) + \dfrac{2\log(\log(T))}{T} \times n$ Hannan & Quinn (1979)

3. $SC(n) = \log \hat{\sigma}_u^2(n) + \dfrac{\log(T)}{T} \times n$ Schwarz (1978) & Rissanen (1978)

4. $FPE(n) = \hat{\sigma}_u^2(n) \times \dfrac{T + n^*}{T - n^*}$ Akaike (1969)

其中，

K：外生變數的個數 (即聯立迴歸式有幾個)

n：內生變數之落後階數 (order)

n^*：每一方程式之參數有幾個

殘差之白噪音共變數矩陣 $\hat{\sigma}_u^2(n)$：是 $\dfrac{\hat{u}'\hat{u}}{T}$ 最小平方法的估計值。

由於 $\hat{\sigma}_u^2(n)$ 愈小，AIC 等準則就愈小，表示模型愈適配。但是當模型的內生變數之落後階數 n 愈大，本身就已違反「建模要愈精簡愈好」原則，故以上四種準則都有「懲罰」參數個數 (n^*) 過多或落後階數 n 過多的機制，即 n 或 n^* 愈大，AIC 等準則就變大，讓評鑑的模型顯現得愈不適配。

3.3.2 殘差之自我相關檢定

JMulTi 對殘差之自我相關檢定，有二種檢定法：Portmanteau 及 Breusch-Godfrey。

1. Portmanteau 殘差之自我相關檢定

　　在迴歸估計的基本假設中，殘差必需符合無自我相關與常態分配，較好的迴歸模型 (如 AR、VAR、VECM)，其第 t 期殘差估計值 $\hat{u}_t$，應符合「殘差間彼此獨立」。Portmanteau 之虛無假設及對立假設為：

$$\begin{cases} H_0 : (u_t u_{t-i}^{'}) = 0 \quad, \quad i = 1, 2, \cdots, h \\ H_1 : 至少有一個自我共變數非 0 \end{cases}$$

H_0 是假設前後期殘之間是獨立的，此假設之顯著性檢定為：

$$Q_h = T \sum_{j=1}^{h} Trace(\frac{\hat{C}_j^{'}}{\hat{C}_0} \times \frac{\hat{C}_j}{\hat{C}_0}) \sim \chi^2(K^2 h - n^*) \ 分配$$

其中，

$\hat{C}_i : T^{-1} \sum_{t=i+1}^{T} \hat{u}_t \hat{u}_t^{'}$

$\hat{u}_t$：迴歸模型的殘差

n^*：迴歸模型估計的參數的個數

h：落後之期數

T：迴歸分析序列的總期數。

當抽樣是大樣本，上式就非常適合 $h \to \infty$；反之，小樣本且落後期數 h 很大，則可改下列之修正模式：

$$Q_h^* = T^2 \sum_{j=1}^{h} \frac{1}{T-j} Trace(\frac{\hat{C}_j^{'}}{\hat{C}_0} \times \frac{\hat{C}_j}{\hat{C}_0})$$

2. Breusch-Godfrey 殘差之自我相關檢定

h 階 (order) 殘差之自我相關的 Breusch-Godfrey 檢定模型為：

$$u_t = B_1^* u_{t-1} + \cdots + B_h^* u_{t-h} + error_t$$

其顯著性檢定為：

$$\begin{cases} H_0 : B_0^* = \cdots = B_h^* = 0 \\ H_1 : B_0^* \neq 0 \text{ 或 } \cdots \text{ 或 } B_h^* \neq 0 \end{cases}$$

Breusch-Godfrey 修正模式之殘差

$$\hat{u}_t = (A_1 y_{t-1} + \cdots + A_p y_{t-p}) + (B_0 x_t + \cdots + B_q x_{t-q}) + C \times D_t + (B_1^* \hat{u}_{t-h} + \cdots + B_h^* \hat{u}_{t-h}) + e_t$$

上面二式，JMulTi 都是用未限制模式多變量 LS 估計法，來估算殘差。其中

$e_t (t = 1, \cdots, T)$ 為待估計之殘差共變異矩陣。此 Breusch-Godfrey 修正模式之殘差為：

$$\hat{\Sigma}_e = \frac{1}{T} \sum_{t=1}^{T} \hat{e}_t \hat{e}_t^{'}$$

上式並沒有考慮落後期之殘差 $\hat{e}_{t-i}$，它是限制 $B_0^* = \cdots = B_h^* = 0$，且其對應之殘差矩陣 $\hat{e}_t^R$ 為：

$$\hat{\Sigma}_R = \frac{1}{T} \sum_{t=1}^{T} \hat{e}_t^R \times (\hat{e}_t^R)'$$

故統計量 LM 之顯著性考驗為：

$$LM_h = T(K - Trace(\frac{\hat{\Sigma}_e}{\hat{\Sigma}_R})) \approx \chi^2 (h \times K^2)$$

Edferton & Shuker (1992) 發現此 LM，套在小樣本會產生偏誤 (bias)，故他提出 VAR 修正式為：

$$LMF_h = \frac{\sqrt[r]{1 - (1 - R_r^2)}}{\sqrt[r]{(1 - R_r^2)}} \times \frac{N \times r - q}{K \times m}$$

其中

$$R_r^2 = 1 - \frac{|\hat{\Sigma}_e|}{|\hat{\Sigma}_R|}$$

$$r = \sqrt{\frac{K^2 m^2 - 4}{K^2 + m^2 - 5}}, \; q = \frac{Km}{2} - 1, \; N = T - K - m - \frac{K - m + 1}{2},$$

$m = Kh$ 為增加到修正系統之迴歸式個數。

顯著性考驗，p 值 $\sim F(hK^2, \lceil Nr - q \rceil)$，

$\lceil Nr - q \rceil$ 為小於「$Nr - q$」之最大整數。

3.3.3 殘差之常態性檢定

較佳的迴歸模型 (如 ARIMA、VAR、VECM)，其第 t 期殘差估計值 $\hat{u}_t$，應符合「殘差符合常態性」。

JMulTi 軟體之 Jarque-Bera 統計量是針對所估計模型之殘差檢定其是否服從常態分配，首先需計算出殘差之偏態係數 (skewness) S＝0 嗎？峰態係數 (kurtosis) K＝3 嗎？即計算其第三動差 (moments) 之偏態是否為 0 及第四動差之峰度是否為 3。

首見，JMulTi 估計殘差共變矩陣 $\tilde{\Sigma}_u$：

$$\tilde{\Sigma}_u = \frac{\sum_{t=1}^{T} (\hat{u}_t - \bar{\hat{u}})(\hat{u}_t - \bar{\hat{u}})'}{T}$$

並算出平方根矩陣 $\tilde{\Sigma}_u^{1/2}$。即 JMulTi 係以「已標準化殘差」$\hat{u}_t^s$ 的偏態及峰度來判定是否常態性：

$$\hat{u}_t^s = (\hat{u}_{1t}^s, \cdots, u_{Kt}^s)' = \tilde{\Sigma}_u^{1/2} (\hat{u}_t - \bar{\hat{u}})$$

定義
$$\begin{cases} b_1 = (b_{11}, \cdots, b_{1k})' \; \text{with} \; b_{1k} = \dfrac{\sum_{t=1}^{T} (\hat{u}_{kt}^s)^3}{T} \\[4mm] b_2 = (b_{21}, \cdots, b_{2k})' \; \text{with} \; b_{2k} = \dfrac{\sum_{t=1}^{T} (\hat{u}_{kt}^s)^4}{T} \end{cases}$$

由 b_1 及 b_2 即可衍生出下二個定義：

$$\begin{cases} s_3^2 = T b_1' b_1 / 6 \sim \chi^2(K) \text{ 極限分配} \\ s_4^2 = T(b_2 - 3_K)'(b_2 - 3_K) / 24 \sim \chi^2(K) \text{ 極限分配} \end{cases}$$

Jarque-Bera (JB) 之虛無假設 vs 對立假設為：

$$\begin{cases} H_0 = \text{偏態 } e(u_t^t)^3 = 0; \text{ 及峰度 } e(u_t^t)^4 = 3 \\ H_1 = \text{偏態 } e(u_t^t)^3 \neq 0; \text{ 或峰度 } e(u_t^t)^4 \neq 3 \end{cases}$$

Jarque-Bera (JB) 之檢定統計為：

$$JB_K = s_3^2 + s_4^2 \sim \text{漸近 } \chi^2(2K) \text{ 分配，若 } H_0 \text{ 成立時。}$$

3.3.4 以 ARCH-LM 檢定 ARCH(q) 模型

殘差是否具有 ARCH (異質性變異數)，即當期波動變異是否可後 q 期波動變異來預測」。

條件異質變異 (ARCH) 之檢定

(一) ARCH(q) 模型

條件異質變異 ARCH(q) 之模型，係根據波動第二動差之誤差 u_t 變異來建模：

$$\hat{u}_t^2 = \beta_0 + \beta_1 \hat{u}_{t-1}^2 + \cdots + \beta_q \hat{u}_{t-q}^2 + Error_t$$

其中，$\hat{u}_t^2$ 為第 t 期誤差變異，它受前 q 期誤差變異的影響，表示 q 期波動變異會影響當期變異數。

ARCH(q) 之虛無假設如下，H_0 係表示前幾期都不會影響當期的誤差變異，若能拒絕 H_0，則有表示單根，前幾期可以來預測當期：

$$\begin{cases} H_0 : \beta_0 = \beta_1 = \cdots = \beta_q = 0 \\ H_1 : \beta_0 \neq \text{ 或 } \beta_1 \neq 0 \text{ 或 } \cdots \beta_q \neq 0 \end{cases}$$

JMulTi 係以 $ARCH_{-LM}$ 值大小來顯示 ARCH(q) 模型之顯著性：

$$ARCH_{-LM} = T \times R^2 \sim \chi^2(q) \text{ 分配}$$

其中，R^2 為決定 (determination) 係數；T 為總期數

若 y_t 單一序列波動變異數 (第 2 級動差) 特性，具有落後 q 期的現象，稱 y_t 是具有「條件異質變異數」之 ARCH(q) 模型。這種 ARCH 檢定在自我迴歸

(AR)、向量自我迴歸 (VAR) 之建模過程時，在估計時間序列時該選「落後幾期」非常有用。

(二) JMulTi 之 ARCH-LM 檢定

> **定義：ARCH-LM 檢定**
>
> JMulTi 軟體之多變量 ARCH-LM 檢定，是以下列之多變量迴歸模型為基礎：
>
> $$vech(\hat{u}_t, \hat{u}_t^{'}) = \beta_0 + \beta_1 vech(\hat{u}_{t-1}, \hat{u}_t^{'}) + \cdots + \beta_q vech(\hat{u}_{t-q}, \hat{u}_t^{'}) + error_t$$
>
> 其中，
>
> $\hat{u}_t$ 殘差矩陣。
>
> 「$vech(\bullet)$」是將一 (K×K) 方陣之下三角元素依序排列而形成的行向量，它是 $(\frac{K(K+1)}{2} \times 1)$ 向量。
>
> $\beta_{0(\frac{K(K+1)}{2})}$ 是 $(\frac{K(K+1)}{2})$ 維的向量。
>
> 方陣 β_j 是 $(\frac{K(K+1)}{2} \times \frac{K(K+1)}{2})$ 維之係數矩陣，$j = 1, 2, ..., q$。上式之虛無假設如下：
>
> $$\begin{cases} H_0 : \beta_1 = \beta_2 = \cdots = \beta_q = 0 \\ H_1 : \beta_1 \neq 0 \text{ 或 } \beta_2 \neq 0 \cdots \text{ 或 } \beta_q \neq 0 \end{cases}$$

根據上面迴歸模型，JMulTi 檢定異質性變異數 (ARCH) 模型，是要估計 ARCH(q) 模型的殘差：

$$\hat{u}_t^2 = \beta_0 + \beta_1 \hat{u}_{t-1}^2 + \cdots + \beta_q \hat{u}_{t-q}^2 + error_t$$

並且檢定下列虛無假設：

$$VARCH_{LM}(q) = \frac{T \times K \times (K+1)}{2} R_m^2$$

其中，$R_m^2 = 1 - \dfrac{2}{K \times (K+1)} Tr(\hat{\Omega}\hat{\Omega}_0^{-1}) \sim \chi^2 (\dfrac{q \times K^2(K+1)}{4})^2$

$\hat{\Omega}$ 為 $\dfrac{K \times (K+1)}{2}$ 維之殘差共變數矩陣，而 $\hat{\Omega}_0$ 是 q＝0 時 $\hat{\Omega}$ 對應之殘差矩陣。

並且考驗其假設：$\begin{cases} H_0 : \beta_1 = \beta_2 = \cdots = \beta_q = 0 \\ H_1 : \beta_1 \neq 0 \text{ 或 } \beta_2 \neq 0 \cdots \text{ 或 } \beta_q \neq 0 \end{cases}$

在符合常態性的假定下，LM 統計量是從判定係數 R^2 來決定：

$VARCH_{LM}(q) = T \times R^2 \sim \chi^2(q)$ 分配

其中，T 為序列的總期數。

一個人最大的勝利就是戰勝自己。

CHAPTER 4 《《《《《《

時間序列迴歸
MA、AR、ARIMA

4.1 | ARIMA 概念

4.1.1 ARIMA(p,d,q) vs. GARCH(p,q)

坊間常見定態之時間序列，包括：

1. 時間序列迴歸基本模型：

   自身迴歸 (AR, autoregressive)。

   移動平均 (MA, moving average)。

   ARIMA 模型 (AR 及 MA 兩者的混合)。

2. ARIMA(p,d,q) 模型：非定態的序列 y_t 可以先經過差分 (數學以 Δ 或 ∇ 符號表示) 的處理方式，將其轉變為恆定序列 (即 Δy_t)，再透過 ARIMA 的模型來預測。

   ARIMA 模型的精神是不透過經濟的理論而由資料或殘差項的過去值來說話。

   在本質上，ARIMA 模型可以視為一種非常複雜的內插法/外插法。

   ARIMA 模型處理序列的一階動差 [即 $(y_t - y_{t-1})^1$ 型]，前一期與後一期差分後才代入迴歸式。

3. GARCH(p,q) 模型則處理二級動差，係以序列波動之殘差的變異數 $\hat{\varepsilon}_t^2$ 為主。在財經方面，或其他高頻率的資料，資料往往不是呈現常態，而是具有偏態及峰態，我們發現偏態的問題不太嚴重，而峰態的問題相當嚴重。這些可能是 ARCH 引起的。檢定 ARCH 效果的重點在 (1) 一階無關，(2) 二階相關。即 ε_t 與 ε_{t-1}、ε_{t-2} 無關，但 ε_t^2 與 ε_{t-1}^2、ε_{t-2}^2 相關。

   一階無關的檢定可用 OLS 進行 y_t 對 x_t 迴歸，並計算出殘差值。再以 (DW) test 或 Q test 判定是否一階無關。確定一階無關後，以輔助模型 LM test 進行二階檢定。進行下列迴歸

   $$\hat{\varepsilon}_t^2 = \hat{\alpha}_0 + \hat{\alpha}_1 \hat{\varepsilon}_{t-1}^2 + \cdots + \hat{\alpha}_q \varepsilon_{t-q}^2$$

   則沒有 ARCH 的假設為 $H_0 : \hat{\alpha}_1 = \hat{\alpha}_2 \cdots = \hat{\alpha}_q = 0$

如果 $\alpha_1 = \alpha_2 = \cdots = \alpha_q = 0$，則表示 $h_t = \alpha_0$。此時沒有 ARCH 效果，且條件變異數等於非條件變異數。另外，變異數不可能為負，故要求 $\alpha_0, \alpha_1, \cdots, \alpha_q$ 均為正。

由於 ARCH 的落後期可能很長，造成參數過多，且要求 $\alpha_0, \alpha_1, \cdots, \alpha_q$ 均為正不易達成，Bollerslev (1986) 提出了一般化自我迴歸條件變異數 (Generalized ARCH, GARCH)，一個 GARCH (p,q) 為：

$$y_t = x_t'b + \varepsilon_t \text{ (mean equation 平均數方程式)}$$

$$\varepsilon_t \big| \Omega_{t-1} \sim N(0, h_t)$$

$$h_t = \alpha_0 + \sum_{i=1}^{q} \alpha_1 \varepsilon_{t-i}^2 + \sum_{i=1}^{p} \beta_i h_{t-i} \text{ (variance equation 變異數方程式)} \text{ 但使用較多的是}$$

GARCH (1,1)。

總之，財經領域上，時間序列常用迴歸功能，包括：ARIMA 模型的預測、向量自我迴歸模型 (VAR) 的結構檢定及預測、VECM 模型之共整合 (cointegration) 檢定及預測、單/多變量 GARCH(p,q) 條件異質變異性、Granger 因果關係 (VECM 模型) …。

4.1.2 ARIMA 建構模型之步驟

1970 年 Box 與 Jenkins 提出進階的建模技術並且以遞迴的方式對時間數列資料建構模型，稱為 ARIMA 模型，其求解之遞迴方法主要分為 4 個步驟：

1. 鑑定模型 (Model Identification)。
2. 對未知參數作有效的估計 (Efficient Estimation)。
3. 診斷性檢查 (Model Checking)：如果殘差項並非白噪音有必要回到 1 重做；如果殘差項是白噪音則可進行下列動作。
4. 預測 (Forecasting)

在模型鑑定階段的首要工作即判定 ARIMA(p,d,q) 的階數。一個資料數列如果並非定態型 (nonstationary)，則需整合 (intergrated) 利用差分方法使數列成為定態型 (stationary)。我們可利用數列的自我相關函數 (ACF) 來判定數列是否為定態

型。若模型僅為 AR 或是 MA 過程，則可利用樣本的 ACF 及樣本的偏自我相關 PACF (partial autocorrelation function) 來做為判定 p 與 q 階數的工具。

4.1.3 ARIMA 應用領域

常見 ARIMA 應用領域，例如：

1. 利用時間序列模型探討自殺率變動 y_t 與相關總體經濟變數 x_t 之關係。
2. 時間數列應用於關渡自然公園鳥類數量消長預測模型。
3. 全球原物料行情預測。
4. 利率預測模型。
5. 匯率預測。
6. 黃金價格：全球需求報酬理論實證。
7. 某產業市場需求預測。
8. 以預測需求 x_t 控制訂貨減低成本 y_t 舒緩長鞭效應。
9. 資源回收價格訂定之研究——以廢塑膠為例。
10. 全民健保真實財務面之時間序列模型。
11. 證券金融事業資金需求量預測模型。
12. 總體經濟指標 $x1_t$ 與行為財務指標 $x2_t$ 對股票報酬率 y_t。
13. 台灣電信產業營收淨額 x_t 與營運資金供需 y_t 預測。
14. 我國壽險有效契約總保費收入預測之研究——轉換函數模式之應用。
15. 大學院校會計師資未來之供需預測與潛在問題。
16. 附最低保證變額年金保險最適資產配置及準備金。
17. 國軍購油價格估測之研究——以 JP-8 油品為例。
18. 台灣溫泉旅遊之生態承載量分析——以知本風景區為例。
19. 來華觀光旅客人數需求預測。
20. 用時間序列模式預測產品造形風格。
21. 建立醫院門診量預測模型——以地區醫院為例。
22. 以海水表面溫度 x_t 預測台灣附近之降雨量 y_t。
23. 二氧化碳排放量 x_t 與股票指數變動 y_t 之關連。
24. 自我相關性製程管制圖之研究：以 C 化工廠製程為例。

25. 原自來水加氯預估模式，與自來水處理工程中使用氯劑量時間數列的合理性。

4.2 穩定數列之移動平均模型 (MA)

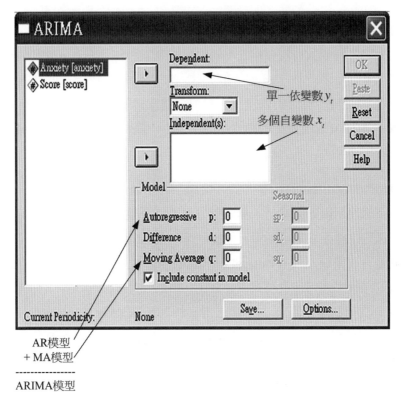

╚圖 4-1 MA 是屬 SPSS 軟體 ARIMA(0,0,q) 之基本款

　　MA 模型係穩定數列之模型 (Moving Average)。在 q 階的 MA 模型中，每個觀察值 y_t 是由過去 q 個隨機干擾項的加權平均而產生，可將 MA(q) 表示為：

$$y_t = \mu + e_t + \beta_1 e_{t-1} + \beta_2 e_{t-2} + \cdots + \beta_q e_{t-q}$$

其中，β 值可正可負，且誤差 $e_t \sim N(0, \sigma^2)$。

　　y 的變異數為：

$$\text{var}(y_t) = \text{var}(e_t) + \beta_1^2 \text{var}(e_{t-1}) + \cdots + \beta_q^2 \text{var}(e_{t-q})$$

$$= \sigma^2 + \beta_1^2 \sigma^2 + \beta_2^2 \sigma^2 + \cdots + \beta_q^2 \sigma^2$$

$$= (1 + \beta_1^2 + \beta_2^2 + \cdots + \beta_q^2)\sigma^2$$

若 $1 + \beta_1^2 + \beta_2^2 + \cdots = \sum_{i=0}^{q} \beta_i^2 < \infty$，則 y_t 為一平穩的時間序列模型。

如何挑選適配的模型呢？

不同型態的時間數列需要建立不同的模式來表示，且沒有一種預測模式可以適合所有資料，因此，對於任何一個問題，首先你需要找出一個合適的預測模式來表示這些資料的時間相依關係，當模式建立以後，便可推演出有效的預測結果。Box 與 Jenkins 所提出的模式建構程序為一種試誤遞迴過程 (Trial and Error Iterative Process)：

Step 1：鑑定 (Identification)

因為這類應用模式太廣泛，無法很方便地擬合某些資料，因此，可用較粗略的方法來鑑定這些模式之子類型。如此利用所蒐集的資料與對系統的了解來推測一個合適並合乎精簡原則 (Principal of Parsimony) 之子類型模式為暫訂模式。此外，在鑑定過程中亦可產生模式中參數之初級估計值。

鑑定方法，為藉由圖 4-2 所示之自我相關函數 (Autocorrelation Function, ACF) 及偏自我相關函數 (Parital Autocorrelation Function, PACF) 來判斷，因為各種特定模式有其理論之 ACF 與 PACF 圖形，鑑定時由樣本資料計算出 ACF 及 PACF 圖形及其標準差，便可以判斷出樣本時間數列資料是屬於何種模式。

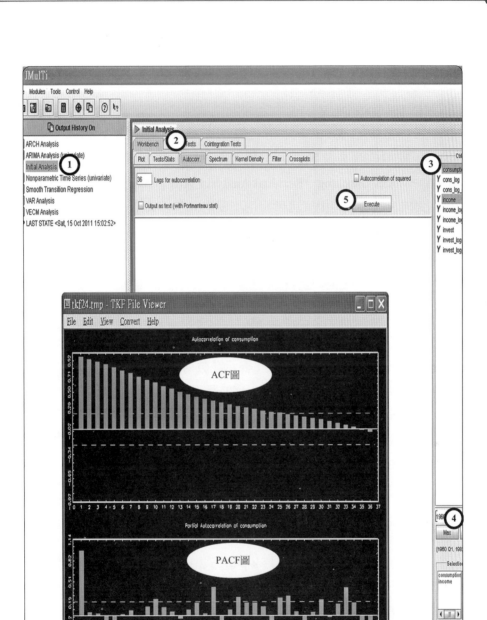

╰圖 4-2 JMulTi 之 ACF 及 PACF 圖 (Initial Analysis→Workbench→Autocorr.)

Step 2：估計 (Estimation)

　　當資料被納入到暫訂模式來估計其參數值，可利用統計理論對其參數值作最精確的估計。如何去估計這些參數呢？往昔最常用最小平方方法 (OLS) 加以推求參數之最佳或最有效之估計值，所謂最有效的意義是指參數的真實值與估計值之

間的誤差平方和為最小。

Step 3：診斷 (Diagnostic)

診斷旨在將檢定 Step 2 中所得模式與數據之適配是否恰當，是否正確地代表所觀測的現象及模式合乎精簡原則，做樣本內模型的診斷性檢定「ARIMA→Model Checking→Residual Analysis/ ARCH analysis of Residuals」。若所得模式無缺適性，則模式可供應用；反之，若模式不適當，則必須重新鑑定、估計、診斷與檢定等，直到能獲得一適當模式為止。模式有無適缺性可藉由模型所產生的誤差項是否為白噪音 (White Noise) 判斷，即檢查誤差項間如果沒有自我相關，則模式完成設定。檢定方法有二：

1. Bartlett 的檢定

若模型符合白噪音的過程，其樣本之自我相關係數會服從平均數為零，變異數為 1/T 的常態分配，其中 T 表示該數列觀察值的數目，所以可用一般常態分配的檢定方式，檢定各期的 ACF 是否為零。

2. Box 與 Pierce 的 Q 統計準則

符合白噪音過程的殘差 (e_t) 其自我相關係數 $r_k(e_t)$ 會呈現均為零的現象，因此 Box 與 Pierce 利用聯合檢定，檢定此現象是否成立。由理論證明，當有大量觀測值且假設 e_t 為獨立之 $N(0, \sigma_e^2)$ 序列，則：

$$Q = n \times \sum_{k=1}^{n} \hat{r}_k^2(\hat{e}_t) \quad \sim \chi^2(k-p-q)$$

近似於 χ^2 分配，其自由度為 k-p-q，式中 n 為實際殘差 (e_t) 個數，k 為所計算之殘差自我相關值個數，p 與 q 為模式中參數的個數。當 $Q < \chi^2 (k-p-q)$，則誤差項符合白噪音過程；反之，則需重新調整時間數列模式型態。

4.2.1 MA(1) 模型

一、MA(1) 模型——基本性質

假設有一 MA(1) 模型，$y_t = \mu + e_t + \beta_1 e_{t-1}$

1. 期望值 $E(y_t) = \mu$
2. 變異數 $\gamma_0 = \mathrm{Var}(y_t) = \sigma^2(1 + \beta_1^2)$

3. 自我共變異數

$$\gamma_1 = E[y_t, y_{t-1}]$$
$$= E[\mu + e_t + \beta_1 e_{t-1} , \mu + e_{t-1} + \beta_1 e_{t-2}]$$
$$= \beta_1 \sigma^2$$
$$\gamma_2 = E[y_t, y_{t-2}]$$
$$= E[\mu + e_t + \beta_1 e_{t-1} , \mu + e_{t-2} + \beta_1 e_{t-3}] = 0$$
$$\gamma_k = 0, \ k \geq 2$$

二、MA(1) 模型──自我相關函數 (ACF)

判定變數是否平穩時,通常有圖形認定法和計量檢定法兩大類。圖形認定法是以變數的時間序列圖以及自我相關函數 (autocorrelation function, ACF) 來判斷變數是否平穩。

自我相關函數 (ACF) 的定義:

$$\rho_k = \frac{\gamma_k}{\gamma_0} = \begin{cases} \dfrac{\beta_1}{1+\beta_1^{\ 2}}, \ 若 \ k=1 \\[2em] 0, \ 若 \ k \geq 2 \end{cases}$$

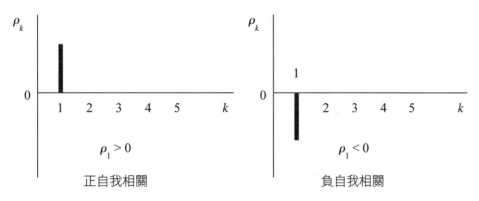

⌐圖 **4-3** ACF 正負相關之示意圖

三、MA(1) 模型——範例

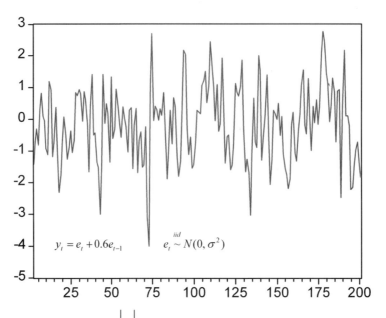

$$y_t = e_t + 0.6e_{t-1} \qquad e_t \overset{iid}{\sim} N(0, \sigma^2)$$

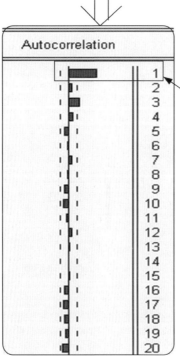

SPSS、Eview、RATS、JMulTi等統計軟體執行「Autocorrelation」指令，即會顯示其ACF及PACF分析，若ACF結果顯示，落差期數k=1，故可斷定該序列屬MA(1)模型

◟圖 4-4 MA(1) 模型——範例

4.2.2 MA(2) 模型

一、MA(2) 模型──基本性質

假設有一 MA(2) 模型：

$$y_t = \mu + e_t + \beta_1 e_{t-1} + \boxed{\beta_2 e_{t-2}}$$

1. 期望值 $E(y_t) = \mu$
2. 變異數 $\gamma_0 = \mathrm{Var}(y_t) = \sigma^2(1 + \beta_1^2 + \beta_2^2)$
3. 自我共變異數

$$
\begin{aligned}
\gamma_1 &= E[y_t, y_{t-1}] \\
&= E[\mu + e_t + \beta_1 e_{t-1} + \beta_2 e_{t-2},\ \mu + e_{t-1} + \beta_1 e_{t-2} + \beta_2 e_{t-3}] \\
&= \beta_1 \sigma^2 + \beta_1 \beta_2 \sigma^2 \\
\gamma_2 &= E[y_t, y_{t-2}] \\
&= E[\mu + e_t + \beta_1 e_{t-1} + \beta_2 e_{t-2},\ \mu + e_{t-2} + \beta_1 e_{t-3} + \beta_2 e_{t-4}] = 0 \\
&= \beta_2 \sigma^2 \\
\gamma_k &= 0,\ k \geq 3
\end{aligned}
$$

二、MA(2) 模型──自我相關函數 (ACF)

MA(2) 的定義：

$$
\rho_k = \frac{\gamma_k}{\gamma_0} =
\begin{cases}
\dfrac{\beta_1 + \beta_1 \beta_2}{1 + \beta_1^2 + \beta_2^2}, & \text{若 } k = 1 \\[3mm]
\dfrac{\beta_2}{1 + \beta_1^2 + \beta_2^2}, & \text{若 } k = 2 \\[3mm]
0, & \text{若 } k \geq 3
\end{cases}
$$

⤷圖 **4-5** MA(2) 的定義之示意圖

三、MA(2) 模型──範例

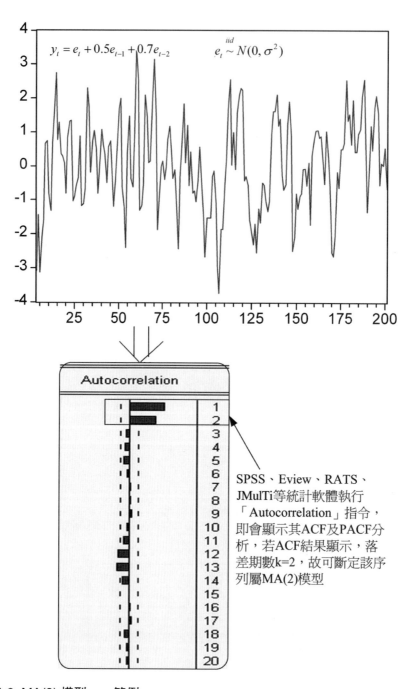

$$y_t = e_t + 0.5e_{t-1} + 0.7e_{t-2} \qquad e_t \overset{iid}{\sim} N(0, \sigma^2)$$

SPSS、Eview、RATS、JMulTi等統計軟體執行「Autocorrelation」指令，即會顯示其ACF及PACF分析，若ACF結果顯示，落差期數k=2，故可斷定該序列屬MA(2)模型

◟圖 4-6 MA(2) 模型──範例

4.2.3 MA(q)模型

一、MA(q) 模型──基本性質

假設有一 MA(q) 模型：

$$y_t = \mu + e_t + \beta_1 e_{t-1} + \boxed{\beta_2 e_{t-2} + \cdots + \beta_q e_{t-q}}$$

1. 期望值 $E(y_t) = \mu$

2. 變異數 $\gamma_0 = \mathrm{Var}(y_t) = \sigma^2(1 + \beta_1^2 + \cdots + \beta_q^2) < \infty$　(穩定)

3. MA(q) 自我相關函數

$$\rho_k \begin{cases} \neq 0，\text{若 } k \leq q \\ \\ = 0，\text{若 } k > q \end{cases}$$

　　MA(q) 之 ACF 在落後期數 q 之後截斷 (cut off after lag q)，因此斷定 ACF 之落後 q 期時，就可斷定該序列屬 MA(q) 型。

二、MA(q) 模型──範例

1. Y_1 為不平穩數列，建立模型之前必須先平穩化。

2. 將 Y_1 差分 (數學運算子「Δ」或「∇」) 後，即為一平穩數列。

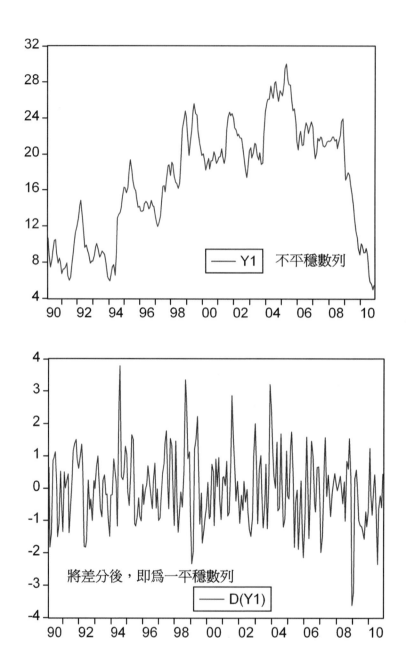

⌐圖 4-7 MA(q) 模型——範例

4.2.4 JMulTi 分析 MA(q) 模型

儘管 Eviews 的資料檔及程式檔 (讓你下 Eviews 指令)，也是要個別分開存在硬碟。但 JMulTi 比較精明、人性化，其資料檔可以是「記事本」之 ASSCI 檔、「Excel 97 活頁簿」之 *.xls 檔、Gausse 檔格式…等，而且不用寫指令，操作非常方便。甚至像 ARIMA(p,d,q) 這種分析，JMulTi 就能以 SIC、HQ、SC 準則並一次找到「最佳模型」，省去傳統用 SPSS、SAS、Eviews 都需下列二步驟來判斷該模型是否適配：(1) 繪 ACF、PACF 圖；(2) 殘差分析。

一、JMulTi 分析 ARIMA(p,d,q) 的步驟

操作 JMulTi 分析 ARIMA(p,d,q)，基本上，有下列步驟：

Step 1. 判定 ARIMA 模型三個參數 (p,d,q) 之最佳值

當變數數目增加時，向量自我迴歸模型很容易產生參數過多 (over-parameterization) 與自由度不足的問題，而此問題會造成參數估計的不精確，並使得模型將過去資料中的若干雜訊 (noise) 誤認為變數間的關係，進而造成樣本外預測表現的惡化。

SPSS、Eviews 係先繪 ACF 圖、PACF 圖 pattern 來斷定屬哪一型？接著，做殘差分析再次確定被選定模型類型的正確性。相對地，JMulTi 比較精明，它會直接顯示 (p,d,q) 之最佳值，並告訴你，該模型對應之 SIC、HQ、SC 值，這三個訊息準則之值，是愈小愈好。

Step 2. 估計模型

Step 3. 模型檢查

JMulTi 提供三種殘差檢定來判定該迴歸模型是否適配：殘差之自我相關檢定 (Portmanteau 及 Breusch-Godfrey)、殘差項之 Jarque-Bera 常態性檢定、殘差項，以 ARCH-LM 檢定其 ARCH(q) 模型。

Step 4. 預測 (下幾期之估計值)

二、JMulTi 分析 MA(1) 模型

將 CD 片中附的「ch04\MR(q) 範例\MA1.dat」檔，在 JMulTi 軟體中，用「Import Data」讀入該資料檔，進行分析，即可得到下個二個畫面。

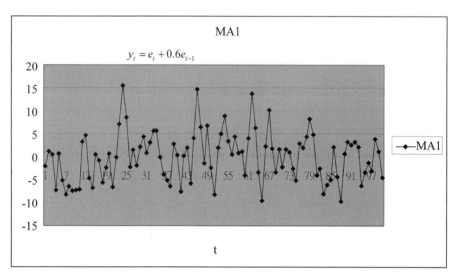

⊊圖 4-8 MA(1) 趨勢圖

Step 1. 判定 ARIMA 模型三個參數 (p,d,q) 之最佳值為何？

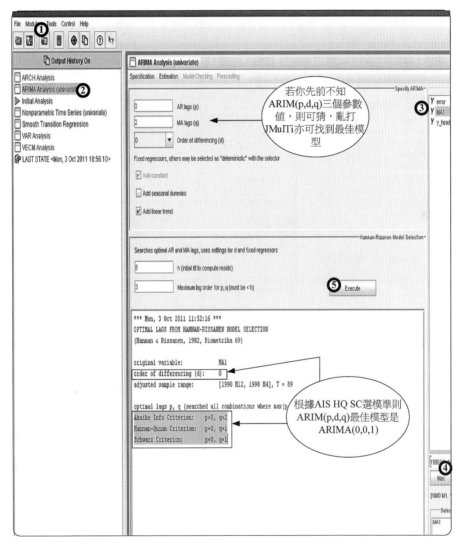

⌐ 圖 4-9 JMulTi 分析 MA(1) 模型結果吻合

Step 2. 估計模型

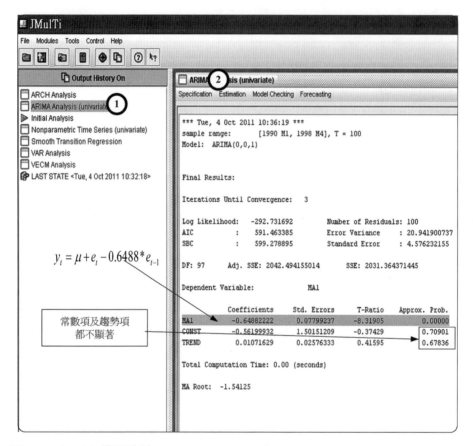

$$y_t = \mu + e_t - 0.6488 * e_{t-1}$$

常數項及趨勢項
都不顯著

⌐圖 **4-10** MA(1) 模型估計

Step 3. 模型檢查 (三大殘差診斷：殘差之自我相關、JB 常態性、ARCH-LM)

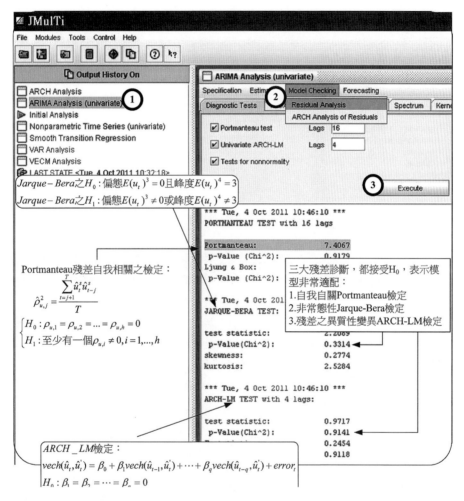

⌐圖 4-11　MA(1) 模型檢查之三大殘差診斷

Step 4. 預測 (下幾期之估計值)

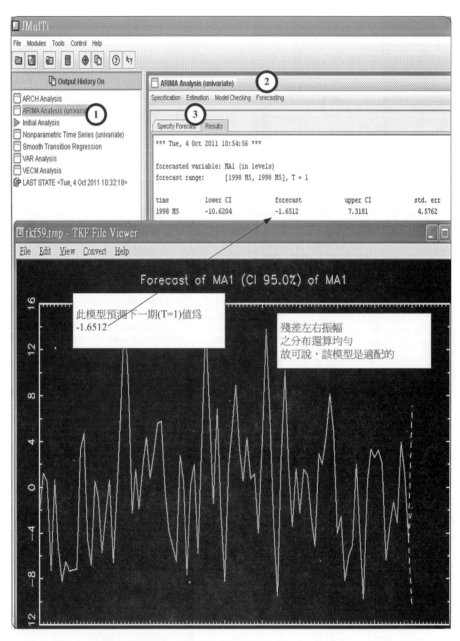

⤷ 圖 4-12 MA(1) 模型之預測

三、JMulTi 分析 MA(2) 模型

將 CD 片中附的「ch04 MR(q) 範例\MA2.dat」檔，在 JMulTi 軟體中，用「Import Data」讀入該資料檔，進行分析，即可得到下列二個畫面。

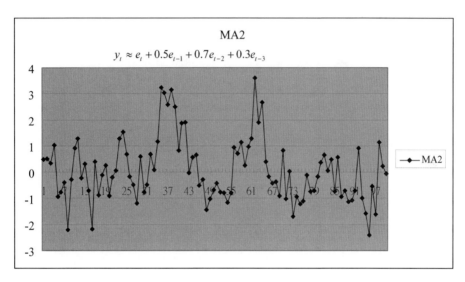

⤷圖 **4-13** MA(2) 趨勢圖

Step 1. 判定 ARIMA 模型三個參數 (p,d,q) 之最佳值為何？

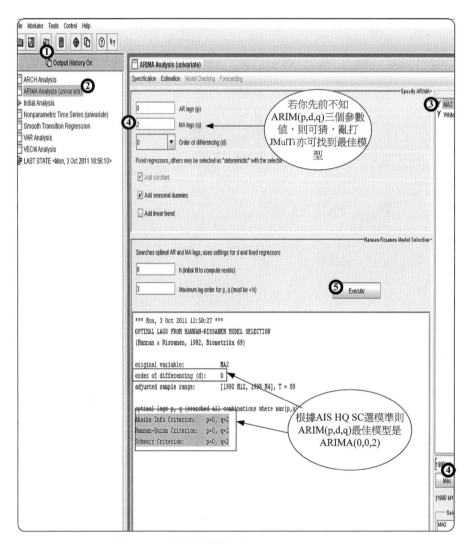

⤷圖 4-14　JMulTi 分析 MA(2) 模型結果吻合

Step 2. 估計模型

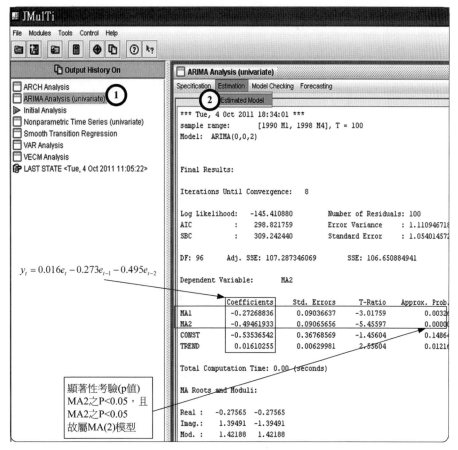

$y_t = 0.016e_t - 0.273e_{t-1} - 0.495e_{t-2}$

顯著性考驗(p值)
MA2之P<0.05，且
MA2之P<0.05
故屬MA(2)模型

◦圖 **4-15** MA(2) 模型估計

Step 3. 模型檢查 (三大殘差診斷：殘差之自我相關、JB 常態性、ARCH-LM)

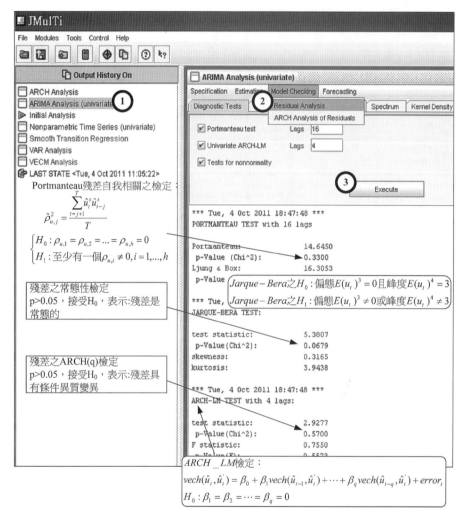

˙圖 4-16 MA(2) 模型檢查之三大殘差診斷

Step 4. 預測 (下幾期之估計值)

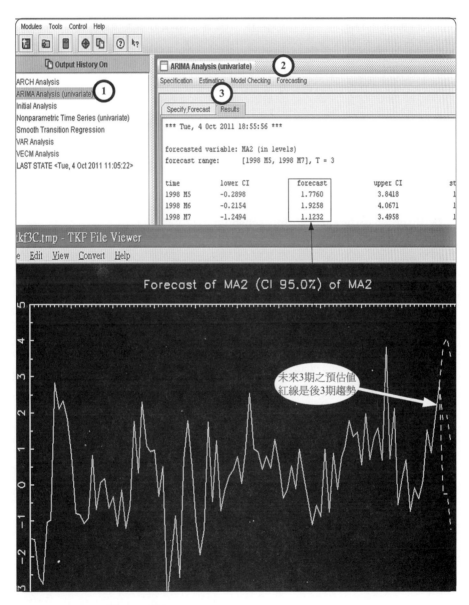

⤷ 圖 4-17 MA(2) 模型之預測

4.2.5 Eviews 函數之指令

下表是 time series 常見函數的運算。注意，當差分後，新序列若無落差值，則電腦會回傳「NAs」。例如，「d(x)」指令：在 workfile 中，第 1 個數據將回傳一個 missing value，因為無法得到該落差值。

Eviews 指令	功能	說明
d(x)	first difference	$(1-L)X = X - X(-1)$ 其中，L 是 lag 運算子 (operator)
d(x,n)	n-th order difference	$(1-L)^n X$
d(x,n,s)	n-th order difference with a seasonal difference at	$(1-L)^n (1-L^s) X$
dlog(x)	first difference of the logarithm	$(1-L)\log(X) = \log(X) - \log(X(-1))$
dlog(x,n)	n-th order difference of the logarithm	$(1-L)^n \log(X)$
dlog(x,n,s)	n-th order difference of the logarithm with a seasonal difference at	$(1-L)^n (1-L^s) \log(X)$
@pc(x)	one-period percentage change (in percent)	equals @pch(x)*100
@pch(x)	one-period percentage change (in decimal)	$\dfrac{X - X(-1)}{X(-1)}$
@pca(x)	one-period percentage change-annualized (in percent)	equals @pcha(x)*100
@pcha(x)	one-period percentage change-annualized (in decimal)	$@pcha(x)=(1+@pcha(x))^n - 1$ 其中，n 為延遲 1 年 (4 季) 之季資料 (n＝4)。
@pcy(x)	one-year percentage change (in percent)	equals @pchy(x)*100
@pchy(x)	one-year percentage change (in decimal)	$\dfrac{X - X(-n)}{X(-n)}$，其中，n 為延遲 1 年 (n＝12) 的年資料。

4.2.6 Eviews 分析 MA(q) 模型

一、ARIMA 建模的四步驟

ARIMA 模型的建立過程，主要步驟：模型鑑定/辨認 (model identification)、參數 (p,d,q) 估計 (parameter estimate)、該模型殘差之檢查、與預測產生 (forecast generation)，說明如下：

Step 1. 模型辨認

在對時間序列資料進行分析之前，首先須確認資料符合何種模型，此即為模型辨認，亦即決定 ARIMA 模型中 (p,d,q) 值，使其所表示模型為最佳模型。模型辨認步驟分二階段，首先利用序列趨勢圖辨認 d 值，再利用相關函數 (correlation function, CF) 辨認 (p,q)，其中，相關函數包括自我相關函數 (auto-correlation function, ACF)、逆自我相關函數 (inverse auto-correlation function, IACF)、偏自我相關函數 (partial auto-correlation function, PACF)，以下分別詳述之。

d 值是序列差分階數，可藉由序列趨勢圖加以辨認，若序列為水平趨勢則設定 d＝0，若為上升或下降趨勢則設定 d＝1，若為二次式曲線趨勢則設定 d＝2。理論上 d 值可以設定為任意非負整數，但實務上所設定之 d 值大多限於 0、1、2 三個數值，因為當 d 大於 2 時，會產生難以追蹤 (untraceable) 情況，所謂難以追蹤係指差分階數過高，所產生的預測結果經常與邏輯推理相差甚遠。(p,q) 辨認是藉由 ACF、IACF、PACF 三個相關函數之圖形形式判定，理論上可分為 AR(p)、MA(q) 與 ARMA(p,q) 三個類型，此三個類型所展現之相關函數圖形皆不相同。根據辨認準則，AR 之相關函數，ACF 為尾部收斂，IACF 與 PACF 則在 p 階後切斷，即有明顯落差存在，則辨認模型為 AR(p)；MA 之相關係數，ACF 在 q 階後切斷，IACF 與 PACF 皆為尾部收斂，則辨認模型為 MA(q)。然而，當 ACF、IACF、PACF 都無明顯切斷點時，序列屬於 ARMA(p,q) 模型，一旦模型判定為 ARMA(p,q) 時，則很難藉由相關函數辨認出最適當 (p,q) 值，實務上解決方法是以試誤法 (trial and error)，亦即以 (p,q) 設為 (1,1)、(2,1)、(1,2)、(2,2) 等值代入，再以 Akaike 資訊準則 (Akaike's information criterion, AIC) 指標評估模型配適度，搜尋最佳模型，其中 AIC 之概念與殘差值類似，數值愈低代表模型之配適度愈高。此外，由於在辨認過程必須依賴研究者主觀判斷，容易產生模稜兩可的判別結果，此時亦可比較各模型 AIC，以辨認最佳模型。

■表 4-1　ARIMA 模型辨認準則

模型	相關函數	
	ACF	PACF
AR(p)	尾部收斂	p 階後切斷
MA(q)	p 階後切斷	尾部收斂
ARMA(p,q)	尾部收斂	尾部收斂

Step 2. 參數估計

在辨認出最佳 ARIMA(p,d,q) 模型後，即可進行參數之估計，常用的估計方法有條件最小平法法 (conditional least squares, CLS)、無條件最小平方法 (unconditional least squares, ULS) 與最大概似法 (maximum likelihood, ML)。

條件最小平方法是將時間序列前 p 期的數值以序列均值補齊，以致在估計自我迴歸參數時損失的自由度較少，但所補齊的數值為平均值，對一個具趨勢時間序列而言，以此方式產生之參數估計，難免會導致預測值產生不合理現象。無條件最小平方法則不在前 p 期補上序列均值，而將這 p 期視為缺失值，導致損失自由度，對於觀察期太短的時間序列而言，將構成參數估計上的困擾。最大概似法是先以模型參數形成概似函數，再將概似函數極大化，最大概似法估計參數時間較條件最小平方法與無條件最小平方法冗長，一般較少使用。至於哪種方法較佳並無定論，須視情況而定，一般而言，以條件最小平方法較為統計學家所推薦。

Step 3. 預測產生

在完成參數估計後，即可獲得完整 ARIMA(p,d,q) 模型，進而產生預測，預測方法包括點估計與區間估計，預測結果可分為樣本內與樣本外預測，其中區間估計產生預測上限與預測下限可反映序列變異，並具有風險含意。

二、Eviews 建立 ARIMA 模型的指令操作

Eviews 的資料檔及程式檔 (讓你下 Eviews 指令)，是個別分開存在硬碟。

Step 1. 以 ACF 判定時間序列 y_t 屬 MA(q) 哪一型 (即 q 為多少)。

1.在Eviews指令列中輸入「ident d(y1)」即可出現autocorrelation
2.ACF中，落後1期的部份有凸出，且落後2期的部份即收斂，因此可以MA(1) 來建立模型。
3.指令說明：
「ident」 指 identification」。
「 d(。)」 表示將括號中的變數做一階差分。

Autocorrelation	Partial Correlation		AC	PAC	Q-Stat	Prob
		1	0.398	0.398	40.248	0.000
		2	-0.110	-0.319	43.318	0.000
		3	-0.069	0.153	44.524	0.000
		4	0.045	-0.028	45.034	0.000
		5	-0.014	-0.052	45.087	0.000
		6	-0.090	-0.044	47.168	0.000
		7	0.012	0.088	47.207	0.000
		8	0.059	-0.035	48.111	0.000
		9	-0.022	-0.027	48.237	0.000
		10	-0.032	0.027	48.509	0.000
		11	0.051	0.043	49.189	0.000
		12	-0.008	-0.098	49.205	0.000
		13	-0.099	-0.020	51.825	0.000
		14	-0.035	0.030	52.156	0.000
		15	0.049	0.000	52.809	0.000
		16	0.092	0.089	55.086	0.000
		17	0.026	-0.032	55.271	0.000
		18	-0.034	-0.021	55.580	0.000
		19	-0.022	-0.008	55.708	0.000
		20	-0.086	-0.106	57.725	0.000
		21	-0.130	-0.047	62.362	0.000
		22	-0.096	-0.052	64.895	0.000
		23	-0.024	0.000	65.053	0.000
		24	-0.040	-0.074	65.507	0.000

⏱圖 4-18 ACF 判定時間序列 MA(q)

Step 2. Eviews 的 MA(1) 指令界定與執行

1.在Eviews指令列中輸入「ls d(y1) c ma(1)」，即可出現MA(1)模型
2.指令說明：
「ls」指 least square，亦即最小平方法。
「d(。)」將括號中的變數做一階差分。
「c」代表常數項。
「ma(q)」表示落後第q期的殘差項。
3.註：LS 之後緊接著的第1個變數為因變數，而後的所有變數皆為
自變數，變數與變數之間以空格為隔開即可。

Equation: UNTITLED Workfile: UNTITLED

View | Procs | Objects | Print | Name | Freeze | Estimate | Forecast | Stats | Resids

Dependent Variable: D(Y1)
Method: Least Squares
Date: 03/12/09   Time: 03:00
Sample: 1990:02 2010:12
Included observations: 251
Convergence achieved after 6 iterations
Backcast: 1990:01

Variable	Coefficient	Std. Error	t-Statistic	Prob.
C	-0.016593	0.096216	-0.172456	0.8632
MA(1)	0.597345	0.050681	11.78629	0.0000

R-squared	0.255268	Mean dependent var		-0.018207
Adjusted R-squared	0.252277	S.D. dependent var		1.104461
S.E. of regression	0.955038	Akaike info criterion		2.753806
Sum squared resid	227.1124	Schwarz criterion		2.781897
Log likelihood	-343.6026	F-statistic		85.34853
Durbin-Watson stat	2.023184	Prob(F-statistic)		0.000000

Inverted MA Roots	-.60

圖 4-19 MA(1) 指令之分析結果

Step 3. MA(1) 殘差的檢定

建立 MA(1) 模型之後，必須確認 MA(1) 模型是否足以解釋數「Y1」的變異。若 MA(1) 仍不足以解釋 Y1 的變異，則未解釋的部份會表現在殘差項，所以可藉由殘差的檢定來判斷模型配適是否合適。

1.在Eviews指令列中輸入
「ident resid」即可出現殘差的相關係數圖

2.指令說明：「resid」代表殘差。

correlogram of resid

Autocorrelation	Partial Correlation		AC	PAC	Q-Stat	Prob
		1	-0.013	-0.013	0.0404	0.841
		2	-0.070	-0.070	1.2896	0.525
		3	-0.073	-0.075	2.6398	0.451
		4	0.077	0.071	4.1819	0.382
		5	-0.008	-0.016	4.1974	0.521
		6	-0.102	-0.099	6.8933	0.331
		7	0.036	0.044	7.2262	0.406
		8	0.054	0.036	7.9893	0.435
		9	-0.023	-0.032	8.1276	0.521
		10	-0.055	-0.031	8.9280	0.539
		11	0.076	0.074	10.475	0.488
		12	0.003	-0.021	10.477	0.574
		13	-0.104	-0.094	13.339	0.422
		14	0.006	0.031	13.350	0.499
		15	0.007	-0.024	13.364	0.574
		16	0.082	0.062	15.189	0.511
		17	0.013	0.051	15.234	0.579
		18	-0.054	-0.057	16.043	0.590
		19	0.031	0.020	16.305	0.637
		20	-0.071	-0.070	17.675	0.609
		21	-0.068	-0.072	18.957	0.588
		22	-0.069	-0.068	20.271	0.566

殘差的ACF已不存在自我相關，代表 Y_1 的序列相關是屬MA(1)型。

⊡圖 4-20 MA(1) 殘差檢定之 Eviews 指令

4.3 穩定數列之自我迴歸模型 (AR)

坊間常見的自我相關函數,有二類:自我共變異數函數、自我迴歸 (autoregressive, AR) 模型。

一、自我共變異數函數

在一穩定隨機過程中,任取第 i 期及第 i+j 期之隨機變數 y_i 與 y_{i+j},自我共變數為:

$$\gamma_j = Cov(y_i, y_{i+j}) = \frac{\sum(y_i - \overline{y}_i)(y_{i+j} - \overline{y}_{i+j})}{S_{y_i} \times S_{y_{i+j}}}$$

任一期之變異數 $\gamma_0 = Cov(y_i, y_i) = Var(y_i)$。

γ_j 對稱於 0,亦即 γ_{-j},因為

$$\gamma_{-j} = Cov(y_i, y_{i-j}) = Cov(y_{i-j}, y_i) = \gamma_j$$

$\{\gamma_j\}_{j=0, 1, 2\cdots, \infty}$ 稱為自我共變異數函數。

二、自我迴歸 (AR) 模型

由自我相關係數可觀察第 i 期與第 i+j 期的相關性強弱,及其方向。

令 ρ_j 為第 i 期與第 i+j 期的相關係數,則

$$\rho_j = \frac{Cov(y_i, y_{i+j})}{\sqrt{Var(y_i) \cdot Var(y_{i+j})}} = \frac{Cov(y_i, y_{i+j})}{Var(y_i)} = \frac{\gamma_j}{\gamma_0}$$

$\{\rho_j\}_{j=0, 1, 2\cdots, \infty}$ 稱為自我相關函數 (Autocorrelation Function,簡稱 ACF)。

自我相關可區分:方向 (正負) 及強弱。若某一時間序列 ,其自我相關,可能是正相關,亦可能是負相關。

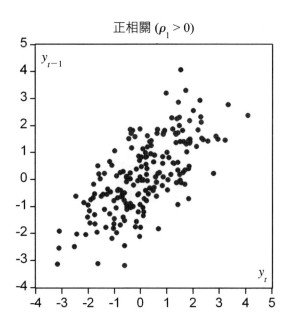

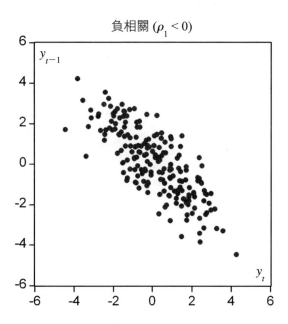

⤷圖 4-21 自我相關 AR1 之正負相關

自我相關可能有強弱之分，如下圖所示。

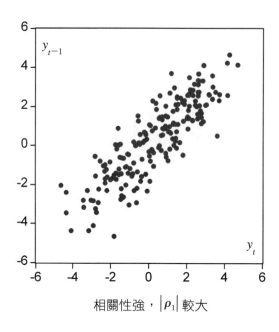

相關性強，$|\rho_1|$ 較大

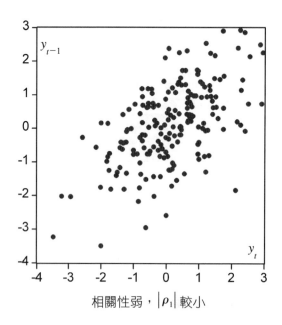

相關性弱，$|\rho_1|$ 較小

⤷圖 4-22 自我相關 AR1 之強弱

4.3.1 AR(1) 模型

像未來一年經濟的預測、未來一年出生人口的預測、未來一年國民所得成長率的預測，學生在校 n 年成績來預測其入學考的成績…等問題，大多屬 AR(1) 模型。

一、定義 AR(p) 模型

1. 在 p 階的 AR 模型中，每個觀察值 y_t 是由過去 p 期的線性組合，再加上一個隨機干擾項，可將 AR(p) 表示為：

$$y_t = \mu + \alpha_1 y_{t-1} + \cdots + \alpha_p y_{t-p} + e_t \qquad e_t \overset{iid}{\sim} N(0, \sigma^2)$$

此處，α_i 可能是正，亦可為負。

序列當期的值可用落後 p 期的值來預測。

2. 定義：L 為落遲運算子 (Lag operator)，亦即 $y_{t-1} = L \times y_t$，則

$y_{t-2} = L \times y_{t-1} = L(L \times y_t) = L^2 y_t$，$\cdots$，如此類推到 L^p，AR(p) 則可表示為：

$$y_t = \mu + (\alpha_1 L + \cdots + \alpha_p L^p) y_t + e_t$$

或 $(\alpha_1 L + \cdots + \alpha_p L^p)^{-1} y_t = \mu + e_t$

或 $y_t = \dfrac{\mu}{(\alpha_1 L + \cdots + \alpha_p L^p)} + \dfrac{e_t}{(\alpha_1 L + \cdots + \alpha_p L^p)^{-1}}$

最後得 $\alpha(L) y_t = \mu + e_t$

其中，$\alpha(L) = 1 - \alpha L - \cdots - \alpha_p L^p$

二、AR(1) 模型——基本性質

$$y_t = \mu + \alpha_1 y_{t-1} + e_t \qquad e_t \overset{iid}{\sim} N(0, \sigma^2)$$

令 $y_0 = 0$

$y_1 = \mu + \alpha_1 y_0 + e_1 = \mu + e_1$

$y_2 = \mu + \alpha_1 y_1 + e_2 = \mu + \alpha_1 \mu + \alpha_1 e_1 + e_2$

$\qquad \vdots \qquad \vdots \qquad \qquad \vdots$

$y_t = \mu + \alpha_1 y_{t-1} + e_t$

$\quad = \mu(1 + \alpha_1 + \alpha_1^2 + \cdots) + (e_t + \alpha_1 e_{t-1} + \alpha_1^2 e_{t-2} + \cdots)$

若 $|\alpha_1| < 1$ ，則 $y_t = \dfrac{\mu}{1-\alpha_1} + (e_t + \alpha_1 e_{t-1} + \alpha_1^2 e_{t-2} + \cdots)$

1. 平均數：$E(y_t) = \dfrac{\mu}{1-\alpha_1}$

2. 變異數：$\gamma_0 = Var(y_t) = (1 + \alpha_1^2 + \alpha_1^4 + \cdots)\sigma^2$

   安定條件為 $|\alpha_1| < 1$ ，則變異數收斂至：$\gamma_0 = \dfrac{\sigma^2}{1-\alpha_1^2}$

3. 自我共變異數為：$\alpha_1^k \dfrac{\sigma_\varepsilon^2}{1-\alpha_1^2}$ (k 為落後期數)

$$\begin{aligned}
\gamma_1 &= E(y_t, y_{t-1}) = E(\mu + \alpha_1 y_{t-1} + e_t,\ y_{t-1}) \\
&= \alpha_1 \gamma_0 \\
\gamma_2 &= E(y_t, y_{t-2}) = E(\mu + \alpha_1 y_{t-1} + e_t,\ y_{t-2}) \\
&= \alpha_1 \gamma_1 \\
&= \alpha_1^2 \gamma_0 \\
\gamma_k &= E(y_t, y_{t-k}) = \alpha_1^{k-1} \gamma_0,\ k \geq 2
\end{aligned}$$

4. 落後期數 k 的自我相關：α_1^k

5. 無條件與條件動差

   (1) 無條件動差

   $$E(y_t) = \dfrac{\mu}{1-\alpha_1}; Var(y_t) = \dfrac{\sigma_\varepsilon^2}{1-\alpha_1^2}$$

   (2) 條件動差

   條件期望值：$E_{t-1}(y_t) = \mu + \alpha_1 y_{t-1}$

   雖然無條件期望值是常數，但是條件期望值卻是「時變」的。

三、AR(1) 模型──自我相關函數 (ACF)

$$\rho_1 = \frac{\gamma_1}{\gamma_0} = \frac{\alpha_1 \gamma_0}{\gamma_0} = \alpha_1 \neq 0$$

$$\rho_2 = \frac{\gamma_2}{\gamma_0} = \frac{\alpha_1^2 \gamma_0}{\gamma_0} = \alpha_1^2 \neq 0$$

$$\therefore \rho_k = \alpha_1^k$$

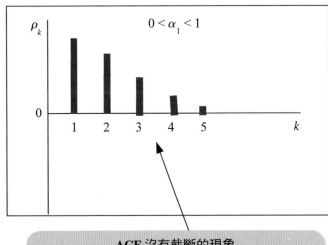

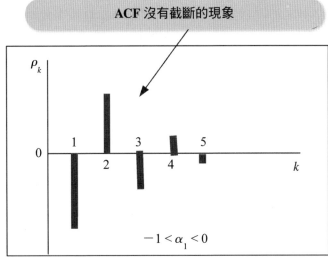

⤷圖 **4-23** AR(1) 模型──自我相關函數 (ACF)

四、AR(1) 模型——偏自我相關函數 (PACF)

圖 4-23 顯示，AR 之 ACF 呈現遞減的狀態，並無截斷，因此不易判斷 AR 之落後期數，此時必須引入 Partial Autocorrelation Function (PACF) 藉以判斷 AR 之落後期數。

1. AR(1) 之 PACF 做法

　　估計：一階偏相關係數或二階偏相關係數？

　　AR(1) 模式：$y_t = \mu + \alpha_1 y_{t-1} + e_t$

step 1. 估計 $y_t = \mu + \hat{\alpha}_1 y_{t-1} + e_t$

　　則一階偏相關係數 $\wp_1 = \hat{\alpha}_1$。

step 2. 估計 $y_t = \mu + \hat{\alpha}_1 y_{t-1} + \hat{\alpha}_2 y_{t-2} + e_t$

　　則二階偏相關係數 $\wp_2 = \hat{\alpha}_2$。

　　若為 AR(1) 模型，則 $\wp_1 \neq 0$，且 $\wp_2 = \wp_3 = \cdots = 0$。

2. 繪圖法

若屬 AR(1) 模型，則其圖形之樣式如圖 4-24。顯示 AR 模型之 ACF 呈現遞減的狀態，落後「1」期並無截斷，因此不易判斷 AR 之落後期數，此時必須再引入 Partial Autocorrelation Function (PACF) 藉以判斷 AR 之落後期數。結果 PACF＝1，表示此模型，初步屬 AR(1) 模型是適切的，若進一步證實「殘差」的 ACF 及 PACF 亦均為 0，則百分之百可以確定，該穩定資料之時間序列就是 AR(1) 型。

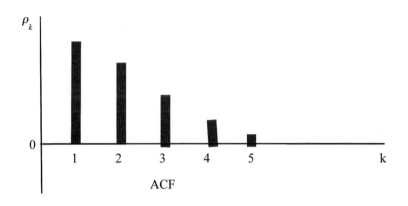

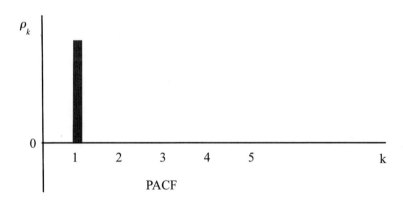

⤷圖 **4-24** AR(1) 模型之圖形之樣式

五、AR(1) 模型——範例

假設有一時間序列 $y_t = 0.6y_{t-1} + e_t$，$t = 1, 2, ..., 200$，$e_t \overset{iid}{\sim} N(0, \sigma^2)$，其對應之分析，根據「偏自我相關函數 (PACF)」為 1，證明它是屬 AR(1) 模型。

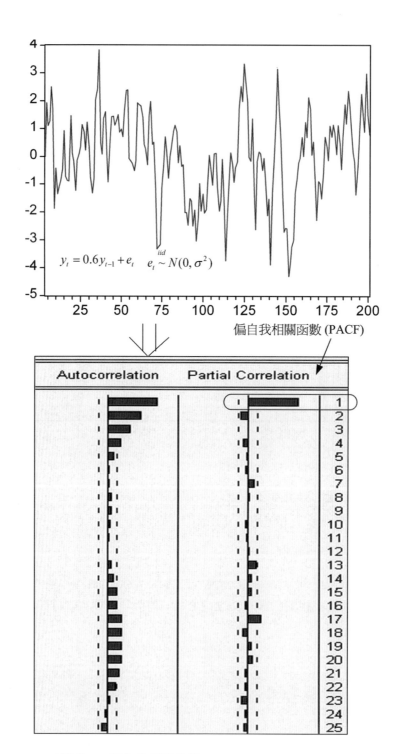

$$y_t = 0.6y_{t-1} + e_t \quad e_t \overset{iid}{\sim} N(0, \sigma^2)$$

偏自我相關函數 (PACF)

⌐圖 4-25 AR(1) 模型——偏自我相關函數 (PACF)

4.3.2 AR(2) 模型

一、AR(2) 模型──基本性質

$$y_t = \mu + \alpha_1 y_{t-1} + \alpha_2 y_{t-2} + e_t \qquad e^t \overset{iid}{\sim} N(0, \sigma^2)$$

若令 L 為落遲運算子 (Lag operator)，即 $y_{t-1} = L \times y_t$，且 $y_{t-2} = L \times y_{t-1} = L \times (L \times y_t) = L^2 \times y_t$。

上式 AR(2) 則可改寫成：

$$\overset{\hat{\mu}}{\qquad} \qquad \overset{(1 + \phi_1 L + \phi_2 L + \cdots)e_t}{\qquad}$$

$$y_t = \boxed{\frac{\mu}{(1 - \alpha_1 L - \alpha_2 L^2)}} + \boxed{\frac{e_t}{(1 - \alpha_1 L - \alpha_2 L^2)}}$$

$$y_t = \hat{\mu} + e_t + \phi_1 e_{t-1} + \phi_2 e_{t-2} + \cdots$$

$$\because \frac{1}{1 - \alpha_1 L - \alpha_2 L^2} = 1 + \phi_1 L + \phi_2 L + \cdots$$

$$\Rightarrow 1 = (1 - \alpha_1 L - \alpha_2 L^2)(1 + \phi_1 L + \phi_2 L^2 + \cdots)$$

$$1 = 1 + (\phi_1 - \alpha_1)L + (\phi_2 - \alpha_2 - \phi_1 \alpha_1)L^2 + \cdots$$

$$\therefore \phi_1 - \alpha_1 = 0 \Rightarrow \phi_1 - \alpha_1$$

$$\phi_2 - \alpha_2 - \phi_1 \alpha_1 = 0 \Rightarrow \phi_2 = \alpha_2 + \alpha_1^2$$

$$\vdots \qquad \vdots \qquad \vdots \qquad \vdots$$

$$\phi_k = \alpha_1 \phi_{k-1} + \alpha_2 \phi_{k-2}, \ k \geq 2$$

$$\because y_t = \hat{\mu} + e_t + \phi_1 e_{t-1} + \phi_2 e_{t-2} + \cdots$$

平均數：$E(y_t) = \hat{\mu} = \dfrac{\mu}{1 - \alpha_1 - \alpha_2}$

自我共變異數：$\gamma_1 = E[y_t, y_{t-1}] \neq 0$

$$\vdots \qquad \vdots \qquad \vdots$$

$$\gamma_k = E[y_t, y_{t-k}] \neq 0$$

二、AR(2) 模型──自我相關函數 (ACF)

假設有一 AR(p) 序列，其自我相關函數 (ACF) 分析結果，如圖 4-26 所示，顯示 p 可以為 1、2、3、4。但如何判定它是否為 AR(2) 模型呢？我們有二個準則可用：

1. 自我相關函數 (ACF) 在落後「1」期無截斷，即 ACF 圖仍呈現落後好幾期的遞減現象。
2. 而且，偏自我相關函數 (PACF) 在落後「2」期就截斷。

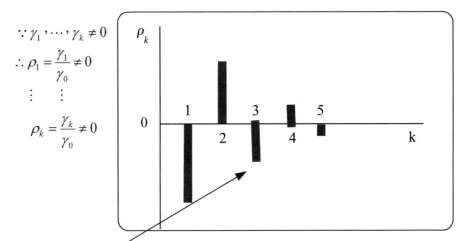

ACF沒有在k=1就截斷的現象，故要改看
PACF落後的k期數，就可斷定它是AR(k)型

◿圖 4-26 AR(2) 模型──自我相關函數 (ACF)

圖 4-26 顯示，AR 之 ACF 呈現遞減的狀態，在落後「1」期無截斷，因此不易判斷 AR 之落後期數，此時必須再引入 Partial Autocorrelation Function (PACF) 藉以判斷 AR 之落後期數。

三、AR(2) 模型——偏自我相關函數 (PACF)

$$y_t = \mu + \alpha_1 y_{t-1} + \alpha_2 y_{t-2} + e_t$$

PACF做法：估計 $y_t = \mu + \sum_{i=1}^{k} \hat{\alpha}_i y_{t-i} + e_t$

在k階偏自我相關係數，若為
AR(2)模型，則有二個條件：
(1)ACF之p有好幾期。

(2)PACF之q只有2期，即　$\rho_k = \hat{\alpha}_k$
$\rho_1 = \hat{\alpha}_1 \neq 0$，$\rho_2 = \hat{\alpha}_2 \neq 0$
$\rho_3 = \rho_4 = \cdots = 0$

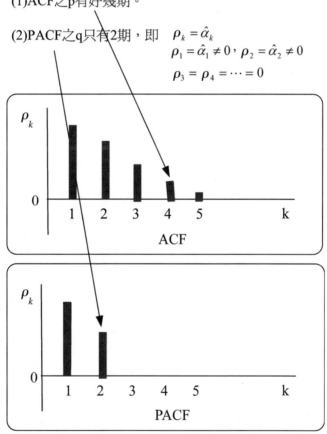

◯圖 **4-27** AR(2) 模型——偏自我相關函數 (PACF)

四、AR(2) 模型——例子

　　假設有一如圖 4-28 之序列 $y_t = 0.5 y_{t-1} + 0.4 y_{t-2} + e_t,\ e_t \overset{iid}{\sim} N(0, \sigma^2)$，其 ACF 落差有好幾期，倘若再經 PACF，剛好落後 2 期就截斷，證明它是屬 AR(2) 模型。

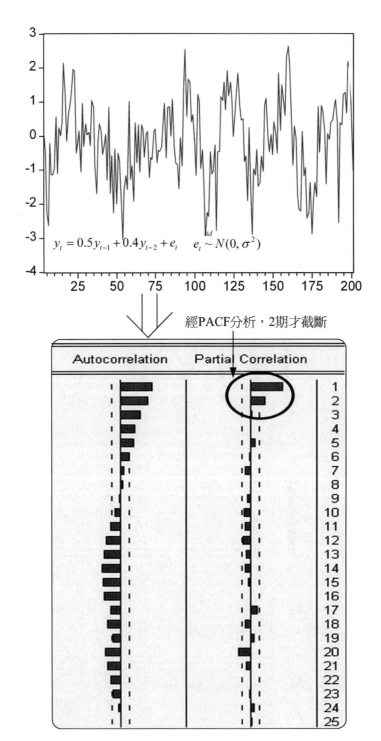

經PACF分析，2期才截斷

$y_t = 0.5y_{t-1} + 0.4y_{t-2} + e_t \quad e_t \overset{iid}{\sim} N(0, \sigma^2)$

⟲圖 **4-28** AR(2) 模型──例子

4.3.3 JMulTi 分析 AR(p) 模型

書中所附 CD 範例，已有 JMulTi 資料檔 (*.dat)，你只要啟動 JMulTi 軟體，再「File →Import Data」即可將它讀入。

一、JMulTi 分析 AR (1) 模型

將 CD 片中附的「ch04 MR(q)範例\AR1.dat」檔，在 JMulTi 軟體中，用「Import Data」讀入該資料檔，進行分析，即可得到下列二個畫面。

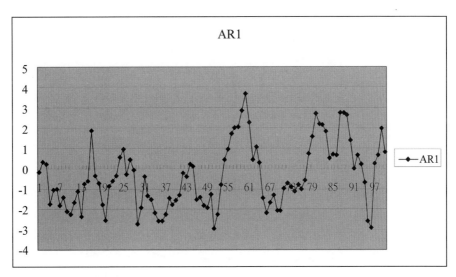

╰圖 **4-29** AR(1) 趨勢圖

Step 1. 判定 ARIMA 模型三個參數 (p,d,q) 之最佳值為何？

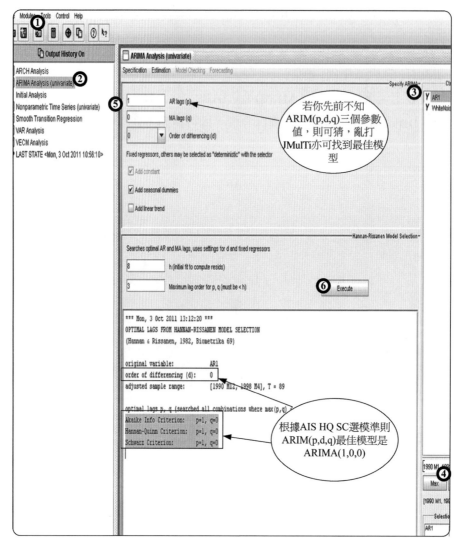

⌐ 圖 4-30 JMulTi 分析 AR (1) 模型結果吻合

Step 2. 估計模型

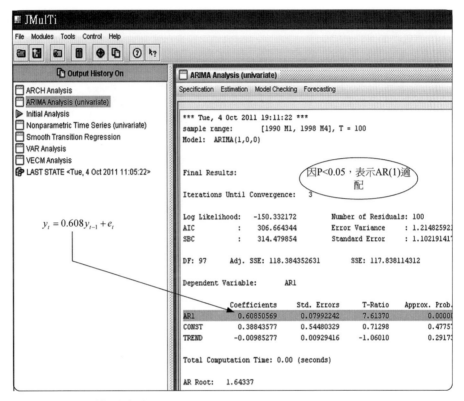

ᐸ圖 4-31 AR(1) 模型估計

Step 3. 模型檢查 (三大殘差診斷：殘差之自我相關、JB 常態性、ARCH-LM)

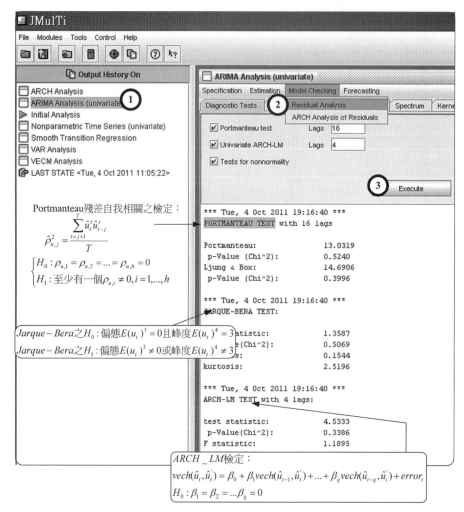

⤷圖 4-32 AR(1) 模型檢查之三大殘差診斷

Step 4. 預測 (下幾期之估計值)

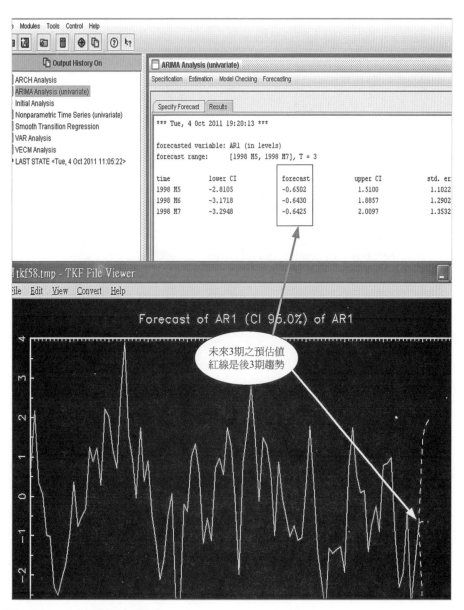

⌐圖 **4-33** AR(1) 模型之預測

二、JMulTi 分析 AR (2) 模型

將 CD 片中附的「ch04 MR(q) 範例\AR2.dat」檔，在 JMulTi 軟體中，用「File → Import Data」讀入該資料檔，進行分析，即可得到下列二個畫面。

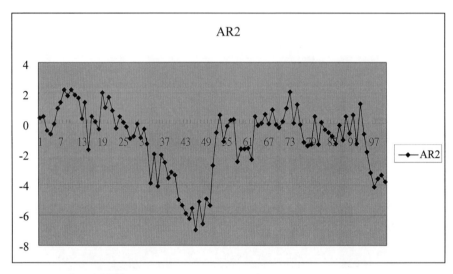

⤷圖 **4-34** AR(2) 趨勢圖

Step 1. 判定 ARIMA 模型三個參數 (p,d,q) 之最佳值為何？

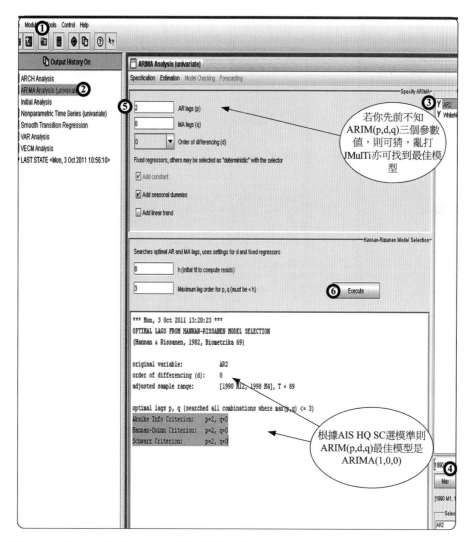

⌐ 圖 **4-35** JMulTi 分析 AR(2) 模型結果吻合

Step 2. 估計模型

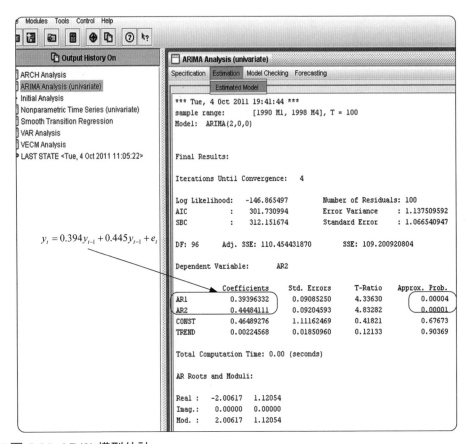

$$y_t = 0.394y_{t-1} + 0.445y_{t-1} + e_t$$

⌐圖 **4-36** AR(2) 模型估計

Step 3. 模型檢查 (三大殘差診斷：殘差之自我相關、JB 常態性、ARCH-LM)

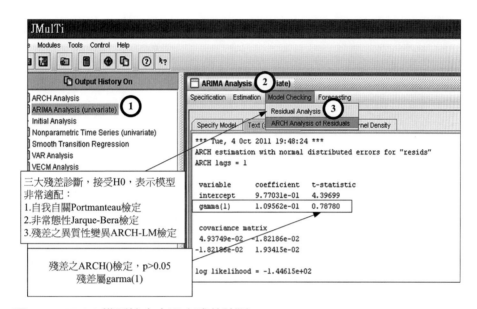

⤷圖 **4-37** AR(2) 模型檢查之三大殘差診斷

Step 4. 預測 (下幾期之估計值)

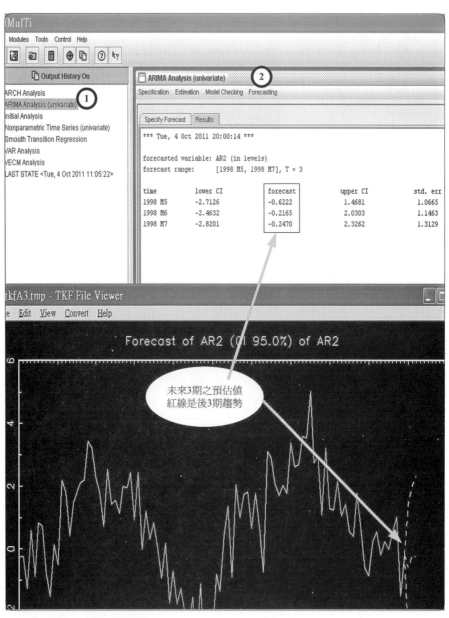

圖 **4-38** AR(2) 模型之預測

三、JMulTi 分析 AR (3) 模型

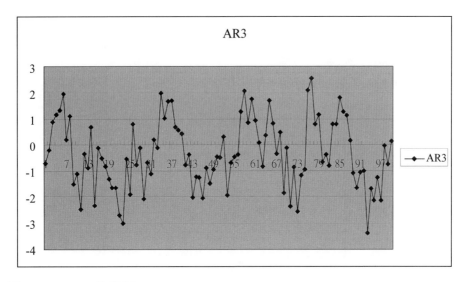

⤷圖 **4-39** AR(3) 趨勢圖

Step 1. 判定 ARIMA 模型三個參數 (p,d,q) 之最佳值為何？

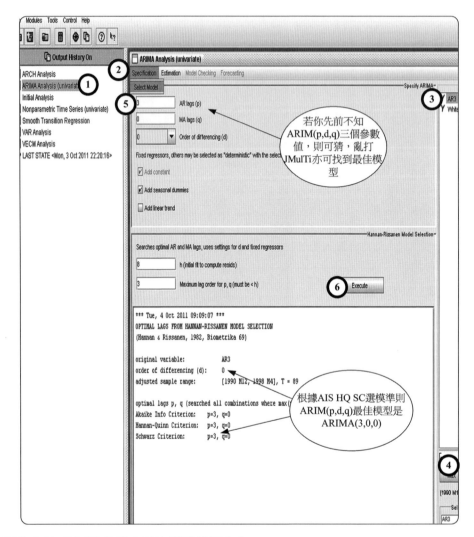

⌐ 圖 **4-40** JMulTi 分析 AR(3) 模型結果吻合

Step 2. 估計模型

略過，請仿照 AR(2) 做法。

Step 3. 模型檢查 (三大殘差診斷：殘差之自我相關、JB 常態性、ARCH-LM)

略過，請仿照 AR(2) 做法。

Step 4. 預測 (下幾期之估計值)

略過，請仿照 AR(2) 做法。

4.3.4 Eviews 分析 AR(p) 模型

1. 假設變數「y2」屬一時間序列，此 $y2_t$ 走趨如圖 4-41 所示，由於 $y2_t$ 為不平穩數列，建立模型之前必須先平穩化。

2. 故將 $y2_t$ 差分後，才顯示它是一平穩數列。

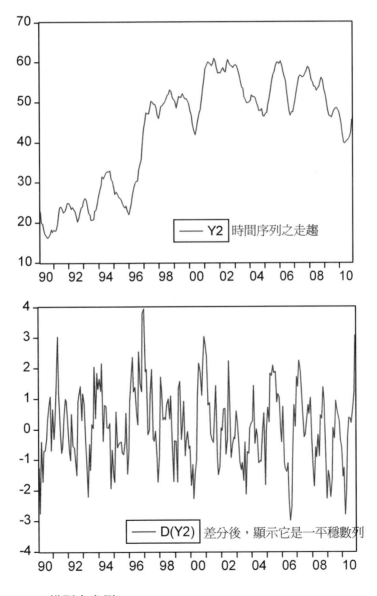

⤴圖 **4-41** AR(p) 模型之實例

我們操作 Eviews 分析 AR(p) 步驟如下：

Step 1. Eviews 指令列打入「ident d (某序列)」

1.在Eviews指令列中輸入「ident d(y2)」，即可繪出ACF與PACF圖。

2.ACF中，從落後1期開始持續遞減，但PACF中僅第1期有很高的相關係數，第2期後即截斷，因此可以判定用AR(1)來建立模型。

3.指令說明「ident」　　指 identification
　　　　　「d(。)」　將括號中的變數做一階差分

correlogram of d(Y₂)

Autocorrelation	Partial Correlation		AC	PAC	Q-Stat	Prob
		1	0.625	0.625	99.193	0.000
		2	0.416	0.041	143.28	0.000
		3	0.267	-0.014	161.49	0.000
		4	0.131	-0.067	165.91	0.000
		5	0.002	-0.099	165.91	0.000
		6	-0.031	0.030	166.16	0.000
		7	-0.119	-0.121	169.86	0.000
		8	-0.188	-0.088	179.07	0.000
		9	-0.178	0.014	187.43	0.000
		10	-0.171	-0.030	195.09	0.000
		11	-0.128	0.036	199.39	0.000
		12	-0.115	-0.059	202.90	0.000
		13	-0.075	0.012	204.42	0.000
		14	-0.089	-0.071	206.56	0.000
		15	-0.062	0.000	207.60	0.000
		16	-0.060	-0.035	208.56	0.000
		17	-0.029	0.011	208.80	0.000
		18	0.006	0.035	208.81	0.000
		19	0.020	-0.016	208.92	0.000
		20	0.018	-0.013	209.00	0.000
		21	0.013	-0.020	209.05	0.000
		22	-0.011	-0.050	209.09	0.000
		23	-0.048	-0.051	209.74	0.000

◟圖 **4-42** Eviews 指令來分析 ACF

Step 2. AR(p) 模型以最小平方法求解

1.在Eviews指令列中輸入:
「ls d(y2) c d(y2(-1))」,即可顯示AR(1)模型

2.指令說明:
「ls」　　指 least square,亦即最小平方法
「d(。)」 將括號中的變數做一階差分
「c」　　 代表常數項
「y(-k)」 代表y的落後k期

```
[圖] Equation: UNTITLED  Workfile: UNTITLED              [_][□][X]
View | Procs | Objects |  Print | Name | Freeze |  Estimate | Forecast | Stats | Resids |

Dependent Variable: D(Y2)
Method: Least Squares
Date: 03/12/09   Time: 03:59
Sample(adjusted): 1990:03 2010:12
Included observations: 250 after adjusting endpoints
```

Variable	Coefficient	Std. Error	t-Statistic	Prob.
C	0.044041	0.061513	0.715967	0.4747
D(Y2(-1))	0.639560	0.049577	12.90035	0.0000

R-squared	0.401572	Mean dependent var		0.091371
Adjusted R-squared	0.399159	S.D. dependent var		1.252514
S.E. of regression	0.970873	Akaike info criterion		2.786726
Sum squared resid	233.7636	Schwarz criterion		2.814898
Log likelihood	-346.3408	F-statistic		166.4190
Durbin-Watson stat	2.030750	Prob(F-statistic)		0.000000

顯示此序多為AR(1)模型

◁圖 4-43 最小平方法 (LS) 之指令

Step 3. 由殘差的檢定來判斷模型配適度

當確定該序列為 AR(1) 模型之後，尚須確認 AR(1) 模型是否足以解釋 y_{2i} 的變異。若 AR(1) 仍不足以解釋 y_{2i} 的變異數，則未解釋的部份會表現在殘差項，故可藉由殘差的檢定來判斷模型配適是否合適。

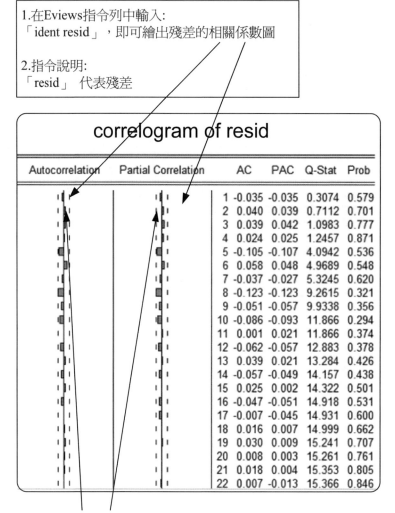

1.在Eviews指令列中輸入：
「ident resid」，即可繪出殘差的相關係數圖

2.指令說明：
「resid」 代表殘差

殘差的ACF與PACF 皆不存在自我相關，
代表 Y_2 的序列相關由AR(1) 來捕捉就已足夠

◯圖 4-44 殘差的檢定來判斷模型配適度

4.4 定態數列之 ARIMA 模型

Box & Jenkins (1976) 提出所謂的自我迴歸移動平均模型 (ARMA Model)。
ARMA 是由 AR 與 MA 兩種模型結合而成，所謂 AR (autoregressive) 模式主要是
指變數 (y_t) 除了受誤差項 ε_t 影響外，還受變數前期 (y_{t-1}, y_{t-2}, ..., y_{t-p}) 所影響。

AR(p) 的一般化模型表示如下：

$$y_t = \alpha_0 + \sum_{i=1}^{p} \alpha_i y_{t-i} + \varepsilon_t$$

其中 α_0 為常數截距項；p 為落後期數 (lag)；α_i 為 y_{t-i} 的係數；是 ε_i 白噪
音。MA (moving average) 模式是指變數 (y_t) 與變數前期的誤差項 (ε_{i-1}, ε_{i-2}, ...) 有
一定的關係，而 MA(q) 的一般化模型可寫成：

$$y_t = \alpha_0 + \varepsilon_t + \sum_{j=1}^{q} \beta_j \varepsilon_{t-j}$$

其中 α_0 為常數截距項；q 為落後期數 (lag)；β_j 為 ε_{t-j} 的係數；ε_i 是白噪
音。因此，所謂的 ARMA(p, q) 模型之正式定義，就可以表示成：

$$y_t = \mu + \sum_{i=1}^{p} \alpha_i y_{t-i} + \varepsilon_t + \sum_{j=1}^{q} \beta_j \varepsilon_{t-j}$$

一般而言，若非平穩型時間序列之原始序列經 d 次差分後 (d > 0) 可轉為平
穩型時間序列，再以前述 ARMA 模式擬合，如此之模式稱為 (p,d,q) 階之整合
自我迴歸移動平均模型 [Autoregressive Integrated Moving Average Model of Order
(p,d,q)，ARIMA(p,d,q)]，其中 p 表示為自我迴歸過程之階數，d 為差分次數，q
表示為移動平均過程之階數。

4.4.1 ARIMA(p,q) 模型之概念

ARIMA(p,d,q) 模型之基本概念，在預測一個變數時，先取得此變數過去實
際發生觀察值，再為此時間序列找出一個適當參數的 ARIMA 模型，並以此模
型預測至未來，預測過程中，僅考慮此變數過去之行為，不考慮此變數受到其

他變數影響之關係,其形式係由 p、d、q 三個參數所決定,其中 p 為自我迴歸 (auto regression, AR) 階數,d 為差分 (differencing) 階數,q 為移動平均 (moving average, MA) 階數,差分目的在將非定態 (non-stationary) 時間序列調整為定態 (stationary) 時間序列。換句話說,ARIMA 模型係將時間序列經差分後,予以轉換成定態時間序列,再配以 ARMA(p,q) 模型,形成 ARIMA(p,1,q) 模型 (差分一次),而定態時間序列定義為同時滿足恆常均值、恆常變異、恆常自我相關三者條件:

$$[\Delta^d y_t - \mu] = \left(\frac{1 - \theta_1 B^1 - \theta_2 B^2 - \cdots - \theta_q B^q}{1 - \phi_1 B^1 - \phi_2 B^2 - \cdots - \phi_p B^p} \right) e_t$$

其中,Δ 或 ∇ 為差分運算子 (differencing operator),B 為後退運算子 (backward shift operator),y_t 為第 t 期觀察值,μ 為差分後總均值,p 為自我迴歸階數,d 為差分階數,q 為移動平均階數,$\phi_1, \phi_2, ..., \phi_p$ 為自我迴歸係數,$\theta_1, \theta_2, ..., \theta_q$ 為移動平均之係數,e_t 為誤差項,$e_t \overset{iid}{\sim} N(0, \sigma^2)$。

事實上,ARIMA(p,d,q) 模型可簡化為許多特例模型,如表 4-2 所示,由此可知不同 (p,d,q) 組合,可構成無限多組ARIMA 模型,研究者在建構預測模型時,必須先辨認序列最適參數組合 (p,d,q),方能進一步估計係數及產生預測。

■表 4-2 ARIMA 模型之特例模型

ARIMA 模型	特例模型
AIMRA(p,0,0)	AR(p)
AIMRA(0,0,q)	MA(q)
AIMRA(0,1,0)	直線趨勢預測
AIMRA(p,0,q)	不需差分之 ARMA(p,q)
AIMRA(p,1,q)	需差分一次之 ARMA(p,q)

一、定義 ARIMA (p,q) 模型

某一序列分以上述分析法,若單純以 AR 模型或單純以 MA 模型仍不能完全捕捉數列走勢時,則可考慮以 AR 與 MA 模型混合使用,即 ARMA(p,q) 模型:

$$y_t = \mu + \sum_{i=1}^{p} \alpha_i y_{t-i} + \varepsilon_t + \sum_{j=1}^{q} \beta_j \varepsilon_{t-j}$$

其中，p 為自我迴歸項 AR 的落後期數，q 為移動平均項 MA 的落後期數。

二、ARIMA(1,1) 模型——基本性質

$$AR(1) + MA(1)$$

$$y_t = \mu + \boxed{\alpha_1 y_{t-1}} + e_t + \boxed{\beta_1 e_{t-1}}$$

$$\Rightarrow (1 - \alpha_1 L) y_t = \mu + (1 + \beta_1 L) e_t$$

$$\Rightarrow y_t = \boxed{\frac{\mu}{(1 - \alpha_1 L)}} + \boxed{\frac{1 + \beta_1 L}{(1 - \alpha_1 L)}} e_t$$

$$\hat{\mu} \qquad 1 + \phi_1 L + \phi_2 L^2 + \phi_3 L^3 - \cdots$$

$$\Rightarrow y_t = \hat{\mu} + e_t + \phi_1 e_{t-1} + \phi_2 e_{t-2} + \cdots$$

平均數：$E(y_t) = \hat{\mu} = \dfrac{\mu}{1 - \alpha_1}$

三、ARMA(1,1) 模型——ACF 及 PACF

自我共變異函數 (ACF) 之模型為：

$$y_t = \mu + \alpha_1 y_{t-1} + e_t + \beta_1 e_{t-1}$$

$$\Rightarrow y_t = \hat{\mu} + e_t + \phi_1 e_{t-1} + \phi_2 e_{t-2} + \cdots$$

可展開為無窮期之 MA 模型，因此

$$\gamma_j = E(y_t, y_{t-1}) \neq 0, \quad j = 1, 2, \cdots$$

$$\text{ACF}: \rho_j = \frac{\gamma_j}{\gamma_0} \neq 0$$

$$\text{PACF}: (1 - \alpha_1 L) y_t = \mu + (1 + \beta_1 L) e_t$$

$$\Rightarrow \boxed{\frac{1 - \alpha_1 L}{(1 + \beta_1 L)}} y_t = \boxed{\frac{\mu}{(1 + \beta_1 L)}} + e_t$$

$$(1 - \pi_1 L - \pi_2 L^2 - \cdots)$$

$$\Rightarrow y_t = \frac{\mu}{(1 + \beta_1)} + \pi_1 y_{t-1} + \pi_2 y_{t-2} + \cdots + e_t$$

上式可展成無窮期之 AR 模型，因此偏相關係數為：$\wp_k \neq 0$。

四、ARIMA(1,1) 模型——範例

假設有一序列：$y_t = 0.5y_{t-1} + e_t + 0.6e_{t-1}$，其走趨如圖 4-45 所示。

1. 從 ACF 和 PACF 來看，兩個皆有截斷，因此可以推測 數列不僅有 AR，也有 MA。

2. 由於 PACF 在第 1 期特別突出，第 2 期後便收斂，因此推測模型中應含 AR(1)。

3. 由於 ACF 在第 1 期特別突出，第 2 期後便明顯下降，因此可將 MA(1) 納入模型考量。

4. 但由於 ACF 中的第 2 期也較其他各期突出，因此 MA(2) 可能也需納入模型。

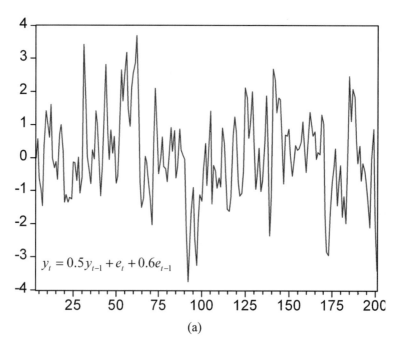

(a)

⌐ 圖 4-45 ARIMA(1,1) 模型——範例

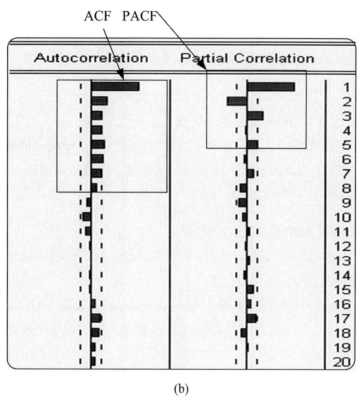

ACF PACF

(b)

◠圖 **4-45** ARIMA(1,1) 模型──範例 (續)

4.4.2 JMulTi 分析 ARIMA(p,d,q) 模型

一、JMulTi 軟體之優點

時間序列預測長久以來皆以線性統計方法為基礎，例如：ARIMA 模型假設時間序列是線性過程 (linear processes)，而線性模型之優點乃對於時間序列較容易分析、解釋與應用。但事實上，在真實世界中變數間常存在複雜的非線性關係，因此往昔學者，發展出許多非線性模型，諸如雙線性模型 (bilinear model)、起始點自我迴歸模型 (threshold autoregressive model, TAR)、自我迴歸條件異質性模型 (autoregressive conditional heteroscedastic model, ARCH)。然而，這些非線性模型仍被限制於須先假設樣本資料符合一個明確的非線性關係，再以統計檢定方法判別假設模型是否顯著成立，但在多種非線性模型中，如何人工選擇適當的非線性模型是很困難的 (Zhang, Patuwo & Hu, 1998)。可是，有了 JMulTi 免費軟體

之後，此煩惱問題就容易多了。因為 JMulTi 軟體會自動建議你：ARIMA(p,d,q) 三參數最佳值為何、ARCH-GARCH(p,q) 二參數最佳值為何；並提供你剛剛界定的 ARIMA(p,d,q) 或 ARCH-GARCH(p,q) 模型之三大殘差檢驗，讓你來判定該模型是否適配。

二、JMulTi 建立 ARIMA 模型的四步驟

ARIMA 模型的建立過程，主要步驟有四：模型辨認 (model identification)、參數 (p,d,q) 估計 (parameter estimate)、該模型三大殘差之檢查、與預測產生 (forecast generation)，實例說明如下。

一、JMulTi 分析 ARIMA (1,0,3) 模型

書中所附 CD 範例，都有 JMulTi 資料檔 (*.dat)，你只要啟動 JMulTi 軟體，再「File→Import Data」即可將它讀入。

例如，將 CD 片中附的本例子「ch04 ARIMA(p.o.q) 範例\AR1MA3.dat」檔，用 JMulTi 之「File→ Import Data」讀入該資料檔，接著再進行分析，即可得到下列二個畫面。

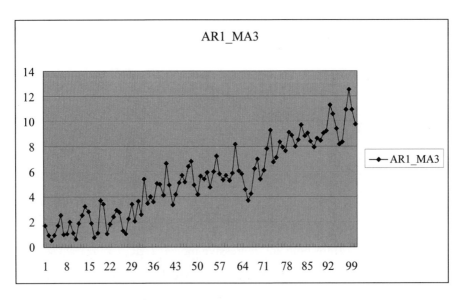

◟圖 **4-46** ARIMA (1,0,3) 趨勢圖

Step 1. 判定 ARIMA 模型三個參數 (p,d,q) 之最佳值為何？

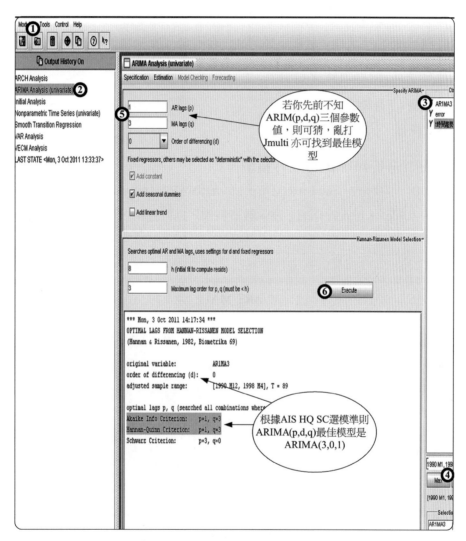

⤷圖 4-47 JMulTi 分析 ARIMA(1,0,3) 模型結果吻合

Step 2. 估計模型

　　在此略過，請仿照 AR(2) 的做法。

Step 3. 模型檢查 (三大殘差診斷：殘差之自我相關、JB 常態性、ARCH-LM)

　　在此略過，請仿照 AR(2) 的做法。

Step 4. 預測 (下幾期之估計值)

　　在此略過，請仿照 AR(2) 的做法。

二、JMulTi 分析 ARIMA (3,0,1) 模型

　　將 CD 片中附的「ch04 ARIMA(p.o.q) 範例\AR3MA1.dat」檔，在 JMulTi 軟體中，用「File → Import Data」讀入該資料檔，進行分析，即可得到下列二個畫面。

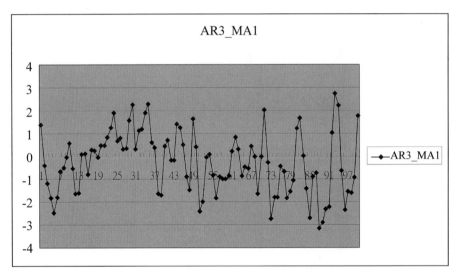

⤵圖 **4-48** ARIMA (3,0,1) 趨勢圖

Step 1. 判定 ARIMA 模型三個參數 (p,d,q) 之最佳值為何？

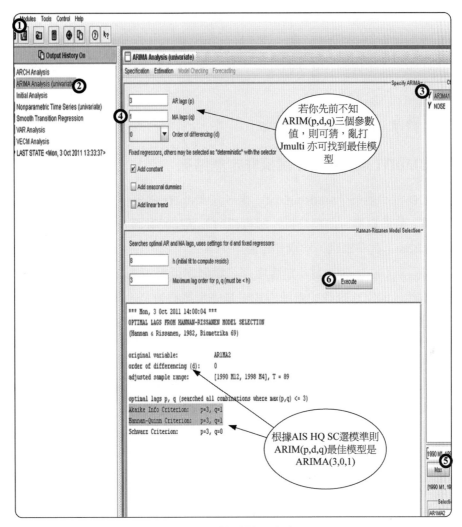

◌圖 **4-49** JMulTi 分析 ARIMA (3,0,1) 模型結果吻合

Step 2. 估計模型

在此略過，請仿照 AR(2) 的做法。

Step 3. 模型檢查 (三大殘差診斷：殘差之自我相關、JB 常態性、ARCH-LM)

在此略過，請仿照 AR(2) 的做法。

Step 4. 預測 (下幾期之估計值)

在此略過，請仿照 AR(2) 的做法。

4.4.2 JMulTi 以 ARIMA 試探非定態序列

將 CD 片中附的「unitRoot.dat」檔，在 JMulTi 軟體中，用「File → Import Data」讀入該資料檔，進行分析，即可得到下列二個畫面。由於事先已確認變數「y_UnitRoot」具有單根，故屬非定態序列。

如果「y_UnitRoot」屬非定態序列，我們亦可用 JMulTi 來試探其最佳模型為何？當然，通常比較好的處理方式，是先用單根檢定，再決定 ARIMA(p,d,q) 是屬 ARIMA(p,0,q) 或 ARIMA(p,1,q)。從下面二個畫面，得知：

1. 非定態序列「y_UnitRoot」未先一階差分，所得結果為 ARIMA (3,0,0)。
2. 非定態序列「y_UnitRoot」先經一階差分，所得結果為 ARIMA (2,1,0)。此模式比 ARIMA (3,0,0) 優。

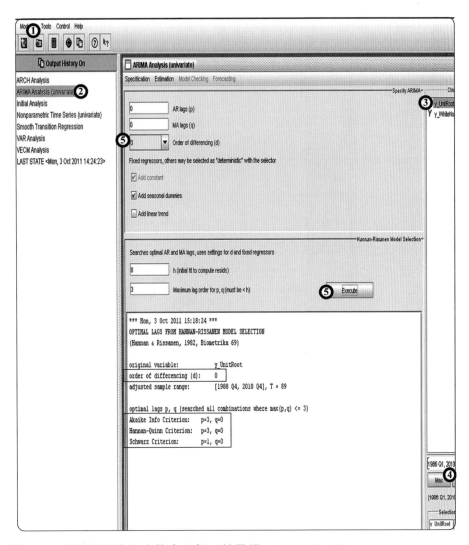

⌐圖 4-50 有單根但當作定態來分析，結果得 ARIMA (3,0,0)

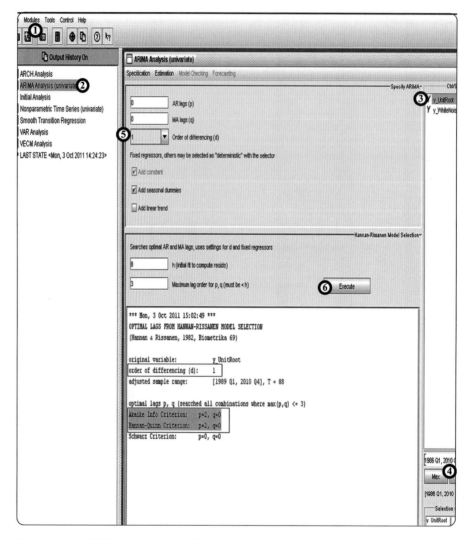

⌐圖 **4-51** 有單根但差分一次再分析，結果得 ARIMA (2,1,0)

4.4.3 Eviews 分析 ARIMA(p,q) 模型

　　某工程物價總指數 (TP_t)，從它的趨勢圖來看，是一個非平穩數列。但是一階差分 [" (ΔTP_t) "] 後，D(TP) 即成一平穩數列。其 Eviews 操作步驟如下：

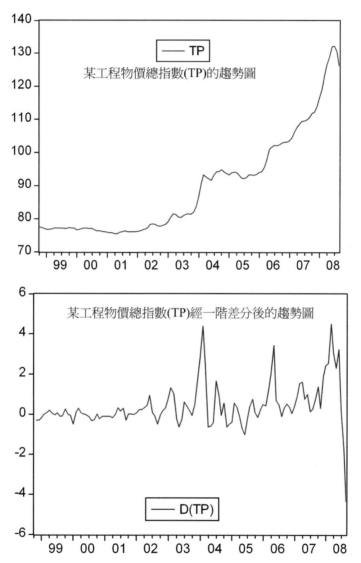

ᒼ**圖 4-52** ARIMA(p,q) 模型之 Eviews 操作分析

Step 1. 在 Eviews 指令列中鍵入「ident d (某變數)」指令，來繪 ACF、PACF 圖

在Eviews指令列中輸入：「ident d(TP)」以繪ACF PACF
圖，來判定：
1.從ACF和PACF來看，兩個皆有截斷，因此可以推測
d(TP)數列不僅有AR，也有MA。
2.由於PACF在第1期特別突出，第2期後便收斂，因此
推測模型中應含AR(1)。
3.由於ACF在第1期特別突出，第2期後便明顯下降，因
此可將MA(1) 納入模型考量。
4.但由於ACF中的第2期也較其他各期突出，因此MA(2)
可能也需納入模型。

Autocorrelation	Partial Correlation		AC	PAC	Q-Stat	Prob
		1	0.635	0.635	49.220	0.000
		2	0.298	-0.177	60.149	0.000
		3	0.044	-0.115	60.388	0.000
		4	-0.017	0.090	60.423	0.000
		5	-0.008	0.009	60.431	0.000
		6	-0.031	-0.086	60.550	0.000
		7	-0.004	0.080	60.552	0.000
		8	-0.025	-0.065	60.635	0.000
		9	-0.039	-0.027	60.836	0.000
		10	0.009	0.111	60.847	0.000
		11	0.064	0.030	61.400	0.000
		12	0.166	0.124	65.094	0.000
		13	0.148	-0.045	68.058	0.000
		14	0.047	-0.100	68.361	0.000
		15	-0.087	-0.080	69.418	0.000
		16	-0.148	-0.003	72.472	0.000
		17	-0.119	-0.002	74.477	0.000
		18	-0.049	0.045	74.820	0.000
		19	0.076	0.135	75.656	0.000
		20	0.124	-0.008	77.883	0.000
		21	0.118	0.017	79.942	0.000
		22	0.091	0.030	81.161	0.000
		23	0.066	-0.013	81.807	0.000
		24	0.101	0.062	83.345	0.000
		25	0.160	0.121	87.272	0.000

⌐圖 4-53 下 Eviews 指令來求 ARIMA(p,q) 模型

由 ACF 及 PACF 的結果，可能的模型有二型：

Model 1：ARMA(1,1) 即，$d(TP_t) = c + \beta_1 \times d(TP_{t-1}) + \beta_2 \times e_{t-1} + e_t$

Model 2：ARMA(1,2) 即，$d(TP_t) = c + \beta_1 \times d(TP_{t-1}) + \beta_2 \times e_{t-1} + \beta_3 \times e_{t-2} + e_t$

Step 2. 分析 Model 1：ARMA(1,1) 是否適配？

不論統計法或殘差的 ACF 和 PACF 來看，都顯示 AR(1)、MA(1) 都顯著，表示 TP_t 是屬 ARMA(1,1)，以 ARMA(1,1) 來配適模型已足夠。

```
Equation: EQ01  Workfile: EX2

View Procs Objects | Print Name Freeze | Estimate Forecast Stats Resids

Dependent Variable: D(TP)
Method: Least Squares                         序列TP、AR(1)、MA(1)都顯著
Date: 03/12/09   Time: 04:25
Sample(adjusted): 1998:12 2008:09
Included observations: 118 after adjusting endpoints
Convergence achieved after 10 iterations
Backcast: 1998:11
```

Variable	Coefficient	Std. Error	t-Statistic	Prob.
C	0.121412	0.102442	1.185180	0.2384
D(TP(-1))	0.638409	0.108972	5.858486	0.0000
MA(1)	0.258827	0.125932	2.055297	0.0421

R-squared	0.504268	Mean dependent var	0.415424
Adjusted R-squared	0.495647	S.D. dependent var	1.110259
S.E. of regression	0.788482	Akaike info criterion	2.387680
Sum squared resid	71.49587	Schwarz criterion	2.458121
Log likelihood	-137.8731	F-statistic	58.49017
Durbin-Watson stat	1.818857	Prob(F-statistic)	0.000000

Inverted MA Roots　　-.26

殘差ACF PACF

Autocorrelation	Partial Correlation		AC	PAC	Q-Stat	Prob
		1	0.026	0.026	0.0845	0.771
		2	0.090	0.089	1.0707	0.585
		3	-0.102	-0.107	2.3457	0.504
		4	-0.165	-0.171	5.7311	0.220
		5	0.088	0.121	6.6956	0.244
		6	-0.079	-0.066	7.4854	0.278
		7	-0.057	-0.117	7.8938	0.342
		8	-0.015	0.002	7.9218	0.441
		9	-0.126	-0.095	9.9946	0.351
		10	-0.049	-0.104	10.305	0.414
		11	-0.022	-0.008	10.370	0.497
		12	0.132	0.143	12.681	0.393
		13	0.072	-0.001	13.380	0.419
		14	0.039	-0.007	13.592	0.480
		15	-0.049	-0.033	13.928	0.531
		16	-0.152	-0.143	17.118	0.378
		17	0.006	-0.004	17.123	0.446
		18	-0.128	-0.115	19.452	0.365
		19	0.092	0.063	20.651	0.356
		20	0.038	0.032	20.863	0.405
		21	0.022	0.031	20.934	0.463
		22	0.041	0.008	21.176	0.510
		23	-0.051	-0.014	21.570	0.546
		24	-0.034	-0.089	21.744	0.595

◟圖 4-54　Model 1：ARMA(1,1)

Step 3. 分析 Model 2：ARMA(1,2) 是否適配？

不論統計法或殘差的 ACF 和 PACF 來看，顯示 AR(1)、MA(2) 都顯著，表示 TP_t 是屬 ARMA(1,2)，以 ARMA(1,1) 來配適模型亦可以。

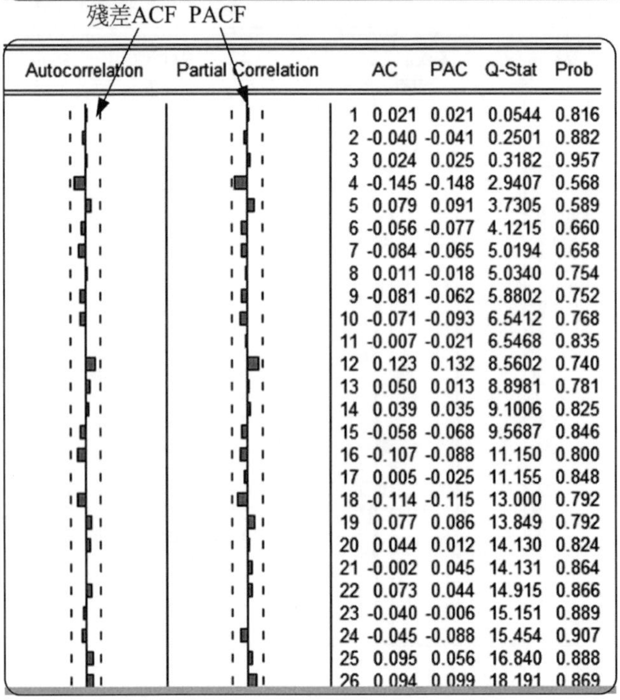

殘差ACF PACF

⤷圖 4-55 Model 2：ARMA(1,2)

由殘差的 ACF 和 PACF 來看，ARMA(1,1) 及 ARMA(1,2) 都配適模型。我們到底該挑誰呢？請看準則 AIC (Akaike information criterion) 及 BIC (Bayes information criterion) 或稱 SIC (Schwarz information criterion)。

Step 4. 模型挑選得靠 AIC 及 BIC 二個指標

1. AIC：$AIC(p) = \ln(\frac{SS_R}{T}) + (p+1)\frac{2}{T}$，其中，T 為總期數，p 為需估計參數個數。

2. BIC：$BIC(p) = \ln(\frac{SS_R}{T}) + (p+1)\frac{\ln T}{T}$，其中，$SS_R$ 是 sum of squared residuals (未解釋變異)。

挑選 Model 1 或 Model 2 的最高準則：AIC 或 BIC 愈小的模型愈好。理論上，SIC 所挑選的落後期數為真實落後期數的一致估計式，但電腦模擬顯示，小樣本時，AIC 的表現卻較 BIC 佳。

由於 Model 1 的 AIC＝2.488，Model 2 的 AIC＝2.463，故我們應挑 AIC 值較小的 Model 2： ARMA(1,2)。

4.4.4 JMulTi 實例：西德個人所得 (income) 的預測

將 JMulTi 附的「C：\jmulti4\dataset\German imcome.dat」檔，在 JMulTi 軟體中，用「File → Import Data」讀入該資料檔，進行分析，即可得到下列二個畫面。由於 JMulTi ARIMA 畫面已有提供「Order of differencing (d)」，讓你試探該模型是否需要差分 (d＝0, 或 d＝1)：依據這二種選擇，讓 JMulTi 本身會自動判定待分析的變數「income」，是屬 ARIMA(3,0,2) 或 ARIMA(3,1,0) 型。

Step 1. 判定 ARIMA 模型三個參數 (p,d,q) 之最佳值為何？

1. 假設你勾選 ARIMA 畫面是非定態序列「income」不需一階差分，「即 Order of differencing (d＝0)」，JMulTi 求解結果是建議採用 ARIMA (3,0,2) 模型。

2. 假設你勾選 ARIMA 畫面是定態序列「income」不需一階差分，「即 Order of differencing (d＝1)」，JMulTi 求解結果是建議採用 ARIMA (3,1,0) 模型。

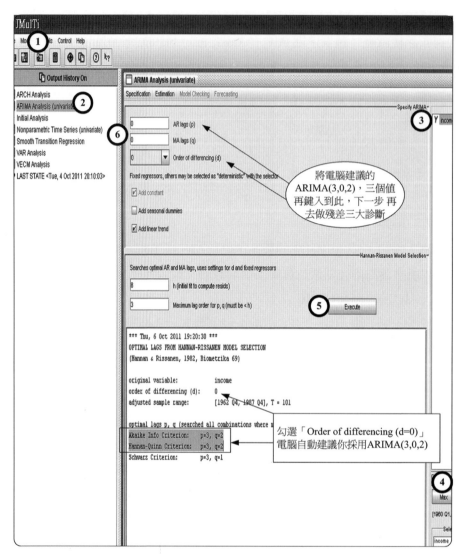

⤷圖 **4-56** ARIMA「Order of differencing (d)」勾選畫面

以上二種 ARIMA(p,d,q) 模型誰比較優呢？經殘差之三大檢定，可發現
ARIMA (3,1,0) 模型較優，因為其殘差通過 JB 常態性檢定、ARCH-LM 檢定 (如
下面二個畫面)。

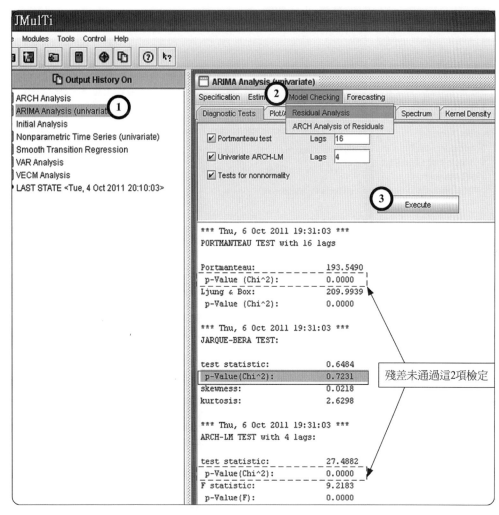

⊾圖 4-57 假定是定態之 ARIMA (3,0,2)，2 大殘差檢定都未能通過

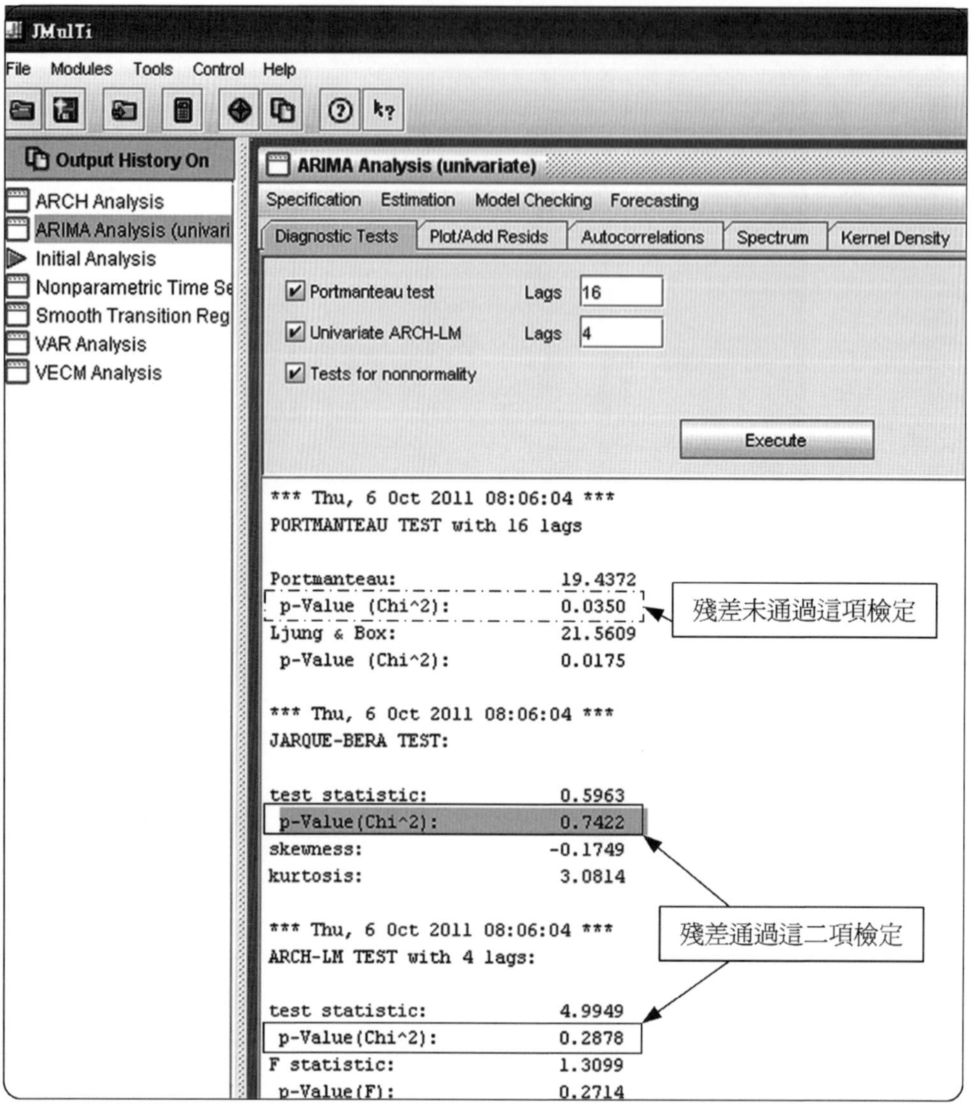

圖 4-58 假定是定態之 ARIMA (3,1,3)，它通過二大殘差檢定

Step 2. 估計模型

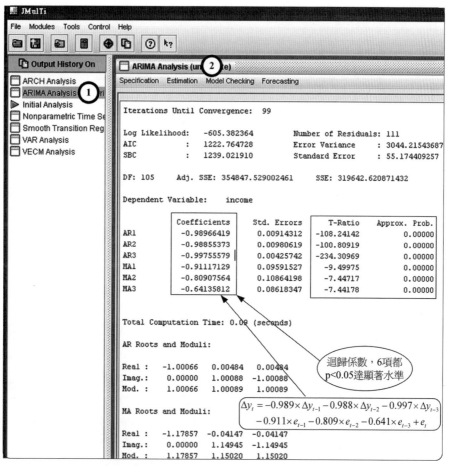

ᒡ圖 **4-59** 估計 ARIMA () 模型

電腦估計模型為 (
$$\Delta y_t = -0.989 \times \Delta y_{t-1} - 0.988 \times \Delta y_{t-2} - 0.997 \times \Delta y_{t-3}$$
$$-0.911 \times e_{t-1} - 0.809 \times e_{t-2} - 0.641 \times e_{t-3} + e_t$$
)

Step 3. 模型檢查 (三大殘差診斷：殘差之自我相關、JB 常態性、ARCH-LM)

　　殘差只未通過 Portmanteau 自我相關，但殘差通過 JARQUE-BERA 常態性檢定及 ARCH-LM 異質變異檢定，顯示此模型還差強人意之適配，這個 ARIMA (3, 1,3) 模型為：$y_t = -0.989 \times y_{t-1} - 0.988 \times y_{t-2} - 0.997 \times y_{t-3}$
$$-0.911 \times e_{t-1} - 0.809 \times e_{t-2} - 0.641 \times e_{t-3} + e_t$$

Step 4. 預測 (下幾期之估計值)

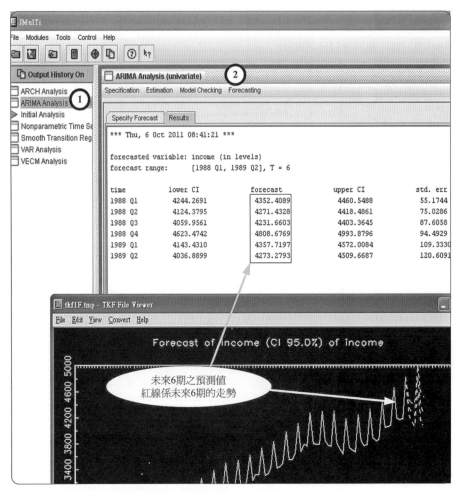

⌐ 圖 **4-60** 西德個人所得之預測 (未來趨勢仍往上)

4.5 | JMulTi 實作 ARIMA 預測模型──**BDI** 的預測及走勢分析

　　將隨書 CD 附的「ch04 ARIMA 及 ch08 VECM 練習題\BDI 運輸預測」資料夾中「BDI 預測 .dat」資料檔，進入 JMulTi 畫面，用「File → Import Data」讀入該資料檔，即可進行分析。

基於 ARIMA 模型的散裝運輸運價預測與走勢分析

摘要

　　全球經貿的瞬息萬變，攸關航運市場租金與運費發展之動向。海上運輸以散裝貨物運輸為最大宗，而散裝運輸對台灣的經濟扮演著舉足輕重之角色，且散裝航運市場運價波動具有高度之不確定性，故引發本研究想探討影響散裝運輸波羅地海 (BDI) 散裝貨運價指數之波動因素。由於影響散裝運輸運價指數變動的因素眾多，而過去相關預測方法較著重於船型大小與運費相關之預測，缺乏對散裝運輸運價總體面之分析。因此本文利用 JMulTi 時間序列分析軟體所提供 ARIMA 預測模型來進行實證分析，藉此建構散裝運輸 BDI 指標之預測模型，以利我們掌握未來市場運價與租金的發展趨勢。樣本資料取自鉅亨網及央行公布的統計，期間從 2006 年 1 月至 20011 年 12 月。

　　本研究發現：(1) ARIMA(p,d,q) 模型中，令參數 p＝2，經 Portmanteau、Jarque-Bera、ARCH-LM 三殘差診斷後，證實此模型仍適合 BDI 指數之預測。(2) 未來一年 (2012 年) BDI 指數，從 1 至 12 月呈現緩步上升趨趨。(3) 利用 ARIMA(2,0,0) 模型預測散裝運輸 BDI 指數，結果可提供散裝航運業者做為備船決策考量之依據。

關鍵字：散裝運輸、波羅地海運價指數 (BDI)、ARIMA、預測 (forecast)

壹、緒論

　　航運為一跨國性的產業，在國際海運市場中競爭激烈。而散裝航運主要載運體積龐大及未包裝的工業原料及大宗物資，如礦砂 (Ore)、煤炭 (Coal) 及穀物 (Grain) 等。在全球貿易逐漸自由開放的經濟體中，就國際市場結構而言，國際散裝乾貨船市場屬於完全競爭市場 (Kavnssanos, 1996)，單一或少部份之船束或備船人無法主導海運市場之變化，完全由市場供需來決定運費與租金的價格，故航運產業景氣的榮枯直接受到世界經濟景氣之影響，且與全球貿易量的趨勢間彼此息息相關。

　　散裝航運業受到全球貿易量及經濟成長率之影響，除了以全球經濟發展為主要觀察指標外，進一步分析產業特性發現，散裝航運市場存在淡季供給大於需求、旺季則出現供不應求的現象。而散裝航運的需求部份以季節性的貨源為主，故使散裝航運呈現淡旺明顯現象 (林光、張志清，2002)。

有鑑於影響散裝航運市場運費與租金波動的因素眾多 (Chang, 2012)，如何找出簡潔且有效的領先指標，將是本研究之重點。

在散裝航運業的運費與租金波動中，可藉由波羅地海國際運費期貨交易中心 (Baltic International Freight Futures Exchange, BIFFEX) 來進行散裝之避險。目前波羅地海交易中心發布之波羅地海運價指數，自 1999 年 11 月 1 日起更改為波羅地海乾散貨運價指數 (Baltic Dry Index, BDI)，其係由波羅地海海岬型船運價指數 (Baltic Cape Index, BCI)、波羅地海巴拿馬極限型船運價指數 (Baltic Panamax Index, BPI)、波羅地海輕便極限型船運價指數 (Baltic Handymax Index, BHMI) 三種指數所組成，由此三種主要船型各佔三分之一權重 (weighting) 平均計算而得，力求真實反映整體散裝航運市場與運價 (運費與租金) 之變動。

由於散裝航運市場受整體經濟景氣循環影響的波動幅度大，經由文獻整理得知，影響波羅地海運價指數的因素眾多，故本研究首先透過文獻歸納整理各項影響因素與確立研究方法之適用性，並選擇透過自我迴歸模型 (AutoRegressive Integrated Moving Average, ARIMA) 迴歸模型來進行預測。

由於預測方法種類繁多 (ARIMA、Vector AutoRegressive Model、ARIMA)，故必須對數據資料與實例加以了解後，才能確定符合研究之最適預測方法 (張紹勳等人，2012)。

因本研究數據資料之複雜與多樣性 (Duru, 2010)，欲達成精簡且可預測精準之目標，因此選用 ARIMA 迴歸模型，以建構出完整之預測模型，並能具體預測指數改變點之位置。

本文具體目的如下：

1. 構建波羅地海運價指數之預測模式 (ARIMA 迴歸式)。
2. 探討波羅地海運價指數變動的主要影響因素，以提供散裝運輸業掌握未來市場運價 (運費與租金) 的發展趨勢。

貳、文獻探討

航運市場與運價之相關研究，必須由總體經濟來著手 (Douet & Cappuccilli, 2011)。由於本研究主要針對 BDI 進行預測，因此文獻探討國內外海運運價，以歸納出影響波羅地海運價指數波動之較重要因素。

波羅地海運價指數 (BDI)

　　散裝航運係指承載大宗物資的運送服務，包括民生及工業基本原料之大宗物資，如鐵礦、煤炭、穀物、肥料等為主。一般而言，散裝航運無固定航行路線，端視貨物運送地點決定其航程。由於受全球經濟景氣、天災、戰爭及國際需求等因素影響甚大，故其業務量之起伏波動相對激烈。散裝船舶依載重噸位 (Deadweight Tonnage, DWT) 不同，主要區分為以下三種船型：

■表 4-3　波羅地海運價指數組成之船型

類型/名稱	噸位	指數	主要運輸貨物
輕便極限型 (Handymax)	5 萬噸以下	BHMI	主要運送木屑、紙漿、水泥等輕散貨。
巴拿馬極限型 (Panamax)	5~8 萬噸	BPI	主要運送民生物資、穀物等大宗物資。
海岬型 (Capesize)	8 萬噸以上	BCI	主要運送鐵礦砂、焦煤、燃煤等工業原料。

　　Chen & Wang (2004) 研究發現，大型船舶的變動比率較高，因為大型船舶只運輸主要乾貨物，且船型愈大，商品的集中程度愈大，而小型船舶則較靈活。換言之，散裝運輸市場中，船型大小將影響航運市場之波動。Koekebakker & Adland (2004) 分析十年來巴拿馬極限型船的傭船費率，藉由論時傭船費率得知運價變動模型，得知論程傭船運費的費率大約一年的時間可達到高峰。由此可知散裝船舶傭船費率與航運市場間存有相互影響之關係。

參、研究方法

　　Frederick, Harris & Moyer (2002) 認為以計量經濟模型進行預測有多項優點，例如，以量化數字來評估政策變化的影響性，較能防止不客觀行為。量化的預測不僅能預測經濟狀況變化的方向，還能測量變化的強度。藉由預測值和實際值的比較來修正模型、重新估計模型中的參數並發展出變數間的新關係，因此可適應性及使用彈性均較大。由量化的數字，才可以實際衡量供給與需求狀況，進而製造廠商的最大利益。

　　時間序列分析係依據過去的歷史資料預測未來的需求。其研究法包括：

簡單移動平均 (如股 MA5、MA5)、加權移動平均、指數平滑法、迴歸分析
(ARIMA、向量自我迴歸、非線性迴歸 STR、ARIMA…)。考量研究變數是時間
序列之非定態變數,故本研究採用時間序列軟體 JMulTi (下載網站 http://www.
jmulti.de/) 之 ARIMA 模型,其精神是不透過經濟的理論而由資料或殘差項的過
去值來說話。在本質上,ARIMA 模型可以視為一種內插法/外插法之迴歸模型。

(一) 研究樣本

　　時間序列單一變數 (BDI 期貨標格,資料來源取自鉅亨網 (www.cnyes.com.
tw) 期貨。時間從 2006 年 1 月至 2011 年 12 月之「月資料」,如圖 4-61 所示。

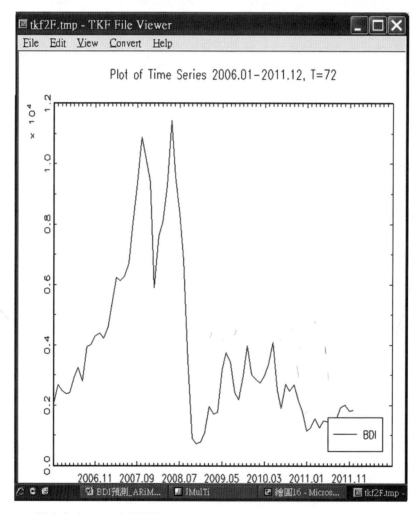

┗ 圖 **4-61** 樣本內之 BDI 走趨圖 (Initial Analysis Workbench Plot)

(二) 變數之操作型定義

BDI 指數 (Baltic Dry Index)

　　波羅地海乾貨散裝船綜合運費指數 BDI (Baltic Drycargo Index)，是由四種船型 (Capesize, Panamax, Supermax, Handy Size) 所組成，每種船型的指數是由四至十個不同的航線的租金行情算出來的四種指數 (分別為：BCI, BPI, BSI, BHSI)，這四種指數再以加權平均算出 BDI。BDI 指數由處於倫敦的波羅地海航交所負責發佈，是目前世界上衡量國際海運情況的權威指數，是反映國際間貿易情況的領先指數。BDI 指數是專為散裝船市場設計的，散裝市場的散裝貨是指：煤，礦砂，穀物，砂石…等大宗貨，而且散裝航運並沒有固定的歐洲線或美國線。

　　如果該 BDI 指數出現顯著的上揚，說明各國經濟情況良好。BDI 指數取自 http://www.cnyes.com/futures/javachart/BDI.html。

(三) 定義 ARIMA(p,q) 模型

　　某一序列分以上述分析法，若單純以 AR 模型或單純以 MA 模型仍不能完全補捉數列走勢時，則可考慮以 AR 與 MA 模型混合使用，即 d＝0 時 ARMA (p,d,q) 模型：

$$y_t = \mu + \alpha_1 y_{t-1} + \alpha_2 y_{t-2} + \cdots + \alpha_p y_{t-p} + \varepsilon_t + \beta_1 \varepsilon_{t-1} + \beta_2 \varepsilon_{t-2} + \cdots + \beta_q \varepsilon_{t-q}$$

$$y_t = \mu + \sum_{i=1}^{p} \alpha_i y_{t-i} + \varepsilon_t + \sum_{j=1}^{q} \beta_j \varepsilon_{t-j}$$

其中，p 為自我迴歸項 AR 的落後期數，q 為移動平均項 MA 的落後期數，ε_t 為第 t 期之誤差。

(四) ARIMA 建構模型之步驟

　　Box & Jenkins (1970) 提出進階的建模技術並且以遞迴的方式對時間數列資料建構模型，稱為 ARIMA 模型，其求解之遞迴方法主要分為四個步驟：

1. 界定模型 (Model Identification)。
2. 有效地估計未知參數 (Efficient Estimation)。
3. 診斷性檢查 (Model Checking)：如果殘差項並非白噪音有必要回到 1 重做。
4. 預測 (Forecasting)。

肆、ARIMA 統計分析結果

Step 1. 鑑定 ARIMA 模型之最佳參數 (p,q)

標準型 ARIMA 模型為：

$$y_t = \mu + \alpha_1 y_{t-1} + \alpha_2 y_{t-2} + \cdots + \alpha_p y_{t-p} + \varepsilon_t + \beta_1 \varepsilon_{t-1} + \beta_2 \varepsilon_{t-2} + \cdots + \beta_q \varepsilon_{t-q}$$

在模型鑑定階段的首要工作即判定 ARIMA(p,d,q) 的階數。一個資料數列如果並非定態型 (nonstationary)，則需整合 (intergrated) 利用差分方法使數列成為定態型 (stationary)。我們可利用數列的自我相關函數 (ACF) 來判定數列是否為定態型。若模型僅為 AR 或是 MA 過程，則可利用樣本的 ACF 及樣本的偏自我相關 PACF (partial autocorrelation function) 來做為判定 p 與 q 階數的工具；或直接用 JMulTi 之 ARIMA 提供 Akaike Info Criterion、Hannan-Quinn 及 Schwarz Criterion 三種準則來判定 p 與 q 值，本文直接利用 JMulTi 之 ARIMA 的 AIC、HQ、SC 三個資訊準則，都建議 ARIMA 模型最佳延遲項：p＝2, q＝0。

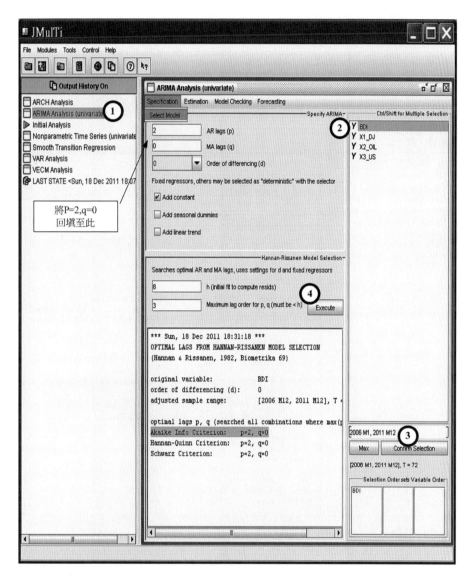

⤷圖 **4-62** 鑑定 ARIMA 模型之最佳參數 (p＝2,q＝0)

Step 2. 估計模型

　　確定模型 $y_t = \mu + \alpha_1 y_{t-1} + \alpha_2 y_{t-2} + \varepsilon_t$ 之後，接著再估計迴歸係數值 α_i。分析結果得到：

$$y_t = 3575.99 + 1.23 y_{t-1} - 0.32 y_{t-2} + \varepsilon_t$$

即

$$BDI_t = 3575.99 + 1.23 BDI_{t-1} - 0.32 BDI_{t-2} + \varepsilon_t$$

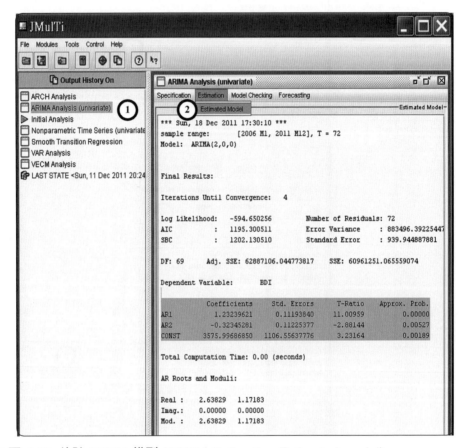

⌐圖 **4-63** 估計 ARIMA 模型 (ARIMA Estimation Estimated model)

Step 3. 以三大誤差來檢查模型 (殘差診斷：殘差之自我相關、JB 常態性、ARCH-LM)

本文以 ARIMA (2,0,0) 模型，來預測 BDI 模型，為了判定此模型的適配度 (fitness)，故仍需進行 ARIMA 三大誤差 (u_t) 診斷。這三個分析結果如下：

1. 誤差之自我相關 Portmanteau 檢定：$P > 0.05$，接受 H_0。
2. 誤差之非常態性 Jarque-Bera 檢定：$P < 0.05$，拒絕 H_0。
3. 殘差之異質性變異 ARCH-LM 檢定：$P < 0.05$，拒絕 H_0。

JMulTi 軟體三大誤差診斷結果如下圖，結果顯示：

殘差只通過 Portmanteau 自我相關 (p > 0.05)，即殘差前後期 (ε_t, ε_{t-i}) 關係是獨立的)，但殘差未通過 JARQUE-BERA 常態性檢定及 ARCH-LM 異質變異檢定，顯示此模型差強人意之適配，這個 ARIMA (2,0,0) 模型為：

$$BDI_t = 3575.99 + 1.23BDI_{t-1} - 0.32BDI_{t-2} + \varepsilon_t$$

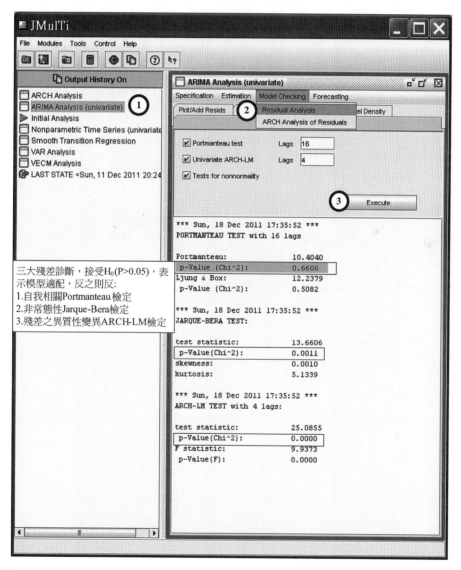

⌐圖 **4-64** ARIMA 模型之誤差檢查 (ARIMA Model Checking Residual Analysis)

Step 4. ARIMA 樣本外之預測

　　若以樣本資料最近一期之 BDI 值 1849 為基準點，未來 12 個月 BDI 預測值，1 至 12 月呈現緩步上升趨趨 (如表 4-4)。

■表 4-4　未來 2012 一整年 BDI 預測值

time	95% lower CI	預測值	95% upper CI	std.
2012 M1	176.9345	2019.1926	3861.4506	939.9449
2012 M2	−707.7987	2215.9992	5139.7970	1491.7611
2012 M3	−1256.8355	2403.4936	6063.8226	1867.5492
2012 M4	−1590.4184	2570.9033	6732.2251	2123.1624
2012 M5	−1788.9948	2716.5729	7222.1405	2298.8014
2012 M6	−1903.1076	2841.9463	7587.0002	2420.9905
2012 M7	−1964.1893	2949.3389	7862.8670	2506.9483
2012 M8	−1991.9798	3041.1366	8074.2531	2567.9639
2012 M9	−1999.0575	3119.5314	8238.1204	2611.5731
2012 M10	−1993.5381	3186.4527	8366.4434	2642.9011
2012 M11	−1980.6967	3243.5691	8467.8349	2665.4908
2012 M12	−1963.9649	3292.3133	8548.5915	2681.8240

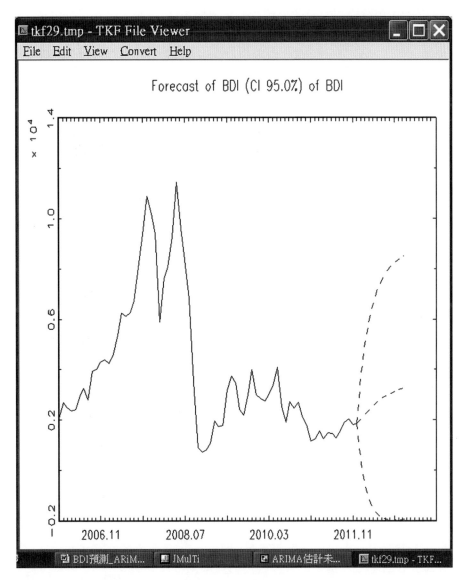

╰圖 **4-65** ARIMA 估計未來 12 個月 BDI 預測值 (ARIMA Forecastion)

伍、結論與建議

　　本研究主要針對散裝航運市場為探討對象，並以散裝運輸波羅地海運價指數之波動為標地，選用與以往學者不同之研究法，即 **ARIMA** 模型之預測模型，結果發現：(1) 未來一年 (2012 年) BDI 指數，從 1 至 12 月呈現緩步上升趨趨。(2)

ARIMA(2,0,0) 預測模型可有效來預測散裝運輸 BDI 指數，結果可提供散裝航運業者做為備船決策考量之依據。

建議

　　由於航運景氣波動易受全球景氣供需、天災、戰爭、國與國間進出口需求，及各國經濟政策等因素之影響，由於過去未有相關作者與文獻針對影響 BDI 的因素進行深入分析，故本研究以影響運價指數之因素進行探討。由於風險與不確定的因素眾多，Gray (1987) 歸納主要影響因素有下列四項：(1) 利率風險 (Interest rate risk)，(2) 匯率風險 (Exchange rate risk)，(3) 燃料上漲風險 (Bunker adjustment risk)，(4) 市場風險 (Market risk)。綜言之，航運公司之經營，除了海上風險之外，最主要受到利率、匯率、燃料上漲、市場風險等四項關鍵影響因素。Cullinane (1995) 針對散裝航運市場運費供給面進行分析，航運市場被視為一個多變的循環波動，航運之船舶大小與航次頻率之間的風險，將普遍影響波動的結果。Stopford (1995) 針對油輪市場運輸風險與船舶風險進行預測分析，認為油輪市場亦可歸類為景氣繁榮 (Boom)、穩固 (Firm)、疲軟 (Weak) 及蕭條 (Recession)。綜言之，散裝運輸產業易受景氣循環影響之波動。Akatsuka & Leggate (2001) 以兩個重要的海運國家為例，分析航運公司受匯率風險的影響。對海運業來說，匯率風險由其他各國匯率轉換美元匯率，相對於運費費率會加重。換言之，航運市場上的匯率風險，為航運經營重要的影響因素。

　　綜合往昔文獻 (Chan, et al., 2011) 得知，主要影響海運運費的因素包含：世界經濟貿易進出量、利率、匯率、燃料上漲風險、運費、船舶交易買賣因素、船舶大小、新造中之船舶、船舶數量、二手船拆船市場價格、產業循環影響、季節性波動、政府政策、重大事件之影響等因素。

　　有鑑於往昔學者所提之影響波羅地海運價指數波動至少有 15 項以上影響因素，至今仍未完全健全，其中有些是無法以量化考量之因素，但它仍有影響力，故建議後續研究可納入影響 BDI 重大事件之影響因素，或景氣循環之波動因素加以進一步探討。

參考文獻 (略)

登高必自卑，行遠必自邇。

CHAPTER 5 《《《《《

單變量 ARCH-GARCH、
多變量 MGARCH

在最早的財務模型中，常假設波動性為一固定常數，亦即變異數不會隨著時間而改變，稱之為變異數的同質變異性 (Homoscedasticity)，故在進行金融市場的研究時，直接以標的商品的過去歷史價格報酬率之標準差做為未來波動性的估計值。然而早期許多研究都發現：傳統的歷史波動性無法掌握到金融商品真正的特性，也無法對其未來的變化給予準確的預測。Engle (1982) 以時間序列的觀念發展出 ARCH 模型 (Auto-Regression Conditional Heteroskedasticity)，此模型的推出對於傳統的波動性估計產生了決定性的變革。該模型可以降低歷史波動性估計上的誤差，並確實掌握到時間序列資料的波動，以便於解釋過去與預測未來，此外，也驗證了股價報酬的分配會呈現出高狹峰、厚尾與波動性叢聚的現象。

傳統之計量經濟模型，通常只注意到條件分配的平均值 (Condition Mean) 會影響決策，而假設誤差項的變異數為一固定值。也就是說，誤差項的變異數不會隨時間經過而改變，但此假設的合理性，已經受到許多學者的質疑。事實上，在財務或其他具有高度變異性的資料，其並非呈現常態分配，而是具有偏態 (Skewness) 及峰態 (Kurtosis)。因此，若未考慮變異數的波動情形，將會使得模型應用上的效果不顯著。

早期 Box 與 Jenkin (1976) 提出「自我迴歸整合移動平均模型」 (ARIMA)，來處理平均數為非定態 (Nonstationary Mean) 的數列頗能發揮其功能，但卻無法有效處理變數其隨時間經過而改變的情形。

有鑑於此，學者常試著將金融變數的時間序列之特性納入模型加以考量。像 Engel (1982) 開發自我迴歸條件異質變異數模型，此模型除了能成功地捕捉到時間數列條件平均數隨時間經過而改變的事實之外，同時異質條件變異數的設定也處理了條件變異數隨時間經過而改變的問題。

ARCH 之輔助模型 (ARCH_LM)，更是 JMulTi 判定你界定 ARIMA、STR、VECM 參數好不好，到底該模型之誤差變異數是否仍殘留著「後期的誤差變異數仍影響前期誤差變異數」，若仍有殘留，除了表示你界定的模型 (眾參數) 根本不適合外，你可能要改換其他模型來適配 [例如，線性 AR(p) 改成非線性 STR 等等]。

常見 ARCH-GARCH 的應用領域，包括：

1. 新台幣對人民幣 x_t 與美元 y_t 的匯率波動對台灣出口的影響。

2. 匯率風險 x_t 對出口貿易 y_t 的影響。

3. 各國股匯市報酬 y_t 與美國股市報酬 x_t 連動關係。

4. 台灣上市 x_t 與上櫃 y_t 股票市場其股價報酬波動性之外溢效果。

5. 美國 x_t 對台灣 $y1_t$ 與大陸 $y2_t$ 股價報酬的不對稱分析。

6. 選擇權評價模型。

7. 美國存託憑證的發行對標的證券市場價格波動性的影響。

8. 外匯交易量 x_t 與買/賣報價 y_t 之動態交互關係。

9. 費城交易所外匯選擇權隱含波動資訊效果與預測能力。

10. 期貨市場報酬分配之厚尾型態與風險值衡量模式之探討：台灣台指期貨與新加坡摩根台指期貨。

11. 不對稱波動率模型之應用。

12. 文心蘭切花出口波動特性。

13. 台灣漁產品需求體系：一般化動態模型之應用。

14. 延長交易時間對台灣股市價格行為之影響。

15. 緩長記憶 (Long-memory) 之虛假迴歸檢定。

　　舉例來說，假如我們想了解「石油期貨避險比率與避險績效」之關係，以美國紐約商品交易所 (NYMEX) 的西德州中級原油 (WTI) 以及英國國際石油交易所 (IPE) 的布蘭特原油做為研究標的，把期貨與現貨視為一個投資組合，並假設已知未來需要多少現貨部位的情況下，再來決定使用多少期貨部位去避險，使得投資組合的價格風險最小取其一、二、三、四、五、六個月後到期之期貨契約。使用四種避險模型：(1) 完全避險。(2) 最大平方法 (OLS)。(3) Cochrane-orcutt。(4) Bivariate Garch 來計算其最適避險比率，並觀察直接避險與交叉避險二者的績效差異。接著比較各避險模型間的優劣，以找出最適合的避險比率以及期貨契約，其結論如下：

1. 直接避險時由於是使用與現貨相同標的的期貨契約進行避險，彼此間相關性較高，因此消除價格變異的能力明顯比交叉避險佳，符合當初的預期。

2. 在四種模型中除了 Bivariate Garch 模型外，用到期日愈遠的期貨合約避險時，其最適避險比率愈大。

3. 對美國石油煉製業者而言，使用 OLS 模型進行最適避險比率的計算。

4. 對英國石油煉製業者而言，使用 OLS 模型計算現貨和期貨的最適避險比率。

5. 對我國的業者而言，就消除價格變異的角度來看應使用布蘭特原油期貨合約同時利用 Cochrane-orcutt 模型求出最適避險比率。

6. 整體而言，靜態模型的績效優於動態模型。

5.1 單變量 ARCH

傳統的計量經濟與時間序列模型，一般通常假設迴歸殘差項變異數是固定常數，不會隨時間而改變，然而此一假設並不符合實際情形，且此假設之合理性已受到許多學者的質疑。直到 Engle (1982) 提出了自我迴歸條件異質變異數模型 (ARCH Model)，有效解決上述之限制，將時間序列資料的異質變異數特性表現在模型中，認為條件變異數 (即波動性) 是動態的，會受到過去 q 期「殘差平方」項之影響，且隨時間經過及訊息的累積而改變，條件變異數的估計亦隨著調整，可解釋金融資產價格具有波動聚集現象 (volatility clustering)，可觀察到「大的波動往往伴隨著大的波動，小的波動往往伴隨著小的波動」，更適切地描述金融資產價格的統計資料具有「高狹峰」及「厚尾」(thick tails 或 heavy tails) 的機率分配特性，而成功捕捉到金融時間序列資料的特性。

在財務或其他高頻率的資料，資料往往不是呈現常態，而且具有偏態及峰態，當我們發現偏態的問題不太嚴重，而峰態的問題卻相當嚴重。這些可能是 ARCH 引起的。檢定 ARCH 效果的重點在一階無關，二階相關。即 ε_t 與 ε_{t-1}、ε_{t-2} 無關，但 ε_t^2 與 ε_{t-1}^2、ε_{t-2}^2 相關。

一階無關的檢定用 OLS 進行 y_t 對 x_t 回歸，並計算出殘差值。再以 Durbin-Wation (DW) test 或 Q test 判定是否一階無關。確定一階無關後，以輔助模型 LM test 進行二階檢定。進行下列迴歸：

$$\hat{\varepsilon}_t^2 = \hat{\alpha}_0 + \alpha_1 \hat{\varepsilon}_{t-1}^2 + \cdots + \alpha_q \hat{\varepsilon}_{t-q}^2$$

則沒有 ARCH 的虛無假設為 $H_0 : \alpha_1 = \alpha_2 \cdots = \alpha_q = 0$。

如果 $\alpha_1 = \alpha_2 = \cdots = \alpha_q = 0$，則表示 $h_t = \alpha_0$。此時沒有 ARCH 效果，且條件

變異數等於非條件變異數。另外，變異數不可能為負，故要求 $\alpha_0, \alpha_1, \cdots, \alpha_q$ 均為正。

由於 ARCH 的落後期可能很長，造成參數過多，且要求 $\alpha_0, \alpha_1, \cdots, \alpha_q$ 均為正不易達成，Bollerslev (1986) 提出了一般化自我回歸條件變異數 (Generalized ARCH, GARCH)，一個 GARCH (p,q) 為

$y_t = x'_t b + \varepsilon_t$ (mean equation 平均數方程式)

$\varepsilon_t \big| \Omega_{t-1} \sim N(0, h_t)$

$h_t = \gamma_0 + \sum_{i=1}^{q} \gamma_1 \varepsilon_{t-i}^2 + \sum_{i=1}^{p} \beta_i h_{t-i}$ (variance equation 變異數方程式) 但使用較多的是 GARCH (1,1)。

5.1.1 時間序列之波動性

以股票而言，其市場波動性 (Stock Market Volatility)，係指股票成交價格，反映買賣雙方勢力量消長，所產生的偏離現象。影響股價波動的因素非常複雜，一般而言，可將影響股價報酬波動的因子略區分為三類：其中包括了基本因素 (Fundamental Factors)、交易因素 (Stock Trading Activity Factors) 及制度因素 (Institutional Factors)。

1. 基本因素：包括一般經濟變數 (利率波動、貨供波動與通膨波動等)。
2. 交易因素：包括受「漲時重勢、跌時重質」的情結；買賣單的委託、到達過程和頻率對大盤指數報酬率變化的影響。
3. 制度因素：例如證交稅率的高低，會明顯加深股價的波動性。

除上述影響台灣股價報酬波動三個因素外，具有相關性的兩個金融市場間，其報酬波動亦會互相地影響，即具有領先落後的關係以及外溢效果 (Spillover Effects) 的存在。例如，國際股票市場與台灣股票市場的連動、亞洲股市間報酬的連動及其波動性外溢效果。一般而言，時間序列之波動性，大多屬 GARCH 模型、向量自我迴歸或 VECM 共整合模型之研究範圍。

若以台灣上市股票市場加權指數及台灣上櫃股票市場加權指數為例，所計算的上市上櫃股票市場日報酬 R_t，可定義為：

$$R_t(\%) = \ln(\frac{S_t}{S_{t-1}}) \times 100$$ 。其中，S_t 為第 t 期時的股價加權指數。

一、序列波動性之模型

坊間所謂時間序列「波動性」，係源自資產報酬的條件變異數 (conditional variance)。像 ARIMA 等模型，都是假定時間序列之條件變異數不會因時間 t 的移動而改變。例如，AR(1) 模型：

$$y_{t+1} = \beta_1 y_t + \varepsilon_{t+1}$$
$$\varepsilon_t \overset{iid}{\sim} N(0, \sigma^2)$$

因此，y_{t+1} 條件期望值

$$E_t(y_{t+1}) = E_t(\beta_1 y_t + \varepsilon_{t+1}) = \beta_1 y_t$$

會隨著時間 t 改變而改改變，y_{t+1} 條件變異數

$$\begin{aligned}
\text{Var}_t(y_{t+1}) &= \text{Var}_t(\beta_1 y_t + \varepsilon_{t+1}) \\
&= \text{Var}_t(\beta_1 y_t) + \text{Var}_t(\varepsilon_{t+1}) \\
&= \beta_1^2 \text{Var}_t(y_t) + \text{Var}_{t+1}(\varepsilon_{t+1}) = 0 + \sigma^2 = \sigma^2
\end{aligned}$$

證明得知，y_{t+1} 條件變異數不會因時間 t 改變而改變。其中，$\text{Var}_t(y_{t+1}) = 0$，係因為 y_t 在給定 t 期之資訊集合下為 constant。而 $\text{Var}_t(\varepsilon_{t+1}) = \text{Var}_{t+1}(\varepsilon_{t+1})$ 係因為 ε_t 屬 iid 序列。

概括來說，資產報酬序列具有下列特徵 (陳旭昇，2007)：

1. 條件變異數似乎會隨著時間 t 改變而改變。
2. 波動性具有強烈之持續性，即小波動伴隨著小波動，大波動伴隨著大波動，謂之「波動之群聚現象」(volatility clustering)。

舉例來說，道瓊指數之月報酬率，其波動特徵如圖 5-1，其峰度約為 8，且波動隨時間而持續性震盪並具有波動群聚現象，它不像標準常態分配之峰度為 3，由此可見，像資產報酬這類之序列比常態分配更為高狹，尾部率度亦比較高。歸納起來，像資產報酬這類之序列有三大特點：因時而變、群聚現象、厚尾現象，都可利 ARCH 或 GARCH 模型來適配。

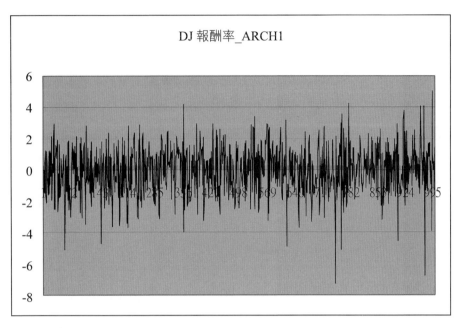

⌐圖 5-1 道瓊指數月報酬率

　　ARCH 或 GARCH 模型是一統計模型，它只是「捕捉」像資產報酬這類序列的特徵，卻無法解釋資產報酬這類序列「為何」具有這些特徵，它只是機械式描繪序列之條件變異數。

二、序列波動模型之類型

　　波動模型之研究類型，常見的包括：Random Walk (RW) 模型、Historical Average (HA) 模型、Moving Average (MA) 模型、Exponential Smoothing (ES) 模型、GARCH (1,1) 模型，以及 GJR-GARCH (1,1) 模型。

1. Random Walk (RW) 模型

　　Random Walk (RW) 模型是採用不含截距項的 RW 模型 (pure random walk)，雖然 RW 模型變數之平均數是一個常數值，但是它的變異數會隨著時間而變大，所以很明顯地，不含截距項的 RW 模型所隱含的資料產生過程 (即 DGP) 並不符合定態變數的定義，但由與此模型極為簡單，大部份的文獻利用此模型做為基準，不含截距項的 RW 模型表示如下：

$$\hat{\sigma}_t^2 = \sigma_{t-1}^2$$

2. Historical Average (HA) 模型

　　HA模型是由實際的歷史資料，來推估未來波動可能的變動情形。此法利用投資組合內各風險因子 (如股價、利率、匯率等) 之歷史觀察值，以投資組合過去的平均值來看未來價格的變動。但 HA 模型也有其缺點，因未來風險因子的變動會與過去的表現相同，不一定可以反映現實狀況。另外，樣本的個數仍受限於歷史資料的天數，若某些風險因子並無市場資料或歷史資料的天數太少時，所得的結果可能不具代表性，容易有所誤差，HA 模型表示如下：

$$\hat{\sigma}_t^2 = \frac{\sigma_{t-1}^2 + \sigma_{t-2}^2 + \cdots + \sigma_1^2}{t-1}$$

3. Moving Average (MA) 模型

　　MA 模型也是由實際的歷史資料，預測未來的波動變化。其模型和 HA 模型極為相似，移動平均的計算是根據時間的移動，隨著每增加一筆預測值，樣本內區間也會刪除一筆觀察值，所以 MA 模型的樣本數是固定不變的，而 MA 模型最大的缺點是，要保留相當多的歷史資料，每次新資料加入，才能丟掉最舊的資料，MA 模型表示如下：

$$\hat{\sigma}_t^2 = \frac{\sigma_{t-1}^2 + \sigma_{t-2}^2 + \cdots + \sigma_1^2}{\tau}$$

4. Exponential Smoothing (ES) 模型

　　ES 模型為一種簡單計算加權平均的程序，優點是每次作預測時只需要上一期的真實值與預測值。其特色在於估計波動時，給予距現在較近的資料較大權數。另一優點為在於近期之市場波動對今日報酬的影響較遠期大，較符合實際現象，且這個影響程度將隨著時間愈久而以指數型態漸漸遞減消失，不像傳統變異數法估計變異數的方式，對於歷史資料的時間遠近不作考慮，一旦極端資料落在資料期之外，其影響也驟然消失，造成變異數巨幅改變，然而一個事件的影響可能會有持續性而非突然消失，因此指數平滑法計算波動應會比傳統變異數法較為合理，ES 模型表示如下：

$$\hat{\sigma}_t^2 = (1-\beta)\sigma_{t-1}^2 + \beta\sigma_{t-1}^2, \quad 0 \le \beta \le 1$$

5. GARCH (1,1) 模型

標準的 GARCH (p,q) 模型，係指條件變異數 σ_t^2 和其前期 (σ_{t-j}^2) 以及誤差項殘差 ε_{t-i} 之預測關係：

$$\sigma_t^2 = \gamma_0 + \sum_{j=1}^{p}\beta_j\sigma_{t-j}^2 + \sum_{i=1}^{q}\gamma_i\varepsilon_{t-i}^2$$

Bollerslev (1986) 提出一般化自我迴歸條件異質變異 (GARCH)，除了考慮干擾項的落後期數，同時將過去的條件變異數加入 ARCH 模型之中而予以一般化，使條件變異數的遞延結構更為完整。

由於財務時間序列資料上的一些性質與 GARCH (1,1) 模型類似，如 (1) 高狹峰分配 (leptokurtic)，其分配之兩尾端比常態分配厚，亦被稱之為厚尾 (thick tails) 分配；(2) 波動叢聚現象 (volatility clustering)，可觀察到「大波動通常會跟隨著大波動，而小波動通常會跟隨著小波動」這種現象。因此 GARCH (1,1) 模型之應用十分廣泛。GARCH (1,1) 模型表示如下：

$$\sigma_t^2 = \gamma_0 + \beta_1\sigma_{t-1}^2 + \gamma_1\varepsilon_{t-1}^2 \text{。其中，} \gamma_0 > 0, \beta_1 + \gamma_1 < 1, \gamma_1 > 0, \beta_1 > 0$$

6. GJR-GARCH (1,1) 模型

GJR-GARCH (1,1) 模型可以用特殊的變異數方程式來表示槓桿效果 (leverage effect)，「槓桿效果」指的是「資產的價格變動方向對其波動的變動影響並非對稱」。例如，當資產的上一期價格若下跌，代表上一期的報酬率是負值，則會增加持有該資產的風險，GJR-GARCH (1,1) 模型表示如下：

$$\sigma_t^2 = \gamma_0 + \gamma_1\sigma_{t-1}^2 + \beta_1\varepsilon_{t-1}^2 + \delta D_{t-1}\sigma_{t-1}^2$$

$$\text{其中，} D_{t-1} = \begin{cases} 1, \text{若 } \varepsilon_{t-1} < 0 \\ 0, \text{若 } \varepsilon_{t-1} \ge 0 \end{cases}$$

上式估計的結果若是 $\delta > 0$，且在統計檢定上具顯著意義，則可以說明槓桿效果存在。因為若前一期是壞消息，$D_{t-1} = 1$，則上式中的條件變異數變成：

$$\sigma_t^2 = \gamma_0 + (\gamma_1 + \delta)\sigma_{t-1}^2 + \beta_1\varepsilon_{t-1}^2$$

而前一期若是好消息，$D_{t-1} = 0$，則上式中的條件變異數變成：

$$\sigma_t^2 = \gamma_0 + (\gamma_1)\sigma_{t-1}^2 + \beta_1\varepsilon_{t-1}^2$$

若 $\delta > 0$，則很明顯地，前一期的壞消息，會使這一期的條件變異數較前一期是好消息來得大，這符合槓桿效果之意義。

5.1.2 ARCH-GARCH 分析流程

以上市上櫃股價報酬率之波動性為例，JMulTi 分析流程如圖 5-2：

1. 上市與上櫃股價報酬資料整理與分析 (先以 Excel 2007 版建資料檔*.xls，JMulTi 再「File→Import Data」此*.xls 檔)：對上市與上櫃股價指數及日報酬，作敘述性統計 (平數數近 0 嗎、變異數近 1 嗎) 及圖形的偏態峰度觀察，以期對資料有初步的認識。

   在 JMulTi 操作方面，分別執行「Initial→Workbench→Tests/ Stats」、「Initial→Workbench→Plot」。

2. 單根檢定：針對上市、上櫃股價日報酬資料，分別作單根檢定，確定其為一穩定的時間數列，以建構上市與上櫃股價日報酬時間數列之 ARIMA 預期模型。

   在 JMulTi 操作方面，執行「Initial→Unit Roots Tests」。

3. 上市上櫃股價報酬 ARIMA 模型配置：建構 ARIMA(p,d,q) 模型之三個參數值。

   在 JMulTi 操作方面，依序分析「ARIMA 之 Specification、Estimation、Residual Analysis、Forcasting」四個步驟，來求得「Forcasting」$\hat{y}_t$ 值。

4. 上市與上櫃股價報酬 ARIMA 模型之殘差平方自我、交叉相關檢定：配置完 ARIMA 模型，所得到的兩個殘差時間數列，予以平方後，可分別代表上市與上櫃股價報酬的波動性。藉由殘差平方的自我相關及交叉相關檢定，瞭解上市上櫃股價報酬波動自我及相互間的關係。

   在 Jmuti 操作方面，先將步驟 3 (JMulTi 之 ARIMA 所求得的「Forcasting」$\hat{y}_t$ 值，copy 到 Excel，再下 Excel 指令「$\varepsilon_t = y_t - \hat{y}_t$」) 求得誤差 ε_t 及其平

方 ε_t^2。接著，再將此新建 Excel 檔重新「Import Data」到 Jmulti 中，並執行報酬 y_t 及誤差平方 ε_t^2 的「Initial→Workbench→Crossplots」分析。

5. ARCH 或 GARCH 效果檢定 (LM-test)：檢定上市上櫃股價報酬 ARIMA 模型配置後，所得的殘差平方，是否具有 ARCH 或 GARCH 效果，檢定結果若顯著，則進一步配置 ARCH 或 GARCH 模型。

在 JMulTi 操作方面，將報酬 y_t 或其誤差平方 ε_t^2 納入「ARCH Analysis→General Specification→Univariate ARCH analysis 或 Multivariate GARCH analysis」分析，由電腦建議來求得 ARCH(q) 或 GARCH(p,q) 之最佳 p 及 q 值。

6. 配置單變量 GARCH(1,1) 模型：分別對上市上櫃股價報酬配置 GARCH (1,1)-ARIMA(p,q) 模型。

在 JMulTi 操作方面，將報酬 y_t 或其誤差平方 ε_t^2 納入「ARCH Analysis→Diagnostics」分析，診斷該 ARCH(q) 或 GARCH(p,q) 模型是否適配。

7. 自 GARCH(1,1) 萃取出兩市場的股價波動，以向量自我迴歸模型 (VAR) 模型探討兩市場波動之關連性。

在 JMulTi 操作方面，依序分析「VAR 之 Specification、Estimation、Model Checking、Structural Analysis、Forcasting」五個步驟，來求得眾變數所構成之聯立迴歸式的「Causality Tests」及「Forcasting」$\hat{y}_t$ 值。

8. 外溢效果的探討：分別以單變量 GARCH 模型 (Univariate GARCH Model)、雙變量 GARCH 模型 (Bivariate GARCH(1,3)Model) 及向量自我迴歸模型 (VAR Model) 探討波動性外溢效果 (外部性)。

在 JMulTi 操作方面，執行每一變數對另一變數的衝擊百分比「VAR→Structural Analysis→Impulse Response Analysis」，被衝擊之Response 百分比愈大者，表示它的外部性愈高，即 JMulTi 在做 VAR 分析前，該變數排列要放愈前面。

舉例來說，楊大龍 (民 90) 研究台灣上市上櫃股價報酬率時，曾以單變量 GARCH 模型實證結果得知：條件變異異質模型的估計值均大於零，可見台灣店頭與集中市場股價具有「波動性叢聚」(Volatility Clustering) 現象；上市上櫃兩市場股價報酬率波動對於對方均存在外溢效果，而且外溢效果是具有持續性的。

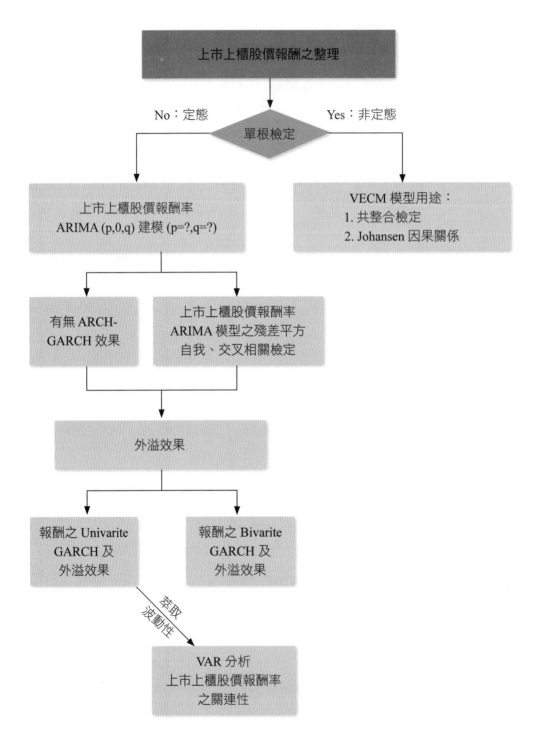

上市上櫃股價報酬之整理

No：定態　　　　　單根檢定　　　　　Yes：非定態

上市上櫃股價報酬率
ARIMA (p,0,q) 建模 (p=?,q=?)

VECM 模型用途：
1. 共整合檢定
2. Johansen 因果關係

有無 ARCH-
GARCH 效果

上市上櫃股價報酬率
ARIMA 模型之殘差平方
自我、交叉相關檢定

外溢效果

報酬之 Univarite
GARCH 及
外溢效果

報酬之 Bivarite
GARCH 及
外溢效果

萃取波動性

VAR 分析
上市上櫃股價報酬率
之關連性

⌒圖 5-2 ARCH-GARCH 分析流程 (上市上櫃股價報酬率)

再者，對來自於另一市場的外溢效果影響，投資人會有過度反應或反應不足的現像，而在三天後做一些投資行為的調整。

雙變量 GARCH 模型實證得知：同樣支持台灣店頭與集中市場股價具有「波動性叢聚」現象；就外溢效果而言，兩市場對另一市場均具有外溢效果，對於來自另一市場的波動影響，投資人會有過度反應或反應不足的情形，而在隔天做一些投資行為的調整。

向量自我迴歸模型 (VAR) 得知：集中市場股價報酬波動與店頭市場股價報酬波動之間存在著單向的因果關係，此因果關係為上市股價報酬波動領先上櫃股價波動。

換個統計方法，Granger 因果關係檢定亦可發現，台灣加權股價指數與同時指標指數、 先指標指數與貨幣供給間存在互為回饋之因果關係。而再當總體經濟變數發生變動時，台灣加權股價指數對領先指標指數變動之反應最為明顯且為正向關係。

5.1.3　單變量 ARCH 模型

橫斷面之迴歸模型 (OLS)，是假定 (assumption) 誤差的變異數是常數，稱為同質變異 (Homoscedasticity)，如果誤差的變異數不是常數，則謂之異質變異 (Heteroscedasticity)，異質變異是一個潛在的嚴重問題，因為它會使得最小平方法估計迴歸式與 H_0 檢定產生錯誤。因此，在實際的研究中，很重要的是要先判斷是否存在異質變異。就金融時間序列而言，誤差的變異數通常會隨時間而發生變化，適切地運用時間序列模式以分析市場波動是十分重要的，一般在財金運用上最普遍之波動性模式，為諾貝爾經濟學家 Engle (1982) 率先提出的 ARCH 模型。

一般而言，財務計量經濟學者的研究分析發現，股票報酬 r (return) 本身並沒有很大的相關性，而報酬的平方 (r^2) 有較明顯的自我相關。GRACH 模式正適切地說明此資料特性。GRACH 模式也是許多財務運用研究中，較常採行的研究方法。例如，分析某一重要事件是否對股票報酬之波動結構產生改變，如開放融資融券、期貨保證金下降、發行認購權證、國際股市波動傳遞、漲跌幅限制改變…等。

一、ARCH(1) 模型

標準的 GARCH(p,q) 模型，係指條件變異數 σ_t^2 和其前期 (σ_{t-j}^2) 以及誤差項殘差 ε_{t-i} 之預測關係：

$$\sigma_t^2 = \gamma_0 + \sum_{j=1}^{p}\beta_j\sigma_{t-j}^2 + \sum_{i=1}^{q}\gamma_i\varepsilon_{t-i}^2$$

當 p＝0、q＝1 時，GARCH (0,1) 就退化成 ARCH (1) 模型。

若有一序列服從下列迴歸模型 (「$x_t \rightarrow y_t$」)：

$$y_t = \beta_0 + \beta_1 x_t + \varepsilon_t \qquad \varepsilon_t \sim N(0,\sigma^2)$$

令誤差 ε_t 的條件變異數 σ_t^2 為：

$$\sigma_t^2 = \gamma_0 + \gamma_1\varepsilon_{t-1}^2$$

表示，隨著時間 t 的改變，其變異數 σ_t^2 亦會隨著改變，這樣的過程，謂之 ARCH(1)。

同理可推，若迴歸之殘差符合 ARCH(2)，其變異數之模型如下：

$$\sigma_t^2 = \gamma_0 + \gamma_1\varepsilon_{t-1}^2 + \gamma_2\varepsilon_{t-2}^2$$

二、ARCH(q) 模型

假設某一預測迴歸 (如資產報酬模型)，其誤差之條件變異數可能存在某種相關，Engle 謂之 ARCH(q) 模型為：

$$y_t = \beta'x_t + \varepsilon_t$$

其中，$\varepsilon_t \sim N(0,\sigma^2)$。

$$E(\varepsilon_t) = 0, \ E(\varepsilon_t^2) = \sigma^2 > 0, \ \text{且 } E(\varepsilon_t,\varepsilon_s) = 0, t \neq s$$

而 ARCH 模型的主要概念就是，既然波動具有群聚現象，何不就令 ε_t 的條件變異數 σ_t^2 與前期 ε_t 的平方有正相關：

令條件變異數 $\sigma_t^2 = \gamma_0 + \sum_{t=1}^{q}\gamma_i\varepsilon_{t-1}^2 + \mu_t$ 其中，$\mu_t \overset{iid}{\sim} WhiteNoise(0,1)$

若誤差之條件變異 σ_t^2 和誤差項之前期 ($\varepsilon_{t-i}^2, i=1,2,\cdots,q$) 相關，則誤差項 ε_t^2 符合 ARCH(q)。

即，如果 ε_t 的條件變異數 σ_t^2 符合上式，則我們稱 ε_t 服從一 ARCH(q) 過程 (ARCH(q)process)，以下式表示。

$$\varepsilon_t \sim ARCH(q)$$

為了保證 $\sigma_t^2 > 0$，我們必須限制 $\gamma_0 \geq 0, \gamma_i \geq 0, \forall i$ 且下式所有根都要落在單位圓之外。

$$1 - \gamma_1 z - \gamma_2 z^2 - \cdots - \gamma_q z^q = 0$$

把這些條件彙整在一起，也就是要求 $\sum_{i=1}^{q} \gamma_i < 1$。

總結來說，最簡單的 ARCH 模型中包含兩個方程式：

1. **均數方程式**：資產報酬率的均數為常數。對於均數方程式，我們可以設定成更為複雜的 ARMA 模型。
2. **變異方程式**：它的變異數與前期 的平方有正相關。

我們可以用另一種方式表示 ARCH(q) 過程。

定義：ARCH(q) 過程

$$\varepsilon_t = \sqrt{h_t} v_t = \left(\sqrt{\gamma_0 + \sum_{i=1}^{q} \gamma_i \varepsilon_{t-i}^2}\right) \times v_t$$

其中，$v_t \overset{iid}{\sim} WhiteNoise(0,1)$

$$h_t = c + \sum_{i=1}^{q} \gamma_i \varepsilon_{t-i}^2$$

且對於所有 $i > 0$，v_t 與 ε_{t-i} 為獨立。

Engel (1982) 證明，當 $\gamma_0 > 0$ 且 $\gamma_i \geq 0$，i＝1, 2, …, q 時，此過程為定態的充

要條件為 $\gamma_1 + \cdots + \gamma_q < 1$。而在用 ARCH(q) 的模型中，如果 $\gamma_1 = 0$，則誤差項服從白噪音 (White Noise) 過程，如果 $\gamma_1 > 0$，則前期的預測誤差就會影響到後期。因此一旦 γ_1 過大，那麼將來所估計出來的變異數即可能會無限大，若 $\gamma_1 < 0$，則變異數可能為負，因此必須加以限制。為了滿足 ARCH 過程中之正規條件 (Regularity Conditions)，必須使 $\gamma_0 > 0$，且 $\gamma_1, \gamma_2, \cdots, \gamma_q \geq 0$ 及 $\gamma_1 + \cdots + \gamma_q < 1$。由於 $\gamma_i \geq 0$，所以前期殘差平方產生小幅度變動時，當期的會產生小幅度的同向變動，而前期產生大幅度變動時，當期也會產生大幅度的同向變動，ARCH 模型此種變動的特性，可解釋財務上相當著名的波動性叢聚 (Volatility Cluster) 的現象。

由 ARCH(q) 定義中，我們可得：

1. h_t 是 ε_t 二階動差之條件期望值

$$
\begin{aligned}
E_{t-1}(\varepsilon_t^2) &= E(\varepsilon_t^2 \mid I_{t-1}) \\
&= E(\varepsilon_t^2 \mid \varepsilon_{t-1}, \varepsilon_{t-2}, \ldots) \\
&= c + \sum_{i=1}^{q} \gamma_i \varepsilon_{t-i}^2 \\
&= h_t
\end{aligned}
$$

2. ε_t 之條件期望值為 0

$$
E_{t-1}(\varepsilon_t) = E_t(\varepsilon_t \mid I_{t-1}) = 0
$$

3. ε_t 之期望值為 0

$$
E(\varepsilon_t) = 0
$$

4. ε_t 無序列相關

$$
E_t(\varepsilon_t, \varepsilon_s) = 0, t \neq s
$$

5. ε_t 之變異數是

$$
\sigma^2 = E(\varepsilon_t^2) = \frac{c}{1 - \sum_{i=1}^{q} \gamma_i}
$$

三、殘差是否具有「ARCH(q) 效果」

在使用 ARCH 模型來配適序列 (如股價報酬率) 的資料時，必須先檢定序列的條件均方程式的殘差是否具有異質變異的現象、是否有 ARCH(q) 效果，一般檢定方法有四：

(一) ARCH-LM 檢定法

Engle (1982) 建議以殘差來檢定 ARCH 效果，即 ARCH-LM (ARCH 輔助模型) 檢定法：

Step 1. 對於均數建議以一個適當的 ARMA 模型，並得到殘差 $\{\hat{\varepsilon}_t\}$ 與殘差的平方 $\{\varepsilon_t^2\}$。

Step 2. 檢驗 q 階的 ARCH：對殘差求平方，然後把它對自身落後 q 階進行迴歸，

$$\hat{\varepsilon}_t^2 = \alpha_0 + \alpha_1 \hat{\varepsilon}_{t-1}^2 + \alpha_2 \hat{\varepsilon}_{t-2}^2 + \cdots + \alpha_q \hat{\varepsilon}_{t-q}^2 + \nu_t$$

ν_t 為誤差項，從迴歸中獲得 R^2。

Step 3. $\begin{cases} H_0 : \alpha_1 = \alpha_2 = \cdots = \alpha_q = 0 \\ H_1 : 至少有一 \; \alpha_i \; 不為 \; 0，i = 1, \cdots, q \end{cases}$

Step 4. 統計檢定量：將求得之判斷係數 R^2 (為迴歸解釋能力)，乘以樣本總數 T，計算得到 ARCH-LM 統計量，其為 χ^2 (q) 的漸近分配。$T \times R^2 \sim \chi^2$ (q), q 模型中落後階數。求統計量大於臨界值，即拒絕 (虛無假設)，即該時間序列資料具有 ARCH 效果，表示該時間序列模型的殘差變異數有不同質性，適合利用 ARCH 或 GARCH 模型來配適。此外，如果不存在 ARCH 效果，則此迴歸式的解釋能力非常小，判定係數 R^2 也會非常小。

(二) 殘差平方相關圖法

殘差平方相關圖 (AC、PAC 圖) 可用來檢查「殘差序列」是否仍有 ARCH 效果。若「殘差序列」已沒有 ARCH 效果，則 AC 及 PAC 係數在所有之落後期都應為 0，並且 Q 統計量不會顯著；反之，則「殘差序列」仍有 ARCH 效果。

(三) Ljung-Box 之 Q^2 (n) 檢定法

Q^2 統計量檢定過程大致如下：

1. 同樣利用 OLS (最小平方法) 估計均數方程式，求得殘差 $\hat{\varepsilon}_k$ 項平方。
2. 估計殘差項平方自我相關係數 $\rho(i)$。
3. 求得 Q^2 統計量，求統計量大於 $\chi^2(k-p-q)$ 之臨界值，則模型被拒絕，表示殘差項含有序列相關成份，即該時間序列 (如股價報酬率) 資料具有 ARCH 效果。

舉例來說，假設以 Ljung-Box Q test 和 Q^2 test 檢定來檢視加權指數報酬殘差是否具有自我相關異質變異現象，結果由 Q test 檢定量得知各落後項皆接受報酬率殘差無自我相關之假設；而 Q^2 test 檢定量則顯示報酬率殘差平方可能具有自我相關之現象，亦即適合以 GARCH 模型配適。接著，以 AIC 及 SBC 準則評估 GARCH 模型的參數，在落後期 (p, q) 假設於 0~2 之間下，不論 AIC 或 SBC 準則，皆以 GARCH(1,1) 為最適模型。且經由此模型做配適後，假如發現 Q test、Q^2 test 及 LM test 統計量 1.64 (p-value 為 0.179 > 0.05)，皆顯示標準化殘差與殘差平方皆無自我相關，那麼表示你界定的待估計 GARCH(p,q) 模型是可被接受的。

(四) Engle 的拉式乘數 (Lagrange Multiplier, LM) 檢定法

Engle (1982) 提出 LM 法 (Lagrange Multiplier) 來檢定是否有 GARCH 或 ARCH 的效果存在。假如 ε_t^2 數列是存在 ARCH 過程，則我們可將估計第 t 期的殘差平方對估計第 t-1 到 q 期的殘差平方及常數項進行迴歸分析，也就是以 OLS 法估計方程式：

$$\hat{\varepsilon}_t^2 = \alpha_0 + \alpha_1\hat{\varepsilon}_{t-1}^2 + \alpha_2\hat{\varepsilon}_{t-2}^2 + \cdots + \alpha_q\hat{\varepsilon}_{t-q}^2 \qquad \sim \chi^2(q) \text{ 分配}$$

$$\begin{cases} H_0 : \alpha_1 = \alpha_2 = \cdots = \alpha_q = 0 \\ H_1 : \alpha_1, \alpha_2, \cdots, \alpha_q \text{ 有一不為 } 0 \end{cases}$$

若接受上式 H_0，則表示已沒有 ARCH 效果。

Engle 使用 $T \times R^2$ (Lagrange Multiplier) 為顯著檢定統計量，當檢定結果若拒絕 H_0 時，則表示該序列具有 ARCH 效果。其中 T 是觀察值數目，R^2 是迴歸之判定係數，假如數列沒有 ARCH 效果時，此檢定統計值會收斂為自由度為 q 之 χ^2

分配。若存在有 ARCH 效果，此時即可試著利用 ARCH 或 GARCH 模型配置變異數。

你界定 ARCH 參數 (p,q) 如何判定它適不適配？

ARCH 參數 (p, q) 的診斷 (diagnostics)，可採用四種不同的適合度 (goodness-of-fit) 檢定，包括：mean square error (MS_E)、the loglikelihood (Log L)、Schwarz's Bayesian information criterion (SBC)、Akaike's information criterion (AIC)。

四、ARCH(q) 與 AR(1) 關係

事實上，ARCH(q) 較能描述報酬 (r) 平方之相關係數。假設有一股票之報酬率 (r) 符合 ARCH(1)：

$$r_t \sim N(0, \sigma_t)\ \text{而且}$$
$$\sigma_t^2 = \gamma_0 + \gamma_1 r_{t-1}^2$$

若將恆等式左右，同時 ($+r_t^2 - \sigma_t^2$)，則得：

$$r_t^2 = \gamma_0 + \gamma_1 r_{t-1}^2 + (r_t^2 - \sigma_t^2)$$

令 $\nu_t^2 = (r_t^2 - \sigma_t^2)$，則上式可改寫成：

$$r_t^2 = \gamma_0 + \gamma_1 r_{t-1}^2 + \nu_t^2$$

簡單證明，$\nu_t^2 \sim WhiteNoise$。所以 r_t^2 本身就屬AR(1)模型。即，報酬 (r) 若屬 ARCH(1) 模型，則減去平均數後之報酬序列的平方 $(r_t - \bar{r})^2$，即屬 AR(1) 模型。

5.2 | 單變量 GARCH 模型

由於早期計量模型只能在變異數為固定下運作，直到 Engle (1982) 發展出自我迴歸條件異質變異數 (ARCH) 模型，之後，大量的學者將此模型應用在財務時間序列的資料上。不過 ARCH 模型往往需要很長的階次，為了符合參數精簡 (parsimonious) 的特性，Bollerslev (1986) 提出較具彈性的階次即一般化自我迴歸條件異質變異 (Generalized Autoregressive Conditional Heterokedasticity，GARCH)，將過去的條件變異數加入 ARCH 模型之中而予以一般化，使條件變

異數的遞延結構更為完整。Franses & Van Dijk (1996) 證明出短階的 GARCH (1,1) 模型即能夠充分地配適條件變異數。雖然 GARCH 模型能夠有效地掌握超額峰態 (excess kurtosis) 的效果，但是它無法處理不對稱的報酬分配，於是 Nelson (1990) 提出一個非線性模型能夠解決此問題，即是 Exponential GARCH (EGARCH)，而在股價指數上，Nelson 證明出 EGARCH 模型在條件異質變異數中表現最佳。

連續時間下的隨機波動性模型，屬 Hull & White (1987) 的雙變數擴散模型 (Bivariate Diffusion Model) 最經典，其他類似隨機波動性模型的研究尚有Johnson & Shanno (1987)、Scott (1987)、Wiggins (1987)、Stein & Stein (1991)、Heston (1993)。相對地，離散時間下的隨機波動性模型，則可引進經濟上最經典的計量模型：一般化自我迴歸條件異質變異數模型 (GARCH)，GARCH 是由 Duan (1990) 率先提出，接著 Nelson (1990) 也證明某類 GARCH 模型可以逼近至雙變數擴散模型。例如，GARCH 應用在選擇權 (Stock Option) 評價模型，其優點是：該模型可以利用股價之歷史資料直接估計參數，不像雙變數擴散模型的波動性無法直接觀測，故在實務上較易應用，也比 Black & Scholes 模型更能描述股票價格的行為。在 Black & Scholes (簡稱 B-S) 的公式中，選擇權價格是此刻股票價格、執行價、距到期日期間長度、無風險利率、與預期未來股票報酬率波動性五個變數的函數，即：

Option Price＝P(S;K,T,t,r,σ)

一、GARCH (1,1)

標準的 GARCH (p,q) 模型，係指條件變異數 σ_t^2 和其前期 (σ_{t-j}^2) 以及誤差項殘差 ε_{t-i} 之預測關係：

$$\sigma_t^2 = \gamma_0 + \sum_{j=1}^{p} \beta_j \sigma_{t-j}^2 + \sum_{i=1}^{q} \gamma_i \varepsilon_{t-i}^2$$

若 p＝1、q＝1，就是 GARCH (1,1) 模型，其變異數之相關模型如下：

$$\sigma_t^2 = \alpha_0 + \beta_1 \sigma_{t-1}^2 + \gamma_1 \varepsilon_{t-1}^2$$
$$\Rightarrow \sigma_t^2 = \frac{\gamma_0}{(1-\beta_1)} + \gamma_1 \sum_{j=1}^{\infty} \beta_1^{j-1} \varepsilon_{t-j}^2$$

其中，σ_t^2 為 GARCH 所估計出之波動率、γ_0 為長期平均變異數、ε_{t-1}^2 為第 $t-1$ 期的股價報酬率平方值、σ_{t-1}^2 代表第 $t-1$ 期的變異數。

上式 GARCH (1,1) 模型可以表示為 ARCH (∞)，因此採用 GARCH 模型可以達到精簡性 (Parsimony)。

此外，若條件變異數符合 GARCH (1,1) 模式，則殘差平方服從一個 ARMA (1,1) 模式。若 $\sigma_t^2 = \gamma_0 + \gamma_1 \varepsilon_{t-1}^2 + \beta_1 \sigma_{t-1}^2$

$$\Rightarrow \varepsilon_t^2 = \gamma_0 + (\gamma_1 + \beta_1)\varepsilon_{t-1}^2 + \nu_t - \beta_1 \nu_{t-1} \ (\diamondsuit \ \nu_t = \varepsilon_t^2 - \sigma_t^2 \sim WN)$$

故 $\varepsilon_t^2 \sim ARMA(1,1)$

因此，決定波動衝擊持續性的自我迴歸的根是 $(\gamma_1 + \beta_1)$。

二、一般化自我迴歸條件異質變異數模型 (GARCH Model)

> **定義：GARCH (p,q) 過程**
>
> 令 $\varepsilon_t = \nu_t \sqrt{h_t}$ ，其中 $\nu_t \overset{iid}{\sim} N(0,1)$
>
> $$h_t = \gamma_0 + \sum_{j=1}^{p} \beta_j h_{t-j} + \sum_{i=1}^{q} \gamma_i \varepsilon_{t-i}^2$$
>
> 或寫成 $\sigma_t^2 = \gamma_0 + \sum_{j=1}^{p} \beta_j \sigma_{t-j}^2 + \sum_{i=1}^{q} \gamma_i \varepsilon_{t-i}^2$
>
> 且對所有 $i > 0$，ν_t 與 ε_{t-1} 是獨立。
>
> 以上過程，謂之 GARCH (p,q) 過程。
>
> 其中，
>
> $\varepsilon_t = \beta X_{t-1} - y_t$：為第 t 期已實現之干擾。
>
> y_t：為依變數。
>
> X_{t-1}：為自變數向量。
>
> β：未知參數向量。
>
> 顯然地，$\sigma_t^2 = E_{t-1}(\varepsilon_t^2) = h_t$
>
> 此外，為了保證 $\sigma_t^2 > 0$ 我們必須限制 $\gamma_i \geq 0, \ \forall i; \ \beta_j \geq 0, \ \forall j$
>
> 且 $\quad \sum_{i=1}^{q} \gamma_i + \sum_{j=1}^{p} \beta_j < 1$

最後值得注意的是，ε_t 的非條件變異數為

$$\sigma^2 = \frac{c}{1 - \sum_{j=1}^{p} \beta_j - \sum_{i=1}^{q} \gamma_i}$$

GARCH (p, q) 之模式設定如下：

均數方程式：$y_t = x_t' + \alpha_t$ ⋯⋯⋯⋯⋯⋯⋯⋯⋯⋯⋯⋯⋯(5-1)

條件變異數方程式：

$$h_t = \alpha_0 + \sum_{i=1}^{q} \alpha_i \varepsilon_{t-i}^2 + \sum_{j=1}^{p} \beta_j h_{t-j}$$ ⋯⋯⋯⋯⋯⋯⋯⋯(5-2)

JMulTi 符號用：$h_t = \alpha_0 + \sum_{i=1}^{q} \gamma_i \varepsilon_{t-i}^2 + \sum_{j=1}^{p} \beta_j h_{t-j}$

$\alpha_t | \Omega_{t-1} \sim N(0, h_t), \alpha_i \geq 0, \beta_j \geq 0, \alpha_0 > 0$

$\sum_{i=1}^{q} \alpha_i + \sum_{j=1}^{p} \beta_j < 1, i = 1, 2, \ldots, q$ 及 $j = 1, 2, \ldots, p$

其中，y_t 符合 GARCH 模型之時間序列資料；x_t 為內生變數落後項或外生變數；Ω_{t-1} 為 1 至 $t-1$ 期中所有可利用的訊息集合 (information set)；為受到前 q 期殘差平方及 p 期條件變異數影響之 y_t 的條件變異數；(α, β, δ) 為未知參數的向量，上式可知，GARCH 模型與 ARCH 模型最大的不同在於條件變異數除了受到前幾期殘差項平方的影響外，同時也受到條件變異數落後期的影響。因此，GARCH 模型比 ARCH 模型更具有一般性的特質。

在 GARCH (p,q) 模型中，條件變異數函數為過去殘差項平方，及落後期數條件變異數的線性組合，使得條件變異數的結構設定更具彈性，模型的應用也更為廣泛。而由 GARCH 模型看來，ARCH 模型僅是 GARCH 模型的特例，即若 p＝0 時，GARCH (p,q) 模型就恢復成為 ARCH(q) 模型。而若 p＝0 與 q＝0 時，即 GARCH 模型的條件變異數將恢復成白噪音 (white noise) 的過程。

Engle (1982) 提出自我迴歸異質條件變異數 (ARCH) 模型，允許條件變異數受到過去 p 期殘差項平方的影響。而後 Bollerslev (1986) 將落後期的條件變異

數納入 ARCH 模型中，成為一般化自我迴歸異質條件變異數 (GARCH) 模型。ARCH 與 GARCH 模型皆允許殘差項的變異數可以隨時間經過而改變，以解決迴歸模型中將殘差項的變異數假設為固定常數之不合理情形。GARCH 模型也被廣泛地運用在波動的估計，主要原因在於 GARCH 模型的平均數方程式可以處理序列自我相關現象，且其變異數方程式允許變異數取決於過去的變異數及干擾項，亦即接受條件異質變異的存在，因此許多學者認為 GARCH 模型能夠更精確地捕捉金融市場動態的特性。根據 Bollerslev 等人 (1992) 的研究指出，GARCH (1,1) 已經能夠捕捉到條件波動的情形了。舉例來說，若我們直接採用 GARCH (1,1) 模型來估計匯率波動，條件平均數及條件變異數方程式設定如下：

$$\Delta RPPP_t = \eta + \varepsilon_t \quad\text{.................................(5-3)}$$

$$\varepsilon_t \sim N(0, \sigma_t^2), \varepsilon_t = \sigma_t \nu_t \quad\text{.................................(5-4)}$$

$$\sigma_t^2 = \alpha_0 + \alpha_1 \varepsilon_{t-1}^2 + \beta_1 \sigma_{t-1}^2 \quad\text{.................................(5-5)}$$

其中，$\Delta RPPP_t$ 是實質匯率取自然對數後的一階差分，σ_t^2 則是誤差項 ε_t 的條件變異數。(5-3) 至 (5-5) 式是為人所熟知的 GARCH (1,1) 一般式，在本例「匯率→貿易出口」的出口方程式中，匯率波動估計因子以 $V_{t-n}\{RPPP_t\}$。

1. 當 n＝1 時，$V_{t-1}\{RPPP_t\} = \alpha_0 + \alpha_1 \varepsilon_{t-1}^2 + \beta_1 V_{t-2}\{RPPP_t\}$ 其實也就等同於 (5-5) 式。

2. 當 n > 1 時，則依次遞迴計算可得。因此為了模型表達方式簡便，各種 GARCH 模型的條件變異數方程式都以一般式表示，其後估計出口方程式時，$V_{t-n}\{RPPP_t\}$ 就是在待估計的條件變異數 σ_{t-n}^2。

三、ARIMA (p,q) 與 GARCH (p,q) 的比較

1. ARMA (p,q) 模型，係指變數 y_t 和前期 y_{t-i} 以及誤差項 ε_{t-j} 的預測關係：

$$y_t = \mu + \sum_{i=1}^{p} \alpha_i y_{t-i} + \varepsilon_t + \sum_{j=1}^{q} \beta_j \varepsilon_{t-j}$$

其中，p 為自我迴歸項 AR 的落後期數，q 為移動平均項 MA 的落後期數。

2. GARCH (p,q) 模型，係指條件變異數 σ_t^2 和其前期 (σ_{t-j}^2) 以及誤差項殘差 ε_{t-i} 之預測關係：

$$\sigma_t^2 = \gamma_0 + \sum_{j=1}^{p} \beta_j \sigma_{t-j}^2 + \sum_{i=1}^{q} \gamma_i \varepsilon_{t-i}^2$$

5.3 條件變異數之不對稱 GARCH 模型

何謂「不對稱」(asymmetry)？以「油價→美股」來說，因油價漲跌對美股的效果具有不對稱性因果關係，故要將油價上漲與產出衰退和油價下跌與產出上揚的效果分開處理。例如，Mork (1989) 發現，油價上揚時，確實會使美國的產出衰退，但油價下跌時產出上升的效果並不顯著。

JMulTi 並沒有提供 exponential GARCH (EGARCH) 及 Threshold GARCH (TARCH) 模型，故只能用 EViews 來分析。

由於 GARCH 模型中，當期條件變異數為前一期條件變異數與殘差項平方的函數，故誤差項的正負符號無法對條件變異數造成影響。因此，條件變異數只會隨殘差項的大小值變動，而不會隨殘差項的正負符號變動，換言之，GARCH 模型僅考量殘差項的大小規模 (size)，而沒有考量符號為方向 (sign)。其缺點為無法分別反映正向訊息 (好消息) 與負向訊息 (壞消息) 對匯率風險波動的衝擊。因此若好消息與壞消息對條件波動有不同程度的衝擊效果，例如壞消息比好消息所引發的波動為大，若忽略不對稱效果即會導致在壞消息之後低估波動的衝擊，而在好消息之後高估波動性，而導致波動預測能力的降低。

為了改善必解釋此種現象，Schwert (1989) 及 Nelson (1991) 便提出指數型 (exponential) GARCH 模型與 Glosten 等人 (1993) 提出 GJR-GARCH 模型，此即非對稱性波動資料的 GARCH 模型。

一、EGARCH Model

Schwert (1990) 及 Nelson (1991) 提出了指數型 (exponential) GARCH 模型，其條件變異數方程式 (variance equation) 可設定如下：

$$Ln(\sigma_t^2) = \alpha_0 + \sum_{i=1}^{q} \alpha_i (\frac{\varepsilon_{t-i}}{\sigma_{t-i}}) + \sum_{t=1}^{q} \lambda_i^* \left| \frac{\varepsilon_{t-i}}{\sigma_{t-i}} \right| + \sum_{j=1}^{p} \beta_i Ln(\sigma_{t-j}^2)$$

由上式得知，$\alpha_t > 0$ 表示好消息 (代表利多，為正向訊息)，$\alpha_t < 0$ 表示壞消息 (代表利空，為負向訊息)，而在好消息的情況下及在壞消息的情況下取絕對值與不取絕對值的結果是一樣，即 $\left| \frac{\varepsilon_{t-1}}{\sigma_{t-1}} \right| = \frac{\varepsilon_{t-1}}{\sigma_{t-1}}$ ，但是其符號是相反的，若有槓

桿效果 (即不對稱性) 存在，以 q＝1 為例，上式中 $\alpha_1 < 0$，因 $\alpha_{t-1} < 0$ 且 $\alpha_1 < 0$ 同時成立時，表示前一期的壞消息將使當期的條件變異數值增加很多。故此模型可作為區分好與壞消息對資料波動不同程度的衝擊，進而檢驗資料波動是否具有非對稱性 (asymmetry) 或槓桿效果 (leverage effect)。

EGARCH 模型異於 GARCH 模型的主要特點有三：

第一，EGARCH 模型並不限制其方程式的係數不得為負，因為其指數函數型態的設定已保證條件變異數必然為正了；其次，由於指數型 GARCH 模型的變異數是和 ε_{t-1} 有關，而非像在 GARCH 模型裡是和 ε_{t-1}^2 有關，因此當 $\varepsilon_{t-1} < 0$ 時，對變異數的影響是 $-\alpha_1 + \lambda_t$，而當 $\varepsilon_{t-1} > 0$ 時，對條件變異數的影響是 $\alpha_1 + \lambda_t$，表示正負衝擊對波動的影響不同。另一個特點則是，指數型 GARCH 模型裡使用的是標準化殘差 (standardized residuals)，亦即 $-\dfrac{\varepsilon_{t-1}}{\sigma_{t-1}}$，Nelson (1991) 指出，由於標準化殘差是一個去單位化的測度，因此對於衝擊所帶來的影響能有比較好的解釋力。

利用 EGARCH 模型估計變異數 σ_t^2，若實證結果顯示 $\alpha_t > 0$，如同下面章節討論的 TGARCH (Threshold GARCH) 模型中的討論，圖 5-3 說明了當 $\varepsilon_t > 0$，代表台幣貶值 (有負向衝擊)，相較於有同程度的台幣升值 (有正向衝擊) 時，匯率波動比較大，因為台幣貶值時對匯率波動的影響 $\alpha_1 + \lambda_t$，大於當台幣升值時對匯率波動的影響 $-\alpha_1 + \lambda_t$；若實證結果顯示 α_1 小於 0，則表示當台幣升值時，會造成比較大的匯率波動。

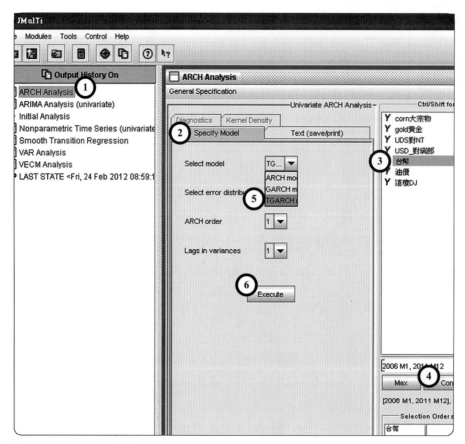

⤷圖 **5-3** TGARCH 模型

二、GJR GARCH Model 或稱 TGARCH 模型

Glosten、Jaganathan & Runkle (1993) 三人也提出 TGARCH 模型，而此模型與 EGARCH 模型同樣具有區別利多與利空消息對資料波動不同程度的影響，其條件變異數 σ_t^2 方程式 (variance equation) 之 TGARCH(q,p) 如下：

$$\sigma_t^2 = \alpha_0 + \sum_{i=1}^{q} \alpha_1 \varepsilon_{t-i}^2 + \gamma_i D_{t-i} \varepsilon_{t-i}^2 + \sum_{j=1}^{p} \beta_1 \sigma_{t-j}^2$$

其中，誤差項殘差 ε_{t-i}。

D_t 為 indictor function。 $\begin{cases} D_t = 1, \text{ 若 } \varepsilon_{t-1} < 0 \text{ (表壞消息)} \\ D_t = 0, \text{ 若 } \varepsilon_{t-1} \geq 0 \text{ (表好消息)} \end{cases}$

在這模型中，前期的好消息 $(\alpha_{t-i} \geq 0)$ 及壞消息 $(\alpha_{t-i} < 0)$ 對本期條件變異數

σ_t^2 有不同的影響。以 q＝1 為例，當出現好消息時，對 σ_t^2 有 α_1 之衝擊影響，當出現壞消息時，對 σ_t^2 有 $(\alpha_1+\gamma_i)$ 之衝擊影響，若 $\gamma_i > 0$，代表前一期的壞消息會使當期的條件變異數較前一期是好消息時為大，即此時存在槓桿效應。

由於 GARCH 模型，僅考慮當衝擊到來時所引起的對稱性反應，無法區別正負衝擊對波動程度的不同影響，因此採用 TGARCH 模型和 EGARCH 模型來捕捉匯率市場上可能產生的波動性不對稱情形。

舉例來說，$\Delta RPPP_t$ 是實質匯率取自然對數後的一階差分，若 $\Delta RPPP_t = \eta + \varepsilon_t$，則 TGARCH 模型之變異數方程式的一般式如下：

$$\sigma_t^2 = \alpha_0 + \alpha_1 \varepsilon_{t-1}^2 + \gamma_1 D_{t-1} \varepsilon_{t-1}^2 + \beta_1 \alpha_{t-1}^2$$
$$\begin{cases} D_{t-1}=1, \ 若\ \varepsilon_{t-1} < 0 \\ D_{t-1}=0, \ 其他情況 \end{cases}$$

當 $\varepsilon_t < 0$, $\Delta RPPP_t = RPPP_t - RPPP_{t-1} < 0$ (例如：$28-30=-2 < 0$)，在本例「匯率→出口量」裡，由於我們對匯率的定義為一單位外幣可換得的新台幣 (例如：$R_t = 30$ 新台幣/美元)，因此若 $\Delta RPPP_t < 0$，表示 $\Delta RPPP_t < \Delta RPPP_{t-1}$，意味新台幣升值了，則手中握有的台幣資產，其價值提高，視為有正向衝擊，此時條件變異數 $\sigma_t^2 = \alpha_0 + (\alpha_1 + \gamma)\varepsilon_{t-1}^2 + \beta_1 \alpha_{t-1}^2$；而同理可推，當 $\varepsilon_t > 0$ 時，$\Delta RPPP_t > 0$ 表示新台幣貶值，為一負向衝擊，此時條件變異數 $\sigma_t^2 = \alpha_0 + \alpha_1 \varepsilon_{t-1}^2 + \beta_1 \alpha_{t-1}^2$。若實證結果顯示 $\gamma_t < 0$，表示當新台幣貶值 (有負向衝擊) 時，相較於有同程度的新台幣升值 (有正向衝擊) 時，匯率波動比較大，因為新台幣貶值時對匯率波動的影響 α_t，大於當台幣升值時對匯率波動的影響 $\alpha_t + \gamma_t$；若實證結果顯示 $\gamma_t > 0$，則表示當新台幣貶值時，匯率波動比較小。

三、條件變異數 σ_t^2 之不對稱檢定方法

由於典型 GARCH 模型，其缺點是無法掌握模型內。例如，實質匯率市場的變異數是否有不對稱的現象，亦即無法分別反映正向訊息 (好消息) 或負向訊息 (壞消息) 對未來匯率風險波動的衝擊，若波動過程具有不對稱性，可使用不對稱的 GARCH 模型來捕捉這些波動行為的特性，才能夠具有較好的解釋或預測能力。

有鑑於此，Engle & Ng (1993) 建議四種診斷檢定法，檢驗訊息對波動的影響效果。Engle & Ng (1993) 認為若利用觀測到之變數的過去值可以用來預測標準化殘差平方 $(\dfrac{\alpha_t}{\sigma_t})^2, \sigma_t = \sqrt{h_t}$ ，但如果其並未包含在預測模型中，即表示模型可

能誤設,因此發展出一套診斷檢定 (diagnostic test),對報酬序列資料執行四種診斷檢定方法估計迴歸方程式如下:

1. 符號偏誤檢定 (Sign Bias Test)

$$(\frac{\alpha_t}{\sigma_t})^2 = b_0 + b_1 S_{t-1}^- + e_t$$

其主要考慮 S_{t-1}^- 這個變數,而 S_{t-1}^- 為一虛擬變數。當 $\alpha_t < 0$ 時,即 $S_{t-1}^- = 1$;反之,則為 0。主要目的在檢驗正、負報酬的衝擊對於波動性的影響效果是否有不對稱的現象。

2. 負程度偏誤檢定 (Negative Size Bias Test)

$$(\frac{\alpha_t}{\sigma_t})^2 = b_0 + b_1 S_{t-1}^- (\alpha_{t-1} / \sigma_{t-1}) + e_t$$

其主要考慮 $S_{t-1}^- \alpha_{t-1}$ 這個變數,而 S_{t-1}^- 為一虛擬變數,當 $\alpha_t < 0$ 則 $S_t^- = 1$,反之,則為 0。其主要目的在檢驗不同程度之負報酬衝擊對於波動性是否有不同的影響效果。

3. 正程度偏誤檢定 (Positive Size Bias Test)

$$(\frac{\alpha_t}{\sigma_t})^2 = b_0 + b_1 (1 - S_{t-1}^-)(\alpha_{t-1} / \sigma_{t-1}) + e_t$$

其主要考慮這個變數,而 S_{t-1}^- 為一虛擬變數,當 $\alpha_t < 0$,則 $S_t^- = 1$;反之,則為 0。其主要目的在檢驗不同程度之正報酬對於波動性否有不同的衝擊影響。

4. 聯合檢定 (Joint Test)

$$(\frac{\alpha_t}{\sigma_t})^2 = b_0 + b_1 S_{t-1}^- + b_2 S_{t-1}^- (\alpha_{t-1} / \sigma_{t-1}) + b_3 (1 - S_{t-1}^-)(\alpha_{t-1} / \sigma_{t-1}) + e_t$$

其乃是將前述三個檢定合併起來,檢定波動是否同時由 S_{t-1}^-、$S_{t-1}^- \alpha_{t-1}$、$(1 - S_{t-1}^-)\alpha_{t-1}$ 這三個變數來解釋,而 S_{t-1}^- 為一虛擬變數,當 $\alpha_t < 0$,則 $S_t^- = 1$,反之,則為 0。其主要目的在檢驗條件變異是否存有不對稱的現象。

以上 Sign Bias Test、Negative Size Bias Test、Positive Size Bias Test 及 Joint Test 法都是以 F 統計量之 F 分配來檢定。當上述四種診斷檢定方法結果不一時,經驗法則係採用聯合檢定 (Joint Test) 為主要判斷依據。

5.4 JMulTi 如可判定 GARCH 之 p 及 q 值？

Jmulti 的 GARCH 第 1 畫面，已提供「ARCH Order」選項讓你挑選，電腦系統預設「q＝1」期，若選「q＝1」Execute 即屬 ARCH (q＝1)：若選「ARCH Order 為 1」且「Lags in variance 為 1」Execute 即屬 ARCH (p＝1, q＝1)，…，如此類推。

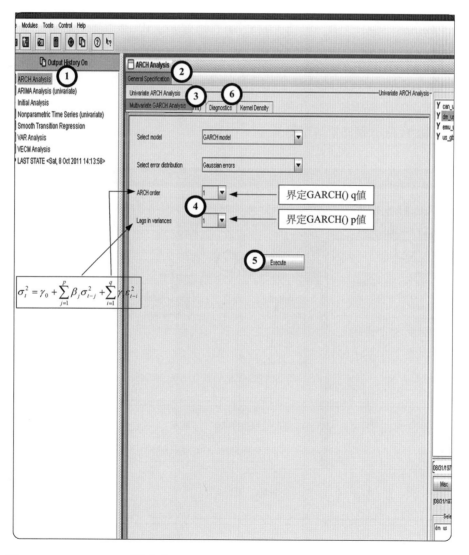

⌐圖 5-4 GARCH (p,q) 界定畫面

5.4.1 以 JMulTi 作 ARCH(q) 或 GARCH (p,q) 三大殘差之檢定

當你選定 GARCH() 之 p 及 q 值之後，JMulTi 的 ARCH 第 2 畫面「text」就可以顯示各期 gama (p,q) 係數之 t 值大小，讓你來判定該模型好壞。甚至，JMulTi 第 3 畫面「Diagnostics」亦有三大殘差檢定 H_0：

1. 殘差之 No Remaining ARCH。
2. 殘差之 Jarque-Bera 常態性檢定

$$\begin{cases} Jarque-Bera \ 之 H_0 : 偏態 E(u_t)^3 = 0 \ 且峰度 E(u_t)^4 = 3 \\ Jarque-Bera \ 之 H_1 : 偏態 E(u_t)^3 \neq 0 \ 且峰度 E(u_t)^4 \neq 3 \end{cases}$$

3. ARCH-LM (ARCH 輔助模型) 法，讓你檢查殘差之間是否仍有條件變異數。
   倘若這三大殘差檢定之 P 都 > 0.05，表示剛剛你界定的單變量 (或多變量) GARCH (p,q) 是非常適配的。

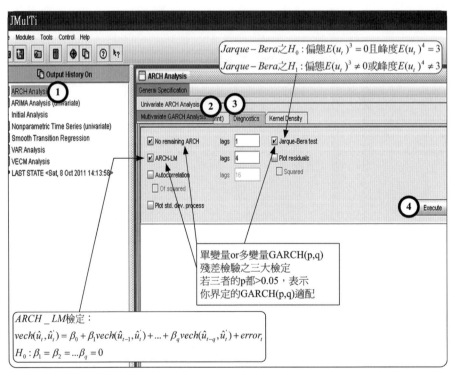

╚ 圖 5-5 GARCH 之 Diagnostics 畫面

(一) 診斷 ARCH(q) 模型

條件異質變異 ARCH(q) 之模型，JMulTi 係根據波動第二動差之變異數來建模：

$$\hat{u}_t^2 = \beta_0 + \beta_1 \hat{u}_{t-1}^2 + \cdots + \beta_q \hat{u}_{t-q}^2 + Error_t$$

其中，$\hat{u}_t^2$ 為第 t 期誤差，它受前 q 期誤差變異的影響，表示 q 期波動變異會影響當期變異數。

ARCH(q) 之虛無假設如下，H_0 係表示前幾期都不會影響當期的誤差變異，若能拒絕 H_0，則有表示單根，前幾期可以來預測當期：

$$\begin{cases} H_0 : \beta_0 = \beta_1 = \cdots = \beta_q = 0 \\ H_1 : \beta_0 \neq \text{ 或 } \beta_1 \neq 0, \text{ 或} \cdots \beta_q \neq 0 \end{cases}$$

JMulTi 係以 $ARCH_{-LM}$ 值大小來顯示 ARCH(q) 模型之顯著性：

$$ARCH\text{-}LM = T \times R^2 \sim \chi^2(q) \text{ 分配}$$

其中，R^2 為決定 (determination) 係數；T 為總期數。

若 y_t 單一序列波動變異數 (第 2 級動差) 特性，具有落後 q 期的現象，稱 y_t 是具有「條件異質變異數」之 ARCH(q) 模型。這種 ARCH 檢定在自我迴歸 (AR)、向量自我迴歸 (VAR) 之建模過程時，在估計時間序列時該選「落後幾期」非常有用。

(二) JMulTi 之 ARCH-LM 檢定法

JMulTi 係以 **ARCG-LM** 法來診斷 ARCH-GARCH 之殘差項 ε_t 變異數 (第 2 級動差) 特性，是否有落後 q 期的現象，若有，表示 ε_t 仍有 ARCH(q) 效果。易言之，這種 ARCH-LM 檢定在自我迴歸 (AR)、向量自我迴歸 (VAR)、GARCH(p,q) 之建模過程時，是非常有用的資訊。

> **定義：ARCH-LM 檢定**
>
> JMulTi 軟體之多變量 **ARCH-LM** 檢定，是以下列之多變量迴歸模型為基礎。

$$vech(\hat{u}_t, \hat{u}_t') = \beta_0 + \beta_1 vech(\hat{u}_{t-1}, \hat{u}_t') + \cdots + \beta_q vech(\hat{u}_{t-q}, \hat{u}_t') + error_t$$

其中，$\hat{u}_t$ 殘差矩陣。

$vech(\bullet)$ 是將一 (K×K) 方陣之下三角元素依序排列而形成的行向量，它是 $(\frac{K(K+1)}{2} \times 1)$ 向量。

$\beta_{0(\frac{K(K+1)}{2})}$ 是 $(\frac{K(K+1)}{2})$ 維的向量。

方陣 β_j 是 $(\frac{K(K+1)}{2} \times \frac{K(K+1)}{2})$ 維的係數矩陣，$j = 1, 2, ..., q$。上式之虛無假設如下：

$$\begin{cases} H_0 : \beta_1 = \beta_2 = \cdots = \beta_q = 0 \\ H_1 : \beta_1 \neq 0 \text{ 或 } \beta_2 \neq 0... \text{ 或 } \beta_q \neq 0 \end{cases}$$

根據上面迴歸模型的基礎，JMulTi 檢定異質性變異數 (ARCH) 模型，是要估計 ARCH(q) 模型的殘差：

$$\hat{u}_t^2 = \beta_0 + \beta_1 \hat{u}_{t-1}^2 + \cdots + \beta_q \hat{u}_{t-q}^2 + error_t$$

並且檢定下列虛無假設：

$$ARCH_{LM}(q) = \frac{T \times K \times (K+1)}{2} R_m^2$$

其中，$R_m^2 = 1 - \frac{2}{K(K+1)} Tr(\hat{\Omega} \hat{\Omega}_0^{-1}) \sim \chi^2 (\frac{q \times K^2 (K+1)}{4})^2$。$\hat{\Omega}$ 為 $\frac{K \times (K+1)}{2}$ 維之殘差共變數矩陣，而 $\hat{\Omega}_0$ 是 q＝0 時 $\hat{\Omega}$ 對應之殘差矩陣。

並且考驗其假設：$\begin{cases} H_0 : \beta_1 = \beta_2 = \cdots = \beta_q = 0 \\ H_1 : \beta_1 \neq 0 \text{ 或 } \beta_2 \neq 0... \text{ 或 } \beta_q \neq 0 \end{cases}$

在符合常態性的假定下，LM 統計量是從判定係數 R^2 來決定：

$$ARCH_{LM}(q) = T \times R^2 \sim \chi^2(q) \text{ 分配}$$

其中，T 為序列的總期數。

5.4.2 JMulTi 實例：西德 DAX 股市波動的預測

將 JMulTi 附的「C：\jmulti4\dataset\NP_xetradax.dat」檔，在 JMulTi 軟體中，用「Import Data」讀入該資料料檔，進行「Initial analysis→Plot」分析，即可得到下面「西德 DAX 股市波動」線性圖。由於 JMulTi ARIMA 畫面已有提供「ARCH order」，讓你試探該模型條件變異之落差期數 (q)：

$$\hat{u}_t^2 = \beta_0 + \beta_1 \hat{u}_{t-1}^2 + \cdots + \beta_q \hat{u}_{t-q}^2 + error_t \text{。}$$

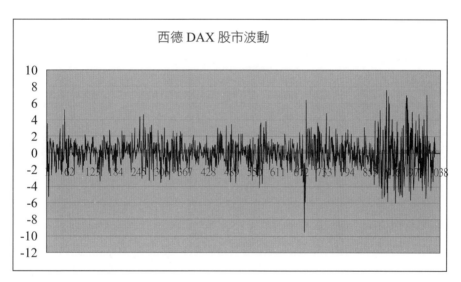

⤷圖 5-6 西德 DAX 股市波動

Step 1：判定 ARCH(q) 模型單個參數 (q) 之最佳值為何？

以「西德 DAX 股市波動」來說，JMulTi 本身會自動判定待分析的變數「xetra」，是屬 ARCH(q) 哪一型？假設你在 ARCH 畫面，勾選是 ARCH(5)。

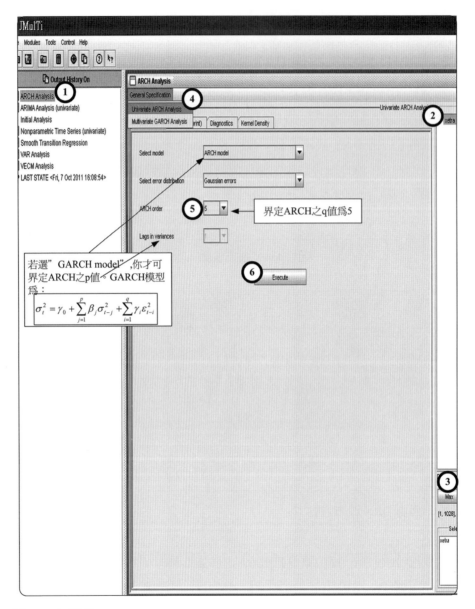

⤷圖 5-7　勾選是 ARCH(5)

　　以上 ARCH(5) 模型到底適不適配呢？經殘差之三大檢定，可發現 ARCH(5)
模型是適配。

Step 2：估計模型

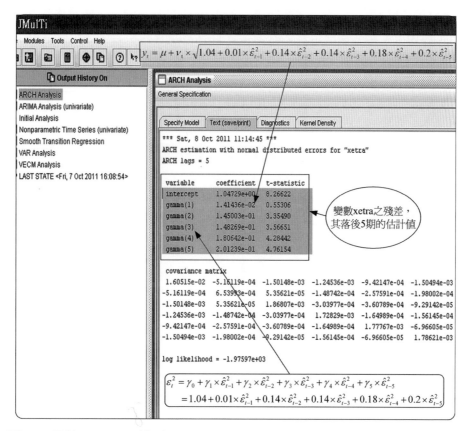

○ 圖 5-8 估計 ARCH(5) 模型

電腦估計模型為：

$$y_t = \mu + \nu_t \times \sqrt{1.04 + 0.01 \times \hat{\varepsilon}_{t-1}^2 + 0.14 \times \hat{\varepsilon}_{t-2}^2 + 0.14 \times \hat{\varepsilon}_{t-3}^2 + 0.18 \times \hat{\varepsilon}_{t-4}^2 + 0.2 \times \hat{\varepsilon}_{t-5}^2}$$

其中，

$$\varepsilon_t^2 = \gamma_0 + \gamma_1 \times \hat{\varepsilon}_{t-1}^2 + \gamma_2 \times \hat{\varepsilon}_{t-2}^2 + \gamma_3 \times \hat{\varepsilon}_{t-3}^2 + \gamma_4 \times \hat{\varepsilon}_{t-4}^2 + \gamma_5 \times \hat{\varepsilon}_{t-5}^2$$
$$= 1.04 + 0.01 \times \hat{\varepsilon}_{t-1}^2 + 0.14 \times \hat{\varepsilon}_{t-2}^2 + 0.14 \times \hat{\varepsilon}_{t-3}^2 + 0.18 \times \hat{\varepsilon}_{t-4}^2 + 0.2 \times \hat{\varepsilon}_{t-5}^2$$

Step 3：模型檢查 (三大殘差診斷：殘差之自我相關、JB 常態性、ARCH-LM)

　　ARCH(5) 模型之殘差，全部通過「ARCH(5) 沒有殘餘」、殘差落後 5 期之 JARQUE-BERA 常態性檢定及 ARCH-LM 條件異質變異檢定，顯示此 ARCH(5) 模型是完美適配，迴歸式為：

$$y_t = \mu + \nu_t \times \sqrt{1.04 + 0.01 \times \hat{\varepsilon}_{t-1}^2 + 0.14 \times \hat{\varepsilon}_{t-2}^2 + 0.14 \times \hat{\varepsilon}_{t-3}^2 + 0.18 \times \hat{\varepsilon}_{t-4}^2 + 0.2 \times \hat{\varepsilon}_{t-5}^2}$$

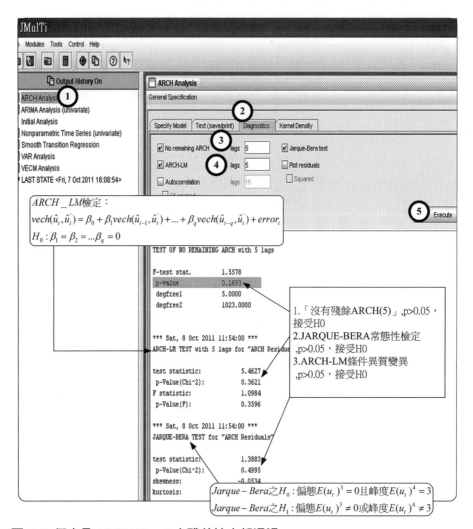

⌐ 圖 5-9 假定是 ARCH(5)，3 大殘差檢定都通過

5.5 | 多變量 MGARCH

標準的 GARCH(p,q) 模型，係指條件變異數 σ_t^2 和其前期 (σ_{t-j}^2) 以及誤差項殘差 之預測關係：

$$\sigma_t^2 = \gamma_0 + \sum_{j=1}^{p} \beta_j \sigma_{t-j}^2 + \sum_{i=1}^{q} \gamma_i \varepsilon_{t-i}^2$$

由於 ARCH(q) 模型在異質變異數方程式中，限制假設參數為非負條件 (避免產生負的係數)，使得殘差項平方之落後期數較長，造成參數過多估計困難。Bollerslev (1986) 根據傳統 ARIMA 模型認定的方法，將移動平均的部分保留，且將落後期數的條件變異數 h_{t-1} 加入 Engle (1982) 所提之 ARCH 模型中，即擴展為一般化自我迴歸條件異質變異數模型 (GARCH Model)。GARCH 模型是允許條件變異數受前期殘差平方項影響外，亦受本身前期條件變異數的影響，使條件變異數的動態結構，可有效降低 ARCH 模型階數，達到彈性的目的。

5.5.1 多變量 MGARCH 模型

單變量 GARCH 模型擴展至多變量 MGARCH 模型，需允許以零為平均數之隨機變數 ε_t 的條件共變異數矩陣受資訊集合元素的影響，多變量 MGARCH 模型的殘差項 (ε_t) 可表示如下：

$$\varepsilon_t \mid \Omega_{t-1} \sim N(0, H_t)$$

條件共變異數矩陣 (H_t) 的每一個元素不僅受到前 q 期誤差項平方與誤差項交叉的影響，且會受到前 p 期條件共變異數矩陣內元素的值與 J×1 向量的若外生變數所影響。因此，共變數矩陣內的元素服從向量 ARIMA 過程 (Vector ARMAX Process)。在沒有外生變數之下，H_t 定義為 n×n 條件變異數 (共變異數矩陣)，$\varepsilon_t' = \{\varepsilon_{1t}, \varepsilon_{2t}, \cdots, \varepsilon_{nt}\}$，為包含 n 個隨機干擾項的 n×1 向量，Bollerslev、Engle 與 Wooldridge (1988) 的多變量 MGARCH(p,q) 模型之條件共變異數矩陣表示如下：

$$vech(H_t) = C + \sum_{k=1}^{q} A_k \, vech(\varepsilon_{t-k}, \varepsilon_{t-k}') + \sum_{k=1}^{p} G_k \, vech(H_{t-k})$$

其中，

$$\{A_i\}_{i=1}^q \ \ \text{及} \ \ \{G_j\}_{j=1}^p \ \ \text{為} \ \frac{n(n+1)}{2} \times \frac{n(n+1)}{2} \ \text{矩陣}$$

$$C \ \text{是} \ \frac{n(n+1)}{2} \ \text{向量}$$

$vech(\bullet)$ 是將一方陣之下三角元素依序排列而形成的行向量，故 $vech(H_t)$ 為 $\frac{n(n+1)}{2} \times 1$ 的行向量。

為了簡單說明，以下考慮一個沒有外生變數的雙變量 GARCH(1,1)VEC 模型。將上式簡寫成：

$$h_t = \begin{bmatrix} h_{11} \\ h_{12} \\ h_{22} \end{bmatrix} = \begin{bmatrix} c_{01} \\ c_{02} \\ c_{03} \end{bmatrix} + \begin{bmatrix} a_{11} & a_{12} & a_{13} \\ a_{21} & a_{22} & a_{23} \\ a_{31} & a_{32} & a_{33} \end{bmatrix} \begin{bmatrix} \varepsilon_{1,\,t-1}^2 \\ \varepsilon_{1,\,t-1}\varepsilon_{2,\,t-2} \\ \varepsilon_{2,\,t-1}^2 \end{bmatrix} + \begin{bmatrix} g_{11} & g_{12} & g_{13} \\ g_{21} & g_{22} & g_{23} \\ g_{31} & g_{32} & g_{33} \end{bmatrix} \begin{bmatrix} h_{11,\,t-1} \\ h_{12,\,t-1} \\ h_{22,\,t-1} \end{bmatrix}$$

條件變異數（共變異數矩陣）H_t，通常在應用上我們設為對稱矩陣 (Symmetric Matrix)，因此在上式中，共變異數 $h_{21,\,t}$ 是多餘的，故不加以考慮，因此矩陣 A_1 與 G_1 各有 9 個參數。然而為了實證的目的，一般須對此一參數化形式加以限制。

Bollerslev、Engle 與 Wooldridge (1988) 提出對角化表示法 (Diagonal Representation)，此模型設定共變異數矩陣 $(h_{jk,\,t})$ 內的每一元素僅受本身的過去值與 $\varepsilon_{1,\,t}$ 與 $\varepsilon_{2,\,t}$ 的過去值所影響。換句話說，變異數 $h_{11,\,t}$ 及 $h_{22,\,t}$ 只受本身落後期誤差項平方及前期變異數所影響，而共變異數 $h_{12,\,t}$ 只受本身落後期誤差交叉項及前期共變異數影響。在兩變數的情況下，雙變量 GARCH (1,1) 對角化模型可表示如下：

$$h_t = \begin{bmatrix} h_{11} \\ h_{12} \\ h_{22} \end{bmatrix} = \begin{bmatrix} c_{01} \\ c_{02} \\ c_{03} \end{bmatrix} + \begin{bmatrix} a_{11} & 0 & 0 \\ 0 & a_{22} & 0 \\ 0 & 0 & a_{33} \end{bmatrix} \begin{bmatrix} \varepsilon_{1,\,t-1}^2 \\ \varepsilon_{1,\,t-1}\varepsilon_{2,\,t-2} \\ \varepsilon_{2,\,t-1}^2 \end{bmatrix} + \begin{bmatrix} g_{11} & 0 & 0 \\ 0 & g_{22} & 0 \\ 0 & 0 & g_{33} \end{bmatrix} \begin{bmatrix} h_{11,\,t-1} \\ h_{12,\,t-1} \\ h_{22,\,t-1} \end{bmatrix}$$

在上式雙變量 GARCH (1,1) 對角化模型中，矩陣 A_1 與 G_1 分別有 3 個參數。為了使參數化形式非常敏感，必須要求 H_t 符合正定 (Positive Definite)，然而在

VEC 表示法及對角化表示法，此一限制是難以檢驗的。

　　Engel 與 Kroner (1995) 則提出新的參數化形式，來克服正定的問題，其模型表示如下：

$$H_t = C_0^{'} C_0 + \sum_{k=1}^{k} \sum_{i=1}^{q} A_{ik}^{'} \varepsilon_{t-i} \varepsilon_{t-i}^{'} A_{ik} + \sum_{k=1}^{k} \sum_{j=1}^{q} G_{jk}^{'} H_{t-j} G_{jk}$$

　　其中，C_0、A_{ik} 與 G_{jk} 為 n×n 參數矩陣，K 的選定視過程的一般化程度，在上述的設定下，上式將為正定。Engel 與 Kroner (1995) 將上式稱為 Baba-Engle-Kraft-Kroner (簡稱 BEKK) 表示法，它也是 VEC 限制模型之一。

　　Bollerslev (1990) 提出固定相關係數 GARCH 設定，這樣固定相關係數的設定，可以方便且容易以概似函數，求取最大概似估計式 (MLE) 之估計值，GARCH 模型的估計可大為簡化。假設 t 期條件共變異數 $H_{ij,t}$ 如下：

$$h_{ij,t} = \rho_{ij} \sqrt{h_{ii,t}} \sqrt{h_{jj,t}}$$

其中 $h_{ii,t}$、$h_{jj,t}$ 分別為 i 資產與 j 資產的 t 期條件變異數，ρ_{ij} 為 i 與 j 的相關係數，則固定相關係數設定下 GARCH 模型之條件變異數——共變異數矩陣，可表示如下：

$$H_t = \begin{bmatrix} h_{11,t} & h_{12,t} & \cdots & h_{1n,t} \\ h_{21,t} & h_{22,t} & \cdots & h_{2n,t} \\ \vdots & \vdots & \ddots & \vdots \\ h_{n1,t} & h_{n2,t} & \cdots & h_{nn,t} \end{bmatrix} = D_t^{'} R D_{t.}$$

其中，

$$\text{特徵值 } D_t = \begin{bmatrix} \sqrt{h_{11,t}} & 0 & \cdots & 0 \\ 0 & \sqrt{h_{22,t}} & \cdots & 0 \\ \vdots & \vdots & \ddots & \vdots \\ 0 & 0 & \cdots & \sqrt{h_{nn,t}} \end{bmatrix}, \text{特徵向量 } R = \begin{bmatrix} 1 & \rho_{12} & \cdots & \rho_{1n} \\ \rho_{21} & 1 & \cdots & \rho_{2n} \\ \vdots & \vdots & \ddots & \vdots \\ \rho_{n1} & \rho_{n2} & \cdots & 1 \end{bmatrix}$$

條件共變異數 H_t 部份，如上式之特徵向量的分解，其中，特徵值 h_t 為 n×1 的條件變異數向量，$h_t = \{h_{11,t}, h_{22,t}, \ldots, h_{nn,t}\}^{'}$，固定相關係數 GARCH 模型之條件

變異數表示如下：

$$h_t = C + \sum_{i=1}^{q} A_i \varepsilon_{t-i}^2 + \sum_{j=1}^{p} G_j h_{t-j}$$

上式中，

$\varepsilon_t^2 = \{\varepsilon_{1t}^2, \varepsilon_{2t}^2, \cdots, \varepsilon_{nt}^2\}'$

$\{A_i\} \cdot \{G_j\}$ 為 n×n 的矩陣

C 為 n×1 的向量。

5.5.2 多變量 GARCH (1,1)：BEKK 形式

實證研究中，如果需要同時考慮多個金融時間序列資料的條件變異數會隨時間變動時，一般是建立一個多變量 GARCH 模型來進行實證分析。而從單變量 GARCH 模型擴充而來的多變量 GARCH 模型，因為其均數方程式的殘差項有可能會彼此影響，所形成的條件共變異數矩陣都十分複雜，造成實證研究在估計上的困擾，且會因所設定的參數假設不同，而有不同的差異。主要的差異在於參數條件之條件變異數與條件共變異數的函數設定，一般會使用三種方式來簡化複雜的條件共變異數：(1) 固定相關形式 (constant correlation form)；(2) 對角化形式 (diagonal form)；(3) BEKK 形式：Baba-Engle-Kraft-Kroner 所提 VEC 之限制模型。

定義：**BEKK**

　　BEKK 此精減模型是 VEC 的限制版，其建構的條件共變數矩陣 H_t 是正定，故它可被二個三角矩陣來分解。

$$H_t = CC' + \sum_{j=1}^{q} \sum_{k=1}^{K} A_{kj}' r_{t-j} r_{t-j}' A_{kj} + \sum_{j=1}^{q} \sum_{k=1}^{K} B_{kj}' H_{t-j} B_{kj} \quad\cdots\cdots\cdots\cdots(5\text{-}6)$$

其中，$A_{kj} \cdot B_{kj}$ 及 C 為 N×N 參數矩陣，且 C 為下三角矩陣。

　　BEKK 模型是定態共變數，若且唯若 (if and only if) 下列式子之特徵值小於 1：

$$\sum_{j=1}^{q} \sum_{k=1}^{K} A_{kj}' \otimes A_{kj} + \sum_{j=1}^{q} \sum_{k=1}^{K} B_{kj}' \otimes B_{kj}$$

其中，⊗ 為二個矩陣的 Kronecker 乘積。

為簡化說明，我們以 k＝1 階來解釋 BEKK：

$$H_t = CC' + A'r_{t-1}r'_{t-1}A + B'H_{t-1}B \quad \text{(5-7)}$$

令 B＝AD，D 為對角化 (diagonal) 矩陣。則上式可變成：

$$H_t = CC' + A'r_{t-1}r'_{t-1}A + DE[A'r_{t-1}r'_{t-1}A|F_{t-2}]D \quad \text{(5-8)}$$

(5-8) 式之條件變異數－共變數矩陣，代表一組資產報酬 r_t 或投資組合的線性組合。Kroner & Ng (1998) 限制 $B = \delta A$，其中，純量 $\delta > 0$。

若 (5-8) 式有可能更簡化，就是 A 及 B 二者都是對角化矩陣。這種對角化 BEKK 必定滿足 B＝AD 條件，它是對角化 VAR 的限制式，即共變方程式的參數 (方程式 h_{ijt}, $i \neq j$) 是 h_{iit} 參數的乘積。因此，若想獲得更一般化且 K > 1 模型 (即放寬共變數參數的限制)，則可限制，對角化 BEKK 為純量 BEKK，即 A＝aI，B＝bI，其中，a 及 b 都是純量。

　　例如，林裕傑 (民 98) 研究「英、法、德、加四國股匯市報酬與美國股市報酬連動關係」就用 BEKK 形式。BEKK 形式是由 Baba 等人 (1990) 所提出，用來把複數條方程式動態的多變量之波動模型化，Engle & Kroner (1995) 將之更進一步討論，因為 (1) 固定相關 (constant correlation)；(2) 對角化 (diagonal) 這兩個方法可能會因為模型假設的結構性關係，在實證上難以有效縮減參數，並維持正定 (positive define)，因此提出 BEKK 來解決上述問題。BEKK 可以當作將對角化型式予以正定，它是利用設定模型中的變異數只受到本身落後期誤差項平方與前一期變異數的影響，共變異數只受到本身落後期交叉項與前一期共變異數的影響。

　　例如，在林裕傑 (民 98) 的實證模型中，首先考慮一個三變數時間序列觀察值的股、匯市報酬 $\{y_t\}$, $t-1, ..., T$，每期皆有三個元素在此序列中，即 $y_t = (y_{1t}, y_{2t}, y_{3t})'$，其中，$y_{1t}, y_{2t}, y_{3t}$ 分別代表美國股市報酬、本國股市報酬、本國匯市報酬，由這些基本假設，可用來描述下列模型：

(5-9)~(5-11) 式主要是敘述三個金融市場報酬的平均數。

$$y_t = \mu + \varepsilon_t \quad \text{(5-9)}$$

$$\mu = E(y_t \mid \psi_{t-1}) \quad \cdots\cdots\cdots\cdots\cdots\cdots\cdots\cdots\cdots\cdots\cdots\cdots\cdots\cdots\cdots\cdots\cdots \text{(5-10)}$$

條件誤差 $\varepsilon_t \mid \psi_{t-1} \sim N(0, H_t)$ $\cdots\cdots\cdots\cdots\cdots\cdots\cdots\cdots\cdots\cdots\cdots\cdots\cdots\cdots$ (5-11)

其中，(5-9) 式為股匯市報酬的均數方程式，而 ψ_{t-1} 表直到第 $t-1$ 期且不包括第 t 期所有可能的資訊，N 表三維之常態分配。

下列各式主要是敘述三個金融市場的變異數與共變數。

條件共變異數矩陣 $H_t = E(\varepsilon_t \varepsilon_t' \mid \psi_{t-1})$ $\cdots\cdots\cdots\cdots\cdots\cdots\cdots\cdots$ (5-12)

美股報酬之變異 $h_{11,t} = \omega_1 + \alpha_1 \varepsilon_{1,t-1}^2 + \beta_1 h_{11,t-1}$ $\cdots\cdots\cdots\cdots\cdots$ (5-13)

台股報酬之變異 $h_{22,t} = \omega_2 + \alpha_2 \varepsilon_{2,t-1}^2 + \beta_2 h_{22,t-1}$ $\cdots\cdots\cdots\cdots\cdots$ (5-14)

台灣匯市報酬之變異 $h_{33,t} = \omega_3 + \alpha_3 \varepsilon_{3,t-1}^2 + \beta_3 h_{33,t-1}$ $\cdots\cdots\cdots$ (5-15)

令 $h_{ij,t} = \sqrt{\rho_{ij,t}(h_{ii,t} h_{ii,t})}, h_{ij} = h_{ji}, i \neq j, i, j = 1,2,3$ $\cdots\cdots$ (5-16)

令 $\rho_{ij,t} = \rho_1^{ij}(1 - G(s_{ij,t}; \gamma_{ij}, c_{ij})) + \rho_2^{ij} G(s_{ij,t}; \gamma_{ij}, c_{ij})$

$\qquad = \rho_1^{ij} + (\rho_2^{ij} - \rho_1^{ij}) \times G(s_{ij,t}; \gamma_{ij}, c_{ij}), i \neq j, i, j = 1,2,3$ $\cdots\cdots\cdots$ (5-17)

其中，在 (5-9) 式的殘差 ε_t 的條件共變異數矩陣 H_t，假設為服從隨時間變動的結構 (time-varying structure) 型態，(5-13)~(5-15) 式為條件變異數方程式，服從 GARCH (1,1)。若我們研究國與國之間股匯市報酬相關性，因為它是非線性關係與結構性轉變對其的影響，故應採用 Teräsvirta (1994) 的平滑轉換迴歸 (Smooth Transition Regression, STR) 模型，來同時分析以及區分非線性和結構性轉變 (time-varying coefficients) 兩種特性。其中，轉換函數 $G(s_{ij,t}; \gamma_{ij}, c_{ij})$，其值介於 0 與 1 之間，令它為一個 logistic 函數的形式，其定義如下：

轉換函數 G() 的界定

　　平滑轉換迴歸 (STR) 最始的構想，就是根據下列公式，試圖找一個合適的轉換函數g(x)，使得「新變數」的值域限制在 [0, 1] 範圍。因為：

1. 當 g(x) 趨近 ∞ 時，「新變數」的值為 0。

2. 當 g(x) 趨近 0 時，「新變數」的值為 1。

$$新變數 = \frac{1}{1 + g(x)}$$

其中，合適的轉換函數 g(x)，就是本章節要談「轉換變數 s_t」；「新變數」就是平滑轉換函數 $G(\gamma, c_k, s_t)$ 即 LSTR1 或 LSTR2，它必須是一個介於 0 和 1 之間連續型函數 (Teräsvirta, 2004)。

$$y_t = \phi'z_t + \theta'z_t \times G(\gamma, c, s_t) + u_t$$
$$= (\phi' + \theta' \times G(\gamma, c, s_t))'z_t + u_t, \quad t = 1, 2, 3, \cdots, T \quad \cdots\cdots\cdots\cdots\cdots\cdots \text{(5-18)}$$

其中，$\phi'z_{t-i}$ 為 STAR 的線性部份；$\theta'z_{t-1}G(\gamma, c, s_t)$ 為 STAR 的非線性部份。z_{t-i} 為被解釋變數落後 i 期之向量矩陣。

定義：LSTR1 轉換函數 $G(s_{ij,t}; \gamma_{ij}, c_{ij}) = \dfrac{1}{1 + e^{-\gamma_{ij} \prod\limits_{k=1}^{k}(s_{ij,t} - c_k^{ij})}}$

$\gamma_{ij} > 0, c_1^{ij} \le c_2^{ij} \le \cdots \le c_k^{ij}$

其中，$s_{ij,t}$ 為轉換變數、γ_{ij} 為斜率參數或稱作轉換速度，c_{ij} 為位置參數或稱作門檻值。

我們為了擴充 Berben & Jansen (2005) 的單門檻平滑轉換相關係數之雙變數 GARCH (Smooth Transition Correlation- Bivariate GARCH model，簡稱 STC-GARCH) 模型，或為允許兩個或兩個以上門檻值來敘述非線性的相關係數平滑轉換關係，因套用在檢視市場報酬相關性的變化是否隨著時間改變而改變的，故我們再定義一個與時間有關的函數：

定義：$s_{ij,t} = s_t = \dfrac{t}{T}, \forall i \ne j, \ i, j = 1, 2, 3$。

在理論上，任何變數只要符合經濟理論皆可以當作轉換函數。在實證上，藉著轉換變數 $\dfrac{t}{T}$ 的標準差 $\sigma_{\frac{t}{T}}$，來規模化 $\left(\dfrac{t}{T} - c\right)$ 以估計交錯在不同區間的轉換速率 $\hat{\gamma}$。

參數 γ_{ij} 則是用來判斷在各個門檻下，$c_{ij} = \left[c_1^{ij}, c_2^{ij}, \cdots, c_k^{ij}\right]'$ 在區間之間轉換函數變化的平滑度。而本 BEKK 模型之假設與 Berben & Jansen (2005) 最大的不同在於門檻值 c 的個數 K 的設定，Berben & Jansen (2005) 認為股市報酬的相關

性存在一個遞增或遞減的特性，而非一般 CC-GARCH 模型所描述的固定相關係數，故在其研究中將相關係數加入一個轉換函數，藉此來控制相關係數的長期變化趨勢，並設定轉換函數的門檻個數為單一門檻，在這樣假設下的 STC-GARCH 模型，只能單純描述一段樣本期間內的市場與市場之間的相關性持續遞增或遞減的情況，為一個單調轉換的變化，而本 BEKK 則擴充 Berben & Jansen 的設定，假設轉換函數含有多個門檻值存在的可能，來描述在市場 i、j 的非線性相關，而擁有二個或三個以上門檻數目的轉換函數，其好處在於多門檻的轉換函數能較精確地描述市場相關性的起伏，更勝於單一門檻僅能描述單調的持續遞增或遞減的現象，較能捕捉真實的情況。

MSTC-MGARCH 模型可以用來捕捉一個廣範圍的相關係數變化之形式。如果 ρ_1^{ij} 和 ρ_2^{ij} 不同，相關係數會在不同動態區間做移動，而隨著時間增加，改變的速度可能會隨之而增加。相關係數在不同區間之間的移轉急劇程度與否會因轉換速率 γ 的大小而不同，若 γ 很大，則移轉會十分劇烈，反之則移轉十分平緩。於單一門檻的情形下 ρ_1^{ij} 與 ρ_2^{ij} 的大小決定 非線性相關係數轉換函數的初始值，當 $\gamma = 0$，即相關係數退化為線性時，此為 Bollerslev (1990) 所提出的固定相關係數模型，為 STC-GARCH 模型設定 $\rho_1^{ij} = \rho_2^{ij}$ 或 $\gamma = 0$ 的特殊情況。而當 $\gamma \neq 0$，即此相關係數為非線性時。且 $\rho_1^{ij} < \rho_2^{ij}$ 則表示相關性將會被觀察到呈現一直遞增的狀態；反之，$\rho_1^{ij} > \rho_2^{ij}$ 則表示相關性將會被觀察到呈現一直遞減的狀態，而當轉換函數的門檻值不只一個時，此時相關係數的變化情形就必須由本 BEKK 所設定的 MSTC-MGARCH 模型來觀察。而門檻值的個數與位置和轉換速度的大小亦會影響轉換函數的圖形，如圖 5-10 所示。

多門檻平滑轉換相關係數的多變數 GARCH 模型 (Multi-threshold Smooth Transition Correlation of Multivariate GARCH model) 可以應用於捕捉一個更廣範圍變動程度的變化，不僅僅是在各個國家自己國內的金融市場而且也可以用來追蹤國與國之間金融市場在各個時期的相關性。

根據 (5-17) 式並依照 Teräsvirta (1994) 定義的 Logistic 平滑轉換函數 (logistic STR, LSTR) 模型，且依據不同門檻個數 K 值可以定義不同型態的轉換函數而組成不同型態的非線性平滑轉換迴歸模型。

情況 I：轉換函數之 K＝1 時，稱作 LSTR1

當門檻個數 K＝1 時，稱作 LSTR1 為以下形式：

$$G(\gamma, c_1, s_t) = \frac{1}{1 + e^{-\gamma(s_t - c_1)}}, \gamma > 0$$

LSTR1 模型可藉由單一門檻值 c_1 區分成兩個動態區間，分別為較低區間與較高區間 (lower regime & upper regime)，當轉換變數等於門檻值時 (即 $s_t - c_1 = 0$ 時)，則 $G(\gamma, c_1, s_t) = \frac{1}{2}$；而當轉換變數偏離門檻值的程度趨近於正無窮大或負無窮大時，$G(\gamma, c_1, s_t) = 1$ 或 0。故隨著轉換變數 s_t 由小變動到大，轉換函數 G() 將會由 0 變化到 1，而參數會從 ρ_1 增加到 ρ_2 作單調遞增或遞減轉換。另外，當斜率參數或稱作轉換速度 $\gamma = 0$ 時，則轉換函數 $G(\gamma, c_1, s_t) = \frac{1}{2}$，LSTR1 模型會退化成為線性模型 (linear model)；而當 γ 趨近於無窮大時，LSTR1 模型由較低區間 (lower regime) 轉變到較高區間 (upper regime) 會出現急遽的轉換過程，趨近於由 Tong (1990) 所提出門檻迴歸模型。因此，依照不同調整速度，隨著轉換函數的增加或減少，轉換函數的值會對應不同方向的門檻值偏離程度，故 LSTR1 通常被用來描述不對稱動態的變數，如下圖所示。

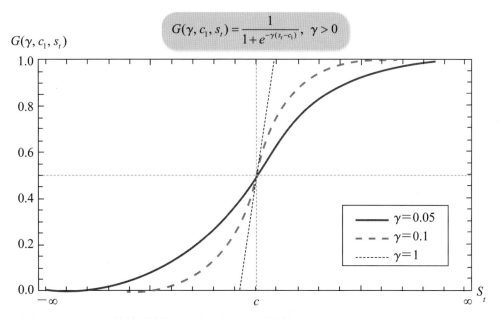

◟圖 5-10 不同調整速度情況下的 LSTR1 函數值

情況 II：轉換函數之 K＝2 時，稱作 LSTR2

當門檻個數 K＝2 時，稱作 LSTR2 其形式：

$$G(\gamma, c_1, c_2, s_t) = \frac{1}{1 + e^{-\gamma(s_t - c_1)(s_t - c_2)}}, \gamma > 0, c_1 < c_2$$

LSTR2 模型的轉換函數與 LSTR1 的不同在於擁有兩個門檻值，c_1 與 c_2，故可區為分成三個動態區間 (regime)，分別為兩個外部區間 (outer regime) 與一個內部區間 (Mid regime)，$G(\gamma, c_1, c_2, s_t)$ 會以 $\frac{(c_1 + c_2)}{2}$ 為對稱點，呈現一個類似 U 型的變動趨勢。當 γ 夠大且轉換變數 s_t 落在 c_1 與 c_2 之間時，轉換函數值會趨近於 0；而轉換函數 s_t 落在 c_1 與 c_2 之外時，$G(\gamma, c_1, c_2, s_t)$ 會趨近於 1。因此，當 $s_t \to -\infty$ 及 $+\infty$，此轉換函數描述當轉換變數落在兩門檻值以外時，表示在外部區間 (outer regimes) 會有對稱的動態行為，而和轉換變數落在兩門檻值以內的內部區間 (middle regime) 會有明顯不同的非線性調整。另外，當 $\gamma = 0$ 時，$G(\gamma, c_1, c_2, s_t) = 1/2$，則 LSTR2 模型會退化為線性模型 (linear model)。因此，依照不同調整速度，隨著轉換變數值的增加或減少，轉換函數的值會以 $\frac{(c_1 + c_2)}{2}$ 作不同程度的偏離。在不同調整速度的情況下，轉換函數的值與轉換變數偏離門檻值程度大小關係，如圖 5-11 所示：

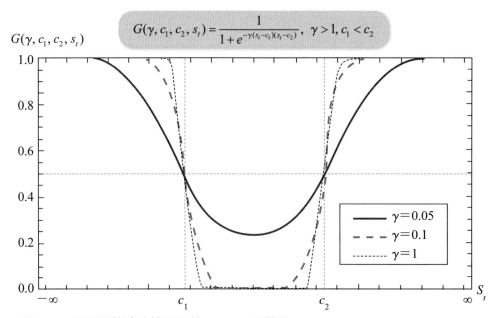

⤷ **圖 5-11** 不同調整速度情況下的 LSTR2 函數值

轉換函數中轉換變數之選擇，依據其經濟理論可以設特定的變數做為轉換變數，如以應變數、自變數的落後期或是其他外生變數做為轉換變數 (Teräsvirta, 1994)。如果考慮轉換變數與時間有相關時，則可以考慮以時間趨勢項做為轉換變數之轉換函數 (Lin & Teräsvirta, 1994)。

在假設常態下，概似函數 (log-likelihood function) 在樣本數為 T 個觀察值下可被描述為：

$$L(\theta) = \sum_{t=1}^{T} l_t(\theta) = \sum_{t=1}^{T} [-\frac{1}{2}(\ln|H_t| + \varepsilon_t' H_t^{-1} \varepsilon_t)]$$

其中，θ 為在殘差 ε_t 與共變異數矩陣 H_t 中的所有未知參數。最大概似估計 (maximum likelihood estimate, MLE) 是以概似函數對所有參數同時進行估計求出最接近母體的最大概似值。

5.6　用 JMulTi 判定 ARCH (q) 或 GARCH (p,q) 之實例

首先，用 JMulTi 之「File → Import Data」，將 CD 片中檔「ch05 ARCH-GARCH 範例\ SNAR4_jm.dat」檔，它只一個變數 SNAR4，即 seasonal nonlinear autoregressive(SNAR)。

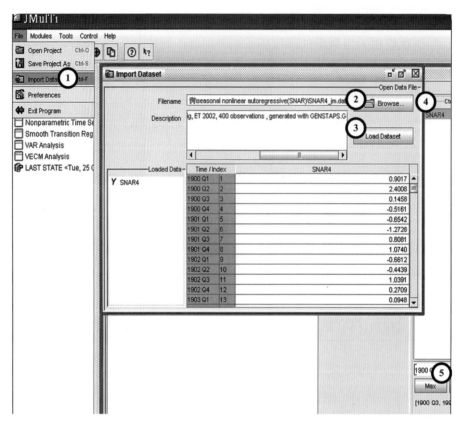

‍圖 5-12 輸入「SNAR4_jm.dat」檔之變數 SNAR4

Step 1：單根檢定，判定序列是否定態

　　ADF 單根檢定結果，發現變數 SNAR4 屬定態，所以可放心做 ARCH 或 GARCH 檢定。

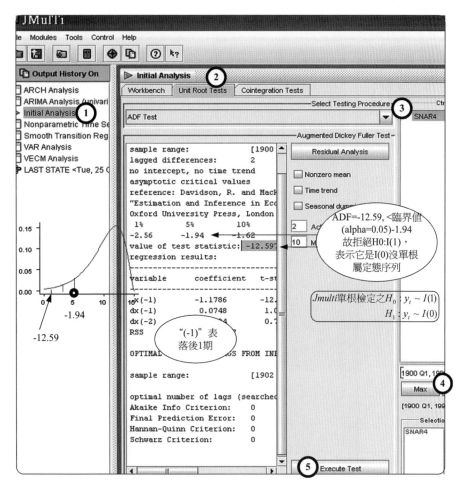

⌐圖 5-13 單根檢定結果，發現變數 SNAR4 屬定態

Step 2：先從簡單 Univariate ARCH(q)，來測試變數 SNAR4 符不符合該模型

做 ARCH(q) 前，你需先界定 y_t 殘差變異數的落後期數 q，JMulTi 預設值「ARCH order」為 1 (即 q＝1)。

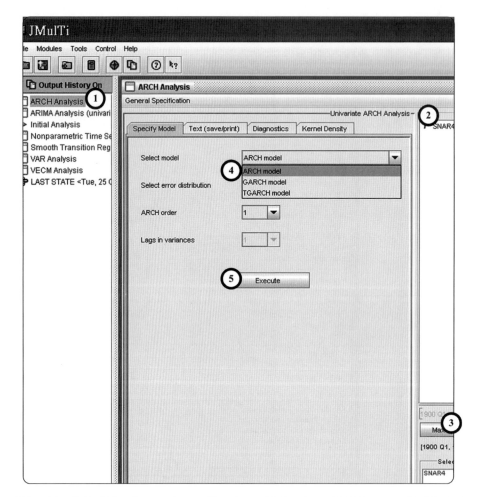

⤷圖 **5-14** 「ARCH→General specification→Univariate ARCH→specify Model」

分析結果，顯示 SNAR4 變數暫屬 ARCH(1) 模型是正確的，但仍需三大殘差分析，才能確保是不是最佳的模型，因為它有可能更適合 GARCH(p,1) 型。

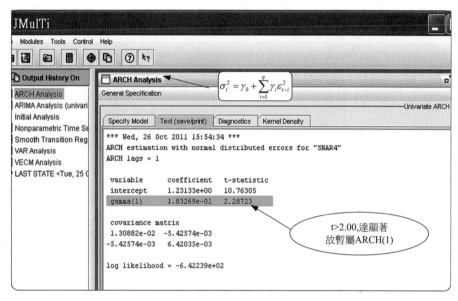

☞圖 **5-15** 用「ARCH」執行結果，是屬 ARCH(1)

Step 3：GARCH 模型之三大殘差檢查，以判定該 ARCH-GARCH 模型是否適配

　　JMulTi 共有三大殘差檢定，讓你「Diagnostics」來判定 ARCH 或 (單變量及多變量) GARCH 模型是否適配：

1. Test of No Remaining ARCH with「q」Lags
2. 殘差變異ARCH-LM Test With「4」Lags

> $ARCH\_LM$ 檢定：
> $vech(\hat{u}_t, \hat{u}_t^{'}) = \beta_0 + \beta_1 vech(\hat{u}_{t-1}, \hat{u}_t^{'}) + \cdots + \beta_q vech(\hat{u}_{t-q}, \hat{u}_t^{'}) + error_t$
> $H_0 : \beta_1 = \beta_2 = \cdots = \beta_q = 0$

3. 殘差常態性 Jarque-Bera Test

> $Jarque - Bera$ 之 H_0：偏態 $E(u_t)^3 = 0$ 且峰度 $E(u_t)^4 = 3$
> $Jarque - Bera$ 之 H_1：偏態 $E(u_t)^3 \neq 0$ 且峰度 $E(u_t)^4 \neq 3$

　　用「ARCH→Diagnostics」三大殘差檢查模型，結果 ARCH-LM 沒通過，表示你剛剛界定的 ARCH(1) 仍不是很理想。故我們再試試 GARCH(p,q)。

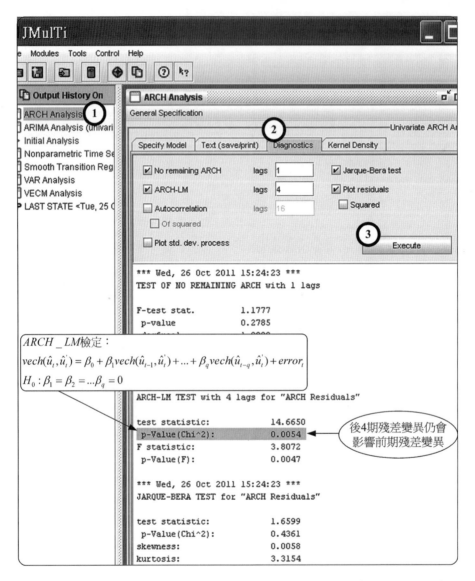

⸂圖 5-16 「ARCH→Diagnostics」有三大殘差檢查模型是否適配,結果不適配

Step 4：改選用 GARCH(p,q)，診斷其三大殘差是否通過

　　假設我們先以 GARCH(p,q) 最簡單型：p＝1、q＝1 來測試，經三大殘差檢定結果發現，GARCH(1,1) 是非常適合。

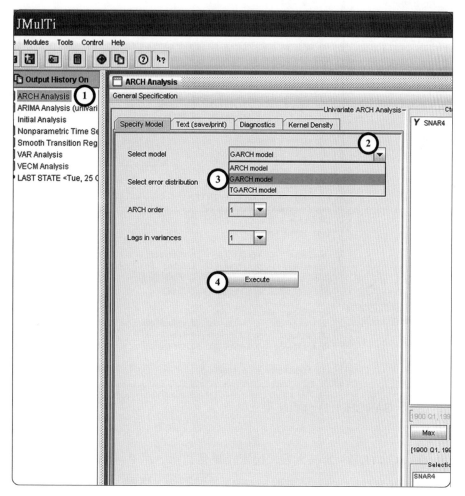

◟圖 **5-17** 改選用 GARCH(1,1)

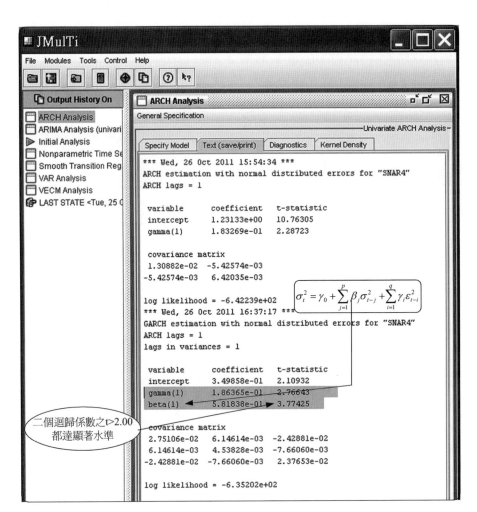

⊊圖 5-18 用 GARCH(1,1) 分析結果

　　用 GARCH (1,1)，其三大殘差檢定結果都通過，都 P > 0.05，表示 GARCH
(1,1) 比用 ARCH (1)，更適配變數 SNAR4 之波動性。變數 SNAR4 具有 GARCH
效果。

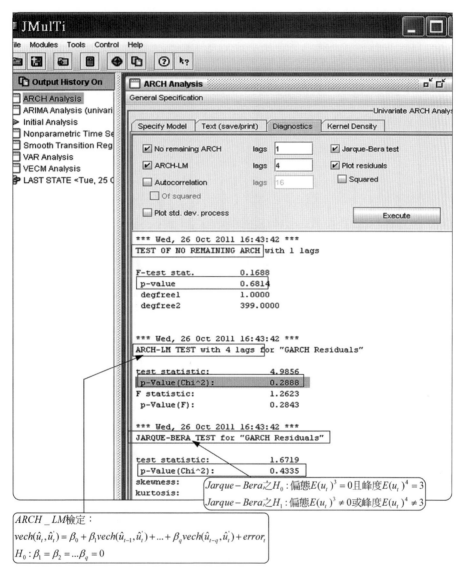

⤷圖 5-19 改用 GARCH(1,1)，其三大殘差檢定結果都通過

GARCH(1,1) 殘差圖，顯示左右振幅相當，表示該殘差是定態的。

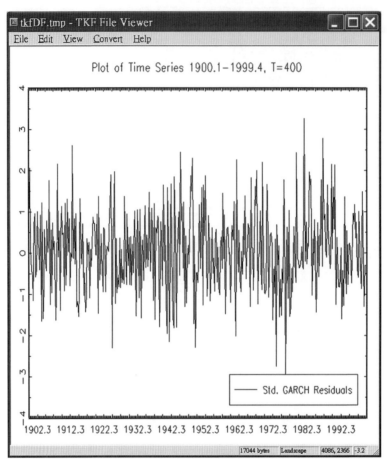

╚,圖 5-20 GARCH(1,1) 殘差圖

　　總之,從本例子的啟示顯示,若 y_t 序列是定態且殘差具有 ARCH 或 GARCH 效果,則可仿照第 9 章 STR 做非線性轉換 (LSTR1 或 LSTR1 函數) 後,轉成線性,再代入:(1) 用 ARIMA 或 VAR 做預測、或 (1) 用 VAR 或 VECM 做因果變係的證明。

困境是最好的教育。

CHAPTER **6** 〝〝〝〝〝

聯立迴歸式：
定態之向量自我迴歸 VAR

G ranger 領先檢定/因果檢定 (Granger Causality Test) 是用來解釋變數間 (X 與 Y) 是否有領先 (Granger cause)、落後 (does not Granger cause)、互相領先，或兩者無任何關係。[1] 但首先要檢定變數是否為定態 (stationary)。「單根檢定」(Unit Root Test) 可測定變數是否達到定態。若變數檢定為定態，則可用「向量自我迴歸模型」(Vector Autoregressive Model, VAR)，但這只檢定變數的長期關係。若變數為不定態，具有單根 (unit root)，便會出現虛假 (spurious) 關係。若變數間不存在共整合 (co-integration) 的關係，則須將各變數進行差分 (differencing)，直到各變數的某一階段差分為定態。再以 Granger 方法，利用 VAR 模型分析變數間的因果關係。但差分會將長期趨勢消除，所以，VAR 只可檢定「短期」因果關係。

若變數之間有共整合的現象存在，即是有「長期」均衡關係，那麼，兩方一定有因果關係；即變數 X 會領先變數 Y (亦即 X 為因，Y 為果)，或 Y 領先 X，或互為領先。但共整合只能表示有長期關係，不能顯示短期關係。若加入「誤差修正模型」機制 (Error Correction Mechanism, ECM)，可以同時包含短期動態和長期訊息。所以第 8 章談 Granger 因果關係的分析方法應用在 ECM 模型。這樣，因果關係的檢定就會包含了短期和長期的內容。

通常我們要證明，二個 (以上) 時間序列 x_t 及 y_t 的因果關係時，除了會考慮自我的因素 (自己序列之落後項影響) 外，倘會想到來自其他的因素 (別的序列之落後項影響)，像這種二個 (以上) 序列「共同隨機趨勢」，謂之共整合 (共積)、因果關係 (即 $x_t \rightarrow y_t$、$x_t \leftarrow y_t$、或 $x_t \leftrightarrow y_t$)。

求證 x_t 及 y_t 的因果關係時，若二序列都是定態，則直接用向量自我迴歸 (VAR)，反之，若二序列 (以上) 都是非定態且有共整合，則採向量誤差修正模型 (VECM) 來分析。

財經問題，往往波動幅度大，現象與現象關係複雜，問題之分析處理就需 VAR (定態資料)、VECM (非定態資料)。當要證明 及 的因果關係時，若二序列都是定態，則直接用向量自我迴歸 (VAR)，反之，若二序列 (以上) 都是非定態且有共整合，則採向量誤差修正模型 (VECM) 來分析，VECM 係共整關係與誤差修正項同時存在之聯立迴歸模型。

---

[1] Granger 領先檢驗只能檢驗是否領先—領先只表示時間上的因果 (先後) 關係，不能檢定完全的因果關係。

6.1 ｜ 預測之迴歸模型

6.1.1 預測之三種迴歸模型

迴歸模式到底哪一種模型較優，要看它的預測表現 (精準要高、誤差要小且均勻分佈)。例如，新台幣匯率預測模型的表現評比，若只考慮 ARIMA、VECM (向量修正模型)，及 SVAR (結構向量迴歸，Structural VAR) 這三個模型，我們直覺上會想到的 ARIMA 模型，因 ARIMA 模型是單變量的 (新台幣匯率)；而 VECM 是於多變量的 VAR 模型加入未拋補利率平價 (uncovered interest parity, UIP) 關係當作理論基礎來作預測。另外 SVAR 模型是將相關的總體經濟變數與金融變數納入到 VAR 模型當變數，並在此模型的參數結構做限制，最後再由這三個模型的匯率預測結果，來比較樣本外 (out-of-sample) 匯率預測的表現，即可知哪一種迴歸模型較優。

定義：利率平價理論 **(Interest Rate Parity Theory)**

利率平價與購買力平價所不同的是考察資本流動 (而不是商品流動) 與匯率決定之間的關係，它從一個側面闡述了匯率變動的原因——資本在國際間的流動。

利率平價理論認為兩個國家利率的差額相等於遠期兌換率及現貨兌換率之間的差額。由凱恩斯和愛因齊格提出的遠期匯率決定理論。他們認為均衡匯率是通過國際拋補套利 (covered interest arbitrage, CIA) 所引起的外匯交易形成的。在兩國利率存在差異的情況下，資金將從低利率國流向高利率國以謀取利潤。但套利者在比較金融資產的收益率時，不僅考慮兩種資產利率所提供的收益率，還要考慮兩種資產由於匯率變動所產生的收益變動，即外匯風險。套利者往往將套利與掉期業務相結合，以避免匯率風險，保證無虧損之虞。大量掉期外匯交易的結果是，低利率國貨幣的現匯匯率下浮，期匯匯率上浮；高利率國貨幣的現匯匯率上浮，期匯匯率下浮。遠期差價為期匯匯率與現匯匯率的差額，由此低利率國貨幣就會出現遠期升水，高利率國貨幣

則會出現遠期貼水。隨著拋補套利的不斷進行,遠期差價就會不斷加大,直到兩種資產所提供的收益率完全相等,這時拋補套利活動就會停止,遠期差價正好等於兩國利差,即利率平價成立。因此我們可以歸納一下利率評價說的基本觀點:遠期差價是由兩國利率差異決定的,並且高利率國貨幣在期匯市場上必定貼水,低利率國貨幣在期匯市場上必定升水。

例 6-1:美元的存款利率是 5%,台幣存款利率是 2%,如果目前美元對台幣的匯率是 1:33,那麼一年期的美元對台幣遠期匯率「一定」會是 1:31.754?為何會是這樣?

答:遠期匯率是如何自動調整的,期貨價格是根據利率平價理論得來的,公式如下:

$$F_\$^{NT} = S_\$^{NT} \times \frac{(1 + i^{NT} \times \frac{\text{天數}}{360})}{(1 + i^\$ \times \frac{\text{天數}}{360})}$$

其中,F 是遠期匯率,S 為即期匯率,i^{NT}、$i^\$$ 分別代表台幣利率及美金利率,「天數」是現在與到期日的日數 (每月 30 日)。

以上述例子來說,一年期遠期外匯價格:

$$F_\$^{NT} = 33 \times \frac{(1 + 2\% \times \frac{360}{360})}{(1 + 6\% \times \frac{360}{360})} = 31.754$$

為何會這樣呢,期貨買賣不是由投資者雙方買賣的成交價而得來的嗎?那應該是上上下下波動才,怎會有個固定公式在那邊呢?沒錯,期貨市場價格是買賣叫價決定,但如果價格偏離這公式的話,就會有套利機會發生。當套利發生時,市場機制會快速讓匯率回歸理論值。假設市場價格失衡了,一年期美元匯率來到了 32.5,那麼投資者就可以以下列方式執行套利 (以台幣 100 萬元為例):

第一步：跟台灣的銀行貸款台幣 100 萬元，年利率 2%，期末本利和償還102 萬。

第二步：將 100 萬元台幣以即期匯率 33 換成 30,303.03 美元，然後將這美元以 6% 利率存入銀行，同時一年期遠期外匯以 32.5 賣出美元。 這一步驟主要目的是鎖住未來要賣出美元之匯率。

第三步：等一年到期後，美元期末之本利和＝30303.03×1.06＝US\$32,121.21，就可以用 32.5 的匯率交割，得款 NT\$1,043,939。所得款項扣除銀行貸款本利和 102 萬元，還多出來了 23,939 元。

利率較高的國家，遠期匯率必須比即期利率貶值，貶值的程度就稱為「貼水」。以前述例子來說，美元利率 6%、台幣利率 2%，若以拋補利率套利方式將台幣以即期匯率換成美元生息，到期後再以遠期匯率會回台幣，則很容易想像美元對台幣遠期匯率必定貶值，而且幅度必然補足兩國之利差 4%。這道理以美元角度來看也是成立的，如果以美元存款是年利率 6%，那麼若將美元換成台幣，以台幣利率 2% 生息，到期再以遠期匯率換成美元，那麼台幣兌美元遠期匯率必定升值，幅度也高好彌補 4% 的利差。

匯率貼水與升水公式：

匯率貼水與升水

$$= \frac{遠期匯率－即期匯率}{即期匯率} \times \frac{360}{天數} = \frac{31.754-33}{33} \times \frac{360}{360} = -3.7758$$

亦就是遠期美元比即期貶值3.7758%，和兩國利 4% 差不多。而這貼水幅度乘上 (1＋美元利率)＝3.7758% (1＋6%)＝4%，就剛好是兩國之利差。

定義：拋補利率平價理論 (covered interest parity)

　　指即期匯率與遠期匯率的差異，應等於本國與外國利率的差距。此理論是本於國際費雪效果 (Fisher Effect) 之延伸，而 Fisher Effect 強調資金提供者所要求之報酬率 (名目利率)，必定等於真實利率加上通膨率，而國際費雪效

果進一步假設全球的真實利率是相同的，若各國的名目利率不同的話，則差異部份，就是反應各國通貨膨脹的程度。簡言之，利率高的國家，表示通膨率也高，而通膨高的現象，將導致該國貨幣之貶值。因此，可從各國利率水準，預估未來匯率的變化，而拋補利率平價理論是認為利率的變化，一定會100% 反映在匯率上。

例如，假設遠期匯率 27.7NT/US (90 天期遠期外匯)。台灣的年利率為8%，美國 6%。本例子，不服從拋補利率平價理論，因為匯差不等於利差。

兩國匯差：(27.7－27.2)/27.2=1.84%

兩國利差：(8%－6%) 90/365=0.49%

定義：未拋補利率平價 (uncovered interest parity)

是指如果拋補利率平價不成立，意味著存在套利機會，投機性資本就不會停止流動，直至遠期匯率定價符合利率平價為止。

以上述例子，若依照拋補利率平價理論進行計算，90 天的遠期匯率應

為 $27.30 NT/ $1 US，即 $27.2 \times \dfrac{(1+6\% \times \dfrac{90}{360})}{(1+4.5\% \times \dfrac{90}{360})} = 27.3$ 。

(PS：計算方式應以複利為之，因為本題的期間在一年以內，單利跟複利的計算結果不會相差太多，故以單利方式為計算)。

利率的變化取決於無風險條件下投資者的投機決策，有二種情況：

1. 在年終若持有單位本幣的存款與收益額大於持有外幣存款與收益額按預期匯率折算成的本幣款，即 $(1+r > (1+r^*)\dfrac{S^e}{S}$，則在本國存款。

2. 在年終若持有單位本幣的存款與收益額小於持有外幣存款與收益額按預期匯率折算成的本幣款，即 $(1+r > (1+r^*)\dfrac{S^e}{S}$，則在外國存款。

其中，r 表示以本幣計價的資產收益率 (年率)，r^* 表示外幣計價的相似資產的平均收益率，S 表示即期匯率 (直接標價)，S^e 表示預期將來某個時點 (比如年末) 的預期匯率。並且這裡假設投資者是風險中性 (risk neutral)。

一、ARIMA 模型

VAR 係由 ARIMA 進化而來的。因近代的預測已較鮮少看到人們用 ARIMA 模型來做匯率預測，且在第 4 章已介紹 ARIMA(p,d,q) 參數的適配性，所以在此只簡短做介紹。

Box-Jenkins 於西元 1976 年，其著作「時間序列分析」提出所謂的「ARMA 模型」，旨在用於預測 (forecasting)。所謂的 ARMA 模型就是一種時間序列的「資料產生過程」(data generating process)，而所謂「資料產生過程」，在時間序列理論來看，就是「現在的變數和過去的變數的函數或統計『關係』」。先看 AR (自我迴歸) 模型的經濟意義，即某一個時間序列的經濟變數，在結合某些經濟假設之後，會使該變數當期的數值和該變數過去的數值有某種關聯性，所以當期的變數 y_t 才會設定成是該變數過去變數值 y_{t-1} 之函數。而 MA 模型是隱含「經濟行為體系的結構式中，含有『誤差修正』的特性」。

二、Structural Vector Autoregression (SVAR) 模型

向量自我迴歸 (VAR 或 SVAR) 及 VEC 模型，都屬「聯立迴歸模型」。例如，台灣加權股價指數與總體經濟變數間之相互關係即可聯立迴歸模型 (VAR/SVAR 或 VECM) 加以分析研究，總體經濟變數可選：領先指標指數 (例如景氣燈號)、同時指標指數、貨幣供給 (M1B)、消費者物價指數 (CPI)、利率及匯率等變數，以分析當前述變數變動時，台灣加權股價指數會如何反應。「聯立迴歸模型」旨在探討變數間之互動關係，以暸解總經變數的變動對股價指數之影響，以期能歸納出通則，提供投資者在投資股票市場時之投資依據。

一般而言，多元迴歸係討一個因變數對一個或多個解釋變數迴歸的單一迴歸方程模型有關之問題，從模型變數間之因果關係，係以解釋變數為「因」，而以因變數為「果」，亦即因解釋變數 X 來解釋因變數 Y。但是，許多情況顯示，此種單向的因果關係並無實際上之意義，而聯立方程式模型係由一個以上的方程式組成，而每一個方程式各有一相互因變數 (mutually dependent variable) 或稱內生變數 (endogenous variable) 由於每一方程式之因變數與其他方程式之解釋變數間有相互關係，因此，不像單一方程式模型，其參數的估計必須考慮整個體系其他方程式，對某一方程式所賦予的訊息關係。

向量自我迴歸 (VAR) 是一群時間序列的動態模型，Sims支持對大的聯立方

程模型用 VAR 當作一種方法來研究其整體間的關係。此方法有二個主要運用，(1) 用來測試隱含實際行為的正式理論；(2) 用來學習更多有關經濟的歷史動態。

在計量經濟學中 SVAR 係源由 Hurwicz (1962) 想法，若模型允許我們去預測干預的效應，那這個模型是屬結構式——有計劃的政策活動，或經濟體內的改變，已知型式的本質的改變。該 SVAR 做預測，我們必須在 JMulTi 中界定 SVAR 模型，干預是如何反應到模型中一些元素的改變 (參數，方程式，可觀察或不可觀察隨機變數)，該被改變後的 SVAR 模型，即是干預後行為者的一個準確特徵化的模型。

三、Vector Error Correction (VEC) 模型

多數匯率決定理論係屬 VECM，常見者包括：flexible 價格貨幣模型、sticky 價格貨幣模型、Hooper-Morton 模型，資產組合平衡模型及未拋補利率平價模型。

舉例來說，Sarantis 及 Stewart (1995) 研究 1973 年至 1990 年外匯變數，就用共整合——誤差修正法 (即 VECM) 來推導出的匯率方程是否具有長期均衡關係，並用 Johansen 最大概似共整合檢定，結果發現：資產組合平衡模式具有長期均衡關係，而且長期均衡關係是一個未拋補利率平價 (UIP) 關係。在全部預測水準上，它證明了匯率預測模型係基於 UIP，比資產組合平衡模型產生更能準確地做樣本外預測。接著，相對地，Baillie 及 Selover (1987) 用共整合檢定拒絕五個雙邊匯率 (各幣別相對於美元)，也證實了各國貨幣模型之間長期均衡關係是存在的。

6.1.2 VAR、VECM 模型之應用領域

至今，坊間常見 VAR、VECM 可解決的財經議題，包括：

1. 股市報酬 (y_t) 與不同交易量 (x_t) 之間的關係。
2. 股票 (x_t) 與基金市場 (y_t) 相關性。
3. REITs 指數 (x_t) 與美國 10 年公債殖利率 (y_t)、股、債 (z_t) 指數長短期互動關係。
4. 台灣股價 (x_t) 及國際油價 (y_t) 之關聯性。
5. 台股指數現貨 (x_t)、期貨 (y_t) 與摩根台股指數期貨 (z_t) 之關聯性。

6. 台灣加權股價指數 (x_t) 與總體經濟變數 (y_t) 之關聯性。

7. 台灣房價 (x_t)、股價 (y_t)、利率 (z_t) 互動關係。

8. 台灣通貨膨脹 (x_t) 預測之貝氏向量自我迴歸模型。

9. 美國 (x_t)、日本 (y_t) 與台灣股票市場 (z_t) 動態關係。

10. 美國貨幣政策 (x_t) 對台灣匯率 (y_t) 的影響。

11. 貨幣政策 (x_t) 傳遞機制之 FAVECM 模型。

12. 貨幣政策 (x_t) 之衝擊對股市 (y_t) 多頭與空頭之影響效果。

13. 新台幣兌美元匯率 (x_t) 與總體經濟變數 (y_t) 之關聯性。

14. 散戶投資者情緒 (x_t) 與上櫃公司股價報酬率 (y_t) 關係。

15. 資本移動性 (x_t) 對菲力浦曲線 (y_t) 之影響。

16. 新台幣兌美元匯率 x_t 與總體經濟變數 y_t 之關聯性。

17. 期貨三大法人未平倉部位 x_t 與加權指數 y_t 互動關係。

　　一般文獻在探討國際景氣循環理論 (international business cycle) 大多是利用 VAR 模型 (vector autoregressive model) 來討論主要國家之經濟景氣連動性。例如，Harris (2003) 利用簡單之 VAR 模型，透過衝擊反應函數 (impulse response function) 觀察澳洲最大的兩個出口市場，美國、日本之景氣循環對於澳洲國內經濟之影響，結果發現美國、日本的景氣循環確實會影響澳洲之經濟發展，並且規模較大之美國勝於日本。Watson (2005) 觀察 G-7 國家，利用結構式向量自我相關模型 (Structural VAR) 發現國內的經濟成長可能會受到國外經濟變動之外溢效果影響外，而且，特別指出各國之景氣循環之變異在不同時期有呈現差異性。

　　Boschen & Mills (1995) 利用 VECM 設定 6 個經濟實質面與 3 個貨幣面變數，又如藉著檢定實質變數與貨幣 (名目) 變數間是否具備共整合現象以判斷長期中立性 (long-run neutrality) 存在與否。接著，King & Watson (1997) 以美國戰後 1949~1990 年間的季資料，並採用結構化向量自我迴歸模型 (SVAR) 檢定貨幣是否長期中立性，模型中設置了先驗限制式 (a priori restriction)，在所有變數的整合級次為 1 或大於 1 時，必須先認定貨幣衝擊具有外生性，以釐清貨幣存量變動的原因與產出無關。當短期彈性 (short-run elasticity) 等於零或長期彈性 (long-run elasticity) 等於零時，表示貨幣衝擊與產出沒有關係，則貨幣中立性成立。此研究結果傾向支持長期中立性存在。SVAR 檢定方法的優點是：(1) 以縮減式的向

量自我迴歸模型 (reduced form vector autoregressive, RVAR) 出發，當實證的變數皆為 I(1) 之非恆定數列時，可以避免 Lucas (1972) 及 Sargent (1971) 所說「RVAR 無法檢定長期中立假說」的問題。(2) 傳統上由 RVAR 去認定 SVAR 的參數估計值時，都是對某些參數的估計係數進行條件限制，King & Watson 則是採取一種折衷的方式 (eclectic approach)，不再採用單一數值的限制條件，而是改而採用區間數值的限制條件進行認定，因此所得到的結果較傳統假設單一參數數值的認定方式更具備頑強性。

定義：長期貨幣中立性

美國經濟學家費雪 (Irving Fisher) 於 1911 年提出著名的交易方程式 (equation of exchange)，為古典學派的貨幣數量學說作了權威性的闡述。他界定產出、貨幣、與物價的關係，說明當貨幣的流通速度為常數且實質產出維持充分就業，則貨幣供給量與物價會呈同方向、同比例變動。換言之，貨幣供給量變動只造成名目變數變動，對經濟體系中的實質變數完全沒影響，這稱之為「長期貨幣中立性」。

VAR 實例一：美國經濟變數對台灣經濟波動的影響

舉例來說，若想了解美國經濟變數對台灣經濟波動的影響，你可將美國工業生產指數 y_{1t}、美國 3 個月期國庫券利率 y_{2t}、美國 M2 貨幣供給量 y_{3t}、美國躉售物價指數 y_{4t}、台灣工業生產指數 y_{5t}、台灣 M1B 貨幣供給量 y_{6t} 和台灣躉售物價指數 y_{7t} 等七個變數依序放入 VAR 模型。即可發現，美國 3 個月期國庫券利率和美國躉售物價指數是影響台灣經濟波動的最重要兩個變數，美國經濟變數對台灣經濟的衝擊大於台灣本身經濟變數對台灣經濟的衝擊。而且不管在台灣現行的浮動匯率制度或以前的固定匯率制度下，美國經濟變數都會透過國際傳遞管道影響台灣經濟表現。

VAR 實例二：利率、股價、房價變動之因果關係

假設我們想證明台灣的房價 x_t、股價 y_t、利率 z_t 三者有互動關係，構想係自民眾財富及企業價值受到股價及房地產價格波動影響甚巨，尤其房價產生變化後

更影響到銀行放款是否可能產生呆帳，同時利率變化不僅使得民眾及企業還款能力受到影響，更可能引發房價及股價之變動。有上述現象，我們猜想：利率、房價、股價可能交互影響，互為解釋變數。故傳統做法，係建議你採用聯立方程模型，三階段最小平方法 (3SLS) 來分析，以別於多數研究係以多元迴歸法，因未考慮到變數間互為影響的情形，容易產生偏誤。當然你亦可直接以向量自我迴歸模型 (VAR) 來證明利率、股價、房價變動之時間因果關係，來發現變數間領先與落後關係，並進行衝擊反應函數分析 (Impulse Response Function)，以發現變數產生自發性變化後對其他變數之衝擊及反應時間。最後，再進行預測殘差分解 (Forecast Error Variance Decomposition)，同以分析變數殘差解釋的內生性與外生孰強孰弱。

利率、股價、房價變動之資料來源及變數操作型定義

1. 台灣區發行量加權股價指數：蒐集自民國 XX 年 1 月至 XX 年 X 月為止之月平均資料，資料來源為台灣證券交易所。

2. 利率：定義利率為基本放款利率，資料來源為中央銀行，但銀行利率自銀行法修正後 (78 年 7 月 19 日) 廢止存、放款最高及上、下限之規定，故 78 年 7 月以後數字改採第一商業銀行存款牌告利率之基本放款利率 (月底數字)。

3. 房價：定義房價為預售屋房價，樣本中排除辦公大樓個案及商場個案，因為這二種商用不動產與純住宅個案並不相同，而台北市、高雄市房價係由總個案排除上述二類個案後以簡單平均法求得區域平均房價，資料來源係蒐集房地產專業市場研究機構所發行之刊物及報告，包括太聯市場雙週報，租售報導、房屋市場月刊，為避免單一採樣之偏誤，樣本資料如果出自二種來源以上，則以簡單平均法求得平均值而為當月之平均房價，以上三種資料來源包括：個案名稱、工地位置、投資興建公司、規劃層數、規劃用途規劃戶數、平均售價，內容翔實可信，廣為建築業所採用。

VAR 與 VECM 實例三：美國存託憑證報酬與風險傳遞

台灣與日本的美國存託憑證 (American Depositary Receipts, ADR) 與其相關變數，如標的股股價、S & P 500 指數 (Standard & Poor's 500 index) 與匯率間報酬與風險的動態傳遞過程。經向量自我迴歸模型 (Vector Autoregression, VAR)、

誤差修正模型 (Vector Error Correction, VECM) 及殘差交叉相關函數 (Cross-Correlation Function, CCF) 等不同方法進行分析，可發現：(1) 台灣、日本 ADR 與相關變數在報酬的傳遞上，標的股報酬最能解釋台灣 ADR 報酬的變動，而日本則是標的股與 ADR 自身解釋ADR 報酬變動的能力相當。S & P 500 報酬對台灣 ADR 報酬的解釋能力則明顯高於對日本 ADR 的解釋能力。(2) 在波動外溢效果方面，台灣 ADR 與標的股間具有雙向波動外溢效果，日本則是只有標的股報酬波動會影響 ADR 的報酬波動。日本波動外溢效果期間較台灣為短，因此日本 ADR 對資訊反應時間較為迅速。(3) 此外，S & P 500 與台灣 ADR 間的報酬波動關係較 S & P 500 與日本 ADR 間密切，顯示日本 ADR 與美國股市的跨市場避險效果較佳。

1. 資料來源

主要以台灣、日本上市公司到美國集中市場 NYSE、AMEX 或 NASDAQ 發行 ADR 者為研究對象，台灣共計有 n 家，日本共計有 m 家。所有的資料都為日資料，以日收盤價為主，股票價格為調整現金股利、股票股利及股票分割後之價格。

台灣股價取自 TEJ (Taiwan Economic Journal，台灣經濟新報) 資料庫，日本標的股股價取自 PACAP (The Pacific-Basin Capital Markets Databases) 日本資料庫，ADR 價格與 S & P 500 指數取自 Yahoo Finance，新台幣對美元與日幣對美元的匯率取自台灣教育部的 AREMOS 經濟統計資料庫 (http://www.aremos.org.tw/)。

其中，AREMOS 資料庫系統含台灣地區之國民所得、金融、貿易、工業生產、人口、就業、物價、薪資、交通、能源、農業、教育等資料，以及股票市場、上市 (櫃) 公司財務報表、股票報酬率等等，再加上中國總體經濟資料，總共 54 個資料庫約 32 萬筆時間序列。此外，TEJ 中心與美國「環球透視公司」(Global Insight, Inc.) 正式授權合作，提供 9 個國際經濟資料庫，含世界各國之總體經濟以及 IMF、OECD、國際金融市場等資料，約 44 萬筆時間序列。

2. 資料處理過程

首先分別將各時間序列資料做單根檢定與共整合檢定，檢驗 ADR 與變

數間是否具有長期共整合關係。若無長期共整合關係採則將資料差分後進行 VAR 模型的分析，若具有長期共整合關係則採用 VECM 模型分析。同時應用衝擊反應函數與預測誤差變異數分解，分析 ADR 在各個變數衝擊下的反應過程及各個變數對 ADR 報酬的影響程度。第二部份，將各股報酬配適最適的 GARCH in mean (GARCH-M) 模型，將 GARCH-M 模型的標準化殘差 (standardized residuals) 與標準化殘差平方 (squared standardized residuals) 做殘差交叉相關函數 (cross-correlation function, CCF) 檢定。利用 CCF 檢定 ADR 與各變數在報酬率與報酬波動上是否存在因果關係。

VAR 與 VECM 實例四：散裝海運市場運價與原物料價格間之關連性

由於散裝海運市場運價是由船噸供給與需求決定，散裝船主要運送原物料，故應探討散裝海運市場運價 (包括 BCI、BPI 與 BSI) 與原物料價格 (包括廢鋼、熱燃煤、鋼材、大豆與玉米) 的關連性。

統計依序採用：單根檢定、共整合檢定、向量自我迴歸模型、誤差修正模型、因果關係檢定、VAR 衝擊反應函數與 VAR 誤差變異數分解等方法，探討這八變數間的關聯性。假設資料選取期間為 20XX 年到 20XX 年之週資料，經分析結果可發現：當海岬型船市場運費上漲時，會激勵巴拿馬型船市場運費上漲，巴拿馬型船運費上揚，也會帶動較小型船超輕便型船運費上漲，此乃比價替代效應。當廢鋼與鋼品價格上漲時，將會帶動海運市場運價指數的上漲，即符合海運運輸需求為經濟發展之引申需求，而穀類價格與海運市場運價關聯性不高。

6.2 | 預測之向量自我迴歸模型 (VAR)

傳統之實證經濟研究首先乃依據先驗 (Piror) 理論作基礎而建立結構化計量模型，然而對內生、外生變數之分別，以及經濟變數間因果關係之正確設定，是相當困難的。一旦設定錯誤可能導致毫無意義的結果。Sim (1980) 認為這種結構模型的認定 (Identification) 是相當困難且令人懷疑的，因而提出向量自我迴歸模型 (Vector Autoregression Models, VAR Model)。由於經濟活動的特性會隨著時間的經過，完全反映在資料上，故 VAR 模型便是依據資料本身的特性來進行研究，屬於時間序列的動態模式，是一種縮減式的時間數列模型。

VAR 模型不需考慮變數間之因果關係，也不需有先驗之理論基礎，在模型

內皆將各變數視為內生變數，以一組迴歸方程式而非單一迴歸方程式，表示出各變數間彼此的互動關係，每一條迴歸方程式皆以變數之落後項為解釋變數，因為時間數列分析法認為變數落後項已涵蓋所有相關訊息。

常見向量自我迴歸 (VAR) 的應用領域，包括：

1. 東南亞與歐洲 (y_{1t}, y_{2t}, ..., y_{mt}) 重點航線運量預測模式之建構。
2. 總體經濟因素 (x_{1t}, x_{2t}, ..., x_{mt}) 對台灣年金保險新契約保費收入 y_t 之影響。
3. 台灣加權股價指數極短線之預測。
4. 結合 ARIMA 與支援向量迴歸於財務時間序列預測模式之建構——以新加坡交易所日經 225 指數期貨為例。
5. 用遞迴式 VAR 模型探討台灣財政政策有效性，可發現：政府支出衝擊對 GDP 的影響在短期有刺激成長的效果，但自第六季起由正向轉為負向，最終趨於零。政府收入衝擊對 GDP 影響為正向，且其影響實質 GDP 程度大於政府支出衝擊對於GDP 的影響。另外，由實質GDP 的變異數分解可知實質 GDP 受財政政策的影響極微小。

向量自我迴歸 (VAR) 之基本模型

Sims (1980) 提出向量自我迴歸模型 (Vector Autoregression, VAR)，用來解決變數應屬內生或外生所產生的問題。因此，向量自我迴模型是將所有的變數均以內生變數來處理，以變數自己的落後期，加上其他變數的落後期為解釋變數，來探討變數間之互動關係。如此，就可以清楚明瞭一個變數的變動對其他變數之影響，亦可克服變數應為內生或外生變數認定的疑議。

VAR 是一組由多變數、多條迴歸方程式所組成，這些在每一條方程式中，因變數皆以因變數自身的落後期，加上其他變數落後期來表示。n 個變數間，其 VAR(p) 的一般化模型為：

$$Y_t = \alpha + \sum_{i=1}^{p} A_i \times Y_{t-i} + \mu_t$$
$$(n \times 1) \quad (n \times 1) \quad (n \times n) \quad (n \times 1) \quad (n \times 1)$$

簡單來說，假設只有二序列 y_1 與 y_2 (n＝2 變數)，則其 VAR(p) 模型就簡化成為：

$$\begin{bmatrix} y_{1,t} \\ y_{2,t} \end{bmatrix}_{2\times1} = \begin{bmatrix} v_1 \\ v_2 \end{bmatrix}_{2\times1} + \begin{bmatrix} a_{11,1} & a_{12,1} \\ a_{21,1} & a_{22,1} \end{bmatrix}_{2\times2} \begin{bmatrix} y_{1,t-1} \\ y_{2,t-1} \end{bmatrix}_{2\times1} + \cdots + \begin{bmatrix} a_{11,p} & a_{12,p} \\ a_{21,p} & a_{22,p} \end{bmatrix}_{2\times2} \begin{bmatrix} y_{1,t-p} \\ y_{2,t-p} \end{bmatrix}_{2\times1} + \begin{bmatrix} v_{1,t} \\ v_{2,t} \end{bmatrix}_{2\times1}$$

這裡，$E(\mu_t) = 0$、$E(\mu_t \times \mu_t^{'})\Sigma \neq 0$ 且 $E(\mu_t \times \mu_s^{'}) = 0$。

上式中，Y_t 為分析模式中之 (n×1) 維的內生變數向量，並且具有聯合共變異定態 (jointly covariance stationary) 特性的線性隨機過程 (linearly stochastic process)，亦是收斂變數；μ_t 為 (n×1) 維的預測誤差向量 (forecast error)，可視為隨機衝擊項 (shock, innovation or impulse)。A_i 為 (n×1) 的 m 階落後變項。

$E(\mu_t \times \mu_s^{'}) = 0$ 表示聯立方程組中每一方程式皆具有時間序列獨立的特性；

$E(\mu_t \times \mu_t^{'})\Sigma \neq 0$ 表示聯立方程組間同期誤差向量是彼此相關的。

檢定 Y_2 對 Y_1 之因果關係，其虛無假設為：

$$\begin{cases} \mathrm{H}_0 : a_{12,1} = a_{12,2} = \cdots = a_{12,p} = 0 \\ \mathrm{H}_1 : a_{12,1} \cdot a_{12,2} \cdots a_{12,p} \text{ 有一不為 } 0 \end{cases}$$

檢定 Y_1 對 Y_2 之因果關係，其虛無假設為：

$$\begin{cases} \mathrm{H}_0 : a_{21,1} = a_{21,2} = \cdots = a_{21,p} = 0 \\ \mathrm{H}_1 : a_{21,1} \cdot a_{21,2} \cdots a_{21,p} \text{ 有一不為 } 0 \end{cases}$$

舉例來說，若想了解散戶投資人情緒 y_2 與上櫃公司股價報酬 y_1 之間因果關係，利用上述雙序列 VAR(p) 分析其因果關係，即可發現：(1) 直接投資人情緒指標 y_2 對股價報酬 y_1 影響，並不明顯；反之，股價報酬 y_1 對直接投資人情緒指標 y_2 的影響，則非常明顯；(2) 間接投資人情緒指標 y_2 對股價報酬 y_1 並不明顯；反之，股價報酬 y_1 對間接投資人情緒指標 y_2 的影響，亦非常明顯。

6.2.1 二種 VAR 模型

多變量時間數列模型，若以線性迴歸來表示時，其實隱含著變數之間存在著因果關係之假設。也就是說，假設迴歸方程式的因變數是受到自變數的影響，而自變數並不會受到因變數的影響。因變數我們謂之「內生變數」(endogenous variable)，而自變數則是「外生變數」(exogenous variable)。然而由於經濟體系的微妙運作，使得有時候無法確定某些變數是不是因變數或自變數。像變數間存

在錯綜複雜的關係時，在實證上經常採用所謂的「結構系統方程式」(structural system equations) 的方法來估計。

有鑑於此，Sims (1980) 提出向量自我迴歸模型 (VAR) 以解決結構模型的認定問題，VAR 可以視為結構系統方程式的縮減式。這種方式將所有的變數均以內生變數來處理，可以克服內生外生變數認定的質疑，不過值得注意的是，VAR 主要目的在於預測任一變數變動對所有變數的影響，並根據聯立迴歸式來預測未來幾期之估計值。

故 VAR 模型將所欲分析之變數排列成一組迴歸模型，像向量 $X = (x_1 x_2 ... x_n)$ 每一個變數均視為內生變數 (Edogenous Variables)。此外，時間數列分析中，變數的落差項亦可能隱含影響結果之訊息，故在迴歸分析中亦將每一個變數之遞延項加入做為解釋變數。

最基本的 VAR 模型估計方程式如下：

$$Y_t = A_1 Y_{t-1} + A_2 Y_{t-2} + \cdots + A_p Y_{t-p} + BX_t + \varepsilon_t$$

其中，

Y_t：各內生變數向量 (n×1 vector)

$A_1, ..., A_n, B$：所欲估計之係數矩陣

p：遞延期數

ε_t：y_t 之最佳線性估計誤差

坊間常見預測的向量自我迴歸模型 (VAR) 有二種：Granger & Newbold 的 VAR 模型、Sims 的 VAR 模型 (Toda, et al., 1995)。

一、Granger & Newbold 的 VAR 模型

Granger & Newbold (1986) 以 minimum 法來進行變數未來期數的預測。首先，假設有一落差期數為 p 之向量自我迴歸 (VAR)，VAR(P) 之原始模型如下：

$$y_t = A_1 y_{t-1} + \cdots + A_p y_{t-p} + u_t \quad \cdots\cdots(6\text{-}1)$$

若將上式精簡成 VAR(1) 之模型：

$$Y_t = AY_{t-1}U_t \quad \cdots\cdots(6\text{-}2)$$

$$即 \begin{bmatrix} y_t \\ y_{t-1} \\ \vdots \\ \vdots \\ y_{t-p+1} \end{bmatrix} = \begin{bmatrix} A_1 & A_2 & \cdots & \cdots & A_p \\ I & 0 & \cdots & 0 & 0 \\ 0 & I & \cdots & 0 & \vdots \\ \vdots & \vdots & \ddots & \vdots & \vdots \\ 0 & \cdots & \cdots & I & 0 \end{bmatrix} \begin{bmatrix} y_{t-1} \\ y_{t-2} \\ \vdots \\ \vdots \\ y_{t-p} \end{bmatrix} + \begin{bmatrix} u_t \\ 0 \\ \vdots \\ \vdots \\ 0 \end{bmatrix} \quad \cdots\cdots\cdots (6\text{-}3)$$

根據 Granger & Newbold (1986) 以 minimum MS_E 法所求最佳預測值為：

$$y_t(h) = A_1^h y_t = A_1 y_t(h-1) \quad \cdots\cdots\cdots\cdots\cdots (6\text{-}4)$$

其中，

　　$y_t(h)$：變數 y 在 t 期時往後 h 期之預測值

利用 (6-1) 及 (6-2) 式，可將 (6-4) 式改寫成：

$$Y_t(h) = A^h Y_t = A \, Y_t(h-1) \quad \cdots\cdots\cdots\cdots (6\text{-}5)$$

利用 (6-3) 式可將 (6-5) 式再改寫成：

$$y_t(h) = A_1 y_t(h-1) + \cdots + A_p y_t(h-p) \quad \cdots\cdots\cdots (6\text{-}6)$$

　　$y_t(h)$ 之均方誤差 (MS_E) 如下：

$$\sum\nolimits_Y(h) \approx MS_E[y_t(h)] = \sum_{i=0}^{h-1} \Phi_i \sum\nolimits_u \Phi_i^t$$

其中，

　　$\Phi_i = JA^i J^t, \ J = [I_k \ \ 0...0]$

　　$\sum\nolimits_u$：誤差項 u_t 之共變異矩陣

　　$\sum\nolimits_Y(h)$：矩陣中之對角元素即為 $y_t(h)$ 之預測誤差。

二、Sims 的 VAR 模型

　　傳統迴歸分析均假設某一變數為內生變數，而其他變數為外生變數，但是如果沒有經濟理論基礎，在總體實證分析會遇到質疑，因此 Sims (1980) 提出 VAR 模型，將所有變數都視為內生變數 (endogeneous variables) 來估計，而時間數列分析認為變數的落後期涵蓋了所有的訊息，因此將所有變數的落後項當作模型的解釋變數。

一般的 VAR(q) 模型表示如下：

$$Y_t = \alpha + \beta_1 Y_{t-1} + \beta_2 Y_{t-2} + \cdots + \beta_q Y_{t-q} + \varepsilon_t$$

其中，

Y_t：為 p × 1 變數矩陣。

α：為 p × 1 截距項矩陣。

β_i：為 p × p 係數矩陣。

q：為落後期數。

ε_t：為白噪音矩陣。

值得注意的是 $\Sigma_\varepsilon = E(\varepsilon_t \varepsilon_t') \neq 0$，也就是迴歸誤差之間有相關性。

在選取 VAR 模型的落後期數 q 時，最常使用的是 AIC (Akaike Information Criterion) 值或 SBC (Schwartz Bayesian information criterion) 值，AIC 和 SBC 所計算出來的值愈小，表示模型配適度愈好。為了使實證結果更符合穩健度 (robustness) 的特性，本文以 AIC 為主，並配合 Hsiao (1981) 所提出之最終預測誤差準則 (FPE) 來決定最適落後期數，以便在進行 VAR 模型實證分析時，更加確定最適落後期數的選取。

(一) 因果模型 (VAR) 的建立

Sims (1980) 提出的 VAR 模型，是假設 $\{y_t\}_{t=1}^{T}$ 是一個 n 維的向量時間序列，VAR(p) 模型表示成矩陣形式則為

$$y_t = C + B_1 y_{t-1} + \cdots + B_p y_{t-p} + u_t, \quad t = 1, 2, \cdots, T \cdots\cdots\cdots\cdots\cdots\cdots\cdots (6\text{-}7)$$

其中 $C = [c_1, \cdots, c_n]'$ 為截距項向量，B_i 為 $n \times n$ 的參數矩陣，$\varepsilon_t = [\varepsilon_{1,t}, \cdots, \varepsilon_{n,t}]$ 為誤差向量，並且 ε_t 為獨立同態地服從 $N(0, \Sigma)$ 分配。將 (6-7) 式轉置 (transpose) 成：

$$y_t' = C' + y_{t-1}' B_1' + \cdots + y_{t-p}' B_p' + u_t' \cdots\cdots\cdots\cdots\cdots\cdots\cdots\cdots (6\text{-}8)$$

即 $y_t' = x_t B + u_t'$，t = 1, 2, \cdots, T；其中，$x_t = \left[1, y_{t-1}', \cdots, y_{t-p}' \right]$，$B = \left[C, B_1, \cdots, B_p \right]$。

再將各列向量 y_t'、x_t 與 u_t' 堆疊，(6-8) 式可重新表示成

$$\begin{bmatrix} y_1 \\ \vdots \\ y_T \end{bmatrix} = \begin{bmatrix} x_1 \\ \vdots \\ x_T \end{bmatrix} B + \begin{bmatrix} u_1 \\ \vdots \\ u_T \end{bmatrix}$$

即 $Y = XB + \varepsilon \qquad \varepsilon \sim N(0, \; I_T, \Sigma)$ ··(6-9)

所以，VAR(p) 模型經由一些矩陣運算可有多種迴歸模型表示法。這裡所介紹的先驗分配皆針對 (6-9) 式中涉及的參數而定。

因為 (6-9) 式的右邊沒有包含非落後期的內生變數 (unlagged endogenous variables)，且每個方程式的右邊變數是相同的，因此模型可以用 OLS 加以估計。而最適落後期數的選擇是以 AIC 或 SIC 來決定。

由上述可知，VAR 模型所需要估計的參數很多，尤其是當模型中的變數或落差期數增加時，所需要估計的參數亦會隨著大幅增加。因此當樣本期間短時，VAR 模型會產生過度配適 (over fitting) 的問題發生，造成參數估計的不正確，影響預測的精確性。所以 JMulTi 軟體提供 Structural vector autoregressive (SVAR)，以 LR 檢定來檢視 VAR 模型參數是否過多：

$$LR = T[\log \; \det(\hat{\Sigma}_u^r) - \log \; \det(\Sigma_u)]$$

其中，$\det(\hat{\Sigma}_u^r)$：縮簡模型之 ML 估計值。

$\det(\hat{\Sigma}_u)$：限制結構之對應的估計值。

定義：Sims 的 VAR 模型

$$Y_t = \sum_{i=1}^{p} \Phi_i \cdot Y_{t-i} + \varepsilon_t \qquad\qquad\qquad (6\text{-}10)$$

或 $\Phi(L)Y_t = \varepsilon_t$，其中 $\Phi(L) = I_n - \Phi_1 L^1 - \Phi_2 L^2 - \cdots - \Phi_P L^P$ ········ (6-11)

$$E(\varepsilon_t) = 0$$

$$E(\varepsilon_t \cdot \varepsilon_t') = \begin{cases} \Omega & \text{當 } t = \tau \\ 0 & \text{其他} \end{cases}$$

式中，L 為落後運算子，即 $L^i Y_t = Y_{t-i}$

Y_t 為 ($n \times 1$) 階向量所組成具有聯合共變異定態線性隨機過程。

Y_{t-i} 為 Y_t 的第 i 期落後項所組成的 ($n \times 1$) 向量。

Φ_i 為 ($n \times n$) 階的自我迴歸係數矩陣，可視為傳導機能 (propagation mechanism)。

I_n 為 ($n \times n$) 階的單位矩陣。

ε_t 為 ($n \times 1$) 階向量的結構干擾項，可視為隨機衝擊項 (innovation)。

Ω 為 ($n \times n$) 階共變異數矩陣，為對稱正定矩陣 (symmetric positive definite matrix)。

1. 正定矩陣：矩陣 A 的所有特徵值得均有正的實部，則稱矩陣 A 為正定矩陣 (Positive definite matrix)。

2. 負定矩陣：矩陣 A 的所有特徵值得均有負的實部，則稱矩陣 A 為負定矩陣 (Negative definite matrix)。

定義：正定矩陣 (Positive Definite Matrices)

對一實數對稱矩陣 A，可由以下條件判定是否為正定。

1. A 的特徵值 (eigenvalue) 皆為正。

2. 對任何非零的向量 $X_{n \times 1}$ 而言，二次形式 (quadratic form) 的條件為：

$$X^t AX = \sum_{j=1}^{n} \sum_{i=1}^{n} a_{ij} x_i x_j > 0$$

3. A 可以被一個行向量間彼此線性獨立的矩形 (rectangular) 矩陣，表示成 $A = B^t B$。

4. A 的主對角線之軸元素 $d_i > 0$ (當主軸沒有交換時)。

5. 所有 A 的子矩陣 (submatrix) 之行列式值 > 0。

若將 A 矩陣，由實數 $[a_{i,j}]_{n \times n}$ 延伸複數 $[a_{(x+iy, x+jy)}]_{n \times n}$ 型，則對一複數漢米頓 (Hermitian) 矩陣 A，($A = A^H$，H 表示共軛轉置)，可由以下條件判定是否為正定。對任何非零的複數向量 $X_{n \times 1}$，滿足 $X^H AX > 0$。

> 　　對上述正定矩陣 A，可用一個上三角矩陣 R，因子化為 (實數) 或 (複數)，並評估矩陣狀況，求線性方程組的解、求 A 的行列式值或反矩陣。
> 　　對一個對稱矩陣的上三角區域元素，即可把它存在一個長度為 n×(n−1)/2 的一維陣列，這樣可以節省一半的記憶體，這種做法叫做「vech(.)」，旨在壓縮儲存 (packed storage)。

(二) Diffuse 先驗分配 (prior distribution)

　　典型 VAR 模型的做法是，並不對各迴歸式中任何變數遞延項的係數是否為零或其他值，作任何強烈的先驗假設，而是對各係數可能的值，提供一個先驗統計分配的假設。而各參數最後的值，則由資料與先驗統計分配假設共同決定。此做法的好處是，由對先驗統計分配參數的假設替代了個別係數的估計，其可大幅減少模型所需估計參數的數目，進而解決模型參數過多與自由度不足的問題。此外，VAR 模型對於各係數先驗統計分配相關參數的假設，亦不似大型結構計量模型對各係數值的直接假設來得強烈，因此也避免了「不可信的認定限制」的問題。

　　為了便於計算，VAR 常用參數之先驗分配的選用，都不出多元常態的共軛分配的 Normal-Wishart 之範圍。至於其中參數的設定法，則各有不同。其中，Diffuse 先驗分配 (Geisser, 1965; Tiao & Zellner, 1964) 如下：

$$p(B, \Sigma) \propto |\Sigma|^{-\frac{n+1}{2}}$$

經由導證後，可以得到後驗分配如下：

$$p(B, \Sigma | X, Y) \propto |\Sigma|^{-\frac{n+1}{2}} |\Sigma|^{-\frac{T}{2}} \exp\{-\frac{1}{2} tr[\Sigma^{-1}(Y - XB)'(Y - XB)]\}$$

$$\propto |\Sigma|^{-\frac{n+1}{2}} |\Sigma|^{-\frac{k}{2}} |\Sigma|^{-\frac{T-k}{2}} \times \exp\{-\frac{1}{2}\Sigma^{-1}(B - \hat{B})' X' X (B - \hat{B})\}$$

$$\times \exp\{-\frac{1}{2} tr[\Sigma^{-1}(Y - X\hat{B})'(Y - X\hat{B})]\}$$

即 $\Sigma | X, Y \sim IW((Y - X\hat{B})'(Y - X\hat{B}), \ T - k)$

$B | \Sigma, X, Y \sim N(\hat{B}, (X'X)^{-1}, \Sigma)$

其中，$\hat{B} = (X'X)^{-1}X'Y$。

將聯合後驗分配中的 Σ 積分後，我們可以得到 B 的邊際後驗分配如下：

$$B \mid X, Y \sim MT(\hat{B}, (X'X), (Y - X\hat{B})'(Y - X\hat{B}), T-k)$$

B 的邊際後驗分配為矩陣多變量 t 分配 (matricvariate-t distribution)。

在先驗分配的實證方面，Kadiyala 與 Karlsson (1997) 曾重新分析 Litterman 資料，但樣本期間是依據 1948 年第 1 季到 1980 年第 1 季的數據。在探討美國的實質國民生產毛額增加率時，Diffuse 先驗分配所產生的預測雖比 VAR 模型來得好，卻遠不如 Minnesota 先驗分配所產生的結果。而 Lee 與 Wang (2000) 在預測台灣高科技產業的生產力時，發現 Diffuse 先驗分配有好的預測能力，優於 M(s) 與 M (l-w) 模型。

(三) 評量模型預測能力的方法

對於各種計量經濟模型而言，預測能力的高低正是檢驗該模型的理論或假設 (hypothesis) 優劣與否的重要標準。一般而言，預測能力的評量可分為樣本內的比較和樣本外的比較，通常會用樣本外來比較並評估模型的預測能力，這是因為樣本外預測能力的成功表示模型的設定被一組全新的樣本所證實，當然比達到好的樣本內配適度更具有說服力。

用來評量預測能力高低的二種評量工具，分別是：絕對平均誤差 (mean absolute deviation, MAD)，均方誤差根 (root mean square error, RMSE)。

1. 絕對平均誤差 (MAD)

MAD 計算方式為：$\displaystyle MAD = \frac{\sum_{t=1}^{T} \left| Y_t - \hat{Y}_t \right|}{T}$

當分析之數列具有相同單位時，MAD 不失為一種有效偏差衡量的工具，且 MAD 經過絕對值運算後，其值大小可用以評估模型預測值與真實值的差距。

2. 均方誤差 (RMSE)

RMSE 計算方式為：$\displaystyle RMSE = \sqrt{\frac{\sum_{t=1}^{T} (Y_t - \hat{Y}_t)^2}{T}}$

RMSE 可以表示模型預測能力的好壞，而且對於每個預測誤差值給予不同的平方加權方式，故可以得到較為精確的比較基礎。

3. 誤差標準差 (FESD)

FESD 計算方式為：$FESD = \sqrt{\dfrac{1}{T}\sum_{t=1}^{T}(e_t - \overline{e})^2}$

4. 均方百分誤差 (RMSPE)

RMSPE 計算方式為：$RMSPE = \sqrt{\dfrac{1}{T}\sum_{t=1}^{T}\dfrac{(Y_t - \hat{Y})^2}{|Y_t|}}$

5. 絕對平均相對誤差 (MARD)

MARD 計算方式為：$MARD = \dfrac{1}{T}\sum_{t=1}^{T}\left|\dfrac{Y_t - \hat{Y}_t}{Y_t}\right|$

6.2.2 VAR 與 VECM 分析流程

概括來說，JMulTi 軟體之 VAR 分析流程有 6 個步驟：

1. 首先用 JMulTi「Initial Analysis → Unit Root Tests」對各變數進行單根檢定來看各變數間是否具有相同的整合級次。

2. 運用 JMulTi「Initial Analysis → Cointegration」三種 (constant、constant & trend、orthogonal trend) Johansen Trace Test，來檢測變數間有幾個共整合檢定 (Cointegration test)，以判斷各變數間是否具有長期均衡穩定關係。

3. 以 JMulTi「VAR Analysis」向量自我迴歸模型進行變數間短期互動測試。

4. 利用 JMulTi「VAR Analysis → Structural Analysis → Causality Tests」進行 Granger Causality 因果關係檢定。

5. 運用 JMulTi「VAR Analysis → Structural Analysis → Impulse Response Analysis」衝擊反應函數 (Impulse Response Function) 來評估各變數間的跨期動態效果。

6. 運用 JMulTi「VAR Analysis → Structural Analysis → FEV Decomposition」進變異數分解 (Variance Decomposition) 來判定各變數的相對外生性 (exogeneity ordering)。

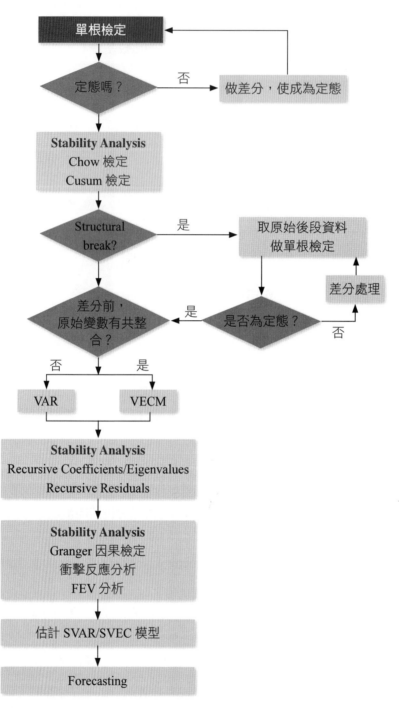

⤷圖 **6-1** VAR 與 VECM 分析流程

實例一：台股指數現貨、期貨與選擇權之關係

　　例如，我們若以台股指數現貨 $y_{1,t}$、期貨 $y_{2,t}$ 與選擇權 $y_{3,t}$ 為研究對象，從台灣期貨交易所於 2001 年 12 月 24 日開始推出「台灣證券交易所股價指數選擇權」為起始日。為了加入創立於時間不久的選擇權為探討研究對象，故以收盤日價格序列為投入變數，研究期間為 2001 年 12 月 24 日至 20xx 年 x 月 x 日止。研究方法依序為：(1) 採用 ADF 單根檢定法檢定數列是否定態。(2) 應用 Granger 因果關係檢定，(3) 建立向量自我迴歸模型 (VAR) 找出最適模型。(4) 以衝擊反應分析與變異數分解分析探討各變數間的互動關係。(5) 最後以狀態空間模型 (SSM) 的典型相關分析找出狀態向量，以找出台股指數現貨、期貨與選擇權間之關聯性。

　　此例子之「現貨報酬率」、「期貨報酬率」與「選擇權報酬率」三變數，其操作型定義如下：

1. 台股指數現貨報酬率

$$R_{S,t} = \frac{P_{S,t} - P_{S,t-1}}{P_{S,t-1}}$$

$R_{S,t}$：台股指數現貨在第 t 期的報酬率。

$P_{S,t}$：台股指數現貨在第 t 期的價格。

$P_{S,t-1}$：台股指數現貨在第 t−1 期的價格。

2. 台股指數期貨報酬率

$$R_{F,t} = \frac{P_{F,t} - P_{F,t-1}}{P_{F,t-1}}$$

$R_{F,t}$：台股指數期貨在第 t 期的報酬率。

$P_{F,t}$：台股指數期貨在第 t 期的價格。

$P_{F,t-1}$：台股指數期貨在第 t−1 期的價格。

3. 台股指數選擇權報酬率

$$R_{O,t} = \frac{P_{O,t} - P_{O,t-1}}{P_{O,t-1}}$$

$R_{O,t}$：台股指數選擇權在第 t 期的報酬率。

$P_{O,t}$：台股指數選擇權在第 t 期的價格。

$P_{O,t-1}$：台股指數選擇權在第 t−1 期的價格。

從上面例子來看，我們可不難發現，VAR 之分析流程，可分成下列步驟：

Step 1. 首先對各變數進行單根檢定 (unit root test) 來看各變數間是否具有相同的整合階數 (order)：根據 Engle & Granger (1987) 將整合階數 (integration) 定義視為一時間數列 X_t，經過 d 次差分後仍可視為定態、可逆 (invertible) 的 ARMA (Autoregressive Moving Average) 形式，又稱之為 d 階整合，記為 I(d)。由於經濟變數大多屬於 I(0) 及 I(1)。其中，I(0) 表示原始數列為定態，其特性有：數列的變異數有限，衝擊只具有暫時性效果；數列與 X＝0 交叉的預期時間長度為有限；且當落遲項夠大時自我相關函數將迅速下降。I(1) 數列本身變異數隨時間增加發散至無限，而特性有：當時間趨於無限大時，變異數也趨於無限大；衝擊具有恆久的效果；數列與 X＝0 交叉的預期時間長度為無限；當時間趨於無限大時，對所有落遲階數其理論的自我相關函數趨於 1。故必須藉由單根檢定來檢驗數列的定態與否。

Step 2. 運用 Johansen (1988, 1990 & 1994) 向量自我相關 (VAR) 模型，來做變數間共整合檢定 (Cointegration test)，以判斷各變數間是否具有長期均衡穩定關係。

Step 3. 以向量自我迴歸模型進行變數間「短期」互動測試。

Step 4. 利用 Granger (1988) 考慮誤差修正項之 ECM 模型進行 Granger Causality 因果「長期」關係檢定。此一因果關係不可謂為是「前因後果」的關係，即其不是指一個變量的變動會引起另一個變量的變動，此因果關係乃是一種「領先-落後」的概念，其指的是一個變量的當期和其他變量的過去值之間的相關關係。因此，Granger 因果關係檢定，它是用來解釋變數間之關係，是為領先 (Granger cause)、落後 (does not Granger cause)、互相回饋關係或是無關係之一種統計檢定方法。

Step 5. 運用衝擊反應函數 (Impulse Response Function, IRF) 來評估各變數間的跨期動態效果。

Step 6. 採用變異數分解 (Variance Decomposition) 來判定各變數的相對外生性 (exogeneity ordering)。

實例二：金融風暴前後對先進國家之股匯市連動關係變化影響

　　聶建中等人 (2004) 曾選取美、德、法、日及英等五個先進國家，針對各國股價指數與匯率序列，分金融風暴前、中、後三期分別進行動態關係之實證研究。(1) 由共整關係發現，先進國家之股市間及匯市間之互動，受風暴之影響極巨，風暴期間無論股市及匯市，受風暴之影響，皆無共整之均衡關係存在；然於風暴後，當風暴衝擊之影響漸遠，各國間之股價及匯率均開始走向長期共移的趨勢。(2) 短期互動中，由 VECM 及 VAR 模型檢定中發現，於金融風暴發生後，各國無論股價或匯率，其間的短期互動關係皆有下降的趨勢，此證明了這次亞洲金融風暴之影響所及不僅是區域性的，而是全球性的金融危機；另於 Granger 因果關係檢定發現，美國股市雖歷經金融風暴的衝擊，但對其他國家的股市仍具有領先的地位；反之，德國股市及匯率在經金融危機的打擊後，其影響力均逐漸下降。先進國家中唯一位於亞洲的日本，在各項檢定中發現，對美國股市的影響於金融風暴後皆有明顯上升的跡象。

(一) 研究範圍及資料蒐集

　　本文旨在探討金融風暴前後對已開發國家的影響及其股匯市間的長短期互動關係。二十世紀以來，先進國家之林，以美國、英國、日本、德國及法國等五大工業國之開發進程最為顯著，故以美、英、日、德及法為主要研究對象。樣本資料則取 1990 年 3 月 1 日至 1999 年 8 月 31 日的各國日股價指數及匯率日資料來研究，並以 1997 年 7 月 1 日金融風暴起始時為第一分時點，且以風暴陣痛末期之 1998 年 12 月 31 日為第二分時點，將研究內容分為三個部分進行探討：

1. 金融風暴前：1990/3/1~1997/6/30 已開發國家之間的股、匯市動態研究。
2. 金融風暴中：1997/7/1~1998/12/31 已開發國家之間的股、匯市動態研究。
3. 金融風暴後：1999/1/1~1999/8/31 已開發國家之間的股、匯市動態研究。

資料之來源分別為：股價指數，下載自 Yahoo 股市報價系統及教育部學術網路 (AREMOS) 系統內的 GERFIN 資料庫之每日股價收盤指數；而即期匯率資料則下載自國外匯率查詢網站 (OANDA) 之每日收盤買入匯率。

至於各國股價指數之名稱，分別為：美國的 S & P 500、英國的 FTSE100、日本的 Nikki225、德國的 DAX、及法國的 CAC40。

資料之處理，於研究樣本中，各國交易日及休市日不盡相同，為除去交易日期不一致及電腦無法應對之困擾，所以將無法對應之資料予以刪除。

(二) 統計分析步驟

Step 1. 向量自我迴歸 (VAR) 模型

依據 Engle & Granger (1987) 所提出「Granger Representation Theory」之理論，當兩個變數之間存在共整合關係時，在觀察兩者之間的關係，不能只檢驗本身與另一個變數的落後值對當期變數之影響，還需考慮長期失衡之調整，即共整關係與存在一個前期誤差修正項 (previous disequilibrium term) 的誤差修正模型 (Error Correction Model) 同時存在。但因前一節檢定結果顯示，股匯市在金融風暴的影響下皆曾經出現無共整的情形。所以本章將分別採用向量自我迴歸模型 (VAR) 及誤差修正模型 (Error Correction Model) 來檢定各國於金融風暴前中後股市及匯市間的短期互動關係。

1. 先進國家股市間的短期互動關係

首先，本文將採用前述的 AIC 準則來決定向量自我迴歸模型中的各項落後期數，由表 6-1 得到股價指數之 VAR 模型各落後期之 AIC 值，結果為

■表 6-1 股價指數之 VAR 模型各落後期之 AIC 值

金融風暴前 1990/3/1 ~ 1997/6/30		金融風暴中 1997/7/1 ~ 1998/12/31		金融風暴後 1999/1/1 ~ 1999/8/31	
落後期數	AIC 值	落後期數	AIC 值	落後期數	AIC 值
1	32.69	1	41.17	1	40.33
2	32.41	2	39.88	2	39.88
3	32.34	3	39.80	3	39.64[*]
4	32.29[*]	4	39.80[*]	4	39.78

註：以*來代表最適落差期數。

在金融風暴前及金融風暴中的最適落後期數均為 4，而金融風暴後最適期數則為 3。而先進國家股市間的短期互動關係如表 6-2 所示。

由表 6-2 先進國家股市間的短期互動關係觀察可知：(1) 風暴前各國股市間有明顯的互動關係，但風暴後卻減少許多；(2) 美國在風暴前後對此五國仍具有領先地位，但其在風暴中對其他國家的影響卻有些微地下降；(3) 受金融風暴的影響，英國對法國及日本的影響於風暴中明顯地顯現出來，但

■表 6-2　先進國家股市間的短期互動關係

	金融風暴前	金融風暴中	金融風暴後
影響美國股價的短期因素	D(USST(-1)), D(USST(-4), D(DMST(-4)), D(FRFST(-1))	USST(-1), DMST(-3), FRFST(-1), FRFST(-4)	D(JPST(-1)), D(GBPST(-2))
影響德國股價的短期因素	D(USST(-1)), D(USST(-3)) D(DMST(-1)), D(DMST(-2)), D(DMST(-3)), D(FRFST(-2)), D(FRFST(-3)), D(FRFST(-4)), D(JPST(-1)), D(JPST(-2)), D(GBPST(-1)), D(GBPST(-3))	DMST(-1), DMST(-3), FRFST(-2), FRFST(-3), FRFST(-4), GBPST(-1), GBPST(-2), GBPST(-4)	D(USST(-2)), D(DMST(-2)), D(FRFST(-2)), D(GBPST(-1)), D(GBPST(-2))
影響法國股價的短期因素	D(USST(-1)), D(USST(-2)), D(JPST(-1)), D(JPST(-4))	USST(-1), USST(-2), DMST(-2), DMST(-3), FRFST(-1), GBPST(-1), GBPST(-2), GBPST(-3), GBPST(-4)	D(USST(-1)), D(DMST(-1)), D(JPST(-1))
影響日本股價的短期因素	D(USST(-1)), D(USST(-2)), D(DMST(-3)), D(DMST(-4)), D(FRFST(-1)), D(JPST(-2)), D(GBPST(-1))	FRFST(-1), FRFST(-2), JPST(-1), JPST(-2), GBPST(-1), GBPST(-2)	D(USST(-2)), D(FRFST(-1)), D(JPST(-1)),
影響英國股價的短期因素	D(USST(-1)), D(USST(-2)), D(DMST(-1)), D(FRFST(-1)), D(FRFST(-2)), D(FRFST(-3)), D(FRFST(-4)), D(JPST(-1)), D(JPST(-2)), D(GBPST(-1))	USST(-1), DMST(-4), FRFST(-1), FRFST(-2), FRFST(-4), JPST(-1), JPST(-2), GBPST(-1), GBPST(-4)	D(FRFST(-1)), D(FRFST(-2)), D(JPST(-1)), D(GBPST(-2))

註：1. USST、DMST、FRFST、JPST、GBPST 分別代表美國、德國、法國、日本與英國的股價指數。

　　2. USST(-1)、USST(-2) 分別表示落後 1 期、落後 2 期之美國股價，其他國家及期數以此類推。

風暴後又逐漸消失；(4) 德國原本在風暴前受唯一位於亞洲的日本影響，但因金融風暴的衝擊而消失了；反之，美國在風暴前及風暴中均不受日本股價影響，但在風暴後卻受其影響。

依據 AIC 準則選取最適落後期，所得結果以表 6-3 來表示。我們將選擇落後期數 5 為金融風暴前的最適落後期數、選擇 4 為風暴中及 2 為風暴後的落後期數。先進國家匯率間的短期互動關係所得到之結論由表 6-3 歸納整理之。

2. 先進國家匯率間的短期互動關係

由表 6-4 先進國家匯率間的短期互動關係中，吾人可得結論：(1) 各國匯率的短期互動關係在金融風暴中明顯減少；(2) 各國匯率在金融風暴中幾乎只受其本身落後期的影響；(3) 德國與法國對其他國家匯率的影響，因受金融風暴的影響而有下降的現象；(4) 在金融風暴後日本匯率對於其他國家匯率的影響程度上升。

Step 2. Granger 因果關係檢定

因果關係旨在了解金融風暴前中後國際股價指數及匯率間是否存在雙向的回饋關係或是單向的領先落後因果關係，更或者為不相互影響的獨立關係。利用前一節 VAR 模型中，最小 AIC 值所選取的最適落後期數進行分析。

■表 6-3 匯率之 VAR 模型各落後期之 AIC 值

金融風暴前 1990/3/1 ~ 1997/6/30		金融風暴中 1997/7/1 ~ 1998/12/31		金融風暴後 1999/1/1 ~ 1999/8/31	
落後期數	AIC 值	落後期數	AIC 值	落後期數	AIC值
1	−31.43	1	−32.05	1	−29.85
2	−31.57	2	−32.33	2	−29.89[*]
3	−31.62	3	−32.38	3	−29.87
4	−31.64	4	−32.40[*]	4	−29.84
5	−31.64[*]	5	−32.37	5	−29.86

註：以 * 來代表最適落差期數。

■表 6-4　先進國家匯率間的短期互動關係

	金融風暴前	金融風暴中	金融風暴後
影響德國匯率的短期因素	DMEX(-1), DMEX(-4), DMEX(-5), FRFEX(-1), FRFEX(-3), FRFEX(-4), FRFEX(-5), GBPEX(-1),	DMEX(-1), JPEX(-1)	JPYEX(-2)
影響法國匯率的短期因素	DMEX(-1), DMEX(-2), DMEX(-5), FRFEX(-1), FRFEX(-2), FRFEX(-3), FRFEX(-5), GBPEX(-1), GBPEX(-2)	DMEX(-1), DMEX(-2), FRFEX(-1), JPEX(-1),	JPYEX(-2)
影響日本匯率的短期因素	DMEX(-1), FRFEX(-1), JPEX(-1), JPEX(-2), JPEX(-3),	JPEX(-1), JPEX(-2),	GBPEX(-1), GBPEX(-2), JPYEX(-2)
影響英國匯率的短期因素	DMEX(-2), DMEX(-4), FRFEX(-2), FRFEX(-4), GBPEX(-1), GBPEX(-2)	GBPEX(-1), GBPEX(-2)	JPYEX(-2)

註：1. DMEX、FRFEX、JPEX、GBPEX 分別代表德國、法國、日本與英國的匯率。

　2. DMEX(-1)、DMEX(-2) 分別表示落後 1 期、落後 2 期之德國匯率，其餘國家匯率及其數以此類推。

1. 先進國家間股價指數之 Granger 因果關係檢定

　　首先，依照表 6-5 所示，選擇出各國股市於風暴前及風暴中的最適落差期數為 4 期，風暴後為 3 期。各國成對股價指數之 Granger 因果關係檢定結果整理如表 6-5 所示。

　　由表 6-5 可知：(1) 在風暴前原本具有回饋關係的德國與法國、法國與日本在經金融風暴的衝擊後消失了。而原來在風暴前及風暴中沒有回饋關係的美國與日本、美國與英國在歷經金融衝擊後出現了雙向回饋關係；(2) 美國股市無論在風暴前、風暴中或風暴後都仍具有主導地位；(3) 風暴後，德國與法國、德國與日本這兩個組合均不存在任何因果關係；(4) 風暴後，德國的影響力逐漸下降。

■表 6-5 先進國家間股價指數之 Granger 因果關係

國家	因果關係	金融風暴前	金融風暴中	金融風暴後
美國	影響美國股價的國家	無	無	日本、英國
	受美國股價影響的國家	德國、法國、日本、英國	德國、法國、日本、英國	德國、法國、日本、英國
德國	影響德國國股價的國家	美國、法國、日本、英國	美國、法國、日本、英國	美國、法國、日本、英國
	受德國股價影響的國家	法國、日本	英國	無
法國	影響法國股價的國家	美國、德國、日本、英國	美國、英國	美國、日本
	受法國股價影響的國家	德國、日本、英國	德國、日本、英國	德國、日本、英國
日本	影響日本股價的國家	美國、德國、法國、英國	美國、法國、英國	美國、法國、英國
	受日本股價影響的國家	德國、法國、英國	德國、英國	美國、德國、法國
英國	影響英國股價的國家	美國、法國、日本	美國、德國、法國、日本	美國、法國
	受英國股價影響的國家	德國、法國、日本	德國、法國、日本	美國、德國、日本

2. 先進國家間匯率之 Granger 因果關係檢定

首先，依照表 6-3 所示，選擇出各國股市於風暴前及最適落差期數為 5 期，風暴中為 4 期及風暴後為 2 期。各國成對股價指數之 Granger 因果關係檢定結果則由表 6-6 歸納整理之。

由表 6-6 可歸類得以下結論：(1) 在風暴前原本具有雙向回饋關係的德國與法國、德國與英國兩組組合，因金融風暴的影響而於金融風暴後呈現獨立關係；(2) 德國、日本及英國在經金融風暴後其影響力已漸漸下降；(3) 各國匯率在經金融風暴的衝擊後，其成對匯率間的因果關係已漸消失。

■表 6-6　先進國家間匯率之 Granger 因果關係

國家	因果關係	金融風暴前	金融風暴中	金融風暴後
德國	影響德國匯率的國家	法國、英國	無	無*
	受德國匯率影響的國家	法國、英國	法國、日本	日本*
法國	影響法國匯率的國家	德國、日本、英國	德國	無*
	受法國匯率影響的國家	德國	日本	日本*
日本	影響日本匯率的國家	無	德國、法國	德國、法國、英國
	受日本匯率影響的國家	法國	無	無
英國	影響英國匯率的國家	德國	無	無
	受英國匯率影響的國家	德國、法國	無	無

6.3 │ VAR 之結構分析

　　VAR 模型本身就是 Autoregression (AR) 和 Seemingly unrelated model (SUR) 的結合，其中 VAR 模型大致分成兩種形式：縮減式向量自我迴歸模型 (Reduced-form Vector Autoregressive，RVAR) 及 Structural VAR (SVAR)。

　　Sims (1980) 指出 VAR 模型的迴歸係數在分析上不具經濟意義，因此不易用其係數做為判斷變數間關係的分析，故 JMulTi 提供三種 VAR 模型的結構分析：因果關係檢定 (Causality Test)、衝擊反應分析 (Impulse Response Analysis, IR) 及預測誤差變異數分解 (Forecast Error Variance Decomposition, FEV)，做為變數間關係的分析工具。

　　舉例來說，用向量自我回歸模型來分析國內上市公司赴大陸投資之中概股公司之股價指數與美國 S & P 500、美國道瓊工業指數、日經 225 股價指數、香港恆生股價指數、台灣加權股價指數、南韓綜合股價指數及上海綜合股價指數等五國八個股市間之關聯性。研究期間為 20xx 年 x 月 x 日至 20xx 年 x 月 x 日，採用各國股市之日資料進行研究。依序可發現：

Step 1. 由單根檢定結果可知，各國股價指數原始數列均非定態。共整合檢定顯示出各國股市間具有共整合之現象，表示各國股市短期間之變動，長期間會趨於一致。

Step 2. 由因果檢定發現，中概股報酬領先台股及南韓股市；與香港恆生股市及
日經市間皆具有雙向回饋關係。

Step 3. 由預測誤差變異數分解發現，中概股之外生性在初期較弱，但隨著時間
變化其外生性呈現遞增的現象。

Step 4. 由衝擊反應函數發現，中概股股價報酬率受自身反應最大最大，各國股
市對於中概股之影響較小，但除了 S & P500 股價指數、上海及南韓綜合
股價指數會隨時間變化收斂之外，其他各國股市皆具有持續性影響。

6.3.1 因果關係檢定

一、Granger causality test 因果關係檢定

Granger (1969) 提出以預測力是否增加來定義變數之間的因果關係，條件式
定義如下：

$$F(X_t \mid I_{t-1}) = F(X_t \mid I_{t-1} - Y_{t-L_y}^{L_y}) \text{, } t = 1, 2, 3, \cdots$$

$\{X_t\}$ 和 $\{Y_t\}$ 為雙變量線性隨機過程 (bivariate linear stochastic process) 所產生的
定態數列。在 $t-1$ 期間的訊息集合，$F(X_t \mid I_{t-1})$ 為變數給定 $\{I_{t-1}\}$ 集合下的條件
機率分配。而 $Y_{t-L_y}^{L_y}$ 為擁有 L_y 空間長度的變數 Y_t 之訊息集合，與 $X_{t-L_y}^{L_y}$ 共同組合
成 $\{I_{t-1}\}$ 訊息集合。

上式若不成立，表示 Y 對 X 有 Granger 因果關係，且 Y 的歷史資料有助於
預測 X。

相對的，考慮下式：

$$F(Y_t \mid I_{t-1}) = F(Y_t \mid I_{t-1} - X_{t-L_y}^{L_y}) \text{, } t = 1, 2, 3, \cdots$$

上式若不成立，表示 X 對 Y 有 Granger 因果關係，且 X 的歷史資料有助於
預測 Y。

一般的 VAR 模型如下：

$$\begin{cases} X_t = \sum_{j=1}^{p} \alpha_j X_{t-j} + \sum_{j=1}^{p} \beta_j Y_{t-j} + u_t \\ Y_t = \sum_{j=1}^{p} \gamma_j X_{t-j} + \sum_{j=1}^{p} \delta_j Y_{t-j} + \nu_t \end{cases}$$

其中，

　　u_t、v_t 為兩個不相關的白噪音 (white noise)，p 表示模型選擇的落後期數。虛無假設如下：

$$\begin{cases} H_0 = \beta_1 = \beta_2 = \cdots = \beta_p = 0 \\ H_0 = \gamma_1 = \gamma_2 = \cdots = \gamma_p = 0 \end{cases}$$

以上模型使用 F 統計量進行檢定，檢定結果可分成四種情形：

1. 若拒絕　$H_0 = \beta_1 = \beta_2 = \cdots = \beta_p = 0$　而不拒絕另一個虛無假設，表示變數 Y「Granger 影響」變數 X，也就是 Y 領先 X 發生。
2. 若拒絕　$H_0 = \gamma_1 = \gamma_2 = \cdots = \gamma_p = 0$　而不拒絕另一個虛無假設，表示變數 X「Granger 影響」變數 Y，也就是 X 領先 Y 發生。
3. 若同時拒絕　$H_0 = \beta_1 = \beta_2 = \cdots = \beta_p = 0$，$H_0 = \gamma_1 = \gamma_2 = \cdots = \gamma_p = 0$　兩個虛無假設，表示 X、Y 兩個變數互相 Granger 影響，兩變數之間具有回饋 (feedback) 關係。
4. 若無法拒絕兩個虛無假設，表示變數 X 與變數 Y 沒有因果關係，不會互相影響。

　　然而，兩變數因果關係 (bi-variate causality test) 在檢定三個變數以上時可能會忽略了變數之間的間接關係而不適用，比較完整的做法是使用 VAR 因果關係檢定 (VAR Granger causality test)，這是由於 VAR 因果關係檢定考慮方程式的聯立體系，故可避免變數透過方程式而產生間接影響。

二、JMulTi 的二種 VAR 因果檢定

　　JMulTi 軟體 VAR 有二種因果關係檢定 (Causality Test)：Granger 因果及聯立 (instantaneous) 因果，其數學式推理如下。

　　令外生變數 y 先拆解成二部份：$y_t = (y_{1,t}, y_{2,t})'$，其中，$y_{1,t}$、$y_{2,t}$ 分別為 $(K_1 \times 1)$ 及 $(K_2 \times 1)$ 階向量，$K = K_1 + K_2$，且對應白噪音過程 (white noise process) $\varepsilon_t = (\varepsilon'_{1,t}, \varepsilon'_{2,t})$。則其對應的模型為：

$$\begin{bmatrix} y_{1t} \\ y_{2t} \end{bmatrix} = \sum_{i=1}^{p} \begin{bmatrix} \alpha_{11,t} & \alpha_{12,t} \\ \alpha_{21,t} & \alpha_{22,t} \end{bmatrix} \times \begin{bmatrix} y_{1,t-i} \\ y_{2,t-i} \end{bmatrix} + C \times D_t + \begin{bmatrix} u_{1t} \\ u_{2t} \end{bmatrix}$$

若且唯若 (if only if) $\alpha_{21,t}=0, i=1,2,\cdots,p$，則次向量 $Y_{1,t}$ 為 $Y_{2,t}$ 的 Granger 因。因此，其對應的虛無假設為：

$$\begin{cases} H_0 : \alpha_{21,t} = 0 \, , \ i = 1,2,\cdots,p \\ H_1 : \alpha_{21,t} \ \text{有一不為 0} \end{cases}$$

相反地，若要考驗「$Y_{2,t} \rightarrow Y_{1,t}$」因果性，則要反過來考驗：$H_0 : \alpha_{12,t} = 0$，$i=1,2,\cdots,p$。以上 H_0 顯著性考驗，Jmulti 係採用 Wald 統計量，Wald $\sim F(pK_1K_2, KT-n^*)$。

其中，

　　n^*：系統內之參數個數 (含決定項的參數)

　　P：VAR(p) 之落後期數

　　T：總期數

　　值得一提的是，VAR(p) 之顯著性 Wald 檢定，若遇到分析的 y 序列是非定態，則 Wald 檢定會失效。故遇到 2 個以上之定態序列，才可執行 VAR(p)；反之，非定態序列的聯立迴歸式，則改用 VECM 模型來求解。

　　舉例來說，假設有二個定態 (Stationary) 之時間序列 x_t (為上市股價波動性) 及 y_t (為上櫃股價波動性)，其對應 VAR 模型為：

$$\begin{cases} x_t = \alpha_0 + (\alpha_1 x_{t-1} + \cdots + \alpha_p x_{t-p}) + (\beta_1 y_{t-1} + \cdots + \beta_q x_{t-q}) + \mu_{1t} \\ y_t = \phi_0 + (\phi_1 y_{t-1} + \cdots + \phi_r y_{t-r}) + (\eta_1 x_{t-1} + \cdots + \eta_r x_{t-r}) + \mu_{2t} \end{cases}$$

上式二個聯立方程式，利用遞迴之 Lag 運算子 (「L」) 則可改寫成：

$$x_t = \alpha_0 + \alpha(L)x_{t-1} + \beta(L)y_{t-1}$$
$$y_t = \phi_0 + \phi(L)y_{t-1} + \eta(L)x_{t-1} + \mu_{2t}$$

其中，

$$\alpha(L) = \alpha_1 + \alpha_2 L^1 + \alpha_3 L^2 + \cdots + \alpha_p L^{p-1}$$
$$\beta(L) = \beta_1 + \beta_2 L^1 + \beta_3 L^2 + \cdots + \beta_q L^{q-1}$$
$$\phi(L) = \phi_1 + \phi_2 L^1 + \phi_3 L^2 + \cdots + \phi_r L^{r-1}$$
$$\eta(L) = \eta_1 + \eta_2 L^1 + \eta_3 L^2 + \cdots + \eta_s L^{s-1}$$

上式為一簡單的 VAR，式中只有兩個變數。若向要延伸至 N 個變數，原理完全相同。而在了解「上式上櫃股價報酬變異間的因果關係」時，首先我們必須先進行 Granger-causality (GC) 檢定。其分析的原理為，若利用所有過去的資訊來預測 Y 值，其結果若優於以未包含 X 的過去資訊所預測的情形，則應該用 X 的過去值來預測 Y。若 X [領先變動於 Y，則應將 X (矩陣) 的過去值加諸於預測 Y 矩陣] 的模型中，以增加模型的預測能力，因此 Granger 因果關係可視為領先落後變動的觀念。

$$\begin{cases} X_t = \alpha_0 + (\alpha_1 X_{t-1} + \cdots + \alpha_p X_{t-p}) + (\beta_1 Y_{t-1} + \cdots + \beta_q Y_{t-q}) + \mu_{1t} \\ Y_t = \phi_0 + (\phi_1 Y_{t-1} + \cdots + \phi_r Y_{t-r}) + (\eta_1 X_{t-1} + \cdots + \eta_r X_{t-r}) + \mu \end{cases}$$

就上式而言，若檢定上櫃股價報酬波動變數 Y 是否有領先變動於上市股價報酬波動 X，其虛無假設：

$$\begin{cases} H_0 : \beta_1 = \beta_2 = \cdots = \beta_q \\ H_1 : \beta_1, \beta_2, \cdots, \beta_q \text{ 有一不為 } 0 \end{cases}$$

若拒絕 H_0，即接受 H_1，則表示變數 Y 領先變動於變數 X。

6.3.2 衝擊反應分析

脈衝 (衝擊) 反應函數 (Impulse Response Function, IRF) 旨在分析當其他衝擊不變下，特定衝擊對於內生變數動態之影響。換言之，由脈衝反應函數我們可看出某一變數的自發性干擾，引起其他變數在時間過程中所產生的反應，亦可觀察某一變數受到其他變數的自發性干擾，在時間過程中所產生的各種可能反應。因此，運用衝擊反應函數來評估各變數間的跨期動態效果。IRF 亦即將每一個變數都可以表示成模型內變數當期與落後期隨機衝擊項的線性組合，以檢視衝擊的變化是呈正向還是負向，是持續性 (persistence) 還是跳動性 (volatility) 態，是長期性還是短期性的影響。例如，我們可用它來評估各國公債殖利率間的影響力與方向為何。

衝擊反應函數 (IRF) 是在分析當其他衝擊不變下，特定衝擊對於內生變數動態之影響。而為了便於觀察變數間之互動關係，Sims (1980) 建議將向量自我迴模型的一般型態：$Y_t = \alpha + \sum_{i=1}^{p} A_i \times Y_{t-i} + \mu_t$

上式經由 Wold 分解定理 (Wold Decomposition Theorem) 轉換成向量之移動平均 (Vector Moving Average Representation, VMA) 的形式，亦即將每一個變數都可以表示成模型內變數當期與落後期隨機衝擊項的線性組合，以檢視衝擊的變化是呈正向還是負向，是持續性 (persistence) 還是跳動性 (volatility) 狀態，是長期性還是短期性的影響。藉由衝擊反應函數的變化，可表示出變數間的互相影響，是否為持續性或是跳動性的形式。根據衝擊反應函數，可以觀察模式內某一內生變數以一個單位標準差的大小發生自發性干擾時，對模式內所有的內生變數當期與未來各期的動態影響過程。

一、衝擊反應函數 (IRF)

舉例來說，若我們想了解各種總體經濟變數衝擊的持續性與相對效果，使用 Jmulti 衝擊反應函數 (Impulse Response Function) 便可得到答案。衝擊反應函數圖型，係刻畫一總體變數變化下，對受衝擊下的其他總體變數的反應路徑。以 AR(P) 為例，當 IRF＝$\Delta Y/\Delta \varepsilon$，即假設其他條件不變下，第 t-j 期的隨機干擾項變動一單位相對第 t 期的被解釋變數如何變動；如果是 VAR(P)，即第 t-j 期的第 m 個結構衝擊變動一單位相對第 t 期的第 n 個被解釋變數變動若干單位。

藉由衝擊反應分析，可以看出當某一變數變動一個標準差時，其他變數對此一衝擊之反應如何。亦可由其正負值，來判斷其反應之方向。

IRF 旨在觀察 VAR 模型變數受到隨機項衝擊 (innovation) 時，該變數及其他變數對此一衝擊的動態反應過程。傳統衝擊反應有二種：(1) Sims (1980) 的 Cholesky 過程，正交化 (orthogonalize) VAR 模型的衝擊，此一分析結果受到 VAR 模型變數排列順序的影響，不同的排列順序產生不同的結果。(2) Pesaran 及 Shin (1998) 建立的共整合 VAR 模型，一般化衝擊反應則不需要衝擊的正交化過程，且不受變數排列順序的影響。

定義：L 為落遲運算子 (Lag operator)，亦即 $y_{t-1} = L \times y_t$，則

$y_{t-2} = L \times y_{t-1} = L(L \times y_t) = L^2 y_t$，$\cdots$，如此類推到 L^p，AR(p) 則可表示為：

$$y_t = \mu + (\alpha_1 L + \cdots + \alpha_p L^p) y_t + e_t$$

或 $(\alpha_1 L + \cdots + \alpha_p L^p)^{-1} y_t = \mu + e_t$

或 $y_t = \dfrac{\mu}{(\alpha_1 L + \cdots + \alpha_p L^p)} + \dfrac{e_t}{(\alpha_1 L + \cdots + \alpha_p L^p)^{-1}}$

最後得 $\alpha(L)y_t = \mu + e_t$

其中，$\alpha(L) = 1 - \alpha L - \cdots - \alpha_p L^p$

向量自我迴模型的一般型態：

$$Y_t = \alpha + \sum_{i=1}^{p} A_i \times Y_{t-i} + \mu_t \quad\cdots\cdots\cdots\cdots\cdots\cdots\cdots\cdots\cdots\cdots\cdots \text{(6-12)}$$

若將 (6-12) 式，經由 Wold 分解定理 (Wold decomposition theorem) 將聯立變異定態矩陣轉換為移動平均 (moving average) 的表示方式，如此每一變數可以用當期和各落後項的隨機衝擊項線性組合來表示之，如下所示：

$$Y_t = \alpha + \sum_{i=1}^{m} A_i Y_{t-i} + \varepsilon_t \Rightarrow Y_t - \sum_{i=1}^{m} A_i Y_{t-i} = \alpha + \varepsilon_t$$

$$(I - A_1 L^1 - A_2 L^2 - \cdots - A_m L^m)Y_t = \alpha + \varepsilon_t$$

$$Y_t = \frac{\alpha}{(I - A_1 L^1 - A_2 L^2 - \cdots - A_m L^m)} + \frac{\varepsilon_t}{(I - A_1 L^1 - A_2 L^2 - \cdots - A_m L^m)}$$

$$Y_t = \alpha_0 + \sum_{i=1}^{\infty} C_i \varepsilon_{t-i} \quad\cdots\cdots\cdots\cdots\cdots\cdots\cdots\cdots\cdots\cdots \text{(6-13)}$$

其中，α_0 為 (n×1) 的常數向量，C_i 為 (n×n) 的矩陣且 $C_0 = I$ (單位矩陣)。

因此上式說明了，每一變數皆可由體系內所有變數的當期及落後期的隨機衝擊項 (ε_t) 表示，若隨機衝擊項與當期無關 (contemporemeously uncorrelated)，則將每一變數表示為各期隨機衝擊項的組成，可獲唯一的組合；但若隨機衝擊項是具有當期相關時，須利用 Cholesky 分解定理完成正交化過程 (orthogonalization)，以去除隨機衝擊項之間的當期相關。換言之，就是在上中放入一個下三角矩陣 (lower triangular matrix) V (其中 $VV' = I$)：

$$Y_t = \alpha_0 + \sum_{i=1}^{\infty} (C_i \times V) \times (V' \times \varepsilon_{t-i}) \quad\cdots\cdots\cdots\cdots\cdots\cdots\cdots\cdots \text{(6-14)}$$

令 $D_i = C_i \times V$，$\eta_{t-i} = V' \times \varepsilon_{t-i}$

則 $Y_t = \alpha_0 + \sum_{i=1}^{\infty} D_i \times \eta_{t-i}$

其中，$D_i = C_i \times V$，$\eta_{t-1} = V' \times \varepsilon_{t-i}$ 為一序列無關且當期無關之正交化隨機衝擊項。由上式可獲得對角化 (diagonalized) 的共變異矩陣：

$$E\begin{bmatrix} \eta_{1t} \\ \eta_{2t} \\ \vdots \end{bmatrix} = 0$$

$$E\left[\begin{pmatrix} \eta_{1t} \\ \eta_{2t} \\ \vdots \end{pmatrix}(\eta_{1t}, \eta_{2t}, \cdots)\right] = \begin{bmatrix} \sigma_{11} & 0 & 0 & \cdots \\ 0 & \sigma_{22} & 0 & \cdots \\ \vdots & \vdots & \vdots & \ddots \end{bmatrix}$$

$$E\left[\begin{pmatrix} \eta_{1t} \\ \eta_{2t} \\ \vdots \end{pmatrix}(\eta_{1t}, \eta_{2t}, \cdots)\right] = 0$$

其中，$t \neq s$。由 (6-14) 式 VAR 模式的移動平均表示法可知，每個變數皆可寫成隨機衝擊項的函數，故由衝擊比例的大小可看出某變數的隨機衝擊項變動時，會對另外其他變數產生何種影響，進而觀察衝擊反應大小的變化、正向或負向的影響、持續性的 (persistence) 或反覆跳動性的 (volatility) 衝擊，以及反應速度的快慢。D_i 由於衝擊反應模型中變數排列順序的不同，會透過 Choleski 下角方式進行分解，以完成正交化 (orthogonalization) 過程，影響衝擊反應分析結果，但是在統計方法中對變數的排序並沒有一個明確的準則，而是由分析者自行判斷，故依 Granger 因果檢定的領先落後結果去排列變數順序，如果因為變數間具有回饋關係或無明顯的互動關係時，則以 F 檢定統計量 (或 P-value 值) 之大小做為衝擊反應分析之排列依據，因此，依上述 Granger 因果檢定的領先落後結果。

二、向量自我迴歸衝擊反應分析 (Impulse-Response Analysis)

在傳統計量模型分析中，皆以經濟理論來建構變數間的因果關係，但卻無法描繪出變數間動態影響過程，對於總體經濟與財務理論錯綜複雜之資料型態更是一籌莫展。Sims (1980) 認為採用一般經濟分析理論所得到之參數估計值，是無法說明經濟變數互相影響之過程，更無法看出變數間之實質特性。因此，建構向量自我迴歸模型 (VAR)，即針對模型內每一個內生變數之落遲項設立動態結構模型，更能有效處理多個相關經濟指標之分析與預測，模型如下所示：

$$Y_t = \alpha + \sum_{p=1}^{n} A_i Y_{t-p} + BX_t + \varepsilon_t, \, t = 1, 2, 3, \cdots, T \quad\cdots\cdots\cdots\cdots\cdots\cdots\cdots \text{(6-15)}$$

由 (6-15) 式中，Y_t 為 K 維的內生變數向量，X_t 為 d 維的外生變數向量，p 為落後階數，T 為模型樣本資料個數亦即落後期數，B 是模型外生變數估計之 K×d 維係數矩陣，殘差項 ε_t 與 Y_t 同為 K 維向量，但模型中僅允許同期樣本估計殘差相關，不允許與自我落遲項和外生變數相關。擴展式如下所示：

$$\begin{bmatrix} y_{1,t} \\ y_{2,t} \\ \vdots \\ y_{k,t} \end{bmatrix} = A_1 \begin{bmatrix} y_{1,t-1} \\ y_{2,t-1} \\ \vdots \\ y_{k,t-1} \end{bmatrix} + \cdots + A_p \begin{bmatrix} y_{1,t-p} \\ y_{2,t-p} \\ \vdots \\ y_{k,t-p} \end{bmatrix} + B \begin{bmatrix} x_{1,t} \\ x_{2,t} \\ \vdots \\ x_{k,t} \end{bmatrix} + \begin{bmatrix} \varepsilon_{1,t} \\ \varepsilon_{2,t} \\ \vdots \\ \varepsilon_{k,t} \end{bmatrix} \quad t = 1, 2, \cdots, T \quad \cdots \text{(6-16)}$$

就功能來說，向量自我迴歸模型 (VAR) 可對研究個體進行：因果關係檢定 (Causality Test)、衝擊反應分析 (Impulse Response Analysis) 和預測誤差拆解 (Variance Decomposition)。例如，若僅針對某變數 (如原物料商品) 進行衝擊反應分析研究，即進行 VAR 估計時，取代 (6-16) 式之聯立變異恆定矩陣，就改為多變量殘差落遲項移動平均 (moving average) 法來建立衝擊反應函數 (IRF)，當其中某一變量之殘差項與各變數互相傳導之影響關係，也可說明，當模型變數受到某種外來衝擊時，對其餘變數之動態變化影響過程。

VAR 衝擊反應有二種模型：簡單雙變量 VAR 衝擊反應分析、多變量 VAR 衝擊反應分析模型。

1. 簡單雙變量 VAR 衝擊反應分析模型

$$\begin{cases} x_t = a_1 x_{t-1} + a_2 x_{t-2} + b_1 z_{t-1} + b_2 z_{t-2} + \varepsilon_{1t} \\ z_t = c_1 x_{t-1} + c_2 x_{t-2} + d_1 z_{t-1} + d_2 z_{t-2} + \varepsilon_{2t} \end{cases} \quad t = 1, 2, \cdots, T \quad\cdots\cdots\cdots\cdots\cdots \text{(6-17)}$$

由 (6-17) 式中，當 t＝0 時，且設 $x_0 = 1$、$z_0 = 0$，將變數帶入 (6-17) 式可得知 $x_1 = a_1$、$z_1 = c_1$，當 t＝1 時，可得知 $x_2 = a_1^2 + a_2 + b_1 c_1$、$z_2 = c_1 a_1 + c_2 + d_1 c_1$，以此類推，當 t 無限期延伸即可得知 Z 對 X 變數之動態衝擊效應；反之，為 X 對 Z 變數之動態衝擊效應，其中模型假設殘差項 $\varepsilon_t = (\varepsilon_{1t}, \varepsilon_{2t})'$，個別殘差項期望值 $E(\varepsilon_{it}) = 0$，$i = 1, 2$，並且變數間殘差期望值交乘項為零 $E(\varepsilon_{1t}, \varepsilon_{2t}) = 0$。

2. 多變量 VAR 衝擊反應分析模型

$$Y_{it} = \sum_{j=1}^{k} (c_{ij}^{(0)}\varepsilon_{jt} + c_{ij}^{(1)}\varepsilon_{jt-1} + c_{ij}^{(2)}\varepsilon_{jt-2} + c_{ij}^{(3)}\varepsilon_{jt-3} + \cdots) \cdot t = 1, 2, \cdots, T \quad\cdots\cdots\cdots\quad (6\text{-}18)$$

考慮加入雙變量後 (6-18) 式之擴展式如下所示：

$$\begin{bmatrix} Y_{1t} \\ Y_{2t} \end{bmatrix} = \begin{bmatrix} c_{11}^{(0)} & c_{12}^{(0)} \\ c_{21}^{(0)} & c_{22}^{(0)} \end{bmatrix} \begin{bmatrix} \varepsilon_{1t} \\ \varepsilon_{2t} \end{bmatrix} + \begin{bmatrix} c_{11}^{(1)} & c_{12}^{(1)} \\ c_{21}^{(1)} & c_{22}^{(1)} \end{bmatrix} \begin{bmatrix} \varepsilon_{1t-1} \\ \varepsilon_{2t-1} \end{bmatrix} + \begin{bmatrix} c_{11}^{(2)} & c_{12}^{(2)} \\ c_{21}^{(2)} & c_{22}^{(2)} \end{bmatrix} \begin{bmatrix} \varepsilon_{1t-2} \\ \varepsilon_{2t-2} \end{bmatrix} + \cdots \quad\cdots\cdots\quad (6\text{-}19)$$

由 (6-18)、(6-19) 式中，i、j 為變量代號，k 為變量個數，$c_q = (c_{ij}^{(q)})$ 為 q 階殘差項移動平均矩陣，說明各變量交乘項係數互相影響關係。

綜合上述，利用 VAR 衝擊反應模型，即可探討變數間互相影響之動態過程，試圖了解變數間互相影響之持續性 (persistence)、相關性，以及變數互相衝擊程度大小。

6.3.3 預測誤差變異數分解

變異數分解 (Variance Decomposition) 來判定各變數的相對外生性 (exogeneity ordering)。變異數分解是將預測誤差的變異數 (Forecast Variance Decomposition) 分解成不同衝擊所造成之比例。亦即，衡量變數之波動，有多少比例是由自身衝擊 (innovation) 及其他變數的衝擊所解釋的程度，該特定衝擊對於變數波動的貢獻為何，而當比例愈大，則表示受影響的程度愈大。

誤差變異數分解是將預測誤差的變異數分解成不同衝擊所造成之比例。亦即，衡量變數之波動，有多少比例是由自身衝擊及特定衝擊所解釋，該特定衝擊對於變數波動的貢獻為何，而當比例愈大，則表示受影響的程度愈大。

在 Jmulti 之 VAR 模式裡，可對各變數的預測誤差變異數 (Forecast Variance Decomposition) 作分解，以預測誤差變異數分解百分比的大小，來判斷變數間，何者被解釋力較強，進而測出其被自己的變動 (innovation) 和其他變數變動所解釋的程度。殘差分解值可顯示變數間資訊傳動之速度。

將 $Y_t = \alpha_0 + \sum_{i=1}^{\infty} D_i \times \eta_{t-i}$ 式，透過 Y_t 的 k 期向前預測誤差 (k period-ahead forecast error) 改寫成：

$$Y_t - E_{t-k}Y_t = \alpha_0 + \sum_{i=0}^{\infty} D_i\eta_i - E_{t-k}\left(\alpha_0 + \sum_{i=0}^{\infty} D_i\eta_i\right) = D_0\eta_t + D_1\eta_{t-1} + \cdots + D_k\eta_{t-k+1}$$

其中，$E_{t-k}Y_t = E[Y_t \mid Y_{t-k}, Y_{t-k-1}, \Lambda]$ 表示在 $t-k$ 期，利用所有已知訊息對 Y_t 做預測所得到的預測值與可能產生的誤差，該預測誤差共變異數矩陣表示為：

$$E(Y_t - E_{t-k}Y_t)(Y_t - E_{t-k}Y_t)'$$
$$= D_0E(\eta_t\eta_t')D_0' + D_1E(\eta_{t-1}\eta_{t-1}')D_1' + \cdots + D_{k-1}E(\eta_{t-k+1}\eta_{t-k+1}')D_{k-1}'$$

上式係說明每一變數的變異數皆可表示為所有變異數之加權總和，亦可推估每一期對角線上之數值，且此數值的大小決定於 D_k 之矩陣元素，故透過 VAR 模型的移動平均表示法中之係數矩陣 D，可對各變數的預測 k 階誤差變異數進行分解，由預測變異分解百分比的大小，即可判斷經濟變數外生性之相對強弱。

變異數分解之原理

　　令 VAR 模型對前 s 期的預測誤差為：

$$Y_{t+s} - \hat{Y}_{t+s|t} = \varepsilon_{t+s} + \psi_1\varepsilon_{t+s-1} + \psi_2\varepsilon_{t+s-2} + \cdots + \psi_{s-1}\varepsilon_{t+1} \quad\cdots\cdots\cdots\cdots\cdots \text{(6-20)}$$

將正交化的隨機衝擊項

$$\varepsilon_t = Au_t = a_1u_{1t} + a_2u_{2t} + \cdots + a_nu_{nt}$$

其中，a_j 表矩陣 A 的第 j 行，代入前 s 期預測的均方差 (mean squared error)。

$$MS_E(\hat{Y}_{t+s|t}) = \sum_{j=1}^{n}\{Var(u_{jt})\cdot[a_ja_j' + \psi_1a_ja_j'\psi_1' + \psi_2a_ja_j'\psi_2' + \cdots$$
$$+ \psi_{s-1}a_ja_j'\psi_{s-1}']\} \quad\cdots\cdots\cdots\cdots\cdots\cdots\cdots \text{(6-21)}$$

故從 (6-21) 式的右式：$Var(u_{jt})\cdot[a_ja_j' + \psi_1a_ja_j'\psi_1' + \cdots + \psi_{s-1}a_ja_j'\psi_{s-1}']$ $\cdots$ (6-22)

可知第 j 個正交隨機衝擊項對前 s 期預測的 MS_E 的貢獻，並由 (6-22) 與 (6-21) 式之比值知其貢獻的比率。

一、Choleski 變異數分解法

此 JMulTi 誤差變異分析之操作介面為：「VAR analysis → Structural analysis → FES Decomposition」。

Choleski 變異數分解法

令 $D(L)\ Y_i = B \times u_t$

其中，$D(L)$ 為落遲算子 (lag operator) 多項式，u_t 為結構衝擊。

利用 $D(L)$，將上式展開即可得到：

$$(I - D_0)Y_t = (I - D_1)Y_{t-1} + (I - D_2)Y_{t-2} + \cdots + (I - D_p)Y_t + Bu_{t-p}$$

將上式左右同乘 $(I - D_0)^{-1}$ 矩陣後，

令 $(I - D_0)^{-1} \times Bu_t = e_t,\ (I - D_0)^{-1} \times D_i = A_i$，可得

$Y_t = A_1 Y_{t-1} + A_2 Y_{t-2} + \cdots + A_p Y_{t-p} + e_t$，將它縮寫成 $B \times u_t = A \times e_t$

此種 SVAR 的精神即限定同期變數之間是如何影響的，在解釋結構的意涵 (上式) 有兩種解讀方式：

1. $e_t = \dfrac{B \times u_t}{A}$：可解釋成一單位的結構衝擊如何影響被解釋變數。

2. $u_t = \dfrac{A \times e_t}{B}$：變數之間扣除掉本身與其他變數的落後期影響後的關係為何。

Choleski decomposition 即將一行列數相等的正定且對稱之矩陣，分解為「對角線以下為非零元素其他元素為零」的矩陣與其轉置矩陣兩者的相乘。

Structural VAR (SVAR) 模型包含預測誤差 e 與結構衝擊 u_t，兩者常有的關係為：

$$e_t = A^{-1} B u_t$$

結構衝擊之間是獨立，預測誤差之間則有關。通常因模型認定的關係，會假設結構衝擊的變異數為單位矩陣 I，在估計 SVAR 的結構參數前要先估 RVAR，即算出預測誤差的變異數共變數矩陣，因為變異數-共變數矩陣屬對稱且正定

(positive definition) 矩陣，故可將它分解為兩個轉置後相等的矩陣 $(A = A')$，Choleski decomposition 就是將 $e_t = A^{-1}Bu_t$，該關係式展開後發現，最上方的變數為完全外生一路往下內生性就持續增加，而且下方變數只受到上方變數和自己所影響但卻無法影響上方變數。

二、Wold 變異分解法

若將 $Y_t = \alpha + \sum_{i=1}^{p} A_i \times Y_{t-i} + \varepsilon_t$ 的 VAR(p) 模型轉換成移動平均 (MA(∞)) 的表示方式：

$$Y_t = \sum_{i=0}^{\infty} A_i \varepsilon_{t-i} \quad\cdots\cdots\cdots\cdots\cdots\cdots\cdots\cdots\cdots\cdots\cdots\cdots\cdots \text{(6-23)}$$

式中，A_i 表 $(n \times n)$ 階的係數矩陣，用以觀察任一衝擊對 VAR 變數的影響。Y_t 的 n 期衝擊反應方程式定義為：

$$GI_Y(n, \delta, \Omega_{t-1}) = E(Y_{t+n} | \varepsilon_t = \delta, \Omega_{t-1}) - E(Y_{t+n} | \Omega_{t-1}) \quad\cdots\cdots\cdots\cdots\cdots \text{(6-24)}$$

式中，δ 為衝擊規模，Ω_{t-1} 為 $t-1$ 期未受到衝擊前的狀況。根據式 (6-23)、(6-24) 可得 $GI_Y(n, \delta, \Omega_{t-1}) = A_n \delta$，$\delta$ 為決定衝擊反應函數特徵的核心。若僅出現一個衝擊 j，則第 j 個衝擊規模的條件期望值為 δj 的線性函數，亦即

$E(\varepsilon_t | \varepsilon_{jt} = \delta_j) = (\delta_{1j}, \delta_{2j}, \cdots, \delta_{mj})' \sigma_{jj}^{-1} \delta_j = \Sigma e_j \sigma_{jj}^{-1} \delta_j$，其中，$\Sigma = E(\varepsilon_t \varepsilon_t')$，$e_j$ 為第 j 個元素為 1 其他為 0 的 $(n \times 1)$ 階向量，$\sigma_{jj} = E(\varepsilon_{jt}^2)$。令衝擊唯一標準差單位，此及 $\delta_j = \sqrt{\sigma_{jj}}$，則比例化的一般衝擊反應方程式為：

$$IRF_{Y,j}(n) = \sigma_{jj}^{-\frac{1}{2}} A_n \Sigma e_j，\quad n = 0, 1, 2, \cdots$$

此用來衡量第 j 個方程式 t 期一個標準差衝擊對 $t+n$ 期 Y 的影響。

三、JMulTi「衝擊」報表如何解釋？

舉例來說，保險公司的獲利指標 CR (綜合成本率) 會隨新資訊的出現而調整，故產險公司能對未來做出正確的預期，並將此預期反映在目前的 CR 上。而 MS (市場佔有率) 以及 IV (投資報酬率) 則任意排列組合，觀察其預測誤差變異數分解值，其中 MS (市場佔有率) 的外生性比 IV (投資報酬率) 強 (用 JMulTi「VAR Analysis→Strutural Analysis→Impulse Responses Analysis」，發現 MS 受

過去 IV 之衝擊百比為 61%，IV 受過去 MS 之衝擊百比為 50%)，故 JMulTi 在進行 VAR 分析時，變數的排列順序為 CR、MS、IV。

假定，表 6-7 為上述三項變數之預測誤差變異數分解 (variance decomposition) 結果。顯示，CR 之過去衝擊影響目前 CR 甚鉅，目前 CR 受到本身 CR 過去預測誤差變異數分解值高達 98.5%，證明了產險公司的目前獲利能力受過去獲利能力影響；相對地，產險公司目前 CR 受到過去 MS 與 IV 預測誤差變異數分解值分別為1.22% 與 0.28%，明顯不高，所以由此顯示，這二個研究假設不成立。

值得一提的事，雖然產險公司的目前獲利能力 (CR) 不受過去市場佔有率 (MS) 以及投資報酬率 (IV)所影響，但是經過 VAR 模型分析發現，產險公司的目前市場佔有率 (MS) 以及投資報酬率 (IV) 卻深深受過去獲利能力 (CR) 所影響，分別為 98.59% 以及 98.53%。

■表 6-7　五年期預測誤差變異數分解值

變數 ＼ 衝擊	獲利能力 CR%	市場佔有率 MS%	投資報酬率 IV%
獲利能力 (CR)	98.50	1.22	0.28
市場佔有率 (MS)	98.59	1.17	0.24
投資報酬率 (IV)	98.53	1.20	0.27

四、為何「衝擊 Bootstrapping」會取代 Asymptotic theorem？

資料只要滿足弱定態 (weakly stationary 或 covariance stationary)，就可使用中央極限定理 (central limit theorem) 與大數法則 (law of large number)，當樣本趨近於無窮大時隨機干擾項的抽樣分配就會服從常態分配，因此回歸係數的抽樣分配才會服從常態分配，接下來用常態分配 (如常態分配、標準常態分配、t 分配、f 分配、χ^2 分配) 做的統計推論才有意義。但對於時間數列資料在一個時間點只會有一筆資料，先天上相較橫斷面資料與追蹤資料樣本就不夠多，因此要使用中央極限定理或大數法則比較牽強，除非隨機干擾項本身就服從常態分配。

基於上述理由，拔靴反覆抽樣法 (bootstrapping)，簡言之，即先從原始母體中隨機抽出一組樣本，然後將這組樣本視為新的母體後，再不斷從新母體作反覆

抽出後放回製造出新樣本，將這些新的樣本組成新的抽樣分配以便做統計推論。

在時間數列上的應用，即把殘差序列視為新母體並從中抽樣並帶入預設的 Data Generation Process (DGP) 製造出新的序列，利用新的序列產生衝擊反應函數，重複本段的流程 n 次就可得到 n 條衝擊反應函數。

受限於小樣本下若直接使用漸進分配做統計推論，則樣本所構成的抽樣分配會和極限分配的常態分配有較大差異，因此 Jmulti 目前已用拔靴法來替代漸進理論。

五、變數的外生性 (Exogeneity)

一變數隨著時間的經過，在預測誤差變異數分解中，變數影響比例若是顯著，則可以稱其為「外生變數」；反之則為內生變數。

經濟計量分析旨在統計推論 (估計與檢定)、預測與政策分析，經濟變數對模型中欲估計之參數的外生性有三種統計上的定義，分別為弱外生 (weak exogeneity)、強外生 (strong exogeneity) 與超外生 (super exogeneity)。Ericsson、Hendry & Mizon (1998) 指出一個變數是否外生 (exogeneous)，決定於該變數被視為已知時 (taken as given)，是否不會對統計分析的目標有損失資訊 (losing information) 的情形。一般而言，大部份的實證研究，在精簡原則 (parsimony) 下，很少將所有的經濟變數同時納入一個計量模型內討論，多半依循 LSE 的方法 (London School of Economics method)，將實證模型從一般化模型縮減至特定化模型 (from general to specific) 來進行分析。然而經濟計量模型的設定並不一定等於資料產生過程 (data generation process)，加上經濟變數對欲估計之參數的外生性假設不同，將影響模型的設定與參數的估計結果，故在實證研究時，若能透過檢定，判斷變數對估計參數的外生與否，將有助於簡化模型的設立、降低計算的成本，並使經濟體系參數不具變異的變數 (invariants) 獨立出來，俾利政策分析及模擬。

基本上，若分析的目的在估計結構模型 (了解目前情況) 者，變數應滿足弱外生條件；若是為了預測 (預知未來情況) 者，則應滿足強外生條件；若是為了政策分析與模擬，則應滿足超外生條件。

假設以下列 x、y、z 三變數之方程式為例：

$$y_t = a_0 + b_0 x_t + c_0 z_t + d_0 z_{t-1}$$

說明統計觀念上，對參數 b_0 而言，x 在解釋 y 的方程式中的外生性 (exogeneity of with respect to on it in the equation explainingy) 與檢定的做法：

1. 弱外生

若滿足：(1) 當期 y 不影響當期 x；(2) x 與 y 不同時受另一變數 z 的影響；及 (3) 解釋 y 統計過程 (statistical process) 的參數不影響解釋 x 的參數三項條件，隱含 x 對 y 為弱外生。檢定步驟：(1) 就 x 變數，以方程式的外生變數及本身的落後項為工具變數，估計邊際模型：$x_t = a_1 + b_1 x_{t-1} + c_1 z_{t-1} + d_1 z_{t-1} + v_t$；(2) 將估計殘差至於方程式估計，若殘差項的估計係數顯著，則拒絕 x 對 y 為弱外生的假設。

2. 強外生

若滿足：(1) x 對 y 為弱外生；及 (2) y 對 x 不具 Granger 因果關係，隱含 x 對 y 為強外生。檢定步驟為：(1) x 對 y 之弱外生檢定；(2) y 對 x 之 Granger 因果關係檢定。

3. 超外生

若滿足：(1) x 對 y 為弱外生；及 (2) y 與 x 的關係不變，隱含 x 對 y 為超外生。檢定步驟為：(1) x 對 y 弱外生檢定；(2) 檢定模型參數的不變性 (invariant)。

6.4 結構性轉變檢定

JMulTi 有二種檢測某序列的穩定度 (Stability Analysis)：Chow tests 及 CUSUM tests，讓你來檢視時該序列發生的每一個時間點，其遞迴殘差 (recursive residuals) 及參數估計值 (parameter estimates) 的效度。

易言之，Chow test 僅會對事件發生前後檢定其是否發生結構性轉變；事件研究法則針對已訂定固定的事件期間作反應；CUSUM test 則著重檢查迴歸係數的變動；而 CUSUM of square test 則著重檢查遞迴殘差的變異。

在研究時間序列的變數時，常常忽略序列變數是否為線性函數，若序列資料呈現非線性函數或片斷線性函數 (piece-wise linear) 時，則表示其序列資料極可能

發生結構轉變。再者，採用的時間資料比較長或者資料期間曾經有重大的經濟因素發生改變時，都應該將結構性轉變納入考量，才能降低模型估計的謬誤，避免分析結果產生問題。舉例來說，應用結構性轉變檢定 (structural changes test) 來分析美元匯率的改變是否造成台灣電子股股價產生結構性轉變。

學界較常使用的結構性轉變檢定有：(1) Chow F 檢定；(2) 門檻式自我相關模型 (Threshold Autoregressive model, TAR) 檢定；或 (3) Brown-Durbin-Evans (1975) 之 CUSUM 和 CUSUM of squares 檢定。

事件研究法，假定事件的影響期間有限，以 Chow test 假定在某既定事件發生點前後，變數間結構會有改變，而 CUSUM test 及 CUSUM of square test 不需先假設時間轉變點，然而不同的檢定方法對於事件有無結構性轉變所得結論理應一致，但由於研究方法所針對的檢定主題不一致，導致其結論有所差異。

例如，研究「台灣金融業權益存續期間之金融風暴與金控成立前後比較」議題時，將可能發生結構性轉變的時點設立於 1997 年亞洲金融風暴前後，以及 2000 年開始開放金融控股公司成立前後，利用 Chow test 檢定與虛擬變數檢定 (Dummy Variable Test) 兩種檢定方法，即可檢定台灣銀行業於權益存續期間，是否顯著存在結構性轉變。

學界常見 Chow 檢定結構性轉變之議題，包括：

1. 台灣能源需求之結構性變化、影響因素及節能政策效果。其研究法包括：(1) 事件研究分析法；(2) Chow test；(3) CUSUM test；(4) CUSUM of square test。結果發現：(1) 自由化事件對於車用汽油的消費量有結構性的影響，對其他油品則無；(2) 政府採用分級徵收空污費的政策，會造成車用汽油消費量產生結構性的變化。

2. 通貨膨脹、就業及貨幣政策與景氣循環之關聯性。其研究法包括：(1) 多重結構性轉變；(2) Chow test；(3) 向量自我迴歸；(4) 共整合檢定。結果發現：(1) 國內生產毛額存在結構性轉變；(2) 結構性轉變點分別為 1968、1974、1980、1990、1996 年；(3) 就業人口存在結構性轉變。

3. 台灣金融業權益存續期間之研究——金融風暴與金控成立前後比較。其研究法包括：(1) Chow test；(2) 虛擬變數 (Dummy variable) 檢定，(3) 因果關係檢定。結果發現：(1) 1997 年金融風暴期間因權益存續期間曲線伴隨利率變

動而逐漸下滑；(2) 2000 年金融控股公司成立所產生的結構性轉變與金融風
暴不同；(3) 投資人所面對的價格風險相對於金融風暴所造成的風險為提升
的。

4. 金融風暴下違約機率之結構變化，包括：(1) 台灣上市公司每日平均違約機
率；(2) 高科技產業每日平均違約機率；(3) 傳統產業每日平均違約機率。

6.4.1 穩定性之 Chow 檢定

結構性變動 (structural changes) 可能來自平均數、變異數或迴歸係數的變
動，若忽略研究期間內樣本發生結構性變化，將可能扭曲研究結果。結構性變動
的例子，包括：1929 年美股大崩盤；1970 年石油危機；1997 年亞洲金融風暴；
2000 年網路泡沫；2008 年全球金融風暴…。

Chow (1960) 提出非線性的時間序列變數，若是當作線性序列直接應用檢定
方法分析時，將會造成研究結果產生錯誤。因此 Chow 提出兩種檢定方法，一種
是「轉變點檢定」(breakpoint test)，另一種則是「預測性檢定」(predictive test)，
皆利用 F 值來判斷序列資料是否產生結構性轉變。其中 Chow 轉變點檢定就是
檢定樣本中的子樣本之間，迴歸係數或資料產生過程 (Data Generating Process，
DGP) 是否有不一樣的性質，但是當樣本數不夠大時，或者子樣本數不足以估計
迴歸式時，則無法使用轉變點檢定。

舉例來說，假設電子股時間序列變數共有 T 個樣本，而 y_t 若在時間點 k 時
發生結構性轉變，因此 y_t 的 DGP 從樣本 1 到 k−1 與樣本 k 到 T 的 DGP 是不同
的，如下所示：

$$\begin{cases} y = a_{01} + \sum_{i=1}^{k-1} a_{i1} y_{t-i} \\ y = a_{02} + \sum_{i=k}^{T} a_{i2} y_{t-i} \end{cases}$$

在檢定的過程中，若是序列資料沒有發生結構性轉變時，上式之 a_{01} 與 a_{02} 會相
等，因此 Chow 檢定的虛無假設「H_0：無結構性轉變」，即 $H_0 : a_{i1} = a_{i2}$，其
中，i = 0, 1, …, p，當檢定結果「拒絕」虛無假設時，表示序列資料發生結構性
轉變。然而，當虛無假設成立時，模型可以寫成：

$$y_{1t} = b_0 + \sum_{i=1}^{p} b_i y_{t-i} \text{ 當 } t = 1, 2, \cdots, k, \cdots, T$$

若是在估計之前，事先就已知結構轉變的時點可能發生在 k 時，就可以下列 Chow 轉變點檢定的步驟來檢驗資料是否產生結構性轉變 (楊奕農，2006)：

1. 以 $y_{1t} = b_0 + \sum_{i=1}^{p} b_i y_{t-i}$ 估計 DGP，並且令其殘差平方和為 SSR。

2. 已知轉變點為 k 的前提下，將樣本分割成 1, 2, ..., k−1 和 k, k+1, ... ,T 兩個子樣本，再分別估計其 DGP，並分別令子樣本的迴歸殘差平方和為 SSR1 和 SSR2。

3. 計算 Chow 轉變點檢定的 F 統計量，並以自由度 (p+1, T−2p−2) 的 F 分配進行檢定。

$$F = \frac{\dfrac{SSR - SSR_1 - SSR_2}{p+1}}{\dfrac{SSR_1 + SSR_2}{T - 2(p+1)}} \sim F_{(p+1,\, T-2p-2)}$$

而且，Chow 檢定也可以在模型中加入虛擬變數來做檢定，若已知轉變點為 k 時，自訂一個虛擬變數 D_t。

$$D_t = \begin{cases} 0, & \text{當 } t = 1, 2, \cdots, k-1 \\ 1, & \text{當 } t = k, \cdots, T \end{cases}$$

令其模型為

$$y_t = a_0 + \sum_{i=1}^{p} a_i y_{t-i} + c_0 D_t + \sum_{i=1}^{p} c_i D_t y_{t-i}$$

假設其虛擬變數的虛無假設為 $H_0 : c_0 = c_1 = \cdots = c_p = 0$，此時可以一般判斷迴歸係數是否顯著的方式檢定即可。亦可應用「事件研究法」的觀念，只在模型中設定虛擬變數來做檢定，因此，模型則變成

$$y_t = a_0 + \sum_{i=1}^{p} a_i D_t$$

Chow 檢定也可以進行檢定 N 個結構性轉變點，若是以虛擬變數的方式來檢定時，只要加入 N 個虛擬變數即可。由於事先已知美國央行聯準會宣佈美元匯率改變的時間點，因此可加入虛擬變數的方式，檢驗美元匯率制度改變的當天是否使得電子股股價產生結構性轉變。

在應用方面，Chow 結構轉變點檢定，可以美元匯率制度改變當天的時間點當作結構性轉變點，探討此一總體經濟因素的改變是否造成台灣電子股股價產生結構性轉變；並且將在門檻共整合檢定時應用 TAR 的觀念，檢定台灣電子股股價與美元匯率之間的共整合關係是否為非線性的不對稱現象。

6.4.2 穩定性之 CUSUM 檢定

CUSUM 檢定 (Cumulative Sum of the Recursive Residuals) 是利用逐次迴歸殘差來進行檢定。如果一個變數的真實 DGP 是 AR(1) 如下：

$$y_t = a_0 + a_1 y_{t-1} + e_t$$

令全部的樣本有 T 個，則任一個子樣本 (Sub-sample)，例如用 [1, n] 為子樣本，所估計出來的 DGP 模型，用來預測第 $n+1$ 期的 y_{n+1}，應該不會有太大的誤差。

同理，若繼續再增加一期為子樣本，例如用 [1, $n+1$] 為子樣本，重新估計係數再來預測第 $n+2$ 期的 y_{n+2}，應該也不會有太大的誤差。以此逐次增加一個子樣本，然後重新估計係數再預測下一期的 y_t 值，直到所有的樣本用完，也就是增加到 [1, $T-1$] 為子樣本，然後預測下一期的 y_T 值為止。

將這種逐次代入上一期以前的資料，所得到下一期的預測值，用 $\hat{y}_{n+1}, \hat{y}_{n+2}, \hat{y}_{n+3}, \cdots, \hat{y}_T$ 來表示，則每一次的預測值和實際值之間的誤差可表示為：

$$\hat{e}_t = y_t - \hat{y}_t, \ t = n+1, \ n+2, \ \cdots, \ T$$

這些「向前一期」預測的誤差值，就是所謂的逐次迴歸殘差。所以，如果此 AR(1) 模型未發生結構轉變，或者所估計的係數是一樣的話，則虛無假設就是：

$$E(\hat{e}_t = 0) \ \text{且} \ \hat{e}_t \sim N(0, \sigma^2)$$

我們將逐次迴歸殘差的預測值之條件變異數用

$$e_{r,t} = Var(\hat{e}_t \mid y_{t-1}, y_{t-2}, \cdots, y_1)$$

來表示，則我們可以定義一個標準化後的新變數：

$$w_t = \frac{\hat{e}_t}{\sigma_{r,t}}, \ \text{其中} \ , \ t = n+1, n+2, \cdots, T$$

在虛無假設，$H_0 : E(\hat{e}_t = 0)$ 成立的前提下，w_t 將是常態分配，$w_t \sim N(0, \sigma^2)$。

我們再計算 w_t 的平均值是：

$$\overline{w} = \frac{\displaystyle\sum_{s=n+1}^{T} w_s}{T-n}$$

w_t 的變異數是：

$$\hat{\sigma}_w^2 = \frac{\displaystyle\sum_{s=n+1}^{T} (w_s - \overline{w})^2}{T-n-1}$$

再定義大寫 W_t 是從第 n 期到第 t 期的 $\dfrac{w_t}{\hat{\sigma}_w}$ 之加總，也就是

$$W_t = \sum_{s=n+1}^{T} \frac{w_t}{\hat{\sigma}_w}$$

在虛無假設成立的條件下，當 t＝n 時，W_t 的值應該介於

$$-\theta\sqrt{T-n} < W_t < \theta\sqrt{T-n}$$

而當 t＝T 的時候，W_t 的值之範圍則是

$$-3\theta\sqrt{T-n} < W_t < 3\theta\sqrt{T-n}$$

其中，θ 是臨界係數，當顯著水準為 5% 時，$\theta = 0.948$；而當顯著水準為 1% 時，$\theta = 1.143$。在應用的時候，把計算出來的 W_t、t＝n 和 t＝T 時的兩個正負臨界點連成一直線，當做 W_t 的界線；再把所有的實際值計算出來的 W_t 值畫成時間序列圖，用以目視協助判斷，如果有任何一個 W_t 超過界線，則表示可能有結構性轉變，或模型係數不固定的問題。

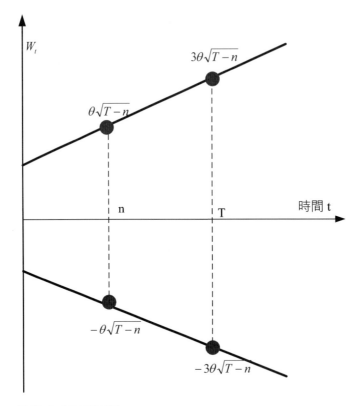

⌐ 圖 6-1 W_t 值畫成時間序列圖

6.4.3 門檻自我迴歸 (TAR) 模型

Tiao & Tasy (1994) 研究美國自 1947 年至 1991 年調整後的實質 GNP (real gross national production) 資料，並且分別以線性 AR (autoregressive) 模型及 TAR 模型進行分析比較，實證結果，TAR 模型較 AR 模型更能適當的描述實質 GNP 資料在美國歷經景氣衰退及擴張期間時具有的非對稱性質，再者，以均方誤差 (mean squared error) 做為衡量樣本外預測能力之準則，亦充分顯示 TAR 模型較 AR 模型具有較佳的預測力。

Hansen (1999) 曾用的門檻迴歸模型 (Threshold Regressive Model, TAR)，並以自變數 (國民生產毛額成長率 GNP) 為模型 (儲蓄成長模型) 之中所可能改變的轉折點，來找出自變數的門檻值。進而探討台灣在不同的 GNP 門檻值之下，經濟成長對儲蓄成長的效果有何不同。即經濟成長對儲蓄成長之間存在有門檻的效

果，亦即在不同的經濟狀態下，儲蓄成長會呈現出不同的型態。(1) 當 GNP 低於 6.475% 的情形下，對儲蓄成長率的影響為負向且效果是並不顯著的；(2) GNP 高於 6.475% 時，對儲蓄成長率卻有正向且效果顯著的影響。此表示，經濟成長與儲蓄成長間存在有雙向因果之現象，經濟的持續成長同時可以促進儲蓄成長的結論，只有在高經濟成長率的狀態下才會成立，但是在低經濟成長率的狀態下，兩者間的正向關係便會消失。

一、門檻迴歸模型的緣起

現有研究非線性的時間序列模型可以分為兩大主流，傳統的做法是以「時間」做為結構改變的轉折點 (piecewise in time)，探討當模型中解釋變數發生結構改變的時間點前後，與被解釋變數之間的關係是否有所不同。另一類則是以 Tong (1978, 1990) 所提出門檻迴歸方法為基礎，以「變數」為結構改變的轉折點 (piecewise in variable) 分析在解釋變數門檻值之上與之下，與被解釋變數之間的關係是否有所不同。由於以「時間」為轉折點的分析方法，必須先主觀的認定發生結構性改變的時間點，方法上較不客觀，因此所得出的結論也就相當分歧。此外，當解釋變數在短期間內持續地發生大幅度的變化時，以時間為結構改變轉折點的模型可能會無法診斷出模型的結構改變。相較之下，以變數為轉折點的分析方法，可以避免上述的缺失。

自 Tong (1978) 提出了門檻自我迴歸模型 (Threshold Autoregressive Model, TAR) 之後，它即成為非線性時間序列上最為常用的模型之一。門檻自我迴歸模型在經濟及財務研究上有許多的用途，特別是用在需要依據某個分類標準來分割迴歸樣本 (sample splitting) 資料時。可見，TAR 旨在探討當變數的值大於門檻值時將使迴歸係數不同，使用門檻自我迴歸模型較可客觀的判斷門檻值並將模型分段，避免用主觀的方法決定門檻值。此方法最常用在檢定非線性時間序列模型，其原理乃是利用門檻變數的觀察值估計出適合的門檻值 (Threshold)，將資料依門檻分段，令每段資料呈現線性 AR 模型，並將所有分段後的 AR 模型，依門檻變數大小順序合併排列成迴歸模型，另外，必須檢定其殘差是否符合白噪音，即以門檻變數於門檻值不同區間來判定變數之自我迴歸的情形。

如在估計門檻自我迴歸模型之前，要事先檢定模型中的門檻效果 (threshold effect)。Hansen (1996) 就提出以拔靴反覆抽樣法 (bootstrapping) 來求其檢定統計

量的分配，用以檢定模型的門檻效果，並且解決在虛無假設為無門檻效果之下，會使門檻參數無法認定，以及傳統檢定統計量為非標準分配且會受到未知參數影響的問題。Chan (1993) 及 Hansen (1996) 在存在有門檻效果的情形下，提出了以兩階段的線性最小平方法來估計門檻值與迴歸係數。Chan 亦證明了在門檻效果固定時，門檻的最小平方估計式具有一致性 (consistent)，並且推導出其漸近分配。

然而，Tong 的原始門檻回歸模型並未考慮其他的解釋變數，因此 Shen 及 Hakes (1995) 修正了原始門檻迴歸的方法，允許迴歸式的右方放入其他的解釋變數，並且將其用在解釋台灣中央銀行的反應函數。Hansen (1996) 也曾提出以「循序最小平方法」(sequential OLS) 來估計門檻值以及迴歸參數，將門檻變數的所有觀察值都當作是可能的門檻值，以此來分割樣本資料並且進行 OLS 迴歸，再以對應最小殘差項平方和之總合的分割點做為所估計的門檻值。

二、門檻迴歸模型的模式

一般的最小平方估計式 (Generalized Least Squares, GLS) 是以估計單一的迴歸方程式來說明因變數與自變數之間的關係。但是有可能此模型並非只是單一的迴歸式。而是在某一個特定的時間點或是當其中的某一個自變數達到某個特定值時，會使整個模型的截距或者斜率產生改變。於是使得迴歸線產生有凹折的現象。此種情形稱之為非線性迴歸 (non-linear regression) 或是片斷線性迴歸 (piecewise-linear regression)。而門檻迴歸模型即是應用在此種非線性迴歸的計量方法。將所有的資料以門檻值區分為兩個以上的區間 regime (體制)，每一個不同的迴歸方程式即代表著不同的區間，藉此可以求得比用傳統最小平方法所得到之迴歸方程式更具有解釋能力的模型。

> **定義：不對稱 (asymmetry)**
> 以「油價→美股」來說，因油價漲跌對美股的效果具有不對稱性 Granger 因果關係，故要將油價上漲與產出衰退和油價下跌與產出上揚的效果分開處理。例如，Mork (1989) 發現，油價上揚時，確實會使美國的產出衰退，但油價下跌時產出上升的效果並不顯著。

　　門檻迴歸模型通常是用來描述變數的資料產生過程存在有不對稱性的現象，一組時間序列的樣本資料，如果會因為某種因素產生結構性的改變，在發生結構性改變的前後，則是以不同的「區間」(regime) 來表示。在不同的區間之下，每一個區間所呈現出來的是不同線性迴歸式的形式。所謂模型之中的不同區間就是透過以門檻變數大於某個值來表示。以 Hansen (1999) 的兩區間門檻迴歸模型為例，可以表示如下：

$$Y_t = \begin{cases} \alpha_1 + \beta_1 X_{it} + \varepsilon_{it}, & \text{若 } X_{it} \le r \quad\cdots\cdots\cdots\cdots\cdots\cdots\cdots\cdots\cdots (6\text{-}25) \\ \alpha_2 + \beta_2 X_{it} + \varepsilon_{it}, & \text{若 } X_{it} > r \quad\cdots\cdots\cdots\cdots\cdots\cdots\cdots\cdots (6\text{-}26) \end{cases}$$

其中，

X_t：為解釋變數，同時也是假設的門檻變數，它可將所有的樣本觀察值分割成兩個區間。

Y_t：為被解釋變數。

r：為門檻值。

殘差項 ε_{it}：則呈現期望值為 0，變異數為 σ^2 的同質獨立分配，即 $\varepsilon_{it} \overset{iid}{\sim} N(0, \sigma^2)$。

　　上述的模型表示，當門檻變數 X_t 不大於門檻值 r 時，其迴歸式為 (6-25) 式；而當門檻變數 X_t 大於門檻值 r 時，其迴歸式為 (6-26) 式。此門檻值 r 是經由估計而得。當資料形式存在一個門檻值時，表示會存在有兩個區間，以此類推，當存在有 k 個門檻值時，則會存在有 k＋1 個區間。

　　當 ε_t 為獨立且常態的假設之下，上述的兩區間門檻模型可以改寫成下式：

$$Y_t = \alpha_i + \beta_1 X_{1t} I(X_{it} \le r) + \beta_2 X_{2t} I(X_{2t} > r) \quad\cdots\cdots\cdots\cdots\cdots\cdots\cdots (6\text{-}27)$$

其中，I(A) 為一個指標函數 (indictor function)，表示為當事件 A 發生之時，I(A) 為 1，否則 I(A) 為 0。因此我們可以將此指標函數視為是一個區分區間的虛擬變數 (dummy variables)，令當 $X_{it} \le r$ 時，$I(X_{it} \le r)$ 為 1；而當 $X_{it} > r$ 時，$I(X_{it} > r)$ 為 1。

　　當 $X_{it} \le r$ 時，$I(X_{it} \le r)$ 為 1，但 $I(X_{it} > r)$ 為 0，此時 (6-27) 式為 $Y_t = \alpha_1 + \beta_1 X_{it} + \varepsilon_{it}$。

　　當 $X_{it} > r$ 時，$I(X_{it} > r)$ 為 1，但 $I(X_{it} \le r)$ 為 0，則此時 (6-27) 式為 $Y_t = \alpha_2 + \beta_2 X_{it} + \varepsilon_{it}$。

(6-27) 式又可以進一步表示為：

$$Y_t = \alpha_i + \beta X_{it}(r) + \varepsilon_{it} \quad \text{(6-28)}$$

其中，$\beta = (\beta_1, \beta_2)'$, $X_{it} = \begin{bmatrix} X_{it} I(X_{it} \le r) \\ X_{it} I(X_{it} > r) \end{bmatrix}$

殘差項 $\varepsilon_{it} = [\varepsilon_{1t}, \varepsilon_{2t}]'$。

α_1、β_1、β_2、r 為待估計的參數。

將 (6-28) 式重新整理，可得：

$$\sum_{t=1}^{T} Y_t = \sum_{t=1}^{T} (\alpha_i + \beta X_{it}(r) + \varepsilon_{it})$$

因此，$$\sum_{t=1}^{T} Y_t = \sum_{t=1}^{T} \alpha_i + \beta \sum_{t=1}^{T} X_{it}(r) + \sum_{t=1}^{T} \varepsilon_{it} \quad \text{(6-29)}$$

將 (6-29) 式等號左右同除以 T，可得：

$$\frac{\sum_{t=1}^{T} Y_t}{T} = \frac{\sum_{t=1}^{T} \alpha_i}{T} + \frac{\beta \sum_{t=1}^{T} X_{it}(r)}{T} + \frac{\sum_{t=1}^{T} \varepsilon_{it}}{T} \quad \text{(6-30)}$$

或是

$$\overline{Y}_i = \alpha_i + \beta \overline{X}_i(r) + \overline{\varepsilon}_i \quad \text{(6-31)}$$

將 (6-28) 式與 (6-31) 式相減，可得：

$$Y_t - \overline{Y}_i) = \beta(X_{it}(r) - \overline{X}_i(r)) + (\varepsilon_{it} - \overline{\varepsilon}_i) \quad \text{(6-32)}$$

或是

$$Y_t^* = \beta X_i^*(r) + \varepsilon_{it}^* \quad \text{(6-33)}$$

其中，$Y_t^* = \begin{bmatrix} Y_{i2}^* \\ \vdots \\ Y_{iT}^* \end{bmatrix}$, $X_i^*(r) = \begin{bmatrix} X_{i2}^*(r)' \\ \vdots \\ X_{iT}^*(r)' \end{bmatrix}$, $\varepsilon_i^* = \begin{bmatrix} \varepsilon_{i2}^* \\ \vdots \\ \varepsilon_{iT}^* \end{bmatrix}$

再將 (6-33) 式整理之後，可得

$$F^* = R^*(r)\beta + e^* \quad\text{(6-34)}$$

其中，$F^* = \begin{bmatrix} Y_1^* \\ \vdots \\ Y_i^* \\ \vdots \\ Y_n^* \end{bmatrix}$，$R^*(r) = \begin{bmatrix} X_1^*(r) \\ \vdots \\ X_i^*(r) \\ \vdots \\ X_n^*(r) \end{bmatrix}$，$e^* = \begin{bmatrix} \varepsilon_1^* \\ \vdots \\ \varepsilon_i^* \\ \vdots \\ \varepsilon_n^* \end{bmatrix}$，(10) 式即為門檻效果的主要估計

式。

根據 (6-34) 式可以再進一步求出估計值與參數值，同時得到殘差項平方之加總 (sum of square error) 為：

$$\begin{aligned} SSE_1(r) &= \hat{e}^*(r)'e^*(r) \\ &= F^*(I - R^*(r)(R^*(r)'R^*(r))^{-1}R^*(r)')F^* \end{aligned} \quad\text{(6-35)}$$

其中，$\hat{e}^*(r) = F^* - R^*(r)\hat{\beta}(r)$, $\hat{\beta}(r) = (R^*(r)'R^*(r))^{-1}R^*(r)F^*$，$\beta$ 的估計值 $\hat{\beta}$ 可以由 OLS 法來求得。

最適的門檻估計值為：

$$\hat{r} = \underset{t}{\arg\ \min}\ SSE_1(r) \quad\text{(6-36)}$$

表示最適的門檻估計值是要對應在殘差平方和為最小的情形之下。

而殘差變異數則為：

$$\hat{\sigma}^2(\hat{r}) = \frac{\hat{e}^*(r)'\hat{e}^*(\hat{r})}{(T-1)} = \frac{SSE_1(\hat{r})}{(T-1)} \quad\text{(6-37)}$$

其中，T 為估計期間的樣本總數。

所以若要由 (6-27) 式要來估計一個 TAR 的模型，我們須先經由指標函數 I(A) 劃分出區間，然後再使用最小平方法分別地來估計這兩個區間下迴歸方程式中的每一個參數值。用最小平方法所估計出來的截距項以及斜率項參數的門檻變數值皆會服從一致性。

依照上述的過程，本例所擬設定之儲蓄動態成長的實證迴歸方程式 (6-27) 式以在兩區間之下的門檻迴歸模型可以表示成下式：

$$\dot{S}_t = (\gamma_{10} + \gamma_{11}\dot{Y}_t + \gamma_{12}\dot{i}_t + \gamma_{13}\dot{dr}_t + \gamma_{14}\dot{ca}_t + \gamma_{15}\dot{GD}_t)I(X_t \le r)$$
$$+ (\gamma_{20} + \gamma_{21}\dot{Y}_t + \gamma_{22}\dot{i}_t + \gamma_{23}\dot{dr}_t + \gamma_{24}\dot{ca}_t + \gamma_{25}\dot{GD}_t)I(X_t > r)$$
$$+ \varepsilon_t \quad\cdots\cdots\cdots\cdots\cdots\cdots\cdots\cdots\cdots\cdots\cdots\cdots\cdots (6\text{-}38)$$

(6-38) 式可以視為是一多變量的門檻迴歸模型 (multiple threshold regression model)。

三、門檻效果檢定

欲檢定門檻迴歸模型的門檻效果，如以 (6-38) 式為例，門檻值 r 的選擇方式為依照某一個門檻變數排序後去估計 (6-38) 式，使得門檻值所對應的殘差平方和之加總為最小。例如 Tsay (1989) 對「門檻變數是外生變數」的 F 檢定或是 Hansen (1996) 的 LM (Lagrange multiplier) 檢定就可以用來檢定門檻迴歸模型假定為線性的虛無假設，且門檻變數必須為外生變數。

一旦得到估計值，下一步即可以來進行統計檢定，但是檢定的方式與一般傳統的檢定方法並不相同，原因是在於線性模型 (即無門檻效果) 的虛無假設下，門檻參數的無法認定 (unidentified)，會造成傳統的檢定統計量其大樣本的分配並非為 χ^2 分配，而是受到干擾參數 (nuisance parameter) 所影響的「非標準」且「非相似」(non-standard & non-similar) 分配，使得其分配的臨界值無法以模擬的方式得知。為了克服這個問題，Hansen (1996) 曾進一步以統計量本身的大樣本分配函數來轉換，得到大樣本的 p 值 (asymptotic p-value)。在虛無假設成立下，p 值統計量的大樣本分配為一均勻 (uniform) 分配，此種轉換方式可以透過「拔靴反覆抽樣」(Bootstrap) 的方式來計算。此種檢定的虛無假設與對立假設為：

$$\begin{cases} H_0 : \gamma_{1i} = \gamma_{2i} \\ H_1 : \gamma_{1i} \ne \gamma_{2i} \end{cases}$$

在虛無假設 H_0 成立之下，此時若是係數 $\gamma_{1i} = \gamma_{2i}$，則迴歸式會退化成為線性模型，表示不存在門檻效果；反之，若是 $\gamma_{1i} \ne \gamma_{2i}$，則表示 γ_{1i} 與 γ_{2i} 在兩個區間會有不同的效果。

在 H_0 成立的情況下，線性迴歸式可表示如下：

$$Y_t = \alpha_i + \beta X_{it}(r) + \varepsilon_{it} \quad\cdots\cdots\cdots\cdots\cdots\cdots\cdots\cdots\cdots\cdots (6\text{-}39)$$

將 (6-39) 式做轉換，去除固定效果 (fixed-effect transformation) 之後，可得到：

$$F^* = R^*(r)\beta + e^* \quad\text{(6-40)}$$

由 (6-40) 式，可以使用 OLS 法估計出此模型在限制條件下之係數估計值 $\hat{\beta}$，並且進而求得所要估計的殘差值 $\hat{e}^*$ 以及在此限制條件下的殘差平方和 $SSE_0 = e^{*'}\hat{e}^*$。Hansen (1999) 建議使用 F 檢定法來進行檢定，檢定虛無假設的 Wald 統計量為 sup-Wald 統計量，表示如下：

$$F = \sup F(r) \quad\text{(6-41)}$$

而其檢定統計量模型則表示如下：

$$F_1(r) = \frac{(SSE_0 - SSE_1(\hat{r}))/1}{SSE_1(\hat{r})/(T-1)} = \frac{SSE_0 - SSE_1(\hat{r})}{\hat{\sigma}^2} \quad\text{(6-42)}$$

另外，Hansen 指出當存在有門檻效果時，門檻的最適估計值 $\hat{r}$ 會與實際的門檻值 r_0 具有一致性，此時由於干擾參數的存在，會使得漸進分配呈現高度的非標準分配。Hansen 以最大概似法來檢定門檻值 r，以求得統計量的漸近分配，而門檻值檢定的虛無假設 (H_0) 為 $r = r_0$，其檢定統計量為：

$$LR_1(r) = \frac{(SSE(r) - SSE_1(\hat{r}))/1}{SSE_1(\hat{r})/(T-1)} = \frac{SSE(r) - SSE_1(\hat{r})}{\hat{\sigma}^2} \quad\text{(6-43)}$$

LR_1 同樣為非標準常態分配。然而 (6-42) 式與 (6-43) 式並不相同，(6-42) 式的 F_1 檢定是在檢定兩個區間的迴歸係數是否相等，而 (6-43) 式的 LR_1 檢定則是檢定門檻估計值 $\hat{r}$ 是否會等於實際的門檻值 r。

上述的過程為樣本資料存在一個門檻值的檢定程序，但有時為了要確定是否存在兩個或是兩個以上的門檻值，就必須進行多個門檻值的檢定。以 (6-42) 式的 F_1 檢定為例，當拒絕 F_1 檢定，表示該資料至少存在有一個門檻值，接著就要假設一個估計得到的門檻值 $\hat{r}_1$ 為已知，再進行另一個門檻值 r_2 的求算。則此最適門檻值估計值 $\hat{r}_2$ 為：

$$\hat{r}_2 = \arg\min_{r_2} SSE_2(r_2) \quad\text{(6-44)}$$

而殘差變異數則為：

$$\hat{\sigma}_2^2(\hat{r}_2) = \frac{\hat{e}^*(\hat{r}_2)'\hat{e}^*(\hat{r}_2)}{(T-1)} = \frac{SSE_2(\hat{r}_2)}{(T-1)} \quad \cdots\cdots\cdots\cdots\cdots\cdots\cdots\cdots\cdots\cdots\cdots \text{(6-45)}$$

此檢定的虛無假設與對立假設分別為：

H_0：只有一個門檻值 $\quad \cdots\cdots\cdots\cdots\cdots\cdots\cdots\cdots\cdots\cdots\cdots\cdots\cdots\cdots$ (6-46)

H_1：有兩個門檻值

其檢定統計量模型則表示如下：

$$F_2(r) = \frac{(SSE_1(\hat{r}_1) - SSE_2(\hat{r}_2))/1}{SSE_2(\hat{r}_2)/(T-1)} = \frac{SSE_1(\hat{r}_1) - SSE_2(\hat{r}_2)}{\hat{\sigma}_2^2} \quad \cdots\cdots\cdots\cdots\cdots \text{(6-47)}$$

其中，$SSE_1(\hat{r}_1)$ 是用存在一個門檻值所求算出的殘差平方和之加總。當檢定統計量 F_2 大於臨界值時，就表示存在兩個門檻值。同理，應用上述的過程也可以進行三個門檻值的 F_3 檢定，以致於 n 個門檻值的 F_n 檢定。

四、TAR 模型的檢定

Tasy (1989) 提出一套檢定與估計 TAR 模型的步驟和方法如下：

$$y_t = \Phi_0^{(j)} + \sum_{i=1}^{p} \Phi_i^{(j)} y_{t-i} + e_t^{(j)}, \quad r_{j-1} \le y_{t-d} < r_j$$

其虛無假設 $H_0 : \Phi_i^{(1)} = \Phi_i^{(2)} = \cdots = \Phi_i^{(j)}$，$e_t^{(j)}$ 為白噪音，r_j 為門檻值，j＝1, 2, ..., k。上式模型簡稱 TAR (k; p, d) 模型，k 代表模型總共有 k 種狀態，有 k－1 個門檻值 r_j，AR 項的落後期數為 p，其中落後期數 p 的選定，可應用部分自我相關函數 (partial autocorrelation function, PACF) 和 SBC (Schwartz Bayesian information criterion) 兩種方法判斷。而使序列狀態改變的期數可以是任何前 d 期的 y_{t-d}，其中，y_{t-d} 稱為轉換變數，則稱為轉換變數落後期；$\Phi_i^{(j)}$ 則是模型中第 j 狀態下的參數，i＝0, 1, 2, …, p。

Tasy 認為 TAR 的主要概念是以可能的轉換變數來重新排序，再利用逐次迴歸之殘差進行 F 檢定，並配合 Chow 結構轉變點檢定協助判斷可能的轉換變數落後期 d 和門檻值，最後再估計 TAR 模型。這種模型通常用來描述序列資料存在不對稱性的現象。

6.5 ｜ 以 JMulTi 軟體來分析 VAR

定態數列可用 SPSS/SAS 軟體來分析。非定態序列可用：(1) 免費軟體 JMulTi (可在 www.jmulti.de 免費下載)；(2) 要寫指令的 RATS、S-PLUS 及 Eviews；或用 (3) 功能強大且要寫指令的財經軟體 R (http://cran.r-project.org/bin/windows/base/) 等軟體來分析。至於，橫斷面＋縱貫面之縱橫資料 (Panel data)，可用 Limdep 軟體來分析。

假設有 x, y, z 三序列，採用 JMulTi 軟體進行 VAR，其分析步驟，如圖 6-2。

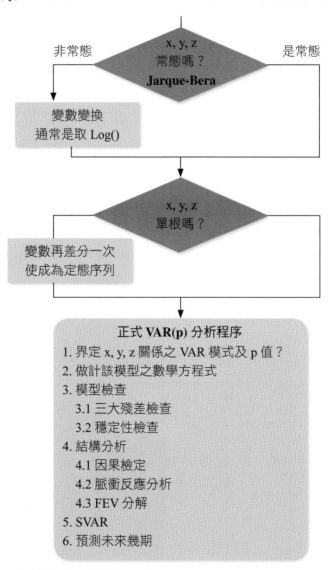

非常態　　　x, y, z 常態嗎？　　　是常態
Jarque-Bera

變數變換
通常是取 Log()

x, y, z
單根嗎？

變數再差分一次
使成為定態序列

正式 VAR(p) 分析程序
1. 界定 x, y, z 關係之 VAR 模式及 p 值？
2. 做計該模型之數學方程式
3. 模型檢查
　 3.1 三大殘差檢查
　 3.2 穩定性檢查
4. 結構分析
　 4.1 因果檢定
　 4.2 脈衝反應分析
　 4.3 FEV 分解
5. SVAR
6. 預測未來幾期

└ 圖 6-2 JMulTi 進行 VAR 之分析步驟

舉例來說，以書上 CD 所附資料檔「VAR 範例-需先差分\ invest-income-consump 先 Log 再差分.dat」來講，你可用 JMulTi「File → Import Data」將它讀入。接著，再進行下列 VAR 分析步驟，便可找出這三個序列的因果關係：投資額 invest、個人收入 income、花費 cons。

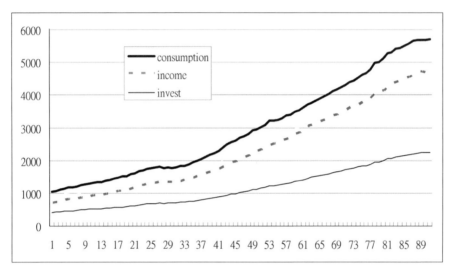

⤷圖 **6-3** 投資額 invest、個人收入 income、花費 cons 這三序列的趨勢圖

Pre-Step 1. Jarque-Bera 常態性檢定

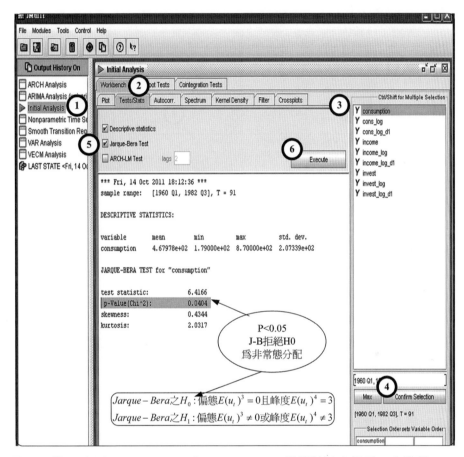

⌐圖 **6-4** 第 1 序列 consumption 之 Jarque-Bera 常態性檢定結果，非常態

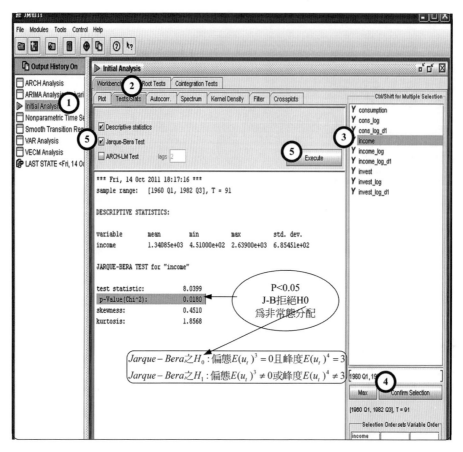

Ꮫ圖 6-5 第 2 序列 income 之 Jarque-Bera 常態性檢定結果，非常態

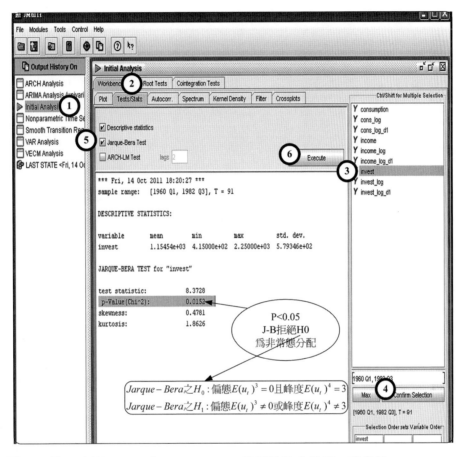

⌐圖 6-6　第 3 序列 invest 之 Jarque-Bera 常態性檢定結果，非常態

通常某一變數，若不符合常態分配，最直接的做法，就是取自然對數 $Log_e()$，做變數變換。

Pre-Step 2. 因非常態故需做 Log 變數變換，再檢查是否呈常態

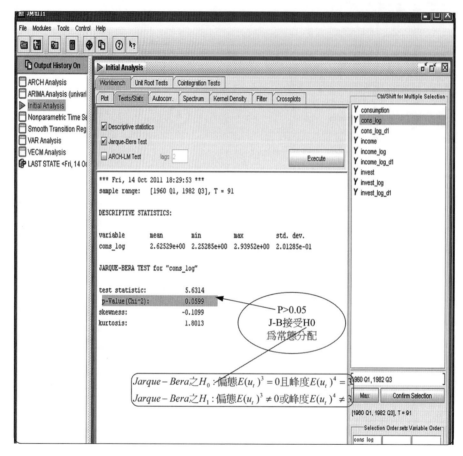

⌐ **圖 6-7** 第 1 序列 log (consumption) 之 Jarque-Bera 常態性檢定結果，常態

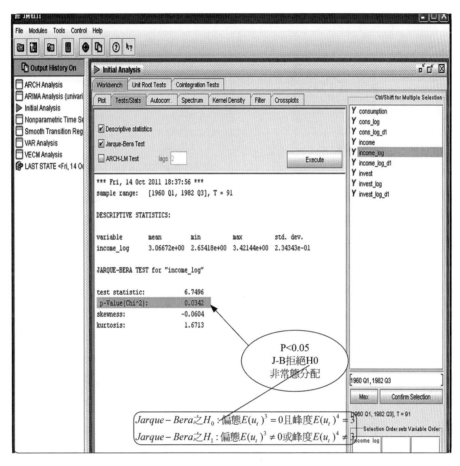

◁圖 6-8 第 2 序列 log (income) 之 Jarque-Bera 常態性檢定結果，非常態

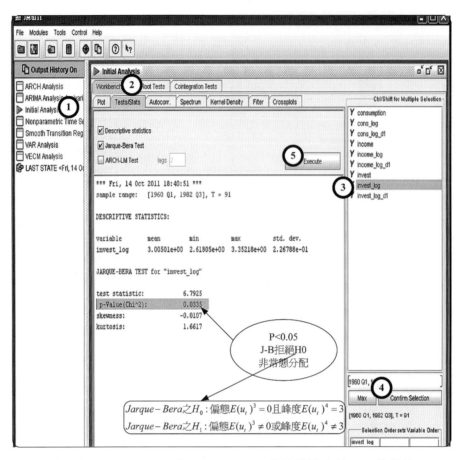

C, 圖 6-9 第 3 序列 log (invest) 之 Jarque-Bera 常態性檢定結果，非常態

Pre-Step 3. 單根檢定

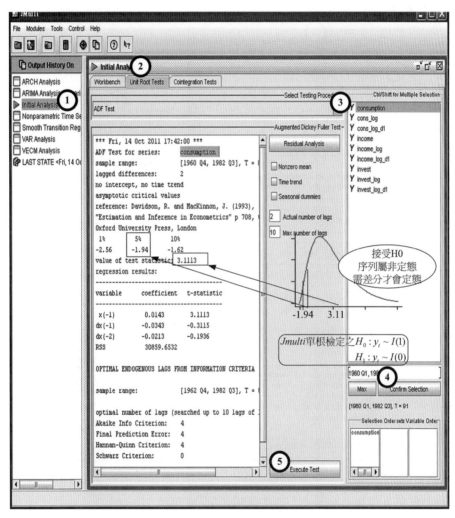

╰圖 **6-10** 第 1 序列 consumption 之單根檢定結果，有單根

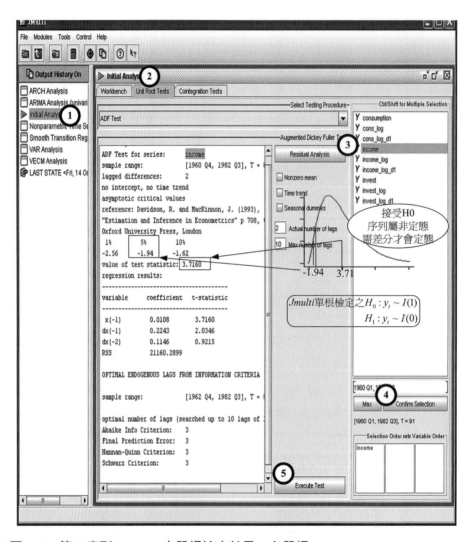

◌圖 6-11　第 2 序列 income 之單根檢定結果，有單根

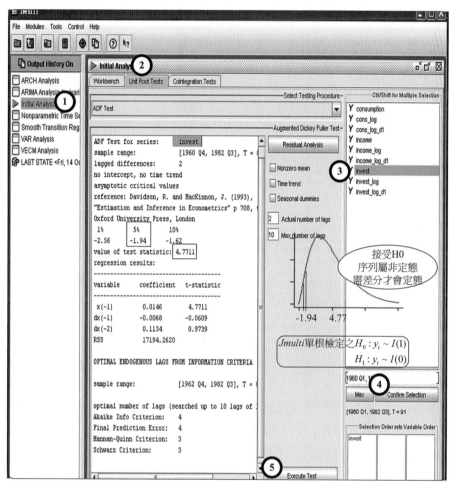

○圖 6-12 第 3 序列 invest 之單根檢定結果，有單根

Pre-Step 4. 先 Log 變換再差分之後，再進行單根檢定，看是否消失了？

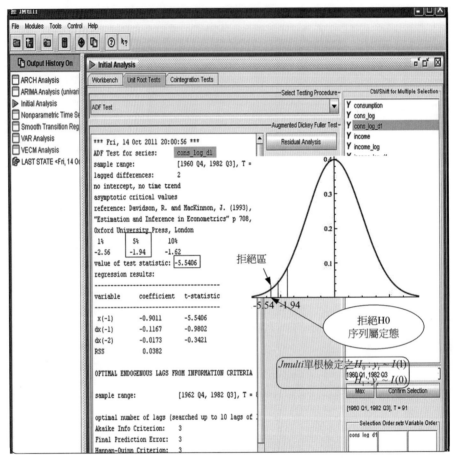

⌐圖 **6-13** 第 1 序列 Delta (cons_log) 之單根檢定結果，沒單根

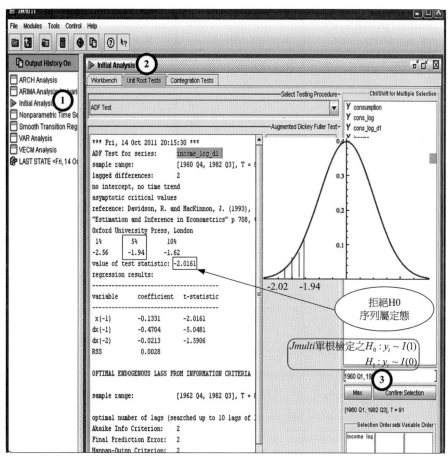

◠圖 **6-14** 第 2 序列 Delta (income_log) 之單根檢定結果，沒單根

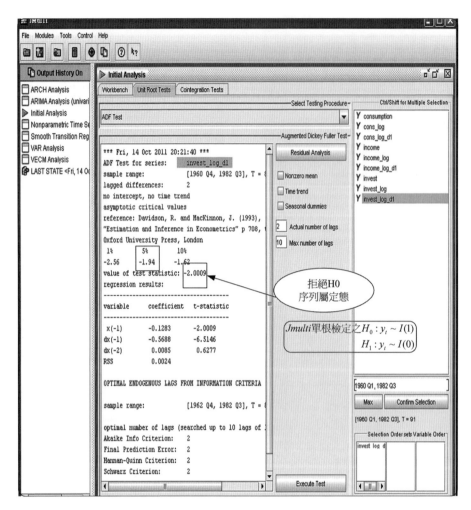

⤷圖 6-15 第 3 序列 Delta (invest_log) 之單根檢定結果，沒單根

等確定要分析的三序列，都已成定態且部份屬常態之後，再正式進行下列 VAR 分析程序：

Step 1. 界定 x, y, z 關係之 VAR 模式及 p 值？

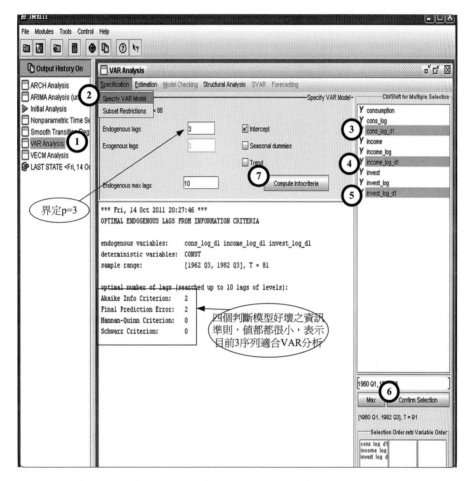

⌒圖 **6-16** 三序列是否做 VAR(p) 分析，結果是可以的

Step 2. 估算該模型之數學方程式

為了簡化聯立方程式，我們令：

x_t：代表 invest_log_d1 (即 ininvest 變數取 log 再差分一次)

y_t：代表 income_log_d1 (即 income 變數取 log 再差分一次)

z_t：代表 cons_log_d1 (即 consumption 變數取 log 再差分一次)

這三序列之 VAR 聯立方程式為：

$$
\begin{bmatrix} x_t \\ y_t \\ z_t \end{bmatrix} = \begin{bmatrix} -.259 & 0.365 & 0.535 \\ 0.051 & -.101 & 0.241 \\ 0.007 & 0.271 & -.301 \end{bmatrix} \begin{bmatrix} x_{t-1} \\ y_{t-1} \\ z_{t-1} \end{bmatrix} + \begin{bmatrix} -.119 & 0.285 & 0.461 \\ 0.069 & 0.058 & -.039 \\ 0.056 & 0.358 & -.123 \end{bmatrix} \begin{bmatrix} x_{t-2} \\ y_{t-2} \\ z_{t-2} \end{bmatrix} +
$$

$$
\begin{bmatrix} 0.047 & 0.235 & -.306 \\ 0.016 & 0.110 & -.013 \\ 0.017 & 0.022 & -.046 \end{bmatrix} \begin{bmatrix} x_{t-3} \\ y_{t-3} \\ z_{t-3} \end{bmatrix} + \begin{bmatrix} u1(t) \\ u2(t) \\ u3(t) \end{bmatrix}
$$

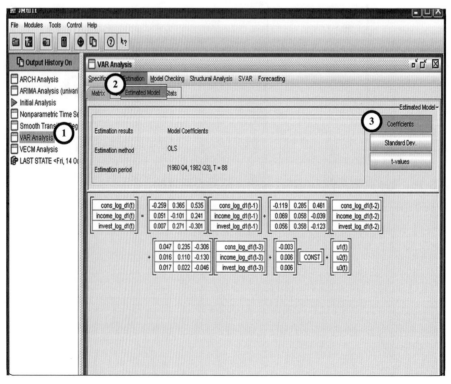

◯ 圖 6-17 三序列之 VAR 數學方程式

由 VAR (3) 迴歸係數之顯著性 t-test 結果，顯示：除了落後 3 期 (t−3) 對當期 (t) 沒有「顯著」預測力外，落後 1 期 (t−1) 及落後 2 期 (t−2) 都對當期 (t) 有「顯著」預測。將它化成因果圖如下：

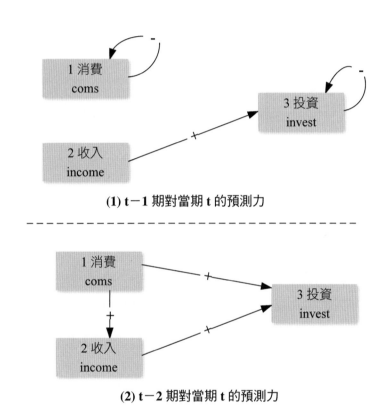

(1) t−1 期對當期 t 的預測力

(2) t−2 期對當期 t 的預測力

⌐ 圖 6-18　三序列 VAR 之因果圖

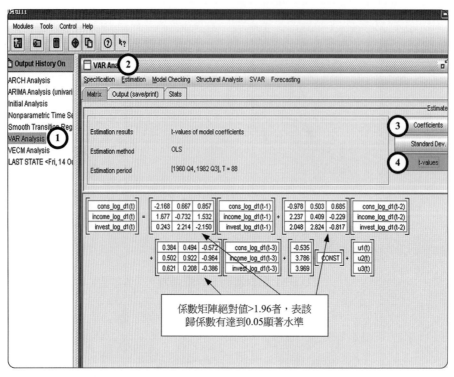

⌐圖 6-19 三序列之 VAR 聯立方程式係數矩陣之顯著性考驗

Step 3. 模型檢查

　　VAR 模型檢查有二道程序：(1) 三大殘差分析，(2) 穩定性分析。

(一) 三大殘差分析

　　三序列經三大殘差檢定結果，二個吻合 (殘差獨立且沒有自我相關)，一個不吻合 (殘差非常態)。結果顯示我們界定的 VAR(p) 雖未到完美，但仍屬可接受的。

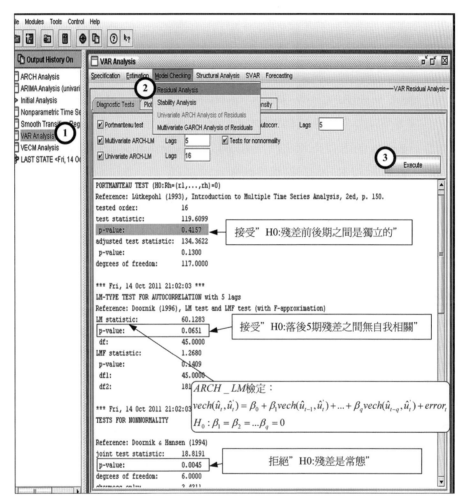

⤷圖 6-20 三序列經三大殘差檢定結果 (二個吻合，一個不吻合)

(二) 穩定性分析

參數跨到每一期的時間裡都要一致性，這是計量經濟模型之重要假定 (assumption)，因此 JMulTi 提供四種檢驗其效度的選擇：遞迴殘差、參數估計、Chow 檢定、CUSUM 檢定。

Chow test 僅會對事件發生前後檢定其是否發生結構性轉變；事件研究法則針對已訂定固定的事件期間作反應；CUSUM test 則著重檢查迴歸係數的變動；而 CUSUM of square test 則著重檢查遞迴殘差的變異。

1. Chow test

Chow test 會對事件發生前後檢定其是否發生結構性轉變。Jmulti 三種 Chow test 結果如下：

(1) break point(BP)Chow 檢定＝106.0038，asymptotic chi^2 p-value>0.05，接受「H_0：無斷點結構性轉變」。

(2) sample split(SS)Chow 檢定＝61.6472， bootstrapped p-value<0.05。拒絕「H_0：無樣本分割之結構性轉變」。

(3) Chow forecast(CF) 檢定＝ 0.6824，bootstrapped p-value>0.05，接受「H_0：無預測結構性轉變」。

Chow test 出現的報表如圖 6-21。

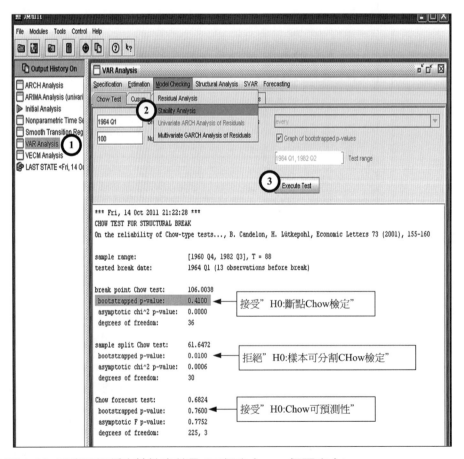

⤷圖 6-21 三序列經穩定性檢定結果 (二個吻合，一個不吻合)

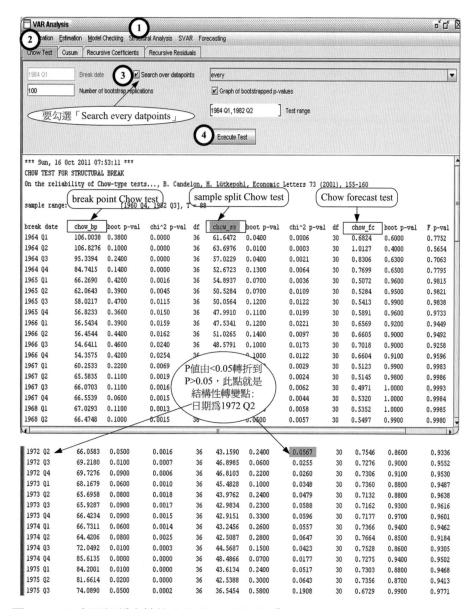

╚圖 **6-22** 三序列經穩定性檢定結果 2 (要勾選「Search every datpoints」)

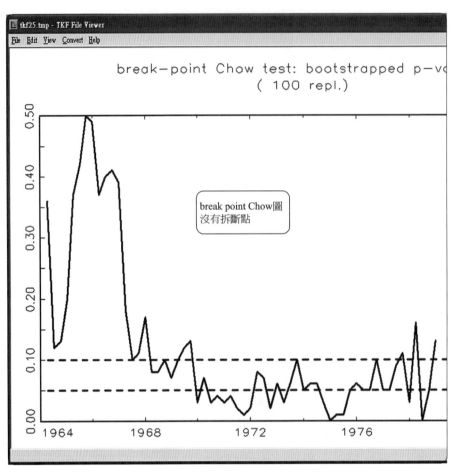

圖 6-23 三序列經穩定性檢定結果 3 (break point Chow 圖)

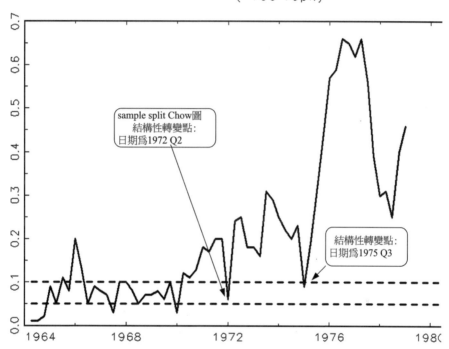

⌐圖 **6-24** 三序列經穩定性檢定結果 4 (sample split Chow 圖)

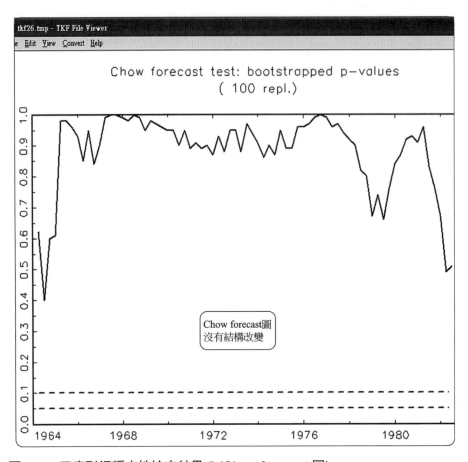

⌐ 圖 6-25 三序列經穩定性檢定結果 5 (Chow forecast 圖)

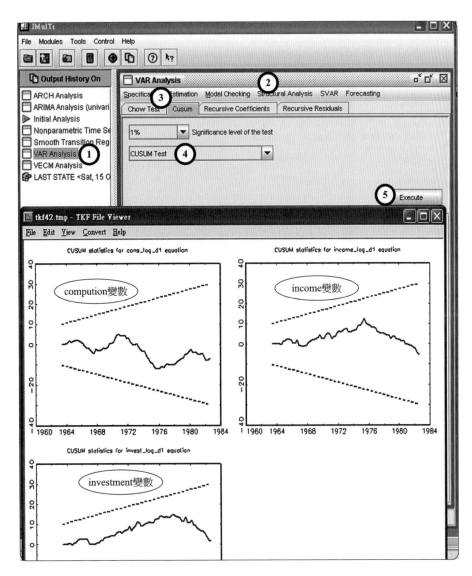

C. 圖 6-26 三序列經 CUSUM 檢定結果

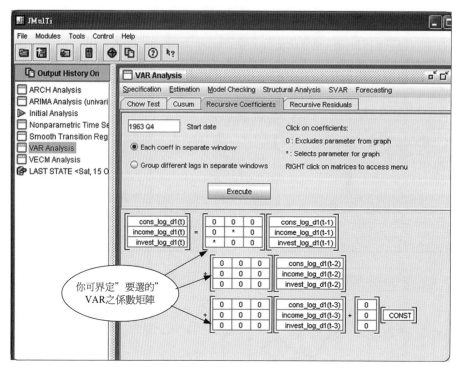

╰ 圖 **6-27** 你可界定 Recursive coefficients 檢定之參數矩陣

Step 4. 結構分析

VAR(p) 結構有三大分析：因果檢定、衝擊反應分析、FEV 分解。

(一)因果檢定

JMulTi 雙變數之 VAR 模型為：

$$\begin{bmatrix} y_{1,t} \\ y_{2,t} \end{bmatrix} = \sum_{i=1}^{p} \begin{bmatrix} \alpha_{11,t} & \alpha_{12,t} \\ \alpha_{21,t} & \alpha_{22,t} \end{bmatrix} \times \begin{bmatrix} y_{1,t-i} \\ y_{2,t-i} \end{bmatrix} + C \times D_t + \begin{bmatrix} u_{1t} \\ u_{2t} \end{bmatrix}$$

因果性檢定之虛無假設為 $\begin{cases} H_0 : \alpha_{21,t} = 0 \text{，} i = 1, 2, ..., p \\ H_1 : \alpha_{21,t} \text{ 有一不為 } 0 \end{cases}$

本例中，三序列之因果檢定結果，顯示：「個人收入→投資金額」且「個人固定消費→投資金額」。故「個人收入」及「個人固定消費」二者同是「投資金額」的因。

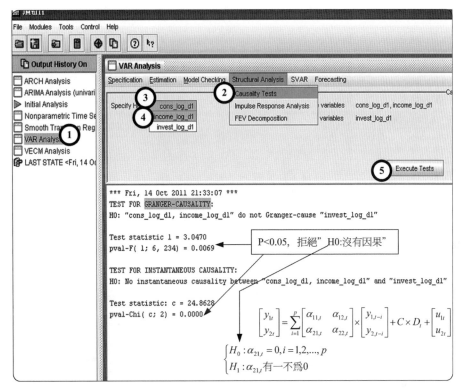

Ꮞ圖 **6-28** 三序列之因果檢定結果

(二) 衝擊反應分析

　　旨在評估各變數間衝擊的跨期動態效果。若以二個序列 x_t, z_t 來說，衝擊反應模型為：

$$\begin{bmatrix} y_t \\ z_t \end{bmatrix} = \begin{bmatrix} \bar{y} \\ \bar{z} \end{bmatrix} + \sum_{i=0}^{\infty} \begin{bmatrix} \phi_{11}(i) & \phi_{12}(i) \\ \phi_{21}(i) & \phi_{22}(i) \end{bmatrix} \begin{bmatrix} \varepsilon_{yt-i} \\ \varepsilon_{zt-i} \end{bmatrix}$$

$$x_t = \mu + \sum_{i=0}^{\infty} \phi \varepsilon_{t-i}$$

其中，ϕ_i 為衝擊反應函數。

　　例如，國內股市，進行衝擊反應分析，有人發現：報酬面對變數衝擊皆能夠快速收斂於「長期」水準，證明台灣公開交易是一個有效率的市場，此與 Holden & Subrahmanyam (1992) 論點一致：共有的私有訊息將因為競爭而快速在市場揭露。

故從衝擊反應分析,可看出,某變數起變化對另一變數的衝擊是「長期」或「短期」性。

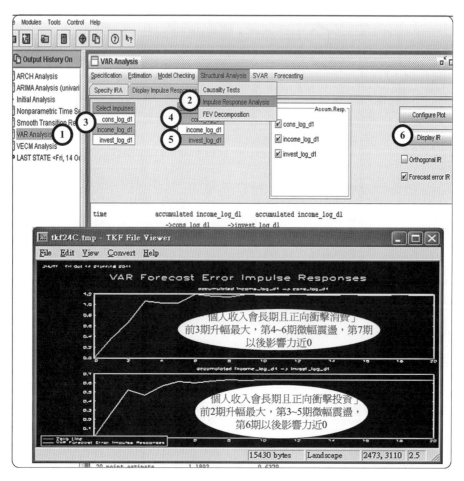

⤷ 圖 6-29 三序列之脈擊反應分析結果

(三) 預測誤差變異 (FEV) 的分解

$$E(A_t - \hat{E}_{t-k}\ A_t)(A_t - \hat{E}_{t-k}\ A_t)' = D_0 E(\mu_t \mu_t')D_0' + D_1 E(\mu_t \mu_t')D_1' + \cdots + D_{k-1}E(\mu_t \mu_t')D_{k-1}'$$

預測之誤差變異分解 (variance decomposition, VDC)，即可了解：

1. 預測誤差變異數分解百分比相互解釋能力 (Forecast error variance)。
2. 變數的相對外生性 (exogeneity ordering) 強弱。

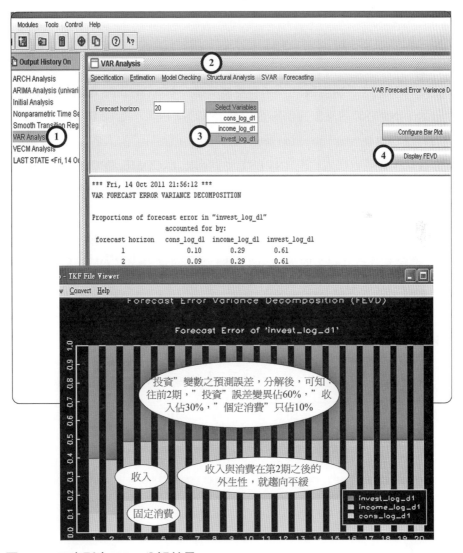

╰ 圖 6-30 三序列之 FEV 分解結果

　　本例，個人的投資 (INVEST) 會隨新資訊的出現而調整，故個人能對未來做出正確的預期，並將此預期反映在目前的 INVEST 上。而 INCOME (收入) 以及 CONS (固定消費) 則任意排列組合，觀察其預測誤差變異數分解值，其中 INCOME (收入) 的外生性比 CONS (固定消費) 強 (用 JMulTi「Var Analysis→Strutural Analysis→Impulse Responses Analysis」，發現 CONS 受過去 INCOME 之衝擊百比為 36.5%，INCOME 受過去 CONS 之衝擊百比為 5%)，故 JMulTi 在進行 VAR 分析時，變數的排列順序為INVEST、CONS、INCOME，即將這三個變數，在 JMulTi 畫面中，接 mouse 右鍵，將它們「Rename」，在變數名字前，依序多加「a_」、「b_」、「c_」來排序此三個變數後，再做VAR分析。

　　表 6-8 為上述三項變數之預測誤差變異數分解 (variance decomposition) 結果。顯示，INVEST 之過去衝擊影響目前 INVEST 很大，目前 INVEST 受到本身 INVEST 過去預測誤差變異數分解值高達 60%，證明了個人的目前投資受過去投資影響；相對地，個人目前 INVEST 受到過去 INCOME 與 CONS 預測誤差變異數分解值分別為 30.0% 與 10.0%，比較不高，但增加個人 INCOME 會比縮減 CONS 更能刺激個人INVEST。

　　此外，VAR 模型分析發現，個人的目前收入 (INCOME) 以及固定消費 (CONS) 亦深深受自我過去收入 (INCOME) 以及固定消費 (CONS) 所影響，分別為 97% 以及 90%。

■表 6-8　二期預測誤差變異數分解值

衝擊 變數	投資 INVEST%	固定消費 CONS%	收入 INCOME%
1. 投資 (INVEST)	60.0	10.0	30.0
2. 固定消費 (CONS)	1.0	97.0	2.0
3. 收入 (INCOME)	3.0	7.0	90.0

Step 5. SVAR (structural VAR)

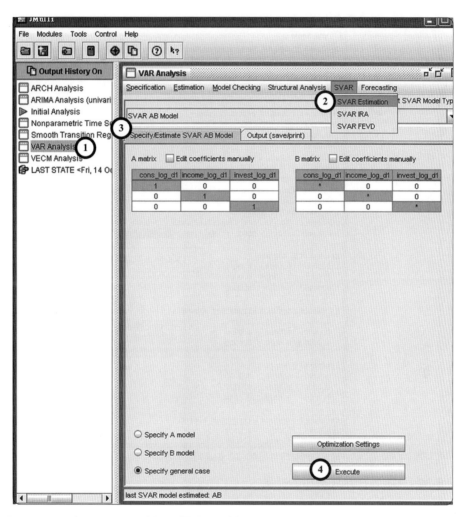

⌐圖 6-31 三序列 SVAR 的關係界定 (系統預設值)

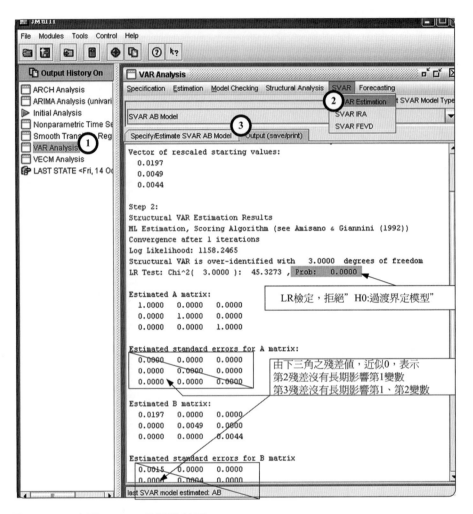

⤷圖 6-32 三序列 SVAR 分析的結果

Step 6. 預測未來幾期

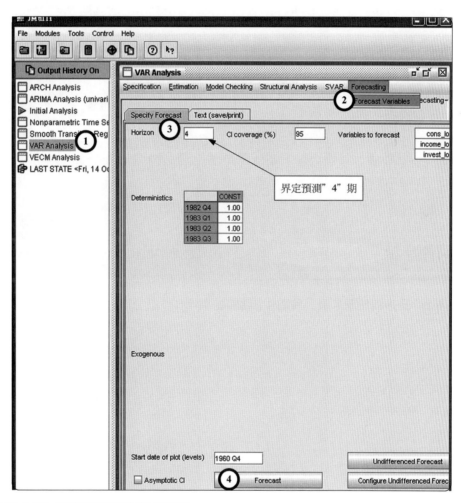

⌐ 圖 6-33 三序列預測的界定畫面

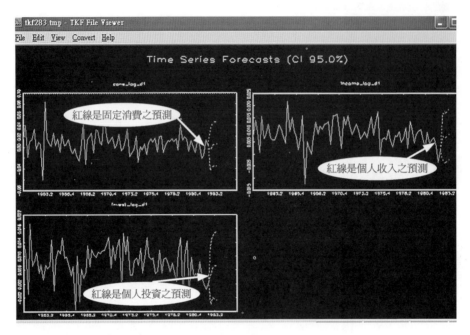

⌒圖 6-34 三序列預測未來「自定 4」期的結果

學問是富貴者的裝飾，貧困者的避難
所，老年人的糧食。（亞里斯多德）

CHAPTER 7 «««««

聯立迴歸式：定態之
Structural VAR (SVAR)

往昔財經政策、貨幣政策傳遞機制裡不同管道的運作及效果，人們較常使用向量自我迴歸模型 (VAR)、結構向量自我迴歸模型 (Structural Vector Autoregressive, SVAR) 來解決。

近年來經濟學家嘗試將評估貨幣政策常用的計量方法：結構式向量自我迴歸模型 (SVAR) 應用於財政政策總體經濟效果的評估。

一般的向量自我迴歸 (VAR) 是屬於縮減式體系 (reduced-form system)，較缺乏理論的支持，且由於估計完全由資料估計結果而定，因此欠缺估計效率與較高的預測誤差。因此，Bernanke (1986) 提出可以應用相關的經濟理論來設定變數之間的同期關係 (contemporaneous relationship)，再來使用 VAR 作估計，被稱為結構性自我迴歸分析法，SVAR。故 SVAR 被來解決傳統 VAR 估計無效率問題，但如何應用經濟理論所形成的同期相關外，還必須搭配理論來界定 (identification) 模型之條件才能成功 (Enders, 2004)。

多經濟變數皆具有非定態性質，Bernanke 等人 (2005) 又將 SVAR 發場光大，將因子模型引入 VAR 而成的因子擴充向量自我迴歸模型 (Factor-Augmented Vector Autoregressive, FAVAR)，此模型結合了誤差修正、共整合、動態因子模型，兼具誤差修正模型和因子的優點。FAVECM 可將較多資訊納入考量，相較於 VECM 可以處理豐富資訊 (data-rich)。又由於 FAVECM 可以討論非定態變數的長期和短期關係，因此可視為只含有短期資訊的 FAVAR 的一般化模型。例如，使用 FAVECM 即能清楚了解具有非定態性質的金融業隔夜拆款利率、一個月期存款利率和放款基準利率三者的長短期關係，並且計算一般化衝擊反應函數，以了解當貨幣政策變數，金融業隔夜拆款利率正向變動時，對於經濟體系之變數會有何種影響。

通常，當我們遇到非定態變數之序列，要納入 VAR 或 SVAR 前，可人工事先用 Excel 將非定態變數做差分 ("Δ") 後，再「Import data」到 Jmulti 軟體做分析。

7.1 SVAR 模型

向量自我迴歸模型 (VAR) 包含：縮減式 (reduced form)、遞迴式 (recursive)，以及結構式 (structural) 三種型態。(1) 縮減式 VAR 模型中的每一變數為變數本身

的過去值、其他變數過去值，以及誤差項所構成的線性函數，但未考慮變數當期的影響；(2) 遞迴 VAR 模型中的各迴歸方程式包含了前面方程式的同期參數值，但以遞迴 VAR 分析時，改變變數的排序方式同時會改變了模型的方程式、係數及殘差值，而產生不同的分析結果；為修正前述模型的缺失；(3) SVAR 在經濟理論的基礎上建立模型的定義假定 (identifying assumptions) 以設定變數的同期結構參數，使模型成為非遞迴 (non-recursive) 的型態來進行分析，消除了模型過度參數化及得到多個不同解的困難。因此近年來，SVAR 模型已廣泛被運用在開放經濟體系的政策效果及政策衝擊傳遞作用之分析上。

用制度訊息對 SVAR 參數矩陣 (A-B 矩陣) 設定限制，就適用於財政政策的評估，其理由有二 (Blanchard & Perotti, 2002)：

1. 與貨幣政策不同，財政政策變動有許多原因，其產出穩定 (output stabilization) 幾乎是主要的 (predominant) 原因，換句話說，有許多財政衝擊是外生的 (對產出而言)。

2. 相對於貨幣政策，財政政策的決定與實行的落後期 (implementation lags) 意味著在足夠高的頻率之下 (如：一季內)，財政政策對未預料到經濟活動變動是較少或沒有權衡性反應 (discretionary responses)。

一、添加額外條件以增加該模型的適配度

如何在時間序列模型添加額外條件以增加該模型的適配度呢？有二種方法：(1) 以結構性向量自我迴歸模型 (Structural Vector Autoregressive, SVAR) 為架構，並透過額外認定條件賦予干擾項經濟意義。這種方法主要係藉由經濟理論對干擾項變異數，共變異數矩陣中待定係數找出認定所需的額外條件。由於額外條件僅讓結構性向量自迴歸模型足以認定 (just identified)，故有無法利用統計檢定方法檢驗認定這些條件是否成立缺點；(2) 利用完整設定的經濟模型以及理性預期假設說導出對模型待估的結構性參數 (structural parameters) 的跨式限制條件 (cross-equation restrictions)。

例如，最近經濟學家嘗試用結構式向量自我迴歸模型 (SVAR)，來評估財政政策衝擊對總體經濟變數 (如：民間消費、民間投資、實質工資、和就業等) 的影響結果。為了讓 SVAR 模型有經濟意義，就需在縮減式向量自我迴歸模型 (Reduced-form Vector Autoregressive, RVAR) 上加入某些認定條件以認定政策衝

擊。我們可用來認定財政政策衝擊的方式包括：(1) 在 VAR 模型上加入遞迴式 (recursive) 的結構，並利用 Cholesky 分解認定財政政政策衝擊，以去除變數間同期相關性；或 (2) 像 Blanchard & Perotti (2002) 利用制度訊息對參數矩陣設定限制以認定財政政策衝擊，即利用有關租稅及移轉支付制度、徵稅時間、財政政策決定的落後期等制度訊息建構財政政策對經濟體系的自動反應以認定財政政策衝擊；(3) Romer & Romer (1989) 的敘述法 (Narrative Approach) 應用於財政政策分析上。

此外，像新台幣匯率預測模型的準確度做評比，SVAR 模型在匯率預測就比 ARIMA 模型及 VEC 模型表現更佳，或從迴歸檢定 (regression test) 亦可發現 SVAR 模型的解釋能力較佳，另外，在市場時序檢定 (market timing test) 的結果，SVAR 模型在匯率之預測方向變動較佳。

二、SVAR 的應用領域

學界常見結構向量自我迴歸 (SVAR) 之研究議題，包括：

1. 台灣金融性資產負債餘額表 y_{1t} 與經濟活動 y_{2t}──SVAR 模型應用。
2. 以結構式向量自我回歸模型推估信用 y_{1t}、資產價格 y_{2t}、消費 y_{3t} 受彼此之結構衝擊之影響。
3. 台灣 y_{1t} 與韓國 y_{2t} 信用管道之研究──以結構性 VAR 方法探討。
4. 價格風險 y_{1t} 對亞洲匯率 y_{2t} 的動態傳遞效果。
5. 小型開放經濟體系匯率制度 y_{1t} 與貨幣政策 y_{2t} 效果之分析──SVAR 模型對台灣之應用。
6. 股價波動的總體因素 y_{it}──以台灣、南韓、新加坡及香港為例。
7. 台灣經常帳變動分析──以長短期觀點為例。

SVAR 就非常適合「評估財政政策衝擊對台灣財政政策的總體經濟效果」，它有 8 個變數，共可組成 8 個聯立迴歸式。若用 SVAR，研究可發現：

1. 政府支出 y_{1t} 衝擊對民間消費 y_{2t} 短期效果為負，中長期效果為正，但並不顯著。
2. 政府支出 y_{1t} 衝擊對於民間投資 y_{3t} 短期會產生排擠效果，中長期則有提振的效果，但不顯著。

3. 政府支出 y_{1t} 衝擊引發短期名目利率 y_{4t} 上漲，國外資金流入，實質有效匯率 y_{5t} 上升，貿易收支 y_{6t} 因而下跌。

4. 政府支出 y_{1t} 衝擊對於實質 GDP (y_{7t}) 一開始有正向效果，但短期排擠效果會使實質 GDP (y_{7t}) 下跌，一旦政府支出 y_{8t} 帶動中長期民間投資後，對實質 GDP 有正向效果，但並不顯著。

5. 政府收入衝擊短期對實質 GDP(y_{7t})、民間消費 y_{2t}、民間投資 y_{3t} 有正向效果，中長期的效果為負。若以政府支出 y_{8t} 衝擊細項來看，政府消費支出衝擊對實質 GDP (y_{7t}) 有顯著提振的效果，政府投資支出 y_{8t} 衝擊對於實質 GDP (y_{7t}) 的助益十分有限。

7.1.1 Structural VAR (SVAR) 與 VAR 之差異比較

典型 VAR 模型的做法是，並不對各迴歸式中任何變數遞延項的係數是否為零或其他值，作任何強烈的先驗假設，而是對各係數可能的值，提供一個先驗統計分配的假設。而各參數最後的值，則由資料與先驗統計分配假設共同決定。以 6.2 節所談「VAR 範例-需先差分\invest-income-consump 先 Log 再差分.dat」來說，它有三個變數：invest (投資)、income (收入)、cons (消費)，所以 VAR 要估計的迴歸係數有 $3 \times 3 = 9$ 個 (「圖 7-2 三序列用 VAR、SVAR 分析之差異」)。相對地，Structural VAR (SVAR) 可根據文獻所推出的「研究假設」或用 VAR 探索之因果關係的個數，可能只需估計 5 個迴歸係數即可。

由於 Structural VAR (SVAR) 不認同 VAR 這種「散彈打鳥」全部係數都要估計的方式，SVAR 認為「全部」係數矩陣都要被估計，除了違反精簡原則外，亦不符合論文傳統做法，就是「有研究假設」的迴歸路徑，才需檢定之原則。

舉例來說，6.2 節我們已用 JMulTi 之 VAR 求得的模型及因果圖如下，我們若根據「有理論基礎之研究假設」或 VAR 分析結果「迴歸係數有顯著者」再納入 SVAR，重做一次迴歸分析，則大可提升迴歸之預測精準度。

為了簡化本例之聯立方程式，我們令：

x_t：代表 invest_log_d1 (即 ininvest 變數取 log 再差分一次)

y_t：代表 income_log_d1 (即 income 變數取 log 再差分一次)

z_t：代表 cons_log_d1 (即 consumption 變數取 log 再差分一次)

這三序列用 VAR 得之聯立方程式為：

$$\begin{bmatrix} x_t \\ y_t \\ z_t \end{bmatrix} = \begin{bmatrix} -.259 & 0.365 & 0.535 \\ 0.051 & -.101 & 0.241 \\ 0.007 & 0.271 & -.301 \end{bmatrix} \begin{bmatrix} x_{t-1} \\ y_{t-1} \\ z_{t-1} \end{bmatrix} + \begin{bmatrix} -.119 & 0.285 & 0.461 \\ 0.069 & 0.058 & -.039 \\ 0.056 & 0.358 & -.123 \end{bmatrix} \begin{bmatrix} x_{t-2} \\ y_{t-2} \\ z_{t-2} \end{bmatrix} +$$

$$\begin{bmatrix} 0.047 & 0.235 & -.306 \\ 0.016 & 0.110 & -.013 \\ 0.017 & 0.022 & -.046 \end{bmatrix} \begin{bmatrix} x_{t-3} \\ y_{t-3} \\ z_{t-3} \end{bmatrix} + \begin{bmatrix} u1(t) \\ u2(t) \\ u3(t) \end{bmatrix}$$

這個 VAR 聯立方程式之對應的因果圖如下：

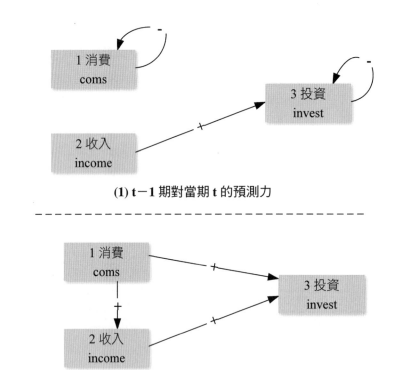

(1) t−1 期對當期 t 的預測力

- -

(2) t−2 期對當期 t 的預測力

◟ **圖 7-1** 三序列 VAR 之因果圖

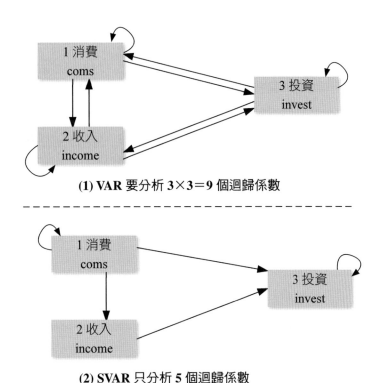

(1) **VAR 要分析 3×3＝9 個迴歸係數**

- -

(2) **SVAR 只分析 5 個迴歸係數**

↳圖 **7-2**　三序列用 VAR、SVAR 分析之差異

7.1.2 SVAR 模型的建構

為了讓 SVAR 模型更有經濟意義，需在縮減式向量自我迴歸模型 (Reduced-form Vector Autoregressive, VAR) 上加入某些認定條件以認定政策衝擊。

Sim (1980) 首先對傳統計量方法在模型設定上有先驗假設之限制，提出無先驗限制的縮減式向量自我迴歸模型 (RVAR) 的實證方法。由於它未做先驗之假設限定，不僅在估計和檢定上有其方便性，而且能充分顯現總體經濟變數間的動態相互關係。接著，Blanchard & Quah (1989) 亦提出結構式向量自我迴歸模型來加強 RVAR 功能，並根據先驗的理論基礎建立一個結構模型 SVAR，再透過迴歸分析求得該模型的參數值，並利用檢定來驗證理論。

首先，我們假設 Y_t 是一個 (n×1) 的變數向量，並且假設 Y_t 的動態關係可由經濟理論來決定該結構模型 AR(p) 所表示：

$$Y_t \quad = \quad \sum_{i=0}^{p} B_j \quad \times \quad Y_{t-j} \quad + \quad A \quad \times \quad v_t \quad \cdots\cdots\cdots\cdots\cdots\cdots(7\text{-}1)$$
$(n\times1) \qquad (n\times n) \qquad (n\times1) \qquad (n\times n) \qquad (n\times1)$

其中，v_t 是序列無關的結構式衝擊向量，且 $E(v_t v_t') = \Sigma_v$ 是一個對角矩陣，v_t 中的各結構式干擾項均具結構式解釋能力。B_j 是 n×n 的係數矩陣，顯示模型中各經濟變數的傳導過程。A 是一個 n×n 的非奇異矩陣 (nonsingular matrix)，其對角元素等於一，而其餘的元素可以設定為任意數。由於 (7-1) 式有許多須估計的參數，因此必須先估計縮減式向量自我迴歸模型 AR(p)：

$$Y_t \quad = \quad \sum_{i=0}^{p} C_j \quad \times \quad Y_{t-j} \quad + \quad \mu_t \quad \cdots\cdots\cdots\cdots\cdots\cdots\cdots(7\text{-}2)$$
$(n\times1) \qquad (n\times n) \qquad (n\times1) \qquad (n\times1)$

其中，$C_j = \dfrac{B_j}{I - B_0}$。$\mu_t$ 是一個序列無關的縮減式衝擊向量，$E(v_t v_t') = \Sigma_\mu$ 為對稱矩陣，而且它滿足下列關係式：

$$\mu_t = B_0 \mu_t + A v_t \quad \cdots\cdots\cdots\cdots\cdots\cdots\cdots\cdots\cdots\cdots\cdots(7\text{-}3)$$

(7-3) 式表示結構式衝擊向量 v_t 與縮減式衝擊向量 μ_t 的同時性 (contemporaneous) 關係，估計過程可分兩階段。首先估計 (7-2) 式的縮減式向量自我迴歸模型得到 μ_t，再估計 (7-3) 式。由 (7-3) 式可以得 Σ_v、Σ_μ、A 和 B_0 之間的關係為：

$$\Sigma_v = A^{-1}(I - B_0)\Sigma_\mu(I - B_0)'(A^{-1})' \quad \cdots\cdots\cdots\cdots\cdots\cdots(7\text{-}4)$$

求得 B_0 後，則可求的結構式衝擊向量。但是，根據樣本估計只能得到 Σ_μ 中的 n (n＋1)/2 個相異共變異數。所以我們有模型不能完全認定的問題。為了使 (7-4) 是可以完全認定，Blanchard & Quah (1989) 利用零限制條件加在變數間的同時性交互影響上，而且這些零限制條件式是根據經濟理論加以設定 (其中 B_0 不一定是下三角矩陣)。

定義：非奇異矩陣 (**nonsingular matrix**)

令 $A_{n\times n}$ 為一方陣。如果有另一個方陣 B 滿足下述條件：

AB＝BA＝I （I 為單元矩陣）

> 則稱 A 為非奇異矩陣 (nonsingular matrix) 或可逆矩陣 (invertible matrix)，或
> 稱 B 為 A 的反矩陣 (A^{-1})。
>
> 　　反之，若 A 沒有反矩陣，則稱 A 為奇異矩陣 (singular matrix) 或不可逆
> 矩陣 (noninvertible matrix)。
>
> 　　可見，行列式的值為零是奇異矩陣。反之，若方陣有一個非零的行列式
> 值，這個矩陣是非奇異矩陣。

　　JMulTi 提供二種 Structural VAR 模型：SVAR AB-模型、SVAR Blanchard-Quah 模型。

7.1.3　SVAR AB-模型

　　以下介紹的 SVAR AB-模型之分析過程，基本上，序列變數還是要符合 VAR 的 assumption (常態、定態)。舉例來說，若想以結構式向量自我回歸模型來推估信用 (L)、資產價格 (MQI)、股價指數 CPI、消費 (CON_SA) 四者受彼此結構衝擊。則其對應式為：

$$B \times u_t = A \times e_t$$

Step 1. 模型變數選取

　　這四個變數之資料來源，係分別從台灣經濟新報 (TEJ) 與情報贏家所取得。

■表 7-1　SVAR 模型變數之資料來源

變數名稱	變數符號	資料來源	說明
信用	L	台灣經濟新報	表示信用的變數是「台灣地區本國銀行消費者貸款餘額」。
股價指數	SPI	情報贏家	表示股價指數的變數為「加權股價指數季底值」。
地產熱度	MQI	情報贏家	原欲以信義房價指數做為解釋變數之一，但因資料過短的問題而使用代理變數，成交量也代表了市場上的熱度，某種程度上會和信用有關。用於表示地產熱度變動的變數是「台灣地區辦理土地所有權移轉買賣登記面積」。
去除季節性後之消費	CONS_SA	台灣經濟新報	表示消費的變數為「台灣實質民間消費 PEC 2001」。使用 X-12 去除季節性的之後得到新的變數。

Step 2. 執行 Augmented Dickey Fuller test (ADF) 檢查序列是否拒絕序列為單根的虛無假設與去除季節、長期趨勢。

檢查序列是否拒絕序列為單根的虛無假設，如果無法拒絕則做一次差分後再檢查。如果序列還是無法拒絕則傾向放寬第一型誤差，使 ADF 檢定較容易拒絕，支持這麼做的原因有三：第一，ADF 檢定其檢力本來就低；第二，如果做到兩次差分以上難以做經濟上的解釋；第三，樣本有限下，損耗樣本的機會成本可能很高，差分會導致資料特性遭一定程度的扭曲。有些資料可能做完一階差分後還是無法拒絕 ADF 檢定。譬如，消費同時具有季節性與長期趨勢單只做一階差分還是無法讓序列呈現弱性穩定，此時就可考慮先去除季節、長期趨勢後再差分。

在 JMulTi 操作上，可選「Initial Analysis → Unit Roots Test」。

Step 3. 判斷 VAR 較適當的落後期數 p

結構 VAR 模型分析之前，需選定最適落後期數，因為落後項期數太少，則會因參數過度精簡而產生偏誤，但若所選用的落後期數太長，則會因參數過度化 (overparameterization) 而使得估計無效。JMulTi 提供 Akaike Info Criterion (AIC)、Final Prediction Error (FPE)、Hannan-Quinn Criterion (HQ)、Schwarz Criterion (SBC) 準則來選取最適落後期數。當兩種準則所選取的最適落後期不一致時，可運用概似比檢定 (Likelihood Ratio Test) 來協助判斷，另以 Lujing Box 的 Q 統計量檢定變數的殘差項是否為白色噪音 (white noise)，與利用 Jarque-Bera 檢定變數的常態性 (normality)。假設檢定結果，Q 統計量與 Jarque-Bera 統計量在第 1 期，5% 的顯著水準下顯著，模型之迴歸殘差皆不存在有序列相關，則選定 SVAR 模型最適落後期數為 1。

在 JMulTi 操作上，可選按「VAR Analysis → Specification → Specify VAR model」之「Compute Infocriteria」按鈕。

Step 4. 建立傳統短期預設的 structure1

Choleski 本身為適足認定的結構，最上方的變數為完全外生一路往下內生性就持續增加，而且下方變數只受到上方變數和自己所影響，但卻無法影響上方變數。

在 JMulTi 操作方面，若想以結構式向量自我回歸模型推估信用 (L)、資產價

格 (MQI)、股價指數 CPI、消費 (CON_SA) 四者受彼此結構衝擊。則其對應式為：

$$B \times u_t = A \times e_t \qquad 恆等式$$

在本例之 VAR 模型，我們共納入四個變數 (信用 L、地產熱度 MQI、股價指數 SPI、去除季節性後之消費 CON_SA)，則上式之 B, A 矩陣對應式結構為 (圖 7-3)：

$$
\begin{bmatrix}
c(7) & 0 & 0 & 0 \\
0 & c(8) & 0 & 0 \\
0 & 0 & c(9) & 0 \\
0 & 0 & 0 & c(10)
\end{bmatrix}
\times
\begin{bmatrix}
u_L \\
u_{MQI} \\
u_{SPI} \\
u_{CONS\_SA}
\end{bmatrix}
=
\begin{bmatrix}
1 & 0 & 0 & 0 \\
c(1) & 1 & 0 & 0 \\
c(2) & c(3) & 1 & 0 \\
c(4) & c(5) & c(6) & 1
\end{bmatrix}
\times
\begin{bmatrix}
u_L \\
u_{MQI} \\
u_{SPI} \\
u_{CONS\_SA}
\end{bmatrix}
$$

其中，$c(1) \sim c(10)$ 為 B，A 矩陣中待估係數。

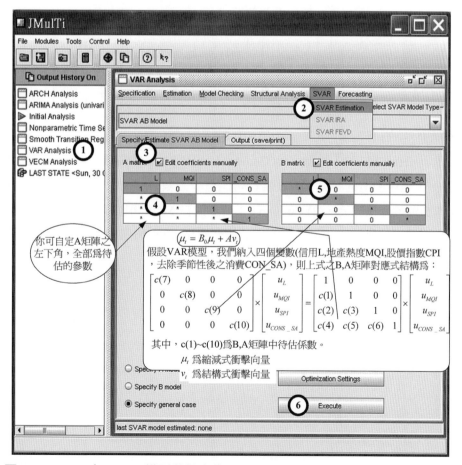

⤷圖 7-3 JMulTi 之 SVAR 模型的界定畫面 (structure1)

本 structure1 描述變數同期間具有「遞迴」影響的關係，(1) 房屋成交量 MQI 能影響股價 SPI [待估 C(3)]，但反之則無法影響，這是因為房屋市場遠超過股票市場，股票較難以撼動房屋市場；(2) Column 1：設定信用在第一層的原因，係信用 L 是推升資產價格 MQI 與消費的原料 CON_SA；(3) Row 4：信用 L、資產價格 MQI 會回饋到實體經濟面影響消費 CON_SA。

值得一提的事，信用的定義為 M1b 加全體銀行得房貸金額，為何會影響到當期消費，由於使用的是季資料，該季如果出現資產暴跌，那麼所產生的財富效果可能會在一季內產生，另外資產暴跌金融體系會要求追補擔保品，如果經濟個體本身現金不夠支應，那麼同樣會減少消費應對。

Step 4. 自建 structure2

以 $B \times u_t = A \times e_t$ 恆等式來說，自建短期認定條件結構為：

$$\begin{bmatrix} 1 & 1 & c(8) & 0 \\ 0 & 1 & 0 & 0 \\ 0 & 0 & c(9) & 0 \\ 0 & 0 & 0 & c(10) \end{bmatrix} \times \begin{bmatrix} u_L \\ u_{MQI} \\ u_{SPI} \\ u_{CONS\_SA} \end{bmatrix} = \begin{bmatrix} 1 & 0 & 0 & 0 \\ c(1) & 1 & c(2) & 0 \\ c(3) & c(4) & 1 & 0 \\ c(5) & c(6) & c(7) & 1 \end{bmatrix} \times \begin{bmatrix} u_L \\ u_{MQI} \\ u_{SPI} \\ u_{CONS\_SA} \end{bmatrix}$$

其中，c(1) ~ c(10) 為 B，A 矩陣中待估係數。

本 structure2 描述，強調：(1) Column 1：信用 L 能夠廣泛地影響同期資產價格 MQI，信用創造的多寡 L，在當期可能是一個很複雜的過程，因此直接假設為結構衝擊的線性組合。(2) Column 2：資產價格 MQI 間也會互動，互動的關係可能是互補或替代。(3) Row 4：當期的資產價格 MQI 與信用 L 會回饋到實體消費 CONS_SA。

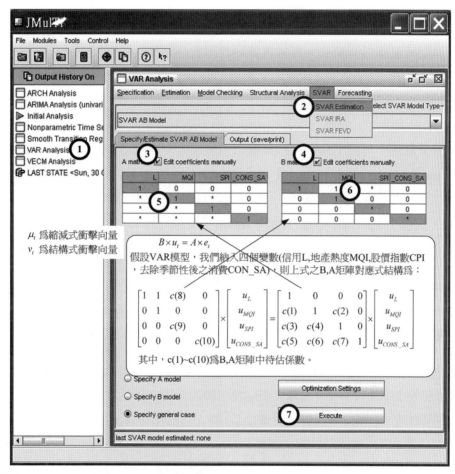

⌐圖 7-4 JMulTi 自定 SVAR 模型的 structure2

Step 5. 判定 structure 是否過度界定

在 JMulTi 的 SVAR 點選介面下，「Execute」LR-test，若檢定結果 P < 0.05，則可拒絕「H_0：SVAR 待估參數是過度界定」，表示剛剛你界定的參數矩陣 A, B 是適配的。

總之，本例結合拔靴反覆抽樣法 (Bootstrapping) 與「自建」結構式向量自我回歸 (SVAR) 透過衝擊反應函數 (Impulse Response Function)，來描繪房屋與股票結構衝擊對於實體消費的影響路徑；房屋與股票市場之間遭到彼此結構衝擊後的影響路徑；信用結構衝擊對於資產價格扮演的角色。

7.1.4 SVAR Blanchard-Quah 模型

早期學者探討有關外人直接投資與經濟成長關係大多應用 Granger (1969) 或 Sim (1980) 因果檢定法探討二變數間的關係。例如 Riezman 等人 (1996) 利用 Granger (1969) 因果檢定,檢定出口 x_t 對成長 y_t 有直接因果關係。但 Ibrahim (2000) 指出使用二元共整合法並無法檢定出:馬來西亞股價與匯率之間存在「長期」因果關係,可見 Granger 因果關係只能檢定變數間短期因果關係。有鑑於此,Jun & Singh (1996)、Khan & Leng (1997)、Luiz. & Kilchiro (2000) 與 Zhang (2001) 等研究,就改用 Blanchard & Quah (1989) 所提的結構性 VAR (structural VAR),此種「Blanchard-Quah 模型」Jmulti 分析過程為:

1. 首先自建一個 VAR 結構模型,輔以理論基礎來確認辨認條件,賦予干擾項結構性的意義。
2. 再透過結構干擾項之間不具有相關的假設,以脈衝反應函數及預測誤差變異數分解來解釋各個變數之間的關係。

例如,評估財經政策有效性這類問題,「Blanchard-Quah 模型」即可檢定 19XX 年到 20XX 年東亞 (台灣、新加坡、韓國、馬來西亞、泰國),與拉丁美洲國家 (阿根廷、巴西、墨西哥、哥倫比亞) 外人直接投資 (y_1)、進出口貿易 (y_2, y_3) 與經濟成長 (y_4) 三者之間的因果關係。

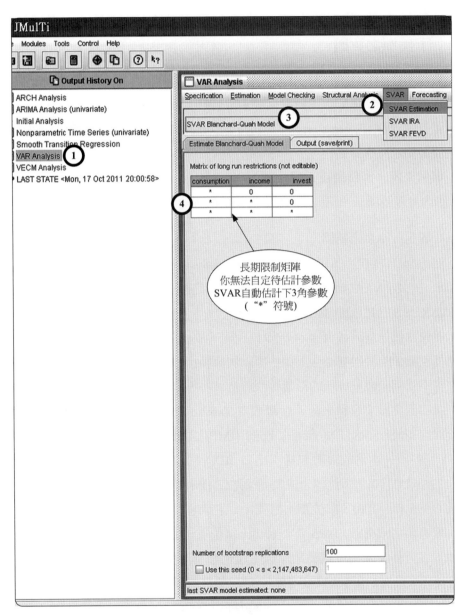

⤷圖 **7-5** JMulTi 之 SVAR Blanchard-Quah 模型

7.1.5 SVAR 實例：外人直接投資、貿易與經濟成長——東亞與拉丁美洲之實證

VAR 模型除可分析經濟體系間各變數的同期相關性外，它亦可討論變數間的跨期衝擊反應關係，藉由衝擊反應函數 (IRF) 及預測誤差。

變異數分解 (forecast error variance decomposition, FEVD)，藉此了解較長期間的變數相互反應關係。

舉例來說，邱魏頌正、黃秋閔提出一 SVAR 模型有四變數 (外人直接投資 y_1、國內生產毛額 y_2、出口 y_3、進口 y_4) 結構式向量自我迴歸。

Step 1. 界定 SVAR 之結構

在 JMulTi 操作上，可先執行「VAR Analysis → Specification → Specify VAR Model」、及「VAR Analysis → Estimation」之後，再執行圖 7-6「VAR Analysis → SVAR → SVAR Estimation」。

首先我們先假設 A 是 4×4 的單位矩陣。故我們仍需至少 6 (1＋2＋3) 個短期動態相互關係的零限制條件。這些零限制條件指的是我們假設一個干擾項間在一年之內不受另一個干擾項的影響。

這四個變數之資料來源：台灣取自 Taiwan Statistical Data Book，其餘各國均摘錄自 International Monetary Fund (IMF) 之 International Financial Statistics (IFS) 資料庫。本例的變數包括：出口 (EX)：為出口總額除以生產毛額平減指數 (1995 年＝100)，單位為十億美元；進口 (IM)：為出口總額除以生產毛額平減指數 (1995 年＝100)，單位為十億美元；生產毛額 (GDP)：名目生產毛額總額除以生產毛額平減指數 (1995 年＝100)，單位為十億美元；外人直接投資 (inward FDI)：名目外人直接投資總額除以生產毛額平減指數 (1995 年＝100)，單位為十億美元。所有的變數均季節調整，並以對數的形式表示。

以下為本例「元素 0」之零限制條件的解釋：

1. Row 1：外人直接投資 (FDI) 的決定權操之在國外投資者，所以假設 y_1 外人直接投資 (FDI) 為一外生變數，即外人直接投資 y_1 不受國內生產毛額 y_2、出口 y_3 與進口 y_4 的影響。
2. Row 2：根據成長模型理論，國內生產毛額 y_2 只受出口 y_3 與進口 y_4 影響。

且國內生產 y_2 與出口 y_3 為正相關、與進口 y_4 為負相關。

3. Row 3：國內出口 y_3 不影響國外進口 y_4。

4. Row 4：國外進口 y_4 也不影響國內出口 y_3，並假設其有不對稱影響的可能。

一共有 6 個零限制條件，此 SVAR 模型 $\mu_t = B_0\mu_t + Av_t$ 對應之矩陣式為：

$$
\begin{bmatrix} \mu_{1t} \\ \mu_{2t} \\ \mu_{3t} \\ \mu_{4t} \end{bmatrix} =
\begin{bmatrix} 1 & 0 & 0 & 0 \\ 0 & 1 & 1 & 1 \\ 1 & 1 & 1 & 0 \\ 1 & 1 & 0 & 1 \end{bmatrix} \times
\begin{bmatrix} \mu_{1t} \\ \mu_{2t} \\ \mu_{3t} \\ \mu_{4t} \end{bmatrix} +
\begin{bmatrix} 1 & 0 & 0 & 0 \\ 0 & 1 & 0 & 0 \\ 0 & 0 & 1 & 0 \\ 0 & 0 & 0 & 1 \end{bmatrix} \times
\begin{bmatrix} v_{1t} \\ v_{2t} \\ v_{3t} \\ v_{4t} \end{bmatrix}
$$

或簡寫成 $\mu_t = B_0\mu_t + v_t$

$$
\begin{bmatrix} \mu_{1t} \\ \mu_{2t} \\ \mu_{3t} \\ \mu_{4t} \end{bmatrix} =
\begin{bmatrix} 1 & 0 & 0 & 0 \\ 0 & 1 & 1 & 1 \\ 1 & 1 & 1 & 0 \\ 1 & 1 & 0 & 1 \end{bmatrix} \times
\begin{bmatrix} \mu_{1t} \\ \mu_{2t} \\ \mu_{3t} \\ \mu_{4t} \end{bmatrix} +
\begin{bmatrix} v_{1t} \\ v_{2t} \\ v_{3t} \\ v_{4t} \end{bmatrix}
$$

其中 μ_{it} 及 v_{it}，i＝1，2，3，4，分別代表：外人直接投資、國內生產毛額、出口與進口的縮減式與干擾項。

本例經 SVAR 分析，可發現：出口 y_3 的增加會吸引外人直接投資 y_1，此理論是被肯定，但進口 y_4 增加，卻不是吸引外人直接投資 y_1 考慮的因素。且對拉丁美洲而言，出口 y_3、進口 y_4 與經濟成長 y_2 的增加會吸引外人直接投資 y_1，但外人直接投資 y_1 卻無法促進當地的進口 y_4、出口 y_3 與經濟成長 y_2。但在東亞地區的國家，外人直接投資 y_1 顯著增加當地的出口 y_3 與經濟成長 y_2。最後，外人直接投資在地點的選擇方面，不單只考慮低工資與勞力密集等因素。

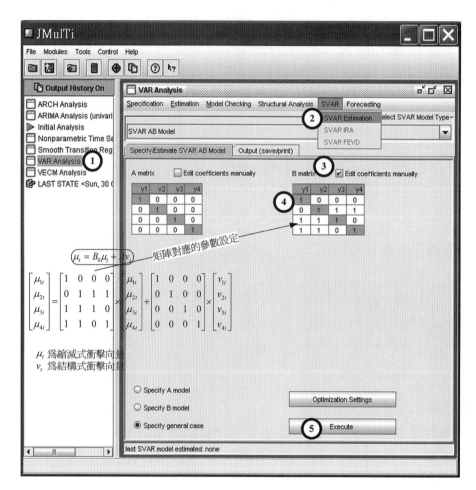

ᒡ圖 7-6 本例 SVAR 對應「AB-模型」之參數界定

Step 2. VAR 之因果關係檢定 (Causality tests)

在 JMulTi 操作上，可選「VAR Analysis → Structural Analysis → Causality Test」。

預測誤差變異數分解結果，各國 4 變數間的因果關係為：

1. 泰國外人直接投資 y_1 對出口 y_3 有單向因果關，也對國內生產毛額 y_2 有單向因果關係，進口 y_4 對外人直接投資 y_1 亦有單向因果關係。

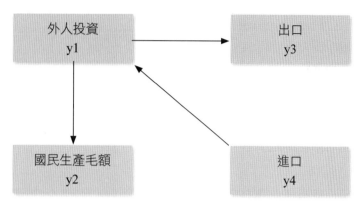

⤷圖 **7-7** 以 SVAR FEVD 分析 4 變數的因果圖

2. 新加坡出口 y_3 對外人直接投資 y_1 有單向因果關係，外人直接投資 y_1 對進口 y_4 有單向因果關係。

3. 馬來西亞出口 y_3 與進口 y_4 對外人直接投資 y_1 有單向因果關係。

4. 在哥倫比亞與墨西哥，外人直接投資 y_1 與出口 y_3 與進口 y_4、國內生產毛額 y_2 沒有因果關係。

Step 3. SVAR 脈衝反應分析 (SVAR IRA)

　　脈衝反應結果，發現當外人直接投資 y_1 發生自發性的變動時，各國出口 y_3 與進口 y_4 與經濟成長 y_2 的正負影響沒有一定的規則。以邊際貢獻的觀點來看，在某一期間出口 y_3 與進口 y_4 對經濟成長 y_2 的邊際貢獻是正向的，但到達某一轉折點之後，此期間出口 y_3 與進口 y_4 對經濟成長 y_2 的邊際貢獻會達到零甚至負向的影響，所以造成各國現象不一的情況發生，此結論與 Khan & Leng (1997) 研究吻合。此外，外人直接投資 y_1 會增加拉丁美洲國家 (除了墨西哥以外) 與泰國的經濟成長 y_2，此與 Zhang (2001) 實證結果拉丁美洲部份結論相同，但泰國的部份結論是相反的。

小結

　　SVAR 特別適合於外生變數非常多之模型。例如，王泓仁 (2004)「台幣匯率對我國經濟金融活動之影響」的 SVAR 模型，就是一個包含 8 個經濟與金融變數的 SVAR 模型，探討台幣匯率對主要經濟金融變數間的短期關係，共有 8 個主要經濟金融變數如下：

FX ：央行持有國外資產淨額。

R ：銀行隔夜拆款利率。

M2 ：貨幣總量。

P ：取自然對數之消費者物價指數。

y ：取自然對數之工業生產指數。

ER ：新台幣兌美元匯率。

TRD ：出口/進口。

TOT ：出口價格/進口價格。

這 8 個變數之對應 SVAR 模型為：

$$
\begin{bmatrix}
a_{11} & 0 & 0 & 0 & 0 & a_{16} & 0 & 0 \\
a_{21} & a_{22} & a_{23} & a_{24} & 0 & a_{26} & 0 & 0 \\
0 & a_{32} & a_{33} & a_{34} & a_{35} & 0 & 0 & 0 \\
0 & 0 & a_{43} & a_{44} & 0 & 0 & 0 & 0 \\
0 & 0 & 0 & 0 & a_{55} & 0 & 0 & 0 \\
a_{61} & a_{62} & a_{63} & a_{64} & a_{65} & a_{66} & 0 & 0 \\
0 & 0 & 0 & 0 & 0 & a_{76} & a_{77} & a_{78} \\
0 & 0 & 0 & 0 & 0 & a_{86} & 0 & a_{88}
\end{bmatrix}
\begin{bmatrix}
FX \\ R \\ M2 \\ P \\ Y \\ ER \\ TRD \\ TOT
\end{bmatrix}
= u_0 + \sum_{i=1}^{p} A_i L^i
\begin{bmatrix}
FX \\ R \\ M2 \\ P \\ Y \\ ER \\ TRD \\ TOT
\end{bmatrix}
+
\begin{bmatrix}
\varepsilon^{FX} \\ \varepsilon^{R} \\ \varepsilon^{M2} \\ \varepsilon^{P} \\ \varepsilon^{Y} \\ \varepsilon^{ER} \\ \varepsilon^{TRD} \\ \varepsilon^{TOT}
\end{bmatrix}
$$

其中，

p 代表滯延期數。

L 代表滯延運算子。

ε 代表殘差項，在每一方程式中代表一個特別的干預 (innovation) 或衝擊 (shock)。

7.2 | 以 JMulTi 軟體來分析 Structural VAR

進行 Structural VAR 分析前，跟 VAR 一樣，都要先檢查變數：(1) 常態性檢定：若非常態則取 Ln(x)。(2) 單根檢定：若有單根 (非定態序列)，則用 Excel 或 JMulTi 做一階差分 (Δx)。因為此資料檔為 JMulTi 所附之範例，故這二種檢定就省略。

舉例來說，以書上 CD 所附資料檔「SVAR_Blanchard-Quah 範例\Blanchard-Quah.dat」來講，你可用 JMulTi「File → Import Data」將它讀入。接著，再進行下列 SVAR 分析步驟，便可找出這二個序列的因果關係：出口成長率 DQ、失業率 U。其中，DQ 為 100×Ln (GNP) 之一階分。資料期間：1984Q2 ~ 1987Q4。此檔之資料來源：Weber, C.E. (1995). Cyclical Output, cyclical unemployment, and Okun's coefficient: A new approach, Journal of Applied Econometrics. 10, 433-335.

Step 1. 以 AIC 判定 VAR(p) 之落後期數 p＝?

VAR 分析結果，以 AIC 判定，JMulTi 建議 p＝2。即 VAR(2) 模型是適配的。

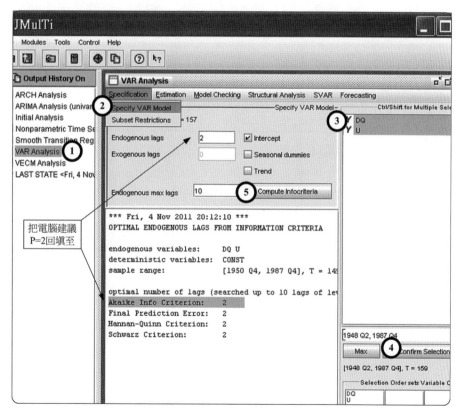

⤷圖 7-8 以 AIC 判定 VAR(p) 之落後期數 p＝2

Step 2. Estimated VAR(p) 聯立方程式

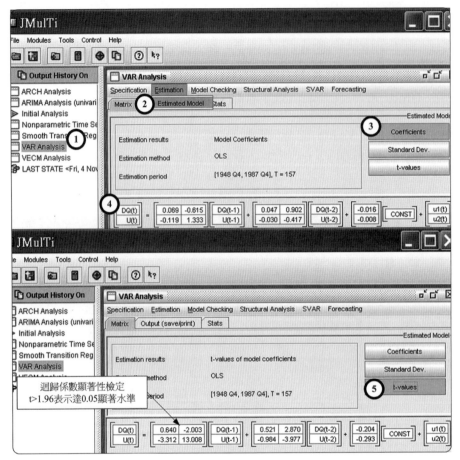

⌐圖 **7-9** Estimated VAR(2) 聯立方程式之結果

Step 3. Model Checking

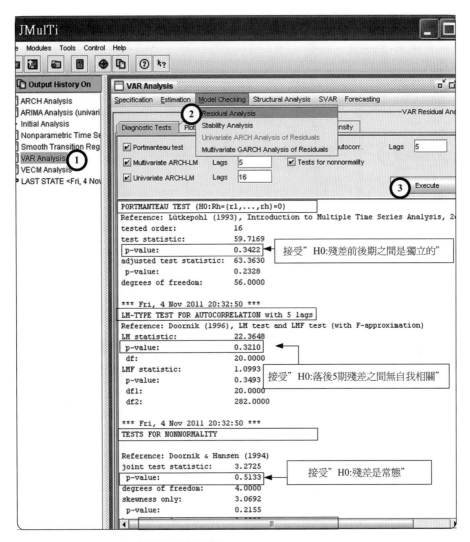

⊂ 圖 **7-10** VAR(p) 三大殘差檢定都通過

Step 4. 選 SVAR「Blanchard-Quah」

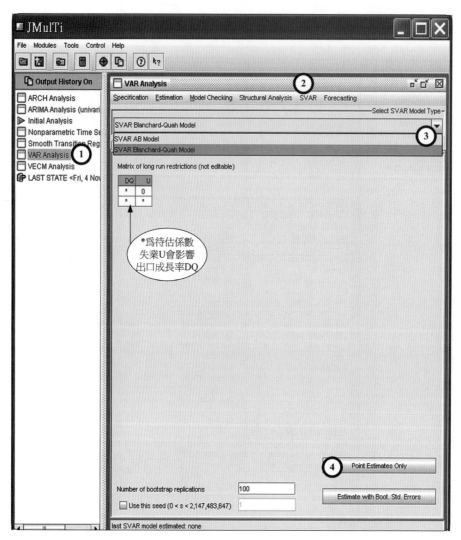

⇖圖 **7-11** 選 SVAR「Blanchard-Quah」

Step 5. VAR 之因果關係檢定 (Causality tests)

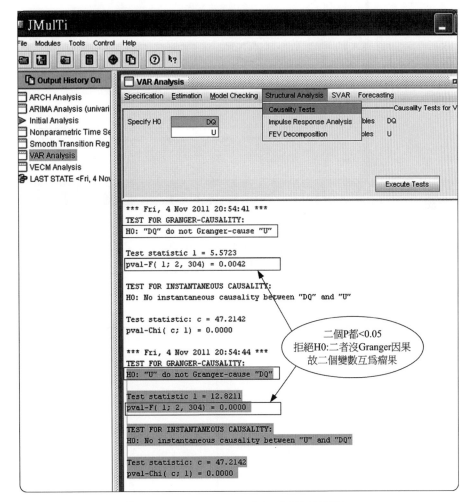

⤷圖 **7-12** 以 VAR 之「Causality Tests」分析 2 變數的因果

Step 6. SVAR 脈衝反應分析 (SVAR IRA)

　　脈衝反應結果，發現：出口成長率 DQ 對失業率 U 的衝擊，先正影響，後負影響，有一定的規則。以邊際貢獻的觀點來看，在某一期間出口成長率 DQ 對失業率 U 的邊際貢獻是「短期」正向的，但到達某一轉折點之後，此期間出口成長率 DQ 對失業率 U 的邊際貢獻會達到零甚至「長期」負向的影響。

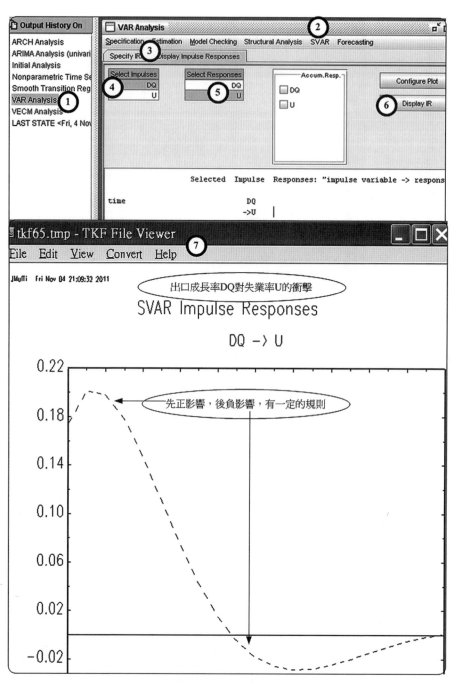

⟲圖 **7-13** 「SVAR IRA」分析因果

Step 7. SVAR 之預測誤差變異數分解 (SVAR FEVD)

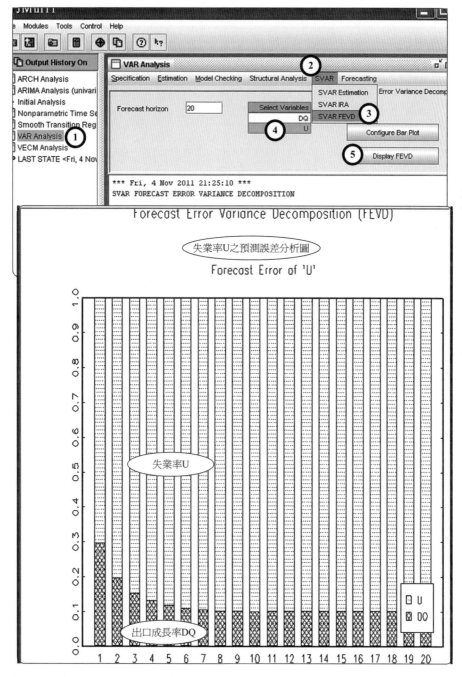

⤷圖 **7-14** 「SVAR FEVD」分析因果

揮汗播種者，必含笑收割。

CHAPTER **8** 〈〈〈〈〈〈

聯立迴歸式：
非定態 VECM 概念

8.1 | 共整合、因果模型 VECM

向量誤差修正模型 (Vector Error Correction Model, VECM) 就多變量模型而言，若原始變數不具有單根，可用傳統之向量自我迴歸 (VAR) 進行估計，但若原始變數具有單根，即 I(1) 數列，VAR 估計將產生假性迴歸等問題。此時，針對其變數進行共整合檢定以確認變數間是否具有長期均衡關係。若變數間不具長期均衡關係，則將模型修正為一階差分後之 VAR 型式，即 DVAR。但若變數具有長期均衡關係，DVAR 會造成訊息遺漏的問題，使估計發生偏誤。因此將前期誤差修正項加入 DVAR，不但可避免原始模型所產生之訊息遺漏，也可以解決假性迴歸之問題，此模型即為 VECM。因此，Engleand Granger (1987) 提出若兩序列具共整合關係時，可以利用 VECM 來表示變數間所具有的動態關係。

所以，假設 Y_t 為一 k 維之 I(1) 時間數列，且存在一 k × 1 共整合向量 β，使得 $Z_t = \beta'Y_t$ 成為 I(0) 之定態數列。因此在確定共整合關係後，則可找出 VECM 模型：

$$\Delta Y_t = a + \alpha\beta'Y_{t-1} + \sum_{i=1}^{p-1} A_i Y_{t-i} + \varepsilon_t$$

其中，$\Delta Y_t = Y_t - Y_{t-1}$，$a$ 與 α 個別為 k × 1 係數向量與調整係數向量，$\beta'Y_{t-1}$ 為前一期誤差修正項，A_i 為 k × k 係數矩陣，p−1 為落後期數，而 ε_t 為誤差項。誤差項 ε_t 則存在一有限共變異矩陣 $\Sigma = E(\varepsilon_t \varepsilon_t')$。為得其唯一性，我們將共整合向量 β 正常化，即設 β 其中一元素為 1。而在誤差項 ε_t 為 iid Gaussian 假設之下，其參數 $(\beta, a, \alpha, A_i, \Sigma)$ 可由最大概似法 (maximum likelihood) 估計而得。

8.1.1 VECM 之應用領域

由於許多經濟變數皆具有非定態性質，故多數財經、金融分析係採向量誤差修正模型 (VECM) 來分析，包括：

1. 台灣加權股價指數 y_t 與總體經濟變數 x_t 之關聯性。
2. 金磚四國產出 x_t 與油價 y_t 之關聯性。
3. 台灣 x_{1t} 及美國 x_{2t} 總體經濟宣告對台指期 y_{1t} 與摩台期 y_{2t} 之影響。

4. 美國股價指數 x_t 與台灣半導體產業股價指數 y_t 報酬之動態連動性。

5. 金融風暴前後之金價 x_{1t}、油價 x_{2t}、美元匯率 x_{3t} 與利率 x_{4t} 之關聯性。

6. 散裝海運市場運價 x_t 與原物料價格 y_t 之關連性。

7. 波羅的海綜合運價指數 x_t 與台灣上市散裝航運公司股價 y_t 波動之關聯性。

8. 台灣匯率 x_{1t}、利率 x_{2t} 與資本移動 x_{3t} 在金融風暴前後之關聯性。

9. 國際原油價格 x_t 與總體經濟 y_t 之間的關聯性。

10. 油價 x_t 與股價 y_t 之關聯性——金磚四國之實證。

11. 原油價格 x_t 與太陽能股價 y_t 指數報酬。

12. 近、遠月期貨契約避險績效之研究——以玉米期貨為例。

13. 新台幣匯率預測。

14. 一般投資組合之指數期貨避險策略。

15. 利率期限結構轉嫁過程。

16. 醫療門診量之初診 x_t 與回診量 y_t 關聯性。

17. 汽車產業股價影響因素之探討——以和泰、裕隆及中華汽車股價為例。

18. 房價 x_t 與股價 y_t 對消費支出 z_t 的影響。

19. 港埠貨櫃吞吐量之時間序列模型。

8.1.2　共整合檢定與長期均衡關係

　　若時間序列變數不具定態，而直接以最小平方法迴歸 (OLS) 進行估計，則其統計量的極限分配已非傳統的常態及 t 分配，因而可能產生虛假迴歸 (spurious regression) 的問題。Lai & Wei (1982) 指出，在迴歸分析中，倘若相關變數為非定態之數列，則不符合中央極限定理成立之安定條件，模型估計所得參數之極限分配已非常態及卡方分配，所以傳統的 t 統計量與 F 統計量分配不再適用。傳統上，為克服此一問題，一些學者遂以差分後的定態序列進行分析。然而，在差分的過程中往往會遺漏長期均衡的訊息，以致估計的方程式無法反映全部的訊息，而減少模型的解釋能力。Granger (1981) 提出共整合的概念，為此問題提出解決方法。而 Engle & Granger (1987) 更進一步認定、估計共整合關係。Engle & Granger (1987) 所建議之兩階段迴歸分析，其主要內容可簡述如下：若 y_t 為一 I(1) 的變數向量且存在一組常數向量 β 使得 $U_t = \beta y_t$，為 I (0)，則稱為共整合，且 β 為共整合向量。在經濟學上，U_t 稱為失衡誤差 (disequilibrium Error)。其為

I(0) 的意義為 U_t 將不會遠離其平均值，回到平均值的機率為 1，且相鄰跨越平均值的期望間隔為有限值。在譜相 (spectrum) 上，兩共整合數列在 0 頻率上之相關度 (coherence) 為 1。由於 Engle & Granger (1987) 之兩階段分析方法易於計算與使用，因此被普遍使用。然而在多變量時，此種二階段分析法卻存在若干限制。因為在多變量時可能存在多個共整合關係。而兩階段分析法並無法找到所有可能之共整合向量，且其實證結果並不容易闡釋。Johansen (1991, 1995) 乃針對上述問題提出最大概似估計 (maximum likelihood estimation) 法，而 Gonzalo (1989) 利用模擬分析比較結果顯示，若模型之分配是正確的設定，則 MLE 之估計量為最具效率性之估計量。

設有 p 階的向量自我迴歸 (vector autoregression) 之 VAR (p) 模型：

$$Y_t = A_1 Y_{t-1} + \cdots + A_p Y_{t-p} + BX_t + \varepsilon_t$$

其中，

Y_t：I(1) 的內生變數向量 (k 個變數)。

X_t：外生變數向量 (d 個變數)。

ε_t：誤差項向量。

將非定態之上式，取一階差分，即成 VECM 雛形。因為 VECM 旨在尋找二個 (k×r) 維的 α 及 β 矩陣，來拆解 $\Pi = (\alpha\beta')$、使得 $\beta'y_{t-1}$ 變為定態。

$$\Delta Y_t = \Pi Y_{t-1} + \sum_{i=1}^{p-1} \Gamma_i \Delta Y_{t-i} + BX_t + \varepsilon_t$$

$$\Pi = \sum_{i=1}^{p} A_i - I, \qquad \Gamma_i = -\sum_{j=i+1}^{p} A_j$$

其中，代表 rank(Π) 之秩：r 為共整合關係數目，r < k。

α 為誤差調整項的調整參數。

β 為共整合向量。

Johansen trace test 旨在估計係數矩陣 Π 之秩 r，並檢定是否拒絕虛無假設 H_0：$r = 0$。此 trace 檢定係用自特徵值 (eigenvalue) 來算出概似比 (likelihood ratio)：

$$Q_r = -T \sum_{i=r+1}^{k} \log(1 - \lambda_i)$$

其中，r＝0, 1, ..., k－1，λ_i 為第 i 個最大的特性根。

檢定步驟是自 r＝0 開始至 r＝k－1，看無法拒絕共整合關係有幾個。

8.2 向量誤差修正模型 (VECM)

由於財經變數多數是屬非定態序列，故我們必須對非定態的時間序列先做單根檢定，以檢定該時間序列是否為定態。若變數不具有單根，表示該變數為定態之時間，才可以 VAR 來進行估計。相對地，若分析的序列是有單根之非定態序，而且這兩個以上序列間亦有共整合關係，則必須採用誤差修正模型 (Vector Error Correction Model, VECM) 來進行估計。

以「美國 x_t 對台灣 y_{1t} 和金磚四國 $(y_{2t} \sim y_{5t})$ 的股匯價關係」為例，由於美國在金融危機之前一直都主導全球的經濟，但經由 2008 年美國所爆發的金融風暴是否使主導的地位有所改變，使得全球經濟地位重新洗牌。且許多報導相繼指出中國、印度這些開發中國家可望支撐全球經濟，這樣一來是否使得這些開發中國家的股價影響其他國家的股價。假設以各國股價與匯率的「日資料」進行研究，利用向量誤差修正模型 (VECM) 和因果關係來探討各國和美國之間的關係，是否存在領先或落後的現象且領先多少期數。VECM 可發現：美國股價 x_t 不僅影響了台灣 y_{1t}、中國 y_{2t}、印度 y_{3t}、俄羅斯 y_{4t}、巴西 y_{5t} 國家的股價也影響了這些國家的匯率，表示全球的金融體系還是受到美國的經濟所影響，並沒有因為 2007年金融危機的影響而有所改變。

8.2.1 誤差修正模型 (ECM) 與向量誤差修正模型 (VECM)

Harvey (1990) 曾運用自我迴歸分配落後 (autoregressive distributed lag, ADL) 模型，推導出誤差修正模型 (error correction model, ECM)，並說明 ECM 模型與共整合的關係。其說明如下：

$$Y_t = \beta_0 + \phi Y_{t-1} + \beta_1 X_t + \beta_2 X_{t-1} + \varepsilon_t \quad\cdots\cdots\cdots\cdots\cdots\cdots\cdots(8\text{-}1)$$

ε_t：誤差項。

(8-1) 式為一未加限制的模型，且具一般性，在計量分析上一些常使用的函

數式，均是 (8-1) 式的特例。例如：當 $\beta_2 = 0$ 時，則 (8-1) 式即變為部份調整模型；若當 $\phi = 0$ 時，則 (8-1) 式即為二階分配落後模型；若當 $\beta_1 = \beta_2 = 0$ 時，則 (8-1) 式即為一階自我相關模型 AR(l)，由 (8-1) 式中之參數加以重新組合後，可以導出 ECM 模型：

$$\Delta Y_t = \beta_0 + \beta_1 \Delta X_t - (1-\phi)[Y_{t-1} - \nu X_{t-1}] + \varepsilon_t \cdots\cdots\cdots\cdots\cdots (8\text{-}2)$$

$$\nu = \frac{\beta_1 + \beta_2}{(1-\phi)} \cdots\cdots\cdots\cdots\cdots\cdots\cdots\cdots\cdots\cdots\cdots\cdots\cdots\cdots (8\text{-}3)$$

誤差修正項 (error correction term) 為

$$U_{t-1} = 1Y_{t-1} - \nu X_{t-1} \cdots\cdots\cdots\cdots\cdots\cdots\cdots\cdots\cdots\cdots\cdots\cdots\cdots (8\text{-}4)$$

$(1, -\nu)$ 為長期均衡關係向量。

(8-2) 式為最簡單的 ECM 模型，而保留 ADL 模型的一般性。若 Y 與 X 序列均為 I(1) 序列，而由 Granger representation theorem 得知：若 Y 與 X 序列存在共整合關係時，必可以 ECM 模型表示，反之亦然。所以，當 ECM 模型中之誤差修正項係數為顯著時，即表示 Y 與 X 序列存在共整合及長期均衡關係，其係數 $(1-\phi)$ 為調整速度參數。此時，誤差修正項序列 (U_{t-1}) 為一定態的 I(0) 序列，又稱為失衡誤 (disequilibrium error)，亦即其會在長期均衡關係上小幅波動，且回到長期均衡關係的機率為一，相鄰跨越長期均衡關係的期望間隔為有限值。向量誤差修正模型 (vector error correction model, VECM) 則是結合向量自我迴歸 (vector autoregression, VAR) 及共整合的誤差修正項，可看變數間的 Granger 因果關係 (Granger causality)，並做係數估計檢定。

所以，當 I(1) 序列存在共整合關係時，則 EC 模型為一定態序列，它以 OLS 進行估計，並不會發生虛假迴歸的問題。且能改善一階差分模型的缺點，納入變數之間長期均衡關係的訊息，提高模型的解釋能力。

8.2.2 共整合模型

所謂「共整合」係指「common stochastic trend」。當非定態變數具有共整合關係時，隱含著變數間在長期下，是具有往均衡方向調整的特性。換言之，即使

在短期時，變數間可能存在偏離的情況，但該偏離的現象，會愈來愈小，而愈來愈往長期均衡的方向調整。

　　JMulTi 共整合檢定方法有二：(1) Engel & Granger 提出的二階段共整合檢定及 (2) Johansen 共整合檢定法。前者檢定方法存在著較適合針對小樣本檢定及在兩步驟的估計中，無從判斷某一個變數究竟應否包含在共整合向量中之問題。因此，最近共整合的檢定多採用 Johansen 共整合檢定法。

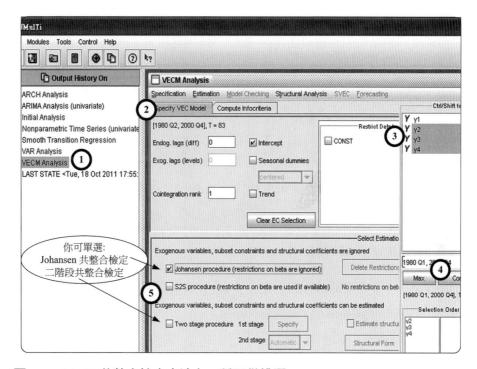

⌒圖 8-1　JMulTi 共整合檢定方法有二種可供挑選

　　JMulTi 的共整合檢定之基礎模型為：

$$y_t = D_t + x_t \text{ 或寫成} \begin{bmatrix} y_{1t} \\ y_t \\ \vdots \\ y_{kt} \end{bmatrix} = \begin{bmatrix} D_{1t} \\ D_{2t} \\ \vdots \\ D_{kt} \end{bmatrix} + \begin{bmatrix} x_{1t} \\ x_{2t} \\ \vdots \\ x_{kt} \end{bmatrix}$$

其中，y 為觀察值之 K 維向量。

　　D_t 為決定項 (deterministic term)。例如，$D_t = \mu_0 + \mu_1 t$ 是線性趨勢項。

　　x_t 是具有向量誤差修正模型 (VECM) 之 VAR(P)。

所謂 VECM，其模型如下。表示 x_t 除了自己受前一期有影響外，y_t 的前幾期「差分」亦有影響力：

$$x_t = \Pi \times x_{t-1} + \sum_{j=1}^{p-1} \Gamma_j \times \Delta y_{t-j} + u_t$$

其中，向量 u_t 是白噪音，$u_t \sim (0, \sum_u)$ 。

最後，求得 rank(Π) 就是「共整合的個數」。

標準 VECM 原始模型如下：

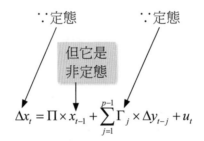

$$\Delta x_t = \Pi \times x_{t-1} + \sum_{j=1}^{p-1} \Gamma_j \times \Delta y_{t-j} + u_t$$

在上式中，由於 x_{t-1} 項是非定態，它是無法「直接」納入此「左右都定態」的恆等式中。故我們期望找一個「線性組合項」$\alpha\beta'$，「間接」來取代 Π：

$$\Pi x_{t-1} = (\alpha\beta') x_{t-1} = \alpha \times (\beta' x_{t-1})$$

使得 x_{t-1} 經 β 向量的線性組合之「$\beta' x_{t-1}$」是定態。

其中，$\beta' x_{t-1}$：長期隨機關係 (即共整合關係)。

α：調整速度 (大小)

虛無假設 $\begin{cases} H_0 : rank(\Pi) = r_0 \\ H_1 : rank(\Pi) > r_0 \end{cases}$，$r_0 = 0, 1, 2, \cdots, K-1$

有 K 個序列，最多 K$-$1 個共整關係。所以 JmulTi 軟體會疊代「K$-$1」次，來逐次檢定 r_0 是否顯著。

(一) 共整合關係有幾個呢？Trace 檢定

Johansen 多變量最大概似法 (Multivariate Maximum Likelihood) 來求解之共整合檢定法有 5 種類型：

$$\Delta X_t = \Gamma_1 \Delta X_{t-1} + \cdots + \Gamma_{k-1} \Delta X_{t-(k-1)} + \alpha\beta' X_{t-1} + \Psi D_t + \varepsilon_t$$

$$\Delta X_t = \Gamma_1 \Delta X_{t-1} + \cdots + \Gamma_{k-1} \Delta X_{t-(k-1)} + \alpha(\beta', \beta_0)(X'_{t-1}, 1)' + \Psi D_t + \varepsilon_t$$

$$\Delta X_t = \Gamma_1 \Delta X_{t-1} + \cdots + \Gamma_{k-1} \Delta X_{t-(k-1)} + \alpha\beta' X_{t-1} + \mu_0 + \Psi D_t + \varepsilon_t$$

$$\Delta X_t = \Gamma_1 \Delta X_{t-1} + \cdots + \Gamma_{k-1} \Delta X_{t-(k-1)} + \alpha(\beta', \beta_1)(X'_{t-1}, t)' + \mu_0 + \Psi D_t + \varepsilon_t$$

$$\Delta X_t = \Gamma_1 \Delta X_{t-1} + \cdots + \Gamma_{k-1} \Delta X_{t-(k-1)} + \alpha\beta' X_{t-1} + \mu_0 + \mu_1 t + \Psi D_t + \varepsilon_t$$

Johansen 誤差修正之多變量 Gaussian 向量自我迴歸模型 (VAR) 與假設檢定，依 VAR 與共整合方程式 (Cointegration equation, CE) 中截距項與時間趨勢項之存在與否，共分為以下五個：

【模型 1】VAR 與 CE 中皆無截距項與時間趨勢項，表示變數共整關係無趨勢共移：$H_0 : \Delta Y_t = \Gamma_1 \Delta Y_{t-1} + \cdots + \Gamma_{k-1} \Delta Y_{t-k+1} + \alpha\beta' Y_{t-1} + \Phi D_t + \varepsilon_t$

【模型 2】VAR 中無截距項，CE 中有截距項，表示變數共整關係無趨勢共移：$H_1^* : \Delta Y_t = \Gamma_1 \Delta Y_{t-1} + \cdots + \Gamma_{k-1} \Delta Y_{t-k+1} + \alpha(\beta', \beta_0)(Y'_{t-1}, 1)' + \Phi D_t + \varepsilon_t$

【模型 3】VAR 與 CE 中有截距項，表示變數共整關係為線性趨勢共移：$H_1 : \Delta Y_t = \Gamma_1 \Delta Y_{t-1} + \cdots + \Gamma_{k-1} \Delta Y_{t-k+1} + \alpha\beta' Y_{t-1} + \mu_0 + \Phi D_t + \varepsilon_t$

【模型 4】VAR 中有截距項，CE 中有截距項與時間趨勢項，表示變數共整關係為線性趨勢共移：$H_2^* : \Delta Y_t = \Gamma_1 \Delta Y_{t-1} + \cdots + \Gamma_{k-1} \Delta Y_{t-k+1} + \alpha(\beta', \beta_1)(Y'_{t-1}, t)' + \mu_0 + \Phi D_t + \varepsilon_t$

【模型 5】VAR 與 CE 中有截距項與時間趨勢項，表示變數共整關係為二次趨勢共移：$H_2 : \Delta Y_t = \Gamma_1 \Delta Y_{t-1} + \cdots + \Gamma_{k-1} \Delta Y_{t-k+1} + \alpha\beta' Y_{t-1} + \mu_0 + \mu_1 t + \Phi D_t + \varepsilon_t$

以上 5 種模型對應之虛無假設為：

$$H_0(r) : Y = 0$$
$$H_1^*(r) : Y = \alpha\beta_0$$
$$H_1(r) : Y = \alpha\beta_0 + \alpha_\perp \gamma_0$$
$$H_2^*(r) : Y = \alpha\beta_0 + \alpha_\perp \gamma_0 + \alpha\beta_1 t$$
$$H_2(r) : Y = \alpha\beta_0 + \alpha_\perp \gamma_0 + (\alpha\beta_1 + \alpha_\perp \gamma_1) t$$

至於，最適模型可依 Nieh & Lee (2001) 之決定法則，由第一至第五模型，再由低矩至高矩，順序檢測，直到找到不拒絕虛無假設之模型設定為止。

儘管 Johansen 提出五種共整合檢定法，但 JMulTi 只提供下列三種檢定法。若從基本型之 VECM 模型：$y_t = D_t + x_t$ 來看，Johansen Trace 檢定有下列三類型：

第 1 型. Constant：限制平均項，且沒有線性趨勢

此型之決定項 D_t 為：$D_t = \mu_0 (+seasonal\ dummies)$

以本例的 GDP (變數 Dp) 所代表的 y_t 來說，其對應的模型為：

$$\Delta y_t = \Pi^* \begin{bmatrix} y_{t-1} \\ 1 \end{bmatrix} + \sum_{j=1}^{p-1} \Gamma_j \Delta y_{t-j} + u_t$$ ，長期關係「內」加一個「常數項」

其中，$\Pi^* = [\Pi : \nu_0]$，是 $(K \times (K+1))$ 矩陣，$\nu_0 = -\Pi\mu_0$　　Johansen (1995)

第 2 型. Constant & trend：趨勢及共整合，兩者是正交 (orthogonal)

此型之決定項 D_t 為：$D_t = \mu_0 + \mu_1 \times t (+seasonal\ dummies)$

$$\Delta y_t = \nu + \Pi \times y_{t-1} + \sum_{j=1}^{p-1} \Gamma_j \Delta y_{t-j} + u_t$$ ，長期關係「外」加一個「常數項 ν」

虛無假設的檢定為 $\begin{cases} H_0 : rank(\Pi) = K-1 \\ H_1 : rank(\Pi) = K \end{cases}$

第 3 型. Orthogonal trend：第 2 型＋季節虛擬變數

(二) 估計 (Estimation) 該 VECM 參數設定是否適配

事實上，財經序列通常都很複雜，多屬非定態，且需一階差分該序列才會平穩。故我們在建模時，參數個數 n 該選幾個，ARCH(q) 落後期數 q 該選多少，JMulTi 提供下幾個訊息準則。同一類型之迴歸模型，因其不同的參數個數 n、及不同落後期數 q 設定，都會納入 AIC 值計算的考量。以下各種訊息準則 (如 AIC) 值愈小表示模型愈適配。

JMulTi 有四個訊息準則，讓我們來判定 VAR、ARIMA、VECM 等模型之參數設定 (共整合關係有幾個、落後期數、要不要加常數項或季節虛擬變數…) 是否適配。

1. $AIC(n) = \log \hat{\sigma}_u^2(n) + \dfrac{2}{T} \times n$　　　　　Akaike (1973,1974)

2. $HQ(n) = \log \hat{\sigma}_u^2(n) + \dfrac{2\log(\log(T))}{T} \times n$　　Hannan & Quinn (1979)

3. $SC(n) = \log \hat{\sigma}_u^2(n) + \dfrac{\log(T)}{T} \times n$　　　　　Schwarz (1978) & Rissanen (1978)

4. $FPE(n) = \hat{\sigma}_u^2(n) \times \dfrac{T + n^*}{T - n^*}$　　　　　Akaike (1969)

其中，

　　K：外生變數的個數 (即聯立迴歸式有幾個)。

　　n：內生變數之落後階數 (order)。

　　n^*：每一方程式之參數有幾個。

　　殘差之白噪音共變數矩陣 $\hat{\sigma}_u^2(n)$：是 $\dfrac{\widehat{u}'\widehat{u}}{T}$ 最小平方法的估計值。

　　由於 $\hat{\sigma}_u^2(n)$ 愈小，AIC 等準則就愈小，表示模型愈適配。但是當模型的內生變數之落後階數 n 愈大，本身就已違反「建模要愈精簡愈好」原則，故以上四種準則都有「懲罰」參數個數 (n^*) 過多或落後階數 n 過多的機制，即 n 或 n^* 愈大，AIC 等準則就變大，讓評鑑的模型顯現得愈不適配。

(三) 三種 VECM 模型類型之選擇

　　JMulTi 提供我們界定的 VECM 模型沒有「constant」ν，但在長期關係「內外」加一個「常數項」，因此合併下列二式：

$$\Delta y_t = \Pi^* \begin{bmatrix} y_{t-1} \\ 1 \end{bmatrix} + \sum_{j=1}^{p-1} \Gamma_j \Delta y_{t-j} + u_t$$　　　長期關係「內」加一個「常數項」

$$\Delta y_t = \nu + \Pi \times y_{t-1} + \sum_{j=1}^{p-1} \Gamma_j \Delta y_{t-j} + u_t$$　　　長期關係「外」加一個「常數項」

可得到剛剛界定的，綜合 VECM 模型為：

$$\Delta y_t = \nu + \Pi^* \begin{bmatrix} y_{t-1} \\ 1 \end{bmatrix} + \sum_{j=1}^{p-1} \Gamma_j \Delta y_{t-j} + u_t$$

長期關係「內」加一個常數項

長期關係「外」加一個常數項

我們期望 VECM 能找一個「線性組合項」$\alpha\beta'$，來取代 Π：

$$\Pi x_{t-1} = (\alpha\beta')x_{t-1} = \alpha \times (\beta' x_{t-1})$$

故上式可再改寫成：

$$\Delta y_t = \alpha \times (\beta' \times y_{t-1}) + \sum_{j=1}^{p-1} \Gamma_j \times \Delta y_{t-j} + u_t$$

在「11.3 以 JMulTi 軟體來分析共整合檢定」章節中，係以 JMulTi 實例來分析「利率 vs. 通膨率」，所得 VECM 最適模型，其算出的最佳矩陣解：

$$\begin{bmatrix} \Delta R_t \\ \Delta Dp_t \end{bmatrix} = \begin{bmatrix} -0.10 \\ 0.158 \end{bmatrix} [1.00 \quad -3.96] \begin{bmatrix} R_{t-1} \\ Dp_{t-1} \end{bmatrix} + \begin{bmatrix} 0.269 & -0.21 \\ 0.065 & -0.34 \end{bmatrix} \begin{bmatrix} \Delta R_{t-1} \\ \Delta Dp_{t-1} \end{bmatrix}$$

$$+ \begin{bmatrix} -0.02 & -0.22 \\ -0.00 & -0.39 \end{bmatrix} \begin{bmatrix} \Delta R_{t-2} \\ \Delta Dp_{t-2} \end{bmatrix} + \begin{bmatrix} 0.223 & -0.11 \\ 0.018 & -0.35 \end{bmatrix} \begin{bmatrix} \Delta R_{t-3} \\ \Delta Dp_{t-3} \end{bmatrix} + \begin{bmatrix} u1_t \\ u2_t \end{bmatrix}$$

上式之矩陣運算式裡，係數大小代表影響力強弱，正負號代表影響的方向。

因為向量 Beta 所代表之係數，其 $|t| > 1.96$ 臨界值，此長期趨勢達 0.05 顯著水準，在這個 JMulTi 實例中，我們發現，利率 R 及通膨率 Dp 有一共整合關係，即「$R_t - 3.962 \times Dp_t$」。而且，利率 R 為通膨 Dp 的因，但通膨 Dp 並不會反過來影響利率 R。

8.3 | JMulTi 之 VECM 範例練習

在「8.6 JMulTi 實作 VECM」、第 11 章「11.3 以 JMulTi 軟體來分析共整合檢定」章節中，已有實例介紹，JMulTi 之 VECM 來分析共整合、因果關係。

若想自己使用 JMulTi 再演練 VECM，則 CD 片上附有：「ch04 ARIMA 及 ch08 VECM 練習題」資料夾，或「ch08 VECM 範例」資料夾中「Canadian 就業-失業率-勞工生產力-實質工資.dat」、「fixed investment，disposable income，consumption expenditures in billions of DM.dat」等資料檔，可供練習。

8.4 | VECM 範例 1：國際利率傳遞與跟進動態效果

Granger (1969) 所提出之因果關係檢定法 (Granger Causality Test) 係可供檢定各變數間之領先落後關係。例如變數 X 與 Y，可能為 X 領先 Y (X → Y)，或 X 落後Y (X ← Y) 或 X 與 Y 互為因果具有雙向回饋關係 (X ↔ Y)。

例如，洪世杰 (2006) 研究：浮動匯率制度下國際利率傳遞與跟進動態效果，其採用 VECM 模型如下：

Step 1. VECM 模型的界定

1. 貨幣市場利率

$$\begin{bmatrix} \Delta MR_i \\ \Delta MR_{us} \end{bmatrix} = \begin{bmatrix} C_{1i} & \lambda_{1i} \\ C_{1us} & \lambda_{1us} \end{bmatrix} \begin{bmatrix} 1 \\ MU_{t-1} \end{bmatrix} + \begin{bmatrix} \varepsilon_{1i} \\ \varepsilon_{1us} \end{bmatrix}$$

ΔMR：貨幣市場利率一階差分 $(=MR_t - MR_{t-1})$。

i：i 國；us：美國；$t-1$：表前一期。

C：常數項；λ：調整速度參數。

ε：白噪音誤差項。

MU_{t-1}：誤差修正項 $(=MR_{US,t-1} - vMR_{i,t-1},)$，$(1, -v)$ 為長期均衡關係向量。

2. 重貼現率

$$\begin{bmatrix} \Delta DR_i \\ \Delta DR_{us} \end{bmatrix} = \begin{bmatrix} C_{2i} & \lambda_{2i} \\ C_{2us} & \lambda_{2us} \end{bmatrix} \begin{bmatrix} 1 \\ DU_{t-1} \end{bmatrix} + \begin{bmatrix} \varepsilon_{2i} \\ \varepsilon_{2us} \end{bmatrix}$$

ΔDR：重貼現率一階差分 $(=DR_t - DR_{t-1})$。

i：i 國；us：美國，$t-1$：表前一期。

C：常數項；λ：調整速度參數。

ε：白噪音誤差項。

DU_{t-1}：誤差修正項 $(=DR_{US,t-1} - \phi DR_{i,t-1},)$，$(1, -\phi)$ 為長期均衡關係向量。

3. 資料來源

   (1) 貨幣市場利率：

     取自台灣教育部 AREMOS GERFIN 及 FSM 資料庫。取樣時間為 1988
     年 6 月 1 日至 2001 年 12 月 3 日 (日資料)，三個月到期貨幣市場利率，
     取樣國家：奧地利 (AST)、比利時 (BEL)、芬蘭 (FIN)、法國 (FRA)、德
     國 (GER)、荷蘭 (HOL)、愛爾蘭 (IRL)、義大利 (ITA)、日本 (JAP)、盧
     森堡 (LUX)、葡萄牙 (POR)、西班牙 (SPA)、瑞士 (SWI)、台灣 (TAI)、
     英國 (UK)、美國 (US)。

   (2) 重貼現率：

     取自台灣教育部 AREMOS GERFIN 及 FSM 資料庫。取樣時間為 1988
     年 6 月 1 日至 2001 年 12 月 3 日 (日資料)，取樣國家：澳洲 (ASL)、
     奧地利 (AST)、比利時 (BEL)、加拿大 (CAN)、丹麥 (DEN)、法國
     (FRA)、德國 (GER)、希臘 (GRE)、荷蘭 (HOL)、義大利 (ITA)、日
     本 (JAP)、挪威 (NOR)、瑞典 (SWE)、瑞士 (SWI)、台灣 (TAI)、英國
     (UK)、美國 (US)。

Step 2. 共整合分析結果

    以下分析結果之表格裡，國家代稱後，M 代表貨幣市場利率、D 代表重貼
現率。

■表 8-1 ADF 單根檢定結果

	貨幣市場利率		重貼現率	
	Level	**1th Difference**	**Level**	**1th Difference**
ASL	−	−	−0.55	−21.83
AST	0.14	−22.74	−1.12	−27.21
BEL	−0.77	−28	−0.81	−24.94
CAN	−	−	−1.13	−26.57
DEN	−	−	−0.95	−24.87
FIN	−2.28	−17.21	−	−
FRA	−1	−26.24	−0.61	−26.69
GER	−0.71	−21.5	−1.3	−27.04
GRE	−	−	2.21	−25.84
HOL	−0.77	−28.63	−1.38	−25.54
IRL	−2.11	−43.02	−	−
ITA	−0.24	−29.55	−0.7	−26.28
JAP	−0.81	−31.38	−0.94	−25.72
NOR	−	−	−2.89	−23.09
LUX	−0.77	−27.99	−	−
POR	−2.46	−28.95	−	−
SPA	−1.03	−24.24	−	−
SWE	−	−	−1	−20.01
SWI	−1.71	−30.39	0.28	−25.4
TAI	−2.45	−23.47	−0.24	−26.34
UK	−0.39	−27.06	−0.33	−25.65

註：1. 臨界值：MacKinnon 拒絕單根之臨界值，$\alpha = 1\%$，C.V. $= -3.43$，$\alpha = 5\%$，C.V. $= -2.86$，大於臨界值則接受有單根。

2. 落後期數 k $= 4$。

3. 所有序列檢定結果皆為 I(1) 序列。

■表 8-2 選取國家重貼現率 VECM 估計檢定結果

		λ	se	t	C	se	t	Obs.
AST	ΔASTD	−0.00125	0.00050	−2.49*	0.00074	0.00112	0.66	3391
	ΔUSD	−0.00062	0.00033	−1.91	−0.00074	0.00073	−1.01	3391
BEL	ΔBELD	−0.00137	0.00041	−3.32*	−0.00061	0.00146	−0.42	3259
	ΔUSD	−0.00019	0.00021	−0.87	−0.00077	0.00076	−1.01	3259
DEN	ΔDEND	−0.00016	0.00061	−0.26	−0.00071	0.00148	−0.48	3188
	ΔUSD	−0.00100	0.00029	−3.47*	0.00000	0.00070	0.00	3188
FRA	ΔFRAD	−0.00052	0.00016	−3.26*	−0.00044	0.00102	−0.44	3391
	ΔUSD	−0.00001	0.00011	−0.05	−0.00074	0.00073	−1.01	3391
GER	ΔGERD	−0.00060	0.00067	−0.90	0.00088	0.00119	0.74	3391
	ΔUSD	−0.00125	0.00041	−3.03*	−0.00074	0.00073	−1.01	3391
HOL	ΔHOLD	−0.00131	0.00042	−3.14*	0.00075	0.00118	0.64	3318
	ΔUSD	−0.00039	0.00026	−1.57	−0.00075	0.00075	−1.01	3318
JAP	ΔJAPD	−0.00085	0.00020	−4.34*	−0.00089	0.00070	−1.27	3379
	ΔUSD	−0.00009	0.00021	−0.42	−0.00081	0.00074	−1.11	3379
SWI	ΔSWID	0.00008	0.00002	4.33*	−0.00060	0.00076	−0.79	3316
	ΔUSD	−0.00001	0.00002	−0.70	−0.00083	0.00075	−1.11	3316
UK	ΔUKD	−0.00170	0.00038	−4.52*	−0.00077	0.00121	−0.64	3413
	ΔUSD	−0.00010	0.00023	−0.43	−0.00081	0.00073	−1.11	3413

■表 8-3 選取國家對美國重貼現利率調整速度比較表

	UK	BEL	HOL	AST	JAP	FRA	SWI
λ	−0.0017	−0.00137	−0.00131	−0.00125	−0.00085	-0.00052	7.8E−05
t	−109.705	−88.5474	−84.5625	−81.0509	−54.8695	−33.5451	5.041339
r	1	2	3	4	5	6	7

註：r 為排名，t 值已標準化。

■表 8-4　選取國家和美國利率關聯分析表

	國家	代稱	和美國共整合		受美國影響			
			貨幣市場利率	重貼現率	貨幣市場利率		重貼現率	
1	澳洲	ASL		×			×	
2	奧地利	AST	○	○	○	8	○	4
3	比利時	BEL	○	○	○	4	○	2
4	加拿大	CAN		×			×	
5	丹麥	DEN		○			*	
6	芬蘭	FIN	○		*			
7	法國	FRA	×	○	×		○	6
8	德國	GER	○	○	○	9	*	
9	希臘	GRE		×			×	
10	荷蘭	HOL	○	○	○	7	○	3
11	愛爾蘭	IRL	○		○	2		
12	義大利	ITA	×	×	×		×	
13	日本	JAP	○	○	○	6	○	5
14	挪威	NOR		×			×	
15	盧森堡	LUX	×		×			
16	葡萄牙	POR	×		×			
17	西班牙	SPA	×		×			
18	瑞典	SWE		×			×	
19	瑞士	SWI	○	○	○	5	○*	7
20	台灣	TAI	○	×	○	1	×	
21	英國	UK	○	○	○	3	○	1

註：1. ○表示符合，×表示不符合，數字表示排名，空格表示無資料。

2. 芬蘭 (FIN) 貨幣市場利率的係數顯示和美國顯著互相影響 (打 * 號)。

3. 丹麥 (DEN)、德國 (GER) 重貼現率的係數顯示單一方向的正向顯著影響美國 (打 * 號)。

4. 瑞士 (SWI) 重貼現率則呈現受到美國單一方向的負向影響，誤差調整項係數為正號且顯著異於零 (打○* 號)。

8.5 | VECM 範例 2：台灣各都市內部遷移率與住宅市場關係

資料來源：薛立敏、曾喜鵬，台灣各都市內部遷移率與住宅市場關係之實
證研究，國科會專題研究計畫經費之補助，計畫編號 NSC-89-
2415-H-170-004。

　　首先建立一觀念性模型，以解釋都市內部遷移與當地住宅市場發展的相互
關係，並選取台北市、台北縣、台中市及高雄市四個都市為研究對象，以民
國 63 年至 85 年的總體時間序列資料，分別利用多項落遲分配模型 (polynomial
distributed-lagged model, PDL)、及誤差修正模型 (error correction model, ECM) 為
估計方法，探討都市內部遷移率與住宅供給量、房價所得比，及仲介業密度等三
個住宅市場變數間的關係。

　　就整體結果而言，PDL 模型因為已經假定了遷移率是被解釋變數，而使模
型的解釋能力受到限制，房價負擔能力與仲介業密度的估計結果均不令人滿意；
以誤差修正模型估計結果則發現遷移率與住宅供給之間呈現相互的影響，而遷移
率對房價及仲介業密度的影響更甚於後者對前者的影響。總結來說，利用可以檢
定變數間雙向因果關係及長短期效果的誤差修正模型是較理想的方法。

一、前言

　　自民國 70 年以來，台灣地區一年約有 10% 至 14%，兩百多萬的人口會遷
移居住地點。依據主計處進行的「國內遷徙調查」，遷徙原因是屬於居住關係
的，在調查的各年中 (民國 70 年至 81 年) 均在四成至五成之間，遠高於因工作
關係、求學關係、結婚關係或其他原因而遷居者，而因改變居住需求而遷移者則
有 76% 以上在都市內部移動。與居住相關的遷徙原因包括：(1) 改變住宅權屬，
亦即從租屋者變為擁屋者或從擁屋者變為租屋者；(2) 改變住宅品質，以遷居來
達到調整住宅需求的質與量的目的；(3) 改變居住環境，如為了靠近學校、市場
等。但不論是為了何種原因遷移，在決定遷移的同時，也要決定遷居後的居住方
式，包括住宅權屬、住屋空間、住宅類型、居住環境等。換言之，遷移者必須在
想要遷往地點的住宅市場中找尋居住的所在。住宅市場的健全與否，包括房價的
水準、住宅的供給、市場交易效率等都會影響遷移的決策。因此，居住遷移與住
宅市場的關係是十分密切的。

然而台灣過去由於工業化發展所造成的區域不均衡發展問題嚴重，因此有關遷移研究大都著重區域間的探討。經建會 (1989) 探討台北都會區之換屋行為，內容包括遷移者之換屋原因、換屋地點選擇、換屋前後之住宅狀況、未來換屋計畫等；熊瑞梅 (1988) 以迴歸分析探討遷移率與住宅擁擠度、租押率、傳統住宅數量及屋齡等變數之關係，為少數連結遷移與住宅市場關係者。

　　所謂「居住遷移」為家戶因應本身需求或外在環境變化而改變其居住區位以調整住宅消費的過程，在此觀點下探討家戶之居住遷移與住宅市場間的關係。此研究是以民國 63 年至 85 年台北市、台北縣、台中市、高雄市的總體時間序列資料，以多項落遲分配模型及誤差修正模型來進行實證研究。

二、居住遷移與住宅市場關係

　　以下 Logic 推理，居住遷移的觀念性架構，及居住遷移與住宅供給量、住宅價格與住宅市場交易效率之間的關係。

(一) 居住遷移的觀念性模式

　　居住遷移為家戶或個體在都市內部的短距離移動，與區域間長距離的遷移不同，一般認為長距離的遷移與就業及工資水準有關，而居住遷移則主要為調整住宅需求，因此居住遷移的研究大都將其定義為家戶調整住宅消費的過程 (如 Cadwallader, 1992; Clark & Dieleman, 1996; Kingsley & Turner, 1993)。

　　居住遷移決策程序及可能的影響因素如圖 8-2 所示，若無外在因素衝擊此系統，家戶消費將可達到長期均衡狀態，亦不會有遷移行為的發生 (Weinberg, 1979)。綜合過去相關研究，影響家戶消費失衡的因素包括家戶需求的改變 (如生命週期、所得、教育程度、職業及偏好等)、對住宅權屬偏好的改變、工作地點的改變、外在環境的改變 (如鄰里環境、實質環境) 等。家戶處於失衡狀態時，便會調整住宅或其他財貨的消費，而遷移便是調整住宅需求的最主要方式 (Hanushek & Quigley, 1978)。

　　由於遷移所產生的有形無形成本頗高，因此家戶從有遷移意願到實際做出遷移決策，會經過一連串在住宅市場的搜尋與評估過程，此時住宅市場發展狀況與交易成本的高低便成為影響家戶是否遷移的最主要因素。住宅市場的發展包括住宅價格、住宅供給、房價負擔能力等；交易成本包括搜尋成本、搬遷成本、稅捐成本、交易安全等。家戶經過在住宅市場的搜尋與評估後，若決定遷移亦同時決

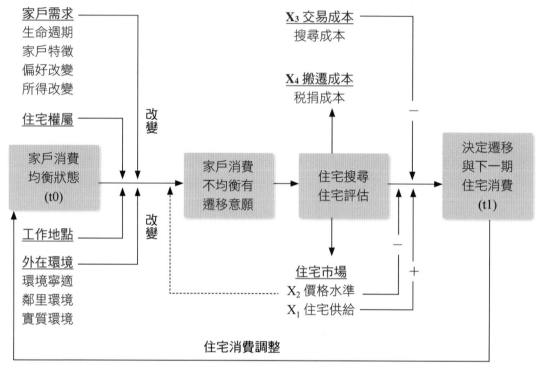

圖 8-2　居住遷移、住宅調整與住宅市場關係 (個體決策觀點)

定其住宅消費方式。

　　因研究的重點在探討遷移與住宅市場的關係，故較適宜使用總體時間序列的資料，而有關家戶特徵的影響則較適宜使用個體家戶資料來探討，故除所得因素併入房價因素一併討論外，其他家戶特徵的影響在本文中無法兼顧。下面進一步說明住宅供給、住宅價格、交易成本與居住遷移的關係及文獻上的發現。

(二) 居住遷移與住宅供給

　　住宅供給量的多寡代表一個都市住宅市場的活絡程度，假設住宅市場提供數量充足、多樣化且品質高的住宅產品，潛在遷移者 (有遷移意願者) 便有較多的選擇機會，遷移的可能性亦會增加。Weinberg (1979) 認為一個緊縮的住宅市場將使得遷移率降低，亦即如果市場中只有少數的住宅，遷移的決策可能會落遲，一直到住宅市場狀況改善；Sabagh、Arsdol & Butler (1969) 亦認為已經計畫遷移的人會因緊縮的住宅市場而暫緩，而一個擴張的 (expanding) 住宅市場則提供較

多遷移的機會；Alperovich (1983) 在探討環境寧適性與遷移區位選擇關係時，亦發現住宅供給成長及住宅區面積會影響遷移的區位選擇。

(三) 居住遷移與住宅價格

不同的住宅調整行為與住宅價格的關係會有所差異，若家戶為了消費更多的住宅空間或追求更好的居住品質而遷移，住宅價格的變化將會影響其遷移決策；若家戶的住宅調整是為了減少住宅消費 (如因為家中人口減少)，則其遷移決策受到住宅價格影響的程度較低，甚或無影響。此外，由於住宅兼具消費與投資性質，住宅價格上漲會帶來資本利得，因此當住宅價格上漲或預期住宅價格上漲，理論上家戶也有可能會為了實現資本利得而遷移，但至今仍未有實證研究證實此一推論。以台灣一個成長中的經濟而言，調整居住需求的目的多半是為了改善居住品質。換言之，換屋後的房屋總價通常會高於換屋前。因此像民國 76 年末期房價水準大幅提升應會減低人們的換屋能力，因而減少遷移率。

過去有關住宅價格對遷移決策影響的討論指出住宅價格與遷移決策呈反向關係，Weinberg (1979) 認為較高的住宅價格會使遷移率降低；Berger & Blomquist (1992) 探討工資、生活品質及住宅價格等因素對家戶是否遷移及遷移地點選擇的影響，研究發現工資水準與遷移成本對家戶是否遷移有影響，而生活品質、工資水準及住宅價格則影響遷移者的地點選擇。Ioannides & Kan (1996) 的研究發現住宅增值對擁屋者的搬遷沒有顯著的影響；Kiel (1994) 則認為對未來房價上漲的預期對遷居與否有負面的影響。

前述研究假定家戶是否遷移的決策會受到住宅價格的影響，且住宅價格愈高，家戶會遷移的機率愈低。Potepan (1994) 則認為是否遷移的決策與住宅價格為同時決定的，他建立一聯立方程式 (simultaneous equation) 探討都會區間的遷移與住宅價格的相互關係，發現較高的淨遷移率會使得都會區的住宅價格上漲，而住宅價格的上漲則會降低該都會區內更進一步的淨遷移率。

(四) 居住遷移與交易成本

家戶要換屋，就需要找尋新屋、買新屋、賣舊屋、搬家等一連串的動作，這是一個很複雜的過程，風險也高，如果有一仲介者提供服務給買賣雙方，將可以提高交易的效率。另一方面，換屋通常也要付出許多稅捐和費用，包括土地增值稅、契稅、代書費等。這些從找屋開始的一連串過程所產生的有形、無形成本

可統稱為交易成本,交易成本的高低也會影響搬遷的決策。Hanushek & Quigley (1978) 認為交易成本的存在使得遷移行為變得複雜,如果在遷移過程中沒有交易成本的存在,則家戶在有遷移意願產生時會立刻做出遷移的決策,而沒有時間上的落後。Amundsen (1985) 則以遷移成本建立一家戶長期最適遷移策略,包括最適遷移次數、最適遷移時間及最適住宅消費量。Weinberg、Friedman & Mayo (1981) 探討住宅市場特徵與家戶住宅搜尋及遷移決策的關係,研究發現住宅搜尋與搬遷成本對居住遷移決策有顯著的影響。

(五) 遷移率與住宅市場的互動關係

從前述的討論可知,除 Potepan (1994) 曾探討遷移率與住宅價格的同時性關係外,大部份的研究著重住宅市場因素 (住宅價格、住宅供給量) 及交易成本對家戶遷移決策的影響,而未曾考慮家戶遷移決策對住宅市場發展的影響。從整體住宅市場觀點來看,都市內部遷移率可視為個別家戶遷移機率的加總,由於家戶遷移換屋是住宅需求的主要來源,因此遷移率的高低代表對整體住宅需求的程度,住宅需求的變化會影響住宅市場的供給,包括住宅價格、住宅供給量、及仲介業的數量;住宅市場供給的變化又會影響家戶的遷移決策,進而造成都市內部遷移率的變化。

綜合前述,從總體觀點來說,遷移率與住宅市場發展間會相互影響。以上所述之遷移率與住宅市場的關係可以用圖 8-3 來說明。

三、實證方法與資料來源

為實際估計居住遷移與住宅市場的關係,研究利用民國 63 年至 85 年之總體時間序列資料,選取台北市、台北縣、台中市及高雄市四大都市為研究對象 (註2),探討都市內部遷移率與住宅供給量、房價所得比、及仲介業密度等市場變數間的關係。茲將研究所採用各項變數的定義、資料來源與估計方法說明如下。

(一) 變數定義與資料來源

1. 都市內部遷移率 (IMR)

都市內部遷移率係指在原居住都市內移動者,排除自其他地區遷入或遷出原都市者,原因在於自其他地區遷入或遷出原居住都市的遷移者屬於長距離遷移,遷移的動機與就業或就學有關,其行為的解釋可能包含住宅市場以

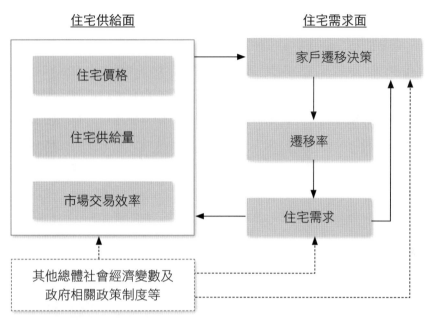

住宅供給面　　　　　　　　　　　住宅需求面

⌐圖 8-3　遷移率與住宅市場的相互關係 (總體市場觀點)

外的變數，因此加以排除。

2. 住宅供給量 (HSP)

　　研究以每年住宅使用執照核發的樓地板面積代表住宅供給量，供給量的多寡代表當地住宅市場的活絡程度，住宅市場愈活絡，代表家戶選擇住宅的機會愈多，選擇遷移的機率也愈高，因此預期住宅供給量與遷移率呈正向關係。

　　另外必須說明的是，住宅供給除了數量的差異外，不同區位、品質及類型的住宅供給亦會影響家戶的遷移決策，但以總體時間序列資料而言，不適合探討此類問題，加以研究時間序列不長，為了不增加變數數目，因此將住宅特徵變數加以省略。

3. 房價所得比 (ABI)

　　因研究變數時間序列長度不足，為了減少變數數目，將住宅價格與所得結合成房價所得比，用以代表家戶的房價支付能力。房價所得比愈大，表示家戶的房價負擔能力愈低，因此預期房價所得比與遷移率呈反向關係。

4. 仲介業密度 (DST)

　　研究選擇以仲介業密度做為交易成本的代理變數，以台灣仲介業的發展經驗來看，數量充足且素質良好的現代化房屋仲介所提供的服務可以保障交易雙方的安全，降低住宅搜尋成本，甚至可能會有供給創造需求的效果。雖然遷移者必須付出仲介費用，但整體而言，仲介業因可以提高住宅市場的交易效率，將可降低總交易成本，因此研究預期仲介業密度與遷移率呈正向關係。此外，以台灣的情況而言，稅制是全國一致的，沒有地區性的差異，所以這部份的交易成本可以加以忽略。

　　前述變數的詳細定義、資料來源及預期符號如表 8-5 所示。

■表 8-5 研究變數定義與資料來源

變數	定義	資料來源	預期符號
都市內部遷移率 (IMR)	都市內部遷移率＝[(同縣市之鄉鎮市區間遷入人口數＋同縣市之鄉鎮市區間遷出人口數)/2＋同一鄉鎮市區內住址變更人數) / 該年年底總人口數	內政部 (1974~1996)，中華民國台閩地區人口統計	
房價所得比 (ABI)	標準住宅總價/家戶每年平均經常性收入 (兩者均經 CPI 平減，基期為民國 85 年)	標準住宅總價：張金鶚、林秋瑾 (1999)，住宅資訊系統之整合與規劃研究。 家戶每年平均經常性收入：經建會 (1974~1996)，都市及區域發展統計彙編。	－
新增住宅供給量 (HSP)	該年核發住宅使用執照之總樓地板面積 (平方公尺)	經建會，都市及區域發展統計彙編 (1974~1996)	＋
仲介業密度 (DST)	不動產經紀業 (場所單位數)/戶口數	不動產經紀業：主計處 (1976、1981、1986、1991、1995)，工商及服務業普查報告[註3]。 戶口數：各縣市統計要覽	＋

註：都市及區域發展統計彙編中有關各縣市住宅使用執照核發之統計始於民國 69 年，因此民國 63 至 68 年之住宅供給資料，台北市係引自台北市統計要覽，其他三個都市則為研究所估計[註4]。

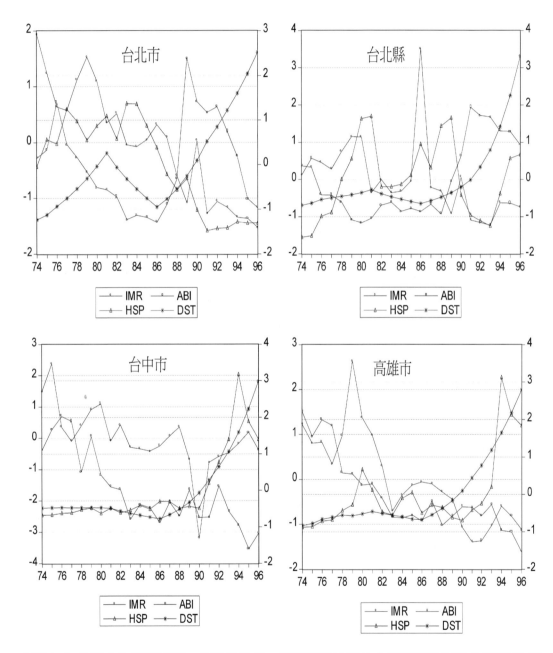

⤷圖 8-4 各都市內部遷移率、住宅供給量、房價所得比與仲介業密度變化圖 (以都市為單位)

(二) 估計方法

依研究觀點，遷移率與住宅市場的關係從總體層面來看是會相互影響的，而過去相關研究大都著重個別住宅市場因素對遷移決策或遷移率的單向因果關係。因此研究在估計方法方面，首先利用 Almon (1965) 的多項落遲分配模式 (polynomial distributed lagged model; PDLM)[註5]，以都市內部遷移率 (IMR) 為被解釋變數，以住宅供給量 (HSP)、房價所得比 (ABI) 及仲介業密度 (DST) 為解釋變數建構一落遲分配模式，檢定住宅市場變數對都市內部遷移率的影響；其次，再利用可以檢定多變數間因果關係及長短期效果的誤差修正模型 (ECM)，探討遷移率與三個住宅市場變數間的相互因果關係，並將檢定結果與 PDL 模式做一對照。茲將實證估計模式與程序說明如下。

1. 多項落遲分配模式

研究設定之多項落遲分配模型如下式，其中，都市內部遷移率為被解釋變數，解釋變數則包含當期及落後之住宅市場相關變數；k＝1, ..., 4，分別代表不同的都市；α、β、γ、δ 為待估計的參數；l、m、n 為解釋變數的落後期數，研究以使得 Akaike Information Criteria (AIC) 值最小的組合為最適落後期數選取的依據。

$$IMR_k = \alpha_k + \sum_{i=0}^{l} \beta_i^k HSP_{t-i}^k + \sum_{i=0}^{m} \gamma_i^k ABI_{t-i}^k + \sum_{i=0}^{n} \delta_i^k DST_{t-i}^k$$

2. 誤差修正模型與因果關係檢定

研究以 Johansen & Juselius (1990) 及 Johansen (1991, 1995) 利用最大概似法所建構之誤差修正模型 (ECM) 為基礎，進行遷移率與住宅市場變數間的因果關係檢定，檢定的程序如圖 8-5 所示。

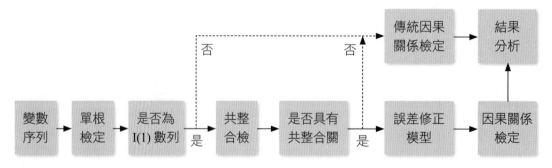

⌐圖 8-5 研究因果關係檢定程序圖

　　首先進行各變數序列是否為定態 (stationary) 的檢定，若檢定結果顯示變數序列為非定態，則可進一步檢定變數間是否具有共整合關係 (cointegrating relationship)；若具有共整合關係，則可進一步利用所估計出的共整合向量建構變數間的誤差修正模型；因果關係的檢定則可藉由誤差修正模型中之誤差修正項與落後解釋變數係數是否為零的聯合檢定得知。但若變數序列為定態、或非定態變數間不具有共整合關係，則採用 Granger (1969) 傳統因果關係檢定方法進行變數的因果關係檢定，傳統因果關係檢定與誤差修正模型因果關係檢定的差別，在於誤差修正模型中多了代表長期訊息的誤差修正項：$e_{t-1} = x_{t-1} - \beta y_{t-1}$。

$$X_t = c_1 + \delta_1 e_{t-1} + \sum_{i=1}^{p} \alpha_{1i} X_{t-i} + \sum_{i=1}^{p} \beta_{1i} Y_{t-i} + u_{xt}$$

$$Y_t = c_1 + \delta_2 e_{t-1} + \sum_{i=1}^{p} \alpha_{2i} X_{t-i} + \sum_{i=1}^{p} \beta_{2i} Y_{t-i} + u_{yt}$$

$$e_{t-1} = x_{t-1} - \beta y_{t-1}$$

Granger 誤差修正項代表前一期的均衡。

　　舉例來說，以都市內部遷移率 (IMR) 與住宅供給量 (HSP) 兩個變數序列來說，其誤差修正模型進行因果關係檢定的做法，係假設都市內部遷移率 (IMR) 與住宅供給量 (HSP) 皆為非定態且具有共整合關係的序列，則兩個變數間的誤差修模型，可表示如 (8-5) 及 (8-6) 式所示：

$$\Delta IMR_t = \alpha_{11} + \alpha_{12}(IMR_{t-1} - \beta_{1M} HSP_{t-1} - \alpha_{1M}) + \sum_i w_{1i} \Delta IMR_{t-i} + \sum_j \phi_{1j} \Delta HSP_{t-j} + \varepsilon_t \quad (8\text{-}5)$$

$$\Delta HSP_t = \alpha_{21} + \alpha_{22}(HSP_{t-1} - \beta_{2M} IMR_{t-1} - \alpha_{2M}) + \sum_i w_{2i} \Delta HSP_{t-i} + \sum_j \phi_{2j} \Delta IMR_{t-j} + \varepsilon_t \quad (8\text{-}6)$$

　　在前兩式中，$IMR_{t-1} - \beta_{1M} HSP_{t-1} - \alpha_{1M}$ 及 $HSP_{t-1} - \beta_{2M} IMR_{t-1} - \alpha_{2M}$ 為落後一期之誤差修正項，代表兩個變數間的長期關係；α_{12} 及 α_{22} 為調整係數，代表變數間失衡時調整至均衡狀態的速率；ω、ψ 為落後解釋變數的係數，代表變數間的短期關係。

　　有兩種方式可檢定 IMR_t 及 HSP_t 是否具有因果關係，第一種方式為進行誤差修正項與落遲解釋變數的係數是否為零的聯合檢定。假設欲檢定是否 HSP_t 會影響 IMR_t，便可藉由 (8-5) 式之誤差修正項調整係數及落後解釋變數

之參數 $(\alpha_{12} \cdot \psi_{1j})$ 進行是否顯著為零的聯合檢定得知，若檢定結果顯著，則相信 HSP_t 會影響 IMR_t (HSP Granger cause IMR)。同理亦可檢定是否 IMR_t 會影響 HSP_t (IMR Granger cause HSP)。

　　第二種方式是將誤差修正項與落後解釋變數的參數分別檢定，以區別變數間的長期及短期效果。在檢定方法方面，誤差修正項的係數可由 t 值加以判斷，落遲解釋變數的參數則可以 Wald χ^2 或 F 聯合檢定判斷。

　　本例採取第二種方法，分別考慮誤差修正項及落後解釋變數的效果，以 t 檢定做為判斷誤差修正項是否為零的檢定方法，以 F 聯合檢定落後解釋變數的參數是否聯合為零的檢定方法。只要誤差修正項之參數顯著異於零、或落後解釋變數參數的聯合檢定顯著異於零、或兩者皆顯著異於零，則表示變數間具有因果關係。

四、實證結果分析

(一) 基本統計量分析

　　各都市之內部遷移率、新增住宅供給量、房價所得比與仲介業密度之平均數與各年之變化如表 8-6 及圖 8-6 所示。平均遷移率以台北市最高，其次為高雄市，顯示都市化程度較高者，都市內部流動率亦較高。從整體遷移率的變化來看，早期四個都市的內部遷移率差異較大，但有逐年降低且愈來愈接近的趨勢，台北市在民國 83 年之後甚至成為四個都市中內部遷移率最低者 [註6]。此現象是否意謂台灣都市的發展已趨成熟穩定，值得進一步探究。

■表 8-6　各都市相關變數平均值比較

變數 都市	IMR (遷移率)	HSP (住宅供給量)	ABI (房價所得比)	DST (仲介業密度)
台北市	11.90	2321868	5.5687	0.001644
台北縣	9.31	1801500	3.6509	0.000411
台中市	8.95	1109772	4.5329	0.001423
高雄市	10.85	1005146	5.0467	0.000819

註：遷移率的單位為 %、住宅供給量的單位為平方公尺。

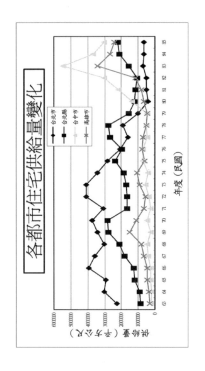

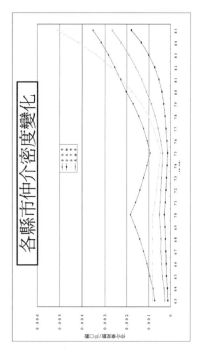

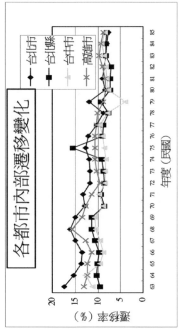

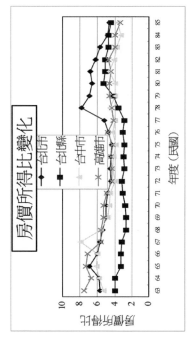

⤷圖 8-6 各都市內部遷移率、住宅供給量、房價所得比與仲介業密度變化圖

在住宅供給量方面,平均住宅供給量以台北市最多,其次為台北縣,最少者為高雄市。住宅供給量的多寡與住宅需求及都市的土地供給有關,因此從整體住宅供給的變化來看,由於台北市與台北縣為早期城鄉人口遷入最多的地區,住宅需求量大,因此住宅供給明顯較其他兩個都市高。但自民國 80 年以後,台北市的住宅供給則為四個都市中最低者,顯然是由於土地供給的限制,使得住宅供給大幅減少。台中市的住宅供給量一直為四個都市中最低者,但自民國 79 年開始大幅成長,成為住宅供給最多的都市,但也因此造成了台中市的高空屋率。

在房價所得比方面,早期台北縣的房價所得比與其他三個都市有明顯的差距,為四個都市中最低者,但很明顯的自民國 77 年以後,除台北市的房價所得比明顯高於其他三個都市,台北縣的房價所得比亦開始大幅提升,僅次於台北市。然而隨著民國 80 年以後房地產的持續不景氣,四個都市的房價所得比皆呈下降趨勢,且彼此間的差距較前縮小,但仍以台北都會區較高。

在仲介業密度的變化方面可從台灣仲介發展的歷程加以說明 [註 7]。整體來說,早期的房屋買賣大多由親朋好友及鄉里熱心人士提供住宅資訊,並無仲介的概念,直到民國 60 年間,進行房地產買賣介紹業務的專業掮客才正式出現,此時期的房屋銷售往往是個人關係網絡或人海戰術的運用,亦無固定的營業場所。至民國 73 年底政府開放「房屋介紹公司」辦理登記,房屋仲介業務始步上正軌,並以店鋪商圈精耕式的連鎖經營為主要方式。民國 77 至 78 年,房地產景氣復甦,仲介業家數亦大幅成長。但至民國 79 年,經濟衰退,房地產景氣開始走下坡,大型仲介亦紛紛緊縮經營規模,改致力於住宅資訊的流通、服務品質及形象的提升,以及加強客戶權益保障等。

圖 8-6 中各都市仲介業密度的發展亦部份反映了前述仲介業發展的歷程 [註 8],以個別都市來看,台北市與台中市的仲介業密度在歷年皆較高,自民國 82 年以後,台中市甚至高於台北市。而台北縣的仲介業密度歷年來皆為四個都市中最低者,這是由於台北縣幅員廣大,部份都市化程度較低的鄉鎮仲介業數量較少所致。

(二) 多項落遲分配模型估計結果

多項落遲分配模型的估計結果如表 8-7 所示,整體來說,以台北市的模式配適度最高,其次為高雄市,解釋能力最弱者為台中市。茲將估計結果說明如下。

■表 8-7　遷移率與住宅市場關係之落遲分配模式

都市別 解釋變數	Model 1 (台北市)	Model 2 (台北縣)	Model 3 (台中市)	Model 4 (高雄市)
常數項	−4.2590 (−0.7615)	−3.9201 (−0.4803)	−0.3715 (0.9027)	5.4479 (1.8506)
HSP	0.00000057** (2.1958)	0.0000027** (2.3659)	0.00000083*** (2.6068)	0.0000013*** (2.5552)
HSP_{-1}	0.00000072*** (5.3039)	0.00000094** (1.7278)	0.00000078*** (2.8835)	0.0000007** (2.1380)
HSP_{-2}	0.00000087*** (3.5287)	−0.00000079** (−2.4028)	0.00000073*** (2.6903)	0.00000015 (0.3968)
HSP_{-3}	0.000001** (2.3160)	−0.0000025*** (−2.9923)	0.00000068** (2.1273)	−0.0000004 (−0.6597)
HSP_{-4}	—	—	0.00000064** (1.5844)	—
ABI	−0.5092 (−1.1318)	1.2182 (0.8884)	2.1325** (3.2058)	0.8113 (0.9706)
ABI_{-1}	1.4791*** (3.5584)	2.0679 (1.2992)	—	0.2935 (0.4505)
DST	4459.45** (2.3059)	−29260.9** (−2.5947)	−2326.386** (−2.5973)	−5110.99 (−0.8149)
DST_{-1}	−3391.85 (−1.6054)	4484.87** (2.1194)	—	3203.92 (0.3899)
DST_{-2}	—	38230.6** (2.5024)	—	—
樣本數	20	20	19	20
R^2	0.8935	0.6283	0.4838	0.6994
Adjusted R^2	0.8444	0.4568	0.3363	0.5607

註：解釋變數下標數字表示各變數之落後期數；表中 () 內數字為 t 統計量；*、**、*** 分別表示該
　　變數達 10%、5% 及 1% 顯著水準；"−"代表未輸入該變數。

1. 遷移率與住宅供給

住宅供給量在各都市的模型中皆顯著，除台北縣落後二期與落後三期的住宅供給變數的係數符號為負外，其餘皆與預期的正號相符，顯示當住宅供給量增加時，會使得都市內部的遷移率增加。

從係數的符號及大小可發現一個有趣的現象是，台北市的住宅供給量對遷移率的影響與其他三個都市有所差異。台北市愈早期的住宅供給對遷移率的影響程度愈大，而其他三個都市的情況恰好相反 (詳表 8-8)。住宅供給量的多寡反映出都市發展的程度，發展程度愈高的都市，可發展用地較少，住宅供給有賴舊市區更新，但更新速率緩慢，無法提供大量新建住宅，因此遷移者選擇新屋的機會便相對減少。此外，台北市由於房價明顯較其他都市高，相對地，遷移者的住宅調整行為需要較長的時間。另一方面，台北市的高房價亦可能使遷移者以選擇屋齡較高，價格較低的住屋，來達成調整住宅需求的目的。然而對其他三個都市來說，不僅都市可發展用地較多，相對地，新屋供給也較多，住宅價格水準亦較低，因此遷移者較有機會與能力選擇新建房屋。

■表 8-8 各都市不同落後期數住宅供給量對遷移率的影響

2. 都市別	3. 影響期數	4. 影響程度
5. 台北市	6. 4	7. HSP_{-3}，HSP_{-2}，HSP_{-1}，HSP
8. 台北縣	9. 4	10. HSP，HSP_{-1}，(HSP_{-2})，(HSP_{-3})
11. 台中市	12. 5	13. HSP，HSP_{-1}，HSP_{-2}，HSP_{-3}，HSP_{-4}
14. 高雄市	15. 2	16. HSP，HSP_{-1}，(HSP_{-2})，(HSP_{-3})

註：() 表示該變數不顯著或不符合預期符號。

2. 遷移率與房價所得比及仲介業密度

房價所得比的效果方面，僅台北市落後一期及台中市當期的變數顯著，但其參數符號為正，不符合預期假設。此現象是否意味著家戶在房價上漲時，以遷移租屋的方式來實現其資本利得，值得進一步討論

在仲介業密度方面，除高雄市外，其餘皆對遷移率有顯著影響，但其效果並不一致。整體來說，代表住宅市場交易效率的仲介業密度變數，在台北

市及台北縣有較好的解釋力，這可能由於台北都會區的都市化程度較高，住宅市場發展較為成熟，使得專業仲介公司在住宅交易過程中所扮演的角色較其他都市來得重要所致。

(三) 誤差修正模型與因果關係檢定

1. 單根檢定

　　以誤差修正模型進行變數間的因果關係檢定前，首先必須確定變數序列是否為非定態序列。研究採用最普遍使用之 Dickey-Fuller (DF)、Augmented Dickey-Fuller (ADF)、及 Phillips-Perron (PP) 三種單根檢定 (unit root test) 法，進行變數序列是否為定態的檢定，結果如表 8-9 所示。在模式結構方面，研究以 t 檢定判斷模式是否包含趨勢項，結果顯示除四個都市的仲介業密度變數 (DST) 外，其他變數序列皆不包含趨勢項。在單根檢定結果方面，三種檢定方法皆顯示四個都市的遷移率變數 (IMR)、住宅供給量變數 (HSP) 及房價所得比變數 (ABI) 在取一階差分後皆呈現定態，顯示這些變數序列為 I(1) 數列；台北市及台北縣的仲介業密度變數在取二階差分後，DF 及 PP 檢定結果顯示呈現定態，而三種檢定方法皆顯示台中市及高雄市的仲介業密度變數在取二階差分後呈現定態，因此綜合判定 DST 為一 I(2) 數列。

　　綜合以上各變數序列的單根檢定結果，四個都市的 IMR、HSP，及 ABI 變數都是一階整合的非定態數列，因此可進一步檢定這些變數間是否存在共整合關係。而 IMR 與 DST 變數因整合階數不同，不適宜採用誤差修正模型進行因果關係檢定，因此改以傳統 Granger 因果關係檢定方法，檢定兩者的相互因果關係。

2. 共整合檢定

　　由於時間序列長度不足，僅能進行兩個變數間的共整合檢定，檢定結果如表 8-10。表中分別列出 Trace 檢定統計量、Jarque-Bera 統計量、經過標準化的共整合向量，及最適落後期數。結果顯示四個都市的內部遷移率 (IMR) 與住宅供給量 (HSP)、房價所得比 (ABI) 間存在兩兩共整合關係，亦即遷移率與住宅市場變數間存在長期均衡關係。因此，可進一步建構其誤差修正模型，並據以進行因果關係檢定。

■ 表 8-9　各變數序列單根檢定結果

變數別	檢定方式	以水準值檢定			取一階差分檢定			取二階差分檢定			是否含邊勢項	綜合結果
		DF	ADF	PP	DF	ADF	PP	DF	ADF	PP		
台北市	IMR	−1.585	−0.967 (1)	−1.484	−6.002***	−4.799** (1)	−6.659***	—	—	—	否	I(1)
	HSP	−0.531	−0.475 (1)	−0.544	−4.805***	−2.741* (2)	−4.853***	—	—	—	否	I(1)
	ABI	−1.706	−2.184 (2)	−1.866	−4.392***	−2.988* (1)	−4.392**	—	—	—	否	I(1)
	DST	0.547	−1.466 (1)	−0.388	−1.665	−1.700 (1)	−1.725	−4.474**	−2.997 (1)	−4.427**	是	I(2)
台北縣	IMR	−3.318**	−2.249 (1)	−2.733	−6.959***	−4.262*** (2)	−7.642***	—	—	—	否	I(1)
	HSP	−2.316	−3.032** (1)	−2.399	−3.865***	−3.261** (1)	−3.838***	—	—	—	否	I(1)
	ABI	−0.840	−1.727 (2)	−1.144	−3.323**	−2.628* (2)	−3.391**	—	—	—	否	I(1)
	DST	9.185	0.784 (2)	5.966	1.955	−1.782 (1)	2.787	−4.027**	−2.198 (1)	−4.025**	是	I(2)
台中市	IMR	−3.318**	−2.249 (1)	−2.742	−5.720***	−3.958*** (2)	−5.912***	—	—	—	否	I(1)
	HSP	−2.316	−3.032** (1)	−0.991	−4.349***	−5.614*** (3)	−4.339***	—	—	—	否	I(1)
	ABI	−0.840	−1.727 (2)	−1.203	−7.248***	−4.897*** (1)	−8.027***	—	—	—	否	I(1)
	DST	7.771	0.572 (1)	4.955	0.153	−0.037 (1)	0.317	−4.164**	−3.511* (1)	−4.156**	是	I(2)

■ 表 8-9 各變數序列單根檢定結果 (續)

變數別	檢定方式	以水準值檢定			取一階差分檢定			取二階差分檢定			是否含趨勢項	綜合結果
		DF	ADF	PP	DF	ADF	PP	DF	ADF	PP		
高雄市	IMR	−1.448	−1.363 (1)	−1.466	−4.329***	−3.548** (1)	−4.323***	—	—	—	否	I(1)
	HSP	−1.411	−1.253 (1)	−1.412	−4.999***	−3.719** (1)	−5.066***	—	—	—	否	I(1)
	ABI	−1.753	−3.261** (3)	−1.775	−6.123***	−3.594*** (1)	−6.116***	—	—	—	否	I(1)
	DST	4.784	0.005 (2)	2.908	−0.804	−1.313 (1)	−0.609	−5.387***	−3.606* (1)	−5.529***	是	I(2)

註：1. *、**、*** 分別表示在 10%、5%、1% 的顯著水準下顯著，表示數列不具單根。

2. 因不同落後期數之臨界值不同，因此未列出各臨界值。

3. ADF 檢定括弧中之數字為最適落後期數，以 AIC 值最小為選取原則；PP 檢定最適落後期數則採 Newey-West 自動決選，在此皆為 2 期。

4. "—" 表示數列已呈定態不再進行更高階差分檢定。

5. 模式結構皆包含截距項、趨勢項則以 t 值判定。

■表 8-10 各都市相關變數之共整合檢定結果

變數\都市	[IMR，HSP)			[IMR，ABI)		
	Trace 統計量	Jarque-Bera 統計量	標準化後 共整合向量	Trace 統計量	Jarque-Bera 統計量	標準化後 共整合向量
台北市	35.12	0.034 (0.983)	2.234 (4)	22.94	1.444 (0.487)	7.509 (5)
台北縣	16.45	0.831 (0.660)	1.257 (3)	19.89	1.468 (0.480)	1.369 (1)
台中市	48.99	0.732 (0.693)	4.417 (3)	27.29	1.135 (0.567)	−2.146 (4)
高雄市	18.29	0.119 (0.942)	9.127 (2)	23.59	0.596 (0.742)	−2.554 (3)

註：1. 台北市的 [IMR，HSP) 變數間含趨勢項；不含趨勢項的臨界值分別為 15.41 (5%) 及 20.04 (1%)，包含趨勢項的臨界值分別為 25.32 (5%) 及 30.45 (1%)。

2. Jarque-Bera 檢定之虛無假設為殘差呈常態分配；統計量後括弧內之數字為 p 值。

3. 標準化共整合向量後括弧內之數字為最適落後期數。

3. 誤差修正模型 (ECM) 與因果關係檢定

誤差修正模型檢定結果如表 8-11，表中分別列出誤差修正項與落後解釋變數的效果。在都市內部遷移率與住宅供給量關係方面，四個都市的結果皆顯示住宅供給量的變化在短期內不會影響都市內部的遷移率，但以長期來看，遷移率則會受到影響[註9]，PDL 模式中亦顯示遷移率受到過去幾期住宅供給的影響。換言之，因住宅供給量變動而使得供需不均衡時，兩者會透過自我調整而達到長期均衡的狀態，以調整速率來說，台北市的調整速度最快。相反地，都市內部遷移率的變動，短期內僅台中市的住宅供給量會受到影響，但以長期關係來看，除了台北市以外，其他三個都市的住宅供給量長期會受到都市內部遷移率變動的影響。

換言之，台北縣、台中市及高雄市因住宅需求的變動而引發供需不均衡時，會透過住宅需求與供給量的調整而達到長期均衡的狀態，其中又以台中市的調整速度較快。值得注意的是，我們再度看到台北市與其他三地不同之處，台北市之供需失衡若是來自於需求面的變動，長期而言，並無法透過供給的調整而達成市場的均衡，此結果應與台北市的發展程度有關。由於家戶的遷移換屋是住宅需求的主要來源，需求高自然會帶動供給，但是台北市因為建地受限，而使得需求並不能帶動新的供給，而必須以中古屋來滿足換屋需求。因此，為了提升台北市的居住品質，加速都市更新實有必要。

■表 8-11　誤差修正模型因果關係檢定結果

都市別	[IMR，HSP)				[IMR，ABI)			
	HSP→IMR		IMR→HSP		ABI→IMR		IMR→ABI	
	1	2	1	2	1	2	1	2
台北市	−2.7066 (−2.8061) (0.023)	— 0.1885 (0.938)	129.3 (0.0002) (0.999)	— (0.1334) (0.966)	0.0984 (1.1283) (0.310)	— (1.7227) (0.283)	−0.1528 (−3.5834) (0.016)	— (3.2726) (0.100)
台北縣	0.1929 (1.5597) (0.147)	— 0.8090 (0.515)	81224.6 (3.7372) (0.003)	— (2.0250) (0.169)	−1.0794 (−2.8601) (0.011)	— (0.0011) (0.974)	−0.1378 (−1.7418) (0.100)	— (3.7788) (0.069)
台中市	−0.4595 (−2.0239) (0.068)	— 2.2596 (0.139)	−541833.6 (−8.8250) (0.000)	— (5.0572) (0.019)	−0.4933 (−0.7660) (0.466)	— (0.5344) (0.715)	0.3434 (3.9397) (0.004)	— (7.8822) (0.007)
高雄市	−0.1790 (−1.8655) (0.121)	— 0.9339 (0.529)	−225155.9 (−2.0240) (0.099)	— (1.2614) (0.403)	−0.4388 (−2.4615) (0.032)	— (2.2745) (0.137)	0.2148 (2.7137) (0.020)	— (0.1855) (0.904)

註：1.「1」欄中之數字依序為誤差修正項之係數、t 值、及 p-value；「2」欄中之數字依序為落遲解
　　釋變數係數聯合檢定之 F 值，及 p-value。

　　2. HSP→IMR 表示 HSP Granger Cause IMR，其他變數意同。

　　3. 短期影響之落後期數同共整合檢定模式。

　　　在遷移率與房價所得比的關係方面，除少數例外，整體而言是 IMR 影
響 ABI，而非 ABI 影響 IMR，或許因為此種單向的因果關係，使得在 PDL
模式中，ABI 的效果不佳。具體言之，因遷移率在四個城市中長期而言都會
影響房價的高低，進而影響負擔能力，但是房價負擔能力對遷移率僅在台北
縣與高雄市有長期的影響[註10]。

　　　遷移率與仲介業密度之因果關係檢定結果如表 8-12，結果顯示四個都
市的內部遷移率都不會受到仲介業密度的影響；而在遷移率對仲介業密度的
影響方面，僅台北市及台北縣顯著。PDL 模式的結果則顯示台北市、台北
縣及台中市的遷移率會受到仲介業密度的影響，且在台北市及台北縣有較好
的解釋力。儘管兩個模式的估計結果不盡相同，但都顯示仲介業密度變數在
台北都會區的解釋能力較佳。

■表 8-12 IMR 與 DST 因果關係檢定結果

都市別	虛無假設	F值	P-value	落後期數	觀察值
台北市	DST 不會影響 IMR IMR 不會影響 DST	0.0157 4.0569	0.9017 0.0601	1	20
台北縣	DST 不會影響 IMR IMR 不會影響 DST	1.1103 58.467	0.5451 0.0169	6	15
台中市	DST 不會影響 IMR IMR 不會影響 DST	1.6376 1.8831	0.4264 0.3867	6	15
高雄市	DST 不會影響 IMR IMR 不會影響 DST	1.0881 3.5167	0.5514 0.2379	6	15

註：VAR 模式落後期數以 Schwarz Criterion (SC) 值最小為選取依據。

　　前述結果有下列兩個意涵：(1) 台灣的住宅市場是從一個沒有專業仲介到有成熟專業仲介的發展歷程，代表著住宅交易效率從低到高的過程。台北都會區因遷移換屋所產生的龐大住宅需求，為了提高交易效率，而改變了傳統的住宅交易方式，專業的仲介乃因應而生。換言之，是遷移所產生的住宅需求創造了仲介供給的情況；(2) 台北都會區由於都市化程度較高，住宅市場發展較為成熟，可能使得潛在遷移者對仲介的信任度較高，因而仲介業的服務有效減低了住宅搜尋時間與成本，加速了都市內部的流動。

　　從誤差修正模型因果關係檢定的整體結果看來，除台北市外，新增住宅供給量與都市內部遷移率之間呈現相互的影響；遷移率對房價及仲介業供給的影響更甚於房價與仲介對遷移率的影響；台北市因都市發展已呈飽和狀態，住宅供給受限，使得台北市的住宅市場發展與遷移之間的關係與其他城市的情形有所差異。此外，由於遷移的成本極高，因此不論遷移率對住宅市場、或住宅市場對遷移率的影響大都表現在長期效果上。

五、結語

　　本文將都市內部遷移率與住宅供給量、房價所得比及代表市場交易效率的仲介業密度結合討論，並以 PDL 及 ECM 模型探討變數間的相互關係，為與過去相關研究不同之處。主要研究結果顯示，在遷移率與住宅供給量的關係方面，不論 PDL 或 ECM 模型均發現新增住宅供給量會影響遷移率，這與過去相關研究

的結果相同，研究同時亦發現遷移率會影響住宅供給量，但台北市由於住宅供給受限，遷移率不會影響新的住宅供給；在遷移率與房價所得比的關係方面，以 PDL 模式估計的結果並不符合理想，以 ECM 模型檢定的結果則發現遷移率影響房價所得比的關係較明顯；在遷移率與仲介業密度關係方面，以 PDL 模式估計結果發現，仲介業密度在台北都會區有較佳的解釋力，而以 ECM 模型檢定的結果則發現遷移率影響仲介業密度的關係較明顯，但整體而言，仲介業密度此一變數的估計結果不論 PDL 或 ECM 模型均較不令人滿意，這可能是受到此變數資料品質較差的影響^(見註 3)。

　　整體而言，PDL 模型因為已經假定了遷移率是被解釋變數，而使模型的解釋能力受到限制，ABI 及 DST 的估計結果均不令人滿意。因此，利用可以檢定變數間雙向因果關係及長短期效果的 ECM 模型是較理想的方法。此外，若能克服資料限制，增加時間序列長度，將遷移率與住宅市場變數進行多變數誤差修正模型的因果關係檢定，結果應更為理想。

六、註釋

註 1　從體整市場觀點來看，不論住宅供給或住宅需求同時會受到其他總體社會經濟變數的影響，但此一因素非研究探討範圍，因此在圖 8-3 中以虛線表示。

註 2　台北縣市為同一都會區理論上應視為同一單元來做分析，但由於並無以都會區為單位的調查資料，因此只能個別分析。此外，台北縣市之間還有住宅市場之間互動的問題，亦無法在研究的架構下處理，有待未來繼續研究。

註 3　自民國 65 年至 85 年進行的五次工商普查調查報告中，對於不動產仲介業 (或稱不動產經紀業) 的分類歸屬與所包含的內容均不盡相同，為了要使各年資料所包含內容具有一致性，研究採取較寬鬆的定義，即將不動產買賣、租賃、仲介、土地開發等均包含在內。此外，由於該調查五年進行一次，因此調查時點間的資料係研究依據其成長趨勢估計而得。

註 4　民國 63 年至 68 年台北縣、台中市及高雄市之住宅供給量估計方式如下：首先分別計算民國 69 至 78 年三個都市之住宅使用執照核發面積佔各該年總使用執照核發面積 (包含住宅及非住宅) 之平均百分比，再以該比例乘以民國 63 年至 68 年各年所核發之總使用執照面積而得。

註 5　居住遷移是家戶調整住宅消費的主要方式，其中涉及一連串在住宅市場中的搜尋與評估過程，所需的時間與成本皆相當高，因此從家戶因自身需求或外在環境變化而產生遷移意願開始到實際進行遷移，與住宅市場的變化應會有一定程度的時間落差。因此在建構遷移率與住宅市場變數的關係式時，應包含當期及落後的解釋變數在內，才能以較精確的方式解釋變數間的關係。

註 6　依據本文一位匿名評審的看法，台北市的遷移率在民國 83 年以後為四個縣市中最低的，但其平均遷移率卻是最高的，造成此一結果的可能原因是台北市可供建築的住宅用地已趨飽和，更重要的原因之一是台北市的房價實在太高了，許多家戶在買不起房屋的情況下，只好轉向台北縣購屋。

註 7　台灣地區房地產仲介業的發展約可分為四個階段：第一階段為民國 66 年以前的「傳統掮客期」；第二階段為民國 66 年至 73 年的「零星仲介期」；第三階段為民國 74 年至 84 年的「仲介發展期」，此期又可分為民國 74 年至 76 年的萌芽期、77 年至 78 年的成長期、及 79 年至 84 年的盤整期；第四階段為民國 85 年以後的「大型仲介期」(信義不動產企劃研究室，1997:358)。

註 8　依台灣仲介業的發展歷程，民國 79 年以後仲介業應呈現下降趨勢，但圖中卻為成長的趨勢，這是由於各年工商普查不動仲介業項目界定不同所致，詳註 2 之說明。

註 9　台北縣及高雄市略為超過 10% 的顯著水準。

註 10　ABI 是房價及所得的比值，代表家戶的房價負擔能力。由於房價及所得皆會影響家戶的遷移決策，因此在探討 ABI 對 IMR 的影響時，以房價負擔能力來解釋較為恰當；但是遷移決策並不會影響所得，因此 IMR 對 ABI 的影響應是表現在房價上。

七、參考文獻 (略)

8.6 | JMulTi 實作 VECM：散裝運輸運價 BDI 指數之預測

散裝運輸運價 BDI 指數之預測：VECM 迴歸

一、摘要

　　全球經貿的瞬息萬變，攸關航運市場租金與運費發展之動向。海上運輸以散裝貨物運輸為最大宗，而散裝運輸對台灣的經濟扮演著舉足輕重之角色，且散裝航運市場運價波動具有高度之不確定性，故引發本研究想影響散裝運輸波羅地海 (BDI) 散裝貨運價指數波動因素之探討。由於影響散裝運輸運價指數變動的因素眾多，而過去相關預測方法較著重於船型大小與運費相關之預測，缺乏對散裝運輸運價總體面之分析。因此本文利用 JMulTi 時間序列分析軟體所提供向量誤差修正模型 (VECM) 預測模型及 Granger 因果檢定進行預測及長期趨勢分析，藉此建構散裝運輸 BDI 指標之預測模式。樣本之月資料取自鉅亨網及央行網站的統計，期間從 2006 年 1 月至 2011 年 12 月。

　　本研究發現：(1) VECM 模型中，令參數 p＝1，搭配三個共整合關係，經 Portmanteau、Nonnormality、Jarque-Bera、ARCH-LM 四殘差診斷後，證實此型 VECM 非常適合 BDI 指數之預測；(2) Granger 因果檢定，發現影響波羅地海運價指數變動的重要因素，包括：美元匯率、紐約油價、道瓊工業指標；(3) 自 2012 年 1 月起，未來十二個月 BDI 指數之趨勢，1 至 4 月呈現下滑趨勢，5 月才開始結構性改變，趨勢猛烈向上持續至 2012 年 12 月。故將匯率風險 (美元漲跌)、燃料上漲風險 (紐約油價指數)、市場風險 (代表全球景氣循環之道瓊指數) 三因素投入 VECM 預測模型中，可有效預測的散裝運輸 BDI 指數。

關鍵字：散裝運輸、波羅地海運價指數、預測、向量修正模型 (VECM)

二、緒論

　　航運為一跨國性的產業，在國際海運市場中競爭激烈。而散裝航運主要載運體積龐大及未包裝的工業原料及大宗物資，如礦砂 (Ore)、煤炭 (Coal) 及穀物 (Grain) 等。在全球貿易逐漸自由開放的經濟體中，就國際市場結構而言，國際散裝乾貨船市場屬於完全競爭市場 (Kavnssanos, 1996)，單一或少部份之船東或傭船人無法主導海運市場之變化，完全由市場供需來決定運費與租金的價格，故

航運產業景氣的榮枯直接受到世界經濟景氣之影響，且與全球貿易量的趨勢間彼此息息相關。

散裝航運業受到全球貿易量及經濟成長率之影響，除了以全球經濟發展為主要觀察指標外，進一步分析產業特性發現，散裝航運市場存在淡季供給大於需求、旺季則出現供不應求的現象。而散裝航運的需求部份以季節性的貨源為主，故使散裝航運呈現淡旺明顯現象 (林光、張志清，2002)。

是故影響散裝航運市場運費與租金波動的因素眾多，本研究將深入分析影響因素，探討其對散裝航運業營運之影響。

在散裝航運業的運費與租金波動中，可藉由波羅地海國際運費期貨交易中心 (Baltic International Freight Futures Exchange, BIFFEX) 來進行散裝之避險。目前波羅地海交易中心發佈之波羅地海運價指數，自 1999 年 11 月 1 日起更改為波羅地海乾散貨運價指數 (Baltic Dry Index, BDI)，其係由波羅地海海岬型船運價指數 (Baltic Cape Index, BCI)、波羅地海巴拿馬極限型船運價指數 (Baltic Panamax Index, BPI)、波羅地海輕便極限型船運價指數 (Baltic Handymax Index, BHMI) 三種指數所組成，由此三種主要船型各佔三分之一權重 (weighting) 平均計算而得，力求真實反映整體散裝航運市場與運價 (運費與租金) 之變動。

由於散裝航運市場受整體經濟景氣循環影響的波動幅度大，影響波羅地海運價指數的因素眾多 (Duru, 2010)，且多數數據資料具有非定態 (non-stationary)，欲達成可預測精準之目標，因此選用 Lütkepohl & Krätzig (2004) 向量誤差修正模型 (Vector Error Correction Model, VECM) 來進行預測，以建構出完整之預測模型，並能具體預測指數改變點之位置。

因本研究數據資料之複雜與多樣性，欲達成可預測精準之目標，因此便選用 VECM 迴歸之預測模式，以構建出完整之預測模式，並能具體預測指數改變點之位置。

本文具體目的如下：

1. 構建波羅地海運價指數之預測模式 (聯立迴歸式)。
2. 探討波羅地海運價指數變動的主要影響因素，以提供散裝運輸業掌握未來市場運價 (運費與租金) 的發展趨勢。

三、文獻探討

航運市場與運價之相關研究，必須由總體經濟來著手 (Douet & Cappuccilli, 2011)。由於本研究主要針對 BDI 進行預測，因此文獻旨在歸納出影響波羅地海運價指數波動之較重要因素。

(一) 波羅地海運價指數

散裝航運係指承載大宗物資的運送服務，包括民生及工業基本原料之大宗物資，如鐵礦、煤炭、穀物、肥料等為主。一般而言，散裝航運無固定航行路線，端視貨物運送地點決定其航程。由於受全球經濟景氣、天災、戰爭及國際需求等因素影響甚大，故其業務量之起伏波動相對激烈。散裝船舶依載重噸位 (Deadweight Tonnage, DWT) 不同，主要區分為以下三種船型：

■表 8-13　波羅地海運價指數組成之船型

類型/名稱	噸位	指數	主要運輸貨物
輕便極限型 (Handymax)	5 萬噸以下	BHMI	主要運送木屑、紙漿、水泥等輕散貨。
巴拿馬極限型 (Panamax)	5~8 萬噸	BPI	主要運送民生物資、穀物等大宗物資。
海岬型 (Capesize)	8 萬噸以上	BCI	主要運送鐵礦砂、焦煤、燃煤等工業原料。

波羅地海運費指數 (Baltic Freight Index, BFI) 歷經多年實行與調整，自 1999 年 11 月 1 日起，改以波羅地海乾散貨運價指數 (BDI) 代之，又因不同船型大小，區分為三種不同的運價指數，包括波羅地海海岬型船運價指數 (BCI)、波羅地海巴拿馬極限型船運價指數 (BPI) 及波羅地海輕便極限型船運價指數 (BHMI)，以上三種指數各佔權重三分之一的綜合指數。

Chen & Wang (2004) 研究發現，大型船舶的變動比率較高，因為大型船舶只運輸主要乾貨物，且船型愈大，商品的集中程度愈大，而小型船舶則較靈活。換言之，散裝運輸市場中，船型大小將影響航運市場之波動。Koekebakker & Adland (2004) 分析十年來巴拿馬極限型船的傭船費率，藉由論時傭船費率得知

運價變動模式，得知論程傭船運費的費率大約一年的時間可達到高峰。由此可知散裝船舶傭船費率與航運市場間存有相互影響之關係。

(二) 運價指數影響因素

由於航運景氣波動易受全球景氣供需、天災、戰爭、國與國間進出口需求，及各國經濟政策等因素之影響，由於過去未有相關作者與文獻針對影響 BDI 的因素進行深入分析，故本研究以影響運價指數之因素進行探討。由於風險與不確定的因素眾多，Gray (1987) 歸納主要影響因素有下列四項：(1) 利率風險(Interest rate risk)；(2) 匯率風險 (Exchange rate risk)；(3) 燃料上漲風險 (Bunker adjustment risk)；(4) 市場風險 (Market risk)。綜言之，航運公司之經營，除了海上風險之外，尚受到利率、匯率、燃料上漲、市場風險等四項關鍵影響因素。Cullinane (1995) 針對散裝航運市場運費供給面進行分析，航運市場被視為一個多變的循環波動，航運之船舶大小與航次頻率之間的風險，將普遍影響波動的結果。Stopford (1995) 針對油輪市場運輸風險與船舶風險進行預測分析，認為油輪市場亦可歸類為景氣繁榮 (Boom)、穩固 (Firm)、疲軟 (Weak) 及蕭條(Recession)。綜言之，散裝運輸產業易受景氣循環影響之波動。Akatsuka & Leggate (2001，以兩個重要的海運國家為例，分析航運公司受匯率風險的影響。對海運業來說，匯率風險由其他各國匯率轉換美元匯率，相對於運費費率會加重。換言之，航運市場上的匯率風險，為航運經營重要的影響因素。

綜合往昔文獻得知，主要影響海運運費的因素包含：世界經濟貿易進出量、利率、匯率、燃料上漲風險、運費、船舶交易買賣因素、船舶大小、新造中之船舶、船舶數量、二手船拆船市場價格、產業循環影響、季節性波動、政府政策、重大事件之影響等因素。本文僅選取影響海運運價之較重要因素，包括：代表景氣循環之道瓊指數、代表燃料上漲風險之紐約原油價格指數、代表匯率風險之美元外匯、代表散裝輪運費之 BDI。

(三) 預測方法相關文獻

時間序列分析係依據過去的歷史資料預測未來的需求。其研究法包括：簡單移動平均 (如股 MA5、MA5)、加權移動平均、指數平滑法、迴歸分析 (ARIMA、向量自我迴歸、非線性迴歸 STR、VECM…)。考量研究變數是時間序列之財經變數，通常它們具有非定態及「領先-落後」聯立迴歸式之特性，故本

文採用多變量之迴歸 VECM 模型。

四、研究方法

本研究採用 JMulTi (下載網站 http://www.jmulti.de/) 時間序列軟體來統計分析。

(一) 研究樣本

時間序列四個變數 (BDI 期貨標格、道瓊工業指數、美元對台幣匯率、紐約石油期貨標格) 之資料來源，取自鉅亨網 (www.cnyes.com.tw) 期貨。時間從 2006 年 1 月至 2011 年 12 月之「月資料」，如圖 8-7 所示 (見本書 CD 中，「ch04 ARIMA 及 ch08 VECM 練習題\BDI 運輸預測\BDI 預測.dat)」。

(二) 變數之操作型定義

1. BDI 指數 (Baltic Dry Index)

波羅的海乾貨散裝船綜合運費指數 BDI (BALTIC DRYCARGO INDEX)，是由四種船型 (CAPESIZE、PANAMAX、SUPERMAX、HANDY SIZE) 所組成，每種船型的指數是由四至十個不同的航線的租金行情算出來的四種指數 (分別為：BCI、BPI、BSI、BHSI)，這四種指數再以加權平均算出 BDI。BDI 指數由位於倫敦的波羅的海航交所負責發佈，是目前世界上衡量國際海運情況的權威指數，是反映國際間貿易情況的領先指數。BDI 指數是專為散裝船市場設計的，散裝市場的散裝貨是指：煤，礦砂，穀物，砂石…等大宗貨，而且散裝航運並沒有固定的歐洲線或美國線。

如果該 BDI 指數出現顯著的上揚，說明各國經濟情況良好。BDI 指數取自 http://www.cnyes.com/futures/javachart/BDI.html。

2. 道瓊平均指數 (Dow Jone's Average)

道瓊工業平均指數 (Dow Jones Industrial Average, DJIA) 是由華爾街日報和道瓊公司創建者查爾斯‧道創造的幾種股票市場指數之一。他把這個指數做為測量美國股票市場上工業構成的發展，是最悠久的美國市場指數之一。

道瓊工業平均指數 (DJIA) 是最廣為人知，也是最普遍被市場報導的指數。現今的計算方法是取一特別值做為除數來計算其指數。道瓊工業平均指

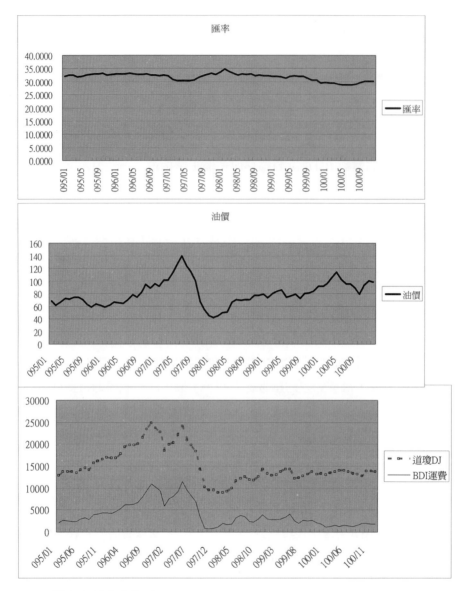

⤷ 圖 8-7 樣本資料之走趨圖

　　數與現今大部份其餘的指數不同，它並非以股票市價來計算，換言之，每天
每支成份個股上漲的點數均需依照其一定的比重來換算，如此一來，每支成
份股對指數大盤的影響力各有所不同。

時至今日，道瓊平均指數包括美國 30 間最大、最知名的上市公司。雖然名稱中提及「工業」這兩個字，但事實上其對歷史的意義可能比實際上的意義還來得多些——因為今日的 30 間構成企業裡，大部份都已與重工業不再有關。由於補償股票分割和其他的調整的效果，它當前只是加權平均數，並不代表成份股價值的平均數。

　　一般而言，道瓊工業平均指數的計算方法是以 1897 年 (100%) 為基準。道瓊可分成四種平均指數：

 (1) 道瓊工業平均指數 [Dow Jone's Industrials Average (DJIA)] 30 種主要製造業的平均數，它是本文採用之時間序列，該「月資料」來源為鉅亨網：http://www.cnyes.com/usastock/stocks/INDU.html。

 (2) 道瓊運輸事業平均指數 [Dow Jone's Transportation Average (DJTA)] 20 種交通事業股的平均數。

 (3) 道瓊公用事業平均指數 [Dow Jones Utility Average (DJUA)] 15 種公用事業股的平均數。

 (4) 道瓊 65 綜合平均指數 [Down Jones 65 Composite Average (DJCA)] 綜合以上三種 65 家公司的平均數。

3. 紐約原油價格指數

　　在紐約商品期貨交易所交易，該「月資料」來源為鉅亨網：http://www.cnyes.com/futures/javachart/CLCON.html。

4. 美元對台幣外匯

　　匯率是兩國貨幣的兌換比率，又稱為「匯價」。經濟景氣與匯率的關係，呈現相同方向的變動關係，匯率漲跌有落後景氣走向之現象。當景氣熱絡時，民間企業投資意願高、資金需求量上升而使利率水準上揚，其導致國內投資市場獲利率提高而吸引海外資金流入，均會促使新台幣 (對美元) 匯價呈現升值壓力。

　　本文取用美元對台幣外匯，該「月資料」來源為中央銀行：http://www.cbc.gov.tw。

(三) 研究架構

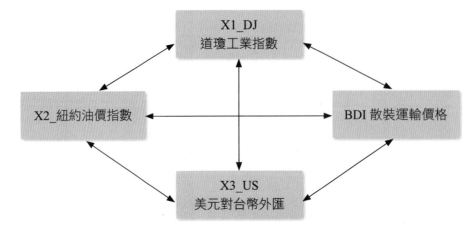

⌐圖 **8-8** 研究架構

(四) VECM 分析流程

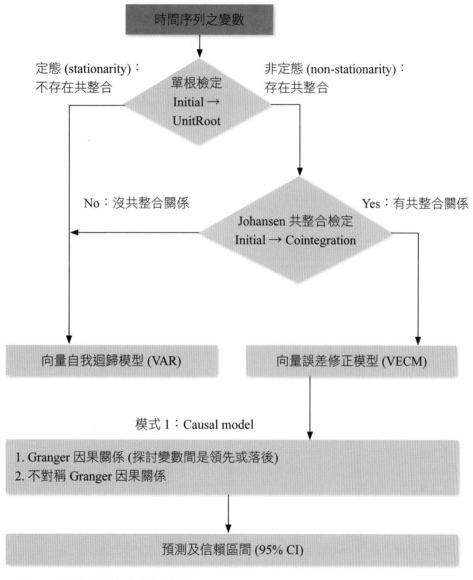

⌒ 圖 8-9 共整合檢定之分析步驟

四、共整合檢定之結果與討論

因為大部份的時間序列資料為非定態的資料，變數經由差分 (符號「Δ」) 形式轉換成定態序列後，將喪失變數之間所隱含的長期資訊，以致無法觀察變數之間是否存在長期均衡關係。在探討彼此的相關性時可能喪失期間原本存在的長期均衡關係，因此，Granger (1981, 1986) 及 Engle & Granger (1987) 發展出的共整合分析，即在探討兩序列是否存在長期穩定關係，避免變數差分後可能產生不當推論之缺失。

共整合係指 common stochastic trend。若變數之間存在共整合關係，即存在長期的均衡關係。當確定非定態之序列間「有 1 個以上」共整合關係後，才將研究架構的眾變數納入向量誤差修正模型 (VECM)，來觀察變動間的長、短期關係。

所謂 VECM，其模型如下。表示 Δx_t 除了自已受前一期有影響外，y_t 的前幾期「差分」亦有影響力：

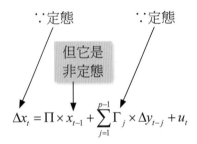

$$\Delta x_t = \Pi \times x_{t-1} + \sum_{j=1}^{p-1} \Gamma_j \times \Delta y_{t-j} + u_t$$

其中，向量 u_t 是白噪音，$u_t \sim (0, \Sigma_u)$

在上式中，由於 x_{t-1} 項是非定態，它是無法「直接」納入此「左右都定態」的恆等式中。故我們期望找一個「線性組合項」$\alpha\beta'$，「間接」來取代 Π：

$$\Pi x_{t-1} = (\alpha\beta') x_{t-1} = \alpha \times (\beta' x_{t-1})$$

使得 x_{t-1} 經 β 向量的線性組合之「$\beta' x_{t-1}$」是定態。

其中，

α：調整速度 (大小)。

$\beta' x_{t-1}$：長期隨機關係 (即共整合關係)。

$\sum_{j=1}^{p-1} \Gamma_i \Delta y_{t-j}$：為 y_t 中各變數之間的短期動態關係，表示當受到外生衝擊致使各個變數短期偏離均衡時的動態調整過程，即 Γ_i 衡量短期影響。

ΠX_{t-1} 代表 X_t 之長期關係，可將因差分而失去的長期關係調整至均衡的狀態，它將系統中由於各序列經取一次差分後而喪失之長期關係引導回去，即所謂的誤差修正項 (Error Correction Item)，即若 X_t 有過度差分時可利用此項將喪失的長期訊息調整回來，Π 為所有延遲項的線性組合，又稱衝擊矩陣 (Impact Matrix)，能反映出各變數間長期均衡關係，即 Π 衡量長期影響，此一誤差修正項即為 Johansen (1991) 最大概似估計法中共整合向量估計與檢定的中心項目，而 Π 的秩 (Rank) 決定了共整合向量個數，亦即決定了變數間具有多少個長期關係。

易言之，誤差向量 (ECV) 的誤差修正項 $\alpha\beta'$，可視為變數與前期長期均衡的偏離程度，且此偏離程度有朝向長期均衡靠近的趨勢。調整係數 α 代表往長期均衡靠近的速度，若調整係數 $\alpha > 0$，則表示該變數短期內被低估，故會以特定的速度「向上」調整到下一期；反之，若 $\alpha < 0$，則表示該變數短期內被高估，故會以特定的速度「向下」調整到下一期。

本文使用 JMulTi 之 VECM 來進行共整合檢定，其執行步驟如下：

Step 1. 鑑定共整合之個數

共整合之個數可用 Johansen Trace 檢定來算出 rank( ) 值，即是「共整合關係的個數」。分析結果，顯示這四個變數 (道瓊指數、紐約油價、美元匯率、BDI) 彼此之間有 3 個共整合關係。

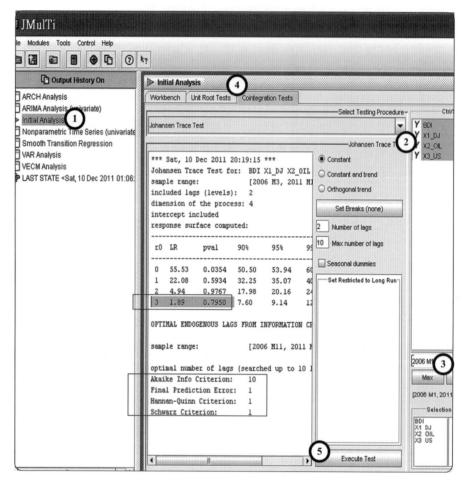

╚ 圖 **8-10** Johansen Trace 檢定結果 (有 3 個共整合關係)

Step 2. 判定 VECM 模型之最佳參數

在標準型 VECM 模型：$\Delta x_t = \Pi \times x_{t-1} + \sum_{j=1}^{p-1} \Gamma_j \times \Delta y_{t-j} + u_t$。

為了決定上式，最佳延遲期 p 值之，本文根據 JMulTi 軟體提供四種資訊準則之多數決，其中，Final Prediction Error、Hannan-Quinn Criterion、Schwarz Criterion 都建議最佳延遲期 p＝1。

　　將上述分析所得之參數，包括：這四個變數有 3 個共整合關係、最佳落後期 p＝1，再代入 VECM 模式 (如圖 8-11)，即可求得 VECM 模式之聯立迴歸係數值及預測模式。

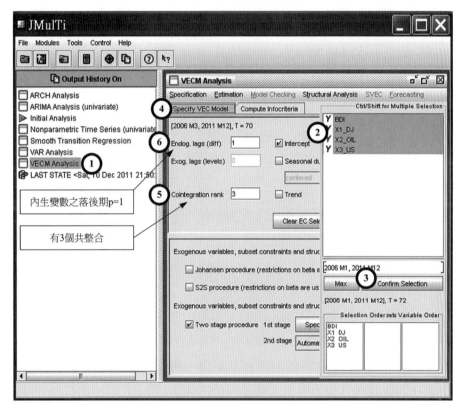

⌐圖 8-11　界定 VECM 模式之參數值 (3 個共整合、最佳落後期 p＝1)

Step 4. 估計 VECM 模型之歸迴係數

標準型 VECM 模型為：$\Delta x_t = \alpha \times (\beta' x_{t-1}) + \sum_{j=1}^{p-1} \Gamma_j \times \Delta y_{t-j} + u_t$

本文求得對應 VECM 模型如下：

$$
\begin{bmatrix} \Delta BDI_t \\ \Delta DJ_t \\ \Delta Oil_t \\ \Delta USD_t \end{bmatrix} = \begin{bmatrix} -.0067 & .163 & -24.87 \\ .007 & -.034 & -9.617 \\ .003 & -.001 & -.629 \\ .000 & -.000 & -.004 \end{bmatrix} \times \begin{bmatrix} 1.00 & -- & -- & -906.45 \\ -- & 1.00 & -- & 413.186 \\ -- & -- & 1.00 & 7.261 \end{bmatrix} \begin{bmatrix} BDI_{t-1} \\ DJ_{t-1} \\ Oil_{t-1} \\ USD_{t-1} \end{bmatrix}
$$

$$
+ \begin{bmatrix} .151 & -.299 & 18.892 & -593.919 \\ .036 & .149 & 8.324 & 88.711 \\ -.001 & .002 & .346 & 2.798 \\ .000 & .000 & -.020 & .099 \end{bmatrix} \begin{bmatrix} \Delta BDI_{t-1} \\ \Delta DJ_{t-1} \\ \Delta Oil_{t-1} \\ \Delta USD_{t-1} \end{bmatrix} + \begin{bmatrix} u1_t \\ u2_t \\ u3_t \\ u4_t \end{bmatrix}
$$

上式之矩陣運算式裡，係數大小代表影響力強弱，正負號代表影響的方向。

因為向量 $\beta' = \begin{bmatrix} 1.00 & -- & -- & -906.45 \\ -- & 1.00 & -- & 413.186 \\ -- & -- & 1.00 & 7.261 \end{bmatrix}$，Beta 係數顯著性考驗之對應 $|t|$

都 > 1.96 臨界值，表示：(1) BDI 及美元 USD，兩者長期均衡之趨勢達 0.05 顯著水準，兩者有一共整合關係：「$BDI_t - 906.45 \times USD_t$」；(2) 道瓊 DJ 及美元 USD，兩者長期均衡之趨勢達 0.05 顯著水準，兩者有一共整合關係：「$DJ_t + 413.186 \times USD_t$」；(3) 紐約原油 OIL 及美元 USD，兩者長期均衡之趨勢達 0.05 顯著水準，亦有一共整合關係：「$OIL_t + 0.099 \times USD_t$」。

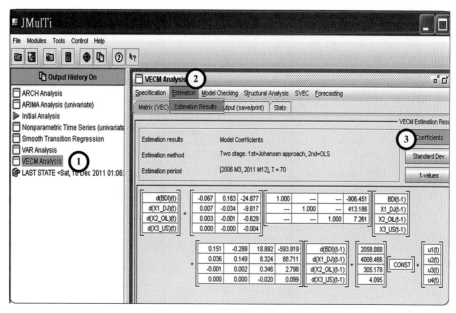

⌐ 圖 8-12 VECM 聯立迴歸式之結果

Step 5. VECM 模型之五大誤差診斷

　　任何迴歸模型，包括：最小平方法 (OLS) 迴歸、自我迴歸 ARIMA、結構向量自我迴歸 (SVAR)、VECM 模型，除了求出其迴歸係數 (β) 及其顯著性 t 考驗外，最重要的還是要比較該模型之精準度，即誤差 (實際值-預測值) 若愈小愈均勻分布而且誤差之間愈獨立則愈好。基於這個原則，Jmulti 提供 VECM 五大誤差檢定，如下圖所示，誤差五大檢定結果整理成下表，顯示本研究之 VECM 誤差完全或部份通過檢定有：Portmanteau Test、Tests for Nonnormality、Jarque-Bera Test (誤差常態性)、ARCH-LM Test；誤差只有 LM-Type Test for Autocorrelation 未通過仍有改進之處。故整個來看，本研究架構之四個變數 (油價、道瓊指數、BDI、美元匯率) 所建構 VECM (參數 p＝1，有三個共整合)，仍是適合的模型。

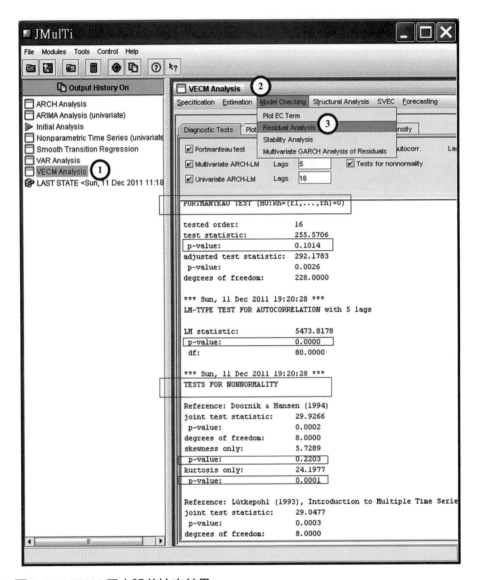

◟圖 **8-13** VECM 五大誤差檢定結果

■表 8-14 VECM 五大誤差檢定結果

誤差五大診斷	虛無假設	檢定結果
1. Portmanteau test for autocorrelation	Portmanteau 殘差自我相關之檢定： $$\begin{cases} H_0 : E(u_t u_{t-i}^{'}) = 0 \text{，} i = 1,...,h, \\ H_1 : \text{至少有一個自我共變數 } (auto\,cov\,ariance) \end{cases}$$	p > .05 接受 H_0
2. LM test for autocorrelation	Portmanteau test，第 h 階殘差自我相關之模型為： $$u_t = B_1^* u_{t-1} + \cdots + B_h^* u_{t-h} + error_t$$ $$\begin{cases} H_0 : B_1^* = \cdots = B_h^* = 0 \\ H_1 : B_1^* \neq 0 \text{ 或 } \cdots \text{ 或 } B_h^* \neq 0 \end{cases}$$ 輔助模型 (auxiliary model) 為： $$\Gamma_0 \hat{u}_t = \alpha\beta^{*'} \begin{bmatrix} y_{t-1} \\ D_{t-1}^{co} \end{bmatrix} + \Gamma_1 \Delta y_{t-1} + \cdots + \Gamma_p \Delta y_{t-p}$$ $$+ B_0 x_t + \cdots + B_q x_{t-q} + CD_t + B_1^* \hat{u}_t + \cdots + B_h^* u_{t-h} + e_t$$ 上式，殘差 $\hat{e}_t (t = 1, \cdots, T)$ 估計之殘差共變數：$\tilde{\Sigma}_e = \dfrac{1}{T} \sum_{t=1}^{T} e_t e_t^{'}$。 再重估沒有 lagged 殘差 $\hat{u}_{t-1}$ 之輔助模型，所得殘差 $\hat{e}_t^R$ 其應殘差共變數： $$\tilde{\Sigma}_R = \frac{1}{T} \sum_{t=1}^{T} \hat{e}_t^R e_t^{R'}$$ LM 統計量為： $$LM_h = T(K - tr(\frac{\tilde{\Sigma}_e}{\tilde{\Sigma}_R})) \approx \chi^2 (hK^2)$$	P < .05 拒絕 H_0
3. Tests for Nonnormality	Lomnicki-Jarque-Bera Test： 令標準誤差 $u_t^s = u_t / \sigma_t$ $$\begin{cases} H_0 : \text{偏態 } E(u_t^s)^3 = 0 \text{ 且峰度 } E(u_t^s)^4 = 3 \\ H_1 : \text{偏態 } E(u_t^s)^3 \neq 0 \text{ 或峰度 } E(u_t^s)^4 \neq 3 \end{cases}$$	偏態 p > .05 接受 H_0 峰度 P < .05 拒絕 H_0

■表 8-14 VECM 五大誤差檢定結果 (續)

誤差五大診斷	虛無假設	檢定結果
4. Jarque-Bera Test (誤差常態性)	$Jarque-Bera$ 之 H_0：偏態 $E(u_t)^3 = 0$ 且峰度 $E(u_t)^4 = 3$ $Jarque-Bera$ 之 H_1：偏態 $E(u_t)^3 \neq 0$ 或峰度 $E(u_t)^4 \neq 3$	u1 之 p < .05 拒絕 H_0 u2,u3,u4 之 p > .05 接受 H_0
5. ARCH-LM Test	$ARCH\_LM$ 檢定 $vech(\hat{u}_t, \hat{u}_t') = \beta_0 + \beta_1 vech(\hat{u}_{t-1}, \hat{u}_t') + \cdots + \beta_q vech(\hat{u}_{t-q}, \hat{u}_t') + error_t$ $\begin{cases} H_0 : \beta_1 = \beta_2 = \cdots = \beta_q = 0 \\ H_1 : 有一 \beta_1, \cdots, \beta_q \text{ 不為 } 0 \end{cases}$	u1 之 p < .05 拒絕 H_0 u2,u3,u4 之 p > .05 接受 H_0

Step 6. Granger Causality 檢定

根據 Granger (1969) 所提出以變數預測力 (Predictablility) 來衡量變數間的因果關係，如果兩時間序列間存在因果關係時，則一獨立變數加入過去的訊息會增加因變數的解釋能力，我們稱之為存在因果關係。

Granger (1969) 由預測誤差的角度定義變數之間的因果關係，如果兩變數之間存在因果關係時，則加入一變數 x_{2t} 的過去訊息會使其對另一變數 x_{1t} 的解釋能力提高，並能降低預測誤差，藉以判斷因果關係是否成立。故可由 Granger 因果關係檢定 (causality test) 的過程，從變數的預測能力來衡量變數之間的領先與延遲關係。

假設兩個時間序列變數 x_{1t} 和 x_{2t}，其向量自我迴歸模型如下：

$$\begin{cases} x_{1t} = a + \sum_{i=1}^{k} \eta_{1i} x_{1t-i} + \sum_{j=1}^{k} \theta_{1j} x_{2t-j} + \mu_t \\ x_{2t} = a + \sum_{i=1}^{k} \eta_{2i} x_{1t-i} + \sum_{j=1}^{k} \theta_{2j} x_{1t-j} + \nu_t \end{cases}$$

上式中的 μ_t 和 ν_t 為兩個互相獨立之殘差項。若要檢定 x_1 與 x_2 之間是否具有 Granger 因果關係，則虛無假設表示為：

1. $H_0 : \theta_{11} = \theta_{12} = \cdots = \theta_{1k} = 0$

　　表示 x_2 的過去訊息並不有助於預測當期的 x_1，即 x_{2t} 沒有領先 x_{1t}。因此若檢定的結果不能拒絕虛無假設，表示 x_2 對於 x_1 沒有 Granger 因果關係；反之，檢定結果若是拒絕虛無假設，代表 x_2 對於 x_1 具有 Granger 因果關係。

2. $H_0 : \theta_{21} = \theta_{22} = \cdots = \theta_{2k} = 0$

　　表示 x_1 的過去訊息對於預測當期的 x_2 沒有幫助，即 x_{1t} 沒有領先 x_{2t}。因此若檢定的結果不能拒絕虛無假設，表示 x_1 對於 x_2 沒有 Granger 因果關係；反之，檢定結果若是拒絕虛無假設，代表 x_1 對於 x_2 具有 Granger 因果關係。

　　本文將表 8-15 Granger 因果檢定結果，轉化成圖 8-14，圖中單向箭頭表示單向因果關係，雙向箭頭表示互為因果關係。其中，只有道瓊 DJ 指數是三者 (美元 UDS，散裝 BDI，紐約油價) 的果，其餘三者互為因果關係。顯示，美元 UDS、道瓊 DJ、及紐約油價三者都是影響 BDI 指數之重要因素。

■表 8-15 Granger Causality 檢定結果

因	果	因果關係檢定結果
美元 UDS	道瓊 DJ，散裝 BDI，紐約油價	成立
道瓊 DJ	美元 UDS，散裝 BDI，紐約油價	不成立
散裝 BDI	美元 UDS，道瓊 DJ，紐約油價	成立
紐約油價	美元 UDS，道瓊 DJ，散裝 BDI	成立

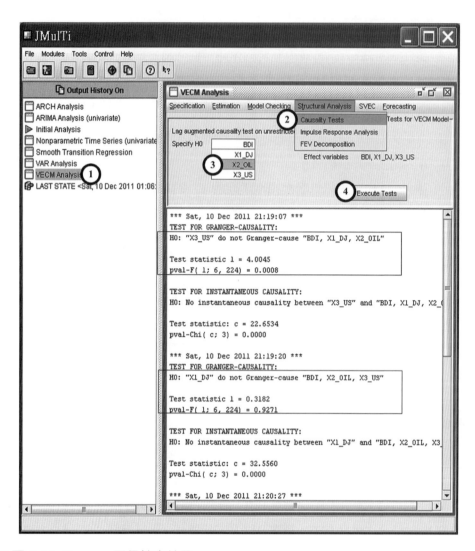

⎫ 圖 8-14 Granger 因果檢定結果

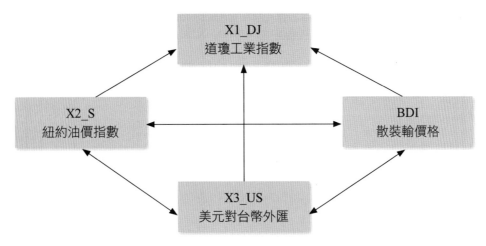

⌒圖 8-15 因果檢定結果

Step 7. VECM 模型之預測

　　若以樣本資料最近一月之 BDI 值 1849 為基準點，未來 12 個月 BDI 預測值，1 至 4 月呈現下滑趨勢，5 月才開始結構性改變，趨勢猛烈向上持續至 2012 年 12 月。

■表 8-16　未來 2012 一整年 BDI 預測值

time	預測值	95％lower CI	upper CI	+/−
2012 M1	1702.3299	95.0788	3309.5811	1607.2511
2012 M2	1630.7318	−780.8350	4042.2987	2411.5669
2012 M3	1644.8293	−1246.8510	4536.5096	2891.6803
2012 M4	1749.3497	−1426.4393	4925.1387	3175.7890
2012 M5	1906.2274	−1448.4286	5260.8834	3354.6560
2012 M6	2066.5756	−1424.1339	5557.2850	3490.7094
2012 M7	2201.3362	−1429.8720	5832.5443	3631.2081
2012 M8	2300.7715	−1499.8355	6101.3784	3800.6070
2012 M9	2364.1854	−1634.9784	6363.3491	3999.1638
2012 M10	2394.5051	−1819.6105	6608.6208	4214.1156
2012 M11	2396.8321	−2033.9314	6827.5956	4430.7635
2012 M12	2377.4686	−2260.2778	7015.2150	4637.7464

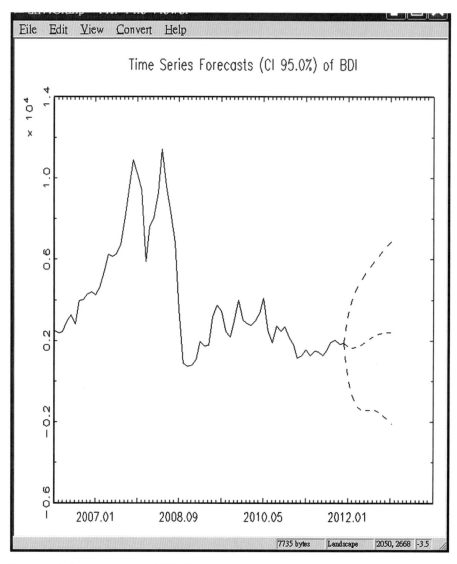

∽圖 8-16 未來 12 個月 BDI 預測值

五、結論與建議

本研究主要針對散裝航運市場為探討對象，並以散裝運輸波羅地海運價指數之波動為標地，選用與以往學者不同之研究法，即向量自我修正模式 (VECM) 之 Granger 因果檢定及預測模式，結果發現出影響散裝運輸運價指數波動的主因有三：國際油價 (通膨)、美元 (外匯風險)、道瓊指數 (景氣)。

本文以不同的研究法，再次互驗 Gray (1987) 的論點，即影響散裝運輸波羅地海運價指數的主要因素有 3 項：(1) 匯率風險 (美元漲跌)；(2) 燃料上漲風險 (紐約油價指數)；(3) 市場風險 (代表全球景氣循環之道瓊指數)。此外，本文亦發現多變量之聯立迴歸模式 VECM 非常適合來預測 BDI 指數。

建議

　　有鑑於往昔學者所提之影響波羅地海運價指數波動至少有 15 項以上影響因素，至今仍未完全健全，其中有些是無法以量化考量之因素，但它仍有影響力，故建議後續研究可針對重大事件之影響因素，或景氣循環之波動因素加以進一步探討。

樂觀是成功之源，悲觀是失敗之因。
（孫文）

CHAPTER **9** 《《《《《

非線性迴歸 STR、STVR

過去研究總體經濟變數模型主要以線性模型居多，但自從 Granger & Teräsvirta (1993) 與 Teräsvirta (1994) 提出平滑轉換迴歸模型 (Smooth Transition Regression Model, STR) 後，應用非線性模型來探討總體經濟變數逐漸形成主流，因為非線性模型比線性模型來得更能夠說明實際的資料產生過程。

就像，過去研究「生產效率」的文獻，多數是以線性的生產函數或成本函數迴歸模型為基礎，而線性的迴歸模型卻同時隱含迴歸係數為常數的假設。這樣的假設無法適用於樣本資料跨長期之時間序列模型，因為模型中可能存在結構性轉變。

有鑑於此，例如，以線性 Ordinary Least Squares (OLS) 迴歸模型所估計之台灣農業部門生產效率，自 1960 年代以後顯示呈現逐漸下降，到了 1980 年代中，又很快回升到最高的效率水準，在 1990 年以後，則又有下滑的走勢。因此，若我們改以 Logistic 平滑轉換迴歸 (Logistic Smoothing Transition Regressive Model, LSTR) 模型所估計之效率的變化來看，可發現自 1960 年起至 1999 年，台灣農業部門之生產效率並無明顯的上升或下降趨勢，估計值約莫在 90%~100% 之間變動。這顯示台灣農業部門生產效率，變化程度應該是相當穩定的，平均維持在 96% 之間，亦無效率之程度僅約 4%。

9.1 平滑轉換迴歸 (STR)

一、為何迴歸分析前，需先做資料檢查及變數變換呢？

我們在進行迴歸分析，不論是自我迴歸 (AR) 或向量自我迴歸 (VAR)，都需「事先」檢查序列之資料，是否符合下列 3 項特性，若不符合則需先做「變數變換」：

1. 常態性：若分析的資料係非常態，則做對數函數 (log(x)、Ln(x)) 之變數變換。

2. 定態：若分析的資料係非定態，通常做差分一次 (「Δ 或 ∇」符號)，使它變成定態後，再進行 ARIMA、VAR、VECM 等迴歸分析。

3. 非線性：若資料係非線性，則用平滑轉換函數，將它變成線性後，再進行 ARIMA、VAR、VECM 等迴歸分析。做 STR 非線性轉換，第一步驟就是用

JMulTi 先求出 LSTR1 (K＝1) 與 LSTR2 (K＝2) 哪個轉換較合適後，並將線性之新變數另存新資料檔 (*.dat)。第二步驟，再將它代入 ARIMA、VAR、VECM 等迴歸中。

JMulTi 可做「線性」變數變換，包括：(1) 取自然對數 Ln(x)，將非常態變數 x 轉成常態，或 (2) Δx，將非定態變數 x 轉成定態。除了人工用 Excel 預先做變數變換外 (另存成*.xls 檔) 再「Import Data」到 JMulTi 外；也可以「直接」在 JMulTi 系統之「Time Seires Calculator」按鈕，如圖 9-1 所示操作，將變數 r (利率)：(1) 先用自然對數 log，對非常態之變數 r 取自然對數後，存至 r_ln 變數後。(2) 常態之變數 r_ln，再用 fracdiff (x,1) 差分一次，即可變成定態之新變數 r_ln_delta。

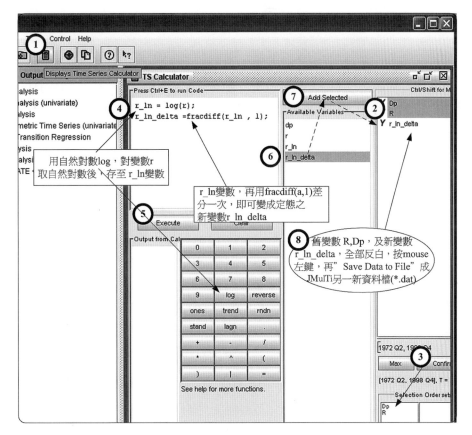

⤷圖 **9-1** 用 JMulTi「TS Calculator」將變數 r 取自然對數後，再差分一次

二、STR 迴歸之起源

平滑轉換迴歸 (STR) 最始的構想，就是根據下列公式，試圖找一個合適的轉換函數 g(x)，使得「新變數」的值域限制在 [0,1] 範圍。因為：

1. 當 g(x) 趨近 ∞ 時，「新變數」的值為 0。
2. 當 g(x) 趨近 0 時，「新變數」的值為 1。

$$新變數 = \frac{1}{1 + g(x)}$$

其中，合適的轉換函數 g(x)，就是本章節要談「轉換變數 s_t」；「新變數」就是平滑轉換函數 $G(\gamma, c_k, s_t)$，它必須是一個介於 0 和 1 之間連續型函數。

$$x_t = \phi' x_{t-i} + \theta' x_{t-1} \times G(\gamma, c, s_t) + u_t$$
$$= (\phi' + \theta' \times G(\gamma, c, s_t))' x_t + u_t, \ t = 1, 2, 3, \cdots, T$$

其中，$\phi' x_{t-i}$ 為 STAR 的線性部份；$\theta' x_{t-1} G(\gamma, c, s_t)$ 為 STAR 的非線性部份。x_{t-i} 為被解釋變數落後 i 期之向量矩陣，且誤差 $u_t \overset{iid}{\sim} N(0, \sigma^2)$。$\phi$ 與 θ 為待估計參數向量。γ 為轉換速度或稱做調整參數，s_t 為轉換變數，c 為門檻值。$G(\gamma, c, s_t)$ 為轉換函數，是一個介於 0 和 1 之間連續型的函數。

常用的轉換函數有羅吉斯 (Logistic) 與指數 (Exponential) 轉換函數。而單一門檻的 Logistic 轉換函數為一連續單調遞增的函數，相較於左右對稱的 Exponential 轉換函數 Logistic 在探討不對稱的情況下較常使用。

Quandt (1958) 和 Bacon & Watts (1971) 首先提出轉換迴歸模型 (switching regression model) 之概念。接著，Tong (1978) 及 Tong & Lim (1980) 也提出門檻自我迴歸模型 (threshold autoregressive model, TAR)。而門檻自我迴歸模型主要是探討當轉換變數 (transition variable) 大於門檻值 (threshold value) 時，係數的改變狀況及調整速度的改變是瞬間的情況。

與 TAR 模型擁有相似概念之平滑轉換迴歸模型 (STR) 其變數的調整速度是隨著轉換函數而平滑變動，因此，TAR 模型可說是 STAR 模型的特例。

Goldfeld & Quandt (1972) 和 Maddala (1977) 最早提出 STR 模型，接著 Granger & Teräsvirta (1993)、Teräsvirta (1994, 1998)、Franses & van Dijk (2000) 對 STR 模型更有精闢討論。若 STR 模型再更進一步延伸即成為平滑轉換自我迴歸

模型 (smooth transition autoregressive model, STAR) 模型。Teräsvirta & Anderson (1992) 檢驗 13 個 OECD (Organization for Economic Cooperation) 國家景氣循環相關指標能否以非線性 STAR 模型來描述之研究，其結果顯示 13 個 OECD 國家景氣循環指標呈現相似的非線性性質，然而，景氣循環的波動於衰退期及擴張期時具有不同的動態調整特性。而在 1994 年，Teräsvirta 運用 logistic 和指數函數 (exponential) 於非線性自我迴歸模型 (nonlinear autoregressive model) 中，並檢驗 STAR 模型之統計檢定及估計，此後，STAR 模型被廣泛地運用於各相關的議題上。

　　例如，Chelley-Steeley (2004) 首先將「股價指數」月相關係數透過 ADF 單根檢定，選取非定態之序列進行平滑轉換的過程 (smooth transition process)。主要用意在於股票市場之間可能具有非線性的性質。因此，應用平滑轉換 logistic 函數檢驗亞太國家股票市場整合 (equity market integration) 的程度。最後，將非線性模型所得之殘差項再次進行 ADF 單根檢定，若屬定態序列，則有正當的理由說明此為一平滑的轉換過程，且具非線性的特質。其研究結果顯示，韓國、新加坡和泰國不論就區域性或全球性而言，市場分割性較小，即市場整合性較高；台灣地區則沒有明顯的證據顯示在當地或全球有整合的現象。然而，亞洲地區之間的整合速度較全球性的整合速度快。

三、我們會遇到哪些變數是非線性？

　　STR、STAR 可解決的財經議題，係因為該序列具有非線性，包括：

1. 總體經濟指標 x_t 預測股價指數報酬率 y_t 之實證。
2. 東亞各國股市 $(x_{1t}, x_{2t}, ..., x_{nt})$ 與美日德 (y_{1t}, y_{2t}, y_{3t}) 三國股市相關係數之非線性研究。
3. 中國大陸貨幣需求函數 $g(x_{1t}, x_{2t}, ..., x_{nt})$ 之實證研究——非線性方法。
4. 系統風險不對稱：國際股市 x_t 證據。
5. 實質有效匯率 x_t 之非線性模型——新台幣、人民幣及日圓模型之建立。
6. 台灣與韓國之股價 x_t 與匯價 y_t 間非線性關係：以 STR GJR-GARCH 模型驗證。
7. 兩岸投資 x_t 與貿易 y_t 關係之非線性研究。
8. 美國貨幣政策 x_t 與股 y_t 匯市 z_t 對物價 w_t 影響——非線性平滑轉換誤差修正

模型之應用。

9. 金融 $(y_{1t}, y_{2t}, ..., y_{nt})$ 與總體經濟變數 $(x_{1t}, x_{2t}, ..., x_{nt})$ 對股票報酬 z_t 之影響。

10. 火災次數 z_t 之非線性趨勢分析。

11. 台灣股票市場 $(y_{1t}, y_{2t}, ..., y_{nt})$ 與天氣效應 z_t 關係之探討——非線性動態調整模式。

12. 通貨 $(y_{1t}, y_{2t}, ..., y_{nt})$ 替代的非線性研究——東亞六國的實證分析。

四、STR 應用 1：用非線性方法分析股票報酬

用非線性方法來分析股票報酬，目前有幾種研究法，包括：混沌理論、類神經網路、馬可夫轉換模型和 STAR 模型的應用等。其中，(1) 混沌理論是自然科學的重要理論之一，近年來被用來研究金融市場的秩序，但由於其理論相當複雜，以致於相關研究仍不多見。(2) 類神經網路則是近年來較常運用的非線性方法，其運作的方式類似模擬生物的神經網路，從處理接收訊號到作出反應的過程，雖然類神經網路有不錯的容錯能力，但還需要人腦判斷預期值。(3) STAR 模型的應用則是近年來逐漸發展的方法，一開始是應用在景氣循環的研究，但後來被運用在匯率、股票報酬的相關議題上。

五、STR 應用 2：國際股市相關係數

例如，謝宗穎 (2008)「東亞各國股市與美日德三國股市相關係數之非線性研究」，係依據資產組合平衡模型，在考量通貨替代現象下，將外國利率與實質匯率兩個變數加入傳統的貨幣需求函數，而建構出包含：本國實質所得、本國利率、外國利率、實質匯率的貨幣需求函數，探討在開放經濟體系下，東亞六國 (印尼、韓國、菲律賓、新加坡、泰國、台灣) 對歐元、日圓、美元等三種「貨幣」是否存在通貨替代現象，以及通貨替代現象對東亞六國貨幣需求的影響。

研究法應用 Johansen (1991) 共整合方法來分析東亞六國 1999 年 1 月至 2007 年 10 月的資料，並應用 Granger & Teräsvirta (1993) 所提出的非線性平滑轉換迴歸 (STR) 模型來探討「通貨替代」的非線性關係，並利用誤差均方根 (root mean square error, RMSE) 比較線性模型與非線性模型的配適度。資料來源為 Datastream 資料庫。實證結果發現，只有韓圜對歐元、新加坡元對歐元存在通貨替代現象。

資料庫 DataStream 為 THOMSON 公司開發，主要針對全球金融與總體經濟

各項資料匯集，其中，以美國與歐盟資料為最齊全，國用許多大學圖書館都有收藏此資料庫，DataStream 主要是利用遠端網路讀取所搜尋資料的財金數據資料庫，資料包含：bonds, interest rates, commodities, convertibles, equities, exchange rates, futures, indices, investment trusts, macroeconomics, options, unit trusts, warrants 等。

六、STR 應用 3：台灣毛豬市場批發價格的非線性模型

台灣第一等級 8 個地區毛豬市場批發價格，若改以非線性模型分析，李建強等人 (2006) 發現：1997 年口蹄疫事件及 2000 年市場重整是造成豬價呈非線性走勢的重要因素。其中，台北縣、桃園縣、台中縣大安區、台中市、彰化縣、雲林縣等 6 地區呈現對稱調整的 ESTAR 模型走勢，表示豬價上升及下降具有相同的動態結構，而中間區域則不同於外部區域的動態過程。相對地，屏東縣、高雄縣鳳山區則呈現不對稱調整的 LSTAR 模型走勢，表示豬價在門檻值的上、下具有不同走勢。此外，8 個地區的毛豬價格在調整速度、調整型態、門檻值內、外區間的動態走勢、落遲現象以及價格預測的影響效果都有不同的表現；而消費地與產地批發市場也呈現不同的非線性動態走勢。

9.1.1 非線性迴歸之理論建構及分析

一、STR 理論建構及分析之實例

STR 之模型分析，分三大步驟：(1) 理論模型的建構。(2) 線性 vs. 非線性檢定。(3) 樣本內配適 vs. 樣本外預測。

舉例來說，股利 (d) 價格 (p) 比與股票報酬 (r) 之非線性迴歸 (王瑞宏，2007)，係先有理論模型的建構；再執行線性 vs. 非線性之檢定。

1. 資料來源與實證期間

假設「股利價格比 $(d_t - p_t)$ 與股票報酬 $[r_i(t-n)]$ 之非線性迴歸」的對象為全球前兩大經濟體 (美國與日本股市)，並使用道瓊工業股價指數與東京日經指數及其平均股利資料。資料蒐集的研究期間自 19xx 年 1 月起至目前最近期由 Datastream 財務資料庫中所取得的月資料，是為全部樣本 (full-sample)。另外，為了評估模型的預測能力，我們取 12、30 與 60 期，分別

做為短期、中期與長期樣本外預測能力之比較,並且以樣本內資料進行模型的配適。美日兩國之全部樣本期間為 19XX 年 1 月至 20XX 年 12 月 (共 26 年之 312 月資料),其中,樣本內資料期間為 26 年期之前 21 年 (共 252 個月資料),樣本外資料期間為 26 年期之後 5 年 (共 60 個月資料)。

2. 資料處理與變數變換

　　首先,可將名目股價與股利除以消費者物價指數 (CPI),得到實質股價 P 與股利 D,然後,再將實質股價與股利取自然對數 [Ln (變數)],如此實質股利對數值 [d=Ln(D)] 減實質股價對數值 [p=Ln(P)],可求得的自變數對數股利價格比 $(d_t - p_t)$。另外,將當期名目股價加名目股利後,除以前一期的名目股價,再取自然對數可得當期實質股票報酬對數值 $\{r_i = Ln[(P+D)/P)]\}$。並依短期到長期,下列公式共取五個不同的股票報酬預測期數 K,分別為 K=1、3、6、12 與 24 期,依序可得五個應變數 (r1、r3、r6、r12 與 r24)。

在 JMulTi 操作方面,先將樣本分成二批 (美國、日本股市)、再依序進行 Ln_r1、Ln_r3、Ln_r6、Ln_r12、Ln_r24、dt_pt 六個變數的單根檢定 (如圖 9-2),由於這六個變數之資料,事先先在 Excel 做「差分」及「自然對數」運算,故六個變數一定呈現「定態」及「常態」。

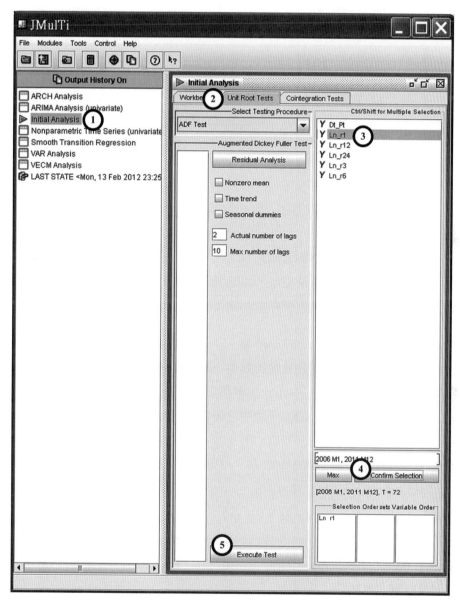

⌐圖 9-2 分美國、日本股市，依序對六個變數做單根檢定

　　接著，分別對 r1、r3、r6、r12 與 r24 五個應變數與對數股利價格比 r_i 進行線性 (β') 與非線性模型 (θ) 的估算。

$$rK_t = \sum_{k=1}^{K} r_{t+k} = \sum_{i=1}^{n} \alpha_i r K_{t-i} + (\beta' + \theta \cdot G)(d_t - p_t) + \upsilon_{t+K}$$

其中，n 依線性模型 SBC (Schwartz Bayesian Information Criterion) 選取。因為，由於當模型待估計參數較少且樣本數愈大時，採用 SBC 做為模型選擇的準則，會比 AIC、HQ、Final Prediction Error 佳 (Enders, 2004)。

Step 1. 理論模型的推導

在第 t＋1 期的毛股票報酬可以定義為

$$R_{t+1} = \frac{P_{t+1} + D_{t+1}}{P_t} \quad\cdots\cdots\cdots\cdots\cdots\cdots\cdots\cdots\cdots\cdots\cdots\cdots\cdots\cdots\cdots\cdots\cdots\cdots\cdots\cdots (9\text{-}1)$$

其中，P_t 為第 t 期股票價格，D_{t+1} 為 t＋1 期的股利，R_{t+1} 為第 t 期到第 t＋1 期持有股票的報酬。

根據 Campbell, Lo, & MacKinlay (CLM, 1997) 認為預期股票報酬為隨時間而變且可以預測的到的實證結果相左，即股票期望報酬具有可預測以及隨著時間變動的特性，且股價與股票報酬間存在非線性關係 (如圖 9-2)。

線性 vs.非線性檢定

以本例來說，為了決定最適的計量模型為線性或非線性，所以進行檢定，分別以對數股利價格比 $[d_t - p_t = x(t)]$ 與實質股票報酬對數值 $[r_i(t-n)]$ 做為轉換變數 (Z_t)。其中，n 值係依據 SBC 所選取之最適自我迴歸落後期數。由於所選取之五個股票報酬預測期數均包含預測期數 1 期 (r1)，故當選 r3、r6 、r12 與 r24 為應變數時，也將 r1(t) 納入轉換變數。

在 JMulTi 線性模型診斷方面，分美國、日本股市二批，在 JMulTi 中，依序進行 Ln_r1、Ln_r3、Ln_r6、Ln_r12、Ln_r24 五個變數的非線性檢定，即 JMulTi 先執行「Smooth transition Ression→Specification→Selection Model」，再「Smooth transition Ression→Specification→Test Linear/ STR」畫面，如圖 9-3。並將結果整理成表 9-1。

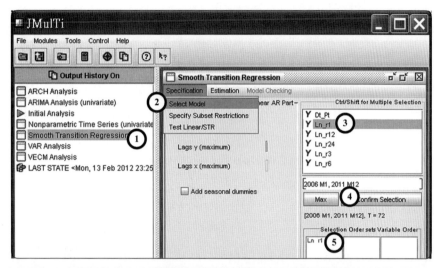

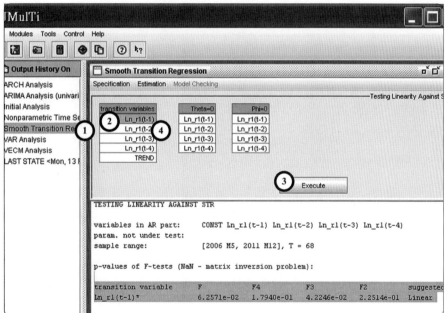

◠ 圖 9-3　先美國股市，進行非線性檢定

■表 9-1 「美股」之線性模型 p-value 及建議模型

應變數	轉換變數	線性檢定	F4	F3	F2	建議模型
r1 (1)	r1(t-1)	6.2571e-02	1.7940e-01	4.2246e-02	2.2514e-01	Linear
	Dt_Pt	7.2571e-01	-	-	-	Linear
r3 (8)	r1(t-1)	2.2571e-01	-	-	-	Linear
	Dt_Pt	6.2571e-02	-	-	-	Linear
r6 (8)	r6(t-1)	3.6633e-02[*]	2.0677e-01	4.0800e-01	1.1233e-02[*]	LSTR1
	Dt_Pt	4.4407e-01	-	-	-	Linear
r12 (2)	r12(t-1)	3.0071e-04[**]				LSTR1
	Dt_Pt	3.2578e-01	-	-	-	Linear
r24 (2)	r1(t-1)	7.1171e-03[**]	7.9981e-01	-	-	LSTR1
	Dt_Pt	3.2578e-03[**]	4.5900e-01	-	-	LSTR1

註：1. 應變下為線性模型中依 SBC 所選取最適之自我迴歸。

2. [**] 與分別表示表中檢定結果之 p-value 小於 1% 與 5% 顯著水準。

Campbell & Shiller (1988) 與CLM 以 (9-1) 式推導出隨時間變異的期望報酬的現值關係的 loglinear 近似值。

Loglinear 近似值的起始點為股票報酬對數值的定義，則由 (9-1) 式可得

$$r_{t+1} = \log_e(P_{t+1} + D_{t+1}) - \log_e(P_t)$$
$$= [p_{t-1} - p_t] + \log_e[1 + \exp(d_{t+1} - p_{t+1})] \cdots\cdots (9\text{-}2)$$
$$= [p_{t-1} - p_t] + 非線性部份$$

其中，英文字母小寫表示變數的自然對數 [Ln()]，(9-2) 式右邊最後一項為股利價格比的非線性函數，$f(d_{t+1} - p_{t+1})$。在平均數 $(\overline{d_{t+1} - p_{t+1}})$ 處做一階泰勒展開，(9-2) 式變成：

$$r_{t+1} \approx k + \rho p_{t+1} + (1-\rho)d_{t+1} - p \cdots\cdots (9\text{-}3)$$

其中，ρ 與 k 為線性化參數，分別定義為：

$\rho \equiv \dfrac{1}{1 + \exp(\overline{d_{t+1} - p_{t+1}})}$，$k \equiv -\log(\rho) - (1-\rho)\log(\dfrac{1}{\rho} - 1)$。為了消除理性泡沫，

加入條件式 $\lim_{j\to\infty}\rho^j p_{t+j}=0$，代入前期求解可得：

$$p_t=\frac{k}{1-\rho}+\sum_{j=0}^{\infty}\rho^j[(1-\rho)d_{t+1+j}-r_{t+1+j}]\quad\cdots\cdots\cdots\cdots\cdots(9\text{-}4)$$

因為 p_t 在第 t 期為未知，且 $p_t=E[p_t]$，則對 (9-4) 式取期望值可得下式：

$$p_t=\frac{k}{1-\rho}+E_t\left[\sum_{j=0}^{\infty}\rho^j[(1-\rho)d_{t+1+j}-r_{t+1+j}]\right]\cdots\cdots\cdots\cdots(9\text{-}5)$$

接著 (9-5) 式可以對數股利價格比取代股價對數值改寫成下式：

$$d_t-p_t=-\frac{k}{1-\rho}+E_t\left[\sum_{j=0}^{\infty}\rho^j[-\Delta d_{t+1+j}+r_{t+1+j}]\right]\cdots\cdots\cdots\cdots(9\text{-}6)$$

當股利呈現 loglinar 單根過程時，(9-6) 式中股利對數值與股價對數值為定態(stationary)。在這個的例子裡，股利對數值的變動為定態，也就是 $\Delta d_t\sim N(0,\sigma^2)$，且由 (9-6) 式，對數股利價格比為定態使得股票期望報酬也為定態，即 $r\sim(\bar{r},\sigma_r^2)$。因此股價對數值與股利具有共整合 (CLM, p264)。故 (9-6) 式可改寫為

$$d_t-p_t=E_t\left[\sum_{j=0}^{\infty}\rho^j r_{t+1+j}\right]$$

接著我們取 K (K > 1) 期，可得

$$E_t\left[\rho r_{t+1}+\rho^2 r_{t+2}+\cdots+\rho^K r_{t+K}\right]=\beta(K)(d_t-p_t)$$
$$\Rightarrow[\rho r_{t+1}+\rho^2 r_{t+2}+\cdots+\rho^K r_{t+K}]=\beta(K)(d_t-p_t)+\varepsilon_{t+K}\cdots\cdots\cdots\cdots(9\text{-}7)$$
$$\text{或 }[\rho\bar{r}+\rho^2\bar{r}+\cdots+\rho^K\bar{r}=\beta(K)(d_t-p_t)\quad\cdots\cdots\cdots\cdots\cdots(9\text{-}7a)$$

其中 CLM 指出當期數 K 趨向無限大時，係數 $\beta(K)$ 會趨近於 1。Campbell & Shiller (1988) 限制折現因子 ρ 由平均股利對數值所決定，因此 ρ 會趨近於但小於 1。故當 $\rho=1$ 時，(9-7) 式變成

$$[r_{t+1}+r_{t+2}+\cdots+r_{t+K}]=\sum_{k=1}^{K}r_{t+k}=\beta(K)(d_t-p_t)+\varepsilon_{t+l}\cdots\cdots\cdots\cdots(9\text{-}8)$$

此外，由 (9-7a) 式我們可得

$$\bar{r} = \frac{1-\rho}{\rho(1-\rho^K)} \times \beta(K)(d_t - p_t)$$

當期數 K 趨向無限大時，$\lim_{K \to \infty} \sum_{k=1}^{K} \frac{r_{t+k}}{K}$ 為 $\bar{r}$ 為 r 的不偏估計式。

我們將 (9-8) 式做整合並改寫為

$$[r_{t+1} + \cdots + r_{t+K}] = \sum_{k=1}^{K} r_{t+k} = \frac{K(1-\rho)}{\rho(1-\rho^K)} \beta(K)(d_t - p_t) + \upsilon_{t+K} \equiv \beta'(d_t - p_t) + \upsilon_{t+K} \quad (9\text{-}9)$$

其中，令 $\beta' = \frac{K(1-\rho)}{\rho(1-\rho^K)}\beta(K)$，$\upsilon_{t+K}$ 為白噪音 (white noise)。CLM 以 (9-8) 式進行實證研究，並且證實對數股利價格比對於未來股票報酬有預測能力，而且當期數愈長，預測能力愈佳。

假設取消 $\rho = 1$ 的限制，合理的假設 ρ 會隨著時間而變動，並且採用由 Bacon & Watts (1971) 與 Quandt (1985) 提出的平 轉換迴歸來處理 (9-9) 式的非線性迴歸。標準的 STR 模型定義如下：

根據 Teräsvirta (2004) 所提出之「標準 STR 模型」：

$$\begin{aligned} y_t &= \phi'z_t + \theta'z_t \times G(\gamma, c, s_t) + u_t \\ &= [\phi' + \theta' \times G(\gamma, c, s_t)]'z_t + u_t, \quad t = 1, 2, 3, \cdots, T \end{aligned}$$

其中，y_t 為應變數。z_t 為一個解釋變數向量。線性 ϕ 與非線性 θ 為參數向量。$G(\gamma, c, s_t)$ 為轉換函數，s_t 為轉換變數，γ 為斜率參數或稱作轉換速度，c 為位置參數或稱作門檻值。誤差 $u_t \overset{iid}{\sim} N(0, \sigma^2)$。

因此我們可由 (9-9) 式導出一個 STR 模型如下：

$$\begin{aligned} \sum_{k=1}^{K} r_{t+k} &= 線性部份 + 非線性部份 + 誤差 \\ &= \beta' \times (d_t - p_t) + \theta \times (d_t - p_t) \times G(\gamma, c, s_t) + \upsilon_{t+K} \\ &= [\beta' + \theta \times G(s_t)](d_t - p_t) + \upsilon_{t+K} \\ \Rightarrow d_t - p_t &= \frac{1}{\beta' + \theta \times G(s_t)} \sum_{k=1}^{K} r_{t+k} + \upsilon_{t+K} \quad \cdots\cdots\cdots\cdots\cdots\cdots\cdots\cdots\cdots (9\text{-}10) \end{aligned}$$

其中，s_t 可能為 $\sum r_{t+k}$ 或 $(d_t - p_t)$ 之落遲項，不同於 CLM 的估計式，我們假設 ρ 隨著時間而變動，並且估算 (9-10) 式來探討對數股利價格比與股價報酬期

數之間更合理的關係。此外為了通過模型檢定 (Misspecification Tests)，如序列相關檢定 (serial correlation test)、參數不變性檢定 (parameter constancy test) 及無剩餘非線性檢定 (no remaining nonlinearity test) 等，我們於 (9-10) 式解釋變數中亦加入應變數 ($\sum r_{t+k}$) 的落遲項，並且以 AIC (Akaike Information Criterion) 與 SBC (Schwartz Bayesian Information Criterion) 等準則來選取最適落後期數。

Step 2. 線性 vs. 非線性之檢定

以股利 (d) 價格 (p) 比與股票報酬 (r) 之非線性迴歸，所對應之理論模型 (9-10) 式來說，其 STR 分析流程如圖 9-4。

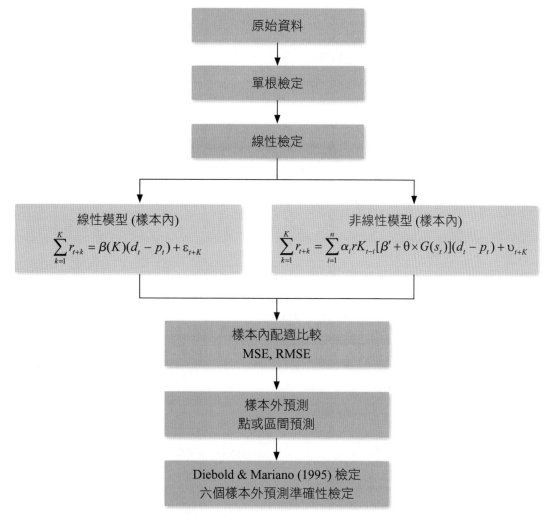

⌐ **圖 9-4** 股利價格比與股票報酬之 STR 分析流程

Step 3. 樣本內配適 vs. 樣本外預測

　　根據理論模型，我們將資料分為樣本內與樣本外兩組資料。樣本內資料是用來估計線性與非線性模型，而樣本外資料則被視為未知，並且將會被利用來比較線性與非線性模型的樣本外預測能力。接著均方差 (mean square error, MSE) 與誤差均方根 (root mean square error, RMSE) 被用來比較線性與非線性模型，例如，STR 模型的樣本內配適 (表9-2)。雖然 MSE 與 RMSE 原本是為樣本外預測所設計，但是本例追隨 Camacho (2004) 透過 MSE 與 RMSE 來檢察樣本內配適與樣本外預測力。

　　以本例來說，樣本內之線性與非線性估計模型的理論預估值與實際值之配適，透過複線形圖，肉眼可發現不同轉換變數之非線性模型的配適程度均較線性模型為佳。接著再利用 MSE 與 RMSE 評估樣本內配適度。由表 9-2 可知，美國與日本的非線性模型配適結果均呈現較線性模型小的 MSE 與 RMSE，顯示非線性模型擁有較佳的樣本內配適能力。其中，美國轉換變數為 x(t)(即 Dt-Pt 變數)

■表 9-2 非線性與線性模型樣本內配適之 MSE 與 RMSE 比較

	美國					日本				
	非線性模型			線性模型		非線性模型			線性模型	
	轉換變數	MSE	RMSE	MSE	RMSE	轉換變數	MSE	RMSE	MSE	RMSE
r1 (1)	r1(t-1)	.00020	.01413	.00023	.01521	r1(t-1)	.00032	.01774	.00036	.01887
	Dt_Pt	.00019*	.01384*			Dt_Pt	.00031*	.01762*		
r3 (8)	r1(t-1)	.00023*	.01513*	.00125	.03536	r1(t-1)	.00033*	.01824*	.00146	.03816
	Dt_Pt	.00024	.01654*			Dt_Pt	.00034	.01834		
r6 (8)	r6(t-1)	.00027*	.01664	.00308	.05548	r6(t-1)	.00042*	.02041*	.00328	.057256
	Dt_Pt	.00028	.02130*			Dt_Pt	.00045	.02117		
r12 (2)	r12(t-1)	.00045*	.02152	.00832	.09119	r12(t-1)	.00059*	.02418*	.00759	.08714
	Dt_Pt	.00046	.02152			Dt_Pt	.00064	.02530		
r24 (2)	r1(t-1)	.00035	.01882	.02323	.01524	r1(t-1)	.00057*	.02387*	.01796	.013399
	Dt_Pt	.00034*	.01850*			Dt_Pt	.00060	.02449		

註：*表示配適結果 MSE 與 RMSE 值為最小之模型

時的應變數 r1、轉換變數為 r1(t) 時的應變數 r3、轉換變數為 r6(t-1) 時的應變數 r6、轉換變數為 r12(t-2) 時的應變數 r12 與轉換變數為 x(t) 時的應變數 r24。以及日本轉換變數為 x(t) 時的應變數 r1、轉換變數為 r3(t-4) 時的應變數 r3、轉換變數為 r6(t-7) 時的應變數 r6 與轉換變數為 r12(t-1)時的應變數 r12 與轉換變數為 r24(t-2) 時的應變數 r24 等非線性模型之樣本內配適結果 MSE 與 RMSE 值為最小。

接著，根據 Rapach & Wohar (1995) 的 Bootstrapping Approach 來產生線性與非線性模型的點預測與區間預測，其步驟如下：

步驟 1：估計樣本內共 t 期之模型 $y_t = f(I_{t-1})$，其中，I_{t-1} 為至 t−1 期所有影響 y 之變數集合。

步驟 2：設欲建 n 期樣本外預期值，假設干擾項服從常態分配，接著模擬出 n 期服從標準常態分配之隨機誤差值，並乘上樣本內估計值誤差 $(y_t - \hat{y}_t)$ 之標準差，可得 n 個模擬殘差 $(\varepsilon_1, \varepsilon_2, \cdots, \varepsilon_n)$。

步驟 3：$\hat{y}_{t+1} = f(I_{t-1})$，則樣本外估計值為

$$\hat{\hat{y}}_{t+1} = \hat{y}_{t+1} + \hat{\varepsilon}_1$$
$$\hat{\hat{y}}_{t+2} = \hat{y}_{t+2} + \hat{\varepsilon}_2$$
$$\vdots$$
$$\hat{\hat{y}}_{t+n} = f(I_t, \hat{y}_{t+1}, \hat{y}_{t+2}, \cdots, \hat{y}_{t+n-1}) + \hat{\varepsilon}_n$$

步驟 4：將所估計之 $\hat{\hat{y}}_{t+1}, \hat{\hat{y}}_{t+2}, \cdots, \hat{\hat{y}}_{t+n}$ 與 $y_{t+1}, y_{t+2}, \cdots, y_{t+n}$ 作比較，以評估模型優劣。

步驟 5：重複步驟 2 至步驟 4 達 1000 次，即為 Bootstrapping，可得 t＋1 至 t＋n 期 y 之樣本外預測值各 1000 個。

步驟6：由 1000 個預測值可計算得 $\overline{\hat{\hat{y}}}_{t+1}, \overline{\hat{\hat{y}}}_{t+2}, \cdots, \overline{\hat{\hat{y}}}_{t+n}$，將各期之 1000 個預測值由小至大排列，即可找出 $1-\alpha$ 信賴區間之上下界。

接著再採用 Diebold & Mariano (1995) 提出的六個樣本外預測準確性檢定來比較它們的預測能力，包：Diebold-Mariano (DM) 檢定、符號檢定 (the sign test)、Wilcoxon's signed-rank 檢定、Chow 檢定、Morgan-Granger-Newbold (MGN) 檢定與 Meese-Rogoff (MR) 檢定，這些檢定廣泛適用於檢定兩個預測準確性無差異的

虛無假設,並且這六個檢定被預期可以發現相對較小的預測誤差。上述所有方法都包含時間序列 $\{y_t\}_{t=1}^T$ 的兩個預測 $\{\hat{y}_{it}\}_{t=1}^T$ 與 $\{y_{jt}\}_{t=1}^T$,令預測誤差為 $\{e_{it}\}_{t=1}^T$ 與 $\{e_{jt}\}_{t=1}^T$,其中,$e_{it} = y_t - \hat{y}_{it}$ 與 $e_{jt} = y_t - \hat{y}_{jt}$ 為預測誤差。在許多的應用中,失誤的函數也將是預測誤差的直接函數,即 $g(y_{it}, \hat{y}_{it}) \equiv g(e_t) = \sum_{t=1}^T (e_{it})^2$ 與 $g(y_{jt}, \hat{y}_{jt}) \equiv g(e_{jt}) = \sum_{t=1}^T (e_{jt})^2$。六個檢定的檢定統計量簡單介紹如下:

1. Diebold-Mariano (DM) 檢定

$$S_t = \frac{\overline{d}}{\sqrt{2\pi \hat{f}_d(0)/T}} \sim N(0,1)$$

其中,$\overline{d} = \frac{1}{T} \sum_{t=1}^T d_t$,$d_t \equiv [g(e_{it}) - g(e_{jt})]$,有效樣本自我共變數的加權總合

$2\pi\hat{f}_d(0) = \sum_{\tau=-(T-1)}^{T-1} l\frac{\tau}{S(T)} \cdot \hat{r}_d(\tau)$,$S(T) = k-1$,$k$ 表示往前預測 k 期,$\hat{r}_d(\tau) =$

$\frac{1}{T} \sum_{t=1}^T (d_t - \overline{d})(d_{t-|\tau|} - \overline{d})$。當 $\left| \frac{\tau}{S(T)} \right| \leq 1$ 時,$l\frac{\tau}{S(T)} = 1$,其他情況下則等於 0。

虛無假設為 $\{\hat{y}_{it}\}_{t=1}^T$ 與 $\{y_{jt}\}_{t=1}^T$ 擁有相同的預測能力,即 $H_0 : d_t = 0$。

2. 符號檢定

$$S_{2a} = \frac{S_2 - 0.5T}{\sqrt{0.25T}} \quad \sim N(0,1)$$

其中,$S_2 = \sum_{t=1}^T I_+(d_t)$,$d_t \equiv [g(e_{it}) - g(e_{jt})]$。當 $d_t > 0$ 時,$I_+(d_t)$,其他情況下則等於 0。虛無假設為失誤差異的中位數等於 0,即 $H_0 : med[g(e_{it}) - g(e_{jt})] = 0$。

3. Wilcoxon's signed-rank 檢定

$$S_{3a} = \frac{S_3 - \dfrac{T(T+1)}{4}}{\sqrt{\dfrac{T(T+1)(2T+1)}{24}}} \quad \sim N(0,1)$$

其中，$S_3 = \sum_{t=1}^{T} I_+(d_t) \cdot rank(|d_t|)$ ， $d_t = [g(e_{it}) - g(e_{jt})]$ 。當 $d_t \neq 0$ 時，$rank(|d_t|) = 1$，其他情況下則等於 0。虛無假設為失誤差異的中位數等於 0，即 $H_0 : med[g(e_{it}) - g(e_{jt})] = 0$。

4. Chow 檢定

虛無假設為 $H_0 : e_i = e_j$。假設 (a) 失誤函數為二次式，(b) 預測誤差的平均數為 0。其檢定統計量為

$$F = \frac{e_i' e_i / T}{e_j' e_j / T} = \frac{e_i' e_i}{e_j' e_j} \qquad \sim \text{F(T,T)}$$

其中，$e_i' e_i$ 與 $e_j' e_j$ 為均方殘差合。

上述四個檢定如果檢定統計量小於左尾臨界值，我們可以拒絕虛無假設並且下預測誤差 $\{e_{it}\}_{t=1}^{T}$ 較小且 $\{\hat{y}_{it}\}_{t=1}^{T}$ 的預測能力較佳的結論。另一方面，如果檢統計量大臨界值，我們也拒絕虛無假設，並可得知預測誤差 $\{e_{jt}\}_{t=1}^{T}$ 較小且 $\{\hat{y}_{jt}\}_{t=1}^{T}$ 的預測能力較佳。

5. Morgan-Granger-Newbold (MGN) 檢定

定義兩個新的序列 $x_t \equiv (e_{it} + e_{jt})$ 與 $z_t \equiv (e_{it} - e_{jt})$ 相等的預測準確性的虛無假設等於 x 與 y 之間的零相關，即 $e_i = e_j$ 或 $\rho_{xz} = 0$。檢定統計量為

$$MGN = \frac{\hat{\rho}_{xz}}{\sqrt{1 - \hat{\rho}_{xz}^2 / T - 1}} \sim t_{(T-1)}$$

其中，$\hat{\rho}_{xz} = \frac{x'z}{\sqrt{(xx')(zz')}}$。

6. Meese-Rogoff (MR) 檢定

MR 檢定的虛無假設與 MGN 檢定相同，檢定統計量為

$$MR = \frac{\hat{\gamma}_{xz}}{\sqrt{\hat{\Sigma} / T}} \sim N(0,1)$$

其中，$\hat{\gamma}_{xz} = x'z / T \sim N(0, \Sigma / T)$ ， $\Sigma = \sum_{\tau=-\infty}^{\infty} [\gamma_{xx}(\tau) \cdot \gamma_{zz}(\tau) + \gamma_{xz}(\tau) \cdot \gamma_{zx}(\tau)]$。

Σ 的一致性估計量為 $\hat{\Sigma} = \sum_{\tau=-S(T)}^{S(T)} [1 - \frac{|\tau|}{T}] \cdot [\hat{\gamma}_{xx}(\tau) \cdot \gamma_{zz}(\tau) + \gamma_{xz}(\tau) \cdot \gamma_{zx}(\tau)]$，其

中，$\hat{\gamma}_{xx}(\tau) = \frac{1}{T}\sum\limits_{t=\tau+1}^{T} x_t x_{t-\tau}$ ，$\hat{\gamma}_{zz}(\tau) = \frac{1}{T}\sum\limits_{t=\tau+1}^{T} z_t z_{t-\tau}$ ，當 $\tau \geq 0$ 時，$\hat{\gamma}_{xz}(\tau) = \frac{1}{T}$

$\sum\limits_{t=\tau+1}^{T} x_t z_{t-\tau}$ ，其他情況下則，$\hat{\gamma}_{xz}(\tau) = \gamma_{zx}(\tau)$ ；另外，當 $\tau \geq 0$ 時，$\hat{\gamma}_{zx}(\tau) = \frac{1}{T}$

$\sum\limits_{t=\tau+1}^{T} z_t x_{t-\tau}$ ，其他情況下則，$\hat{\gamma}_{zx}(\tau) = \gamma_{xz}(\tau)$ 。

對於 MGN 與 MR 檢定，如果 ρ_{xz} 顯著大於零，表示預測誤差 $\{e_{jt}\}_{t=1}^{T}$ 較小且 $\{\hat{y}_{jt}\}_{t=1}^{T}$ 預測能力較佳，相反的，則 $\{\hat{y}_{it}\}_{t=1}^{T}$ 的預測能力較佳。

二、Jmulti 之 STR 分析流程

Jmulti 非線性迴歸 (STR) 之分析流程，如圖 9-5 所示。

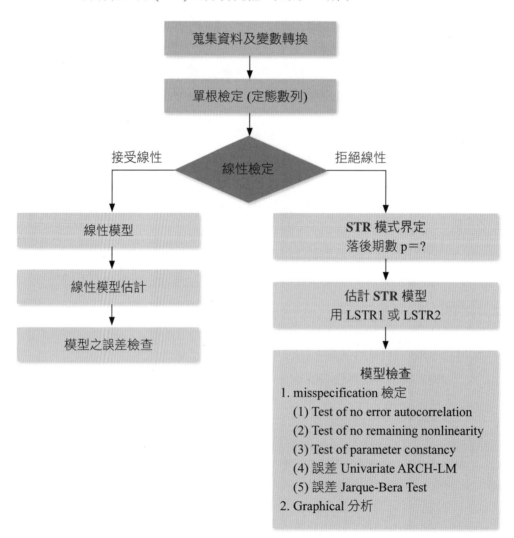

⌐ 圖 9-5 非線性迴歸之分析流程

9.1.2 平滑轉換迴歸 (STR)

像「國際股市關聯性」這類議題，可用的研究法，包括：向量自我迴歸 (VAR)、Granger 因果關係檢定、GARCH 系列模型、共整合 (cointegration) 與誤差修正模型 (error correction model, ECM)、STAR 模型等計量方法。其中，用 Eviews 單變量 EGARCH (Exponential Generalized Autoregressive Conditional Heteroskedastic model) 和雙變量 EGARCH 即可分析這些股票市場之間是否有資訊傳遞不對稱效果 (asymmetric effect) 與股價報酬率之波動性外溢效果 (volatility spillover effect)。

例如，早期匈牙利、波蘭、俄羅斯和捷克共和國之股票市場是呈現分割的狀態，Chelley-Steeley (2005) 針對東歐與已開發國家股票市場的報酬率進行向量自我迴歸 (vector autoregressive) 之變異數分解 (variance decomposition)，結果發現波蘭、匈牙利的股票市場易受其他股票市場的影響，意味著股票市場有整合的現象。並應用平滑轉換模型 logistic 轉換函數檢驗東歐國家的「股票」市場是否有明顯的整合狀況發生，其結果顯示，東歐國家股市有整合的現象，其中，以匈牙利的整合速度最快，而俄羅斯則在 1997 年之前是四個東歐國家中整合傾向最不明顯的。

一、平滑轉換迴歸模型

平滑轉換迴歸模型 (smooth transition regression model, STR model) 最主要的概念在於透過轉換函數使得兩區間的轉換為平滑且連續，在諸多非線性迴歸模型中，Quandt (1958)、Bacon & Watts (1971) 將轉換迴歸模型進一步延伸發展成為平滑轉換迴歸 (STR) 模型，這與門檻自我迴歸 (TAR, Tong, 1990) 模型或 Markov regime-switching 模型的區間是瞬間轉換的假設而有所不同。

Teräsvirta (2004) 所提出之「標準 STR 模型」為：

$$y_t = \phi' z_t + \theta' z_t \times G(\gamma, c, s_t) + u_t$$
$$= (\phi' + \theta' \times G(\gamma, c, s_t))' z_t + u_t \; , \; t = 1, 2, 3, \cdots, T$$

定義：轉換函數 $G(\gamma, c, s_t) = \dfrac{1}{1 + e^{-\gamma \prod_{k=1}^{k}(s_t - c)}} \; , \; \gamma > 0$

其中，y_t 為應變數。z_t 為一個解釋變數向量。線性 ϕ 與非線性 θ 為參數向量。

$G(\gamma,c,s_t)$ 為轉換函數，s_t 為轉換變數，γ 為斜率參數或稱作轉換速度，c 為位置參數或稱作門檻值。誤差 $u_t \overset{iid}{\sim} N(0,\sigma^2)$。

根據 Teräsvirta (2004) 所提出之「標準 STR 模型」：

$$
\begin{aligned}
y_t &= \phi'z_t + \theta'z_t \times G(\gamma,c,s_t) + u_t \\
&= (\phi' + \theta' \times G(\gamma,c,s_t))'z_t + u_t \quad ,t=1,2,3,\cdots,T
\end{aligned} \quad\quad\quad (9\text{-}11)
$$

其中，y_t 為應變數。

$$
z_t = \begin{bmatrix} 1 \\ y_{t-1} \\ \vdots \\ y_{t-p} \\ x_{1,t} \\ x_{2,t} \\ \vdots \\ x_{n,t} \end{bmatrix}_{(p+n+1)\times1}, 線性之參數向量 \; \phi = \begin{bmatrix} \phi_0 \\ \phi_1 \\ \phi_2 \\ \vdots \\ \vdots \\ \vdots \\ \phi_m \end{bmatrix}_{(p+n+1)\times1}, 非線性之參數向量 \; \theta = \begin{bmatrix} \theta_0 \\ \theta_1 \\ \theta_2 \\ \vdots \\ \vdots \\ \vdots \\ \theta_m \end{bmatrix}_{(p+n+1)\times1}
$$

$z_t = (w_t', x_t')'$ 為解釋變數向量，它是 $((m+1)\,1)$ 向量。

落遲項 $w_t' = (1, y_{t-1}, y_{t-2}, ..., y_{t-p})'$；外生變數向量 $x_t' = (x_{1t}, x_{2t}, ..., x_{nt})'$。

ϕ、θ 分別為線性、非線性之參數向量。

$\phi = (\phi_0, \phi_1, ..., \phi_m)'$, $\theta = (\theta_0, \theta_1, ..., \theta_m)'$ 為 $((m+1)\times1)$ 之向量，m＝p＋n，p 為 AR 模型的落遲期數，n 為外生變數個數。

γ 為轉換函數 $G(\gamma,c,s_t)$ 的調整速度。

c 為門檻值 (threshold value) 且 $c = (c_1, c_2, ..., c_k)'$。

s_t 是轉換變數 (transition variable)，它可以是 z_t 的一部份或其他變數 (如趨勢「TREND」)。

誤差 $u_t \overset{iid}{\sim} N(0,\sigma^2)$。

STR 模型依轉換函數型態，可分為 logistic function 或指數函數 (exponential function) 兩種。這兩種不同型態的轉換函數，分別隱含著時間序列資料具有不同的動態特性，實證上常被應用於經濟與金融相關之分析。

(一) LSTR 轉換函數

JMulTi 軟體中，具有 logistic 轉換函數之「標準 STR 模型」為：

$$y_t = \phi' z_t + \theta' z_t \times G(\gamma, c, s_t) + u_t \ , \ u_t \sim iid(0, \sigma^2)$$

轉換函數　$G(\gamma, c, s_t) = \dfrac{1}{1 + e^{-\gamma \prod\limits_{k=1}^{K}(s_k - c_k)}}$　$\gamma > 0$, G() 值介於 0~1 ……………… (9-12)

轉換函數　$G(\gamma, c, s_t)$　中，γ 為斜率參數或轉換函數的調整速度，即 γ 值愈大，反映受到外來衝擊時的區間 (regime) 轉換調整速度或是恢復的速度較快，衝擊的時間相對較短；反之，γ 值愈小，則受衝擊時區間轉變的時間則會延長。c 為位置參數 (location parameter)，又稱門檻值 (threshold value) 向量。

logistic 轉換函數　$G(\gamma, c, s_t)$　為一連續之單調轉換函數，其值介於 0 到 1 之間。

在 JMulTi 軟體中，目前較為廣泛且讓你挑選的轉換函數　$G(\gamma, c, s_t)$　為 LSTR1 (K＝1) 與 LSTR2 (K＝2) 兩種，分別敘述如下：

1. 情況 1：轉換函數之 K＝1 時，稱作 LSTR1

當門檻個數 K＝1 時，稱作 LSTR1，模型如下：

$$G_{L1}(\gamma, c_1, s_t) = \frac{1}{1 + e^{-\gamma(s_t - c_1)}} \ , \ \gamma > 0$$

LSTR1 模型本身具有不對稱的動態特性，可用來描述時間序列資料依循著景氣循環波動，區間的轉換過程呈現平滑的狀態。

LSTR1 模型可藉由單一門檻值 c_1 區分成兩個動態區間，在 $s_t < c_1$ 的情況下，我們稱時間序列資料落在下區間 (lower regime)；反之，當 $s_t > c_1$ 時，則為上區間 (upper regime)。當轉換變數等於門檻值時 (即 $s_t - c_1 = 0$ 時)，則 $G(\gamma, c_1, s_t) = \dfrac{1}{2}$；而當轉換變數偏離門檻值的程度趨近於正無窮大或負無窮大時，$G(\gamma, c_1, s_t) = 1$ 或 0。故隨著轉換變數 s_t 由小變動到大，轉換函數 G() 將會由 0 變化到 1。

從圖 9-4 可知，斜率參數 γ 值影響轉換函數變動的幅度。當 $\gamma \to 0$ 時，LSTR1 模型由較低區間 (lower regime) 轉變到較高區間 (upper regime) 會出現急遽的轉換過程，趨近於由 Tong (1990) 所提出門檻迴歸模型。就 γ 值來

看，當 $\gamma \to 0$ 時，$G_{L1}(\gamma, c_1, s_t) = 1/2$，LSTR1 模型即簡化成線性模型 (linear model)；當 $\gamma \to \infty$，$G_{L1}(\gamma, c_1, s_t)$ 在 $s_t = c_1$ 處瞬間地轉變，LSTR1 模型則退化為門檻迴歸模型 (TAR)；而 γ 值大小分別以圖 9-5 中之虛線及實線來約略表示。

若以轉換變數 s_t 與門檻值 c_1 的關係而言，若 $s_t = c_1$ 時，$G_{L1}(\gamma, c_1, s_t) = 1/2$；當 s_t 趨近於正無窮大，則轉換函數 $G_{L1}(\gamma, c_1, s_t) = 1$；假如 s_t 趨近於負無窮大時，$G_{L1}(\gamma, c_1, s_t) = 0$。

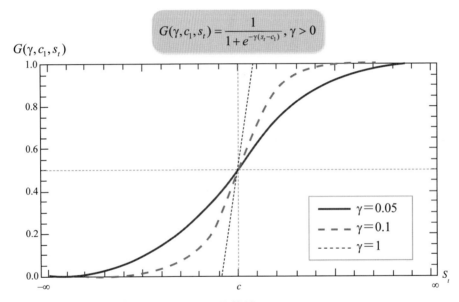

⤷圖 9-6 同調整速度情況下的 LSTR1 函數值

2. 情況 2：轉換函數之 K＝2 時，稱作 LSTR2

當門檻個數 K＝2 時，稱作 LSTR2，模型如下：

$$G_{L2}(\gamma, c_1, c_2, s_t) = \frac{1}{1 + e^{-\gamma(s_t - c_1)(s_t - c_2)}} \text{，} \gamma > 0 \text{，} c_1 < c_2$$

Öcal & Osborn (2000) 與 van Dijk & Franses (1999) 在 STR 模型中試著以對稱型態轉換函數之 LSTR2 模型進行實證分析。LSTR2 模型對稱於 $(c_1 + c_2)/2$，門檻值 c_1 和 c_2 將函數分成三個動態區間 (regime)，分別為兩個外部區間 (outer regime) 與一個內部區間 (Mid regime)，$G(\gamma, c_1, c_2, s_t)$ 會以

$\dfrac{(c_1+c_2)}{2}$ 為對稱點，呈現一個類似 U 型的變動趨勢。

轉換函數調整速度 $\gamma=0$ 時，$G_{L2}(\gamma,c_1,c_2,s_t)=1/2$，LSTR2 模型即退化成線性模型。因此，$\gamma$ 值愈大，表示調整所受衝擊的反應速度愈快，圖的線條即愈陡陡；反之，調整的速度愈慢，表現在圖的線條則就愈平滑。當 γ 夠大且轉換變數 s_t 落在 c_1 與 c_2 之間時，轉換函數值會趨近於 0。因此，依照不同調整速度，隨著轉換變數值的增加或減少，轉換函數的值會以 $\dfrac{(c_1+c_2)}{2}$ 作不同程度的偏離。

轉換函數 s_t 落在 c_1 與 c_2 之外時，$G(\gamma,c_1,c_2,s_t)$ 會趨近於 1。因此，當 s_t → $-\infty$ 及 $+\infty$，此轉換函數描述當轉換變數落在兩門檻值以外時，表示在外部區間 (outer regimes) 會有對稱的動態行為，而和轉換變數落在兩門檻值以內的內部區間 (middle regime) 會有明顯不同的非線性調整。當 $s_t < c_1$ 或 $s_t > c_2$ 會落在外部區間，離門檻值愈遠，則轉換函數 $G_{L2}(\gamma,c_1,c_2,s_t)$ 愈趨近於 1；若 $c_1 < s_t < c_2$ 即落在中間區間，$G_{L2}(\gamma,c_1,c_2,s_t)$ 趨近於 0。在圖 9-7，轉換變數 s_t 處於兩外部區間，則具對稱的動態經濟行為，但轉換變數 s_t 一旦落在中間區間，其動態行為會異於外部區間。

在不同調整速度的情況下，轉換函數的值與轉換變數偏離門檻值程度大小關係，如圖 9-7 所示：

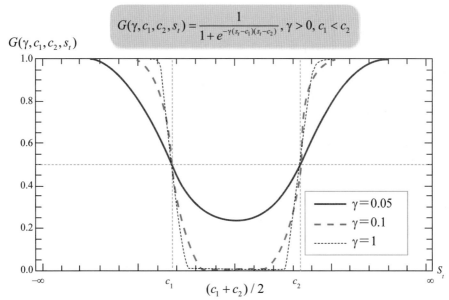

$$G(\gamma,c_1,c_2,s_t)=\frac{1}{1+e^{-\gamma(s_t-c_1)(s_t-c_2)}},\ \gamma>0,\ c_1<c_2$$

⌐ 圖 **9-7**　不同調整速度情況下的 LSTR2 函數值

(二) ESTR 轉換函數

$$G_E(\gamma, c_1, s_t) = (1 + e^{-\gamma(s_t - c_1)^2}) \ , \ \gamma > 0$$

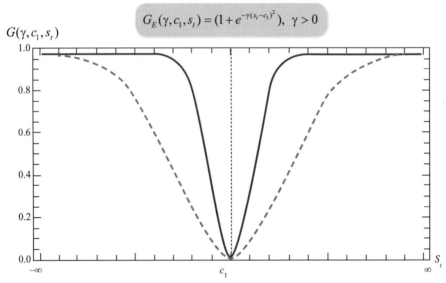

$G(\gamma, c_1, s_t)$

$$G_E(\gamma, c_1, s_t) = (1 + e^{-\gamma(s_t - c_1)^2}), \ \gamma > 0$$

⤷ **圖 9-8** ESTR 轉換函數

　　另一種常用的轉換函數為 ESTR (Exponential STR)，其函數圖形與 LSTR2 有些類似。然而，ESTR 圖說明，僅有在 γ 值趨近於無窮大且排除 $s_t = c_1$ 時，轉換函數 $G_E(\gamma, c_1, s_t)$。將門檻值 c_1 做為區分中間區間 (mid-regime) 及外部區間 (outer regimes) 的分界點，在 $s_t < c_1$ 或 $s_t > c_1$ 範疇均屬於外部區間 (outer regimes)，僅於 $s_t = c_1$，$G_E(\gamma, c_1, s_t) = 0$ 屬於中間區間 (mid-regime)，故轉換函數對稱於 $s_t = c_1$。ESTR 模型具有 $\gamma = 0$，$G_E(\gamma, c_1, s_t) = 0$，則會退化成線性模型之特性。另外，ESTR 模型和 LSTR2 模型乍看之下好像很相似，但兩模型仍有些許差異，最主要的差別在於 ESTR 模型在 $s_t = c_1$ 時，$G_E(\gamma, c_1, s_t)$ 的值為零，然而當 LSTR2 模型之兩門檻值 $c_1 = c_2$ 時，$G_{L2}(\gamma, c_1, s_t) \neq 0$，無法簡化成 ESTR 模型，且當 $c_1 \neq c_2$ 時，LSTR2 之中間區間包含 $c_1 < s_t < c_2$，但 ESTR 之中間區間則為一點，即當 $s_t = c_1$ 時。

　　LSTR 模型與 ESTR 模型的 $\gamma = 0$ 時，均退化為線性模型，即不再具有非線性的特質。假如 STR 模型的解釋變數向量 z_t 僅包含其落遲項 $w_t{}'$，那麼 STR 模

型則可以延伸為 STAR (smooth transition autoregressive) 模型。簡言之，欲描述具有非線性特性的時間序列資料，LSTR1 模型適合分析具不對稱動態行為的序列資料；ESTR 模型與 LSTR2 模型則可描繪資料型態具對稱特質之區間調整，兩者差異在於 ESTR 模型的中間區間 (mid-regime) 為一個點，而 LSTR2 模型的中間區間 (mid-regime) 可為一點或一個區間，因此，LSTR2 較為一般化。所以，若有遇到 ESTR 或 LSTR2 同時都適合之情況時，多數人係採用 LSTR2 之估計。

二、STR 轉換實例：原始模型

　　舉例來說，黃筱雯 (2008) 仿照 Chelley-Steeley (2004) 採用 Ganger & Teräsvirta (1993) 的平滑轉換 logictic 趨勢模型 (smooth transition logistic trend model)，並以「東亞各國股市與美日德三國股市相關係數」做非線性轉換。其構想是源自 1990 年代初期，韓國、台灣、泰國、新加坡等亞洲新興國家國際化後，各國的金融政策是否已逐漸地放寬對彼此的限制，國際資本的流動更加頻繁，是否因此而加速了全球性金融市場的整合。故藉由「股價」月相關係數來檢視股票市場的整合程度。這種 Chelley-Steeley (2004) 之股票市場相關係數的平滑轉換 logistic 趨勢模型：

$$\rho_{ij,t} = \alpha + \beta S_t(\gamma, \tau) + \nu_t \quad\cdots\cdots\cdots\cdots\cdots\cdots\cdots\cdots\cdots\cdots\cdots\cdots (9\text{-}13)$$

其中，$S_t(\gamma, \tau) = \dfrac{1}{1 + e^{-\gamma(t - \tau T)}} = \dfrac{1}{1 + e^{-\gamma T(\frac{t}{T} - \tau)}}$ ，$\gamma > 0$ $\cdots\cdots\cdots\cdots$ (9-14)

　　新變數 $\rho_{ij,t}$ 是亞洲股票市場 i 及已開發市場 j 於 t 時點之月相關係數，α 和 β 為欲估計之迴歸係數，S_t 為一連續之轉換函數，即前述之 G 函數，參數 τ 為門檻值，參數 t 為轉換變數，參數 γ 為轉換函數的調整速度且 $\gamma > 0$。

　　當 (9-14) 式中的轉換變數 t → $-\infty$ 時，轉換函數 $S_t(\gamma, \tau)$ 為零。轉換變數 t → ∞，轉換函數 $S_t(\gamma, \tau)$ 則為 1。轉換變數 t = τT 時，轉換函數 $S_t(\gamma, \tau)$ 即為 0.5。若以轉換函數的調整速度 γ 值而言：(1) $\gamma = 0$ 與 $S_t(\gamma, \tau) = 0$，其經濟含意說明股票市場間的整合現象沒有任何變動存在。(2) γ 值愈小，轉換函數 $S_t(\gamma, \tau)$ 在 0 到 1 的區間內的緩慢地移動，表示股票市場間整合的傾向有逐漸地轉變。(3) γ 值愈大，轉換函數 $S_t(\gamma, \tau)$ 則在 0 到 1 的區間內快速地移動，顯示整合變動速度較為明顯。(4) $\gamma \to \infty$，轉換函數 $S_t(\gamma, \tau)$ 幾乎會在 t = τT 時，瞬間地由 0 轉變為 1。

從原始模型中的股價月相關係數 $\rho_{ij,t}$，即可了解股票市場之間的整合現象。若一區間 α 與另一區間 β (若 β 為正) 之整合為 $\alpha+\beta$ 時，表示其股票市場之間的整合程度是增加；反之，若 β 為負時，股票市場的整合則有趨緩的現象產生。因此本例，原始模型以亞洲新興國家韓國、台灣、泰國與新加坡和已開發國家加拿大、法國、德國、英國、美國及日本為樣本，探討亞洲國家在區域性及全球性的市場整合的現象。

三、STR 轉換實例：模型延伸

Chelley-Steeley (2004) 探討亞洲新興國家間的區域整合及與已開發國家間的整合現象時，僅假設股價月相關係數在平滑轉換前後均為一固定數，並無討論股價月相關係數有可能包含自我相關的部份，因此，我們嘗試將股價月相關係數加入自我相關的落後期數條件，即股價月相關係數可能受到前幾期的影響，故重新定義股價月相關係數之平滑轉換自我迴歸模型如下：

$$\rho_{ij,t} = \phi X_t + \theta' X_t \cdot G(\gamma, c, s_t) + u_t \text{，} i = 1, 2, 3, 4, j = 1, 2, 3 \quad \cdots\cdots\cdots\cdots\cdots\cdots (9\text{-}15)$$

$$G(\gamma, c, s_t) = \frac{1}{1 + \exp(-\gamma \prod_{k=1}^{K}(s_t - c_k))} \text{，} K = 1 \text{ 或 } 2, \gamma = 0 \text{，} \gamma = 0 \quad \cdots\cdots\cdots\cdots (9\text{-}16)$$

其中，

新變數 $\rho_{ij,t}$ 為 i 與 j 兩國股價於時點 t 之月相關係數。可設 i 為東亞國家韓國、台灣、泰國及新加坡之一的股市，j 是美國、日本與德國三國之一的股市。

線性向量 $\phi = (\phi_0, \phi_1, \phi_2, \cdots, \phi_p)$，非線性向量 $\theta = (\theta_0, \theta_1, \theta_2, \cdots, \theta_p)$。

舊變數 $X_t = (1, \rho_{ji,t-1}, \rho_{ji,t-2}, \cdots, \rho_{ji,t-p})'$，$\mu_t \overset{iid}{\sim} N(o, \sigma^2)$。

$G(\gamma, c, s_t)$ 為轉換函數，s_t 轉換變數有可能為 $\rho_{ij,t}$ 落後期數或時間趨勢項，γ 是轉換函數的調整速度且 $\gamma > 0$，c 為位置參數向量，又稱門檻向量。

於前面之原始模型中股價月相關係數 $\rho_{ij,t}$ 僅為一常數項，即假定股價月相關係數在平滑轉換前後皆為固定不變的常數，僅於轉換函數之門檻值附近平滑地改變，表示股價相關係數不會受前期值所影響，故未加入股價月相關係數的落後期數。

　　上述之非線性轉換概念，若套在「東亞各國股市與美日德三國股市相關係數」之非線性轉換，則可試著將股價月相關係數加入落後期數 [如 (9-15) 式]，主要原因在於影響股價指數波動的總體經濟因素甚多，大多數的國家設有漲跌幅的限制，因此一遇到金融風暴、台灣 921 大地震、美國 911 事件、美國次級房貸、四川大地震等重大的事件時，無法即時反應完畢，延長衝擊股市的期間，股市下跌的時間也隨之而拉長。另外，因為本例之股價月相關係數的計算是以 24 個月兩國股價指數之滾動窗格 (rolling window) 來計算其月相關係數，故隨著衝擊時間的延長加入落後期數，隱含著股價月相關係數可能會產生自我相關 [如 (9-15) 式] 的情況，故我們以平滑轉換自我迴歸 (STAR) 模型來討論國家間股價月相關係數自我相關的現象以及探討國家之間股市的關聯性。

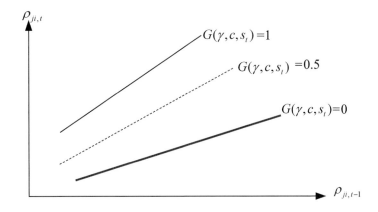

⌐ 圖 9-9 股價月相關係數之自我相關程度

　　由於「東亞各國股市與美日德三國股市相關係數之非線性研究」，所討論的股價月相關係數 $\rho_{ji,t}$，使用兩國間的股價指數且以 24 期為一區間且每一相鄰區間均有 23 期重疊而求得的相關係數。因此，我們合理懷疑股價月相關係數應與前幾期有高度的自我相關，故將 (9-15) 式改寫為：

$$
\begin{aligned}
\rho_{ij,t} &= (\phi_0 + \phi_1\rho_{ij,t-1} + \cdots + \phi_p\rho_{ij,t-p}) + (\theta_0 + \theta_1\rho_{ij,t-1} + \cdots + \theta_p\rho_{ij,t-p}) \cdot G(\cdot) \\
&= (\phi_0 + \phi_1\rho_{ij,t-1} + \cdots + \phi_p\rho_{ij,t-p}) \cdot (1 - G(\cdot)) \\
&\quad + ((\phi_0 + \theta_0) + (\phi_1 + \theta_1)\rho_{ij,t-1} + \cdots + (\phi_p + \theta_p)\rho_{ij,t-p}) \cdot G(\cdot) \quad\cdots\cdots\cdots\cdots (9\text{-}17)
\end{aligned}
$$

為簡化下列說明，先假設股價月相關係數 $\rho_{ji,t}$ 存在一正自我相關之斜率 (表

相關程度為正)。轉換函數 $G(\gamma, c, s_t)$ 為一機率函數,值介於 0 到 1 之間,而股價月相關係數 $\rho_{ji,t}$ 視轉換函數 $G(\gamma, c, s_t)$ 所佔權重大小而呈現不同的走勢。就極端狀態而言,當 $G(\gamma, c, s_t) = 0$ 時,(9-16) 式簡化為 $\rho_{ij,t} = (\phi_0 + \phi_1 \rho_{ij,t-1} + \cdots + \phi_p \rho_{ij,t-p})$ 僅存在線性部份;再者,$G(\gamma, c, s_t) = 1$ 時,股價月相關係數 $\rho_{ji,t}$ 為兩段線性部份之和,即 $\rho_{ij,t} = ((\phi_0 + \theta_0) + (\phi_1 + \theta_1) \rho_{ij,t-1} + \cdots + (\phi_p + \theta_p) \rho_{ij,t-p})$;若 $G(\gamma, c, s_t) = 0.5$ 時,則是由線性部份與非線性部份各佔轉換函數一部份的權重,因此,股價月自我相關係數會在轉換函數 $G(\gamma, c, s_t) = 0$ 到 $G(\gamma, c, s_t) = 1$ 的區間內依所佔的權重大小而改變。欲探討兩國相關係數之自我相關程度的高低,則視股價月相關係數 $\rho_{ji,t}$ 自我相關 (9-16) 式斜率的大小而定,若股價月相關係數 $\rho_{ji,t}$ 的自我相關程度愈大 [即 $G(\gamma, c, s_t) = 0$ 移動至 $G(\gamma, c, s_t) = 1$],即兩國之間相關係數的自我相關程度愈高;相反地,則股價月相關係數 $\rho_{ji,t}$ 的自我相關程度就愈小 (即 $G(\gamma, c, s_t) = 1$ 變動為 $G(\gamma, c, s_t) = 0$。若股價月相關係數 $\rho_{ji,t}$ 存在負自我相關之斜率 (表兩者相關程度為負),其相關程度的大小,分別表示兩國的股價月相關係數 $\rho_{ji,t}$ 的自我相關程度之高低。另外,轉換函數 $G(\gamma, c, s_t) = 0.5$ 所對應的門檻值,恰為轉換函數 $G(\gamma, c, s_t)$ 平滑轉換的中點。

9.1.3 STR 模型之線性檢定 (linearity test)

根據 Teräsvirta (2004) 提出「標準 STR 模型」:

$$y_t = \phi' z_t + \theta' z_t \times G(\gamma, c, s_t) + u_t$$
$$= (\phi' + \theta' \times G(\gamma, c, s_t))' z_t + u_t, \quad t = 1, 2, 3, \cdots, T \quad \cdots\cdots\cdots (9\text{-}18)$$

其中,$\phi' z_{t-i}$ 為 STAR 的線性部份;$\theta' z_{t-1} G(\gamma, c, s_t)$ 為 STAR 的非線性部份。z_{t-i} 為被解釋變數落後 i 期之向量矩陣。

若直接對 (9-18) 式進行檢定則會產生 $\phi = (\phi_0, \phi_1, \phi_2, \cdots, \phi_m)$、$\theta = (\theta_0, \theta_1, \cdots, \theta_m)$ 無法定義 (unidentified) 的問題,Luukkonen、Saikkonen、Teräsvirta (1998a) 提出建議,針對 LSTR1 模型及 LSTR2 模型之轉換函數於 $\gamma = 0$ 處作 3 階及 2 階之泰勒展開 (Taylor expansion) 後,再代回 (9-18) 式,即得到下列輔助迴歸 (auxiliary regression):

$$y_t = \beta_0' z_t + \sum_{j=1}^{3} \beta_j' \tilde{z}_t s_t^j + u_t^* \quad \cdots\cdots\cdots\cdots\cdots\cdots (9\text{-}19)$$

其中，$z_t = (1, z_t')'$、$\tilde{z}_t$ 為 $(m \times 1)$ 的向量，β_i' 和 β_0' 為待估參數的係數矩陣，$u_t^* = u_t + R_3(\gamma, c, s_t)\theta' z_t$ 為白噪音 (white noise)，$R_3(\gamma, c, s_t)$ 為多項式近似之剩餘項 (remainder)。由於轉換函數在 $\gamma = 0$ 處作 3 階泰勒展開 (Taylor expansion) 之後，不論 c_1 值為何，s_t 的一次方及三次方的值均存在 (即不為零)；若在 $\gamma = 0$ 作 2 階泰勒展開，無論 c_1 和 c_2 值為何，s_t 之平方項次的值不為零。因此，乃運用此一特性進行檢定。

線性檢定之虛無假設為 $H_0 : \beta_1 = \beta_2 = \beta_3 = 0$，如果無法拒絕虛無假設，模型即為線性模型，故檢定統計量為 $F = \dfrac{(SSE_L - SSE_{NL})/3m}{SSE_{NL}/T - (4m+1)}$ 。

若檢定結果拒絕線性模型，則選擇最適的非線性模型

當虛無假設被拒絕，即線性模型不適用，繼續進行下列檢定程序以決定 (如股價「月相關係數」)之非線性關係應以何種轉換模型來配適。檢定步驟為：

Test 1　$H_{04} : \beta_3 = 0$ ⋯⋯⋯⋯⋯⋯⋯⋯⋯⋯⋯⋯⋯⋯⋯⋯⋯⋯ (9-20)

Test 2　$H_{03} : \beta_2 = 0 \,|\, \beta_3 = 0$ ⋯⋯⋯⋯⋯⋯⋯⋯⋯⋯⋯⋯⋯⋯⋯ (9-21)

Test 3　$H_{02} : \beta_1 = 0 \,|\, \beta_2 = \beta_3 = 0$ ⋯⋯⋯⋯⋯⋯⋯⋯⋯⋯⋯⋯ (9-22)

首先針對 (9-20) 式做檢驗，若拒絕虛無假設 H_{04}，表示應以 LSTR1 模型來配適，其檢定統計量 $F_4 = \dfrac{(SSE_2 - SSE_3)/m}{SSE_3/T - (4m+1)}$ 。若無法拒絕虛無假設 H_{04}，繼續進行 $H_{03} : \beta_2 = 0 \,|\, \beta_3 = 0$ (9-21) 式檢驗，檢定結果為拒絕 H_{03}，即時間序列資料可以 LSTR2 模型來描述，檢定統計量為 $F_3 = \dfrac{(SSE_1 - SSE_2)/m}{SSE_2/T - (3m+1)}$ 。然而，H_{03} 之虛無假設如果還是無法被拒絕，則接著檢定 $H_{02} : \beta_1 = 0 \,|\, \beta_2 = \beta_3 = 0$ (9-21) 式，假使 H_{02} 的虛無假設被拒絕，則採用 LSTR1 之模型，檢定統計量 $F_2 = \dfrac{(SSE_0 - SSE_1)/m}{SSE_1/T - (2m+1)}$，若還是無法拒絕 H_{02} 的虛無假設時，則適用線性模型，其中 SSE_1、SSE_2 和 SSE_3 分別為非線性模型在虛無假設 H_{02}、H_{03}、H_{04} 為真時的迴歸殘差平方和。

不過 Granger & Teräsvirta (1993)、Teräsvirta (1994)、Eirheim & Teräsvirta (1996) 建議，若按照上述順序來檢定，可能會導致錯誤的判斷，因為在檢定的過

程中並未考慮泰勒展開的更高次方，故建議分別對 (9-19) 式到 (9-21) 式計算其 F 檢定的 p 值，選擇三者之中 p 值最小者為最適的 STR 模型。

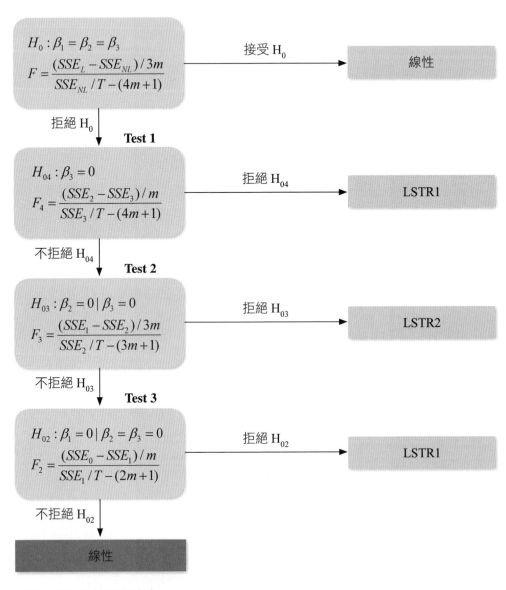

○ 圖 **9-10** 線性檢定的步驟

9.1.4　STR、STAR 的診斷性分析

一、診斷性分析

　　當時間序列資料進行 STR 或 STAR 模型估計時，欲了解所配適模型是否得宜，可透過診斷性檢定輔助判斷其模型，分別就常用四種診斷分析之檢定法敘述如下：

　1. 序列相關檢定 (serial correlation test, SC test)

　　　　在古典迴歸模型的基本假定 (assumption) 中，殘差需符合無自我相關，然而一般實證分析所估計的模型可能出現自我相關的現象，若有此現象存在，將造成模型所估計參數之統計性質不具有效性，即使所估計之參數具不偏性和一致性，終究參數估計值之變異數並非為最小。因此，欲檢定所估模型是否有序列相關之現象存在，可將模型之殘差進行檢驗。即

$$u_t = \alpha' v_t + \varepsilon_t, \ \alpha = (\alpha_1, \cdots, \alpha_q)', \ v_t = (u_{t-1}, \cdots, u_{t-q})', \ \varepsilon_t \overset{iid}{\sim} N(0, \sigma^2)$$，實際操作

上是把殘差估計值 $\hat{u}_t$ 對其落遲項 $(\hat{u}_{t-1}, \cdots, u_{t-q})$ 進行迴歸，求檢定統計量

$F = \dfrac{(SSR_0 - SSR_1)/q}{SSR_1/(T-n-q)}$。其中，$SSR_0$ 為 STR 模型殘差平方和 (sum of squared

residuals)，SSR_1 為輔助迴歸式 (9-18) 式之殘差平方和，n 為參數個數，q 為落後期數，自由度分別為 q 和 $(T-n-q)$ 之 F 檢定。序列相關檢定之虛無假設 $H_0 : \alpha = 0$，若無法拒絕虛無假設，即表示模型的殘差無序列相關；反之，則存在序列相關的現象。

　2. ARCH-LM 檢定

　　　　估計參數係數具不具有效性，則要視殘差是否存在自我相關以及是否有條件異質變異的存在，就殘差條件異質變的部份以 ARCH-LM 檢定討論之。利用 OLS 估計一均數方程式，並計算其殘差，將所估計的殘差作一輔助迴歸式：

$$\hat{u}_t = \beta_0 + \beta_1 \hat{u}_{t-1}^2 + \cdots + \beta_q \hat{u}_{t+q}^2 + v_t \quad \cdots\cdots\cdots\cdots\cdots\cdots\cdots\cdots\cdots\cdots (9\text{-}23)$$

　　　　虛無假設 $H_0 : \beta_1 = \cdots = \beta_q = 0$，檢定結果若無法拒絕虛無假設，即 $\hat{u}_t^2 = \beta_0$，說明所估計之殘差無條件異質變異。也就是說，殘差並不會受到前幾

期的影響；反之，則具條件異質變異。由 (9-23) 式求出輔助迴歸式 (LM) 的 R^2，並將樣本總數 T 與輔助迴歸的 R^2 相乘，即可計算出 ARCH-LM 之檢定統計量，為一自由度為 q 的卡方分配，$TR^2 \sim \chi^2(q)$。

3. 無剩餘非線性檢定 (no remaining nonlinearity test, NRN test)

當我們以非線性模型配適之後，需藉由診斷性檢定判斷所估計的模型是否合適，其一為無剩餘非線性檢定，即檢定模型是否有剩餘的非線性存在。將原 STR 模型加入另一轉換函數，其檢定式：

$$y_t = \phi' z_t + \phi' z_t G(\gamma_1, c_1, s_{1t}) + \psi' z_t H(\gamma_2, c_2, s_{2t}) + u_t \quad\cdots\cdots\cdots \text{(9-24)}$$

$H(\gamma_2, c_2, s_{2t})$ 為另一轉換函數，$\psi = (\psi_0, \cdots, \psi_m)'$，$u_t \overset{iid}{\sim} N(0, \sigma^2)$。但若直接對 (9-24) 式作檢定可能會比較困難，故可對 $H(\gamma_2, c_2, s_{2t})$ 轉換函數在 $\gamma_2 = 0$ 處作泰勒展開，得一輔助迴歸：

$$y_t = \beta_0' z_t + \phi' z_t G(\gamma_1, c_1, s_{1t}) + \sum_{j=1}^{3} \beta_j' (\tilde{z}_t s_{2t}^j) + u_t^* \quad\cdots\cdots\cdots \text{(9-25)}$$

其 $u_t^* = u_t + \psi' z_t R_3(\gamma_2, c_2, s_{st})$，$R_3$ 為剩餘多項式的近似值。當 $\theta = 0$，(9-25) 式即退化為 (9-19) 式，然轉換變數 s_{2t} 可為 s_{1t} 或為 z_t 子集中的變數，故虛無假設為 (9-25) 式之 $H_0 : \beta_1 = \beta_2 = \beta_3 = 0$，若無法拒絕虛無假設，隱含著模型無剩餘非線性存在。

4. 參數不變性檢定 (parameter constancy test, PC test)

檢定以非線性模型來配適之時間序列資料其參數是否會因時間的改變而產生變化，若參數隨時間而變動，則稱參數不具不變性；反之，所估參數若不因時間趨勢的改變而變動，稱參數具有不變性。在估計非線性模型時，若使用樣本期間較長的資料時，需留意參數是否有不變性的狀況存在，以降低模型估計所產生的偏誤，統計檢定式如下：

$$y_t = \phi(t)' z_t + \theta(t)' z_t G(\gamma, c, s_t) + u_t, \quad \gamma > 0 \quad\cdots\cdots\cdots \text{(9-26)}$$

其中，$\phi(t) = \phi + \lambda_\phi H_\phi(\gamma_\phi, c_\phi, t^*)$ $\quad\cdots\cdots\cdots\cdots\cdots\cdots$ (9-27)

$\theta(t) = \theta + \lambda_\theta H_\theta(\gamma_\theta, c_\theta, t^*)$ $\quad\cdots\cdots\cdots\cdots\cdots\cdots$ (9-28)

轉換函數 $G(\gamma, c, s_t)$ 假設為固定數,但參數估計值 ϕ' 和 θ' 可能會隨時間而改變。$t^* = t/T$ (時間趨勢項),$u_t \overset{iid}{\sim} N(0, \sigma^2)$、$H_\phi(\gamma_\phi, c_\phi, t^*)$ 與 $H_\theta(\gamma_\theta, c_\theta, t^*)$ 同 $G(\gamma, c, s_t) = \dfrac{1}{1 + e^{-\gamma \prod\limits_{k=1}^{K}(s_k - c_k)}}$ 的定義,檢定參數不變性的之虛無假設為 $\gamma_\phi = \gamma_\theta = 0$,且假定 γ 和 c 皆為固定值,並在 $\gamma_\phi = \gamma_\theta = 0$ 對 (9-27) 式及 (9-28) 式作泰勒展開,得到一輔助迴歸式 (LM):

$$y_t = \beta_0' z_t + \sum_{j=1}^{3} \beta_j' \{z_t (t^*)^j\} + \sum_{j=1}^{3} \beta_{j+3}' \{z_t (t^*)^j\} G(\gamma, c, s_t) + u_t^* \quad\cdots\cdots\cdots (9\text{-}29)$$

其中,$\beta_j = 0$,$j = 1, ..., 6$,然而參數不變性檢定之虛無假設為 $\gamma_\phi = \gamma_\theta = 0$,若無法拒絕其虛無假設,則表示參數不因時間的改變而有所變動。

二、模型選擇之準則

所謂配適度 (fitness) 係將所搜集的樣本資料透過實證模型進行分析,藉由所估計的模型描述取樣資料,視兩者之間的一致程度,若模型能適當地描述樣本資料,即表該模型的配適度佳。評估模型是否合適,多數人係以誤差均方根 (root mean square, RMSE) 做為模型選擇判斷之標準。誤差均方根公式如下:

$$RMSE = \sqrt{\frac{1}{N} \sum_{t=1}^{T} (y_t - \hat{y}_t)^2} \quad\cdots\cdots\cdots\cdots\cdots\cdots (9\text{-}30)$$

其中,y_t 和 $\hat{y}_t$ 分別表示資料的實際觀察值與模型的估計值,$(y_t - \hat{y}_t)$ 為預測誤差,將配適之線性模型、非線性原始模型與非線性延伸模型分別計算 RMSE 並加以比較其值之大小,若所求得之值愈小,即模型的配適度愈佳。

9.2 | JMulTi 分析 STR 之流程

以 JMulTi 軟體來說,其分析「標準 STR」步驟,依序如下列圖形所示:

$$y_t = \phi' z_t + \theta' z_t \times G(\gamma, c, s_t) + u_t$$
$$= (\phi' + \theta' \times G(\gamma, c, s_t))' z_t + u_t \quad , t = 1, 2, 3, ..., T$$

Step 1. 界定 STR 外生變數 y 之落後期數 p

　　STR 第一步，就是界定要線性 AR 之變數 y。因為線性所以它必須是定態，所以沒有「TREND」。

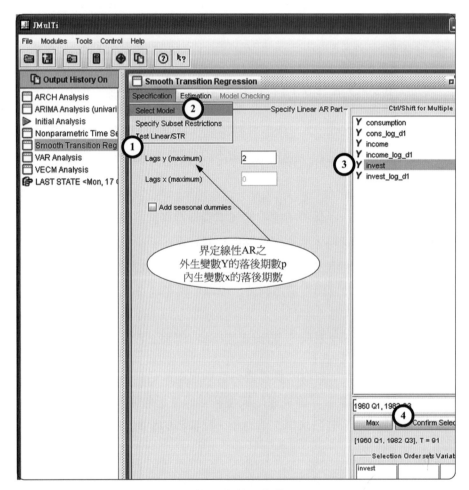

⤷圖 **9-11** step1 界定 STR 外生變數 y 之落後期數 p

　　接著，界定平滑趨勢模型：

$$y_t = \phi_0 + \theta_0 G(\gamma, c, t) + u_t$$

　　若 y_t 為落後期為 0，則轉換變數選「TREND」。

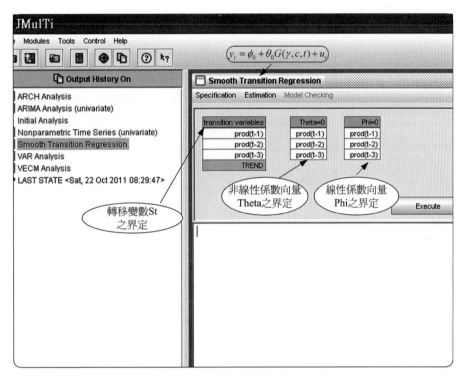

⤷圖 **9-12** step1-2 檢定「linear 或 STR」

1. 若沒有「TREND」，則轉換變數 s_t 必須是你剛剛在線性 AR 中選定的變數 y 或其落後期數 y(-p)。

2. 若轉換變數 s_t 不是 z_t 的一部份，則可用「subset restrictions」來排除。
   JMulTi 用 F test 考驗是否有線性，其檢定之模型為：

$$y_t = \beta_0' z_t + \sum_{j=1}^{3} \beta_j' \tilde{z}_t s_t^j + u_t^*$$

虛無假設 $H_0 : \beta_1 = \beta_0 = \beta_3 = 0$

Step 2-1. 挑選轉換變數，並單選 LSTR1 或 LSTR2 來評估 STR 模型 (Grid search)

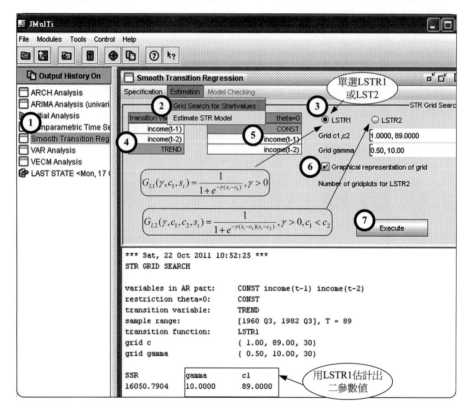

ᘡ圖 9-13 step2-1 挑選轉換變數，並單選 LSTR1 或 LSTR2 來評估 STR 模型
(Grid search)

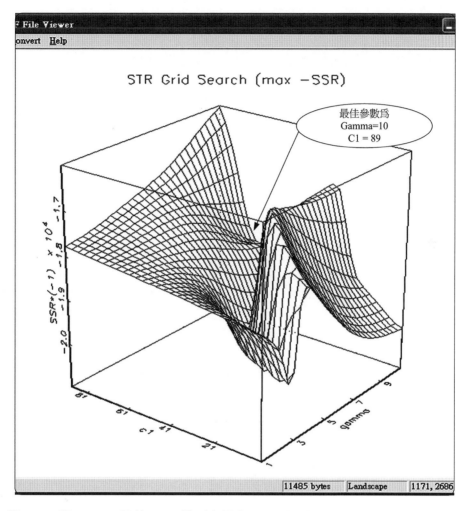

⌐圖 **9-14** 選 LSTR1 評估 STR 模型之最大 Grid 曲面圖

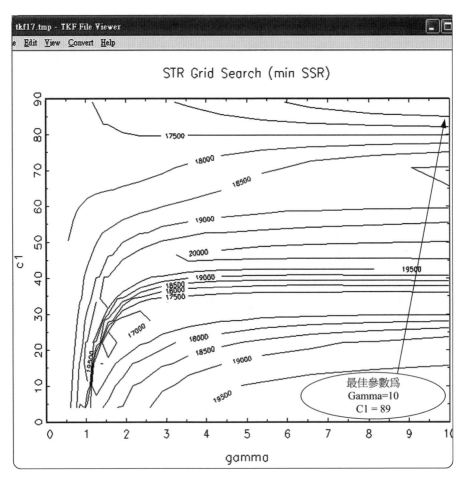

最佳參數為
Gamma=10
C1 = 89

⌐圖 **9-15** 選 LSTR1 評估 STR 模型之最小 Grid 曲面圖

Step 2-2. 挑選轉換變數,選 LSTR1 或 LSTR2 來評估 STR 模型估計值

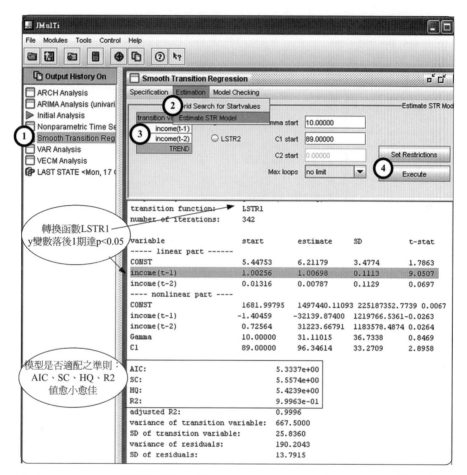

⌐圖 **9-16** step2-2 挑選轉換變數,選 LSTR1 或 LSTR2 來評估 STR 模型估計值

Step 3-1. STR 五大殘差檢定，讓你判定所界定 STR 參數是否適當

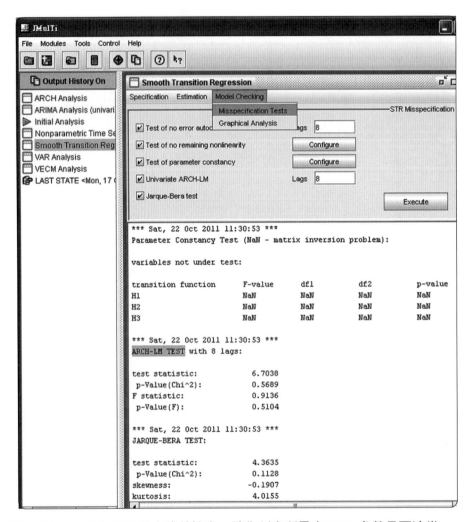

⌐圖 **9-17** step3-1 STR 五大殘差檢定，讓你判定所界定 STR 參數是否適當

Step 3-2. 讓你判定所界定 STR 參數是否適當

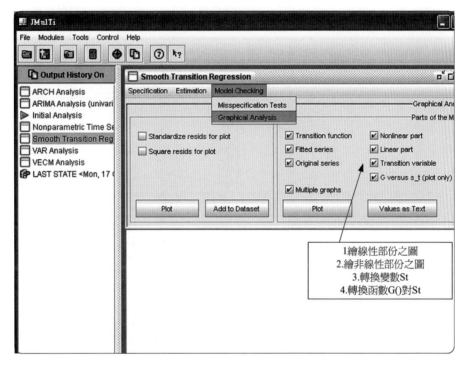

⤷圖 **9-18** step3-2，讓你判定所界定 STR 參數是否適當

Step 3-3. STR 圖型分析結果

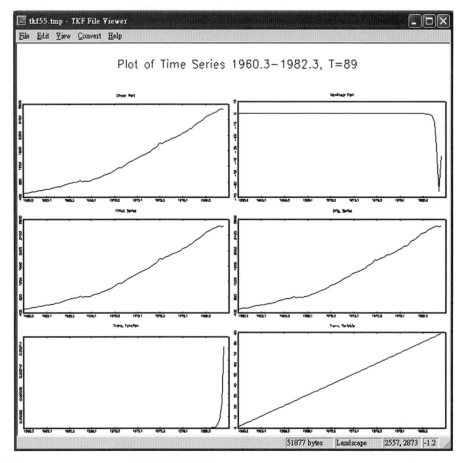

⤷圖 **9-19** step3-3 STR 圖型分析結果

9.3 │ 平滑轉換自我迴歸 (STAR)

JMulTi 非線性自我迴歸 (NonLinear AutoRegression, NLAR) 是非線性方程式分析中，較早發展且較常應用於分析資料的模型，而 Smooth Transition Autoregressive (STAR) 模型即為 NLAR 型態的一種，為單一變數自我迴歸之非線性模型。此模型形容變數呈現兩種不同狀態區間的動態走勢，且兩區間的互換轉變是平滑連續的現象。

　　平滑轉換自我迴歸模型 (STAR) 最早由 Chan and Tong (1986) 所提出，主要在於描繪變數間的非線性動態調整路徑，屬於門檻自我迴歸模型的一般化結果，隨後 Luukkonen、Saikkonen and Teräsvirta (1988) 將此種模型應用於市場的實證研究；Teräsvirta and Anderson (1992) 則使用 STAR 模型描繪景氣循環的非線性調整特性，隨後 Granger and Teräsvirta (1993) 檢驗 STAR 模型的統計特性及估計方法，自此 STAR 模型大致成型。

　　爾後許多學者利用 STAR 或加以延伸應用，以處理變數間非線性動態調整的相關議題。如 Granger and Swanson (1996) 將平滑轉換的機制 (Mechanism) 建立在誤差修正模型；Van Dijk & Franses (1999) 建立多區域的平滑轉換模型 (MRSTAR)，利用 STAR 描述非線性時間序列資料時，模型通常假設此時間序列資料在兩種不同的狀態下存在不同的動態調整行為，但狀態間的轉換為一平滑 (Smooth) 轉變過程；將 STAR 和 TAR 相較，兩者在模型中皆考量到不完全資本市場所造成的非線性特性，然 TAR 模型設立一個或多個明確的門檻值，而 STAR 模型則為一個連續形門檻值，門檻值會隨著資料不同而改變。

　　Michael 等人 (1997) 檢定美元兌英鎊匯率購買力平價關係的共整合，以共整合關係所取得的殘差應用 ESTAR 模型來研究匯率朝向購買力平價 (PPP) 的過程，研究結果發現二次世界大戰間的月資料跟兩世紀的年資料拒絕線性的假設而支持 ESTAR 模型，所估計出來的模型走勢針對當偏離 PPP 時會有平均反轉 (mean-reverting) 的現象。Nicholas (1999) 應用 STAR 模型來研究十個主要工業國家的實質有效匯率，結論發現有八個國家的實質有效匯率在 1980 及 1990 年代的走勢為非線性。其中，法國、比利時及德國屬 LSTAR 模式，其他五國，加拿大、義大利、日本、英國及美國則屬 ESTAR 模式，另外瑞士與荷蘭則無法拒絕線性假設，所以無法以 STAR 模型來解釋。

　　Sarantis (1999) 針對十個主要工業化國家 (G-10) 的實質有效匯率進行測試與建立非線性 STAR 模型，實證結果，除了荷蘭和瑞士，其他八個國家於研究期間內皆拒絕實質有效匯率為線性的假設，即對大部份的國家而言，實質滙率在兩區間 (regime) 內的動態調整過程具有非對稱循環的特性。另外，透過特徵方程式之特徵根估計 STAR 模型之匯率的動態行為，發現實質有效匯率於升值與貶值階段間循環變動，平均而言，循環週期約為 5 至 6 個月，但美國實質有效匯率於 middle regime 的循環週期，則超過了一年。最後，樣本外 (out-of-sample) 之預

測，則以誤差均方根 (RMSE) 做為預測能力判斷的指標，其結果顯示 STAR 模型樣本外之預測力優於 Markov regime-switching 模型。

Sarantis (2001) 對七個主要工業國家 (G-7) 應用 STAR 模型研究股票價格是否存在非線性及週期循環的特性，樣本期間自 1966 年至 1999 年股票價格之月資料，並計算股價成長率，結果發現所有國家的股票市場都拒絕線性模型的假設，其中日本、德國、英國、義大利、加拿大的股價成長率可用 LSTAR 模型來描述；美國、法國則以 ESTAR 模型來表示。在配適完各國股價成長率模型之後，計算非線性模型之特徵根，結果顯示除了日本之外，所有國家的特徵根皆為複數根，表示股票市場具有週期變動的特性，並求其各區間 (regime) 的循環週期。另外，由非線性 Granger causality tests 得知，只有少數幾個國家的股市短期間會相互影響，但長期間則可忽視。STAR 模型股價成長率之樣本外的預測能力，就短期與中長期而言，STAR 模型亦優於線性 AR 模型 (linear autoregressive model) 和隨機漫步模型 (random walk model)。

Holmes & Maghrebi (2004) 以轉換函數為 logistic 函數與指數 (exponential) 函數的 STAR 模型來估計四個東南亞國家 (韓國、馬來西亞、新加坡、泰國) 分別對日本和美國的實質利率的差額，樣本期間為 1977 年 1 月到 2000 年 3 月。結果顯示，其實質利率差額均存在非線性，且多為 LSTAR 模型，然新加坡/日本、泰國/日本實質利率差額之區間 (regime) 轉換為非平滑的過程。另外，若遇到重大外來衝擊時，實質利率平價 (real interest praity, RIP) 能以較快的速度恢復均衡。

9.3.1 STAR 分析流程

平滑轉換自我迴歸 STAR

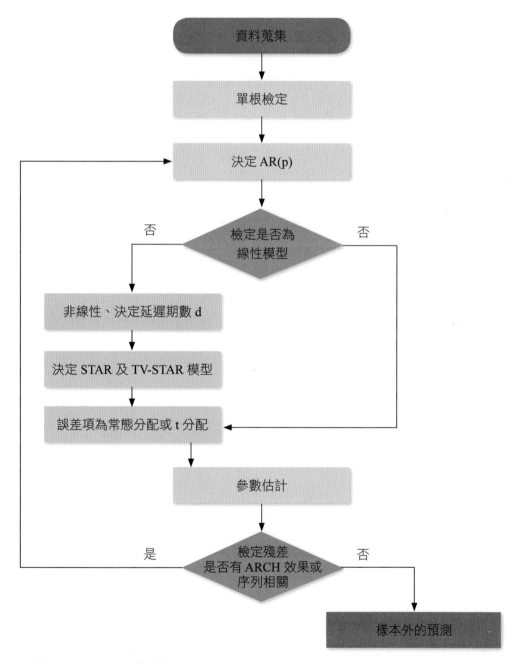

╰┐圖 9-20 STAR 分析流程

STARX 模型是從 Teräsvirta 和 Anderson (1992) 所發展的 STAR 模型延伸而來，其研究流程則是依據 Teräsvirta (1994) 所提出的研究步驟，並參考 David (2001) 研究架構所綜合而成。

9.3.2 STAR 模型

STAR (smooth transition autoregressive, STAR) 模型會比較適當解釋「匯率」狀態轉換的過程，係因為 STAR 模型主要在說明狀態的區間轉換為平滑且連續的。往昔「匯率」預測模型常用的統計分析法，包括：結構化模型 (貨幣學派模型，如購買力平價 (purchasing power parity 理論)、隨機漫步模型、無母數估計法、誤差校正模型、馬可夫轉換模型。其中，非線性模型門檻自我迴歸 (threshold autoregressive, TAR)、馬可夫轉換模型中有些假定 (如狀態轉換是間斷) 與現實社會不符，畢竟狀態之間轉換是很快的。由於外匯市場有著眾多的投資者，每一期間都會有不同的匯率轉換，故匯率市場的投資策略就非常適合 STAR 模型。

例如，Meese & Rogoff (1983) 覺得用市場經濟基本要素預測的績效比隨機漫步模型差，於是他們發展出許多非線性模型 (如 STAR) 對匯率進行預測，並發現其預測績效比隨機漫步模型好。

由 Teräsvirta (1994) 首先定義 STAR 模型如下：

$$y_t = \beta_0 + \beta_1' x_t + (\theta_0 + \theta_1' x_t) F(y_{t-d}) + u_t \quad\cdots\cdots\cdots\cdots\cdots\cdots\cdots (9\text{-}31)$$

其中，

y_t 為我們所要研究的變數，例如是「實質有效匯率」；

$x_t = (y_{t-1}, y_{t-2}, \cdots, y_{t-p})'$ 為變數落後期，$\beta_1' = (\beta_1, \beta_2, \cdots, \beta_p)''$，$\theta_1' = (\theta_1, \theta_2, \cdots, \theta_p)$，其中，p 為線性時間序列模型 AR 的最適落後期數。

誤差項 u_t 為一獨立且具常態分配之隨機變數，其平均數為 0，變異數為 σ^2，即 $u_t \overset{iid}{\sim} N(0, \sigma^2)$。

轉換函數 (transition function) $F(y_{t-d})$ 為一連續函數，其值介於 0 與 1 之間，y_{t-d} 為轉換變數，d 為一內生延遲參數 (lagged endogenous variable)，$1 \le d \le D_{\max}$。

若要考慮中長期循環的因素，你也可以將延遲變數最大期數 D_{MAX} 設為 20 期，來比較 1~8 期短期，二者有何不同。

　　STAR 模型旨在說明變數在兩個不同區間會有不一樣的動態走勢，而且變數在兩區間的互相轉變也因 $F(y_{t-d})$ 而有平滑連續的現象。STAR 模型型態，若依轉換函數 $F(y_{t-d})$ 的類型，可分為 logistic 函數及指數 (exponential) 函數兩種，由於此兩種模型具有非線性模型的特性，可以對時間序列資料所呈現複雜的動態變化賦予經濟意涵，故常被使用來捕捉資料的波動特性 (Granger and Teräsvirta, 1993)。意即，STAR 模型允許不同形式的以反映不同形式的市場行為，例如 Logistic 函數允許不同的行為基於報酬是否為正或負的；Exponential 函數則是允許不同的行為發生在較大或較小的報酬而卻可忽略符號為正或負。

　　二種轉換函數 $F(y_{t-d})$ 類型分別說明如下：

(一) Logistic 函數

$$F_L(y_{t-d}) = \frac{1}{1 + \exp[-\gamma(y_{t-d} - c)]} \quad\cdots\cdots\cdots\cdots\cdots\cdots\cdots\cdots\cdots\cdots\cdots \text{(9-32)}$$

　　在 (9-32) 式中，其 $F_L(y_{t-d})$ 為介於 0 與 1 之間的單調遞增函數。藉由圖形了解 Logistic 函數為一單調遞增函數：

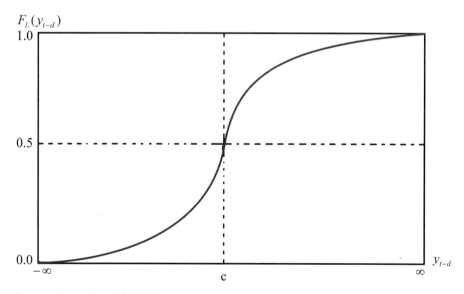

⤷圖 **9-21** Logistic 函數圖形

當 $y_{t-d} = c$ 時，則 $F_L(c) = 0.5$；而 $F_L(\infty) = 1$；$F_L(-\infty) = 0$。

進一步探討幾種特殊的情況：當 y＝c 時，此時 LSTAR 會變為兩區間的門檻自我迴歸模型 (TAR)。換句話說，TAR 模型為 LSTAR 模型的特例。由於 TAR 模型在前面章節已介紹過，故不再重述。當 γ＝0 時，LSTAR 模型則化簡成一線性模型。

(二) 指數函數

$$F_E(y_{t-d}) = 1 - \exp(-\gamma(y_{t-d} - c)^2) \quad \cdots\cdots\cdots\cdots\cdots\cdots\cdots\cdots\cdots\cdots (9\text{-}33)$$

在 (9-33) 式中，其函數繪製如圖 9-22：

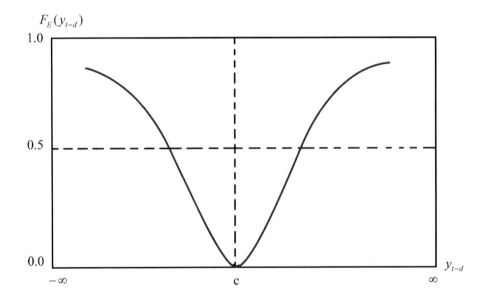

╰ **圖 9-22** 指數函數圖形

參數 c 是介於 $-\infty$ 及 $+\infty$ 的門檻值，為決定是否做出不同結構之動態調整的關鍵。當 y_{t-d} 趨近於正、負無窮大時，$F_E(y_{t-d}) = 1$；而當 $(y_{t-d}) = c$ 時，$F_E(y_{t-d}) = 0$，ESTAR 簡化成線性模型。

(9-32) 式及 (9-33) 式中 γ 為轉換速度 (γ > 0)，表示從一區間轉換到另一區間的速度，當 γ 愈大時，函數變動的幅度也就愈大，模型體系也隨之變動較為劇烈，亦即函數調整的速度快，因此受到衝擊影響的時間較短；同理，γ 愈小對衝

擊事件做調整的速度慢，不易馬上做出動態反應，但受到衝擊影響的時間維持較長以反映對外來事件的衝擊效果。

總之，ESTAR 與LSTAR 兩個模型之區間調整皆為平滑的轉換過程，此兩模型在分析具非線性的時間序列資料時，ESTAR 模型近似於波動的峰谷型態，對峰谷間轉換過程變化較大的序列有較佳的解釋，因此較適合描述具有對稱關係的階段區間調整。LSTAR 模型自一個區間轉換至另一區間時，較適合解釋規律平滑轉換過程的序列，因此較適合捕捉經濟變數區間調整具有不對稱的關係。

9.3.3 TV-STAR 模型

Lundberg 等人 (2003) 以 Teräsvirta (1994) 的 STAR 模型來新建 TV-STAR 模型的基礎架構。(9-34) 式為 STAR 模型的特例模型：

$$y_t = \phi_1' x_t (1 - G(s_t; \gamma, c)) + \phi_2' x_t G(s_t; \gamma, c) + \varepsilon_t \quad\cdots\cdots\cdots\cdots\cdots\cdots\cdots\cdots (9\text{-}34)$$

$x_t = (1, y_{t-1}, ..., y_{t-p})'$ ，$\phi_i = (\phi_{i0}, \phi_{i1}, ..., \phi_{ip})'$ ，$i = 1, 2$ ，ε_t 為白噪音（white noise）。一般而言，$G(s_t; \gamma, c)$ 為一連續函數，其值介於0 與1 之間，其轉換函數為 Logistic 函數 $G(s_t; \gamma, c) = F_L(s_t)$。

對 $G(s_t; \gamma, c)$ 函數而言，s_t 為轉換變數，γ 和 c 是轉換速度參數和位置參數。當初 Lin & Teräsvirta (1994) 發展 AR 模型有著平滑時間變異參數的特質，即為 TV-AR 模型，是由 $s_t = t$ 所得出的模型。當初 AR 已結合 STAR 模型與 TV-AR 模型之雛形概念，使得模型同時有著時間變異參數及平滑轉換非線性的特性，其模型如下：

$$y_t = [\phi_1' x_t (1 - G(y_{t-d})) + \phi_2' x_t G(y_{t-d})][1 - G(t)]$$
$$+ [\phi_3' x_t (1 - G(y_{t-d})) + \phi_4' x_t G(y_{t-d})][G(t)] + \varepsilon_t \quad\cdots\cdots\cdots\cdots\cdots\cdots (9\text{-}35)$$

其中，$G(y_{t-d}) = G(y_{t-d}; \gamma_1, c)$ 和 $G(t) = G(t; \gamma_2, c)$ 都是以 Logistic 函數定義，$\phi_i = (\phi_{i0}, \phi_{i1}, \cdots, \phi_{ip})'$ ，$i = 1, 2, 3, 4$。

在 (9-35) 式的 TV-STAR 模型中，若對參數加以限制，即是 STAR 及 TV-AR 模型。假如 $\phi_1 \neq \phi_2$，$\phi_1 = \phi_3$，$\phi_2 = \phi_4$，此模型為 STAR 模型；同樣地，假如 $\phi_1 \neq \phi_3$，$\phi_1 = \phi_2$，$\phi_3 = \phi_4$，此模型為 TV-AR 模型。而TV-STAR 模型的產生，是

在 TV-AR 和 STAR 這兩種子模型中，係依檢定決策方法 (Specific-to-General) 及 (Specific-to-Genera-to-Specific) 考慮之下所得出的模型。

9.3.4 TV-STAR 模型的建構

應用 TV-STAR 模型，需要使用 Specific-to-General 或 Specific-to-General-to-Specific 此兩種決策來決定適當模型，這兩種策略會決定時間序列資料是否有滿足 (9-35) 式中的 TV-STAR 模型，或者可能具有某種適當特性的子模型，例如 STAR 或者是 TV-AR。

Granger (1993) 對於建立非線性時間序列模型，強烈建議以 Specific-to-General 策略來建立模型。此種策略經過檢定方法檢測何種模型是適當的，避免我們從一開始就以 TV-STAR 模型或者是採用簡單的模型。

決定模型的過程中，會大量地使用 LM 檢定來決定適當的模型，並以這些檢定統計量的結果來決定適用的模型。為了得到一個適當的檢定統計量，於是將 (9-34) 式的 TV-STAR 模型修改為 (9-36) 式輔助迴歸式：

$$y_t = \alpha' x_t + \beta' x_t G^*(y_{t-d}) + \pi' x_t G^*(t) + \theta' x_t G^*(y_{t-d}) G^*(t) + \varepsilon_t \quad\cdots\cdots\cdots\cdots (9\text{-}36)$$

其中，α、β、π 和 θ 是由 ϕ_1、ϕ_2、ϕ_3、ϕ_4 經過線性組合所得出的參數，$G^*(s_t) = G(s_t) - 1/2$，誤差項 $\varepsilon_t \overset{iid}{\sim} N(0, \sigma^2)$，$t = 1, 2, ..., T$。

值得注意 (9-36) 式，其線性虛無假設 $H_0 : \gamma_1 = \gamma_2 = 0$，因為 β、π 和 θ 都是未經證明是否為干擾參數 (nuisance parameter)。為了避免有 Luukkonen 等人 (1988) 所說參數可能是干擾參數的問題，進而導致 LM 檢定統計量無法服從 F 分配 (Hansen, 1996)，你可對轉換函數進行一階泰勒展開式來解決此問題，將 (9-36) 式修改為 (9-37) 式，其輔助迴歸式 (LM) 如下：

$$y_t = \alpha^* x_t + \beta^* x_t y_{t-d} + \pi^* x_t t + \theta^* x_t y_{t-d} t + R(\gamma_1, \gamma_2) + \varepsilon_t \quad\cdots\cdots\cdots\cdots (9\text{-}37)$$

其中，$\alpha^* = (\alpha_1^*, ..., \alpha_p^*)$，$\beta^* = (\beta_1^*, ..., \beta_p^*)$，$\pi^* = (\pi_1^*, ..., \pi_p^*)$，$x_t = (y_{t-1}, ... y_{t-p})'$，$R(\gamma_1, \gamma_2)$ 表示泰勒展開式的剩餘項。在虛無假設 H_0 之下，$R(\gamma_1, \gamma_2) = 0$，所以這個剩餘項不會造成檢定統計量的分配並非 F 分配。在 (9-37) 式中，在 H_0 假設之下，線性的虛無假設為 $\beta^* = \pi^* = \theta^* = 0$。此模型可以直接使用 LM 檢定來診斷是否有

符合 TV-STAR 模型的特性。在 TV-STAR 模型中決定最適的延遲參數 d 與 STAR 模型一樣，將延遲期數代入 (9-37) 式中，依檢定統計量之 p 值最小值則為最適的延遲參數。

$LM_{TV-STAR}$ 檢定統計量計算如下：

1. 虛無假設成立下所計算的殘差平方和 (SSR_0)。

2. 對立假設成立下所計算的殘差平方和 (SSR_1)。

3. LM 之 χ^2 分配的檢定統計量，為 $LM_{TV-STAR} = \dfrac{T(SSR_0 - SSR_1)}{SSR_0}$；LM 之 F 分配的檢定統計量為 $LM_{TV-STAR} = \dfrac{T(SSR_0 - SSR_1)/(3p+1)}{SSR_0/(T-4p-2)}$，(t 為樣本數)。

F 分配的檢定統計量被建議使用在小樣本或比較能決定出較適當的模型。這是因為 χ^2 分配可能較為過度嚴謹，而使得檢定力效果不好，如果樣本大就適合使用 χ^2 分配的檢定統計量。另外一種說法為 F 檢定是比較適合在小樣本和時間範圍小的樣本，因此 F 分配檢定力效果比 χ^2 分配檢定力好 (Teräsvirta and Anderson, 1992)。

(一) Specific-to-General 策略

依「Specific-to-General」的方法所建立的 TV-STAR 模型過程，說明如下：

1. 確定 AR 模型的落後期數。

2. 分別檢定 (TV-AR、STAR) 的線性虛無假設。

   (1) $H_0^{STAR} : \beta^* = 0 \mid \pi^* = \theta^* = 0$

   (2) $H_0^{TV-AR} : \pi^* = 0 \mid \beta^* = \theta^* = 0$

3. 計算出 LM 檢定統計量，檢定虛無假設是否被拒絕。舉例說明，假如線性模型的虛無假設 $H_0^{STAR} : \beta^* = 0 \mid \pi^* = \theta^* = 0$ 被拒絕，則估計 STAR 模型。並且檢定此模型是否有參數固定的特性。若參數固定的虛無假設 $H_0^{TV-AR} : \pi^* = 0 \mid \beta^* = \theta^* = 0$ 被拒絕，則屬 TV-AR 模型。

4. 假如線性或參數固定的虛無假設都被拒絕，那就估計 TV-STAR 模型。

(二) Specific-to-General-to-Specific 策略

雖然「Specific-to-General」給予不錯的檢定觀點，但是仍有缺點：

1. 可能隱含好幾個非線性的模式 (不可能只有 STAR 模型)。
2. 最後模型的形成 (TV-STAR)，是先經過 STAR 模型的 LM 檢定，來判定是否有參數固定。也就是說，在第一階段，STAR 的對立假設是假設參數為固定的情況下，來判定是否為 STAR 模型，在第二階段，TV-AR 模型對立假設為參數為非固定，但第二階段的對立假設，並沒有說此模型是為非線性的模型，此為矛盾處之一。

另外一種模型建立的過程是採用「Specific-to-General-to-Specific」策略，一開始是檢定線性模型的虛無假設 $H_0^{TV-STAR} : \beta^* = \pi^* = \theta^* = 0$，若虛無假設被拒絕，檢查是否具有 STAR 或者是 TV-AR 性質的模型。模型建立的過程如下：

1. 確定 AR 模型的落後期數。
2. 使用 (7) 中 $LM_{TV-STAR}$ 檢定統計量，用來檢定樣本資料是否為線性模型，其虛無假設為 $H_0^{TV-STAR} : \beta^* = \pi^* = \theta^* = 0$，若拒絕此假設，則使用 TV-STAR 模型來決定最適的延遲變數，其決定的延遲參數的方法與 Teräsvirta (1994) 相同。
3. 假如線性的虛無假設被拒絕，則檢驗子假設 (TV-AR 和 STAR)，來檢測在 TV-STAR 模型是否有 STAR 模型或 TV-AR 模型的特性，檢定如下：

   (1) $H_0^{STAR} : \beta^* = \theta^* = 0$
   (2) $H_0^{TV-AR} : \pi^* = \theta^* = 0$

LM_{STAR} 和 LM_{TV-AR} 檢定統計量計算如下：

1. 虛無假設成立下所計算的殘差平方和 (SSR_0)。
2. 對立假設成立下所計算的殘差平方和 (SSR_1)。
3. F 分配的 LM 檢定統計量，其中，$LM_{STAR} = \dfrac{T(SSR_0 - SSR_1)/(2p)}{SSR_0/(T-3p-1)}$，

   $LM_{TV-AR} = \dfrac{T(SSR_0 - SSR_1)/(2p+1)}{SSR_0/(T-3p-2)}$。其檢定規則產生模型如下：

(1) 假如 H_0^{STAR} 和 H_0^{TV-AR} 都被拒絕，則保留 TV-STAR 模型。

(2) 假如 H_0^{STAR} 被拒絕而 H_0^{TV-AR} 沒被拒絕，則選擇 STAR 模型。

(3) 假如 H_0^{STAR} 沒被拒絕而 H_0^{TV-AR} 被拒絕，則選擇 TV-AR 模型。

　　若 H_0^{STAR} 和 H_0^{TV-AR} 都沒有拒絕此假設，然而 $H_0^{TV-STAR}$ 的虛無假設是被拒絕的，此一情況發生時，唯一的方法是分別檢驗其對立假設模型 STAR 及 TV-AR 模型，依照「Specific-to-General」方法的第二步驟的 LM 檢定。這個方法可以發現 TV-STAR 模型的子模型 (TV-AR、STAR) 哪一種是最適合的。

　　此種決定模型的過程有兩個缺點：第一，直接以完整的 TV-STAR 模型來當作對立的假設，因為虛無假設的參數限制範圍太大，而導致檢定力效果不佳。第二，檢定子假設，已經拒絕了原始的 TV-STAR 的假設，$H_0^{TV-STAR} : \beta^* = \pi^* = \theta^* = 0$，換言之，在接下來的 H_0^{STAR} 和 H_0^{TV-AR} 的子假設，可能會影響相關檢定的效果。

　　根據 Lundberg 等人 (2003) 以 Monte Carlo 方法模擬出 Specific-to-General 及 Specific-to-General-to-Specific 兩種決策來決定最適模型。此兩種決策方式經過模擬的結果一致，都為 TV-STAR 優於 STAR 及 TV-AR 模型。而且 Specific-to-General 決策方式仍然有許多爭議的論點，故採用 Specific-to-General-to-Specific 此種決策方式，來決定最適模型。

9.3.5 STAR 與 TV-STAR 模型的估計及檢定

一、估計 STAR 及 TV-STAR 模型

　　當轉換函數及轉換變數都決定後，接下來就要估計 STAR 及 TV-STAR 模型中的參數。由於 STAR 及 TV-STAR 模型有非線性的部份，所以無法用普通最小平方 (OLS) 來進行迴歸估計，故估計 STAR、TV-STAR 模型的參數可改用最大概似估計法 (maximum likelihood estimation, MLE) 與非線性最小平方法 (nonlinear least squares, NLS)。通常在進行參數估計時，眾人多用 MLE 來估計。

　　根據 Granger & Teräsvirta (1993) 以及 Teräsvirta (1994) 研究指出，在估計參數 γ 時可能會出現一些異常的問題，如無法收斂或收斂很慢、過份估計等因素，所以 Teräsvirta (1994) 建議，估計參數前，先將轉換函數標準化；若為 LSTAR 模型則除以樣本標準差 $\sigma(y)$，所以修正的轉換函數嵌入所估計的 LSTAR

與 ESTAR 模型中其型態如下：

$$F_L(y_{t-d}) = \frac{1}{1 + \exp[-\gamma(1/\sigma(y))(y_{t-d} - c)]} \text{，其中 } \gamma > 0 \quad \cdots\cdots\cdots\cdots (9\text{-}38)$$

$$F_E(y_{t-d}) = 1 - \exp\{-\gamma(1/\sigma^2(y))(y_{t-d} - c)^2\} \text{，其中 } \gamma > 0 \cdots\cdots\cdots\cdots (9\text{-}39)$$

至於在估計轉換速度 γ 的起始值設為 1 是最合適的，而參數 c 則以樣本均數為起始值。

參數估出後，Teräsvirta (1994) 建議要檢視模型的正確性，而首要工作即是檢查模型中各參數的估計是否合理，例如參數 c 估出結果超出觀測值的範圍 (觀測值平均值 ±3 個標準差) 之外，則此估計模型顯然不能成立，這是由於參數 c 是代表所要研究的時間序列資料其上升與下降趨勢的門檻值 (threshold)，所以應該要在所觀測的樣本範圍內，此外各參數的標準差亦不能太大 (參數 γ 除外)；而估計出來的結果若為負的，即為不合理，代表模型估計有錯誤，必須重新估計。

二、檢定模型

模型估計合理之後，最好對殘差項進行相關之診斷，例如檢定殘差項是否有序列相關、異質變異，以及是否符合常態。

1. 檢定殘差項是否有序列相關，以 Ljung-Box Q 統計量來進行檢定，其計算方式如下：

$$Q(N) = T(T+2) \sum_{k=1}^{N} \frac{\hat{\gamma}_k^2}{T-k} \sim \chi_{(N)}^2 \cdots\cdots\cdots\cdots\cdots\cdots\cdots\cdots\cdots\cdots\cdots\cdots (9\text{-}40)$$

其中，$\hat{\gamma}_k^2 (k = 1, ..., N)$ 為遞延 k 期的樣本自我相關係數，T 則為樣本數。在一自我迴歸模型中，其 Q(N) 統計量趨近於 $\chi^2(N)$，當 T 趨近於 ∞ 時。因此，要檢定殘差項是否有序列相關，可以透過查表找出卡方臨界值，若在 $\chi^2(N)$ 臨界值之內則接受虛無假設：殘差項無序列相關；另外也可以求出 p 值來判斷。

2. 檢定異質變異，應用 ARCH 檢念，其檢定主要是認殘差的變異數取決於前期的殘差。若是殘差的變異數會受到前期殘差的影響，則顯然會產生異質變異的情況。故 Engle 提出檢定步驟為先進行下面的迴歸模型：

$Var(u_t)$ 為 $\sigma_t^2 = \alpha_0 + \alpha_1 u_{t-1}^2 + \alpha_2 u_{t-2}^2 + \cdots + \alpha_p u_{t-p}^2$ .... (9-41)

虛無假設：$H_0 : \alpha_1 = \alpha_2 = \cdots = \alpha_p = 0$ vs. $H_1 : \alpha_i$ 至少一個不為 0。

u_t 為 STAR 模型的殘差項。

檢定異質變異可以利用迴歸所得之 R^2 建立統計檢定量，進行 χ^2 檢定，$nR^2 \sim \chi^2(p)$，n 為樣本總數。

若接受虛無假設，表示無異質變異之現象。也就是說，若殘差變異數沒有自我相關的話，則應接受虛無假設，表示 $Var(u_t) = \sigma_t^2 = \alpha_0$，所有殘差的變異數都相同，不會受到前期殘差的影響。

3. 檢定殘差是否為常態，Jarque-Bera (1980，簡稱 JB) 來進行殘差常態性的檢定，JB 統計量計算如下：

$$JB = (n - l)\left[\frac{S^2}{6} + \frac{(K-3)^2}{24}\right]$$ .... (9-42)

其中，n 為樣本數，l 為迴歸所估計的參數個數，S 為偏態係數，K 為峰態係數。檢定虛無假設：殘差為常態分配，由於常態分配的偏態係數又峰態係數分別為 0 及 3，所以若殘差為常態分配則 JB 統計量為 0；反之，則不為 0，表示拒絕常態性的假設。JB 檢定之統計量服從 $\chi^2(2)$ 分配，可以查表找出臨界值或根據 χ^2 分配求算其 p 值來判斷結論為接受或拒絕。若殘差不為常態分配，則以其他分配來估計參數，求得適合的模型，例如 t 分配。

Jarque - Bera 之 H_0：偏態 $E(u_t)^3 = 0$ 且峰度 $E(u_t)^4 = 3$

Jarque - Bera 之 H_1：偏態 $E(u_t)^3 \neq 0$ 或峰度 $E(u_t)^4 \neq 3$

以上 Ljung-Box Q 檢定及 ARCH 檢定，這兩項殘差檢定主要是檢驗模型的配置有無遺漏任何重要變數。若其殘差項不為序列相關、變異數異質則為適當的模型。

9.3.6 預測績效的比較

估計經濟模型主要目的在於將配適出來的模型用來進行預測，其目標為發展出得以使用的一套預測變數的數值做為預測實質有效匯率的方法。

本章將以 STAR 模型及 TV-STAR 模型比較何者模型預績效較佳；若結果為 STAR 模型較佳，代表根本不用對時間變異參數進行探討，並進一步推論 TV-STAR 模型只會使得模型複雜，預測績效更加不精確。

而 RMSE (Root Mean Square Error) 是本研究預測能力數量化的指標，若 RMSE 的值愈小，代表預測能力愈好。其計算公式如下：

$$RMSE = \sqrt{\sum_{t=T+1}^{T+f}(\hat{y}_t - y_t)^2 / (f)} \quad \cdots\cdots\cdots\cdots\cdots\cdots\cdots\cdots\cdots\cdots\cdots\cdots \text{(9-43)}$$

其中，f 為樣本外個數，$\hat{y}_t$ 為預測值，y_t 為實際值。

9.4 用 JMulTi 分析 SNAR 之實例

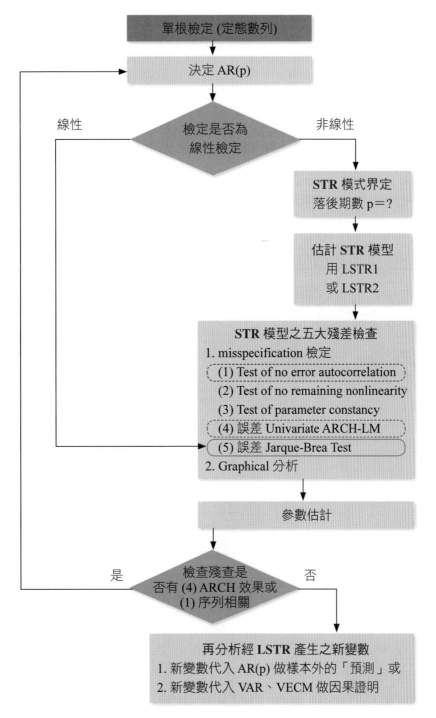

◟圖 **9-23** JMulTi 分析非線性迴歸 NAR 之流程

在 CD 片之資料夾「ch09 seasonal nonlinear autoregressive (SNAR)」中，有本例之檔案「SNAR4_jm.dat」之 SNAR4 變數。我們用 STR 來判定該 y_t 變數 (即本例 SNAR4) 是否具有非線性的性質，即轉換變數 $z_t = (w_t^{'}, x_t^{'})'$ 中延遲項 $w_t^{'} = (1, y_{t-1}, y_{t-2}, \cdots, y_{t-p})'$；以及代表外生變數向量 $x_t^{'} = (x_{1t}, x_{2t}, \cdots, x_{nt})'$ 之季節性虛擬變數 (seasonal dummies)，二者是否需用平滑轉換 logistic 函數 (LSTR1、LSTR2) 非線性的轉換，才會使得序列的迴歸模型更顯適配。最後，將非線性模型所得之標準化殘差項 (str_resids) 再次進行 ADF 單根檢定，若屬定態序列，則有正當的理由說明此為一平滑的轉換過程，且具非線性的特質。

首先，用 JMulTi 之「File → Import Data」，將 CD 附 JMulTi 範例「ch09 seasonal nonlinear autoregressive (SNAR)\ SNAR4_jm.dat」檔，此檔只一個變數 SNAR4。

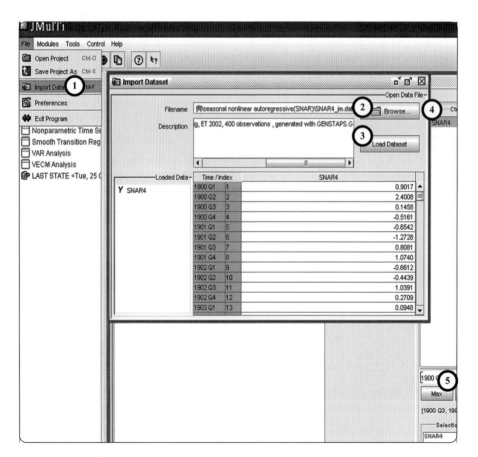

⤷圖 **9-24** 輸入「SNAR4_jm.dat」檔之變數 SNAR4

Step 1. 單根檢定，判定序列是否定態

　　單根檢定結果，發現變數 SNAR4 屬定態，所以可放心做非線性轉換之檢定。

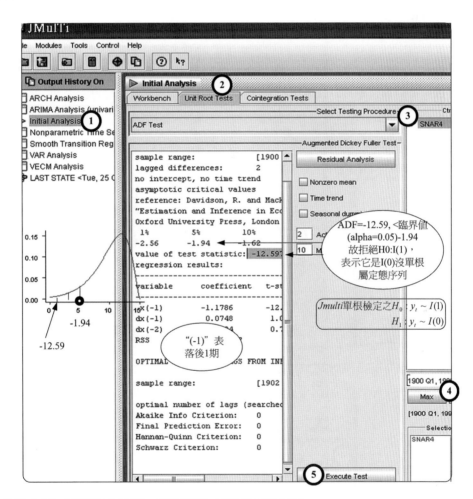

◥圖 9-25　單根檢定結果，發現變數 SNAR4 屬定態

Step 2. 用 ARiMA(p,q)，試探該序列的殘差是否完美

　　用 ARiMA(p,d,q) 分析，殘差經 ARCH_LM 檢定，若該序列沒有通過「殘差變異數」前後期是無關的。我們猜想，此序列可能是非線性。所以，接著進行一序列之 STR 分析。

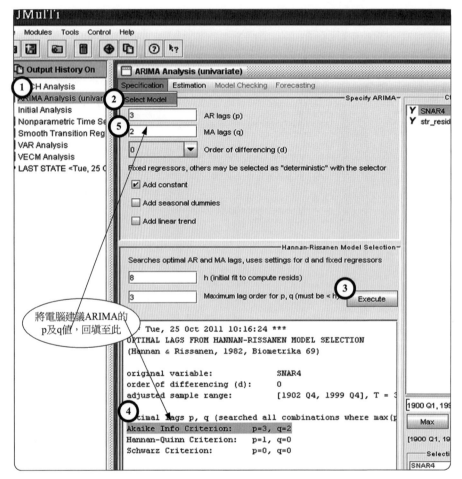

◟圖 **9-26** 經 ARiMA 分析，第一步「specification」模型 (求 p 及 q 值)

　　將電腦建議的 ARiMA (3,0,2) 進行「Estimated Model」，結果符合。

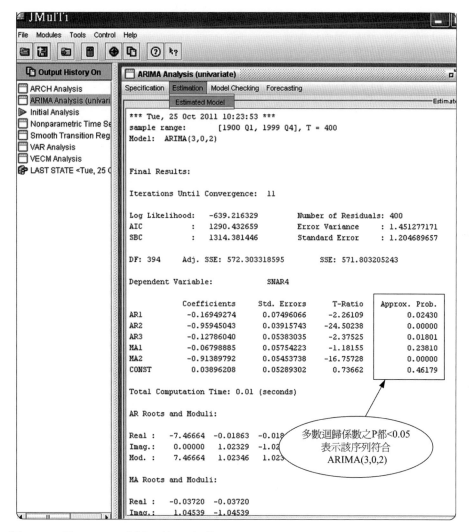

◠圖 9-27 經 ARiMA 分析，第二步「Estimated Model」

因為 ARiMA(3,0,2) 殘差沒通過 ARCH_LM 檢定，故我們猜想它是非線性。所以，接著進行一序列之 STR 分析。

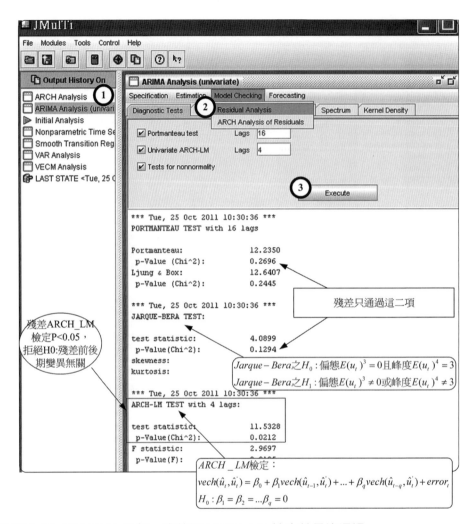

ᒐ圖 **9-28** 經 ARiMA 分析，殘差經 ARCH_LM 檢定結果沒通過

Step 3. 線性檢定，以決定是否需要做非線性轉換

根據 Teräsvirta (2004) 所提出之「標準 STR 模型」為：

$$y_t = \phi' z_t + \theta' z_t \times G(\gamma, c, s_t) + u_t$$
$$= (\phi' + \theta' \times G(\gamma, c, s_t))' z_t + u_t \quad , t = 1, 2, 3, \cdots, T \quad \cdots\cdots\cdots\cdots\cdots \text{(9-44)}$$

其中，y_t 為應變數。

$$z_t = \begin{bmatrix} 1 \\ y_{t-1} \\ \vdots \\ y_{t-p} \\ x_{1,t} \\ x_{2,t} \\ \vdots \\ x_{n,t} \end{bmatrix}_{(p+n+1)\times 1} ，線性之參數向量\ \phi = \begin{bmatrix} \phi_0 \\ \phi_1 \\ \phi_2 \\ \vdots \\ \vdots \\ \vdots \\ \phi_m \end{bmatrix}_{(p+n+1)\times 1} ，非線性之參數向量\ \theta = \begin{bmatrix} \theta_0 \\ \theta_1 \\ \theta_2 \\ \vdots \\ \vdots \\ \vdots \\ \theta_m \end{bmatrix}_{(p+n+1)\times 1}$$

$z_t = (w_t^{'}, x_t^{'})'$ 為解釋變數向量，它是 $((m+1)\times 1)$ 向量。

其中，落遲項 $(1, y_{t-1}, y_{t-2}, \cdots, y_{t-p})'$；本例子 y_t 的落後期數 $p=2$，它亦 JMulTi 預設值為 2。

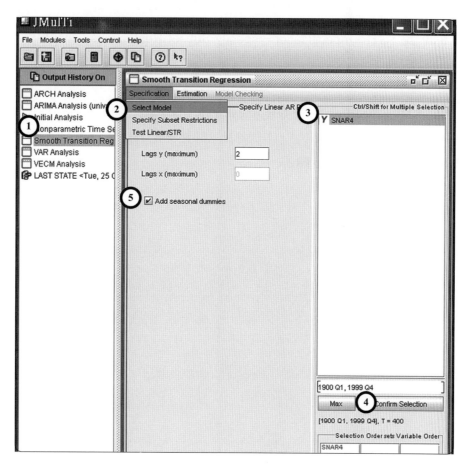

⌐圖 9-29 JMulTi「STR→specification→Select Model」畫面

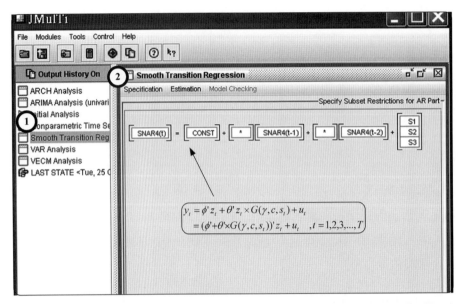

⤷圖 **9-30** 用「STR→specification→specify Subset Restrictions」來預視你界定
　　　STR

　　用「STR→specification→Test linear/STR」來判定，該非線性序列是屬：
線性、或 LSTR1/ LSTR2 模型。本例分批「線性檢定」結果，SNAR(t-1) 該採
LSTR1；SNAR(t-2) 該採 LSTR2。

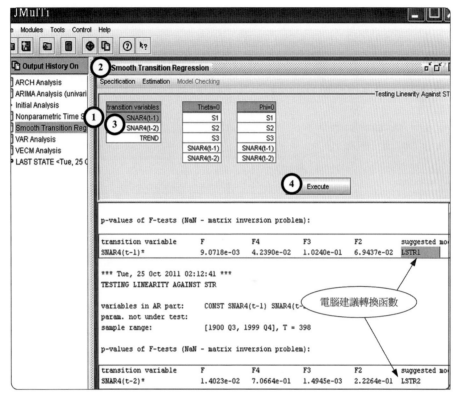

ᒪ圖 **9-31** 用「STR→specification→Test linear, STR」來判定該用 LSTR1 或 LSTR2？

Step 4. 若序列是非線性，再測試延屬期數 d＝？

變數 SNAR4(t-1) 採 LSTR1 轉換，故用「STR→Estimation→Grid Search StartValues」求起始 Gamma＝10.00 及 c1＝1.809 值。變數 SNAR4(t-2) 則採 LSTR2 轉換，可求得起始 Gamma 及 c1、c2 值。

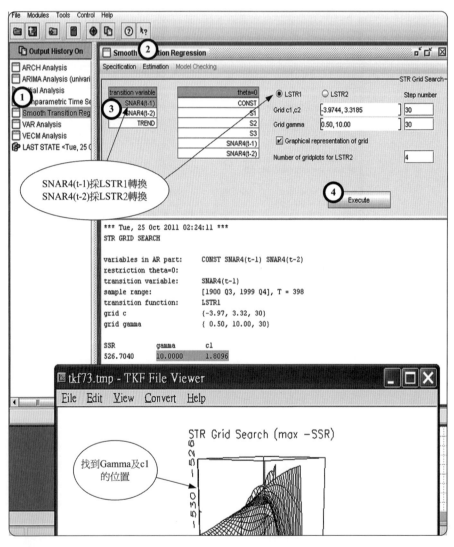

G.圖 9-32 「STR→Estimation→Grid Search StartValues」求 Gamma 及 c1 值

Step 5. 估計 STR 模型要採 LSTR1 或 LSTR2

我們先檢查變數 SNAR4(t-1) 做 LSTR1 之迴歸係數，結果如圖 9-33，顯示 SNAR4(t-1) 做 LSTR1 轉換是適配的。接著，你亦可如法泡製，檢查變數 SNAR4(t-2) 做 LSTR2 之迴歸係數是否都達 $p < 0.05$ 顯著水準。結論就是，變數 SNAR4(t-1) 做 LSTR1 轉換，SNAR4(t-2) 做 LSTR2 轉換。

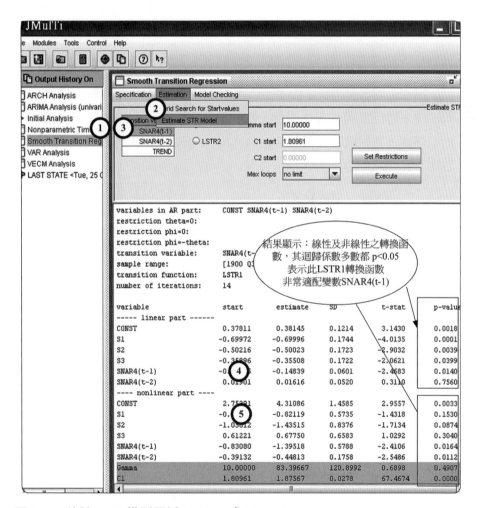

╚圖 9-33 估計 STR 模型要採 LSTR1 或 LSTR2

Step 6. STR 模型之五大殘差檢查，以判定該 STR1 或 STR1 模型是否適配

JMulTi 共有五大殘差檢定，讓你做樣本內模型的診斷性檢定「Misspecification 檢定」來判定 STR1 或 STR1 模型是否適配。

Lundbergh & Teräsvirta (2006) 提出了無剩餘非線性檢定 (no remaining nonlinearity test; 簡稱 NRN test) 與參數不變性檢定 (parameter constancy test; 簡稱 PC test) 來檢驗 STR 模型估計的適合性。其中，NRN 檢定主要檢定估計的非線性模型是否有剩餘之非線性存在，而 PC 檢定則檢定估計模型之參數是否隨時間而平滑地改變。

JMulTi 共有五個診斷性檢定來檢定 STR 模型、STARTZ 模型與 LSTR2 模型的適當度。這五大誤差之虛無假設 H_0 檢定如下：

1. Test of no error autocorrelation

　　誤差之間沒有相關之檢定，係 Godfrey (1988) 針對 Teräsvirta (1988) 一般 STR 模型之特殊情況而設計。此檢定會估計誤差 u_t 在延遲項 $(u_{t-1}, ..., u_{t-q})$ 的迴歸式，並對迴歸係數做 log-likelihood 偏微分以求得估計值。此檢定式為：

$$F_{LM} = \frac{(SSR_0 - SSR_1)/q}{SSR_1/(T-n-q)}$$

其中，n 為模型中參數個數，SSR_0 為 STR 的殘差平方和 (Sum of Square)，SSR_1 為輔助迴歸的殘差平方和。

2. Test of no remaining nonlinearity 或稱 no remaining nonlinearity test (NRN)

　　在 STARTZ 與 LSTR2 模型配適之後，我們必須去確認在我們配適模型之中是否有剩餘的非線性存在，無剩餘非線性檢定 (no remaining nonlinearity test; 簡稱 NRN test) 的檢定式中假設有 STR (smooth transition transition) 形式，檢定統計式：

$$y_t = \phi' x_t + \theta' x_t G(\gamma_1, c_1, s_{1t}) + \psi' x_t H(\gamma_2, c_2, s_{2t}) + u_t$$

其中，$H(\gamma_2, c_2, s_{2t})$ 為另一型態的轉換函數

　　誤差 $u_t \overset{iid}{\sim} (0, \sigma^2)$

但直接對上式作檢定會有困難，因此，改以泰勒展開式可得下面之輔助迴歸方程式 (auxiliary equation) 幫助檢定，迴歸式表示如下：

$$y_t = \beta_0' x_t + \theta' x_t G(\gamma_1, c_1, s_{1t}) + \sum_{j=1}^{3} \beta_j' (\tilde{x}_t s_{2t}^j) + u_t^*$$

u_t^* 為 $[\beta_1'(\tilde{x}_t s_{2t}^1), \beta_2'(\tilde{x}_t s_{2t}^2), \beta_3'(\tilde{x}_t s_{2t}^3)]$ 迴歸式之誤差。

最後再對此迴歸做 log-likelihood 偏微分，求得該迴歸參數係數之估計值。

另外，s_{2t} 選擇可以視為在 x_t 可使用變數的子集或著 s_{1t} 本身。應儘可能排除確定的變數在第二個非線性部份藉著限定相關的參數為 0。無剩餘非線性檢定(NRN test) 的虛無假設：

$H_0 : \beta_1 = \beta_2 = \beta_3 = 0$，可以利用 Wald test 做一個聯合檢定，如果檢定結果拒絕虛無假設 (p < 0.05)，表示還有剩餘非線性在此實證模型中。

3. Test of parameter constancy

參數不變性檢定 (parameter constancy test, 簡稱 PC test)，主要目的是檢驗時間序列資料，以非線性模型來估計時是否存在時間趨勢，檢定參數是否隨時間而平滑地改變。假如估計參數值會隨時間趨勢而變動，則稱其參數不具有不變性；反之，則稱之為具有不變性。在估計間序列模型時，特別是引用的樣本資料期間較長時，尤其需要考量模型是否存在不變性，以降低模型估計產生的錯誤，避免統計推論或預測發生問題。

參數不變性檢定的檢定統計式如下：

$$y_t = \phi(t)' x_t + \theta(t)' x_t G(\gamma, c, s_t) + u_t，\gamma > 0$$

其中，$\phi(t) = \phi + \lambda_\phi + H(\gamma_\phi, c_\phi, t^*)$，$\theta(t) = \phi + \lambda_\theta + H(\gamma_\theta, c_\theta, t^*)$，$t^* = t / T$ 且誤差 $u_t \overset{iid}{\sim} (0, \sigma^2)$。

參數不變的虛無假設 $H_0 : \gamma_\theta = \gamma_\phi = 0$，參數 γ 與 c 皆被假定為固定。

且 γ_ψ 作泰勒展開 (Taylor expansion)，展開之後，可得：

$$T(\gamma_\psi, c_\psi, t^*) = \frac{1}{2} + \frac{\gamma_\psi}{2} \{\delta_0^{(\psi)} + \delta_1^{(\psi)} (t^*)^2 + \delta_2^{(\psi)} (t^*)^3\} + R_1(\gamma_\psi, c_\psi, t^*)$$

在此我們利用一個輔助迴歸方程式 (auxiliary equation) 來幫助檢定，其迴歸式表示如下：

$$y_t = \beta_0' x_t + \sum_{j=1}^{3} \beta_j' \{x_t(t^*)^j\} + \sum_{j=1}^{3} \beta_{j+3}' \{x_t(t^*)^j\} G(\gamma, c, s_t) + u_t^*$$

這三個不同的轉換，JMulTi 再做 F 檢定：

$$H(\gamma, c, t^*) = \frac{1}{1 + \exp\{-\gamma \prod_{k=1}^{K}(t^* - c_k)\}} - \frac{1}{2}, \quad \gamma > 0$$

其中，K＝1,2,3，三者對應的假定：$\gamma_\theta = \gamma_\phi$

以上公式，可推得參數不變性檢定 (PC test) 的虛無假設：

$$H_0 : \beta_j = 0, j = 1, 2, \cdots, 6$$

可使用 Wald test 做一個聯合檢定，如果檢定結果拒絕虛無假設 (p < 0.05)，表示在此實證模型中參數不具有不變性。

4. Jarque-Bera Test (常態性檢定)

Jarque-Bera 統計量是針對所估計模型之殘差檢定其是否服從常態分配，首先需計算出殘差之偏態係數 (skewness) S 與峰態係數 (kurtosi) K，其計算式為：

$$JB = \frac{T-n}{6}[S^2 + \frac{1}{4}(K-3)^2]$$

其中，T 為殘差總樣本數，n 為模型待估計參數個數，而 JB ~ $\chi^2(2)$，虛無假設 H_0 殘差 u_t 服從常態分配，即：

> *Jarque-Bera* 之 H_0：偏態 $E(u_t)^3 = 0$ 且峰度 $E(u_t)^4 = 3$
>
> *Jarque-Bera* 之 H_1：偏態 $E(u_t)^3 \neq 0$ 或峰度 $E(u_t)^4 = 3$

5. ARCH-LM Test

ARCH_LM 檢定：

$$vech(\hat{u}_t, \hat{u}_t') = \beta_0 + \beta_1 vech(\hat{u}_{t-1}, \hat{u}_t') + ... + \beta_q vech(\hat{u}_{t-q}, \hat{u}_t') + error_t$$

$$\begin{cases} H_0 : \beta_1 = \beta_2 = ... \beta_q = 0 \\ H_1 : 有一 \ \beta_1, ..., \beta_q \ 不為 \ 0 \end{cases}$$

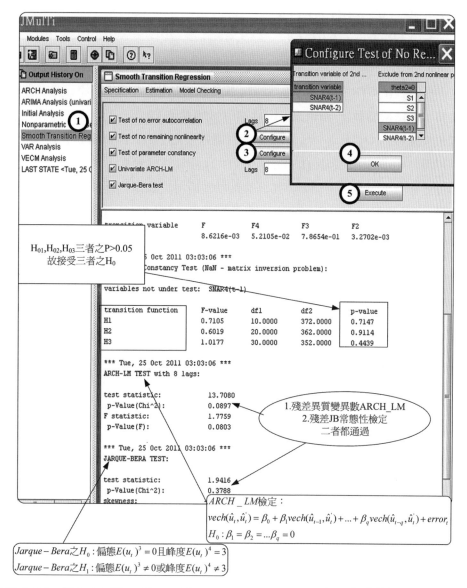

ら圖 **9-34** 「Model Checking→Misspecification Tests」之五大殘差檢查

Step 7. 將 STR 轉換之新變數,存到 EXCEL 檔,再決定:(1) 用 AR(p) 做新變數「預測」;或 (2) 用 VAR、VECM 做新變數與其他變數的「因果關係」證明

根據 Teräsvirta (2004) 所提出之「標準 STR 模型」為:

$$y_t = \phi'z_t + \theta'z_t \times G(\gamma, c, s_t) + u_t$$
$$= (\phi' + \theta' \times G(\gamma, c, s_t))'z_t + u_t \quad , t = 1, 2, 3, ..., T \quad \cdots\cdots\cdots\cdots\cdots (9\text{-}44)$$

其中，ϕ、θ 分別為線性、非線性之參數向量。

本例旨在用 STR 來判定該 y_t 變數 (本例為 SNAR4)，結果發現它具有非線性的性質，即轉換變數 $z_t = (w_t', x_t')$ 中延遲項 $w_t' = (1, y_{t-1}, y_{t-2}, \cdots, y_{t-p})'$；以及代表外生變數向量 $x_t' = (x_{1t}, x_{2t}, \cdots, x_{nt})'$ 之季節性虛擬變數 (seasonal dummies)，二者都需用平滑轉換 logistic 函數 (LSTR1、LSTR2) 非線性的轉換，才會使得序列的迴歸模型更顯適配。最後，你若再將非線性模型所得之標準化殘差項 (str_resids) 再次進行 ADF 單根檢定，會發現它是屬定態序列 (在此省略，請自行操作)，故有正當的理由說明此為一平滑的轉換過程，且具非線性的特質。

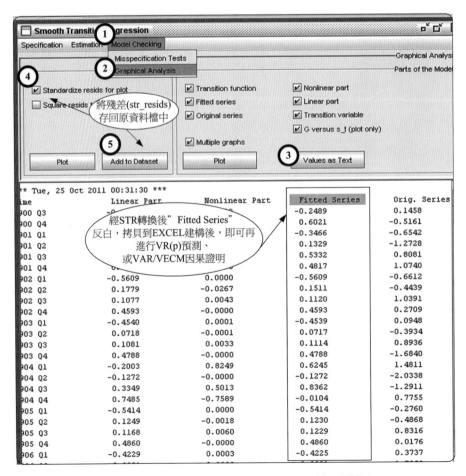

⌐圖 9-35 將 STR 轉換之新變數反白，並存到 EXCEL 檔 (副檔名*. xls)

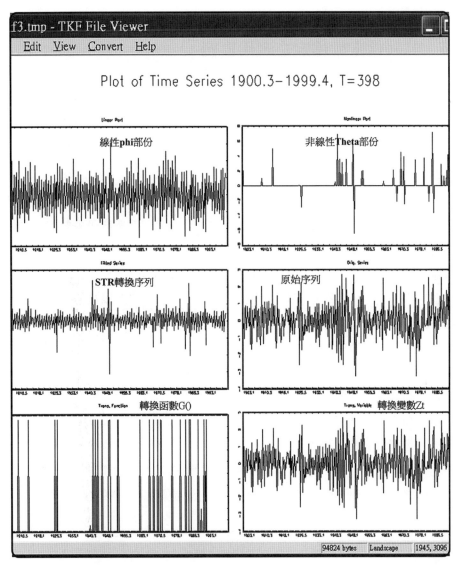

⤷ 圖 **9-36** 原始序列 vs. STR 轉換序列的比較

9.5 │ 非線性定態檢定之應用實例

東南亞區域長期購買力平價說之檢定

資料來源：方浩銓、林家民，南台科技大學行銷流通管理研究所。

一、摘要

購買力平價說之單根檢定即是檢測實質匯率是否定態，只有當實質匯率有回復到均衡值的傾向時，長期購買力平價說才可能成立。此意味著假如購買力平價說成立，則實質匯率為一恆定之時間序列。

過去的實證研究對於購買力平價說的檢定大多以線性單根檢定為主，而以傳統 ADF 單根檢定，購買力平價說難以成立。因此，本文改以非線性觀點，應用 KSS (Kapetanios, Shin, Snell, 2003) 提出之非線性定態檢定模型，視台灣為基礎國，分析台灣對東南亞地區內的印尼、馬來西亞、菲律賓、新加坡、泰國等五國之長期購買力平價說是否成立。另外，再以美國為基礎國，分析美國對上列東南亞地區五國之長期購買力平價說是否成立，作為對照以分析比較。

結果顯示，台灣與東南亞地區諸國間，以傳統 ADF 單根檢定，大多接受實質匯率有單根非定態，購買力平價說不成立。而應用 KSS 非線性定態檢定，驗證得出實質匯率全部為一定態之時間序列，長期購買力平價說皆成立。美國對東南亞地區之實證結果，與台灣對東南亞地區之實證結果大致相同，但台灣對東南亞地區之實證結果更為顯著。

二、前言

購買力平價說 (Purchasing Power Parity) 乃是指當國際間之貿易不存有交易成本且沒有貿易障礙及市場完全競爭的假設下，透過匯率轉換後，所有國家的物價水準應趨於一致；是故實質匯率可定義為名目匯率乘以兩國相對物價水準。

早期古典學派的經濟學家均強調透過市場機能，價格可以自由調整，故遵循古典學派精神而起的匯率決定理論，假設購買力平價說恆成立。

隨著時間數列的發展，檢定購買力平價說 (Purchasing Power Parity, PPP) 的實證方法大多在線性架構之下做探討，大致可分為單根檢定 (Unit Root Test) 和共

整合檢定 (Cointegration Test) 兩種。然由於傳統的單根檢定和共積檢定存在有檢定力 (Power) 不足的缺失，Dumas (1992) 認為由於有交易成本存在，所以匯率應該是呈非線性調整狀態。若用傳統單根檢定或 Engle and Granger 共整合去驗證購買力平價說 (PPP) 是不恰當的，並且會產生偏誤，所以應該在非線性架構之下去分析實質匯率的行為。

Taylor and Peel (2000) 更指出造成實質匯率偏離基要均衡匯率，其均衡調整呈現非線性的原因，可能是受到投資人應用技術分析的影響，使得匯率的變動沒有確切的隨著經濟基要變化而有調整，因此使得匯率偏離基要均衡匯率的調整走勢呈現非線性的調整過程。

由以上可知，非線性調整的發生可能來自於套利成本、政府干預和投資人應用技術分析的影響。政府干預過程多半是以漸近式的進行，所以調整過程極可能是呈現平滑或是漸進式的走勢，若以突發性 (abrupt) 的門檻自我迴歸模型 (Threshold autoregression model, TAR) 雖可捕捉到非線性的特徵，卻無法切合的描述出其平滑漸近的現象 (Teräsvirta, 1994; Sarantis, 1999; Baum et al, 2001)。而平滑式門檻轉換模型 (smooth transition autoregressive model, STAR) 正可描述此調整過程，並且已有許多探討匯率決定理論之實證文獻已注意到這個現象，且利用此模型來探討匯率偏離經濟基要匯率的動態調整行為，例如 Taylor 等人 (2001)、Kilian & Taylor (2003)、Paya et al. (2003) 等研究，皆考量此調整動態為漸近且呈現平滑的方式進行調整，且證實在其研究所選的樣本期間內，確實有此現象發生。

Kapetanios、Shin and Snell (2003) 透過蒙地卡羅模擬 (Monte Carlo simulation) 推導出指數平滑轉換自我迴歸模型 (exponential smooth transition autoregressive model，ESTAR) 單根檢定法，稱之 KSS 非線性定態檢定。此檢定方法相對於 TAR 與傳統 ADF (Augmented Dickey-Fuller) 單根撿定法而言，其有著較高的檢定力。故本文在此將藉由 KSS 非線性定態檢定，來探討東南亞地區之 PPP 是否成立，本文視台灣和美國為基礎國，以印尼、馬來西亞、菲律賓、新加坡、泰國等東南亞國家為研究對象。

三、文獻探討

(一) 購買力平價說之實證模型

根據購買力平價說理論可知：名目匯率等於兩國相對物價之比，即：

$$S = \frac{P}{P^*}$$

其中 S 代表名目匯率，P 和 P^* 分別為本國與外國之物價。而實質匯率可定義為名目匯率乘以兩國相對物價之比，則可表示如下：

$$Q = \frac{S \cdot P^*}{P}$$

其中 Q 代表實質匯率。將上式左右兩邊同取自然對數，可得：

$$q = s + p^* - p$$

其中，q 代表取自然對數後的實質匯率，s 為取自然對數後的名目匯率，而 p^* 和 p 分別表示取自然對數後的外國與本國物價。

根據上列等式，我們將以對「實質匯率恆定性」的檢測來執行購買力平價說的檢定。一般利用單根檢定來檢測實質匯率的恆定性。單根檢定即是檢測實質匯率是否恆定，只有當實質匯率有回復到均衡值的傾向時，長期購買力平價說才可能成立。此意味著假如購買力平價說成立，則實質匯率為一恆定之時間序列。

(二) 非線性定態檢定 PPP 之實證研究

Michael 等人 (1997) 實證結果顯示實質匯率偏離 PPP 的現象呈現非線性調整走勢，認為這有可能是市場上存在著交易成本所造成的現象，而實質匯率偏離 PPP 的調整在交易成本內呈現單根的走勢，但是當偏離程度超過交易成本時，呈現回復均值的現象 (mean reversion)。同樣地，Chen & Wu (2000) 也應用 STAR 模型分析台灣、日本、美國之間實質匯率偏離購買力平價說的非線性調整行為，得出與 Michael 等人 (1997) 類似的結論。

Kapetanios 等人 (2003) 也認為傳統的單根檢定，忽略時間序列可能具有非線性的性質，強調當數列中存在著非線性關係時，則傳統的單根檢定有較低的檢定力，此透過蒙地卡羅模擬發現，在其發展的指數平滑轉換自我迴歸模型單根檢定有較高的檢定力，發現以傳統線性的單根檢定，並不能拒絕單根的虛無假設，而

以非線性的單根檢定則可拒絕其單根的虛無假設，證明實質匯率和實質利率存在著非線性均值回復的現象。

四、研究方法

時間序列上的非線性模型，可追溯其緣起，始自 Tong (1978) 提出門檻自我迴歸模型 (threshold autoregressive model, TAR)，爾後，陸續許多學者投入非線性模型研究。而為了更一般化 TAR，Granger 和 Teräsvirta (1993) 提出平滑轉換自我迴歸模型 (smooth transition autoregressive model, STAR)，而其轉換函數有兩種，分別為對數型 (logistic) 函數及指數型 (exponential) 函數。故 STAR 模型可分為對數型 STAR (LSTAR) 與指數型 STAR (ESTAR)。後來，Kapetanios 等人 (2003) 在 ESTAR 模型下發展出非線性穩態的檢定方法，而這簡化後的實證模型即是 KSS 非線性定態檢定模型。本文即是應用 KSS 非線性定態檢定，檢定台灣或美國對東南亞各國，長期購買力平價說是否成立。

(一) 非線性 STAR 模型

以 STAR 模型探討均衡匯率偏離的非線性調整行為，且每一期內均有調整的行為，一般的 STAR 模型形式如下：

$$y_t = \mu_{10} + \sum_{j=1}^{p} \mu_{1j} y_{t-j} + \left(\mu_{20} + \sum_{j=1}^{p} \mu_{2j} y_{t-j} \right) G(y_{t-d}, r, c) + \varepsilon_t \quad \cdots\cdots\cdots\cdots\cdots (9\text{-}45)$$

y_t 假設為穩態的變數，而殘差項為一獨立且具有相同分配之隨機變數。y_t 為定態且遍歷的過程，其中 $G \in [0, 1]$ 且 $\varepsilon_t \overset{iid}{\sim} N(0, \delta^2)$。

在 Granger & Teräsvirta (1993) 和 Teräsvirta (1994) 探討轉換函數 G (y_{t-d}；r, c)，一般可分為下列兩種：

1. logistic 函數 (logistic function)

當轉換函數為 logistic 函數時，則 STAR 模型可稱為 logistic 平滑轉換自我迴歸模型 (LSTAR)，或稱為對數型 (LSTAR) 函數，其函數型態如下：

$$G_1(y_{t-d}, r, c) = [1 + \exp(-r(y_{t-d} - c))]^{-1} \quad \cdots\cdots\cdots\cdots\cdots\cdots (9\text{-}46)$$

(1) 當 $y_{t-d} = c$ 時，則 $G_1 = 1/2$，可將 y_t 重新表示為 $\mu_{10}' + \sum_{j=1}^{p} \mu_{1j}' y_{t-j}$，此即

為 AR(p) 模式

(2) 當 y_{t-d} 趨近於無窮大時，則 $G_1 = 1$

(3) 當 y_{t-d} 趨近於負無窮大時，$G_1 = 0$

根據 G_1 的特性，可繪製其圖形如下：

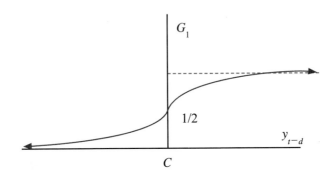

◯ 圖 **9-37** 對數型函數

2. 指數函數 (exponential function)

當轉換函數為指數函數時，則 STAR 模型可稱為指數平滑轉換自我迴歸

模型 (ESTAR)，其函數型態表示如下：

$$G_2(y_{t-d}, r, c) = [1 - \exp(-r(y_{t-d} - c)^2)] \quad \cdots\cdots\cdots\cdots\cdots\cdots\cdots\cdots (9\text{-}47)$$

(1) 當 $y_{t-d} = c$ 時，則 $G_2 = 0$

(2) 當 y_{t-d} 趨近於正負無窮大時，則 $G_2 = 1$

根據 G_2 的特性，可繪製圖形如下：

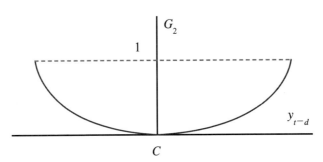

◯ 圖 **9-38** 指數型函數

在 ESTAR 模型下，若 $|y_{t-d} - c|$ 很小 (偏離均衡很小)，G_2 等於零，同時因為 $\sum_{j=1}^{p} \mu_{1j} \geq 1$，故 y_t 在中間區域發散 (explosive) 或有單根 (unit root)。然而若 $|y_{t-d} - c|$ 很大 (偏離均衡很大)，G_2 等於一，但只要 $\sum_{j=1}^{p} (\mu_{1j} + \mu_{2j}) < 1$，此時反而 為定態序列且具遍歷性。總合前述，則我們可繪示出圖 9-39 之序列發散與收斂概念圖。由圖中，可看出 ESTAR 模型允許 y_t 在 3 個區域流動，其取決於 y_t 與門檻值 (c) 之偏離程度而定，且其移動過程為連續平滑，而不像門檻自我迴歸一般為非連續 (間斷) 且跳動的序列。

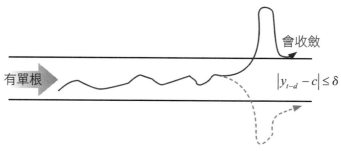

⌐圖 9-39　序列發散與收斂概念圖

(二) KSS 非線性定態檢定

在 ESTAR 模型下，Kapetanios 等人 (2003) 提出簡化假設，發展出非線性定態檢定實證模型，並透過蒙地卡羅模擬提出 KSS 檢定臨界 t 值。在 (9-45) 式中，若假設序列為一均數為零的隨機過程 (stochastic process)，$\mu_{10} = \mu_{20} = 0$，且假設 (9-46) 式中 c＝0 (圖 9-38 指數型函數圖將變為一對稱於零的 U 型圖) 與落後期 (lag) $p＝1$，則 (9-45) 式將可以簡化為：

$$y_t = \beta y_{t-1} + \gamma y_{t-1}[1 - \exp(-\theta y_{t-d}^2)] + \varepsilon_t \quad \cdots\cdots\cdots\cdots\cdots\cdots (9\text{-}48)$$

對上式取差分，重新表達 (9-48) 式：

$$\Delta y_t = \phi y_{t-1} + \gamma y_{t-1}[1 - \exp(-\theta y_{t-d}^2)] + \varepsilon_t \quad \cdots\cdots\cdots\cdots\cdots\cdots (9\text{-}49)$$

其中 $\psi＝\beta-1$，此外若假設 $\psi＝0$ 且 ，則 (9-49) 式模型將變為下式：

$$\Delta y_t = \gamma y_{t-1}[1 - \exp(-\theta y_{t-1}^2)] + \varepsilon_t \quad \cdots\cdots\cdots\cdots\cdots\cdots\cdots\cdots (9\text{-}50)$$

在此，(9-50) 式之虛無假設與對立假設分別是：

$$\begin{cases} H_0 : \theta = 0 \\ H_1 : \theta > 0 \end{cases}$$

如之前所述，$\theta = 0$ 之虛無假設將面對無法認定的，為克服此問題，KSS (Kapetanios, Shin, Snell, 2003) 用一階泰勒 (Talyor) 展開，則 (9-50) 式將可以重新表之如下式：

$$\Delta y_t = \delta y_{t-1}^3 + error \quad\text{(9-51)}$$

其 (9-51) 式所估計之統計 t 值，本文將其表達為 KSS1，而 (9-51) 式之虛無假設與對立假設分別是：

$$\begin{cases} H_0 : \delta = 0 \\ H_1 : \delta > 0 \end{cases}$$

若我們放寬落後期 (lag) $p = 1$ 的假設，即引入 AR(P)，將可以得到下式：

$$\Delta y_t = \sum_{j=1}^p \rho_j \Delta y_{t-j} + \delta y_{t-1}^3 + error \quad\text{(9-52)}$$

其 (9-52) 式所估計之統計 t 值，本文將其表達為 KSS2。

前述 y_t 序列為一均數為零的隨機過程假設，即說明 y_t 序列為一去均數 (de-meaned) 序列，而 KSS (Kapetanios, Shin, Snell，2003) 透過蒙地卡羅模擬 (Monte Carlo simulation)，對於 (9-51) 式與 (9-52) 式除提供去均數之 KSS1 與 KSS2 臨界 t 值外，亦提供去趨勢 (de-trended) 之 KSS1 與 KSS2 臨界 t 值。

最後，(9-51) 式與 (9-52) 式為本文之 KSS 非線性定態檢定模型，其中在 (9-52) 式，為修正合理的序列相關誤差，將固定落後期，即固定落後期 (lag) $p = 1$。而在本文下一部份將提供實證結果之 KSS1 與 KSS2，此外為與傳統線性作比較，亦將提供 ADF 檢定 (augmented Dickey-Fuller test) 之 t 值。

五、實證分析與結果

(一) 資料說明

本文主要針對東南亞國家，應用 KSS (Kapetanios, Shin, Snell, 2003) 提出之非線性定態檢定方法，來驗證長期購買力平價說是否成立。資料期間為 1961 年

1 月至 2004 年 6 月的月資料，研究的國家為印尼、馬來西亞、菲律賓、新加坡、泰國五個東南亞國家。資料來源取台灣經濟新報資料庫 (TEJ) 和 AREMOS 資料庫中的台灣地區金融統計資料庫 (FSM)。使用計量軟體 Eview 4.0 做檢定。

樣本資料包括有：

1. 名目匯率：印尼、馬來西亞、菲律賓、新加坡、泰國 (以下簡稱東南亞五國) 和台灣對美國之名目匯率。在每一台幣兌換東南亞五國幣值的匯率選取方面，係透過強勢貨幣美金兌換東南亞五國幣值的匯率轉換之。即台灣對東南亞五國的名目匯率＝台灣對美國的名目匯率/美國對東南亞五國的名目匯率。

2. 物價：東南亞五國、台灣和美國之消費者物價指數 (CPI)，基期的選定方面，各國的物價指數皆是以 2000 年為基期編制。所有變數均先經過自然對數的轉換。

(二) 傳統線性 ADF 單根檢定

我們將以對「實質匯率恆定性」的檢測來執行購買力平價說的檢定。若實質匯率為一恆定之時間序列，則購買力平價說成立。實質匯率可定義為名目匯率乘以兩國相對物價之比，則可表示如下：

$$Q = \frac{S \cdot P^*}{P}$$

其中 Q 代表實質匯率，S 代表名目匯率，P 和 P^* 分別為本國與外國之物價。

將上式左右兩邊同取自然對數，可得：

$$q = s + p^* - p$$

其中 q 代表取自然對數後的實質匯率，s 為取自然對數後的名目匯率，而 p^* 和 p 分別表示取自然對數後的外國與本國物價。

所以本過程針對取自然對數後的實質匯率 q 做 ADF 單根檢定，又分成台灣對東南亞五國的實質匯率 q_y 和美國對東南亞五國的實質匯率 q_z 兩方面，其結果分別在表 9-3 和表 9-5 的 ADF 之 t 值，其中 ADF 單根檢定帶截距之臨界值為 −3.43、−2.86、−2.57 (顯著水準為 1%、5%、10%)。由 q_y 的 ADF 之 t 值顯示，東南亞五國只有菲律賓在顯著水準為 10% 下，拒絕有單根，若在較嚴格的顯著水

■表 9-3 PPP 驗證 (台灣對東南亞五國的實質匯率)

國家	帶截距	de-mean (去均數)	
	ADF 之 t 值	KSS1 之 t 值	KSS2 之 t 值
印尼 In	−1.368566	−16.61645***	−10.48519***
馬來西亞 M	−1.125480	−21.78396***	−11.00911***
菲律賓 Ph	−2.625805*	−20.12722***	−11.61673***
新加坡 S	−2.407741	−22.10396***	−11.14396***
泰國 T	−1.734828	−20.99064***	−10.90062***

註：ADF 單根檢定帶截距之臨界值為 −3.43、−2.86、−2.57 (顯著水準為 1%、5%、10%)，de-mean (去均數) 的 KSS1 與 KSS2 相關臨界值為 −3.48、−2.96、−2.66 (顯著水準為 1%、5%、10%)

***、**與*表示在顯著水準 1%、5%、10% (α＝0.01、0.05、0.1) 下，拒絕其虛無假設。

準為 1% 情況下，東南亞五國皆無法拒絕有單根，實質匯率 q_y 皆不穩定，PPP 不成立。

同樣地，q_y 的 ADF 之 t 值顯示，東南亞五國只有菲律賓在顯著水準為 5% 下，拒絕有單根，若在較嚴格的顯著水準為 1% 情況下，東南亞五國皆無法拒絕有單根，實質匯率 q_y 皆不穩定，PPP 不成立。

(三) KSS 非線性定態檢定

透過前述研究方法中的 (9-51) 與 (9-52) 實證模型，可得出 KSS1 與 KSS2 之 t 值，又分成去均數的 q_y 和 q_z (表 9-3 和表 9-5) 以及去趨勢的 q_y 和 q_z (表 9-4 和表 9-6)。而根據 KSS 透過蒙地卡羅模擬所求得去均數的臨界值為 −3.48、−2.96、−2.66 (顯著水準為 1%、5%、10%)，去趨勢的臨界值為 −3.93、−3.40、−3.13 (顯著水準為 1%、5%、10%)。

由表 9-3 和表 9-4 可發現 q_y 去均數的 KSS1 與 KSS2 之 t 值，以及去趨勢的

■表 9-4 PPP 驗證 (台灣對東南亞五國的實質匯率)

國家	de-trend (去趨勢)	
	KSS1 之 t 值	KSS2 之 t 值
印尼 In	KSS1 之 t 值	KSS2 之 t 值
馬來西亞 M	−18.85761***	−12.98270***
菲律賓 Ph	−21.93039***	−11.16413***
新加坡 S	−20.28900***	−11.62459***
泰國 T	−22.08872***	−11.12824***

註：de-trend (去趨勢) 的 KSS1 與 KSS2 相關臨界值為 −3.93、−3.40、−3.13 (顯著水準為 1%、5%、10%)。

***、**與*表示在顯著水準1%、5%、10% ($\alpha=0.01$、0.05、0.1) 下，拒絕其虛無假設。

KSS1 與 KSS2 之 t 值，在最嚴格的顯著水準為 1% ($\alpha=0.01$) 下，東南亞五國皆拒絕有單根，實質匯率 q_y 皆為穩定的時間序列，PPP 成立。

　　由表 9-5 可發現 q_z 去均數的 KSS1 與 KSS2 之 t 值，印尼和菲律賓在最嚴格的顯著水準為 1% ($\alpha=0.01$) 下，拒絕有單根，PPP 成立；泰國 q_z 去均數的 KSS1 之 t 值在顯著水準為 10% ($\alpha=0.1$) 下，拒絕有單根，去均數的 KSS2 之 t 值在顯著水準為 5% ($\alpha=0.05$) 下，拒絕有單根，PPP 成立；而馬來西亞和新加坡，則無法拒絕有單根，PPP 不成立。

　　由表 9-6 可發現 q_z 去趨勢的 KSS1 與 KSS2 之 t 值，除了新加坡無法拒絕有單根，PPP 不成立。其他東南亞四國印尼、馬來西亞、菲律賓、泰國皆在最嚴格的顯著水準為 1% ($\alpha=0.01$) 下，拒絕有單根，PPP 成立。由此可推論去趨勢的效果比去均數的效果顯著。

■表 9-5 PPP 驗證 (美國對東南亞五國的實質匯率)

國家	帶截距	de-mean(去均數)	
	ADF 之 t 值	KSS1 之 t 值	KSS2 之 t 值
印尼 In	ADF 之 t 值	KSS1 之 t 值	KSS2 之 t 值
馬來西亞 M	−1.184332	−4.198430***	−4.300232***
菲律賓 Ph	−0.411793	−1.586051	v2.312042
新加坡 S	−2.955021**	−4.132861***	−4.823641***
泰國 T	−1.627841	−2.051788	−2.437014

註：ADF 單根檢定帶截距之臨界值為 −3.43、−2.86、−2.57 (顯著水準為 1%、5%、10%)，de-mean (去均數) 的 KSS1 與 KSS2 相關臨界值為 −3.48、−2.96、−2.66 (顯著水準為 1%、5%、10%)。

***、**與*表示在顯著水準 1%、5%、10% ($\alpha=0.01$、0.05、0.1) 下，拒絕其虛無假設。

■表 9-6 PPP 驗證 (美國對東南亞五國的實質匯率)

國家	de-trend (去趨勢)	
	KSS1 之 t 值	KSS2 之 t 值
印尼 In	−5.944902***	−6.540301***
馬來西亞 M	−5.439828***	−6.966081***
菲律賓 Ph	−4.518038***	−5.173054***
新加坡 S	−2.082465	−2.481925
泰國 T	−6.129278***	−6.856128***

註：de-trend (去趨勢) 的 KSS1 與 KSS2 相關臨界值為 −3.93、−3.40、−3.13 (顯著水準為 1%、5%、10%)。

***、**與*表示在顯著水準 1%、5%、10% ($\alpha=0.01$、0.05、0.1) 下，拒絕其虛無假設。

(四) 結果分析

　　本文實證結果顯示，不論是台灣對東南亞五國的實質匯率 q_y 或美國對東南亞五國的實質匯率 q_z，以傳統 ADF 單根檢定，在顯著水準為 1% 下，皆接受實質匯率有單根不恆定，購買力平價說不成立。而應用 KSS 非線性定態檢定，台灣對東南亞五國的實質匯率，皆為一恆定之時間序列，購買力平價說皆成立。同樣地，美國對東南亞五國的實質匯率經過去趨勢後，除了新加坡無法拒絕有單根，其他東南亞四國印尼、馬來西亞、菲律賓、泰國皆在最嚴格的顯著水準為 1% ($\alpha = 0.01$) 下，拒絕有單根，購買力平價說成立。

六、結論

　　過去有關購買力平價說的實證研究，大多使用實質匯率之 ADF 單根檢定，Engle & Granger 共積檢定以及 Johansen 共積檢定來進行主要工業化國家的探討。然由於傳統的單根檢定和共積檢定存在有檢定力 (Power) 不足的缺失，而以傳統 ADF 單根檢定，購買力平價說難以成立。Dumas (1992) 認為由於有交易成本存在，所以匯率應該是呈非線性調整狀態。若用傳統單根檢定或 Engle and Granger 共整合去驗證 PPP 是不恰當的，並且會產生偏誤，所以應該在非線性架構之下去分析實質匯率的行為。

　　本例採用 Kapetanios、Shin & Snell (2003) 所提 KSS 非線性定態檢定，來探討東南亞地區，其購買力平價說是否成立。

　　實證結果顯示，以傳統 ADF 單根檢定，在顯著水準為 1% 下，購買力平價說皆不成立。而應用 KSS 非線性定態檢定，台灣對東南亞五國的實質匯率，皆為一恆定之時間序列，購買力平價說皆成立。同樣地，美國對東南亞五國的實質匯率，除了新加坡無法拒絕有單根，其他東南亞四國印尼、馬來西亞、菲律賓、泰國皆在顯著水準為 1% ($\alpha = 0.01$) 下，拒絕有單根，購買力平價說成立。

一個人如果不是真正有道德，就不可能真正有智慧。(雪萊)

CHAPTER *10* ‹‹‹

單根檢定

單根檢定 (unit root test) 旨在判斷一時間序列資料是否具備穩定性。若資料呈現單根的情況下，則會以差分「Δ 或 ∇」的方式處理該時間序列資料，以達到欲分析資料為恆定態 (stationary) 的要求。

Nelson & Plosser (1982) 曾經對多個美國總體經濟變數進行單根檢定的檢驗，除了失業率水準值的時間序列資料呈定態以外，「大部分」總體經濟變數的水準值是非定態 (non-stationarity) 的時間序列，故該時間數列在進行 ARIMA、VAR 或 VECM 分析前須單根檢定，來排除該時間序列的隨機趨勢 (stochastic trend)。

我們周遭常發生諸多財經問題，諸如：(1) 美國、日本與台灣股票市場動態關係；(2) 台灣期貨市場之交易策略；(3) 台灣股價及國際油價之關聯性；(4) 股票市場與房地產市場之關聯性；(5) 台灣地區房價、股價、利率互動關係；(6) 策略資產配置；(7) 國防支出與經濟成長的非線性關聯 (STR)；(8) 結構性改變對東南亞五國貨幣供給之共整合關係；(9) 新台幣兌美元匯率與總體經濟變數之關聯性；(10) 台灣對中國大陸直接外人投資與進出口貿易決定因素及其互動關聯性…等序列常伴隨「隨機波動」現象。這類非定態資料 (指標) 做 ARIMA、VAR 預測或 Granger 因果證明，傳統做法，係先將該序列做差分一次達到定態後，再求 ARIMA 或 VAR 最佳落後期 p 值、殘差診斷及樣本外預測。相對地，若二變數經過單根檢定，且發現二變數之間有共整合共整合 (cointergration) 現象，則用 Eviews、JMulTi 進行聯立迴歸式 VECM 分析及其五大殘差診斷，來完成樣本內適配及樣本外預測。

10.1 | 單根檢定

單根檢定旨在檢定某時間數列是否為定態 (stationary) 的檢定，所謂的定態時間數列是指變數的平均值、變異數及共變數與時間相互獨立，即是當任一外生衝擊對其只能造成短暫的影響，且影響將隨時間的拉長而逐漸收斂至長期均衡，否則為非定態 (nonstationary) 時間數列。資料的定態與否會影響計量模型的選擇，因此，進行模型估計之前必須檢查資料是否具有單根性質。

收集時間序列的資料之後，通常需先進行 Jarque & Bera 常態性檢定與單根檢定 (unit root test)，以判定資料型態。若資料呈定態序列，則將不必進行共整

合檢定 (cointegration test)；反之，若資料為非定態序列且整合階次一致時，則繼續完成 Johansen 共整合檢定。若共整合關係個數檢定為 0，則表示不存在共整合關係，此為 VAR (Vector Auto Regressive) 模型，將無法進行 Johansen 共整合檢定；反之，共整合關係個數檢定至少為 1 時，即可改用 VECM (Vector Error Correction Model) 模型。

　　一般傳統計量模型都是假定變數為定態的前提下才進行時間序列檢定，否則將發生 Granger & Newbold (1974) 所說的假性迴歸 (Spurious Regression) 情形，使資料分析結果發生偏誤 (bias)[產生判定係數 (R^2) 或修正判定係數 (adj R^2) 很高，而 Durbin-Waston 值很低的現象]，進而導致分析結果未有實質經濟意義；在傳統計量模型中，如果發現時間序列為非定態時，通常會對變數取差分 (數學運算子「Δ」或「∇」) 或去除時間序列中的隨機趨勢項，雖然這兩種方法皆可解決非定態的問題，但會使變數原本具有的性質消失，故在進行分析前，須先針對變數的定態性加以探討，且共整合檢定之變數必須有相同的整合階次，因此，單根檢定是不可或缺的檢定方法。

　　一變數時間序列之機率分配，若不受時間變數的影響，則此一序列稱為強定態序列 (strictly stationary)；而若一變數時間序列的平均值與變異數為不受時間影響，且互變異數與時間變數獨立，則此一序列稱為弱定態序列 (weakly stationary)。若一變數時間序列為定態時，最主要的特性是其值不會遠離平均值，而回到平均值的機率為 1，且相鄰跨越平均值的期望間隔為有限值，如白噪音 (white noise) 即為定態序列。反之，則為非定態，如隨機漫步 (random walk) 模型，其特性根為一，一級動差雖不隨時間而變，但二級動差隨時間而增加。

　　若一變數時間序列的 的衍生過程，其一階自我迴歸過程 [AR(1)process] 為：

$$y_t = \rho y_{t-1} + \varepsilon_t \qquad\qquad \varepsilon_t \overset{iid}{\sim} N(0, \sigma^2)$$

ρ：自我迴歸係數，為一實數。

ε_t：誤差項 (噪音、雜訊)，為白噪音。

定義：單根 (Unit Root)

假設有一 y_t 序數：

$$y_t = \alpha_0 + \beta_0 y_{t-1} + \varepsilon_t$$
$$y_t - y_{t-1} = \alpha_0 + \beta_0 y_{t-1} - y_{t-1} + \varepsilon_t$$
$$\Delta y_t = \alpha_0 + (\beta_0 - 1) y_{t-1} + \varepsilon_t \text{，令 } \gamma = \beta_0 - 1$$
$$\Delta y_t = \alpha_0 + \gamma y_{t-1} + \varepsilon_t$$

若 $\beta_0 = 1 \rightarrow \gamma = 0$，代表時間序列具有單根，亦即為非穩定數列，因此只需估計最後一式迴歸式，並檢定 $\gamma = 0$？即可，虛無假設為 $H_0 : \gamma = 0$ (有單根，亦即數列不穩定)。

　　上式可再延伸為下式，其中，「單根 ("one" root)」係指，y_{t-1} 的係數 γ，理論上會趨近「1」("one")，表示。表示任一序列 y_t，若存在趨勢，則該序列差分後的後 p 期 (Δy_{t-p}) 都可預期當期 Δy_t。

$$\Delta y_t = \gamma \times y_{t-1} + \sum_{j=1}^{p-1} \alpha_j \Delta y_{t-j} + \varepsilon_t$$

定義：何謂白噪音

　　白噪音分為兩種：弱性白噪音與強性白噪音，它的特徵是沒有自我相關，固定變異數 $\varepsilon_t \overset{iid}{\sim} N(0, \sigma^2)$。統計上的無相關，只有指無直線相關，但不排除「非直線相關」，如果為強性白噪音，則 $\varepsilon_t \overset{iid}{\sim} N(0, \sigma^2)$，所謂 iid 即 independent identical distribution (彼此是獨立且同一分配)，亦即 ε_t 不但沒有自我相關 (ε_t 與 ε_s 為互相獨立) 且同態。即表示，ε_t 為強白噪音，ε_t 與 ε_s 不但沒有直線相關，也沒有非直線相關。

10.1.1 定態性的意義

　　在對時間序列的資料進行研究時，迴歸分析是最為常用的方法，其基本假定 (assumption) 為時間序列的資料必須符合定態性 (stationarity，恆定性/平

穩性)。所謂的定態性是指一組時間序列資料的統計特性不會隨著時間的經過
而改變。定態性又可以分為強式定態 (strict stationarity) 以及弱式定態 (weakly
stationarity)，強式定態是指資料在每一個觀察時點的機率分配均完全相同並且獨
立 (independently identical distribution, iid)；而弱式定態則僅要求資料的平均數、
變異數，以及自我共變異數為有限 (finite) 的常數項。後者的定態性性質，有人
稱它為共變數定態 (covariance stationarity)、二階定態 (second-order stationarity)，
以及廣義的定態 (Enders, 2004)。坊間較常用採用弱式定態的定義。

若使用非定態性 (non-stationarity) 的時間序列資料去進行迴歸分析，會導致
該模型的估計式產生偏誤，Granger & Newbold (1974) 將此偏誤的現象命名為假
性迴歸 (spurious regression)。假性迴歸意指估計式發生不具有一致性的問題 (表
示即使是兩不相關的變數，在此情形之下所做的檢定結果往往會接受此一不存在
的迴歸關係)，將可能會發生迴歸式的判定係數 R^2 很高且 t 統計量很顯著，但是
Durbin-Waston 之值趨近於 0 的現象，以致於產生錯誤的統計推論。因此在進行
實證分析之前，務必先探討每一個研究變數的序列資料是否符合定態性，以避免
此問題造成實證上的錯誤。

$$
\text{定義：Durbin-Waston} = \frac{\sum_{i=1}^{n-1}(\tilde{\varepsilon}_{i+1} - \tilde{\varepsilon}_i)^2}{\sum_{i=1}^{n}\tilde{\varepsilon}_i^2}
$$

當序列資料為非定態性時，Granger & Newbold (1974) 提出了以 Box &
Jankins (1970) 的差分 (difference) 運算「Δ」將其轉換成符合定態性的資料。如
果所使用的一組非定態性的時間序列原始資料 Y_t 在經過了 d 階差分之後始呈現
定態狀態，則稱此序列之整合級次 (integrated order) 為 d，並表示為 $Y_t \sim I(d)$。例
如，Nelson & Plosser (1982) 就發現：大多數的總體經濟變數會存在有非定態性
的特性，經濟學術語上稱之為具有「單根」。而欲了解變數的時間序列資料是否
為定態性，單根檢定即為檢定時間序列資料是否為定態性的普遍方法。

10.1.2 常態分配之偏態與峰度

當問卷 (或實驗) 資料 (如身高、體重、體積、速度、強度、GDP、外匯利

率、失業率等) 定義在一個連續樣本空間上時，則其產生的隨機變數或密度函數就為連續的。連續機率分配如同某些特殊的間斷機率分配 (如二項分配)，其圖形具有各種不同程度之偏態 (或完全對稱) 與峰度。

常態分配 (normal distribution) 是統計學中最重要的分配之一，其圖形 (即次數分配曲線) 呈鐘形 (bell-shaped)，稱為常態曲線 (normal curve)。常態曲線首先由法國數學家 De Moivre 於 1773 年所提出，其後又經高斯 (Carl Gauss; 1777 ~ 1855) 在研究重複測量的誤差，亦導出此曲線的方程式，故常態分配又稱為高斯分配 (Gauss distribution)。

為何常態分配對統計學家而言，顯得特別重要呢？理由是：

1. 在真實世界裡，許多自然現象、工業生產、商業問題及其他社會行為現象，均可用常態分配加以描述。

2. 許多統計量的抽樣分配在大樣本下常呈常態分配，故對母群參數作推論時，經常以常態分配為其理論基礎。

3. 有些連續機率分配或間斷機率分配 (如二項分配)，當樣本個數 N 非常大時，可用常態分配來逼近，且其所求出的近似解，常常可得到令人滿意的結果。

定義：常態曲線

若 X 為平均數 μ，變異數 σ^2 的常態隨機變數，則此常態曲線的方程式為

$$n(x;\mu,\sigma)=\frac{1}{\sqrt{2\pi}\sigma}e^{-1/2\left(\frac{x-\mu}{\sigma}\right)^2}, -\infty < x < \infty,$$

其中 $\pi = 3.14159\cdots$，$e = 2.71828\cdots$。

上式中，平均數 μ 與標準差 σ，兩者均是常態分配的重要參數。

習慣上，常態分配均以符號 $N(\mu, \sigma)$ 表示，根據此一分配公式可繪出鐘形 (對稱) 的常態曲線，如圖 10-1 中，我們可看出常態分配有下列幾個特性：

1. 常態分配為一對稱分配，故其平均數 μ、中位數 M_d、與眾數 (M_o) 三者皆位於常態曲線之中心位置或者最高點數所對應至橫軸的位置上。

2. 常態分配的原始分數可用下式轉換成 Z 分數：

$$z = \frac{X - \mu}{\sigma}$$

3. 轉換成 z 分數後，z 分數的平均數為 0，標準差為 1。知道常態分配時的 z 分數，便可代入下式，求出常態分配曲線的高度：

$$y = \frac{1}{\sqrt{2\pi}} e^{-\frac{1}{2}z^2}$$

例如，z＝0 時，y＝0.3989，是曲線的最高點。

4. 常態曲線為以平均數 μ 為中心軸，而兩邊成對稱之曲線，其 μ 即為鐘形曲線之最高點所對稱應的常態值 (x)。

5. 以 μ 為中心，兩邊加減一個標準差的區間，即 $\mu - \sigma$ 至 $\mu + \sigma$，其機率 (面積) 為 0.683，而區間 $(\mu - 2\sigma, \mu + 2\sigma)$ 之機率為 0.954，區間 $(\mu - 3\sigma, \mu + 3\sigma)$ 之機率為 0.997。

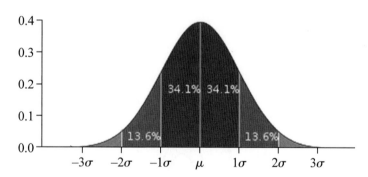

⤷圖 10-1 常態曲線

一、偏態

分配之偏態 (Skewness) 公式如下：

$$\text{Skewness} = \frac{E(x - \mu)^3}{\sigma^3}$$

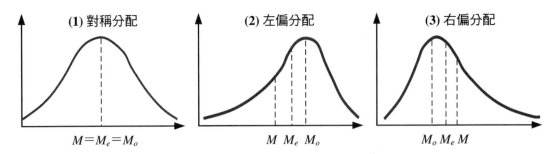

(1) 曲線為對稱分配，此時中心位置就是平均數 M、中位數 M_e 與眾數 M_o 的所在，三者為同一點，呈現三點合一的情形。

(2) 曲線為左偏分配，此時平數最小，中位數則介於平均數與眾數之間。

(3) 曲線為右偏分配，此時平均數為最大，且呈現與左偏分配相反之位置分佈。

◟圖 **10-2** 左 vs. 右偏態圖

二、峰度

峰度 (kurtosis) 係衡量實數隨機變量概率分佈的峰態：

$$\text{Kurtosis} = \frac{E(x-\mu)^4}{\sigma^4}$$

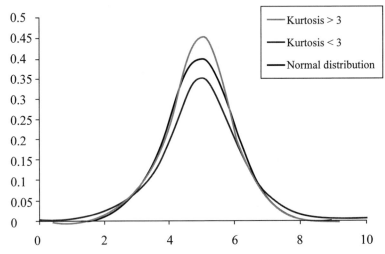

◟圖 **10-3** 峰度

三、常態性 Z 檢定

許多單變量或多變量統計，在分析時都要求資料必須具備幾個假定 (assumption)，等這些先前條件都符合下，才可進行該統計。例如，ANOVA 三種假定條件，其檢定法如下。

1. **常態性檢定**：可用 (1) 繪圖法：Normal probability plot (p-p plot)、Normal quantile-quantile (q-q plot)。(2) 檢定法：卡方檢定、Kolmogorov-Smirnov 法、Shapiro-Wilks 法 (一般僅用在樣本數 n < 50 的情況)。(3) 將常態分配之偏態或峰度，分別代入其對應的 Z 公式，若 Z 值未超過臨界值 ($+1.96 \sim$ -1.96)，則常態性還算適合。(4) 時間序列之非定態資料，較適合改用 Jarque & Bera 常態性檢定。

2. **變異數同質性檢定**：研究設計裡，各處理水準 (level) 之間的變異數都須同質。即

$$H_0 : \sigma_1^2 = \sigma_2^2 = \sigma_3^2 = \cdots = \sigma_k^2 = \sigma^2$$

方法一：Bartlett 檢定 (Levene 檢定)，較適合各組的樣本人數相同時。

檢定統計量：$b = \dfrac{(S_1^2)^{n_1-1}(S_2^2)^{n_2-1} \cdots (S_k^2)^{n_k-1}}{(S_p^2)^{n-k}} \sim$ Bartlett 分配

其中，$S_p^2 = \dfrac{\sum\limits_{i}^{k}(n_i-1)S_i^2}{n-k}$ 。

拒絕區：$\{b < b_k\,(\alpha; n_1, n_2, n_3, ..., n_k)\}$

其中，$b_k(\alpha; n_1, n_2, \cdots, n_k) = \dfrac{\sum\limits_{i}^{k} n_i b_k(\alpha, n_i)}{n}$ 。

修正檢定：$b = 2.303 \,(g/c)$

其中，$g = (n-k)\log_{10} S_p^2 - \sum\limits_{i=1}^{k}(n_i-1)\log_{10} S_i^2$

$c = 1 + \dfrac{1}{3(k-1)}\left(\sum\limits_{i=1}^{k}\dfrac{1}{n_i-1} - \dfrac{1}{n-k}\right)$ 。 →拒絕區：$\{b > \chi_\alpha^2(k-1)\}$ 。

方法二：Cochran's 檢定。

檢定統計量，$G = \dfrac{Max(S_i^2)}{\sum\limits_{i=1}^{k} S_i^2} > g_\alpha$，則拒絕 H_0。

3. 獨立性：Run test (見張紹勳《SPSS 高統分析》無母數統計中的「連檢定」，滄海書局出版)。

　　以上這類橫斷面資料分析，採用 SPSS 軟體即可。例如，用 SPSS 軟體進行迴歸分析必須先符合四種假定 (assumption) 檢定：線性 (linearity of the phenomenon)、變異數同質性 (constant variance of the error term)、誤差項獨立 (independence of the error term)、常態性 (normality of the error term distribution)。線性部份由自變數與依變數的相關係數來判斷。變異數同質性部份使用 Box's M 方法檢查變異數同質性 (Homoscedasticity) 之假設。誤差項獨立部份以 Durribin-Watson 來判斷，其值介於 1.5 至 2.5 之間是合適的。常態分配部份可以利用其分配的偏態 (skewness) 和峰態 (kurtosis) 的 Z 值來與研究所需的顯著水準臨界值比較，以判斷是否符合常態分配，要達 $\alpha =$ 0.05 顯著水準，所計算 z 值不能超過臨界值 ($+1.96 \sim -1.96$)。其計算公式如下 (Hair et al., 1998)：

$$Z_{skewness} = \frac{skewness}{\sqrt{6/N}} \text{，} (N：樣本數)$$

$$Z_{kurtosis} = \frac{kurtosis}{\sqrt{24/N}} \text{，} (N：樣本數)$$

　　常態分配時，其偏態峰度為 0，但做研究時，觀察各變數偏態峰度值雖然不為 0，但須接近 0，不可超過 z 值的臨界值 ($+1.96 \sim -1.96$)。

四、Jarque & Bera 常態性檢定

　　倘若遇到到縱貫面資料這類時間序列分析，則可改採 Jarque & Bera (1987) 常態性檢定，該檢定在 RATS、eViews、JMulTi 軟體都可執行。

　　Jarque & Bera (簡稱 JB) 是以偏態及峰度所衍生之常態性檢定，其虛無假設 H_0 如下：

$$\begin{cases} H_0 : E(u_t^t)^3 = 0 \text{ 且 } E(u_t^t)^4 = 3 \\ H_1 : E(u_t^t)^3 \neq 0 \text{ 或 } E(u_t^t)^4 \neq 3 \end{cases} \text{ (虛無假設 } H_0 : \text{殘差 } u_t^t \text{ 的偏態之期望值} = 0)$$

JB 常態性檢定是否顯著，足夠拒絕虛無假設之 JB 統計量為：

$$JB = \frac{T}{6}[T^{-1}\sum_{t=1}^{T} E(\hat{u}_t^s)^3]^2 + \frac{T}{24}[T^{-1}\sum_{t=1}^{T} E(\hat{u}_t^s)^4 - 3]^2 \sim \chi^2(2) \text{ 極限分配}$$

此處，$\hat{u}_t^s$ 為第 t 期之標準化誤差。E() 為期望值。T 為資料之總期數。

10.1.3 單根檢定法

時間序列資料必須具定態，再以計量模型進行分析與預測，其實證分析結果才有意義，而單根檢定即為檢定時間序列資料是否為定態的研究方法。當時間序列資料呈現非定態，通常藉由差分「Δ」(difference) 方法使資料具有定態，若一序列須經過 d 次差分才能成為定態，則稱此序列之整合階次為 d 階 (integrated of order d)，以 I(d) 表示。由於共整合檢定之變數必須為同階的整合階次，故單根檢定的主要目的在於確定時間序列的整合階次，以利判斷時間序列的定態質。

由於大多數的總經變數皆屬非定態的時間序列資料，因此在進行實證分析時，所採用的時間序列資料必須具備定態 (stationary) 的特性，否則若直接以傳統的迴歸分析方法，如普通最小平方法 (ordinary least square, OLS) 進行估計與檢定，則容易產生 Granger & Newbold (1974) 所提出的假性迴歸 (spurious regression) 之問題，而產生錯誤的統計推論。

一、時間序列資料之定態 (平穩性) 判定

有下列二種方法，來判定該序是否具有定態 (平穩性)：

(一) 用圖形法來定定態 (平穩性)

任一時間序列模型均可由一組獨立同態 (iid) 的白噪音 $\{e_t\}t = 1, 2, \cdots, \infty$ 以線性組合而成：

$$y_t = \mu + \beta_0 e_t + \beta_1 e_{t-1} + \beta_2 e_{t-2} + \cdots , \quad e_t \overset{iid}{\sim} N(0, \sigma^2)$$

則 y_t 的變異數 $\gamma_0 = \text{Var}(y_t) = \text{E}(y_t, y_t)$

$$E(y_t, y_t) = E[\mu + \beta_0 e_t + \beta_1 e_{t-1} + \beta_2 e_{t-2} + \cdots, \mu + \beta_0 e_t + \beta_1 e_{t-1} + \beta_2 e_{t-2} + \cdots]$$
$$= \beta_0^2 \sigma^2 + \beta_1^2 \sigma^2 + \beta_2^2 \sigma^2 + \cdots$$
$$= \sigma^2[\beta_0^2 + \beta_1^2 + \beta_2^2 + \cdots]$$

若當 $\beta_0^2 + \beta_1^2 + \beta_2^2 + \cdots = \sum_{i=0}^{\infty} \beta_i^2 < \infty$ 時,則即為一定態的時間序列。

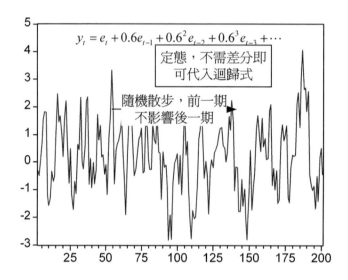

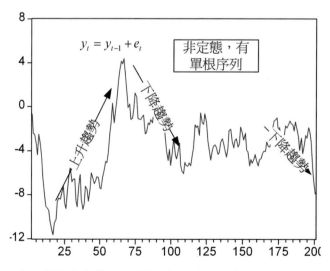

⤷圖 **10-4** 時間序列資料之定態 (平穩性)(上圖為白噪音)

若 $y_t = y_{t-1} + e_t$ 令 $y_0 = e_0$ 則

$y_1 = y_0 + e_1 = e_0 + e_1$

$y_2 = y_1 + e_2 = e_0 + e_1 + e_2$

$y_3 = y_2 + e_3 = e_0 + e_1 + e_2 + e_3$

$\vdots$

$y_t = y_{t-1} + e_t = e_0 + e_1 + \cdots + e_t$

當 $t \to \infty$ 時，$Var(y_t) \to \infty$ 表它為不平穩的時間序列。

(二) 用 ADF 單根法來定定態 (平穩性)

假設有一 y_t 序數：

$$y_t = \alpha_0 + \beta_0 y_{t-1} + \varepsilon_t$$
$$y_t - y_{t-1} = \alpha_0 + \beta_0 y_{t-1} - y_{t-1} + \varepsilon_t$$
$$\Delta y_t = \alpha_0 + (\beta_0 - 1) y_{t-1} + \varepsilon_t \text{，令 } \gamma = \beta_0 - 1\text{，則}$$
$$\Delta y_t = \alpha_0 + \gamma y_{t-1} + \varepsilon_t$$

若 $\beta_0 = 1$，則 $\gamma = 0$，代表時間序列具有單根，亦即為非穩定數列，因此只需估計最後一式迴歸式，並檢定 $\gamma = 0$？即可，虛無假設為 $H_0 : \gamma = 0$ (有單根，亦即數列不穩定)。

實務上，有時需考慮 Δy_t 有無漂移項，或有無時間趨勢，另外，Δy_t 亦可能存在自我相關，因此檢定式考慮如下：

$$\Delta y_t = \alpha_0 + \alpha_2 t + \gamma y_{t-1} + \sum_{i=1} \beta_i \Delta y_{t-i} + \varepsilon_t$$

三、單根檢定法

單根檢定方法有：ADF 法、PP 法、Sims 法。其中，ADF 也是統計軟體 JMulTi 或 Eviews 最常用的方法。

Dickey & Fuller (1979) 最早提出單根檢定由。接著 Said & Dickey (1984) 才提出當誤差項非為白噪音的 DF 修正模型，謂之 Augmented Dickey-Fuller (ADF) 檢定法。其解釋變數中加入一序列變數差分後的落後變數，而使誤差項更能接近白噪音。

一般來說，ADF 檢定分成三種形式：

1. 資料不含截距項與時間趨勢 (random walk)：$\Delta y_t = \gamma y_{t-1} + \sum_{i=2}^{p} \beta_i \Delta Y_{t-i+1} + \varepsilon_t$

2. 含截距項 (random walk with drift)：$\Delta y_t = \alpha_0 + \gamma y_{t-1} + \sum_{i=2}^{p} \beta_i \Delta Y_{t-i+1} + \varepsilon_t$

3. 含截距項與時間趨勢 (random walk with drift and trend)：

$$\Delta y_t = \alpha_0 + \gamma y_{t-1} + \alpha_2 t + \sum_{i=2}^{p} \beta_i \Delta Y_{t-i+1} + \varepsilon_t$$

其中，p：最適落後期數。截距項 α_0。

　　t：時間趨勢。誤差 $\varepsilon_t \overset{iid}{\sim} N(0, \sigma^2)$

在 ADF 檢定下，虛無假設為：$H_0 : \gamma = 0$。若檢定結果無法拒絕虛無假設，表示時間數列有單根現象，資料為非定態數列；反之，若檢定結果拒絕虛無假設，表示時間數列沒有單根存在，資料呈現定態現象。實務上在進行 ADF 檢定時，通常會遇到的問題是檢定式中是否有截距項或時間趨勢項，此時可先描繪變數的圖形，再根據圖形做初步判斷，若圖形無明顯之時間趨勢，則推論檢定式中毋需加入截距項及趨勢項，但圖形若有明顯的趨勢時，檢定程序就比較複雜。

相對於 ADF，Phillips & Perron (1988) 則基於 ADF 法之下，考慮無擾攘 (nonnuisance parameter) 的單根檢定法，簡稱 PP 法。Sims (1988) 亦針對誤差項非為白噪音之下，適當地考量證實參數所包含的初始條件 (initial condition)，而以貝氏分析 (Bayesian procedure) 進行的單根檢定法，簡稱 Sims 法。

若原始序列 $\{Y_t\}$ 為定態則稱其為 I(0) 序列。如果經上述的檢定後，得知原始序列 $\{Y_t\}$，並非定態，則須再將之差分一次，並檢定其一次差分後的數列是否為定態。若檢定結果，一次差分後的序列為定態，則此序列的整合級次為一，稱為 I(1) 序列。若一次差分為非定態，則其整合級次將大於一，此時須再檢定，看經幾次差分後序列始為定態，若 k 次則序列為 I(k)。

10.1.4 單根檢定之流程

Enders (2004) 指出，若使用的變數包含時間趨勢項，但在 ADF 檢定時未加入趨勢項，會使檢定力下降；若使用的變數不包含時間趨勢項，但在檢定時加入，同樣會使檢定力下降。同樣的問題也會發生在是否該加入截距項的情況中。

為了避免使用錯誤 ADF 檢定形式，以得到正確的檢定結果，Enders 建議單根檢定的步驟，如圖 10-5。各虛無假設的統計 並非 t 統計 及 F 統計 ，而是 Dickey and Fuller 所推導的統計 ，如表 10-1。

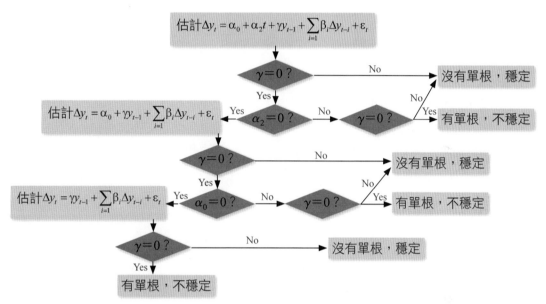

來源：Enders (2004), Applied Econometric Time Series 2nd, p.213

⤷圖 **10-5** 單根檢定之步驟

ADF 檢定的虛無假設及其所應對的檢定統計量與統計量的分配整理於表 10-1。ADF 檢定統計量的分配並非為傳統的 t 分配與 F 分配，而是一布朗運動 (Browian motion) 的函數，對於拒絕或是接受虛無假設的臨界值必須查閱 Dickey & Fuller (1981) 的模擬結果。

JMulTi 用 ADF 單根檢定，其判定法就比 Enders (2004) 簡單且有效率，請見本章範例的電腦畫面操作。

■表 10-1 ADF 單根檢定虛無假設與對應統計

模型	虛無假設	統計
1. random walk: $\Delta y_t = \gamma y_{t-1} + \sum_{i=2}^{p} \beta_i \Delta Y_{t-i+1} + \varepsilon_t$	$\gamma = 0$	τ
2. random walk with drift: $\Delta y_t = \alpha_0 + \gamma y_{t-1} + \sum_{i=2}^{p} \beta_i \Delta Y_{t-i+1} + \varepsilon_t$	$\gamma = 0$ $\gamma = \alpha_0 = 0$	τ_u ϕ_1
3. random walk with drift and trend: $\Delta y_t = \alpha_0 + \gamma y_{t-1} + \alpha_2 t + \sum_{i=2}^{p} \beta_i \Delta Y_{t-i+1} + \varepsilon_t$	$\gamma = 0$ $\gamma = \alpha_2 = 0$ $\gamma = \alpha_0 = \alpha_2 = 0$	τ_t ϕ_3 ϕ_2

10.1.5 單根檢定法

為得知變數時間序列是否為定態序列，以及其整合級次，則首要進行單根檢定 (unit root test)，亦即定態性檢定。

單根檢定的主要目的在於檢定時間序列資料的定態性質，並決定該序列資料的整合級次，其檢定方法有六種：(1) Dickey & Fuller (1979) 提出的 Dickey-Fuller (DF) 檢定；(2) Augmented Dickey-Fuller (ADF) 檢定；(3) Phillips & Perron (1988) 提出的 Phillips-Perron (PP) 檢定；(4) KPSS 單根檢定；(5) ERS Point-Optimal 單根檢定；(6) Ng-Perron 單根檢定 (NP 檢定)。JMulTi、Eviews 等軟體較常用 ADF、PP 以及 KPSS 三種單根檢定法。其中，Kwiatkowski 等人 (1992) 係以容許頻寬 (bandwidth) 來測試單根，相較於 ADF 檢定與 PP 檢定，更具效力的是 KPSS 檢定，此檢定與以往的檢定最大的不同處，在於其虛無假設為定態性。以上六種單根檢定法又以前三種最常被學術界採用，它們的數學模型如下。

一、Dickey-Fuller (DF) 單根檢定法

Dickey & Fuller (1979) 使用三種檢定模型用以檢驗時間序列的資料是否具有單根。DF 檢定是以「自我迴歸，落後 1 期」AR(1) 模型來檢定其係數是否為 1，它假定殘差項 (Residual) 為獨立，且存在一固定的變異。

1. 不含截距項與時間趨勢：隨機漫步 (random walk)

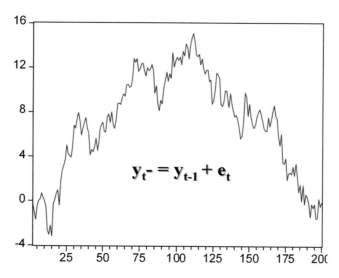

$$y_t- = y_{t-1} + e_t$$

↳圖 **10-6**　第 1 型之單根數列

2. 包含截距項：有漂移項之隨機漫步 (random walk with drift)

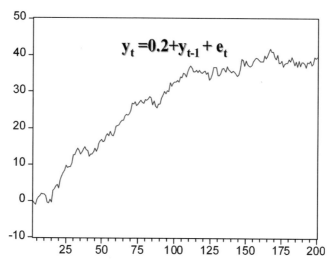

$$y_t = 0.2 + y_{t-1} + e_t$$

↳圖 **10-7**　第 2 型之單根數列

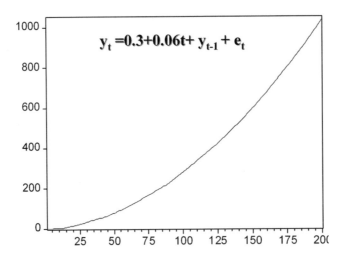

$$y_t = 0.3 + 0.06t + y_{t-1} + e_t$$

⌐圖 **10-8** 第 3 型之單根數列

3. 包含截距項與時間趨勢 (random walk with drift around a stochastic trend)

$$\Delta y_t = a_0 + a_1 t + \gamma y_{t-1} + \varepsilon_t$$

其中，a_0 為截距項，t 為時間趨勢，ε_t 符合白噪音假設，以上三種模型之考驗統計量分別為 τ、τ_μ 和 τ_τ，且虛無假設皆為 $H_0: \gamma = 0$，需利用 Dickey & Fuller (1979) 所提供之臨界值 (critical value) 來判斷是否接受虛無假設，若不拒絕虛無假設，則代表該時間序列資料為非定態。

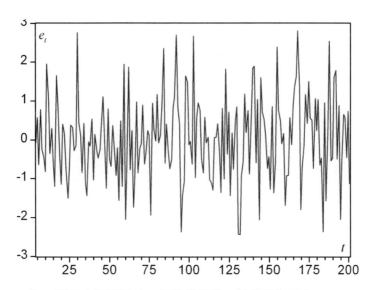

(a) 為一圍繞在零附近的一個隨機變數，變異數為固定

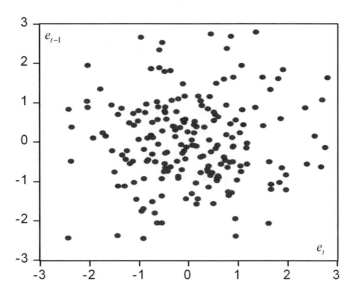

(b) 只有本期的資料與前期資料無關的特性，也就是，$E\,(\varepsilon_t,\,\varepsilon_s)$
　　$=0\,(t\neq s)$，這樣的數列，稱為白噪音 (white noise)

⌐圖 **10-9**　白噪音之序列

二、Augmented Dickey-Fuller (ADF) 單根檢定法

Dickey & Fuller (1981) 解決了殘差項也可能存在序列相關現象的這個問題，改以「落差 p 期之自我迴歸」AR(p) 模型來進行檢定，此處 p 為自變數的落遲 (lag) 期數 (the numbers of lag)，這種考慮波動性的動態現象，提出自我迴歸條件異質變異數模型 (autoregressive conditional heteroskedastic model, ARCH) 是屬「ARCH(p)」型。AR(p) 模型在經過遞迴推算之後，會成為一加入了差分落遲項的模型，也就是在原來的 AR(1) 模型中加入了差分落遲項的調整，可以使得殘差項 ε_t 達到無序列相關，亦稱之為滿足白色噪音的過程。

ADF 檢定的過程是對變數本身落遲一期的序列及變數的差分落遲項進行迴歸分析，但是序列本身的產生過程 (generating process) 仍然為未知，也就是模型中的截距項與時間趨勢項的存在與否無法確定。所以理論上應分別對三種情形的 AR(p) 模型逐一的進行檢定，即：(1) 不含有截距項 (intercept)(又稱漂移項；drift) 與時間趨勢項 (trend)；(2) 含有截距項但無時間趨勢項；及 (3) 同時含有截距項與時間趨勢項。

由於 Dickey & Fuller (1979) 提出的 DF 檢定只適用在時間序列為 AR(1) 的前提下，如果時間序列落後期數超過 1 期，將會違反殘差項為白噪音 [$E(\varepsilon_t = 0,$ $Var(\varepsilon_t) = \sigma, t = 1, 2, 3, \cdots, Cov(\varepsilon_t, \varepsilon_s) = 0, t \neq s)$] 的假定，殘差會有自我相關的現象產生，此將影響 DF 的檢定能力。為解決這個問題，Said & Dickey (1984) 提出 ADF (Augmented Dickey-Fuller)，落差可以擴大到 p 期的 AR(p) 模型為基礎，求得「條件性異質」(conditional heteroskedasticity) 之「ARCH(p)」，致力使得殘差項成為白噪音，其模型的形式有三：

第 1 型：無漂移項 (Drift)，無趨勢項

$$y_t = \beta y_{t-1} + \sum_{i=2}^{p} \gamma_i \Delta y_{t-i+1} + \varepsilon_t \cdots\cdots\cdots\cdots\cdots\cdots\cdots (10\text{-}1)$$

第 2 型：有漂移項 α_0，無趨勢項

$$y_t = \alpha_0 + \beta y_{t-1} + \sum_{i=2}^{p} \gamma_i \Delta y_{t-i+1} + \varepsilon_t \cdots\cdots\cdots\cdots\cdots (10\text{-}2)$$

第 3 型：有漂移項 α_0，有趨勢項 t

$$y_t = \alpha_0 + \alpha_1 t + \beta y_{t-1} + \sum_{i=2}^{p} \gamma_i \Delta y_{t-i+1} + \varepsilon_t \cdots\cdots\cdots\cdots (10\text{-}3)$$

其中，$\Delta y_t = y_t - y_{t-1}$

α_0 為截矩項。

t 為時間趨勢變數。

殘差項 $\varepsilon_t \overset{iid}{\sim} N(0,\sigma^2)$，$\alpha_1$、$\beta_1$、$\gamma_i$ 為未知的係數。

P 為差分項之最適落後期數。

(10-1) 式表示純粹的隨機漫步模型 (random walk)，(10-2) 式表示包含有截距項，(10-3) 式則表示同時包含有截距項及時間趨勢項。

其中，p-1：差分項的落後期數

y_t：所使用的變數在第 t 期的數值

α_0：截距項

T：時間趨勢項

時間序列 y_t 的差分：$\Delta y_{t-i} = y_{t-i} - \Delta y_{t-i-1}$

殘差項 ε_t 仍必須服從白色噪音，選取落遲期數 p-1，其目的在於為了確保 ε_i 滿足白色噪音的過程，使得迴歸式能夠盡量地呈現系統之動態。這三個公式中，當 p＝0 時，即退化為 DF 檢定。

由上面三個公式得知，若 $\beta = 1$ 表示序列 y_t 不為定態性；若 $\beta \neq 1$ 則表示序列 y_t 為定態性。其統計檢定的假設為：

$\begin{cases} 虛無假設 \ H_0 : \beta = 1 & (表示存在單根，序列具非定態性) \\ 對立假設 \ H_1 : \beta \neq 1 & (表示不存在單根，序列具定態性) \end{cases}$

如果序列 y_t 經過了 ADF 檢定而無法拒絕虛無假設 (H_0)，則須將序列進一步差分 (符號「Δ」) 之後再次代入上述 ADF 模型中去檢定其是否為定態性序列，其調整方式表示如下：

$$\Delta y_t = \delta y_{t-1} + \sum_{i=1}^{p-1} \gamma_i \Delta y_{t-i} + \varepsilon_t \quad\cdots\cdots (10\text{-}4)$$

$$\Delta y_t = \alpha_0 + \delta y_{t-1} + \sum_{i=1}^{p-1} \gamma_i \Delta y_{t-i} + \varepsilon_t \quad\cdots\cdots (10\text{-}5)$$

$$\Delta y_t = \alpha_0 + \alpha_1 t + \delta y_{t-1} + \sum_{i=1}^{p-1} \gamma_i \Delta y_{t-i} + \varepsilon_t \quad \cdots\cdots\cdots\cdots\cdots\cdots\cdots\cdots\cdots\cdots\cdots \quad (10\text{-}6)$$

其中，$\Delta y_t = y_t - \Delta y_{t-1}$，表示為序列 y_t 在經過了一階差分後之新序列，如果此新序列 Δy_t 拒絕虛無假設，則表示可以接受該新的序列為定態性。

上面三個公式中，當 p＝0 時即為 DF 檢定，三種模型皆在驗證 y_{t-1} 的係數是否為零，即虛無假設為 $H_0 : \delta = 0$ 即序列具單根，為非定態序列，若 δ 顯著異於零，拒絕虛無假設，則為定態序列，也就是不具有單根；反之，若統計值無法拒絕虛無假設，即為非定態的序列，即有單根存在。

> 虛無假設 $H_0 : \delta = 1$ (表示存在單根，序列具非定態性)
> 對立假設 $H_1 : \delta \neq 1$ (表示不存在單根，序列具定態性)

最適落後期數之選取

由於 ADF 檢定法是以一個高階的 AR(p) 模型來進行估計，而差分項的落遲期數究竟要為多少，才能夠使得模型達到最佳的配適度。Engle & Yoo (1987) 就曾建議以 Akaike (1973) 所提出的 AIC (Akaike Information Criterion) 或用 Schwarz (1978) 提出的 SBC (Schwarz Bayesian Information Criterion) 二種指標，來判定該選那種模型才好，除了這二種準則外，JMulTi 尚多加 HQ 準則。通常 AIC、SBC、HQ 值愈小愈好，表示該模型是愈佳的選擇。

AIC 以及 SBC 的計算方式分別表示如下：

$$\text{AIC} = T \ln(SS_E) + 2n$$
$$\text{SBC} = T \ln(SS_E) + n \ln(T)$$

其中，T 為樣本總數，$\ln(SS_E)$ 為 SS_E (Sum Square of Error；殘差平方和) 取自然對數，$\ln(T)$ 為樣本總數取自然對數，n 為待估計參數的總數。

然而，這兩種指標有時候卻會出現衝突。一般而言，以 SBC 來做為選取指標時，樣本數愈大時愈能表現出一致性，這表示在樣本資料數愈大的情形下，SBC 愈能選出正確的模型。而同樣的情況下，AIC 會傾向選出落後期數較長的模型 (Enders, 2004, p.70; Brooks, 2002, p.58)。以 SBC 指標的公式來看，只要樣本總數 $T > 8$，$\ln(T)$ 就會大於 2，此時增加模型內的自變數時，$N \ln(T)$ 增加的速度就會超過 2N，所以用 SBC 來做為選取指標時，對自變數較多的模型會較為不利

(Enders, 2004, p.69)。

三、Phillips & Perron (PP) 單根檢定法

Phillips & Perron (1987) 進一步對 ADF 模型誤差項的分配給予更寬鬆的假設，以函數化中央極限定理之非參數法 (non-parameter) 假設誤差項具有弱相依與異質性的分配，來修正 DF 檢定與 ADF 檢定中同質性變異數的問題。檢定的模型可以表示如下：

$$MZ_\alpha^d = \frac{T^{-1}(y_T^d)^2 - f_0}{2k}$$

$$MZ_t^d = MZ_\alpha \times MS_B \qquad (MS_B \text{ 為 Mean Square of Between Group})$$

$$MS_B^d = \sqrt{\frac{k}{f_0}}$$

多數的單根檢定法之虛無假設為存在單根之非定態性現象；而 Kwiatkowski 等人 (1992) 則提出了以容許頻寬 (Bandwidth) 測試單根之 KPSS 單根檢定法，KPSS 單根檢定法與以往單根檢定法最大不同處在於其虛無假設為時間序列為不存在單根之非定態序列。模型可以表示如下：

假設一個數列 $Y_t = \psi + \delta \times t + \zeta_t + \varepsilon_t$

其中，ε_t 是一個定態程序，而 ζ_t 是一個隨機漫步程序 (random walk)，即 $\zeta_t = \zeta_{t-1} + \mu_t$，$\mu_t$ 為 $\overset{iid}{\sim} N(0, \sigma_\mu^2)$。此時虛無假設為 $H_0 : \sigma_\mu^2 = 0$（或 ζ_t 是一個常數），對立假設為 $H_1 : \sigma_\mu^2 > 0$，在虛無假設為真下可推導出 KPSS 檢定統計式：

$$LM = \frac{\sum_{t-1}^{T} S_t^2}{\tilde{s}_{Tl}^2}$$

此處的 $\tilde{s}_{Tl}^2 = T^{-1}\sum_{t=1}^{T} e_t^2 + 2T^{-1}\sum_{\tau=1}^{l} \omega_{\tau l} \sum_{t=\tau+1}^{T} e_t e_{t-\tau}$ 是長期變異數 $\lim_{T\to\infty} \frac{E(S_T^2)}{T}$ 的異質暨自相關一致估計式 (HAC)，$\omega_{\tau l}$ 則是落後期共變異數的加權函數，KPSS 採用了 Newey & West (1987) 建議的 Bartlett window 準則來建構 $\omega_{\tau l}$ 加權函數：$\omega_{\tau l} = 1 - \tau/(l+1)$。其中，$e_t$ 是迴歸式的殘差，而 $S_t = \sum_{i=1}^{t} e_i$，$t = 1, 2, ..., T$。當 $T \to \infty$ 時 $l \to \infty$ [通常 $l = o(\sqrt{T})$ 可滿足此一條件]，$\tilde{s}_{Tl}^2$ 會是一致性估計，KPSS 推導出 LM

檢定統計量的漸進分配並模擬出臨界值表，此檢定為右尾檢定。若檢定值落於臨界值外，則拒絕虛無假設，表示 Y_t 具有單根。

10.2 EViews 軟體之單根檢定

例如，以台灣 CPI 時間序列為例 (林晉勗，2009)，期間：1981M01 ～ 2007M06，該自我迴歸模型 (AR1) 的分析過程如下：

Step 1. 建 EViews 資料檔，以圖形法判定該序列是否定態 (平穩)

由圖 10-10 可知，台灣 CPI 時間序列具非定態性，即有單根存在。

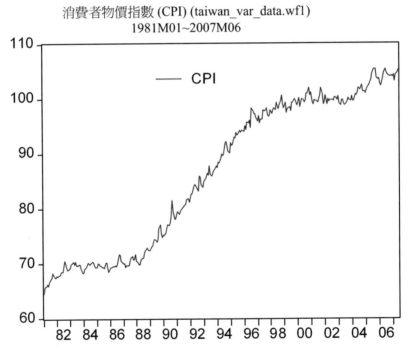

消費者物價指數 (CPI) (taiwan_var_data.wf1)
1981M01~2007M06

↳圖 **10-10** 消費者物價指數 (CPI)

Step 2. 單根檢定操作步驟，若採 ADF test 法

步驟 2-1：讀入資料檔，先以 ADF 第 3 型「 $y_t = \alpha_0 + \alpha_1 t + \beta y_{t-1} + \sum_{i=2}^{p} \gamma_i \Delta y_{t-i+1} + \varepsilon_t$ 」
單根檢定。

步驟1：在Eviews指令列中輸入
"uroot cpi"
(1)在 test type中選擇ADF test
(2)Test for Unit root in選擇
「Level」，代表檢定未差分的數
列。
(3)Include in test equation選擇
(4)「Trend & intercept」，代表先估
計包含漂移項及趨勢項的檢定式。
(5)「Lag length」中選擇「Schwarz
Info. Criterion」代表以SIC做為選擇
最適落後期數的準則。Maximum
lags輸入16，代表最大測試落後期。
(Eviews 4.0 版以上，在執行 uroot
test時，系統會自動為使用者測試最
佳落後期數。)

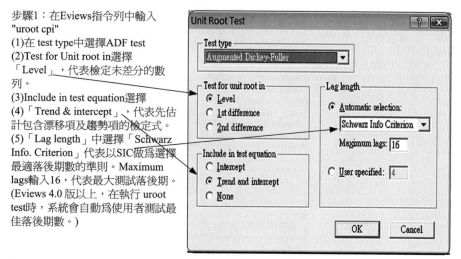

└ 圖 **10-11** Unit Root Test 選項

1.ADF單根的估計結果，可發現第一階段的檢定結果為不拒絕虛無假設，因此代表可能有單根。

2.檢查估計方程式中是否應有趨勢項。由估計結果下方可以發現@TREND的估計結果為不顯著，因此在估計方程式中不應有趨勢項。

```
Null Hypothesis: CPI has a unit root
Exogenous: Constant, Linear Trend
Lag Length: 2 (Automatic based on SIC, MAXLAG=16)
```

		t-Statistic	Prob.*
Augmented Dickey-Fuller test statistic		-1.325342	0.8797
Test critical values:	1% level	-3.987460	
	5% level	-3.424155	
	10% level	-3.135099	

*MacKinnon (1996) one-sided p-values.

```
Augmented Dickey-Fuller Test Equation
Dependent Variable: D(CPI)
Method: Least Squares
Date: 06/20/10   Time: 12:16
Sample (adjusted): 1981M04 2007M06
Included observations: 315 after adjustments
```

Variable	Coefficient	Std. Error	t-Statistic	Prob.
CPI(-1)	-0.017466	0.013179	-1.325342	0.1860
D(CPI(-1))	-0.162571	0.056434	-2.880694	0.0042
D(CPI(-2))	-0.160849	0.056099	-2.867256	0.0044
C	1.306185	0.841304	1.552572	0.1215
@TREND(1981M01)	0.002319	0.001950	1.189581	0.2351

R-squared	0.055698	Mean dependent var	0.124571
Adjusted R-squared	0.043514	S.D. dependent var	0.782352
S.E. of regression	0.765142	Akaike info criterion	2.318234
Sum squared resid	181.4869	Schwarz criterion	2.377799
Log likelihood	-360.1219	F-statistic	4.571209
Durbin-Watson stat	2.035285	Prob(F-statistic)	0.001336

⌐圖 **10-12** ADF test 結果 (ADF 含漂移項、趨勢項 t 之第 3 型單根檢定)

步驟 2-2：由於 ADF 第 3 型單根不適合，故改成第 2 型「 $y_t = \alpha_0 + \beta y_{t-1} + \sum_{i=2}^{p} \gamma_i \Delta y_{t-i+1} + \varepsilon_t$ 」單根檢定。

在 Eviews 畫面裡，點選估計結果視窗的「View」「Unit Root Test」，在設定視窗中，將 Include in test equation 選擇「Intercept」，點選「OK」。

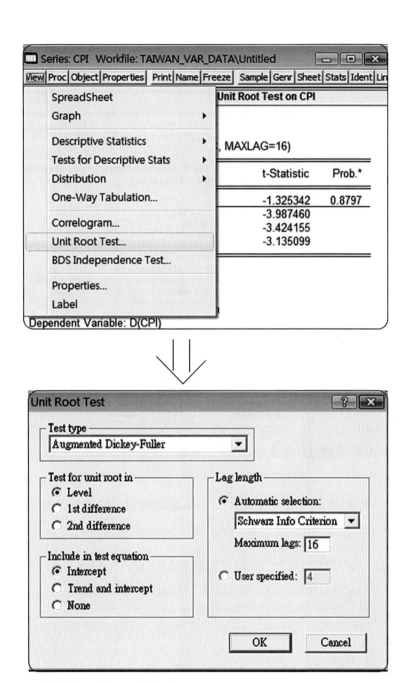

☞圖 **10-13** 估計結果視窗 (有漂移項 ADF)

```
Null Hypothesis: CPI has a unit root
Exogenous: Constant
Lag Length: 2 (Automatic based on SIC, MAXLAG=16)

                                              t-Statistic   Prob.*

Augmented Dickey-Fuller test statistic        -0.704442    0.8427
Test critical values:   1% level             -3.450944
                        5% level             -2.870503
                        10% level            -2.571615

*MacKinnon (1996) one-sided p-values.


Augmented Dickey-Fuller Test Equation
Dependent Variable: D(CPI)
Method: Least Squares
Date: 06/20/10   Time: 14:01
Sample (adjusted): 1981M04 2007M06
Included observations: 315 after adjustments

  Variable      Coefficient   Std. Error   t-Statistic   Prob.

  CPI(-1)       -0.002260     0.003209     -0.704442     0.4817
  D(CPI(-1))    -0.172322     0.055873     -3.084169     0.0022
  D(CPI(-2))    -0.168872     0.055729     -3.030244     0.0026
  C              0.362887     0.281251      1.290260     0.1979

R-squared            0.051387    Mean dependent var    0.124571
Adjusted R-squared   0.042237    S.D. dependent var    0.782352
S.E. of regression   0.765652    Akaike info criterion 2.316439
Sum squared resid    182.3154    Schwarz criterion     2.364091
Log likelihood      -360.8392    F-statistic           5.615748
Durbin-Watson stat   2.038743    Prob(F-statistic)     0.000924
```

1.第2型ADF單根檢定結果，發現單根檢定結果仍爲無法拒絕虛無假設，代表仍然可能存在單根。

2.檢定估計方程式中是否應包含漂移項，由估計結果下方可以發現，漂移項係數不顯著，表示估計方程式中不應有漂移項。

⤷圖 **10-14** ADF 單根估計結果 (ADF 含漂移項第 2 型單根檢定)

步驟 2-3：由於 ADF 第 2 型亦不適合，故改成 ADF 第 1 型單根檢定

「 $y_t = \beta y_{t-1} + \sum_{i=2}^{p} \gamma_i \Delta y_{t-i+1} + \varepsilon_t$ 」，即 ADF 不含漂移項、趨勢項 t 之單根檢定

在 Eviews 畫面裡，點選估計結果視窗的「View」「Unit Root Test」，在設定視窗中，將 Include in test equation 選擇「None」，點選「OK」。

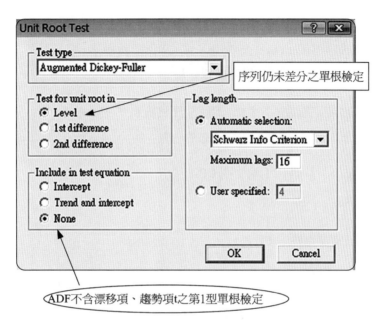

⌐圖 **10-15** Include in test equation 選擇「None」

Null Hypothesis: CPI has a unit root
Exogenous: None
Lag Length: 2 (Automatic based on SIC, MAXLAG=16)

		t-Statistic	Prob.*
Augmented Dickey-Fuller test statistic		3.603468	0.9999
Test critical values:	1% level	-2.572324	
	5% level	-1.941834	
	10% level	-1.616026	

*MacKinnon (1996) one-sided p-values.

Augmented Dickey-Fuller Test Equation
Dependent Variable: D(CPI)
Method: Least Squares
Date: 06/20/10　Time: 14:12
Sample (adjusted): 1981M04 2007M06
Included observations: 315 after adjustments

Variable	Coefficient	Std. Error	t-Statistic	Prob.
CPI(-1)	0.001828	0.000507	3.603468	0.0004
D(CPI(-1))	-0.171228	0.055926	-3.061681	0.0024
D(CPI(-2))	-0.166816	0.055765	-2.991381	0.0030

R-squared	0.046310	Mean dependent var	0.124571
Adjusted R-squared	0.040196	S.D. dependent var	0.782352
S.E. of regression	0.766467	Akaike info criterion	2.315429
Sum squared resid	183.2913	Schwarz criterion	2.351168
Log likelihood	-361.6800	Durbin-Watson stat	2.037731

檢查估計式之檢定結果，仍不拒絕虛無假設，則此時代表CPI數列存在單根，亦即CPI數列為非定態數列。

⌐圖 **10-16** 無趨勢項之 ADF 檢定結果 (序列仍未差分之單根檢定)

由於該序列在未差分前，三種型的 ADF 單根檢定都無法拒虛無假設，故我們再試試，將該序再做：(1) 一階差分，或 (2) 做變數變換 (如下面之「變動率 PI_t 公式」) 後，再重新做 ADF 三種型的單根檢定。

Step 3. 如何處理非定態性 (不平穩) 的時間序列資料？

　　有二個方法：

1. 差分 (「Δ」)：當期 CPI 減前期 CPI

$$\Delta CPI_t = CPI_t - CPI_{t-1}$$

2. 取變動率 (物價上漲率 PI)

$$PI_t = \frac{CPI_t - CPI_{t-1}}{CPI_t}$$
$$PI_t = d\log(CPI_t) = \log(CPI_t) - \log(CPI_{t-1})$$

　　若變數經過 1 次平穩化 (一階差分「d」) 後可成為穩態數列，則稱之為 I(1) 數列 (一階整合後即定態)。

Step 4. 平穩化之階次判定 (該差分幾階呢？)

　　一般總體經濟時間序列資料多為 I(1) 變數，亦即經過一階差分 (「Δ」) 後即可成為穩定數列，欲判定變數的階次，可在變數差分後再依前述步驟重複進行 unit root test。

　　如圖 10-17 所示，CPI 數列在經過一階差分後，單根檢定便拒絕虛無假設，亦即經一階差分後即成定態 (恆定) 數列，因此我們可稱 CPI 為 I(1) 數列。

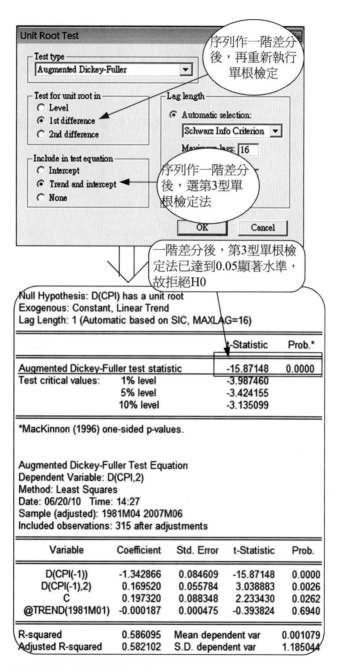

⌐圖 **10-17** 一階差分後即成定態數列

　　最後顯示，該序列作一階差分後，第 3 型「有漂移項，有趨勢項 t」單根檢定法 $y_t = \alpha_0 + \alpha_1 t + \beta y_{t-1} + \sum_{i=2}^{p} \gamma_i \Delta y_{t-i+1} + \varepsilon_t$ ，非常適合進行下回合之共整合檢定。

10.3 JMulTi 單根檢定之實例

在進行兩個時間序列 x_t 及 y_t 之波動變化，是否具有共同隨機趨勢 (同向下、同上升) 之共整合檢定前，我們可使用 JMulTi 軟體，先檢查這兩個序列的波動 pattern 是否符合以下條件：

步驟 1：描述性統計 (descriptive statistics)：判定平均數是否接近 0，標準差是否接近 1，若二個條件都符合，則可初步斷定 $y_t \sim N(0,1)$。接著，以較正式常態性 Jarque Bera 檢定，即以「偏態接近 0」、「峰度接近 3」兩準則，斷定序列 x_t 及 y_t 是否「非常態」，若 x_t 及 y_t 是「非常態」則下一階段再試試 x_t 及 y_t 是否需要差分才會定態。

步驟 2：以 ADF 法進行單根檢定，以判定這二個序列是否同時具有單根 (若 $y_t \sim I(1)$，$y_t \sim I(0)$；若 $x_t \sim I(0)$，$x_t \sim I(1)$)，若 x_t 及 y_t 序列都需要差分一次，波動才會定態，表示 x_t 及 y_t「同時」具有單根，那麼就有機會構成「波動變動趨勢有共整合」的機會。

步驟 3：條件異質變異數 (ARCH) 檢定

JMulTi 係以 $ARCH_{-LM}$ 法來檢定，y_t 單一序列波動變異數 (第 2 級動差) 特性，是否有落後 q 期的現象，若有，表示 y_t 是「條件異質變異數」之 ARCH(q) 模型。易言之，$ARCH_{-LM}$ 法可用來判定 y_t 序列，只要落後 q 期的差分，就已足夠預測前期的差分。這種 ARCH 檢定在鑑定自我迴歸 (AR)、向量自我迴歸 (VAR) 之建模是否適當，非常有用。

用 JMulTi 軟體分析前，應先安裝軟體。

一、網站下載 JMulTi 軟體

因 JMulTi 軟體可以不必寫指令，只要操作畫面，而且又可用 Google 搜尋「JMulTi download」關鍵字，即可免費下載，故值得大家來採用。

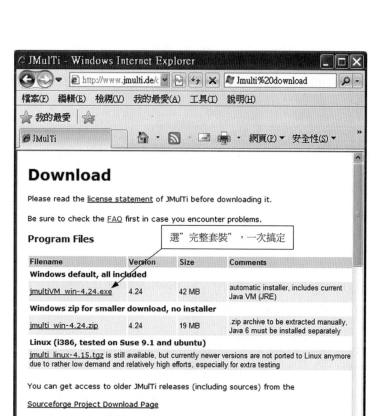

◔圖 **10-18** JMulTi 下載網址 (http://www.jmulti.de/download.html)

二、建資料檔

　　JMulTi 軟體可匯入「import」的資料檔格式，包括：記事本之 ASCII 格式「*.dat」、Excel87/2000 活頁簿之「*.xls」。為了簡化操作難度，本例選「EXCEL」軟體來建資料檔 (副檔名慣用「*.xls」)，它存在 CD 片「ch10 單根檢定之範例\ unitRoot.dat\unitRoot.dat」資料夾。

Excel 模擬二個時間序列

　　Excel 模擬 100 期之二個序列：y_WhiteNoise、y_UnitRoot，其模擬的公式，如下圖所示。

> y_WhiteNoise 變數：$y_t = u_t$，Excel 模擬指令「＝Rand()」
> y_UnitRoot 變數：$y_t = y_{t-1} + u_t$，Excel 模擬指令「＝NORMINV(RAND(), 0,1)」

其中，t＝1, 2, ..., 100 期。

　　$u_t \overset{iid}{\sim} N(0,1)$ 可視為白噪音 (雜訊)，是 random walk 的隨機值，前後期彼此無關 (屬 Noise)，u_t 亦可視為某一序列 (如 x_t)。

> 累積曲線之 **Excel 語法：NORMINV** (機率，平均數，標準差)
> 註：若給機率值，NORMINV 會尋找 x 數值如 NORMDIST (x, mean, standard_dev, TRUE)＝機率。因此，NORMINV 精密度根據 NORMDIST 精密度而定。NORMINV 使用反覆的搜尋功能。如果在搜尋到 100 個重複之後未趨向一致，則此函數會傳回 #N/A 的錯誤值。

　　模擬時，當 t＝1，我們令 y_WhiteNoise$_1$＝y_UnitRoot$_1$。

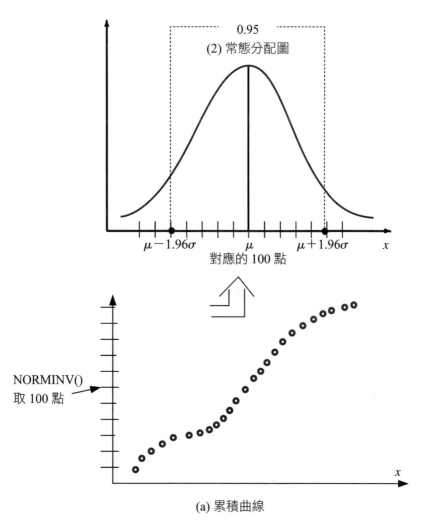

(a) 累積曲線

⌒圖 **10-19**　累積概率曲線的意義

累積概率曲線的意義

　　累積概率是指在不確定分析中，當淨現值期望值相對較低，需進一步瞭解項目經濟效益發生在某一區間的可能性有多大，則應計算這個區間內所有可能取值的概率之和，即累積概率，用 P (NPV ≥ 0) 表示。

　　目前統計學者已導出幾十種經驗累積概率公式，其中大部份可用下列通式表達：

$$P_m = P(X \le X_m) = \frac{m - 0.3}{n + 0.4}$$

P_m：大於或等於 X_m 的累積頻率。

X：表示樣品。

m：樣本從小到大的序號。

n：樣品個數。

　　為了能夠更加清楚地顯示數據性質，必須對累積概率值進行坐標變換，如正態變換、Gamma 變換、Logistic 變換等。

　　將變換後的坐標點 $\{x_m, \phi(P_m)\}$ $(\phi(P_m)$ 表示對 P_m 進行變換) 投影在概率圖上，就得到概率累積曲線 [如圖 10-19(a)]。

⌐圖 **10-20** Excel 模擬二序列

三、用 JMulTi 單根檢定之步驟

JMulTi 主功能表可檢定的模型：

1. 條件異質性變異分析 ARCH(q) 模型。
2. 定態時間序列之 ARIMA。
3. 「Initial Analysis」：可算出序列之 (1) 描述性統計 (平均數、標準差) 以肉眼判定是否屬 N(0,1)。(2) 以「Plot」所繪出線性圖，肉眼看該序列是否有上升或下降**趨勢**，來判定它是否為「非定態」，若是，表示極可有能有單根。(3) JB 常態性檢定結果，若該數列不是常態，才有可能需要「差分」來作定態。

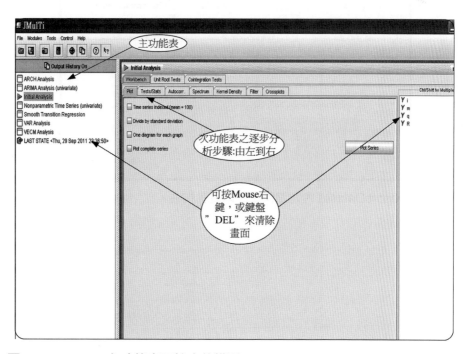

⤷圖 10-21 JMulTi 主功能表可檢定的模型

接著，將 Excel 建的資料檔「unitRoot.xls」匯入，其步驟包括：(1) 在 JMulTi 選「File→Import Data」，鍵入你的資料夾之路徑，讀入 CD 片中範例「ch10 單根檢定之範例 \unitRoot.xls」，見圖 10-22。(2) 圖 10-23 畫面中，電腦會自動增加二個系統預設變數「Time」、「Index」，讓你預視你所讀入樣本資

料及對應欄位是否正確，若是正確，則按「Load Dataset」鈕，將所有變數讀入 JMulTi 變數清單區「Ctrl/Shift for Multiple Selection」。(3) 在變數清單區「Ctrl/ Shift for Multiple Selection」中，同時按鍵盤「Ctrl 或 Shift」及 Mouse 左鍵，將所有變數反白之後，再按 Mouse 右鍵，啟動「Save Data to File」即可將 Excel 檔存成 JMulTi 資料檔 (*.dat)。

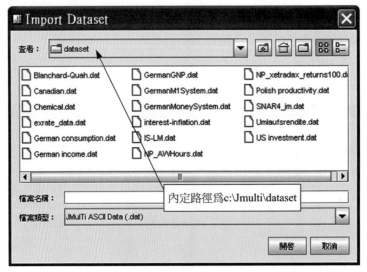

⌒圖 10-22 Import Dataset 內定路徑之所附資料檔名

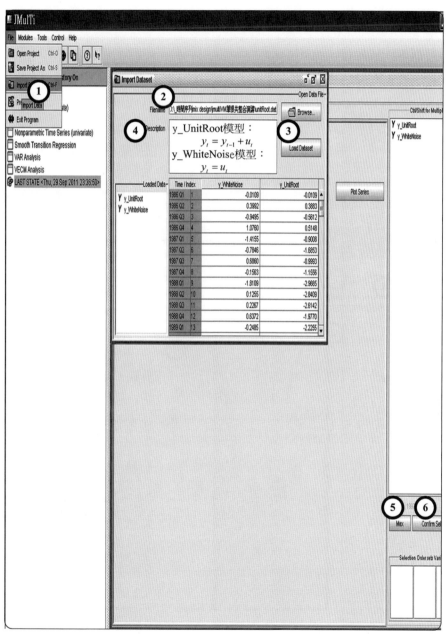

G 圖 **10-23** Import Dataset 之步驟

將 Excel 資料檔讀入到 JMulTi 之後，正式統計分析之步驟如下：

Step 1. 描述性統計 (descriptive statistics)

如「Plot Series」畫面之操作步驟，繪出：y_UnitRoot： $y_t = y_{t-1} + u_t$ ，及 y_WhiteNoise： $y_t = u_t$ 的走勢圖，結果顯示，只有 y_UnitRoot 有上升 (下降) 趨勢，只有它最有可能具有單根之非定態序列。相對地，y_WhiteNoise 線形很像 random walk，上下波動與前一期無關，故應可猜出它是屬「白噪音」。

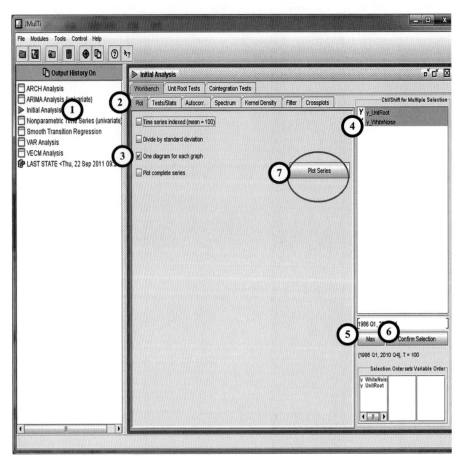

◟圖 10-24 Plot Series 來判定該序列是否有上升 (下降) 趨勢

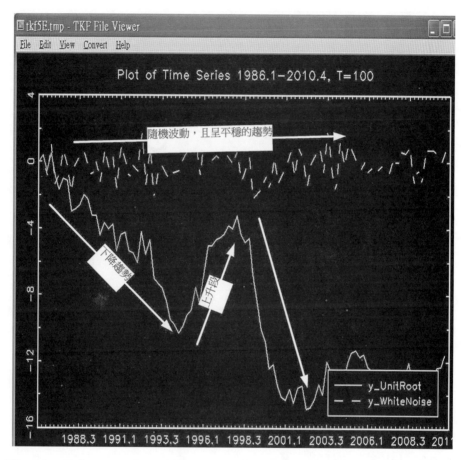

⌐圖 **10-25** 只有 Y_UnitRoot 變數有上升 (下降) 趨勢

　　判定該序列的平均數是否接近 0，標準差是否接近 1，若二個條件都符合，則可初步斷定 $y_t \sim N(0,1)$。接著，進行較嚴謹之常態性 Jarque Bera 檢定，即以「偏態接近 0」，「峰度接近 3」兩準則，斷定序列 x_t 及 y_t 是否「非常態」，若 x_t 及 y_t 是「非常態」則下一階段再確認 x_t 及 y_t 是否需要差分才會定態。

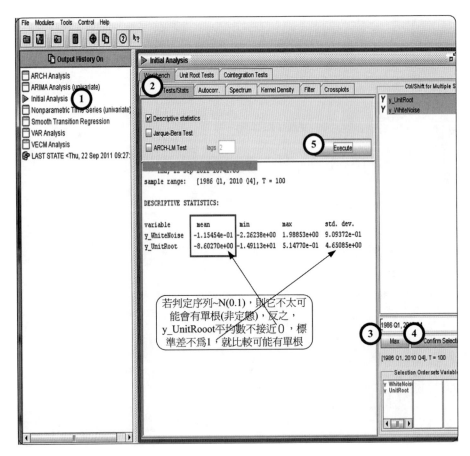

ㄷ圖 **10-26** 描述統計之結果

Step 2. Jarque-Bera 常態性

傳統常態分配之檢定，係根據 x_i 數的偏態 (Skewness) 及峰度 (kurtosis) 大小，代入 Z 檢定來判定。偏態及峰度如下：

$$Skewness = \frac{E(x-\mu)^3}{\sigma^3} \qquad (第三動差)$$

$$Kurtosis = \frac{E(x-\mu)^4}{\sigma^4} \qquad (第四動差)$$

相對地，JMulTi 軟體之 Jarque-Bera 常態性檢定，操作畫面如下。它係考驗殘差向量 $\hat{u}_t$ 的成份之間是否獨立，即計算其第三動差 (moments) 之偏態是否為

0 及第四動差之峰度是否為 3。

首先，JMulTi 估計殘差共變矩陣 $\tilde{\Sigma}_u$：

$$\tilde{\Sigma}_u = \frac{\sum_{t=1}^{T}(\hat{u}_t - \overline{\hat{u}})(\hat{u}_t - \overline{\hat{u}})'}{T}$$

並算出平方根矩陣 $\tilde{\Sigma}_u^{1/2}$。即 JMulTi 係以「已標準化殘差」$\hat{u}_t^s$ 的偏態及峰度來判定是否常態性：

$$\hat{u}_t^s = (\hat{u}_{1t}^s, \cdots, \hat{u}_{Kt}^s)' = \tilde{\Sigma}_u^{1/2}(\hat{u}_t - \overline{\hat{u}})$$

定義
$$\begin{cases} b_1 = (b_{11}, \cdots, b_{1k})' \text{ with } b_{1k} = \dfrac{\sum_{t=1}^{T}(\hat{u}_{kt}^s)^3}{T} \\[4mm] b_2 = (b_{21}, \cdots, b_{2k})' \text{ with } b_{2k} = \dfrac{\sum_{t=1}^{T}(\hat{u}_{kt}^s)^4}{T} \end{cases}$$

由 b_1 及 b_2 即可衍生出下二個定義：

$$\begin{cases} s_3^2 = Tb_1'b_1 / 6 \sim \chi^2(K) \text{ 極限分配} \\ s_4^2 = T(b_2 - 3_K)'(b_2 - 3_K) / 24 \sim \chi^2(K) \text{ 極限分配} \end{cases}$$

Jarque-Bera (JB) 之虛無假設 vs. 對立假設為：

$$\begin{cases} H_0 = \text{偏態 } e(u_t^t)^3 = 0 \text{，此處峰度 } e(u_t^t)^4 = 3 \\ H_1 = \text{偏態 } e(u_t^t)^3 \neq 0 \text{，此處峰度 } e(u_t^t)^4 \neq 3 \end{cases}$$

Jarque-Bera(JB) 之檢定統計為：

$$JB_K = s_3^2 + s_4^2 \sim \text{漸近 } \chi^2(2K) \text{ 分配，若 } H_0 \text{ 成立時。}$$

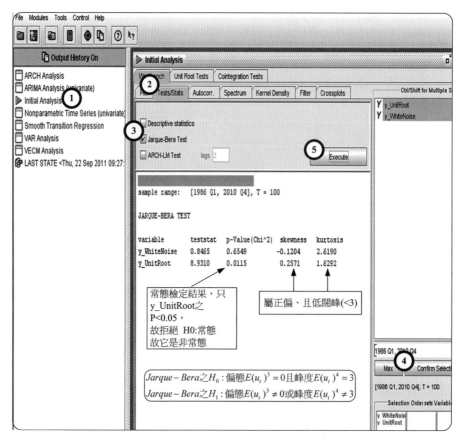

◇圖 **10-27** Jarque-Bera 常態性檢定之結果

結果顯示：y_WhiteNoise屬負偏態 (左偏)、y_UnitRoot 屬正偏態 (右偏)。

Step 3. 條件異質變異 (ARCH) 之檢定

(一) ARCH(q) 模型

條件異質變異 ARCH(q) 之模型，係根據波動第二動差之誤差 u_t 變異數來建模：

$$\hat{u}_t^2 = \beta_0 + \beta_1 \hat{u}_{t-1}^2 + \cdots + \beta_q \hat{u}_{t-q}^2 + Error_t \quad\cdots\cdots\cdots\cdots\cdots\cdots\cdots\cdots (10\text{-}7)$$

其中，$\hat{u}_t^2$ 為第 t 期誤差變異，它受前 q 期誤差變異的影響，表示 q 期波動變異會影響當期變異數。

ARCH(q) 之虛無假設如下，H_0 係表示前幾期都不會影響當期的誤差變異，

若能拒絕 H_0，則表示單根，前幾期可以來預測當期：

$$\begin{cases} H_0 : \beta_0 = \beta_1 = \cdots = \beta_q = 0 \\ H_1 : \beta_0 \neq \text{或} \beta_1 \neq 0，\text{或} \cdots \beta_q \neq 0 \end{cases}$$

JMulTi 係以 ARCH-_LM 值大小來顯示 ARCH(q) 模型之顯著性：

$$\text{ARCH}_{-\text{LM}} = T \times R^2 \sim \chi^2(q) \text{ 分配}$$

其中，R^2 為決定 (determination) 係數；T 為總期數。

若 y_t 單一序列波動變異數 (第 2 級動差) 特性，具有落後 q 期的現象，稱 y_t 是具有「條件異質變異數」之 ARCH(q) 模型。這種 ARCH 檢定在自我迴歸 (AR)、向量自我迴歸 (VAR) 之建模過程時，在估計時間序列時該選「落後幾期」非常有用。

(二) JMulTi 之 ARCH-LM 檢定

JMulTi 軟體之多變量 ARCH-LM 檢定，是以下列之多變量迴歸模型為基礎。

$$vech(\hat{u}_t, \hat{u}_t^{'}) = \beta_0 + \beta_1 vech(\hat{u}_{t-1}, \hat{u}_t^{'}) + \cdots + \beta_q vech(\hat{u}_{t-q}, \hat{u}_t^{'}) + error_t \quad \cdots\cdots\cdots\cdots \text{(10-8)}$$

其中，

$\hat{u}_t$ 殘差矩陣。

$vech(\bullet)$ 是將一 (K × K) 方陣之下三角元素依序排列而形成的行向量，它是 $(\frac{K(K+1)}{2} \times 1)$ 向量。

$\beta_{0_{(\frac{K(K+1)}{2})}}$ 是 $(\frac{K(K+1)}{2})$ 維的向量。

方陣 β_j 是 $(\frac{K(K+1)}{2} \times \frac{K(K+1)}{2})$ 維的係數矩陣，$j = 1, 2, \cdots, q$。上式之虛無假設如下：

$$\begin{cases} H_0 : \beta_1 = \beta_2 = \cdots \beta_q = 0 \\ H_1 : \beta_1 \neq 0 \text{ 或 } \beta_2 \neq 0 \cdots \text{ 或 } \beta_q \neq 0 \end{cases}$$

根據上面迴歸模型的基礎，JMulTi 檢定異質性變異數 (ARCH) 模型，是要估計 ARCH(q) 模型的殘差：

$$\hat{u}_t^2 = \beta_0 + \beta_1 \hat{u}_{t-1}^2 + \cdots + \beta_q \hat{u}_{t-q}^2 + error_t$$

並且檢定下列虛無假設：

$$VARCH_{LM}(q) = \frac{T \times K \times (K+1)}{2} R_m^2$$

其中，$R_m^2 = 1 - \dfrac{2}{K \times (K+1)} Tr(\hat{\Omega}\hat{\Omega}_0^{-1}) \sim \chi^2 (\dfrac{q \times K^2 (K+1)}{4})^2$

$\hat{\Omega}$ 為 $\dfrac{K \times (K+1)}{2}$ 維之殘差共變數矩陣，而 $\hat{\Omega}_0$ 是 q＝0 時 $\hat{\Omega}$ 對應之殘差矩陣。

並且考驗其假設：$\begin{cases} H_0 : \beta_1 = \beta_2 = \cdots = \beta_q = 0 \\ H_1 : \beta_1 \neq 0 \text{ 或 } \beta_2 \neq 0 \cdots \text{ 或 } \beta_q \neq 0 \end{cases}$

在符合常態性的假定下，LM 統計量是從判定係數 R^2 來決定：

$$VARCH_{LM}(q) = T \times R^2 \sim \chi^2(q) \text{ 分配}$$

其中，T 為序列的總期數

　　由 ARCH$_{LM}$ 檢定結果，只有 y-UnitRoot 拒絕虛無假設，表示至少有一個 β_0 不為 0，由於我們「落後期數」勾選「2」，且 ARCH$_{LM}$ 的 P＜0.05，故它的波動有條件異質性變異，屬 ARCH(2) 模型。

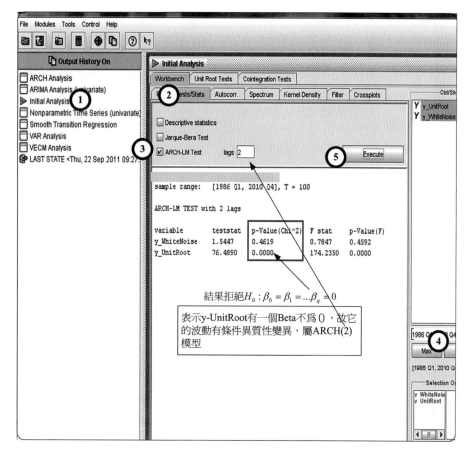

圖 **10-28** ARCH_LM 檢定結果

Step 4. ADF 單根檢定

　　判定變數是否平穩時，通常有圖形認定法和計量檢定法兩大類。圖形認定法是以變數的時間序列圖以及自我相關函數 (autocorrelation function, ACF) 來判斷變數是否平穩。根據 Engle & Granger (1987) 的計量檢定法，若時間序列呈現不穩定的型態，即是序列存在單根，若對具單根的時間序列資料進行差分，則可使其成為穩定序列。若原始資料必須經過一次差分「以 I(1)」表示才能使序列達到穩定，則表示序列有單根；反之，若時間序列呈現穩定型態時，序列則無單根，以 I(0) 表示，表示採用 ARIMA (p,0,q) 模型來分析即可。

(一) 單根的由來

　　根據差分定義：$\Delta y_t = y_t - y_{t-1}$

　　若有一序列 y_t 之後一期會影響前一期：$y_t = y_{t-1} + u_t$，左右各減 y_{t-1}

$$y_t - y_{t-1} = u_t$$
$$\text{即 } \Delta y_t = u_t \quad\cdots\cdots\cdots\cdots\cdots\cdots\cdots\cdots\cdots\cdots\cdots\cdots (10\text{-}9)$$

　　將 (10-9) 式加以延伸為：$\Delta y_t = \phi y_{t-1} + u_t \cdots\cdots\cdots\cdots\cdots\cdots(10\text{-}10)$

　　若 $\phi = 0$，則 y_t 屬非定態，故有單限。因為 $\phi = 0$，則 $\Delta y_t = u_t$，表示 y_t 作一次差分「Δ」後，就屬定態。

　　將上面 (10-10) 式再擴充 ADF 檢定模型：

$$\Delta y_t = \phi y_{t-1} + \sum_{j=1}^{p-1} \alpha_j^* \Delta y_{t-j} + u_t \quad\cdots\cdots\cdots\cdots\cdots\cdots\cdots\cdots(10\text{-}11)$$

　　ADF 檢定之虛無假設如下：

$$\begin{cases} H_0 : \phi = 0 \\ H_1 : \phi < 0 \end{cases}$$

　　ADF 係用最小平方法 (OLS) 來估計迴歸係數 ϕ 顯著性，若係數 ϕ 對應的 t 值 < 查表的臨界值 1.96，則拒絕 H_0。相對地，若 $\phi = 0$，表 y_t 為非定態序列，具有單根，y_t 需要差分一次後才會平穩。

(二) JMulTi 單根檢定之操作

　　由前面「descriptive statistics」分析，得知：變數 y_WhiteNoise 屬負偏態 (左偏)、變數 y_UnitRoot 屬正偏態 (右偏)。以 y_WhiteNoise (左偏) 為例，其 ADF 檢定如下圖，判斷它是否 reject H0 的準則，結果得知：y_UnitRoot 屬正偏態 (左偏) 拒絕虛無假假；y_WhiteNoise (右偏) 亦拒絕虛無假設，表示二者都屬非定態序列，都有單根，仍需差分一次才會平穩。

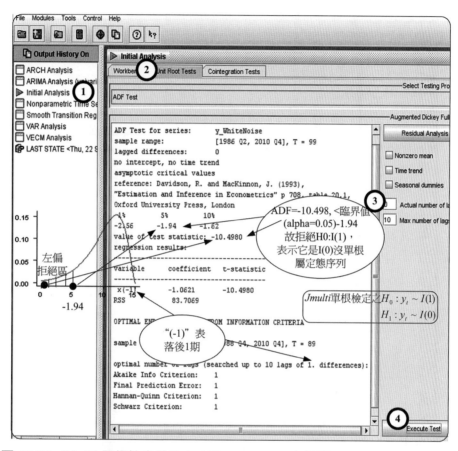

↳圖 **10-29** JMulTi 單根檢定結果 (y_WhiteNoise)：左偏態

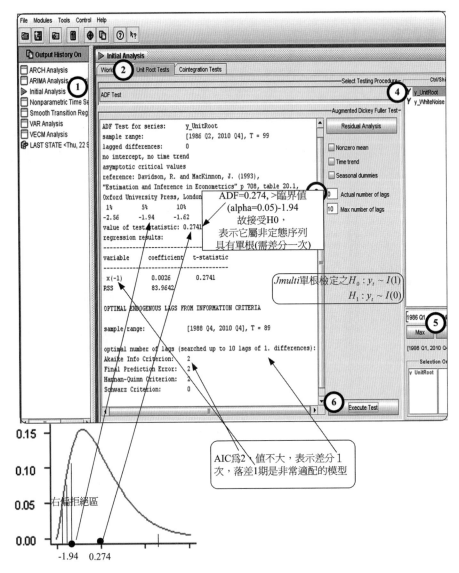

⤷**圖 10-30** JMulTi 單根檢定結果 (y_UnitRoot)：右偏態

在 ADF 檢定結果之輸出畫面，其數字符號之意義如下：

1. Value of test statistic：係數 ϕ 的 t-test。

2. dx(-i)：代表 Δy_{t-i}。

3. sdummy(i)：第 i 季虛擬變數。

4. RSS：殘差平方和 $\displaystyle\sum_{t=1}^{T} \hat{u}_t^2$。

5. information criteria：各個準則，落後差分之最佳值。

判斷模型之訊息準則

　　事實上，財經序列通常都很複雜，多屬非定態，且需一階差分該序列才會平穩。故我們在建模時，參數個數 n 該選幾個，ARCH(q) 落後期數 q 該選多少，JMulTi 提供下幾個訊息準則。同一類型之迴歸模型，因其不同的參數個數 n、及不同落後期數 q 設定，都會納入 AIC 值計算的考量。以下各種訊息準則 (如 AIC) 值愈小表示模型愈適配：

1. $AIC(n) = \log \hat{\sigma}_u^2(n) + \dfrac{2}{T} \times n$　　　　　　Akaike (1973, 1974)

2. $HQ(n) = \log \hat{\sigma}_u^2(n) + \dfrac{2\log(\log(T))}{T} \times n$　　Hannan & Quinn (1979)

3. $SC(n) = \log \hat{\sigma}_u^2(n) + \dfrac{\log(T)}{T} \times n$　　　Schwarz (1978) & Rissanen (1978)

4. $FPE(n) = \hat{\sigma}_u^2(n) \times \dfrac{T + n^*}{T - n^*}$　　　　　Akaike (1969)

其中，

　　K：外生變數的個數 (即聯立迴歸式有幾個)。

　　n：內生變數之落後階數 (order)。

　　n^*：每一方程式之參數有幾個。

　　殘差之白噪音共變數矩陣 $\hat{\sigma}_u^2(n)$：是 $\dfrac{\hat{u}'\hat{u}}{T}$ 最小平方法的估計值。

　　由於 $\hat{\sigma}_u^2(n)$ 愈小，AIC 等準則就愈小，表示模型愈適配。但是當模型的內生變數之落後階數 n 愈大，本身就已違反「建模要愈精簡愈好」原則，故以上四種準則都有「懲罰」參數個數 (n^*) 過多或落後階數 n 過多的機制，即 n 或 n^* 愈大，AIC 等準則就變大，讓評鑑的模型顯現得愈不適配。

如果不想在世界上虛度一生，那就要
學習一輩子。(高爾基：文學書簡)

CHAPTER *11* ≪≪

共整合檢定

若一非定態的序列 x_t 要經過 d 次差分才會變成定態序列，則稱此序列的整合階 (order of integration) 為 d，以 $x_t \sim I(d)$ 表示。若序列本身就是一定態序列，則以 $x_t \sim I(0)$ 表示。

當時間數列符合下列兩個條件時，稱為共整合 (cointegration)(Engle & Granger, 1987)：

1. 時間序列中之所有變數有相同的整合階 (設為 d)，即 $x_t \sim I(d)$。
2. 倘若存在一向量 β，使得時間序列模型 $x_t \sim I(d)$ 之線性關係為 $z_t = \beta' x_t \sim I(d\text{-}b)$，$d > b > 0$，則稱 x_t 存在 (d，b) 階的共整合關係，記為 $x_t \sim CI(d\text{-}b)$，而 β 稱為共整合向量 (Cointegration vector)，亦即代表變數間的長期均衡關係。

若變數均為 I(1)，透過 線性組合後成為一 I(0) 的數列，代表兩變數彼此的隨機趨勢相互匹配，獲得一恆定的線性組合，雖長期變數間會呈各自來回漫步狀態，但彼此間存在著比例的共同因素，而成群飄移，故不會互相游移而越移越遠。

其中，z_t 為均衡誤差，用來衡量變數間長期下的偏離程度，若變數間具有共整合關係，則 z_t 會是 I(0) 數列。

常見「共整合」的應用領域，包括：

1. 台灣國民小學教師人數 x_t 與學生數 y_t、教師人數 x_t 與班級數 y_t——共整合之分析。
2. 最適公共債務比率之研究：例如，想檢測台灣是否存在最適的公共債務比率使得經濟成長率為最大。實證結果顯示，實質 GDP 經濟成長率 x_t 的決定因素，包含政府公共債務比率 y_t 與政府公共債務比率平方 y_t^2 存在一個長期均衡關係。
3. 股價指數期貨 x_t 與現貨價格 y_t 關聯性。
4. 指數基金 x_t 與大盤股價 y_t 之價格發現：以 S&P 500 指數為例。
5. 歐、亞股 x_t 匯市 y_t 關係之實證研究：以台灣、日本、韓國、德國、英國與法國為例。
6. 股價現值模型長短期非線性行為的探討：跨國的實證研究。
7. 原油價格 x_t、石油類股 y_t、太陽能類股 z_t 動態關係。

8. 金融發展 x_t 與經濟成長 y_t──台灣之實證。

9. 資本移動 x_t 對匯率 y_t 之影響──以泰國及馬來西亞為例。

10. 台灣短期利率期貨避險比率 x_t 與績效 y_t 研究，假如依序用 Naive 模型、最小平方法 (OLS) 模型及 VECM 模型，對台灣 30 天期利率期貨與台灣 30、90 與180 三種天期的商業本票進行最適避險比率的計算，並比較其避險績效，有人發現：

(1) 由單根檢定後發現，原始資料的價格時間數列具有單根的現象，而經過一階差分後成為穩定數列。

(2) 在共整合的檢定中，發現期貨 x_t 與現貨 y_t 間具有長期均衡的關係，因此可在實證中加入誤差修正項進行避險。

(3) 樣本內與樣本外的實證中都得到相同的結論，在避險績效的衡量上，投資組合之避險績效由大到小依序是：OLS > VECM > Naïve，即利用 OLS 模型進行避險可得到最好的效果，另外在避險模型中加入誤差修正項，並無法有效的改善其績效；在投資組合的選取上，可發現以台灣 30 天期利率期貨和台灣 90 天期商業本票所組合成的投資避險組合，具有最佳之避險績效。

11. 私募股票的流動性風險 x_t 與股價報酬率 y_t 之關聯。

12. 貨幣供給 x_t、新台幣匯率 y_t 對房價指數 z_t 與股價報酬率 w_t 關聯性。

13. 台灣外匯市場匯率過度反應模型，例如想探討匯率變動 x_t 與資本移動 y_t 之關連性，及台灣外匯市場是否存在匯率過度反應的情形。以台灣經濟體為研究對象。理論架構採自 Frenkel & Rodriguez (1982) 資本不完全移動模型，及 MacDonald (1995) 國際收支平衡分析，架構除了考量資本移動因素之外，並納入預期心理因素進行分析。依據實證結果解釋資本移動與匯率的關聯性及各因素之市場效益。該研究方法採用單根檢定、Johansen 共整合檢定及誤差修正模型，分別對匯率、兩國利率差距、名目有效匯率值、兩國相對股價報酬率及外匯交易價量值進行實證分析，期望可以從所獲致的資訊中進一步了解各個變數在長期均衡關係與短期動態調整之相關性，以及外匯市場發生匯率過度反應情形之時機與原因，並分析央行干預效果對短期匯率波動的影響。有人發現：(1) 資本移動因素對短期匯率波動確實有顯著的影響；兩國利率差距、兩國相對股價報酬率對匯率具有長期的負向關係，外匯交易價量

值對匯率具有長期的正向關係。(2) 長期而言，台灣外匯市場匯率過度反應的情形並不明顯，除了少數幾個時間點可調整的均衡匯率與名目匯率產生較大的偏離，亦即表示匯率出現短期的過度反應，可能的原因是受到國際美元走勢或其他非經濟因素的影響，產生對新台幣過度升貶的預期心理。(3) 隨著資本管制的逐一放寬，央行穩定外匯市場的功能將愈來愈明顯，亦即呈現管理浮動匯率制度的特色。

14. 匯率 x_t、公司規模 y_t 與股票報酬 z_t 相關性之研究——以台灣股票市場為例。

15. 景氣循環 x_t 與股票市場 y_t 之動態關聯。

16. 台灣 x_t 半導體產業股價與美國 y_t 半導體產業關聯性之研究——以 DRAM 業為例。

17. 台灣花卉批發市場整合性。運用 Ravallion 的市場整合檢定模式、Engle & Granger 的共整合檢定法，以及 Johansen 最大概似共整合檢定法三種檢定方法，以台灣四個花卉批發市場之大菊、小菊、劍蘭、康乃馨、玫瑰、大文心蘭、洋桔梗及滿天星等八種花卉品項之交易行情資料，來檢定其市場共整合現象。

18. 總體經濟變數 x_t 與台灣加權股價指數 y_t 之現貨與期貨間領先或落後關連性。

19. 匯率波動 x_t 對出口 y_t 的影響：ARDL 共整合分析的應用。

20. 台灣 x_t、美國 y_t、日本 z_t 半導體產業股價連動關係。

21. 台灣 x_t 與美國 y_t 股市動態關聯性之傳遞效果。

22. 兩岸四地股票市場連動關係之研究——分數共整合應用。

23. 國防支出 x_t 對經濟成長 y_t 影響。

24. 共整合分析在策略資產配置上之應用。常見策略資產配置之理論模型，有三種：多變量模型 (Campbell 等人，2003)、動能交易策略 (Brouwer & Philippe, 2009)、共整合分析法 (Lucas, 1997)。假設以 12 檔避險基金指數及代表傳統資產的 S & P 500、NASDAQ 與 J.P. Morgan bond 為研究對象，採用共整合分析法，來探究經共整合測試後的策略資產配置之效率前緣。可發現，在「平均數－變異數」及「平均數－條件風險值」的「報酬－風險」架構下，以不具共整合的資產為選取標的之策略資產配置能有較高報酬，且風險較低。

25. 台灣、日本、南韓玉米及黃豆進口價格之共整合分析。

26. 以共整合分析台灣地區犯罪率函數。發生犯罪絕大部份來自於經濟面的問題未能獲得解決，其中失業率應是關鍵因素，另外犯罪後被逮捕的機率，亦是誘使犯罪發生的重要因素，因此透過單根檢定法、Johansen 最大概似估計法，以犯罪率 x_t、破獲率 y_t、失業率 z_t 為變數之 138 筆月資料為樣本，針對這三變數進行共整合分析。可發現：在其他情況不變下，當失業率增加 1%，會引發犯罪率增加 3.38%，即失業率為犯罪率之增函數；當破獲率增加 1%，會引發犯罪率減少 0.67%，即破獲率為犯罪率之減函數。

27. 台灣 x_t、中國大陸 y_t 與美國 z_t 貿易金額之共整合分析。

28. 監獄新入監受刑人再犯比率之研究——隨機共整合分析。

29. 台灣人力資本 x_t 與經濟成長 y_t——隨機共整合分析。

11.1 共整合檢定

因為大部份的時間序列資料為非定態的資料，變數經由差分 (difference 符號 Δ) 形式轉換成定態序列後，將喪失變數之間所隱含的長期資訊，以致無法觀察變數之間是否存在長期均衡關係。在探討彼此的相關性時可能喪失期間原本存在的長期均衡關係，因此，Granger (1981, 1986) 及 Engle & Granger (1987) 發展出的共整合分析，即在探討兩序列是否存在長期穩定關係，避免變數差分後可能產生不當推論之缺失。

Engle & Granger (1987) 指出：若非定態的時間序列之間存在著定態的線性組合，則變數間具有長期穩定的均衡關係。短期的衝擊波動雖會使得變數偏離均衡水準，隨著時間的演進，其偏離程度將逐漸消退而回歸至均衡水準。

當數列經過差分處理後的迴歸分析將導致原有的長期關係喪失，故 Engle & Granger (1987) 最早以兩階段 (Two-Step) 最小平方法來估計共整合(cointegration)向量，乃利用檢定共整合迴歸的殘差項是否具有單根，來判斷變數之間是否存在共整合的關係，而其對共整合定義如下：

1. n 維向量中所有變數皆為 I(d)，d > 0，式中 I(d) 代表整合階次 (Integrated Order) 為 d。

2. 若存在一個 n 維向量 $\beta_{n\times 1}$，使得線性組合 $\beta'X_t \sim I(d-b)$，d > b > 0，則此向量被稱為存有 d 階 b 次的共整合關係，以 CI(d,b) 符號表示。

後來 Engle & Granger (1987) 又改良共整合檢定法，若要證明兩變數具有共整合關係 (亦即設兩數列 X_t 與 Y_t 存在同一整合級次的差分，則存在 $\delta \in R$ 使得其線性組合存在 $Z_t = Y_t - \beta \cdot X_t$，且 Z_t 為 (i.e. 為定態序列)，則稱 X_t 與 Y_t 具有共整合的關係存在，δ 值稱為共整合係數，Z_t 稱為均衡誤差，存在則其變數間的關係可藉由誤差修正模型來表示，序列間的共整合關係即為序列間的長期均衡關係。

Engle & Granger 的方法雖易於估計，但 Engle & Granger 檢定只適用於變數間的共整合向量只有一個，即兩變數的整合關係檢定，故當變數多於兩個時，共整合關係可能不只一個時，可能會產生檢定結果拒絕共整合關係的存在，但這並不表示一定不存在共整合關係。

坊間 JMulTi、Eviews 軟體常見的共整合檢定有二種方法：Johansen 共整合檢定、Enders-Siklos 門檻 (Threshold) 共整合檢定 (圖 11-2)。

11.1.1　共整合分析之流程

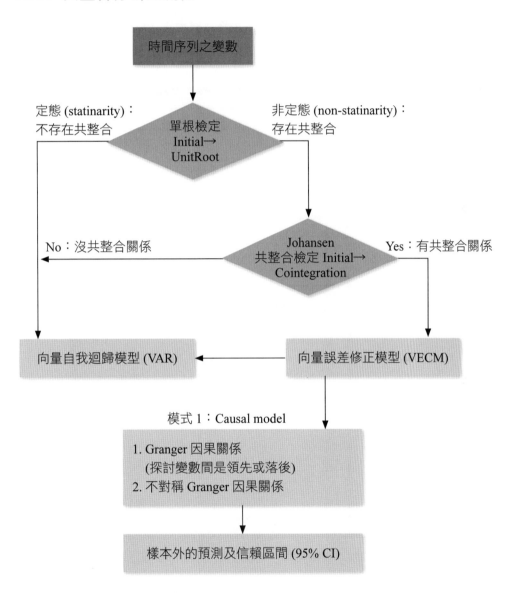

時間序列之變數

定態 (statinarity)：
不存在共整合

非定態 (non-statinarity)：
存在共整合

單根檢定
Initial→
UnitRoot

No：沒共整合關係

Johansen
共整合檢定 Initial→
Cointegration

Yes：有共整合關係

向量自我迴歸模型 (VAR)

向量誤差修正模型 (VECM)

模式 1：Causal model

1. Granger 因果關係
   (探討變數間是領先或落後)
2. 不對稱 Granger 因果關係

樣本外的預測及信賴區間 (95% CI)

⤹圖 11-1　共整合之分析流程

11.1.2 三種共整合檢定法

JMulTi「VECM」procedure 只有兩種共整合檢定法：Johansen 法、Engle & Granger 二階段檢定法。

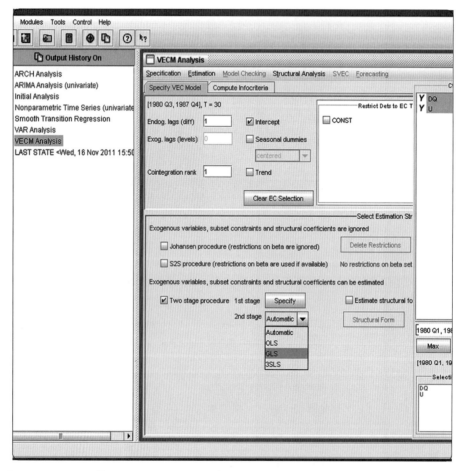

◁圖 11-2 JMulTi「VECM」有兩種共整合檢定法：Johansen 法、二階段檢定法

一、Johansen 共整合檢定

Engle & Granger (1987) 之後，Johansen (1991) 與 Johansen & Juselius (1990) 改用最大概似估計檢定法 (Maximum Likelihood Estimation, MLE) 來檢定多變數間的共整合關係，適合作長期均衡分析，它可取代 Engle & Granger 二階段檢定法，此法透過一階差分後的 VAR (Vector Autoregressive) 模型，利用所對應的

誤差修正模型會產生一衝擊矩陣，並用兩種概似比統計量來檢定衝擊矩陣的秩
(rank)，即多變數間共整合的個數，其優點在於可找出所有共整合向量的個數，
以及經濟理論對變數關係的限制均可直接估計。Johansen 最大概似估計法之理論
基礎及相關的估計與檢定如下：

假設一向量 $X_t = (X_1, X_2, \cdots, X_n)^t$，為 n 維的 I(1) 向量，落後 p 且具 n 個變
數向量自我歸模型 (Vector AutoRegression, VAR)：

$$X_t = \mu + \Phi D_t + \Lambda_1 X_{t-1} + \Lambda_2 X_{t-2} + \cdots + \Lambda_p X_{t-p} + \varepsilon_t \qquad t = 1, 2, ..., T \quad \cdots\cdots \text{(11-1)}$$

其中，X_t 為 (n × 1) 隨機變數所成的向量

D_t 為扣除均數 (demean)

μ 為 (n × 1) 常數向量 (截矩項) 後之季節虛擬變數

$\Lambda_1, \Lambda_2, \cdots, \Lambda_p$ 均為未知參數所組成的 (n × n) 係數矩陣

ε_t 為 (n × 1) 的誤差項，且符合白噪音，$\varepsilon_t \overset{iid}{\sim} N(0, \Omega)$

根據 Granger Representation 定理，再將上式 VAR 模型取一階差分運算
(「Δ」)，則其對應的向量誤差修正模型 (Vector Error Correction Model, VECM)
如下：

$$\Delta X_t = \mu + \Phi D_t + \Pi X_{t-1} + \Gamma_1 \Delta X_{t-1} + \Gamma_2 \Delta X_{t-2} + ... + \Gamma_{k-1} \Delta X_{t-p+1} + \varepsilon_t \quad \cdots\cdots\cdots \text{(11-2)}$$

上式可改寫成

$$\Delta X_t = \mu + \Pi X_{t-1} + \Gamma_1 \Delta X_{t-1} + \cdots + \Gamma_{k-1} \Delta X_{t-p+1} + \varepsilon_t \text{，可簡寫成：}$$

$$\Delta X_t = \mu + \Pi X_{t-1} + \sum_{i=1}^{p-1} \Gamma_i \Delta X_{t-i} + \varepsilon_t \cdots\cdots\cdots\cdots\cdots\cdots\cdots\cdots\cdots\cdots\cdots \text{(11-3)}$$

其中，$\Gamma_i = -(\sum_{i=2}^{p-1} \Lambda_i)$，$\Pi = (\sum_{i=1}^{p} \Lambda_i) - I$，I 為單位矩陣。

上式中的 $\sum_{i=1}^{p-1} \Gamma_i \Delta X_{t-i}$ 即為 X_t 中各變數之間的短期動態關係，表示當受到外
生衝擊致使各個變數短期偏離均衡時的動態調整過程，即 Γ_i 衡量短期影響。

ΠX_{t-1} 代表 X_t 之長期關係，可將「因差分而失去的長期關係」調整至均衡
的狀態，它將系統中由於「各序列經取一次差分後而喪失之長期關係」引導回

去,即所謂的誤差修正項 (Error Correction Item),即若 X_t 有過度差分時可利用此項將喪失的長期訊息調整回來,矩陣 $\Pi_{n \times n}$ 為所有落後項的線性組合,又稱衝擊矩陣 (Impact Matrix),能反映出各變數間長期均衡關係,即 Π 衡量長期影響,此一誤差修正項即為 Johansen 最大概似估計法中共整合向量估計與檢定的中心項目,而 Π 的秩 (RANK) 決定了共整合向量個數,亦即決定了變數間具有多少個長期關係。

一、共整合個數的檢定

依據 rank(Π) 有三種不同的情況:

Case 1. rank($\Pi_{n \times n}$)＝n,表 $\Pi_{n \times n}$ 為全秩 (Full Rank),則 X_t 為定態的時間序列,即 $X_t \sim I(0)$,此時可直接以 X_t 估計 VAR。

Case 2. rank($\Pi_{n \times n}$)＝0,表 $\Pi_{n \times n}$ 為零矩陣則沒有任何一個 X_{t-1} 的線性組合為定態時間序列,即 $X_t \sim I(1)$,X_t 各變數間不存在共整合關係,此時直接以 ΔX_t 估計 VAR。

Case 3. rank($\Pi_{n \times n}$)＝r,0 < r < n,表 X_{t-1} 部份的線性組合為定態時間序列,X_t 各變數間存在 r 個共整合關係。根據 Granger Representation 定理,Π 可分解成 $\alpha\beta'$,α 與 β 均為 (n × r) 矩陣,α 為誤差修正項的係數,又可稱為調整係數 (adjustment coefficient),表示各變數在短期失衡的狀態之下,調整至長期均衡水準的平均速度,β 為共整合向量之矩陣,使非定態的 經過 $\beta'X_t$ 之線性組合而成為定態。

在共整合檢定中,Johansen 利用概似比檢定決定共整合向量個數之方法有下列兩種:

1. 軌跡檢定 (Trace Test)──JMulTi 軟體採用

H_0：最多有 r 個共整合向量 [rank($\Pi_{n \times n}$) ≤ r]

H_1：至少有 r＋1 個共整合向量 [rank($\Pi_{n \times n}$) > r]

其檢定統計量為：$\lambda_{trace} = -T \sum_{i=r+1}^{n} \ln(1 - \hat{\lambda}_i)$

2. 最大特徵值 (λ_{max}) 檢定 (Maximum Eigenvalue Test)

H_0：有 r 個共整合向量 [rank($\Pi_{n \times n}$)＝r]

H_1：有 r＋1 個共整合向量 [rank($\Pi_{n \times n}$)＝r＋1]

其檢定統計量為：$\lambda_{max} = -T \ln(1 - \hat{\lambda}_{r+1})$

其中，T：觀察值個數

$\hat{\lambda}_i$：Π 矩陣中的特徵值估計值

r：共整合向量個數

上述兩種統計量，從虛無假設為 $H_0 : r = 0$，即變數間沒有任何共整合關係開始檢定，再陸續增加 r 的個數，直到無法拒絕虛無假設為止，即可以確定共整合向量的個數，進而得知變數之間是否具有共整合關係。若共整合檢定結果顯示變數之間存在共整合關係，則可進一步利用誤差修正模型分析變數之間的長、短期均衡關係。

此外，Johansen (1991) 也證明了以上兩種檢定統計量並不如一般的概度比檢定統計量呈現卡方分配，而是布朗運動 (Brownian Motion) 的函數，故，Cheung & Lai (1993) 認為當殘差項存有偏態及超額峰態時，亦或 Serletis (1993) 認為特徵值的分配不均勻時，使用軌跡檢定統計量較最大特徵值統計量穩定。

依 Granger Representation 定理，若變數間具共整合關係則可用一誤差修正模型來表示，藉著誤差修正項可得到長期實際值與理想值間的失衡情形，即公式：

$$\Delta X_t = \mu + \sum_{i=1}^{k-1} \Gamma_i \Delta X_{t-i} + \Pi X_{t-k} + \varepsilon_t$$

上式中，Johansen 共整合長期關係估計式之落後一期的誤差修正項 ΠX_{t-1} 結合了短期動態調整過程與長期均衡關係的訊息；然對許多經濟財務研究而言，感興趣的是共整合式中係數大小值或正負號是否符合理論所預期，因此對共整合係數的檢定採用概似比檢定的方法；如上所述，若 Π 的秩介於 0 和 n 之間，則此時 Π 可分解成 $\alpha\beta'$，則估計出來的誤差修正項為下式：

$$\Pi X_{t-1}^* = \alpha\beta' X_{t-1}^*$$

其中，α 稱為短期調整係數矩陣，β 稱為共整合矩陣，若此時三個變數中有兩組共整合向量存在，則共整合矩陣以第一個變數係數為 1 的方式標準化後，上式可表示成下式：

$$\alpha\beta' X_{t-1}^* = \begin{bmatrix} \alpha_{11} & \alpha_{12} \\ \alpha_{21} & \alpha_{22} \\ \alpha_{31} & \alpha_{32} \end{bmatrix} \times \begin{bmatrix} 1 & \beta_{11} & \beta_{12} \\ 1 & \beta_{21} & \beta_{22} \end{bmatrix} \times \begin{bmatrix} x_{t-1} \\ y_{t-1} \\ z_{t-1} \end{bmatrix}$$

如果要判斷一變數適不適合納入共整合模型中，例如第 2 個變數 y_t，則此時的限制式為 $H_0 : \beta_{11} = \beta_{21} = 0 (m = 2)$，然後令未加入限制式前所估得的最大概似值為 L_U，而加入限制式後所估得之最大概似值為 L_R，接著計算下式。

$$LR = -2(L_R - L_u) \sim \chi^2(m)$$

或是利用未受限和加入限制式的模型所估計出來之特徵值計算下式：

$$LR = T \sum_{i=1}^{r} [\ln(1 - \lambda_i^R) - \ln(1 - \lambda_i^U)] \sim \chi^2(m)$$

其中，λ_i^R 為受限模型的特徵值，λ_i^U 為未受限模型的特徵值。

當 $LR > \chi^2(m)$，表示拒絕限制式成立的虛無假設，即未受限模型較佳，第 2 個變數 y_t 就適合放入共整合模型中；反之，當 $LR < \chi^2(m)$，代表加入限制式的模型較好，第 2 個變數 y_t 不適合放入共整合模型中，應以加入限制式後的模型重新估計；同樣的方法亦可用來檢定短期調整係數矩陣。

二、誤差修正模型 (ECM)

若變數之間存在共整合關係，即存在長期的均衡關係。但共整合只能顯示出是否具有長期的均衡關係，卻無法表示短期關係。因此 Engle & Granger 提議以誤差修正模型 (error correction model, ECM)，若兩個變數均屬一階整合，且有共整合的清況，則可採下列二種方法之一，檢定共整合關係「不存在」之非定態序列的短期動態關係：(1) 誤差修正模型 (ECM)；(2) 以差分項之向量我迴歸模型 (VAR)。

當誤差修正模型 (ECM) 的功能為前期有失衡的現象時，可在當期時對部份失衡加以修正，使得長期與短期的行為變成一致，即考慮到變數不只受到本身及其它變數之影響，也可能受到前期之共整合均衡誤差的影響。ECM 的優點就是能夠把系統內變數之長期均衡關係與短期動態關係結合在同一模型來分析，以保持長短期資訊之完整性。

當確定非定態之序列間「有」共整合關係後，則可再將模式修改為向量誤差

修正模型 (VECM)，來觀察變動間的短期關係。其模式係將下列式：

$$\Delta X_t = \Phi D_t + \Pi X_{t-1} + \Gamma_1 \Delta Y_{t-1} + \Gamma_2 \Delta Y_{t-2} + \cdots + \Gamma_{k-1} \Delta Y_{t-P+1} + \varepsilon_t$$

可再縮寫成：

$$\Delta X_t = \Phi D_t + \alpha \beta' X_{t-1} + \sum_{i=1}^{p-1} \Gamma_i \Delta Y_{t-i} + \varepsilon_t$$

其中，

　　ΦD_t：常數項及時間趨勢

　　α：調整係數矩陣

　　β：共整合向矩陣

　　p：落差期數

　　ε_t：誤差項向量，$\varepsilon_t \overset{iid}{\sim} N(0, \Omega_{n \times n})$，$\Omega_{n \times n}$ 為共變異矩陣

　　上式中，$\sum_{i=1}^{p-1} \Gamma_i \Delta Y_{t-i}$ 為各變數的短期波動關係，當一個變數產生衝擊時，另一個變數的調整過可以藉由 ECV 看出，這是由於變數的變動及其自我落差之變動存明相關。誤差向量 (ECV) 的誤差修正項 $\alpha\beta'$，可視為變數與前期長期均衡的偏離程度，且此偏離程度有朝向長期均衡靠近的趨勢。調整係數 α 代表往長期均衡靠近的速度，若調整係數 $\alpha > 0$，則表示該變數短期內被低估，故會以特定的速度「向上」調整到下一期；反之，若 $\alpha < 0$，則表示該變數短期內被高估，故會以特定的速度「向下」調整到下一期。

二、Engle-Granger 兩階段共整合檢定法

　　若兩數列 (F_t 及 C_t) 間具有共整合關係，則會存在一係數 β，使得 $e_t = F_t - \beta C_t$ 為穩定的狀態。根據 Engle-Granger 檢定程序包括兩階段，分述如下：

(一) 第一階段

　　先判斷原始數列的整合級次 (Order of Integration) 為何，即判定其為何種 I(d) 的型態。在此步驟中，主要是利用單根檢定，來做為檢定的方法，誠如前面所述，檢定結果顯示數列存在單根 (即數列並不穩定)，則需先將數列做差分處理，直至穩定為止。由差分的次數可判定該數列的整合級次。

　　最後，所有數列是否具有相同的 I(d)。若數列的整合級次並不相同，表示此

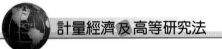

兩數列並不存在共整合關係。反之,若判定結果為相同的整合級次,則此兩數列有可能存在共整合關係,需繼續第二階段的檢定。

(二) 第二階段

估計長期均衡關係。假設第一階段所得出的結果兩數列均為 I(1),則將資料數列做普通最小平方 (OLS) 迴歸:

$$F_t = \beta 0 + \beta_1 C_t + e_t$$

在 $\{F_t\}$ 與 $\{C_t\}$ 有共整合關係的情況下,殘差項 (e_t) 應為穩定數列。因此,我們需對殘差項做進一步的單根檢定,若檢定結果顯示殘差項並不穩定,我們可得出兩時間數列並不存在共整合關係的結論。然而,檢定結過若顯示殘差項呈穩定狀態,則可知兩數列具有共整合關係,且上述所得的迴歸關係,即為兩者的長期均衡關係。

三、Enders-Siklos 共整合檢定法

常見的共整合方法,無論是 Engle & Granger (1987) 或是 Johansen (1988),隱含的假設皆為共整合變數之間具有線性關係,以及誤差修正項對稱調整的機制,即不論均衡誤差項是正或負,調整係數都是相同的。並沒有考慮到「非線性」或「不對稱性」的問題。Enders & Siklos (2001) 認為當誤差修正項的調整方式是不對稱或是有門檻效果存在時,Engle & Granger (1987) 的共整合檢定將會產生模型的誤設錯誤 (misspecification error),因此他們將 Engle-Granger 的架構擴充為誤差修正項的調整是具有不對稱特性的門檻共整合模型 TAR 及 T-ECM (Enders & Granger, 1998)。

(一) 門檻自我迴歸 (Threshold Autoregression, TAR)

變數 X_t 與 Y_t 為二個時間序列,例如:X_t 為 GDP、Y_t 為國防支出。在我們要證明「$X_t \to Y_t$」因果關係時,假設 X_t 與 Y_t 這兩變數均為 I(1) 之序列,要檢驗此兩變數是否具有不對稱的共整合關係,可以利用 Enders & Siklos (2001) 的兩階段檢定。因此,首先利用普通 OLS 法估計 X_t 與 Y_t 間的長期均衡關係如下:

$$Y_t = a_0 + a_1 X_t + \varepsilon_t$$

其中，ε_t 為表示 x_t 與 y_t 之間長期均衡關係的一隨機殘差項，接著 Enders & Siklos (2001) 考慮了以下的迴歸式，來檢定長期均衡關係式中的殘差項是否為符合定態性：

$$\Delta\varepsilon_t = I_t\rho_1\varepsilon_{t-1} + (1-I_t)\rho_2\varepsilon_{t-1} + \sum_{i=1}^{p-1}\beta_i\varepsilon_{t-1} + \zeta_i \quad\cdots\cdots\cdots\cdots\cdots\cdots\quad (11\text{-}4)$$

其中，$I_t = [T_t, M_t]$，T_t 與 M_t 又可分別表示如下：

$$T_t = \begin{cases} 1, \text{若 } \varepsilon_{t-1} \geq c \\ 0, \text{若 } \varepsilon_{t-1} < c \end{cases} \quad\cdots\cdots\cdots\cdots\cdots\cdots\cdots\cdots\quad (11\text{-}5a)$$

$$M_t \begin{cases} 1, \text{若 } \Delta\varepsilon_{t-1} \geq r \\ 0, \text{若 } \Delta\varepsilon_{t-1} < r \end{cases} \quad\cdots\cdots\cdots\cdots\cdots\cdots\cdots\cdots\quad (11\text{-}5b)$$

$I_t = [T_t, M_t]$ 為劃分區間 (regime) 的指標函數 (Heaviside indicator function)，p-1 為差分項的落後期數，ζ_i 為滿足白色噪音 (white noise) 的隨機誤差項，c 與 r 則為未知的門檻值。Tong (1983, 1990) 曾證明 ρ_1 與 ρ_2 的最小平方估計量之漸進分配為多變數常態分配。

Enders & Siklos (2001) 將 (11-4) 式與 (11-5a) 式稱為門檻自我迴歸 (Threshold Autoregressive, TAR) 共整合模型；而將 (11-4) 式與 (11-5b) 式稱為動能門檻自我迴歸 (Momentum-Threshold Autoregressive, M-TAR) 共整合模型。在 TAR 共整合模型中，誤差修正項的調整是具有不對稱的特性以及門檻效果，即當 ε_{t-1} 大於門檻值時，指標函數 $T_t = 1$，區間的調整為 $\rho_1\varepsilon_{t-1}$，反之；當 ε_{t-1} 小於門檻值時，指標函數 $T_t = 0$，區間的調整為 $\rho_2\varepsilon_{t-1}$。在 (11-4) 式中，如果 $\rho_1 = \rho_2$ 且 c＝0，則 Engle-Granger ADF 共整合架構，其實是 Enders-Siklos 門檻共整合 TAR 模型的一個特例。

在 TAR 共整合模型中，指標函數 T_t 的決定取決於 ε_{t-1} 之水準值，但 Enders & Granger (1998) 認為當資料序列發生不對稱調整，即當資料序列的動能 (momentum) 從一個方向轉到相反方向時，指標函數的決定也有可能取決於 ε_{t-1} 與其前期的變動關係。Enders & Siklos (2001) 於是參照其做法，將誤差修正項的調整取決於 ε_{t-1} 的差分值，提出了另一種指標函數 M_t (11-5b) 式，M_t 與 (11-4) 式即為上述的 M-TAR 共整合模型。

在實證方面，Siklos (2002) 曾分別以 TAR 及 M-TAR 兩種共整合模型，分析

美國及英國的股價指數與失業率間共整合關係的不對稱變化；Boucher (2007) 也曾以 M-TAR 模型探討美國股市指數與通貨膨脹率間長期結構調整的不對稱性。

(二) 門檻誤差修正模型 (Threshold Error Correction, T-ECM)

經由 Enders-Siklos 的門檻共整合檢定，確認了自變數 X_t 與依變數 Y_t 之間存在有不對稱的門檻共整合關係，即不對稱因果關係「$X_t \rightarrow Y_t$」。接著，我們可估計一個包含此兩變數的門檻誤差修正模型 (Threshold Error Correction Model，T-ECM) 如下：

$$\Delta X_t = \lambda_0 + \lambda_1 Z_{t-1}^+ + \lambda_2 Z_{t-1}^- + \sum_{k=1}^p \alpha_{1k} \Delta X_{t-k} + \sum_{k=1}^p \alpha_{2k} \Delta Y_{t-k} + v_{1t} \qquad\qquad (11\text{-}6)$$

$$\Delta Y_t = \eta_0 + \eta_1 Z_{t-1}^+ + \eta_2 Z_{t-1}^- + \sum_{k=1}^p \beta_{1k} \Delta X_{t-k} + \sum_{k=1}^p \beta_{2k} \Delta Y_{t-k} + v_{2t} \qquad\qquad (11\text{-}7)$$

其中，$Z_{t-1}^+ = I_t \hat{\varepsilon}_{t-1}$、$Z_{t-1}^- = (1-I_t)\hat{\varepsilon}_{t-1}$、$\hat{\varepsilon}_{t-1} = Y_{t-1} - \delta_0 - \delta_1 X_{t-1}$；$Z_{t-1}^+ = I_t \breve{\varepsilon}_{t-1}$、$Z_{t-1}^- = (1-I_t)\breve{\varepsilon}_{t-1}$、$\breve{\varepsilon}_{t-1} = X_{t-1} - \eta_0 - \eta_1 Y_{t-1}$。而 λ_1、λ_2、η_1、η_2 分別代表 (11-6) 式及 (11-7) 式中，正、負誤差修正項的調整速度，λ_0、η_0 為常數項，而 α_{1k}、α_{2k}、β_{1k}、β_{2k} 則表示為落遲差分項的調整係數，v_{1t}、v_{2t} 則為服從白噪音的隨機誤差項，p 為落遲差分項的最適期數，當落遲差分項的期數達至最適時，隨機誤差項 v_{1t}、v_{2t} 會滿足白噪音。

在不對稱的門檻誤差修正模型之中，如果要了解兩變數 X_t 及 Y_t 的領先與落後關係，可以分別對 (11-6) 式以及 (11-7) 式進行 Granger 因果關係檢定。

如果假設 Y_t 沒有領先 X_t，則虛無假設為：

$$H_0 : \alpha_{2k} = 0 \text{，} k = 1, 2, \cdots, p$$

此檢定為一個 F 檢定，如果拒絕虛無假設，表示 X_t 領先 Y_t。同理，如果假設 X_t 沒有領先 Y_t，則虛無假設為：

$$H_0 : \beta_{1k} = 0 \text{，} k = 1, 2, \cdots, p$$

如果拒絕虛無假設，則表示 X_t 領先 Y_t。

11.1.3 向量誤差修正模型 (VECM)

一、VECM 數學式

將單一個迴歸模公式之誤差修正模型 (error correction model, ECM) 擴充成多個迴歸模式之聯立方程式，就形成向量誤差修正模型 (VECM)。VECM 常用來分析二個序列間是否有存在「共整合」數學式。坊間軟體 JMulTi、RATS 都用提供 VECM 分析。

當確定序列間存在有共整合關係時，可藉由誤差修正模型來探討序列間短期變動關係以及由短期不均衡狀態調整至長期均衡的過程，其模型如下：

$$\Delta X_t = \mu_1 + \Pi_1 \cdot Z_{t-1} + \sum_{i=1}^{p} \phi_{1x} \cdot \Delta X_{t-i} + \sum_{j=1}^{q} \phi_{1y} \cdot \Delta Y_{t-j} + \varepsilon_{1t} \quad\text{.........................} \quad (11\text{-}8)$$

$$\Delta Y_t = \mu_2 + \Pi_2 \cdot Z_{t-1} + \sum_{i=1}^{p} \phi_{2x} \cdot \Delta X_{t-i} + \sum_{j=1}^{q} \phi_{2y} \cdot \Delta Y_{t-j} + \varepsilon_{2t} \quad\text{.........................} \quad (11\text{-}9)$$

式中，μ_1、μ_2 為截距項。

$Z_{t-1} = X_{t-1} - \alpha \cdot Y_{t-1}$ 為誤差修正項或長期調整項。

Π_1、Π_2 為誤差修正係數表示上一期偏離均衡部份反映在本期的能力。

ε_{1t}、ε_{2t} 透過 p、q 的決定後為白噪音。

$\phi_{1x}(\phi_{2x})$ 表變數 $X_t(Y_t)$ 的變化可由變數 X_t 過去的變化來解釋。

$\phi_{1y}(\phi_{2y})$ 表變數 $X_t(Y_t)$ 的變化可由變數 Y_t 過去的變化來解釋。

二、VECM 應用領域

Eun & Shim (1989)、Kasa (1992)、Chowdhury (1994)、Brocato (1994)、Masih & Masih (1997)、Francis & Leachman (1998)，及 Nasseh & Strauss (2000) 等皆採用了向量自我迴歸模型和共整合模型 (VECM)，來探討世界各國股市及總體經濟變數間的連動關係。實證結果發現：各國股市的多邊互動關係明顯存在，且美國股市在國際資本市場常具有領先地位。但也有些學者如：Chan、Gup & Pan (1992)，使用共整合檢定，測試結果顯示，各國股市間未能形成一個整合市場，換句話說，國際投資組合分散風險於各股市間是有效的。

另一方面，也有學者利用國際金融危機發生的前後對各國股市的波動情形作研究。例如：Liu 等人 (1993)、Masih & Masih (1997)，結果顯示：當危機發生

後，國際股市的共整關係皆有明顯增加的現象。

11.1.4 共整合關係應用在價差交易策略

一階差分後之 p 階向量自我迴歸模型：

$$\Delta y_t = \Pi Y_{t-1} + \Gamma_1 \Delta y_{t-1} + \cdots + \Gamma_{p-1} \Delta y_{t-p+1} + \varepsilon_t$$

將 $\alpha\beta'$ 代入上式，可改寫 VECM 如下：

$$\Delta y_t = \alpha\beta' Y_{t-1} + \Gamma_1 \Delta y_{t-1} + \cdots + \Gamma_{p-1} \Delta y_{t-p+1} + \varepsilon_t \quad 或縮寫成：$$

$$\Delta y_t = \alpha\beta' Y_{t-1} + \sum_{i=1}^{p-1} \Gamma_i \Delta y_i + \varepsilon_t$$

例如，期貨商品在交易買賣時，由於其交易單位為「口」，若在估計共整合關係時，所得到的共整合估計值可能不是整數，則可乘上一最小之共同倍數，使它「共整合估計值」變成整數「口數」後，再進行「價差」(spread) 買進或賣出交易的判定。即期貨商品間若存在共整合關係，則採用標準化之共整合係數「整數調整」(變數變換後) 來進行價差交易。

定義：價差 (spread) 之公式

$$\text{Spread}_t = N_1 \times F_{1t} + N_2 \times F_{2t} + N_3 \times F_{3t}$$

其中，

$N_i, i = 1, 2, 3$，代表第 i 種期貨商品在「整數調整」後之共整合係數。

$F_{it}, i = 1, 2, 3$，代表第 i 種期貨商品在第 t 日股價指數 × 對應契約價值。

共整合關係應用在價差之 Max-Min 交易策略有二：放空、買進做多：

1. 放空價差部位 (short spread position)
   (1) 進場時機：當價 $> \mu + k\sigma$，若 $N_i > 0$ (或 $N_i < 0$) 時，放空 (買進)「N_i 口數」第 i 種期貨。
   (2) 出場時機：當價差「回跌」至平均數 (以下) 或該期貨商品之最後交易日到期時結清部位。

2. 買進價差部位 (long spread position)

   (1) 進場時機：當價差 $< \mu + k\sigma$，若 $N_i > 0$ (或 $N_i < 0$) 時，買進 (放空)「N_i 口數」第 i 種期貨。

   (2) 出場時機：當價差「回升」至平均數 (以上) 或該期貨商品之最後交易日 到期時結清部位。

11.2 Granger 因果關係之檢定

    根據 Granger (1969) 所提出以變數預測力 (Predictablility) 來衡量變數間的因果關係，如果兩時間序列間存在因果關係時，則一獨立變數加入過去的訊息會增加因變數的解釋能力，我們稱之為存在因果關係。此一因果關係不可謂為是「前因後果」的關係，即其不是指一個變量的變動會引起另一個變量的變動，此因果關係乃是一種「領先－落後」的概念，其指的是一個變量的當期和其他變量的過去值之間的相關關係。因此 Granger 因果關係檢定，它是定義在「預測因果關係」。如果變數 X 過去的資訊有助於預測變數 Y 所需的資訊，則就可以 X 變數「Granger 影響」(Granger cause) 變數 Y；相反地，當變數 Y 過去的資訊有助於預測變數 X 所需的資訊，則就可以 Y 變數「Granger 影響」變數 X；或是，當 X、Y 變數相互「Granger 影響」時，此即是兩者間存在回饋 (feedback) 關係。因此，Granger 因果關係檢定，它是用來解釋變數間之關係，是為領先 (Granger cause)、落後 (does not Granger cause)、互相回饋關係或是無關係之一種統計檢定方法。

    兩個變數 X_t、Y_t 若存在因果關係 (causal model)「$X_t \rightarrow Y_t$」，其中，X_t 係解釋變數，Y_t 係被解釋變數，除了使用 Y_t 過去數值提供訊息外，若加入 X_t 之前期資訊可以增加對 Y_t 的預測力，表示 X_t 為 Y_t 的因 (X_t cause Y_t)，亦可解釋為 X_t 領先 Y_t，或 Y_t 落後 X_t。若 Y_t 與 X_t 彼此相互因果影響「$Y_t \Leftrightarrow X_t$」，則稱兩者間具有回饋 (feedback) 關係 (Granger, 1969)。

一、因果關係的定義

    依據 Granger 所定義的因果關係如下：

定義 1：因果關係 (Causality)

若 $Var(X_{t+1} \mid X_t) = Var(X_{t+1} \mid X_t, Y_t)$，且 $Var(Y_{t+1} \mid Y_t) > Var(Y_{t+1} \mid X_t, Y_t)$ 則稱變數 X 是變數 Y 的因 (X is causing Y)。此即表示若額外加入一個訊息，如果變數 X 可以解釋更多變數 Y 的行為，則可以降低變數 Y 的變異數。

定義 2：回饋關係 (Feedback)

若 $Var(X_{t+1} \mid X_t) > Var(X_{t+1} \mid X_t, Y_t)$，且 $Var(Y_{t+1} \mid Y_t) > Var(Y_{t+1} \mid X_t, Y_t)$，則稱變數 X、Y 之間具有回饋關係。此即表示 X 為 Y 之因且 Y 也為 X 之因。

定義 3：聯立因果關係 (Instantaneous Causality)

若 $Var(X_{t+1} \mid X_t) = Var(X_{t+1} \mid X_t, Y_t)$、$Var(X_{t+1} \mid X_t, Y_t) > Var(X_{t+1} \mid X_t, Y_t, Y_{t+1})$，且 $Var(Y_{t+1} \mid X_t) = Var(Y_{t+1} \mid X_t, Y_t)$、$Var(Y_{t+1} \mid X_t, Y_t) > Var(Y_{t+1} \mid X_t, Y_t, Y_{t+1})$，則稱變數 X 立即影響 Y。此即表示若加入 X 與 Y 的過去值之後再加入 X 之當期值來解釋 Y，則可以降低變數 Y 的變異數。

二、各類型的因果關係

學界較常見非定態變數間之因果關係的類型有二：

(一) 類型 I：不同變數間的因果

Granger (1969) 由預測誤差的角度定義變數之間的因果關係，如果兩變數之間存在因果關係時，則加入一變數 x_{2t} 的過去訊息會使其對另一變數 x_{1t} 的解釋能力提高，並能降低預測誤差，藉以判斷因果關係是否成立。故可由 Granger 因果關係檢定 (causality test) 的過程，從變數的預測能力來衡量變數之間的領先與落後關係。

假設兩個時間序列變數 x_{1t} 和 x_{2t}，其向量自我迴歸模型如下：

$$
\begin{cases}
x_{1t} = a + \sum_{i=1}^{k} \eta_{1i} x_{1t-i} + \sum_{j=1}^{k} \theta_{1j} x_{2t-j} + \mu_t \\
x_{2t} = a + \sum_{i=1}^{k} \eta_{2i} x_{1t-i} + \sum_{j=1}^{k} \theta_{2j} x_{1t-j} + \nu_t
\end{cases}
$$

上式中的 μ_t 和 ν_t 為兩個互相獨立之殘差項。若要檢定 x_1 與 x_2 之間是否具有 Granger 因果關係，則虛無假設表示為：

1. $H_0 : \theta_{11} = \theta_{12} = \cdots = \theta_{1k} = 0$

　　表示 x_2 的過去訊息並未有助於預測當期的 x_1，即 x_{2t} 沒有領先 x_{1t}。因此若檢定的結果不能拒絕虛無假設，表示 x_2 對於 x_1 沒有 Granger 因果關係；反之，檢定結果若是拒絕虛無假設，代表 x_2 對於 x_1 具有 Granger 因果關係。

2. $H_0 : \theta_{21} = \theta_{22} = \cdots = \theta_{2k} = 0$

　　表示 x_1 的過去訊息對於預測當期的 x_2 沒有幫助，即 x_{1t} 沒有領先 x_{2t}。因此若檢定的結果不能拒絕虛無假設，表示 x_1 對於 x_2 沒有 Granger 因果關係；反之，檢定結果若是拒絕虛無假設，代表 x_1 對於 x_2 具有 Granger 因果關係。

(二) 類型 II：前後期回饋的因果

　　設 $Y_t = (Y_1, Y_2, ..., Y_n)$，$Y_t$ 為 $(n \times 1)$ 向量，則落差期數為 p 之向量自我迴歸模型「VAR(p)」如下：

$$Y_t = \Phi D_t + \Pi_1 Y_{t-1} + \cdots + \Pi_p Y_{t-p} + \varepsilon_t \quad \cdots\cdots (11\text{-}10)$$

其中，

　　ΦD_t：常數及時間趨勢項

　　$\Pi_i : (n \times n)$ 的係數矩陣 $\begin{bmatrix} \phi_{11} & \phi_{12} & \cdots & \phi_{1n} \\ \phi_{21} & \phi_{22} & \cdots & \phi_{2n} \\ \vdots & \vdots & \ddots & \vdots \\ \phi_{n1} & \phi_{n2} & \cdots & \phi_{nn} \end{bmatrix}$

　　p：落差期數

　　ε_i：誤差項向量，$\varepsilon_i \overset{iid}{\sim} N(0, \Omega_{n \times n})$，$\Omega_{n \times n}$ 為共變異矩陣。

　　進行 Granger 因果關係檢定前，需先將 Y_t 分成：組 I 及組 II，再探討這二組之因果關係。其虛無假設如下：

$$H_0 : \phi_{I,II}^1 = \phi_{I,II}^2 = \cdots = \phi_{I,II}^p = 0 \quad \cdots\cdots (11\text{-}11)$$

$$H_0 : \phi_{II,I}^1 = \phi_{II,I}^2 = \cdots = \phi_{II,I}^p = 0 \quad \cdots\cdots (11\text{-}12)$$

舉例來說，令變數 $Y_t = (Y_1, Y_2, Y_3)$，假設落差期數為 2，則其 VAR(2) 模型如下：

$$\begin{bmatrix} Y_{1t} \\ Y_{2t} \\ Y_{3t} \end{bmatrix} = \begin{bmatrix} \Phi D_{1t} \\ \Phi D_{2t} \\ \Phi D_{3t} \end{bmatrix} + \begin{bmatrix} \phi_{11}^1 & \boxed{\phi_{12}^1 \quad \phi_{13}^1} \\ \boxed{\phi_{21}^1} & \phi_{22}^1 \quad \phi_{23}^1 \\ \boxed{\phi_{31}^1} & \phi_{32}^1 \quad \phi_{33}^1 \end{bmatrix} \begin{bmatrix} Y_{1t-1} \\ Y_{2t-1} \\ Y_{3t-1} \end{bmatrix} + \begin{bmatrix} \phi_{11}^2 & \boxed{\phi_{12}^2 \quad \phi_{13}^2} \\ \boxed{\phi_{21}^2} & \phi_{22}^2 \quad \phi_{23}^2 \\ \boxed{\phi_{31}^2} & \phi_{32}^2 \quad \phi_{33}^2 \end{bmatrix} \begin{bmatrix} Y_{1t-2} \\ Y_{2t2} \\ Y_{3t-2} \end{bmatrix} + \begin{bmatrix} \varepsilon_{1t} \\ \varepsilon_{2t} \\ \varepsilon_{3t} \end{bmatrix}$$

若組 I 為 Y_{1t}，組 II 為 Y_{2t} 及 Y_{3t}，則欲檢定該兩組之因果關係，其虛無假設如下：

$$H_0 : \phi_{12}^1 = \phi_{13}^1 = \phi_{12}^2 = \phi_{13}^2 = 0$$
$$H_0 : \phi_{21}^1 = \phi_{31}^1 = \phi_{21}^2 = \phi_{31}^2 = 0$$

H_0 可採 Wald 統計量來檢定：

$$Wald = (R \cdot vec(\hat{\Pi}) - r)^t \{R[\hat{A}(vec(\hat{\Pi}))]R^t\}(R \cdot vec(\hat{\Pi}) - r)$$

其中，$\hat{A}(vec(\hat{\Pi}))$：Π_i 的漸近共變異矩陣。

根據 (11-11) 式及 (11-12) 式之虛無假設，會產生以下情況：

1. 若拒絕 (11-11) 式假設，而無法拒絕 (11-12) 式假設，則表示「組 II → 組 I」，亦可視為組 II 領先組 I。

2. 若拒絕 (11-12) 式假設，而無法拒絕 (11-11) 式假設，則表示「組 I → 組 II」，亦可視為組 I 領先組 II。

3. 若同時拒絕 (11-11) 式及 (11-12) 式假設，則表示「組 II → 組 I」同時「組 I → 組 II」，亦即組 II 及組 I 彼此相互因果，稱二者具有回饋關係。

4. 若均無法拒絕 (11-11) 式及 (11-12) 式假設，則組 II 及組 I 沒有因果關係。

11.3 以 JMulTi 軟體來分析共整合檢定

定態數列可用 SPSS/SAS 軟體來分析。非定態序列可用：(1) 免費軟體 JMulTi (可以由 www.jmulti.de 免費下載)；(2) 或用要寫指令的 RATS 及 Eviews；(3) 功能強大且要寫指令的財經軟體 R (http://cran.r-project.org/bin/windows/base/) 等種軟體來分析。至於，橫斷面＋縱貫面之縱橫資料 (Panel data)，可用 Limdep 軟體來分析。

判定兩個時間序列 x_t 及 y_t 是否有共整合，其意義係代表兩者後幾期波動的線性組合之趨勢有「common stochastic trend」，除了「x_t 落差幾期的線性組合→y_t」，亦有可能「y_t 落差幾期的線性組合→x_t」。

本節將以 JMulTi 所附的 dataset「interest-inflation.dat」或 CD「ch11 共整合檢定_西德央行利率對通膨率\interest-inflation.dat」資料檔為範例，以求得西德央行，「季通貨膨脹率 Dp 與央行利率 R」共整合關係之數學式。

由於各國央行為了控制通貨膨脹，會調漲利率來抑制通膨，即「$Dp_t \to R_t$」。同時，央行調利率後，會有幾期的時間來影響通貨膨脹，即「$R_t \to Dp_t$」。有了這樣 logic 後，我們心裡就出現疑問：R_t 與 Dp_t 二序列波動之長期趨勢，是否存在「common stochastic trend」共整合關係？

一、兩個序列共整合分析前的必要條件判定

兩個時間序列 x_t 及 y_t 之波動變化，是否具有共同隨機趨勢 (同向下、同上升) 之共整合檢定前，我們可用 JMulTi 軟體，先檢查這兩個序列的波動 pattern 是否符合以下條件：

步驟 1：描述性統計 (descriptive statistics)：判定「平均數是否接近 0」，「標準差是否接近 1」，若二個條件都符合，則可初步斷定 $y_t \sim N(0,1)$。接著，以較正式常態性 Jarque Bera 檢定，即以「偏態接近 0」，「峰度接近 3」兩準則，斷定序列 x_t 及 y_t 是否「非常態」，若 x_t 及 y_t 是「非常態」則下一階段再試試 x_t 及 y_t 是否需要差分才會定態。

步驟 2：以 ADF 法進行單根檢定，以判定這二個序列是否同時具有單根 [若 $y_t \sim I(1)$，$\Delta y_t \sim I(0)$；若 $x_t \sim I(1)$，$\Delta x_t \sim I(0)$]，若 x_t 及 y_t 序列都需要差分一次，波動才會定態，表示 x_t 及 y_t「同時」具有單根，那麼就有機會構成「波動變動趨勢有共整合」的機會。

步驟 3：條件異質變異數 (ARCH) 檢定

JMulTi 係以 $ARCH_{LM}$ 法來檢定，y_t 單一序列波動變異數 (第 2 級動差) 特性，是否有落後 q 期的現象，若有，表示 y_t 是「條件異質變異數」之 ARCH(q) 模型。易言之，$ARCH_{LM}$ 法可用來判定 y_t 序列，只要落後 q 期的差分，就已足夠預測前期的差分。這種 ARCH 檢定在自我迴

歸 (AR)、向量自我迴歸 (VAR) 之建模過程時，非常有用。

步驟 4：常態性 JB 檢定、ADF 單根檢定：二個序列都要屬常態、都要有單根，並且落差期數屬同一類型 ARCH(q)。

步驟 5：以 rank(Π) 值判定共整合關係之個數。若只有兩個變數，則頂多只有 1 個共整合。

步驟 6：最後再根據以上訊息，界定 VECM「預設模型」的參數值，執行 JMulTi「Cointergration tests」來判定：x_t 及 y_t 彼此領先或落後關係強度及方向性 (正或負值)。

步驟 7：以「Cointergration tests」所找出 x_t 及 y_t 的線性組合，當「新變數」，並再以單根檢定，此「新變數」是否不需差分一次，本身就是定態。

二、JMulTi 共整合分析之畫面操作

以軟體所附「C:\jmulti4\dataset\ interest-inflation.dat」資料檔為例，它有二個變數：

1. DP：西德國家季通貨膨脹 (GNP deflator)，取 log() 後再差分一次。假如，y_t 為物價水準，則差分一次：$\Delta y_t = y_t - y_{t-1}$ 代表通貨膨脹率。
2. R：西德每年名目利率。

JMulTi 共整合分析步驟如：

Step 1. 描述性統計及 Jarque-Bera 常態性

JMulTi 軟體之 Jarque-Bera 常態性檢定，操作畫面如下。它係考驗殘差向量 $\hat{u}_t$ 的成份之間是否獨立，即計算其第三動差 (moments) 之偏態是否為 0 及第四動差之峰度是否為 3。

(一) Jarque-Bera 常態性公式

首先，JMulTi 估計殘差共變矩陣 $\tilde{\Sigma}_u$：

$$\tilde{\Sigma}_u = \frac{\sum_{t=1}^{T}(\hat{u}_t - \bar{\hat{u}})(\hat{u}_t - \bar{\hat{u}})'}{T}$$

並算出平方根矩陣 $\tilde{\Sigma}_u^{1/2}$。即 JMulTi 係以「已標準化殘差」$\hat{u}_t^s$ 的偏態及峰度來判定是否常態性：

$$\hat{u}_t^s = (\hat{u}_{1t}^s, \cdots, \hat{u}_{Kt}^s)' = \tilde{\Sigma}_u^{1/2}(\hat{u}_t - \overline{\hat{u}})$$

定義
$$\begin{cases} b_1 = (b_{11}, \cdots, b_{1k})'，此處 \ b_{1k} = \dfrac{\sum_{t=1}^{T}(\hat{u}_{kt}^s)^3}{T} \\[3mm] b_2 = (b_{21}, \cdots, b_{2k})'，此處 \ b_{2k} = \dfrac{\sum_{t=1}^{T}(\hat{u}_{kt}^s)^4}{T} \end{cases}$$

由 b_1 及 b_2 即可衍生出下列二個定義：

$$\begin{cases} s_3^2 = Tb_1'b_1 / 6 \sim \chi^2(K) \ 極限分配 \\ s_4^2 = T(b_2 - 3_K)'(b_2 - 3_K) / 24 \sim \chi^2(K) \ 極限分配 \end{cases}$$

Jarque-Bera (JB) 之虛無假設 vs. 對立假設為：

$$\begin{cases} H_0 = 偏態 \ e(u_t^t)^3 = 0；且峰度 \ e(u_t^t)^4 = 3 \\ H_1 = 偏態 \ e(u_t^t)^3 \neq 0；或峰度 \ e(u_t^t)^4 \neq 3 \end{cases}$$

Jarque-Bera (JB) 之檢定統計為：

$$JB_K = s_3^2 + s_4^2 \sim \ 漸近分配 \ \chi^2(2K)，若 \ H_0 \ 成立。$$

(二) JMulTi 之讀入資料檔

選「Import dataset」，開啟「C:\jmulti4\dataset\ interest-inflation.dat」資料檔。

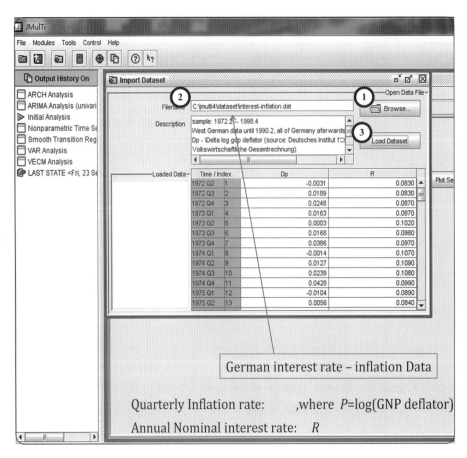

Ꮹ圖 **11-3** 讀入「interest-inflation.dat」資料檔

Step 2. 描述統計 ADF 單根檢定

(一) 單根的由來

根據差分定義：$\Delta y_t = y_t - y_{t-1}$

若有一序列 y_t 之後一期會影響前一期：$y_t = y_{t-1} + u_t$，左右各減 y_{t-1}

$$y_t - y_{t-1} = u_t$$

即 $\Delta y_t = u_t$ ·· (a)

將 (a) 式加以延伸為：$\Delta y_t = \phi y_{t-1} + u_t$ ································ (b)

若 $\phi = 0$，則 y_t 屬非定態。因為 $\phi = 0$，則 $\Delta y_t = u_t$，表示 y_t 作一次差分「Δ」後，就屬定態。

將上面 (b) 式再擴充 ADF 檢定模型：

$$\Delta y_t = \phi y_{t-1} + \sum_{j=1}^{p-1} \alpha_j^* \Delta y_{t-j} + u_t \quad\text{.......................................}\quad (c)$$

ADF 檢定之虛無假設如下：

$$\begin{cases} H_0 : \phi = 0 \\ H_1 : \phi < 0 \end{cases}$$

ADF 係用最小平方法 (OLS) 來估計迴歸係數 ϕ 顯著性，若係數 ϕ 對應的 t 值<查表的臨界值 1.96，則拒絕 H_0。相對地，若 $\phi = 0$，表 y_t 為非定態序列，具有單根，y_t 需要差分一次後才會平穩。

(二) JMulTi 之描述性統計、單根檢定

1. 先繪圖，看序列趨勢

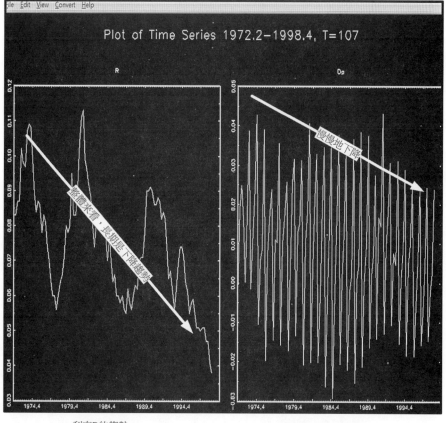

利率R的趨勢 通膨率log()後的趨勢

↳ **圖 11-4 JMulTi 繪圖，看序列趨勢**

2. 再描述性統計

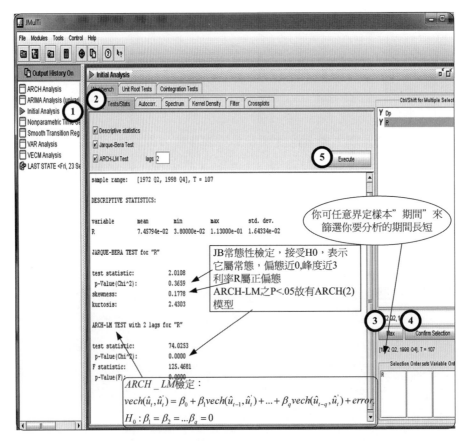

⌐圖 **11-5** JMulTi 之描述性統計、單根檢定 (利率 R)

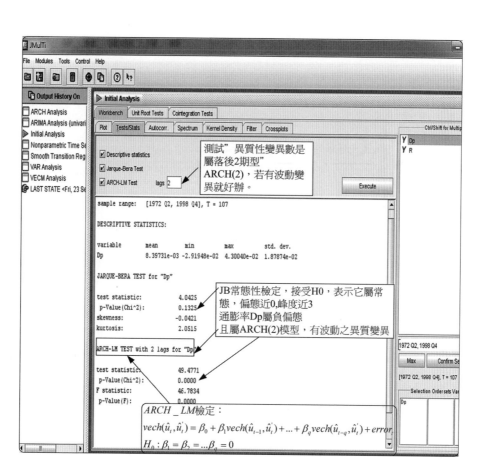

╰ 圖 **11-6** JMulTi 之描述性統計、單根檢定 (通膨率 Dp)

3. 再 ADF 單根檢定

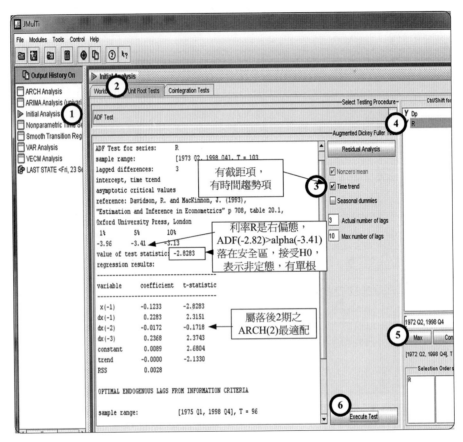

⌐圖 11-7 JMulTi ADF 檢定 (利率 R)

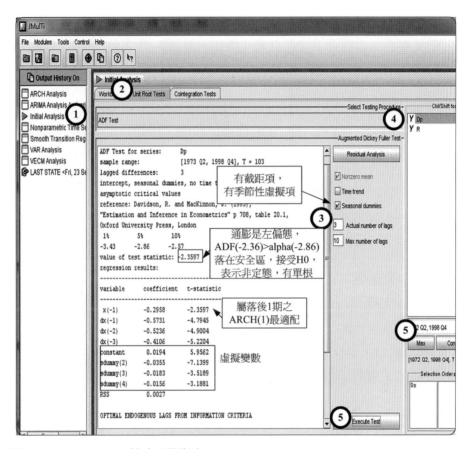

⌐圖 **11-8** JMulTi ADF 檢定 (通膨率 Dp)

Step 3. Johansen Trace 檢定，來判定有幾個共整合

　　假設 x_t 及 y_t 二者序列，我們要作共整合，其先決條件有：

1. $\Delta x_t \sim I(1)$ 及 $y_t \sim I(1)$，二者都是非定態。
2. $\Delta x_t \sim I(0)$ 及 $\Delta y_t\ I(0)$，二者差分後都是定態。
3. 至少有一個以上，共同隨機「$'\beta x_{t-1}$」。

　　以本例子來說，綜合前面幾種檢定，我們得知：

1. 利率 R、通膨率 Dp，兩者都是非定態序列，都有單根。
2. 利率 R、通膨率 Dp，兩者都屬條件異質性變異 ARCH(q)。

故我們再執行「Cointegration」，結果如下圖，顯示利率 R 及通膨率 Dp 有「1」個共整合。但迄今，我們仍無法得知，誰領先/誰落後？或則落後多少幾期，二者仍會彼此互相影響，故就種問題就執行 VECM 分析。

(一) 共整合模型

所謂「共整合」係指 common stochastic trend。JMulTi 的共整合檢定之基礎模型為：

$$y_t = D_t + x_t \text{ 或寫成 } \begin{bmatrix} y_{1t} \\ y_t \\ \vdots \\ y_{kt} \end{bmatrix} = \begin{bmatrix} D_{1t} \\ D_{2t} \\ \vdots \\ D_{kt} \end{bmatrix} + \begin{bmatrix} x_{1t} \\ x_{2t} \\ \vdots \\ x_{kt} \end{bmatrix}$$

其中，y_t 代為觀察值之 K 維向量。

D 為決定項 (deterministic term)。例如，$D_t = \mu_0 + \mu_1 t$ 是線性趨勢項。

x_t 是具有向量誤差修正模型 (VECM) 之 VAR(P)。

所謂 VECM，其模型如下。表示除了自己受前一期有影響外，y_t 的前幾期「差分」亦有影響力：

$$\Delta x_t = \Pi \times x_{t-1} + \sum_{j=1}^{p-1} \Gamma_j \times \Delta y_{t-j} + u_t$$

其中，向量 u_t 是白噪音，$u_t \sim (0, \Sigma_u)$

最後，Johansen Trace 檢定算出 rank(Π) 值，即是「共整合的個數」。

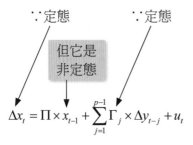

在上式中，由於 x_{t-1} 項是非定態，它是無法「直接」納入此「左右都定態」的恆等式中。

故我們期望找一個「線性組合項」$\alpha\beta'$，「間接」來取代 Π：

$$\Pi x_{t-1} = (\alpha\beta') x_{t-1} = \alpha \times (\beta' x_{t-1})$$

使得 x_{t-1} 經 β 之「$\beta' x_{t-1}$」是定態。

其中，$\beta' x_{t-1}$：長期隨機關係 (即共整合關係)

α：調整速度 (大小)

虛無假設 $\begin{cases} H_0 : rank(\Pi) = r_0 \\ H_1 : rank(\Pi) > r_0, r_0 = 0,1,2,..,K-1 \end{cases}$

有 K 個序列，最多 K $-$ 1 個共整關係。所以 JMulTi 軟體會疊代「K$-$1」次，來逐次檢定 r_0 是否顯著。

(二) 共整合關係有幾個呢？Trace 檢定

從基本型之 VECM 模型：$y_t = D_t + x_t$ 來看。Johansen Trace 檢定有 3 型 (Type)：

1. Constant：限制平均項，且沒有線性趨勢

此型之決定項 D_t 為：$D_t = \mu_0 (+seasonal\ dummies)$

以本例的 GDP (變數 Dp) 所代表的 來說，其對應的模型為：

$$\Delta y_t = \Pi^* \begin{bmatrix} y_{t-1} \\ 1 \end{bmatrix} + \sum_{j=1}^{p-1} \Gamma_j \Delta y_{t-j} + u_t \qquad 長期關係 ``內" 加一個「常數項」$$

其中，$\Pi^* = [\Pi : \nu_0]$，是 $(K \times (K+1))$ 矩陣，$\nu_0 = -\Pi \mu_0$ Johansen (1995)

2. Constant and trend：趨勢及共整合，兩者是正交 (orthogonal)

此型之決定項 D_t 為：$D_t = \mu_0 + \mu_1 \times t (+seasonal\ dummies)$

$$\Delta y_t = \nu + \Pi \times y_{t-1} + \sum_{j=1}^{p-1} \Gamma_j \Delta y_{t-j} + u_t \qquad 長期關係 ``外" 加一個「常數項 ν」$$

虛無假設的檢定為 $\begin{cases} H_0 : rank(\Pi) = K-1 \\ H_1 : rank(\Pi) = K \end{cases}$

3. Orthogonal trend：第 2 型＋季節虛擬變數

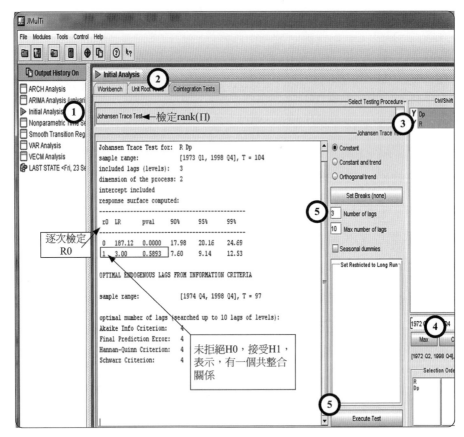

⌐ 圖 **11-9** Johansen Trace 檢定結果，顯示有「1」個共整合

Step 4. VECM 分析

　　通常，我們若發現二個序列有共整合關係，且非定態，那麼，改用向量誤差修正模型 (VECM) 會比向量自我迴歸模型 (VAR) 的預測來得精準。

　　事實上，財經界要處理的問題，多數的序列是屬非定態。故只要差分一次，往往就可代入最小平方方法 (OLS) 迴歸模型來求解。以本例子來說，一個國家，央利率 (變數 R) 調升/調降，往往牽動著通貨膨脹率 (一次差分後 DP 變數)，經前面幾個分析後，才確定二者都有單根、同屬 GARCH(q)，且經 Johansen Trace 檢定後發現有 1 個共整合關係。有了這些建模之訊息，接下來，我們要用 VECM，來判定利率 (變數 R) 與通脹率 (變數 DP) 兩者間，誰是領先指標、誰是落後指標、二者間是否彼間交互影響？

VECM 分析步驟如下：

Step 4-1. 界定 VECM 參數

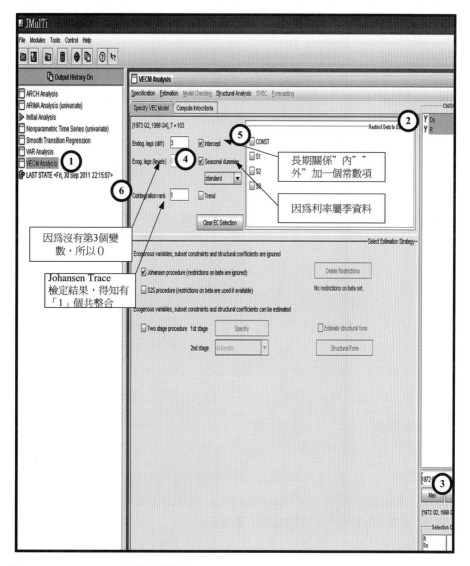

ᒧ圖 **11-10** VECM 分析之參數界定

Step 4-2. 估計 (Estimation) 該 VECM 是否適配

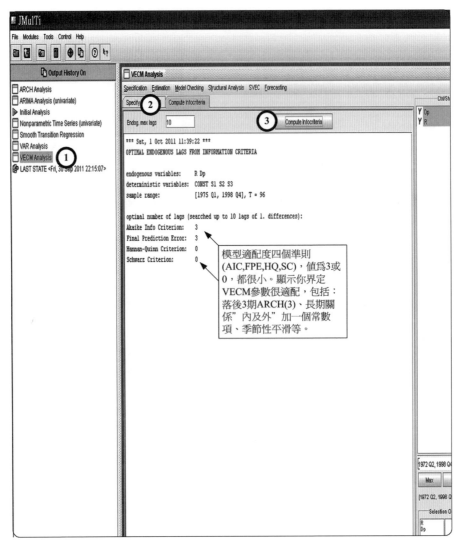

⌐圖 **11-11** 估計 (Estimation) 該 VECM 是適配的

Step 4-3. VECM 模型之結果

由於剛剛界定的 VECM 模型沒有「constant」ν，長期關係「內外」加一個「常數項」，因此合併下列二式：

$$\Delta y_t = \Pi^* \begin{bmatrix} y_{t-1} \\ 1 \end{bmatrix} + \sum_{j=1}^{p-1} \Gamma_j \Delta y_{t-j} + u_t \text{,長期關係 “內” 加一個「常數項」}$$

$$\Delta y_t = \nu + \Pi \times y_{t-1} + \sum_{j=1}^{p-1} \Gamma_j \Delta y_{t-j} + u_t \text{,長期關係 “外” 加一個「常數項」}$$

可得到剛剛界定的，綜合 VECM 模型為：

$$\Delta y_t = \nu + \Pi^* \begin{bmatrix} y_{t-1} \\ 1 \end{bmatrix} + \sum_{j=1}^{p-1} \Gamma_j \Delta y_{t-j} + u_t$$

長期關係「內」加一個常數項

長期關係「外」加一個常數項

我們期望 VECM 能找一個「線性組合項」$\alpha\beta'$，來取代 $\Pi x_{t-1} = (\alpha\beta') x_{t-1} = \alpha \times (\beta' x_{t-1})$。故上式可再改寫成：

$$\Delta y_t = \alpha \times \beta' \times y_{t-1} + \sum_{j=1}^{p-1} \Gamma_j \times \Delta y_{t-j} + u_t$$

下圖 VECM 最適模型，其算出的最佳矩陣解：

$$\begin{bmatrix} \Delta R_t \\ \Delta Dp_t \end{bmatrix} = \begin{bmatrix} -0.10 \\ 0.158 \end{bmatrix} [1.00 \quad -3.96] \begin{bmatrix} R_{t-1} \\ Dp_{t-1} \end{bmatrix} + \begin{bmatrix} 0.269 & -0.21 \\ 0.065 & -0.34 \end{bmatrix} \begin{bmatrix} \Delta R_{t-1} \\ \Delta Dp_{t-1} \end{bmatrix}$$

$$+ \begin{bmatrix} -0.02 & -0.22 \\ -0.00 & -0.39 \end{bmatrix} \begin{bmatrix} \Delta R_{t-2} \\ \Delta Dp_{t-2} \end{bmatrix} + \begin{bmatrix} 0.223 & -0.11 \\ 0.018 & -0.35 \end{bmatrix} \begin{bmatrix} \Delta R_{t-3} \\ \Delta Dp_{t-3} \end{bmatrix} + \begin{bmatrix} u1_t \\ u2_t \end{bmatrix}$$

上式之矩陣運算式裡，係數大小代表影響力強弱，正負號代表影響的方向。

因為向量 Beta＝$[1.00, -3.96]'$，係數顯著性考驗之對應 $|t| > 1.96$ 臨界值，表示利率 R 及通膨 Dp，兩者長期均衡之趨勢達 0.05 顯著水準，故我們發現：

利率 R 及通膨率 Dp 有一共整合關係：「 $R_t - 3.962 \times Dp_t$ 」。

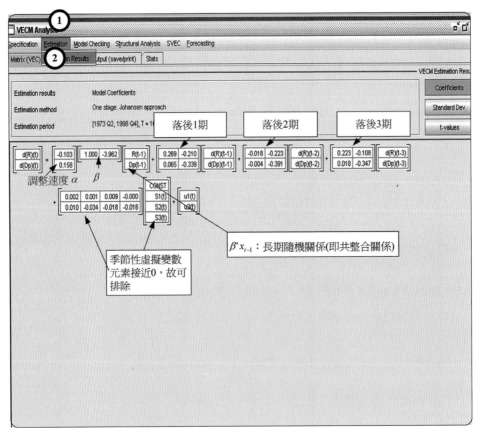

⊊圖 11-12 VECM 模型之結果

Step 4-4. VECM 模型之參數之顯著考驗

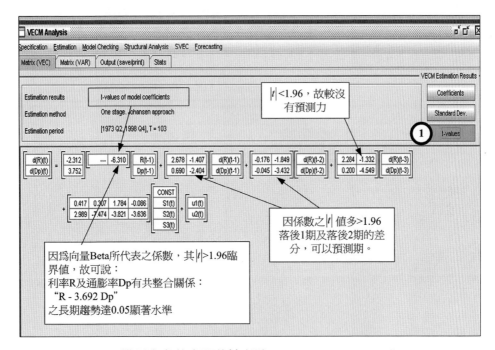

⌐圖 **11-13** VECM 模型之參數之顯著性考驗

若將本例之 VECM 模式 (如下)，改成向量自我模式 (VAR) 來重新再估算一次。

$$
\begin{bmatrix} \Delta R_t \\ \Delta Dp_t \end{bmatrix} = \begin{bmatrix} -0.10 \\ 0.158 \end{bmatrix} \begin{bmatrix} 1.00 & -3.96 \end{bmatrix} \begin{bmatrix} R_{t-1} \\ Dp_{t-1} \end{bmatrix} + \begin{bmatrix} 0.269 & -0.21 \\ 0.065 & -0.34 \end{bmatrix} \begin{bmatrix} \Delta R_{t-1} \\ \Delta Dp_{t-1} \end{bmatrix}
$$
$$
+ \begin{bmatrix} -0.02 & -0.22 \\ -0.00 & -0.39 \end{bmatrix} \begin{bmatrix} \Delta R_{t-2} \\ \Delta Dp_{t-2} \end{bmatrix} + \begin{bmatrix} 0.223 & -0.11 \\ 0.018 & -0.35 \end{bmatrix} \begin{bmatrix} \Delta R_{t-3} \\ \Delta Dp_{t-3} \end{bmatrix} + \begin{bmatrix} u1_t \\ u2_t \end{bmatrix}
$$

沒有差分之 VAR，用 JMulTi 所求得 VAR 估計式為：

$$
\begin{bmatrix} R_t \\ Dp_t \end{bmatrix} = \begin{bmatrix} 1.166 & 0.197 \\ 0.233 & 0.036 \end{bmatrix} \begin{bmatrix} R_{t-1} \\ Dp_{t-1} \end{bmatrix} + \begin{bmatrix} -0.29 & -0.01 \\ -0.07 & -0.05 \end{bmatrix} \begin{bmatrix} R_{t-2} \\ Dp_{t-2} \end{bmatrix}
$$
$$
+ \begin{bmatrix} 0.241 & 0.115 \\ 0.023 & 0.044 \end{bmatrix} \begin{bmatrix} R_{t-3} \\ Dp_{t-3} \end{bmatrix} + \begin{bmatrix} -0.22 & 0.108 \\ -0.02 & 0.347 \end{bmatrix} \begin{bmatrix} R_{t-4} \\ Dp_{t-4} \end{bmatrix} + \begin{bmatrix} u1_t \\ u2_t \end{bmatrix}
$$

VAR 分析結果顯示：

1. 當期利率 R，受落後 1 期 (季) 及 3 期利率及通膨率「正向」影響。

2. 當期利率 R，受落後 2 期 (季) 利率及通膨率「負向」影響。

3. 當期通膨率 Dp，受落後 1 期 (季) 及 3 期利率及通膨率「正向」影響。

4. 當期通膨率 Dp，受落後 2 期 (季) 利率及通膨率「負向」影響。

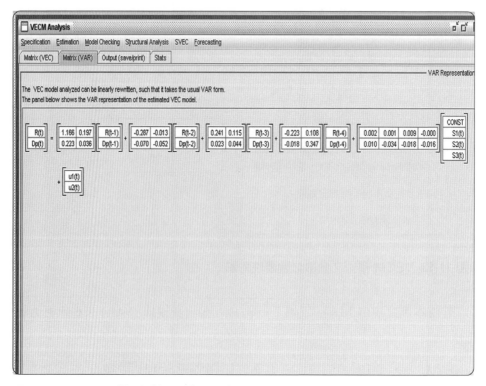

⌐圖 **11-14** 以 VAR 模型重新再估一次之結果

Step 4-5. 複驗「共整合關係」是否平穩

根據 Engle-Granger 兩階段共整合檢定法之概念，若兩數列 (F_t 及 C_t) 間具有共整合關係，則會存在一係數 β，使得 $e_t = F_t - \beta C_t$ 為穩定的狀態。根據此 Engle-Granger 概念，為了再次確保，利率 R 及通膨率 Dp 共整合關係：「$R_t - 3.962 \times Dp_t$」，它是定態，沒有單根。

JMulTi 軟體有提供「<u>Time-Series Calculator</u>」圖示，讓你做新變數的加權組合，根據上述所發現的共整合式，我們界定新時間序列：

$$FisherEffect_t = R_t - 4 \times Dp_t$$

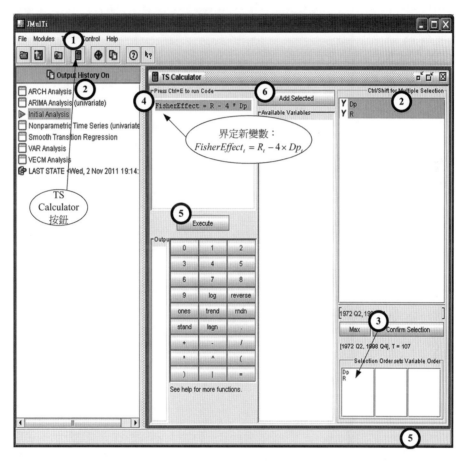

ᒼ圖 **11-15** 以「TS Calculator」界定「共整合關係」為新變數：FisherEffect

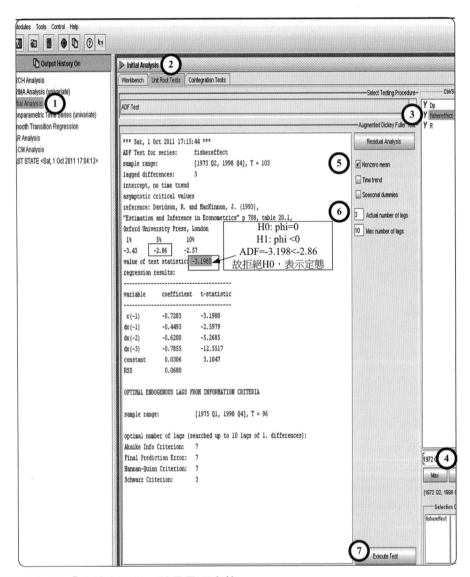

�連圖 **11-16** 「共整合關係」結果呈現定態

Step 6. VECM 之 Granger 因果性檢定

進一步，若我們想知

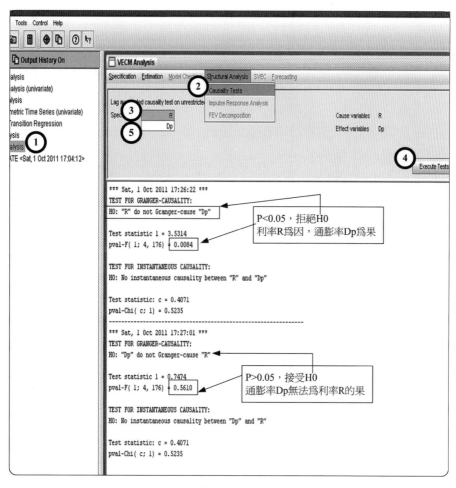

⌐圖 **11-17** VECM 之 Granger 因果檢定

參考文獻

Ahmed, A. and Asseery, A., (1996). Evidence Form Time Series on Militarizing the Economy, The Case Iraq, Applied Economics, 28, 5, 1257-1261.

Ahn, S. K. and Reinsel, G. C. (1990). Estimation of partially nonstationary multivariate autoregressive models, Journal of the American Statistical Association 85, 813-823.

Akaike, H. (1969). Fitting autoregressive models for prediction, Annals of the Institute of Statistical Mathematics 21, 243-247.

Akaike, H. (1971). Autoregressive model fitting for control, Annals of the Institute of Statistical Mathematics 23, 163-180.

Akaike, H. (1973). Information theory and an extension of the maximum likelihood principle, in B. Petrov and F. Csáki (eds). 2nd International Symposium on Information Theory, Académiai Kiadó, Budapest, 267-281.

Akaike, H. (1974). A new look at the statistical model identification, IEEE Transactions on Automatic Control AC-19, 716-723.

Amisano, G. and Giannini, C. (1997). Topics in Structural VAR Econometrics, 2nd edn, Springer, Berlin.

Ansely, C. F. (1979). An algorithm for the exact likelihood of a mixed autoregressive-moving average process, Biometrika 66, 59-65.

Baba, Y., Engle, R., Kraft, D. and Kroner, K. (1990). Multivariate simultaneous generalized ARCH, mimeo, UCSD.

Bacon, D. W. and Watts, D. G. (1971). Estimating the Transition between Two Intersecting Straight Lines, Biometrika, 58, pp. 525-534.

Banerjee, A., R. Lumsdaine and J. Stock (1992), Recursive and Sequential Tests of Unit Root and Trend Breaks Hypothesis: Theory and International Evidence, *Journal of Business and Economic Statistics*, 10, 3, 271-288

Bartlett, M. S. (1950). Periodogram analysis and continuous spectra, Biometrika 37, 1-16.

Benkwitz, A., Lütkepohl, H. and Neumann, M. (2000). Problems related to bootstrapping impulse responses of autoregressive processes, Econometric Reviews 19, 69-103.

Benoit, E., (1978). Growth and Defense in Developing Countries. Economic Development and Cultural Change, 26, 2, 271-280.

Berben, R.P. and Jansen, W.J., (2005a). Comovement in international equity markets, A sectoral view. Journal of International Money and Finance, 24, 832-857.

Berben, R.P. and Jansen, W.J., (2005b). Bond market and stock market integration in Europe. DNB working paper, 66.

Berndt, E., Hall, B., Hall, R. and Hausman, J. (1974). Estimation and inference in nonlinear structural models, Annals of Economic and Social Measurement 3/4, 653-665.

Biswas, B. and R. Ram, (1986). Military Expenditures and Economic Growth in Less Developed Countries, An Augmented Model and Further Evidence, Economic Development and Cultural Change, 34, 2, 361-372.

Black, F., (1975). Fact and Fantasy in the Use of Options, *Journal of Financial Analysis*, 31, 36-41, 61-72.

Black, F., and M. Scholes, (1972). The Valuation of Option Contracts and a Test of Market Efficiency, *Journal of Finance*, 27, 399-417.

Black, F., and M. Scholes, (1973)., The Pricing of Options and Corporate Liabilities, *Journal of Political Economics*, 81, 637-659.

Blanchard, Oliver and Danny Quah., (1989). The Dynamic Effects of Aggregate Demand and Supply Disturbances, American Economic Review,. 79, 655-673.

Bollerslev, T. (1986). Generalized autoregressive conditional heteroskedasticity, Journal of Econometrics 31, 307-327.

Bollerslev, T. (1987). A Conditional Heteroskedastic Time Series Model for Speculative Price and Rate of Return. Review of Economics and Statistics, 19,. 542-547.

Bollerslev, T. and Wooldridge, J. (1992). Quasi maximum likelihood estimation and inference in dynamic models with time varying covariances, Econometric Reviews 11, 143-172.

Boucher, C., (2007). Asymmetric Adjustment of Stock Prices to Their Fundamental Value and the Predictability of US Stock Returns, Economics Letters, 95, 3, 339-347.

Box, G.E.P. and Jenkins, G.M., (1970). Time Series Analysis,. Forecasting and Control, Holden-Day, Third Edition. Prentice Hall.

Breitung, J., Brüggemann, R. and Lütkepohl, H. (2004). Structural vector autoregressive modelling and impulse responses, in H. Lütkepohl and M. Krätzig (eds). Applied Time Series Econometrics, Cambridge University Press.

Brocato, J., (1994). Evidence on Adjustments in Major National Stock Market Linkages over the 1980s *Journal of Finance and Accounting*, 21, 643~667,

Brouwer D. & Philippe J. S. (2009). Maslowian portfolio theory, An alternative formulation of the behavioural portfolio theory. Journal of Asset Management, 9(6). 359-365.

Brown, R. L., Durbin, J. and Evans, J. M. (1975). Techniques for testing the constancy of regression relationships over time, Journal of the Royal Statistical Society B 37, 149-192.

Brüggemann, R. and Lütkepohl, H. (2001). Lag selection in subset VAR models with an application to a U.S. monetary system, in R. Friedmann, L. Knüppel and H. Lütkepohl (eds). Econometric Studies, A Festschrift in Honour of Joachim Frohn, LIT Verlag, Münster, 107-128.

Campbell, John Y., Chan, Yeung Lewis, and Viceira, Luis M.(2003). A multivariate model of strategic asset allocation. Journal of Financial Economics, 67(1). 41-80.

Candelon, B. and Lütkepohl, H. (2000). On the reliability of Chow type tests for parameter constancy in multivariate dynamic models, Discussion paper, Humboldt-Universität Berlin.

Chan, K. C., B. E. Gup and M.S.Pan, (1992). An Empirical Analysis of Stock Prices in Major Asian Market and the United States, *Financial Review*, May. 289~307

Chang, T., Fang, W., Wen, L.F. and Liu, C., (2001). Defense Spending, Economic Growth and Temporal Causality, Evidence from Taiwan and Mainland China, 1952-1995, Journal of Applied Economics, 33, 10, 1289-1299.

Chelley-Steeley, P. (2004). Equity Market Integration in the Asia-Pacific Region: A Smooth Transition Analysis, International Review of Financial Analysis, 13, pp. 621-632.

Chelley-Steeley, P. L. (2005). Modeling Equity Market Integration Using Smooth Transition Analysis: A Study of Eastern European Stock Markets, Journal of International Money and Finance, 24, pp. 818-831.

Chester, E., (1978). Military Spending and Capitalist Stability, Cambridge Journal of Economics, 2, 3, 293-298.

Cheung, Y. and K.S. Lai, (1993), Finite-sample sizes of Johansen's likelihood ratio tests for cointegration, Oxford Bulletin of Economics and Statistics 55, 313-328.

Chowdhury Abdur R., (1994). Stock Market Interdependence, Evidence from the Asia NIEs, *Journal of Macroeconomics*, 16, 629~651

Chowdhury, A. R., (1991). A Causal Analysis of Defense Spending and Economic Growth, Journal of Conflict Resolution, 35, 1, 80-97.

Davidson, J. (2000). Econometric theory, Blackwell publishers, Oxford.

Davidson, R. and MacKinnon, J. (1993). Estimation and Inference in Econometrics, Oxford University Press, London.

de Brouwer, G. and N. Ericsson (1995). Modelling Inflation in Australia, *Research Discussion Paper*, 9510, Reserve Bank of Australia.

Deger, S. and R. P. Smith., (1983). Military Expenditures and Growth in the Less Developed Countries, Journal of Conflict Resolution, 27, 2, 335-353.

Dickey, D. A. and Fuller, W. A., (1979). Distribution of the Estimators for Autoregressive Time Series with Unit Root, Journal of American Statistical Association, 74, 3, 427-431.

Dickey, D. A. and W. A. Fuller., (1981). The likelihood ratio statistics for autoregressive process, Economics, 49, 5, 1057-1072.

Dolado, J. J. and Lütkepohl, H. (1996). Making Wald tests work for cointegrated VAR systems, Econometric Reviews 15, 369-386.

Doornik, J. A. (1998). Approximations to the asymptotic distributions of cointegration tests, Journal of Economic Surveys 12, 573-593.

Doornik, J. A. and Hansen, H. (1994). A practical test of multivariate normality, unpublished paper, Nuffield College.

Doornik, J. A. and Hendry, D. F. (1997). Modelling Dynamic Systems Using PcFiml 9.0 for Windows, International Thomson Business Press, London.

Duan, J. (1995). The GARCH Option Pricing Model, Mathematical Finance, 5, 13-32.

Duan, J. (1996). A Unified Theory of Option Pricing under Stochastic Volatility- from GARCH to Diffusion, Unpublished manuscript, Hong Kong University of Science and Technology. 14. Duan, J., 1996b, Cracking the Smile, Risk, 9, 55-59.

Duan, J.(1997). Augmented GARCH (p,q) Process and Its Diffusion Limit, Journal of Econometrics, 79, 97-127.

Duan, J., and J. Wei, (1999). Pricing Foreign Currency and Cross-Currency Options Under GARCH, Journal of Derivatives, 3, 51-63.

Duan, J., G. Gauthier, and J. Simonato, (1990). An Analytical Approximation for the GARCH Option Pricing Model, Journal of Computational Finance, 2, 75-116.

Dunne, P. and Vougas, D., (1999). Military Spending and Economic Growth in South Africa, Enders, W., 2004, Applied Econometric Time Series. New York, John Willey and Sons, Inc.

Edgerton, D. and Shukur, G. (1999). Testing autocorrelation in a system perspective, Econometric Reviews 18, 343-386.

Efron, B. and Tibshirani, R. J. (1993). An Introduction to the Bootstrap, Chapman & Hall, New York.

Enders, W. and Granger, C. W., (1998). Unit-Root Tests and Asymmetric Adjustment with an Example Using the Term Structure of Interest Rates, Journal of Business and Economic Statistics, 16, 3, 304-311.

Enders, W. and Siklos, P. L., (2001). Cointegration and Threshold Adjustment, Journal of Business and Economic Statistics, 29, 2, 166-176.

Enders, Walter (2004). Applied Econometric Time Series 2nd, New York, John Wiley & Sons, Inc.

Engle, R. and Granger, C. W., (1987). Cointegration and Error Correction, Representation, Estimation, and Testing, Econometrics, 55, 2, 251-276.

Engle, R. and Yoo, S., 1987, Forecasting and Testing in Co-integration Systems, Journal of Econometrics, 35, 2, 143-159.

Engle, R. F. (1982). Autoregressive conditional heteroscedasticity, with estimates of the variance of United Kingdoms inflations, Econometrica 50, 987-1007.

Engle, R. F. and Bollerslev, T. (1986). Modelling the persistence of conditional variances, Econometric reviews, 5(1).1-50.

Engle, R.F. and V. Ng, (1993). Measuring and Testing the Impact of News on Volatility, Journal of Finance, 45, 1749-1777.

Ericsson, R. N., D. F. Hendry and G. E. Mizon (1998). Exogeneity, Cointegration, and Economic Policy Analysis, *Journal of Business & Economic Statistics*, 16, 14, American Statistical Association,

Eun, C. and S. Shim, (1989). International Transmission of Stock Market Movements, *Journal of Financial and Quantitative Analysis*, 24, 241~256

Francis, Bill B. and Lori L. (1998). Leachman, Superexogeneity and the dynamic linkages among international equity markets, *Journal of International Money and Finance*, 17(3). Jun 475-492

Franses, P. H. (1990). Testing for seasonal unit roots in monthly data, Econometric Institute Report 9032A, Erasmus University Rotterdam.

Franses, P. H. and Hobijn, B. (1997). Critical values for unit root tests in seasonal time series, Journal of Applied Statistics 24, 25-46.

Franses, P. H. and van Kijk, D. (2000). Non-Linear Time Series Models in Empirical Finance, Cambridge University Press, Cambridge.

Frenkel, J.A. and Rodriguez, C.A. (1982). Exchange Rate Dynamics and the Overshooting Hypothesis, IMF Staff Papers, 29, 1-30.

Fuller, W. A. (1976). Introduction to Statistical Time Series, John Wiley & Sons, New York.

Gerace, M. P., (2002). US military expenditures and economic growth, some evidence from spectral methods, Defense and Peace Economics, 13, 1, 1-11.

Glosten, L., Jagannathan, R. and Runkle, D. (1993). Relationship between the expected value and the volatility of the nominal excess return on stocks, Journal of Finance

48, 1779-1801.

Godfrey, L. (1988). Misspecification Tests in Econometrics, Cambridge University Press, Cambridge.

Goldfeld, S. M. and Quandt, R. (1972). Nonlinear Methods in Econometrics, North Holland, Amsterdam.

Granger, C. and Newbold, P. (1974), Spurious Regressions in Econometrics, Journal of Econometrics, 2(2), pp. 111-120.

Granger, C. and Newbold, P. (1986). Forecasting Economic Time Series, 2nd edn, San Diego, Academic Press.

Granger, C. W. J. and P. Newbold., (1974). Spurious regressions in econometrics, Journal of Econometrics, 2, 2, 111-120.

Granger, C. W. J. and Teräsvirta, T. (1993). Modelling Nonlinear Economic Relationships, Oxford University Press, Oxford. Greenaway, D., Leybourne, S., and Sapsford, D. (1997), Modeling Growth (and Liberalisation) Using Smooth Transitions Analysis, Economic Inquiry, 35, pp.798-814.

Hall, P. (1992). The Bootstrap and Edgeworth Expansion, Springer, New York.

Hannan, E. J. and Quinn, B. G. (1979). The determination of the order of an autoregression, Journal of the Royal Statistical Society B41, 190-195.

Hannan, E. J. and Rissanen, J. (1982). Recursive estimation of mixed atoregressive-moving average order, Biometrika 69, 81-94.

Hansen, B. E. (1996), Inference When a Nuisance Parameter is Not Identified Under the Null Hypothesis. Econometrics.

Hansen, B. E. (2000). Sample Splitting and Threshold Estimation, Econometrica, 68(3), 575-603.

Hansen, B. E. (2001). The New Econometric of Structural Change：Dating Breaks In U.S. Labor Productivity. Journal of Economic Perspectives, 15, (4), 117-128.

Hansen, H. and Johansen, S. (1999). Some tests for parameter constancy in cointegrated VAR-models, Econometrics Journal 2, 306-333.

Harvey, A. C. (1990). The econometric analysis of time series, 2nd edn, Philip Allan, Hemel Hempstead.

Herwartz, H. (2004). Conditional heteroskedasticity, in H. Lütkepohl and M. Krätzig (eds). Applied Time Series Econometrics, Cambridge University Press.

Heston, S., (1993). A Closed-Form Solution for Options with Stochastic Volatility, Review of Financial Studies, 6, 327-344.

Heston, S., and S. Nandi, (2000). A Closed-Form GARCH Option Valuation Model, *The Review of Financial Studies*, 13, 585-625.

Holmes, M. J. and Maghrebi, N. (2004), Asian Real Interest Rates, Nonlinear Dynamics, and International Parity, International Review of Economics and Finance, 13, pp.387-405.

Hull, J., and A. White, (1987). The Pricing of Options on Assets with Stochastic Volatilities, *Journal of Finance*, 42, 281-300.

Hull, J., and A. White, (1990). Valuing Derivative Securities Using the Explicit Finite Difference Method, *Journal of Financial and Quantitative Analysis*, 25,1.

Hylleberg, S., Engle, R. F., Granger, C. W. J. and Yoo, B. S. (1990). Seasonal integration and cointegration, Journal of Econometrics 44, 215-238.

Ibrahim, M. H., (2000). Cointegration and Granger Causality Test of Stock Price and Exchange Rate Interactions in Malaysia. ASEAN Economic Bulletin, 17(1), 136-47.

Jarque, C. M. and Bera, A. K. (1987). A test for normality of observations and regression residuals, International Statistical Review 55, 163-172.

Johansen, S. (1988). Statistical analysis of cointegration vectors, Journal of Economic Dynamics and Control 12, 231-254.

Johansen, S. (1991). Estimation and hypothesis testing of cointegration vectors in Gaussian vector autoregressive models, Econometrica 59, 1551-1581.

Johansen, S. (1992). Determination of cointegration rank in the presence of a linear trend, Oxford Bulletin of Economics and Statistics 54, 383-397.

Johansen, S. (1994). The role of the constant and linear terms in cointegration analysis of nonstationary time series, Econometric Reviews 13, 205-231.

Johansen, S. (1995). Likelihood-based Inference in Cointegrated Vector Autoregressive Models, Oxford University Press, Oxford.

Johansen, S., 1988, Statistical Analysis of Cointegration Vectors, Journal of Economic Dynamics and Control, 12, 3, 231-254.

Johansen, S., Mosconi, R. and Nielsen, B. (2000). Cointegration analysis in the presence of structural breaks in the deterministic trend, Econometrics Journal 3, 216-249.

Johnson, H. and D. Shanno, (1987). Option Pricing When the Variance Is Changing, Journal of Financial and Quantitative Analysis, 22, 143-151.

Jung, W. S., and Peyton J. M. (1985). Exports, Growth and Causality in Developing Countries, Journal of Development Economics, 18,. 1-12.

Kasa, K., (1992). Common Stochastic Trends in International Stock Market, *Journal of Monetary Economics*, 29, 95~124.

Khan, H. and Leng, K. B., (1997). Foreign Direct Investment, Exports and Economic Growth in the Three Little Dragons: Evidence from Cointegration and Causality Tests, The Singapore Economic Review, 42(1),. 40-60.

Killias, Naxakis and Zarangas.(2004). Defense Spending and Growth in Cyprus, A Causal Analysis, Defense and Peace Economic, 15, 3, 299-307.

Kim, Y. C., (1977). Statistical Analysis of the Relationship Between the Defense Burden and the Economic Growth of the R.O.K., Naval Post-graduate School Master's Thesis.

Knight, M., N. Loayza, and Villanueva., D. (1996). The Peace Dividend, Military Spendings Cuts and Economic Growth, IMF staff paper, 43, 1, 1-37.

Kwiatkowski, D., Phillips, P. C. B., Schmidt, P. and Shin, Y. (1992). Testing the null of stationarity against the alternative of a unit root, How sure are we that the economic time series have a unit root?, Journal of Econometrics 54, 159-178.

Lanne, M., Lütkepohl, H. and Saikkonen, P. (2001). Test procedures for unit roots in time series with level shifts at unknown time, Discussion paper, Humboldt-Universität Berlin.

Lanne, M., Lütkepohl, H. and Saikkonen, P. (2002). Comparison of unit root tests for time series with level shifts, Journal of Time Series Analysis .

Lebovic, J. H. and Ishaq, A., (1987). Military Burden Security Needs and Economic

Growth in The Middle East, Journal of Conflict Resolution, 31, 1, 106-138.

Lee, Chingnun (2009). Factor-Augmented VECM, Working Paper, Institute of Economics, National Sun Yat-Sen University, Taiwan.

Lee, S. and Hansen, B. (1994). Asymtotic theory for the GARCH (1,1) quasi maximum likelihood estimator, Econometric Theory 10, 29-52.

Leybourne, S. J., and Mizen, P. (1999). Understanding the Disinflations in Australia, Canada and New Zealand: Evidence from Smooth Transition Analysis, Journal of International Money and Finance, 18, pp.799-816.

Leybourne, S. J., Newbould, P., and Vougas, D. (1998). Unit Roots and Smooth Transitions, Journal of Time Series Analysis, 19, pp. 83-97.

Lin, C.-F.J. and Teräsvirta, T., (1994). Testing the constancy of regression parameters against continuous structural change. Journal of Econometrics, 62, 211-228.

Liu, Y. A., M. S. Pan., K. C. Chan.and J .C. P. Shieh, International Transmission of Stock Market Movements, Evidence on the U.S. and Five Asian Stock Markets, Working Paper.

Ljung, G. M. and Box, G. E. P. (1978). On a measure of lack of fit in time-series models, Biometrika 65, 297-303.

Lomnicki, Z. A. (1961). Tests for departure from normality in the case of linear stochastic processes, Metrika 4, 37-62.

Lucas, A. (1997). Strategic and tactical asset allocation and the effect of long-run equilibrium relations. Research Memorandum, Vrije University, Amsterdam, Holland. Markowitz, H. M. (1952). Portfolio selection. Journal of Finance, 7(1). 77-91.

Luiz,R., and Kiichiro, (2000). Trade And Foreign Direct Investment In Latin America And Southeast Asia: Temporal Causality Analysis, Journal of International Development , 12,. 903-924.

Lumsdaine, R. (1996). Consistency and asymptotic normality of the quasi maximum likelihood estimator in IGARCH(1,1) and covariance stationary GARCH (1,1) models, Econometrics 64, 575-596.

Lütkepohl, H. (1991). Introduction to Multiple Time Series Analysis, Springer Verlag,

Berlin.

Lütkepohl, H. (2004). Univariate time series analysis, in H. Lütkepohl and M. Krätzig (eds). Applied Time Series Econometrics, Cambridge University Press, Cambridge, 8-85.

Lütkepohl, H. and Krätzig, M. (2003). Applied Time Series Econometrics.

Lütkepohl, H. and Krätzig, M. (eds) (2004). Applied Time Series Econometrics, Cambridge University Press, Cambridge.

Luukkonen, R., Saikkonen, P. and Teräsvirta , T. (1988). Testing Linearity Against Smooth Transition Autoregressive Models, Biometrika, 75, pp. 491-499.

MacDonald, R. (1995). Long-Run Exchange Rate Modeling: A Survey of the Recent Evidence, IMF Working Paper, 437-452.

Masih, A. M. M. and R. Masih, (1997). Dynamic Linkages and the Propagation MeChanism Driving Major International Stock Markets, An Analysis of Pre-and Post-Crash Eras, *The Quarterly Review of Economics and Finance*, 859~885.

Nasseh, Alireza and Jack Strauss, (2000). Stock prices and domestic and international macroeconomic activity, A cointegration approach, *Quarterly Review of Economics and Finance*, 40(2). Summer 229-245.

Nelson, C.R., and Plosser, C.I., (1982). Trends and Random Walks in Macroeconomic Time Series, Some evidence and implications. Journal of Monetary Economics, 10, 2, 139-162.

Nelson, D., (1991). Conditional Heteroskedasticity in Asset Returns, A New Approach. Econometrica, 59(2). 347-370.

Newey, W. and Steigerwald, D. (1997). Asymptotic bias for quasi maximum likelihood estimators in conditional heteroskedasticity models, Econometrica 65, 587-599.

Öcal , N. and Osborn, D. R. (2000). Business Cycle Nonlinearities in UK Consumption and Production, Journal of Applied Econometrics, 15, pp. 27-43.

Phillips, P. C. B. and Perron, P., (1988). Testing for a Unit Root in Time Series Regression, Biometrika, 75, 3, 335-346.

Ploberger, W., Krämer, W. and Kontrus, K. (1989). A new test for structural stability in the linear regression model, Journal of Econometrics 40, 307-318.

Quandt, R. E. (1958), The Estimation of Parameters of a Linear Regression System

Quinn, B. G. (1980). Order determination for a multivariate autoregression, Journal of the Royal Statistical Society B42, 182-185.

Rissanen, J. (1978). Modeling by shortest data description, Automatica 14, 465-471.

Saikkonen, P. and Lütkepohl, H. (2000a). Testing for the cointegrating rank of a VAR process with an intercept, Econometric Theory 16, 373-406.

Saikkonen, P. and Lütkepohl, H. (2000b). Testing for the cointegrating rank of a VAR process with structural shifts, Journal of Business & Economic Statistics 18, 451-464.

Saikkonen, P. and Lütkepohl, H. (2000c). Trend adjustment prior to testing for the cointegrating rank of a vector autoregressive process, Journal of Time Series Analysis 21, 435-456.

Saikkonen, P. and Lütkepohl, H. (2002). Testing for a unit root in a time series with a level shift at unknown time, Econometric Theory 18, 313-348.

Sarantis, N. (1999). Modelling Nonlinearities in Effective Exchange Rates, Journal of International Money and Finance, 18, pp.27-45.

Sarantis, N. (2001). Nonlinearities, Cyclical Behavior and Predictability in Stock Markets: International Evidence, International Journal of Forecasting, 17, pp.459-482.

Sarantis, N. and Stewart, C. (1995). Monitory and Asset Market Models for Sterling Exchange Rates: A Cointegration Approach, Journal of Economic Integration, September, 335~371.

Schmidt, P. and Phillips, P. C. B. (1992). LM tests for a unit root in the presence of deterministic trends, Oxford Bulletin of Economics and Statistics 54, 257-287.

Schwarz, G. (1978). Estimating the dimension of a model, Annals of Statistics 6, 461-464.

Schwert, G.W., (1989). Margin Requirements and Stock Volatility, Journal of Financial Service Research, 3, 153-164.

Scott, L.(1987). Option Pricing When the Variance Changes Randomly, Theory, Estimation and An Application, *Journal of Financial and Quantitative Analysis*,

22, 419-438.

Serletis, A. (1993). Money and stock price in the United States. Applied Financial Economics, 3(1), 51-54.

Siklos, P., (2002). Asymmetric Adjustment from Structural Booms and Slumps, Economics Letters, 77, 3, 329-333.

Silverman, B. (1986). Density estimation for Statistics and Data Analysis, Chapman and Hall, London.

Stein, E., and J. Stein, (1991). Stock Price Distributions with Stochastic Volatility, An Analytic Approach, *The Review of Financial Studies*, 4, 727-752.

Taylor, S. J. (1986). Modelling financial time series, John Wiley & Sons, Chichester.

Teräsvirta , T. (1998). Modeling Economic Relationships with Smooth Transition Regressions, in A, Ullah and D. E. Giles (eds.), Handbook of Applied Economic Statistics, Dekker, New York, pp. 507-552.

Teräsvirta, T. (1994). Specification, Estimation, and Evaluation of Smooth Transition Autoregressive Models, Journal of the American Statistical Association, 89, pp.208-218.

Teräsvirta, T. (1998). Modeling economic relationships with smooth transtition regressions, in A. Ullah and D. Giles (eds). Handbook of Applied Economic Statistics, Dekker, New York, 229-246.

Teräsvirta, T. (2004). Smooth Transition Regression Modeling, in H. ütkepohl and M. Krätzig (eds), Applied Time Series Econometrics, Cambridge University Press, Cambridge.

Teräsvirta, T. and Anderson, H. M. (1992). Characterizing Nonlinearities in Business Cycles Using Smooth Transition Autoregressive Models, Journal of Applied Econometrics, 7, pp. 119-136.

Teräsvirta, T. and Anderson, H.M., (1992). Characterizing nonlinearities in business cycles using smooth transition autoregressive models. Journal of Applied Economics, 7, 119-136.

Teräsvirta, T., (1994). Specification, estimation, and evaluation of smooth transition autoregressive model. Journal of the American Statistical Association, 89,208-

218.

Tjøstheim, D. and Auestad, B. (1994). Nonparametric identification of nonlinear time-series - selecting significant lags, Journal of the American Statistical Association 428(89). 1410-1419.

Toda, Hiro Y. and Peter C.B. Phillips (1993). Vector Autoregressions and Causality. Econometrica, 61(6). 1367-93.

Toda, Hiro Y. and Taku Yamamoto (1995). Statistical Inference in Vector Autoregressions with Possibly Integrated Processes. Journal of Econometrics, 66(1-2). 225-50.

Tong, H. (1978). On a Threshold Model, in C.H Chen (eds), Pattern Recognition and Signal Processing, Amsterdam: Sijthoff and Noordhoff, pp. 101-141.

Tong, H. (1990). Non-Linear Time Series. A Dynamical System Approach, Oxford

Trenkler, C. (2004). Determining p-values for systems cointegration tests with a prior adjustment for deterministic terms, mimeo, Humboldt-Universität zu Berlin.

Tschernig, R. and Yang, L. (2000). Nonparametric lag selection for time series, Journal of Time Series Analysis 21(4). 457-487.

van Dijk, D. and Franses, P. H. (1999). Modeling Multiple Regimes in the Business Cycle, Macroeconomic Dynamics, 3, pp. 311-340.

Weed. E., (1983). Military Participation Ration, Human Capital Formation, and Economic Growth, A Cross National Analysis, Journal of Political and Military Sociology, 11, 1, 11-19.

Wiggins J., (1987). Options Values Under Stochastic Volatility, Theory and Empirical Estimates, *Journal of Financial Economics*, 19, 351-372.

Yang, L. and Tschernig, R. (1999). Multivariate bandwidth selection for local linear regression, Journal of the Royal Statistical Society, Series B 61, 793-815.

Yang, L. and Tschernig, R. (2002). Non- and semiparametric identification of seasonal nonlinear autoregression models, Econometric Theory 18, 1408-1448.

Zhang, G., Patuwo, B. E., & Hu, M. Y. (1998). Forecasting with artificial neural networks, The state of the art. International Journal of Forecasting, 14(1). 35-62.

Zhang, K. H., (2001). Does Foreign Direct Investment Promote Economic Growth?

Evidence from East Asia and Latin America, Contemporary Economic Policy, 19(2), 175-185 .

王泓仁 (2005)，台幣匯率對我國經濟金融活動之影響，中央銀行季刊，第 27 卷第一期，11~28。

王啟秀、孔祥科、林玉玲 (1998)，全球半導體產業產值預測模型之研究，清雲科技大學學報。

林裕傑 (民 98)，英、法、德、加四國股匯市報酬與美國股市報酬連動關係之研究，國立高雄大學應用經濟學系碩士論文。

陳旭昇 (2007)，時間序列分析：總體經濟與財務金融之應用，台北：東華書局。

黃筱雯 (2008)，東亞各國股市與美日德三國股市相關係數之非線性研究，中山大學經濟學研究所碩士在職專班碩士論文。

楊大龍 (民 90)，台灣上市與上櫃股票市場其股價報酬波動性外溢效果之實證研究，淡江大學管理科學系碩士班碩士論文。

楊奕農 (2009)，時間序列分析：經濟與財務上之應用，第二版，台北：雙葉書廊。

薛立敏、曾喜鵬 (2001)，台灣各都市內部遷移率與住宅市場關係之實證研究，國科會專題研究計畫經費之補助，計畫編號 NSC-89-2415-H-170-004。

謝宗穎 (2008)，通貨替代的非線性研究——東亞六國的實證分析，國立高雄大學經濟管理研究所碩士論文。

聶建中、李文傳、洪榆雲 (2004)，金融風暴前後對先進國家之股匯市連動關係變化影響，中華管理學報，第五卷，第二期，第 19-35 頁。

五南文化廣場

橫跨各領域的專業性、學術性書籍
在這裡必能滿足您的絕佳選擇！

五南全國門市

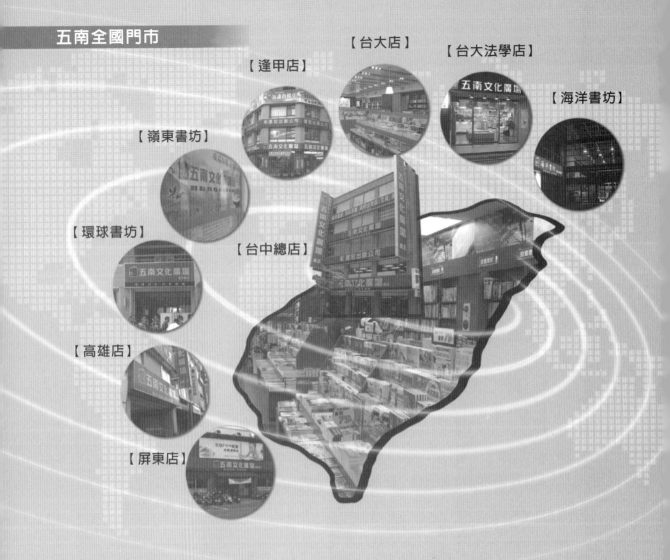

【台大店】
【台大法學店】
【逢甲店】
【海洋書坊】
【嶺東書坊】
【環球書坊】
【台中總店】
【高雄店】
【屏東店】

海 洋 書 坊：202 基 隆 市 北 寧 路 2號　TEL：02-24636590　FAX：02-24636591
台　大　店：100 台北市羅斯福路四段160號　TEL：02-23683380　FAX：02-23683381
台大法學店：100 台北市中正區銅山街1號　TEL：02-33224985　FAX：02-33224983
逢　甲　店：407 台中市河南路二段240號　TEL：04-27055800　FAX：04-27055801
台 中 總 店：400 台 中 市 中 山 路 6號　TEL：04-22260330　FAX：04-22258234
嶺 東 書 坊：408 台中市南屯區嶺東路1號　TEL：04-23853672　FAX：04-23853719
環 球 書 坊：640 雲林縣斗六市嘉東里鎮南路1221號　TEL：05-5348939　FAX：05-5348940
高　雄　店：800 高 雄 市 中 山 一 路 290號　TEL：07-2351960　FAX：07-2351963
屏　東　店：900 屏 東 市 中 山 路 46-2號　TEL：08-7324020　FAX：08-7327357
中信圖書團購部：400 台 中 市 中 山 路 6號　TEL：04-22260339　FAX：04-22258234
政府出版品總經銷：400 台中市綠川東街32號3樓　TEL：04-22210237　FAX：04-22210238
網 路 書 店 http://www.wunanbooks.com.tw

專業法商理工圖書・各類圖書・考試用書・雜誌・文具・禮品・大陸簡體書
政府出版品總經銷・中信圖書館採購編目・教科書代辦業務